역사학의 철학

A Philosophy of Historiography-How Will We Reproduce the Past?

과거를 어떻게 재현할 것인가

역사학의 철학

이한구

민음사

역사의 진실을 추구하는 모든 분들께 이 책을 바친다.

머리말

이 책은 역사의 인식과 그 방법에 관한 탐구이다. 역사에 관한 우리의 인식은 학문적 인식의 보편적 이론을 기반으로 하면서도, 동시에 그 나름대로 독특한 성격을 갖는다. 이 책은 현대 인식론의 보편적 구조 위에서 역사 인식이 갖는 특성을 새롭게 조명함으로써 역사 인식의 전체적 면모를 드러내 보이고자 한다.

나는 철학에 관심을 가진 사람들뿐만 아니라 역사에 관심을 가진 사람들 모두를 위해 이 책을 썼다. 따라서 철학적인 전문 용어는 최대한 피하고 일상적인 용어로 논의를 전개하려고 했다. 그러다 보니 책의 분량은 처음 계획했던 것보다 상당히 늘어나고 말았다.

한 세대 전만 해도 역사학과 역사철학은 비교적 구분이 확실한 분야였다. 역사학자는 구체적인 사실의 발견과 입증을 통해 어떤 시대의 특성을 드러내는 일에만 관심을 쏟을 뿐, 역사의 인식론적 문제나 역사적 진술의 의미론적 문제에는 거의 관심이 없었다. 또한 역사철학자들도 역사학자들이 탐구 현장에서 직면하는 현실적인 문제들보다는 인식의 보편적 구조나 정당화에 더욱 관심이 있었다.

그러나 지금은 사정이 많이 달라졌다. 두 학문 분야는 서로 뒤섞여 탐구되고 있다. 역사학자들도 역사 서술의 인식론적 문제들에 지대한 관심을 갖게 되고, 역사철학자들 역시 전문 역사가가 사용한 개념이나 관념에 대해 더욱 구체적인 분석과 검토를 수행하려고 한다. 최근에 출간되는 여러 논문들과 저술들이 이런 경향을 보여 준다.

이런 경향은 아마도 일차적으로는 역사학의 정체성 위기와 깊은 연관이 있는 것으로 판단되지만, 어떻든 바람직한 현상이라고 생각한다. 역사 서술과 역사의 인식론적 탐구라는 두 과제는 언제나 함께 할 수밖에 없기 때문이다. 이 책도 이런 시대적 분위기를 반영하여 역사학자와 역사철학자가 함께 할 수 있는 논의의 장을 마련하려고 했다.

이 책은 객관적 역사 서술의 가능성을 적극적으로 검토하고 논증하는 일에 초점을 맞추고 있다. 역사 서술은 한정된 자료들만 갖고 그리는 지도 그리기에 비유될 수 있다. 그렇다면 객관적 역사 서술은 정확한 지도를 그리려는 것이라고 할 수 있다. 정확한 지도를 그린다는 것이 쉬운 일이 아님은 지금은 못 쓰게 된 수많은 옛날 지도들만 보더라도 쉽게 알 수 있다. 더구나 자료가 제한되면 될수록 전체 지도는 더욱 불확실할 가능성이 높다.

이 때문에 많은 사람들이 정확한 지도 그리기를 포기하고, 지도는 제멋대로 그릴 수밖에 없다고 주장하거나, 지도가 정확한지 어떤지 우리는 알 수 없다고 주장하기도 한다. 혹은 아예 지도 그리기는 처음부터 불가능한 시도라는 과격한 주장도 있다. 이것이 요즘 유행하는 포스트모더니즘의 역사 상대주의이다.

이 책은 특히 이런 상대주의를 철저하게 논파하고자 한 시도이다. 오늘날 상대주의를 극복한다는 것은 불가능해 보이기까지 한다. 너무나도 막강한 유행이기 때문이다. 이런 관점에서 보면, 모든 학문적 탐구는 객관성을 준칙으로 해야 한다는 이 책의 논지는 시대의 유행에 맞서는 하나의 무모한 도전 같기도 하다. 그렇지만 폭풍처럼 몰아치던 유행도 근거가 없는 거품일 때는 한순간에 사라질 수 있다. 유행이 진리를 결정하지는 못한다.

역사 서술의 객관성에 관한 문제는 먼 고대로 거슬러 올라가는 오래된 문제이다. 근대 역사철학의 등장 이후만 치더라도 그것은 200년이 넘는 역사를 가진다. 역사 서술이 제기하는 문제를 다루는 방식도 시대의 변천과 함께 빠르게 변화하고 있다. 한때는 역사를 이해하는 해석학적 방법론이 중심이 된 적도 있고, 과학적 설명의 논리가 논의의 핵심을 이룬 적도 있다. 최근에는 포스트모더니즘의 유행과 함께 역사학의 정체성이 화두로 등장했다.

역사의 인식론적 탐구는 역사의 존재론적 물음과도 밀접한 연관성을 갖는다. 어떤 사람은 인간의 역사를 자연사의 일부로, 따라서 법칙성의 세계로 보기도 하고, 어떤 사람은 자연의 세계와는 다른 합리성의 세계로 보기도 한다. 법칙성의 세계는 필연의 왕국이며 합리성의 세계는 자유의 왕국이다.

역사는 인류가 창조한 문화의 세계다. 동시에 역사는 인류가 당면했던 문제를 온갖 지혜를 짜내 해결하고자 한 문제 해결의 과정이며, 실현 가능했던 수많은 이야기 중에서 실현된 이야기이다. 그러므로 역사는 합리성의 관점에서 볼 때만 제대로 파악된다. 역사적 설명이란 어떤 이유로 이런 행위나 사실이 존재하게 되었는가를 밝히는 일이며, 역사 서술은 존재했던 이야기를 재현하는 것이다. 이 책은 이와 관련된 여러 문제들을 인식론적으로 명료하게 해명함으로써 객관주의 역사학을 정당화시키고자 했다.

이 책이 역사의 진실을 추구하는 모든 사람들에게 어떤 도움을 주고, 역사학의 발전에 작은 기여라도 할 수 있기를 기대한다. 바쁜 시간을 내어 원고를 읽고 많은 조언을 해 준 같은 대학의 이좌용 교수님을 비롯하여 원만희 교수님, 이종관 교수님에게, 그리고 경희대학교의 정연교 교수님, 대림대학의 백충용 교수님, 김세종 박사에게 깊은 감사의 뜻을 표한다. 그리고 색인 작업을 비롯하여 교정을 책임지고 수행한 박민관, 김종석, 윤정현 군과 책의 편집에 수고를 아끼지 않은 민음사 편집부에 고마운 뜻을 전한다.

2007년 12월
명륜 서재에서
이한구 씀

차 례

머리말   vii

서론 **객관주의 역사학의 정당화를 위한 새로운 시도**   1

1부 반실재론적 역사 인식론: 역사는 만들어 낸 이야기이다

1장 실재론적 역사 인식론과
    반실재론적 역사 인식론은 서로 대립한다   15

2장 현재주의: 모든 역사는 현재의 역사다   35

3장 실용주의: 역사는 필요에 따라 쓰여진다   63

4장 인문주의: 역사는 문학의 한 장르이다   87

2부 실재론적 역사 인식론: 역사는 과거의 재현이다

1장 관점의 다양성과 객관적 역사 인식은 양립 가능하다   113

2장 실재론적 이야기는 과거를 재현할 수 있다   133

3장 언어적 전회에 대한 비판적 검토가 필요하다   155

4장 역사 인식의 객관성을 어떻게 확립할 것인가   189

3부 역사의 이해와 설명: 이해와 설명의 통합이 필요하다

1장 역사의 세계는 문화의 세계이다   219

2장 해석학적 이해와 과학적 설명은 서로 대립해 온
    역사 인식의 두 방법이다   235

3장 행위는 합리성의 원리에 의해 가장 잘 설명된다   267

4장 사회 구조와 거시적 역사 법칙은 수반
　　이론에 기초하여 설명될 수 있다　　　　　　301

4부　과학적 연구 프로그램으로서의 역사관:
　　역사관은 역사 세계에 대한 탐구의 중심 틀이다

　　1장 역사관 없는 역사 서술은 맹목이고 객관적
　　　　역사 서술 없는 역사관은 공허하다　　　　327

　　2장 역사관은 과학적 연구 프로그램으로 정식화될 수 있다　　347

　　3장 계몽주의의 보편적 진보 사관과 역사주의의
　　　　개성적 발전 사관은 근대 역사관의 두 원형이다　　367

5부　역사관의 유형과 타당성:
　　역사관은 다양한 현상에 대한 설명력의 정도에 따라 평가된다

　　1장　역사는 이성의 실현 과정이다: 이성 사관　　　　391

　　2장　역사는 자유 의식의 진보이다: 유심 사관　　　　415

　　3장　역사는 생산력의 발달 과정이다: 유물 사관　　　　435

　　4장　역사는 문명들의 생성 소멸의 총합이다: 문명 사관　　469

결론　객관주의 역사학의 전망: 인식 지평이 넓어짐에 따라
　　과거의 재현 가능성은 더욱 커진다　　　　　　487

　　주　　　　　　　　　　　　　　　　　499

　　중요 참고문헌　　　　　　　　　　　563

　　찾아보기　　　　　　　　　　　　585

서론
객관주의 역사학의 정당화를 위한 새로운 시도

1

'역사'라는 말은 기본적으로 두 가지 의미를 갖는다. 그것은 과거의 사건들을 의미하기도 하고, 과거의 사건들에 대한 탐구를 의미하기도 한다. 예컨대 '조선의 역사'라고 할 때, 그 말은 실제로 존재했던 과거의 조선 시대를 가리키기도 하고, 때로는 그 시대를 기록한 『조선왕조실록』이나 다른 문헌들을 가리키기도 한다.

'일어난 역사'와 '쓰여진 역사'의 혼동을 막기 위해 이 두 의미를 각각의 단어들로 구분해서 사용하는 경우들도 많이 있다. 독일어에서는 전자를 의미하기 위해서는 'Geschichte'가, 후자를 의미하기 위해서는 'Historie'가 사용되며, 영어에서는 'history'와 'story'가 구분되어 사용되기도 한다. 어원적으로 볼 때, 그리스 언어에서 역사(historie)는 '본다(to see)'라는 동사와 연관이 있으며, 따라서 탐구나 지식과 연관되는 것이었다. 우리도 전자를 '역사'라 하고 후자를 '역사 문헌'이나 '역사서'라 불러 구분한다. 이 책에서도 혼란을 막기 위해 필요한 경우 이런 구분을 사용할 것이다.

'역사'라는 말이 동시에 두 의미를 갖는 것은 두 의미가 서로 불가분의 관계를 갖고 있기 때문이다. 즉 '쓰여진 역사'는 '일어난 역사'를 반영하는 것이다. 쓰여진 역사가 일어난 역사를 제대로 반영하지 못할 때, 그것은 이미 진정한 역사가 아니다. 이것은 흡사 사물과 그것을 그린 그림과도 같은 관계이다. 혹은 이것은 어떤 지역과 그것을 그린 지도에 비유될 수도 있다. 지도의 임무는 땅의 모양새를 그려서 보여 주는 것이다. 잘못 그려진 지도는 쓸모가 없다. 어떤 지역도 대상으로 하지 않고 그린 지도가 있다면, 그것은 지도가 아니라 예술이 된다.

우리는 최대한 정확한 지도를 그리려고 한다. 이것이 지도의 존재 이유이기 때문이다. 한반도의 지도를 생각해 보라. 삼국 시대, 고려 시대에도 한반도의 지도를 그렸다. 그 당시는 그 지도가 아주 정확한 것이라고 생각했다. 하지만, 조선 시대 김정호가 그린 지도에 비하면 옛날의 지도들은 보잘것없다. 김정호의 대동여지도도 오늘날의 인공위성이 찍은 지도에 비하면 많이 부정확하다. 이것은 정확한 지도를 그린다는 것이 그만큼 어렵다는 것을 의미한다. 그리고 이런 이유 때문에 지도를 그릴 때 지켜야 할 여러 규칙과 그려진 지도를 실물과 비교해서 그 타당성을 검토하는 인식의 여러 문제들이 발생한다.

정확한 지도를 그리기가 어렵다고 해서 지도 그리기를 포기하거나, 정확한 지도란 존재하지 않는다고 주장하는 것은 합리적인 태도가 아니다. 아니 그렇게 말하는 것은 지도를 그리는 자의 직무 태만이며, 자신의 본래 임무를 망각한 행위이다. 역사에 있어서도 마찬가지다. 과거의 세계를 제대로 재현하기가 어렵다 해서 주관적으로 역사를 창작하거나 혹은 날조한다면, 그는 이미 역사가가 아니다.

　과거의 사실들에 대한 탐구는 직접 목격했거나 전해 들은 사건의 단순한 기록에서부터 그 사건을 유발시킨 원인이나, 그 사건이 연관된 전체적 맥락이나 구조, 그 사건이 초래한 결과에 대한 고찰까지 광범위하게 이루어진다. 뿐만 아니라 탐구에서 귀결되는 해석과 과거에 관한 축적된 지식까지도 역사 탐구의 넓은 영역에 포함된다. 그러므로 역사에 대한 여러 종류의 탐구는 과거를 드러내 보여 준다는 같은 목적을 가지면서도 여러 층의 복잡한 구조를 갖는다고 할 수 있다. 역사 인식론은 이런 모든 역사 탐구의 타당성을 다루는 분야이다.

　그리스의 철학자 아리스토텔레스는 역사를 시학과 비교하면서, 역사는 일어난 특수한 사건에 관심을 갖지만 시학은 일어날 수 있는 일에 관심을 갖기 때문에, 시학이 역사보다 더 낫다고 주장했다. 그 이후로 지금까지 역사가 과학인가 예술인가 하는 역사의 인식과 지위를 둘러싼 논쟁은 계속되어 왔다고 할 수 있다. 역사 인식의 현대적 논의가 더욱 복잡하게 된 것은 전통적으로 인정되어 온 과학과 예술의 경계선이 허물어진 국면과도 무관하지 않다. 말하자면 과학도 객관성을 보장하기 어렵다는 현대의 인식론적 논의가 역사 인식의 해결하기 어려운 난점들을 더욱 심화시킨 것이다.

　과학은 객관성을 추구하는 반면, 예술은 객관성과 필연적으로 연결되지 않는다는 것이 전통적 견해였다. 현재 이런 전통적인 견해는 심하게 도전 받고 있다. 예컨대 토머스 쿤(Th. Kuhn)의 『과학 혁명의 구조』는 과학을 예술과 비슷하게 해석할 수 있다는 주장을 편다. 만약 과학도 객관적이 아니라면, 역사가 예술이 아니라 과학임을 증명한다 해도 객관성의 확보에 도움이 되지는 않는다. 그러므로 역사학의 객관성을 논증하려면 과학의 합리성을 확보하면서 논의를 진행해야 하는 이중의 부담을 안는다. 이런 상황에서 객관적 역사학의 논증이 과연 가능할 것인가?

역사의 탐구 대상은 시간 속에 존재했던 과거의 사건들이다. 과거의 사건들은 현재의 사건과 같은 형태로는 존재하지 않는다. 그러므로 우리가 과거 세계를 연구한다는 것은 현재 우리가 관찰할 수 있는 남겨진 증거를 기초로 한다. 이것은 존재하고 있는 세계를 탐구하는 것과는 다를 수 있다. 모든 사건이 증거를 남기지 않고 일부의 사건들만 증거를 남긴 상황에서, 증거를 근거로 과거 세계를 재구성한다는 것은 손실되고 흩어진 불완전한 조각들로 하나의 전체적 그림을 맞추는 것과도 같다. 조각들로서 하나의 완전한 그림을 만들 수 있을까? 설사 만든다고 하더라도 그것이 본래 모습과 똑같다고 할 수 있을까?

역사의 재현에 대한 회의적인 시각은 옛부터 있어 왔다. 그렇지만 오늘날같이 극심한 회의에 빠진 적은 없었다. 레오폴드 폰 랑케(L. von Ranke)가 역사학을 하나의 전문 분야로 출발시킬 수 있었던 것은 역사의 재현이 가능하다고 보았기 때문이다. 20세기에 들어와 역사학이 상당 기간 사회, 경제사를 중심으로 하는 사회 과학화의 길을 걸어 왔지만, 회의주의에 빠지지는 않았다. 프랑스의 아날학파, 독일의 비판 이론, 마르크스주의의 역사 과학은 모두 역사의 재현이 가능함을 전제하고 자신들의 작업을 추진했다.

그렇지만 1970년대 이후 등장한 탈근대주의는 역사학에도 영향을 미쳐, 역사학의 학문적 성격을 위태롭게 했고, 역사학의 정체성 위기를 불러왔다. 탈근대주의 역사학은 역사 세계의 객관적 재현을 부정하면서 역사에 대한 인식을 주관적 해석으로만 이해하고자 한다. 특히 언어적 전회(linguistic turn)라 불리는 언어 편재주의적 경향은 탈

4

근대주의적 문예 이론의 유행과 더불어 역사의 언어학에 결정적인 영향을 미쳤다. 우리는 헤이든 화이트(H. White)의 『상위 역사학(Meta-history)』에서 이런 사조의 전형을 확인할 수 있다.

헤이든 화이트는 역사가가 아무리 객관적으로 역사를 서술하고자 해도 결국 그 자신이 갖고 있는 인식의 틀에 따라 현실을 창작할 수밖에 없다고 주장한다. 그는 역사가가 이야기를 전개하기 위해 필요한 세 가지 차원, 즉 역사 서술의 양식을 줄거리 구성의 양식, 논증 양식, 이데올로기적 함축의 양식으로 구분하고, 그 각각을 다시 독특한 여러 양식들로 나눈다. 말하자면, 줄거리 구성의 양식은 로망스, 비극, 희극, 풍자로, 논증 양식은 형태주의, 기계주의, 유기체주의, 맥락주의로, 이데올로기 함축의 양식은 무정부주의, 급진주의, 보수주의, 자유주의로 분류한다. 그러므로 어떤 역사가든 이 세 양식의 독특한 결합으로 역사 서술을 하게 된다. 예컨대 쥘 미슐레(J. Michelet)는 로망스적 줄거리 구성과 형태주의 논증 그리고 자유주의 이데올로기를 결합시키려 했고, 야콥 부르크하르트(J. Burckhardt)는 풍자적 줄거리 구성과 맥락주의 논증과 보수주의를 결합시키려고 했다는 것이다. 이러한 주장은 사실의 발견을 사실의 창작과 동일시함으로써 결국 객관적 역사학의 부정으로 귀결된다.

나는 오래전부터 과학의 상대주의에 대해 강력하게 반대하는 주장을 펴 왔으며, 과학의 비합리주의를 주장하는 여러 견해들에 맞서 과학의 합리성을 옹호해 왔다. 이 책도 사실 세계를 탐구하는 모든 학문은 객관성을 준칙으로 해야 한다는 나의 평소 주장의 연장선상에서 쓰여진 것이다.

2

엄격히 말하면 역사 연구(historical research)와 역사 서술(narrative writing of history)은 구별될 수 있다. 역사 연구는 역사적 사실을 정확하게 밝히고자 하는 역사학자의 탐구를 가리킨다. 역사학자는 사실의 발견자다. 이때 그는 범죄를 수사하는 수사관에 비유될 수 있다. 수사관이 누가 범죄자이고 왜 이런 사건이 일어났는가를 밝히려고 하듯, 역사학자는 무엇이 어떤 과정을 거쳐 일어났으며, 어떤 원인이 그것을 유발했는지를 추구하기 때문이다. 그러나 역사 연구들은 대체로 개별적인 사실들에 대한 탐구들이다. 이들은 그 결과를 하나의 통일된 이야기로 우리에게 제시해 주지 않는다.

반면에 역사가의 역사 서술은 사실의 발견을 넘어 이런 사실들을 하나의 일관된 이야기로 엮는 것이다. 이때 사실의 발견은 예비적인 작업에 불과하다. 물론 역사 서술이라 해서 항상 통사나 일반사를 의미할 필요는 없을 것이다. 그것은 어떤 특수사일 수도 있고, 어떤 시대사일 수도 있고, 어떤 문제사일 수도 있다. 그렇지만 우리의 관심이 되는 주제나 시대를 하나의 일관된 이야기로 만들어야 한다. 우리가 보통 역사학자와 역사가를 구분하는 것도 이런 기준에 근거해서이다.

현실적으로 역사 연구와 역사 서술이 구분되지 않는 경우도 있으며, 이런 구분이 불가능하다는 지적도 있다. 이런 구분이 불가능하다는 주장은 사실들도 어떤 해석, 즉 이야기의 틀 안에서 규명되고, 이야기도 사실의 설명에 의해 제약을 받는다는 이론에 근거하고 있다. 이런 주장에 일리가 있는 것은 사실이다. 그렇지만 사실의 발견이 어떤 고정된 하나의 이야기를 전제할 필요가 없는 한에서, 그리고 이야기도 어떤 고정된 하나의 설명에 의존할 필요가 없는 한에서,

사실의 발견과 이야기 서술은 서로 구별된다고 보는 것이 합리적이다. 역사학자와 역사가의 작업이 다르다는 것을 우리는 실제로 많은 경우에서 확인할 수 있다.

전통적인 역사 인식론은 개별적 사건의 설명에 관한 논의를 중심으로 삼았지만, 역사 연구의 결과를 어떻게 해석하고 조직할 것인가 하는 문제는 거의 무시해 왔다. 말하자면 역사 서술이 아닌 역사 연구에 초점을 맞추었다. 그렇지만 역사 인식의 진정한 문제는 개별적인 역사 연구의 결과를 하나의 이야기로 엮는 문제이다. 이 책에서 내가 논의하는 객관적 역사학은 역사 서술까지를 포함한다.

객관적 역사 서술이 가능하고 역사학은 시학과 구별된다는 나의 주장은 다음과 같은 세 가지 핵심 논제를 통해 전개된다.

첫째, 역사는 다양한 관점에서 해석될 수 있지만, 이것이 역사를 제멋대로 해석해도 좋다는 것을 의미하지는 않는다.

둘째, 역사 인식은 해석학적 이해와 과학적 설명 모두를 필요로 한다. 즉 역사는 이해의 대상이면서 동시에 설명의 대상이다.

셋째, 역사관은 우리가 벗어날 수 없는 인식의 틀이 아니다. 우리는 보다 객관적이고 포괄적인 역사관을 추구할 수 있다.

객관적 역사학의 가능성을 확보하기 위해 나는 모든 형태의 역사 상대주의와 대결을 벌일 것이다. 이들은 근본적으로 상대주의 인식론의 기반 위에 존립하고 있다. 상대주의 인식론은 고전적 역사주의, 지식사회학, 실용주의, 문화상대주의에서부터, 최근의 해체주의, 개념 상대주의, 패러다임 이론, 포스트모더니즘의 여러 주장까지를 포함한다. 그리고 이들 주장의 핵심은 모두 최근의 패러다임 이론이나 개념 상대주의로 수렴되는 측면이 있기 때문에, 나는 이들과 비교적 길게 씨름할 것이다.

첫 번째 논제는 역사를 보는 관점의 다양성과 역사 인식의 객관성을 양립시키는 문제이다. 많은 사람들이 다양한 관점과 객관성은 양립하기 어렵다고 생각한다. 이들은 다양한 관점이란 결국 주관성을 함축하는 반면, 객관성은 하나의 관점 아래서만 가능한 것으로 이해하기 때문이다. 나는 이런 통념이 잘못이라는 것을 논증하고, 다양한 관점에서 역사를 해석한다고 해서 객관성을 희생시킬 아무런 이유가 없음을 밝힐 것이다. 이 점에서 나의 논제는 역사학을 하나의 전문적인 학문으로 정초한 랑케의 입장과 이념에서는 일치한다. 그러나 랑케가 역사학의 객관성을 위해 모든 관점을 넘어서려고 했다는 점을 상기해 보면, 나의 첫 번째 논제는 방법에서는 랑케와 매우 다르다고 할 수 있다.

두 번째 논제는 설명적 해석학을 객관적 역사학의 인식론으로 정초하는 문제이다. 역사는 우리의 의도적 행위가 창조한 문화의 세계이다. 우리는 때로는 기계적이고 무의식적으로 행위하기도 한다. 그렇지만, 의미 있는 문화의 창조는 의도적이고 계획적인 행위를 기반으로 한다. 그리고 나중에 이런 의도와 계획은 역사가가 '이해'해야 할 대상이 된다. 그러나 이런 의도나 계획은 잘 드러나지 않을 수도 있다. 이때 역사가는 합리성의 원리에 비추어 행위를 '설명'할 수밖에 없다. 이해만으로는 객관성을 확보하기가 어렵고, 설명만으로는 의도나 계획성이 배제되기 쉽다. 설명적 해석학은 이런 난점들을 피할 수 있다.

세 번째 논제는 역사관의 특성과 인식론적 지위에 관한 문제이다. 역사관 없이 역사를 기술할 수는 없다. 단순한 연대기적 기록에도 역사관은 잠복되어 있다. 그렇지만 이것이 우리가 어떤 하나의 역사관에 얽매여 그것에서 일체 벗어날 수 없다는 것을 의미하지는 않는다. 우리는 자유롭게 여러 역사관을 비교, 시험할 수 있고, 그중에서 우월한 것을 선택할 수 있다. 역사관은 합리적이고, 객관적일 수 있다. 역사관의 비교 가능성과 실제적 적용을 위해 나는 역사관을 과학적 연구 프로그램으로 정식화시켰다.

이런 논제들을 통해 나는 역사 인식의 객관성과 진보를 논증하려고 한다. 상대주의자들이나 회의주의자들은 역사학의 진보를 인정하지 않는다. 이들은 예술의 진보를 인정하기 어려운 것과 같은 논리로 역사학의 진보를 부정한다. 나는 이런 주장들을 논파하면서, 우리는 여러 관점들을 비교하고 종합함으로써 우리의 인식 지평을 넓힐 수 있고 인식 지평이 넓어짐에 따라 더욱더 과거를 실제 모습에 가깝게 객관적으로 재현할 수 있다는 것을 보여 주려고 한다.

1부

반실재론적 역사 인식론:
역사는 만들어 낸 이야기이다

역사 서술은 존재했던 실제 세계를 그대로 드러내는 것인가? 아니면 우리의 관심이나 필요에 따라 역사 세계를 허구적으로 창작하는 것인가? 1부에서는 이 문제에서 논의를 시작한다. 이것은 역사 서술이 사실의 발견인가, 아니면 허구의 창작인가 하는 역사 인식론의 가장 어려운 문제 중의 하나이다.

실재론적 역사 인식론은 사실의 발견에 초점을 맞추는 반면, 반실재론적 역사 인식론은 사실이나 이야기의 창작과 연관되어 있다. 이들의 인식론적 근거가 어디에 있는가를 조명해 본 후, 반실재론적 역사 인식론의 대표적인 사례로 현재주의의 역사와 실용주의 역사 그리고 이야기체 역사를 차례로 논의하기로 한다.

반실재론적 역사 인식론의 핵심은 역사를 바라보는 현재 인식 주관의 구성적 작업에 초점을 맞추는 것이다. 말하자면 역사는 과거의 세계지만 그것을 인식하는 주체는 현재에 존재하기 때문에, 역사의 인식은 과거가 아니라 현재의 문제이며 인식 주관이 갖고 있는 현재 인식의 틀이 문제라는 것이다. 현재주의는 현재에 초점을 맞추어 "역사는 과거라는 스크린에 비친 현재이다."라고 규정하며, 역사 서술을 이야기 만들기로 이해하는 인문주의는 "역사는 문학의 한 장르"라고 정의한다. 진리를 유용성과 동일시한 실용주의는 "역사는 필요에 의해 쓰여진 것이다."라고 주장한다.

나는 이들을 최대한 호의적으로 이해하고자 하면서 그들의 장점이 어디에 있는가를 드러내 보일 것이다. 그렇지만 나는 이런 주관주의적 이론들이 일면의 진리를 담고는 있지만, 전체적으로는 지지될 수 없다는 논지를 펼 것이다. 반론의 핵심은 이것이다. 우리가 현재의 관점에서 역사를 바라볼 수밖에 없지만, 그리고 그 관점은 대체로 현재 생활의 필요와 관심에 의존할 수밖에 없지만, 그렇다고 해서 그것이 역사 서술의 자의성을 정당화하지는 않는다. 우리가 이성적 탐구자인 한에서, 객관적 역사 서술은 가능하다. 역사는 과학이지 시나 소설이 아니다. 별들의 변천 과정을 예술적인 이야기로 만드는 것이 천문학자의 임무가 아닌 것과 마찬가지로, 역사 세계의 변화에 문학의 옷을 입히는 작업이 역사가의 임무는 아니다.

1장
실재론적 역사 인식론과
반실재론적 역사 인식론은 서로 대립한다

　실재론은 가장 넓은 의미에서 정의하면 우리가 보는 세계가 우리의 정신으로부터 독립해서 객관적으로 존재한다는 교설이다. 반면에 반실재론은 우리가 보는 세계가 우리의 인식 주관과 연관해서만 존재한다는 교설이다. 가장 비근한 예를 들어 보자. 일상생활 속에서 우리가 알고 있는 이 세계는 우리가 모두 사라진다 해도 현재와 비슷하게 존재하게 될 것이라고 생각한다면, 그것은 실재론이 된다. 이와 반대로 우리가 없는 이 세계는 현재 우리가 보는 세계와는 전혀 다른 세계가 될 것이라고 주장한다면, 그것은 반실재론이라고 할 수 있다. 유아론은 나의 소멸을 세계의 소멸과 동일시할 것이다.

　우리는 상식적 차원에서는 아무런 의문 없이 실재론을 믿는다. 내가 보는 저 은행나무와 내가 조금 전에 앉았던 저 바위는 몇 십 년 동안 그대로 존재해 온 것이고, 우리 인류가 모두 사라진다 해도 앞으로도 상당 기간 지금과 같은 모습으로 존재할 것으로 믿는 것이

상식이다. 우리의 상식은 말한다. 우리가 인식하기 전에 이미 세계는 일정한 모습으로 존재했었고 우리의 인식에 따라 그 모습이 바뀌는 것은 아니다.

그렇지만 또 한편으로는 많은 의문들이 일어난다. 만약 우리가 어떤 편견에 사로잡혀 사물을 보고 있다면, 우리가 보는 세계는 실제로 존재하는 그대로의 세계는 아닐 수도 있다. 전통적으로 편견을 갖고 사물을 본다면 사물을 제대로 이해하지 못한다고 주장되어 왔던 것은 이 때문이다. 이런 이유에서 프란시스 베이컨(F. Bacon)은 진리를 인식하기 위해서는 우리의 눈을 왜곡시키는 여러 우상들을 타파해야 한다고 주장했던 것이다. 우리가 편견이나 여러 우상들에 사로잡혀 사물을 본다면, 마치 볼록 렌즈나 오목 렌즈를 통해 사물을 보는 것처럼, 사물들은 분명히 굴곡되어 나타날 것이다. 이렇게 굴곡되어 나타나는 세계는 실제로 존재하는 그대로의 세계가 아니라, 우리가 보는 한에서만 존재하는 세계라고 해야 할 것이다.

논의를 더욱 진행시켜 보자. 만약 우리가 아무리 노력해도 이런 편견이나 우상들을 걸어 낼 수 없다면, 우리는 원천적으로 반실재론자일 수밖에 없을 것이다. 왜냐하면 우리가 보는 이 세계는 존재하는 그대로의 세계라기보다는 우리가 구성한 세계이기 때문이다. 관념론자 조지 버클리(G. Berkeley)가 주장한 예가 그것이다. 그는 사물들을 우리가 지금 이와 같이 보는 것은 사물 그 자체의 모습 때문이 아니라 우리가 그렇게 보기 때문이라고 주장했다. 남산의 송신탑은 멀리서 보면 작아 보이고 가까이서 보면 커 보인다. 조명을 달리하면 방 안의 사물들도 다른 색깔로 보이며, 자외선 안경을 쓰고 보면 그냥 육안으로 볼 때와는 완전히 다른 색채의 세계가 나타난다. 모두가 우리가 어떻게 보는가에 달려 있다. 원효가 어둠 속 동굴에서 마신 물은 갈증을 해갈해 주는 감로수였으나 밝은 날 아침, 그 물은 썩은 물로 변했다. 이런 논리에서 볼 때, '일체유심조(一切唯心造 : 모든 것은 마음이 만들어 낸 것이다.)'는 반실재론의 정수를 드러내는 말이다.[1]

이를 역사 세계에 적용시켜 보면 어떻게 될 것인가. 우리는 역사 실재론을 과거의 역사가 우리의 인식과는 관계없이 그 자체로 존재한다는 이론으로 규정할 수 있다. 반면에 역사의 반실재론은 역사란 우리의 인식과 상관해서만 존재한다는 이론으로 규정지을 수 있다. 그러므로 실재론적 역사 인식론이란 우리가 자신을 뛰어넘어 역사 세계를 곧바로 알 수 있다는 이론이며, 반실재론적 역사 인식론이란 우리가 자신을 뛰어넘어 대상을 본다고 하면서 사실은 자신이 갖고 있는 어떤 틀을 역사 세계 위에 덮어씌워 본다는 이론이다.

나는 역사의 반실재론 중에서도 역사 구성주의를 역사 실재론과 대칭적인 위치로 부각시킨 후, 이를 역사 인식의 기본적인 두 유형으로 대비해서 논의하려고 한다. 이것은 두 가지 이유 때문이다. 하나는 역사의 특수한 성격 때문이고, 다른 하나는 구성주의가 반실재론의 가장 현대적이고 핵심적인 주장을 담고 있기 때문이다. 관념론자들이나 극단적 경험주의자들은 과거란 이미 흘러갔고 더 이상 존재하지 않기 때문에, 남겨진 흔적을 근거로 과거를 우리의 정신 속에 다시 살릴 때만 역사는 존재하게 된다고 주장한다. 이러한 논의는 구성주의적 인식론에 의해 강력하게 뒷받침된다.

구성주의는 약한 구성주의와 강한 구성주의로 나뉠 수 있다. 약한 구성주의는 세계 자체가 존재하지만 우리가 아는 세계는 우리가 구성한 현상 세계에 국한된다는 주장이며, 강한 구성주의는 세계 자체까지도 구성된 것이라는 주장이다. 임마누엘 칸트(I. Kant)의 구성주의는 전자를 대표하고, 넬슨 굿맨(N. Goodman)의 '세계 만들기 이론'은 후자를 대표한다. 같은 논리로 약한 구성주의 역사 인식은 존재했던 과거의 역사 세계 자체를 부정하는 것은 아니지만 우리가 그것에 곧바로 접근하는 것을 부정하는 입장으로 규정된다. 그리고 강한 구성주의는 과거의 역사 세계 자체까지도 부정하는 입장이다. 이런 관점에서 보면, 현재주의의 현재화된 역사 서술과 인문주의의 이야기체 역사 서술은 강한 구성주의로, 실용주의의 역사 서술은 약한 구성주의로 분류될 수도 있다.

앨런 먼슬로(A. Munslow)는 두 종류의 역사를 구분한다.[2) 재현주의(reconstructionism)와 해체주의(deconstructionism)가 그것이다. 재현주의는 경험주의와 실재론에 대한 근본적인 신념을 유지하고 있다. 그것은 역사는 객관적으로 존재하는 세계이며, 우리는 이를 우리의 눈앞에 다시 불러올 수 있다는 이론이다. 해체주의는 역사의 내용은 자료에 의해서 규정되는 것만큼이나 그 내용을 서술하는 언어의 본성에 의해서 규정되는 것으로 본다. 해체주의는 재현주의 역사가들이 추구하는 증거와 해석 간의 대응을 부정하면서 과거를 발견의 대상이 아니라 다양하게 음미되어야 할 텍스트로 취급한다. 이런 기준에서 보면, 재현주의는 실재론적 역사 인식론을 의미하는 반면에, 인문주의의 이야기체 역사 서술은 해체주의로 분류된다.[3)

실재론은 진리의 대응 이론을 함축한다. 반면 반실재론은 정합론적 진리론이나 실용주의적 진리론을 주장한다. 대응 이론은 우리의 판단과 대상이 서로 대응할 때 우리의 판단은 진리가 된다는 주장이다. 아리스토텔레스는 대응 이론을 가장 단순하게 다음과 같이 정식화시켰다. 존재하는 것을 '존재한다'고 주장하거나 존재하지 않는 것을 '존재하지 않는다'고 주장하는 것은 진리이고, 존재하는 것을 '존재하지 않는다'고 주장하거나 존재하지 않는 것을 '존재한다'고 주장하는 것은 거짓이다. 예컨대 눈이 오는 날, '눈이 온다'고 하는 주장은 진리이고, '비가 온다'고 하는 주장은 거짓인 것이다.

반실재론은 진리의 대응 이론을 철저히 부정한다. 왜냐하면 그것은 우리의 인식과 독립적인 어떤 대상을 상정할 수 없고, 그 결과 우리의 판단과 실재와의 대응은 원천적으로 불가능하다고 보기 때문이다. 그러므로 반실재론은 우리에게 유용한 어떤 판단을 진리로 받아들이거나, 아니면 어떤 판단이 우리가 이미 수용한 어떤 기본적인 주장과 합치될 때, 그것을 진리로 해석한다. 혹은 어떤 공동체의 구성원들이 어떤 판단에 합의하거나 동의할 때, 이것을 진리로 취급한다.

유용성은 목적이나 욕구를 포함하는 상황에 따라 변할 수 있다. A 상황에서 유용하던 것이 B 상황에서는 무용지물이 될 수 있다. 단지 자명하다는 이유만으로 우리가 어떤 주장을 수용했다면, 상황에 따라 그것은 거부될 수 있다. '자명함'이란 어떤 상황 속에서의 명백함이기 때문이다. 어떤 공동체의 합의도 구성원들이 교체되거나 구성원들의 생각이 바뀌면 깨질 수 있다. 여기서 우리는 반실재론이 진리의 상대주의와 태생적으로 근친 관계에 있다는 것을 확인한다.

1 실재론적 역사 인식의 기본 교설

우리가 역사의 실재론을 받아들일 때, 역사 연구가 어떤 모습을 띨 것인가 하는 것은 쉽게 짐작이 간다. 실재론자는 역사 연구가 최대한 과거의 세계를 있었던 그대로 복원해야 한다고 주장한다. 이를 우리는 과거의 재현이라 부른다. 물론 결과적으로 존재했던 그대로의 완전한 재현은 불가능하다는 결론에 도달할 수도 있겠지만, 실재론자에게 적어도 역사 서술의 목표는 존재했던 그대로의 재현이 된다.

실재론적 역사 서술은 가장 오래된 상식적인 역사 연구의 태도라고 할 수 있다. 서양 역사학의 아버지라고 불리는 헤로도토스(Herodotos)는 그의 『역사』 첫머리에서 자신의 목적을 다음과 같이 밝히고 있다. "이 책은 할리카르나소스 출신인 헤로도토스가 인간 세계의 사건들이 시간이 지남에 따라 잊혀져 가고 그리스인과 이방인의 놀라운 위업들, 특히 이 양자가 어떠한 이유로 전쟁을 하게 되었는가를 세상 사람들이 알지 못하게 될 것을 염려해서 스스로 연구, 조사한 것을 서술한 것이다."[4] 그 후 투키디데스(Thucydides)와 동양의 사마천(司馬遷)에서부터 오늘날까지 대다수의 역사가들은 실재론적 역사 인식을 역사 인식의 기본적인 틀로서 이해했다. 특히 역사학을 전문적인 학문 분야로 새롭게 출발시킨 독일의 고전적 역사주의는 실재론적 역사 인식의 대표적인 기수이다.

물론 고대나 중세의 역사가들이 근대의 과학적 역사학 같은 객관성을 추구했다고 하기는 어렵다. 역사 탐구의 방법론이 갖고 있는 시대적 한계 때문에 그들이 쓴 역사에 오늘날과 같은 객관성을 부여하기는 어려울지 모른다. 그럼에도 불구하고 그들은 역사 세계가 객관적으로 존재했었고, 역사 서술의 목적이 그것의 재현이라는 것을 의심하지 않았다.

18세기 계몽주의는 세속적 관점에서 인류 보편사라는 새로운 역사관을 창안했다. 이것은 아우구스티누스(Augustinus)가 기독교적 입장에서 인류 보편사를 논의한 것과는 전혀 다른 것이었다. 아우구스티누스의 『신국』은 로마 제국에 대한 게르만 민족의 침략과 연관이 있다. 아우구스티누스는 모든 국가를 기독교 국가와 비기독교 국가로 나누고 하나님의 나라인 기독교 국가가 비기독교 국가와의 싸움에서 결국은 승리할 것이라고 주장했다. 이때 이런 기독교 국가의 승리의 역사가 바로 인류 보편사로 승격된다. 그렇지만 계몽주의의 보편사는 종교적 관점과는 관계없는 세속적인 것이었다. 계몽주의는 인류가 하나의 단일한 유(類)의 생명체 집단이며, 모든 인간은 이성적 측면에서 볼 때 동일한 인간성의 소유자라고 보았다. 동시에 이들은 인류의 역사가 하나의 거대한 진보적인 흐름을 형성한다고 생각했고, 우리는 이성에 의해 이 흐름을 있는 그대로 탐구할 수 있다고 믿었다.

프리드리히 마이네케(F. Meinecke)가 독일 정신이 이룩한 가장 위대한 정신 혁명이라 격찬한 고전적 역사주의는 역사를 개성의 발전이라는 관점에서 이해하려고 하는 사상이다. 요한 헤르더(J. G. Herder), 칼 훔볼트(K. W. Humboldt), 랑케 등은 계몽주의의 보편적 인간성의 발휘를 통한 인류 보편사의 진보 이론에 대항하여, 여러 민족 정신들의 독특한 개성의 발전이라는 이론을 반명제로 제안했다.

이들은 모두 역사는 보편적인 것을 추구하는 것이 아니라, 개별적인 것, 특수한 것을 추구한다고 주장한다. 헤르더의 다원주의가 그 대표적인 실례이다. "한 개인의 개성이란 얼마나 표현하기가 어려운가, 그를 분명히 구별하기가 얼마나 어려우며, 그가 어떻게 느끼고 체험하는지를 아는 것이 얼마나 어려운가. 모든 것을 그의 눈은 얼마나 다르게 보며, 그의 영혼은 얼마나 다르게 측정하며, 그의 심장은 얼마나 다르게 경험하는가."[5] 헤르더에 의하면 인간들의 자연 공동체는 풀처럼 자발적으로 성장한다. 그것은 인위적 조임 틀에 의해 강제로 결합되거나 단순히 무력에 의해 공고해지는 공동체가 아니다. 이처럼 자연적으로 결속된 사회들은 제각기 나름대로의 완성의 이상을 추구하며, 한 사회의 이상은 나머지 다른 사회들의 이상들과 비교될 수 없을 정도로 완전히 구별되는 것이다.

그렇지만 이들은 역사 인식에서는 철저히 실재론적이다. 말하자면 역사 탐구란 존재했던 그대로의 세계를 재현하는 것이었다. 물론 헤르더를 비롯한 많은 민족주의자들이 감정이입이라는 특이한 방법을 써서 다른 민족정신이나 다른 시대정신을 파악해야 한다고 주장했지만, 이것은 어디까지나 객관적 인식을 위한 특이한 방법론일 뿐이었다.

존재했던 세계를 재현한다고 할지라도 여러 가지 목적과 방법이 있을 수 있다. 고대로 올라갈수록 역사 서술의 목적은 후대에 교훈을 주기 위해서였다. 종교적 교리를 강화하고 전도하기 위해 역사가 필요하기도 했고, 국가의 건설과 권위를 높이기 위해 역사가 요구되기도 했다. 우리의 경우 일제 식민 통치 시대에서 보듯이 역사는 민족 독립 운동의 가장 강력한 무기가 되기도 했다.

역사학이 과거를 재현하는 목적만을 위해서 존재하게 된 것은 극히 최근의 일이다. 이와 함께 역사의 객관성에 대한 요구도 강력해졌다. 객관주의 역사학의 상징적 존재인 랑케는 그의 『라틴 및 게르만 여러 민족의 역사 1494~1514』의 서문에서 다음과 같이 주장한다.

이 책은 라틴 민족과 게르만이 관련된 모든 역사들을 총체적으로 이해하려는 것이다. 지금까지의 역사 연구는 과거를 심판하고 동시대인에게 미래의 행복을 제시하는 임무를 수행해 왔다. 그렇지만 이 책은 그와 같은 고상한 임무를 수행하고자 하는 것이 아니라 단지 과거가 실제로 어떠했는가를(wie es eigentlich gewesen) 보여 주고자 할 뿐이다.

그렇다면 이 같은 새로운 연구는 어떤 출처에 근거해서 수행할 수 있을까? 이 책의 근거, 말하자면 이 책의 출처는 회고록, 일기, 서한, 외교관의 보고서, 목격자 자신의 기술이다. 이 밖의 저술은 오로지 전자에서 직접 끌어온 것이거나 혹은 일차적인 지식을 통해 그것과 비견될 만한 것으로 생각될 때만 고려 대상이 되었다.[6]

이 서문의 키워드는 그 유명한 '본래 있었던 그대로'이며, 이 주장의 핵심은 과거의 재현이다. 그는 이렇게 함으로써 역사가 교훈적이거나 실용적인 차원에서 수단으로 이용되는 것을 막고 철저한 객관성 위에서 역사를 독자적인 학문으로 정초하고자 했다. 랑케의 이러한 태도를 우리는 때로는 역사의 실증주의라고도 부르는데, 이것은 그 후 몇 세대에 걸쳐 지금까지 심대한 영향력을 행사하고 있다.

실증주의(positivism)라는 말을 처음으로 사용한 사람은 19세기 프랑스의 사회사상가인 생시몽(Saint-Simon)이다. 그가 이 말로써 의미하고자 했던 것은 결국 넓은 의미의 과학적 탐구의 방법이었다. 그후 오귀스트 콩트(A. Comte)에 이르러 실증주의는 하나의 사상 체계로 확립되어 19세기 후반과 20세기 초반까지 유럽의 전 지역에 걸쳐 지배적인 사조가 되었다.

콩트는 인류 역사의 진보를 믿었으며 역사의 진보 과정을 세 단계로 구분했다. 제1단계는 모든 현상을 초자연적 존재의 직접적인 작용으로 설명하고자 하는 신학적 단계이고, 제2단계는 모든 현상에 대한 설명적 원리가 추상적 힘이나 목적으로 대체되는 형이상학적 단계이며, 제3단계는 경험에 의해 실제로 검증할 수 있는 방법으로 사실을 확인하고 이런 기초 위에서 추론에 의해 현상 간에 성립하는 '계기와 유사'의 관계를 인식하는 실증적 단계이다. 그러니까 이 마지막 제3단계에서 이루어지는 탐구의 태도가 실증주의인 셈이다. 실증주의는 모든 학문을 과학화할 수 있다는 신념이며, 서양의 중세 시대 신학이 누렸던 만학의 여왕이라는 자리에 과학을 새로이 추대하고자 하는 철학이라 할 수 있다. 사상사적 맥락에서 보면 실증주의는 18세기 계몽사상에 내포된 과학주의를 보다 철저하게 발전시킨 것이기도 하다.

콩트적인 고전적 실증주의의 제일 목표는 모든 과학의 통일성을 확립하는 일이었다. 말하자면, 수학이나 형식 논리학 같은 순수 형식적이고 분석적인 학문을 제외하고, 모든 학문적 지식은 경험적 관찰과 개념적 반성 및 검증이라는 기본적 조치에 의해 하나로 통일될 수 있다는 것이었다.

이런 관점에서 보면 역사학이 과학적 지위로 상승하기 위해서는 개별적 사실의 탐구로부터 일반적 원리의 탐구로 초점을 바꾸어야 한다. 실증주의자들은 관찰과 실험 및 일반 법칙의 적용과 같은 자연 과학적 방법에 입각하여 역사적 현상을 설명할 수 있다고 믿었으며, 이렇게 할 때만 역사학은 과학으로 확립될 수 있다고 믿었다. 이것은 동시에 역사의 탐구가 개별적 현상의 파악에 있는 것이 아니라 사회 집단적 현상이나 총체적 사회 현상의 파악에 있음을 의미하는 것이었으며, 결과적으로 역사학이 동태적 사회학과 동일시되는 것이었다.

그렇지만 우리가 보통 역사의 실증주의라 할 때, 그것은 콩트의 실증주의와 동일한 것은 아니다. 그것은 역사적 진보의 문제나 일반적 법칙의 추구 및 역사학의 공학적 지위 등과는 일차적으로 연관되어 있지 않다. 그것은 주어진 사실에 대한 과학적이고 객관적 탐구라는 가장 넓은 의미로 사용된다.[7]

이런 실재론적 실증주의가 역사 연구에 적용될 때 그것은 다음과 같은 명제들로써 나타난다.[8]

1) 일어난 사건들 그 자체로서의 역사는 우리의 인식 이전에 이미 어떤 형태로든 완성되어 있다. 이런 의미에서 역사 세계는 완전히 객관적으로 존재한다.

2) 역사 세계를 기술하는 진술들은 존재했던 그대로의 사실을 드러낼 때만 참이다.

3) 역사 탐구자는 탐구의 과정에 개입되는 주관의 관점이나 사회적 제약을 제거함으로써 역사적 사실을 존재했던 그대로 밝혀낼 수 있다.

1)은 역사 세계가 우리의 인식 주관과는 완전히 분리되어 존재한

다는 형이상학적 명제이다. 이것은 가장 강력한 실재론적 주장이다. 2)는 진리의 대응 이론을 주장하는 의미론적 명제이다. 이 주장에 의하면 역사적 진술도 사실과의 대응에 의해 참이나 거짓이 된다. 3)은 우리가 역사 세계를 재현할 수 있다는 인식론적 명제이다. 이런 인식론에 의하면, 역사의 탐구자가 존재론적으로 역사적 흐름의 과정에 포섭된다고 할지라도, 말하자면 역사의 탐구자 역시 역사 세계의 일원이라 할지라도, 그는 이성의 능력에 의해 역사 세계를 객관화시키는 것이 가능하다. 또한 인식의 과정에 개입되는 여러 가지 주관적 요인과 사회적 제약에도 불구하고, 역사 탐구자는 그런 요인이나 제약들을 배제하거나 통제할 수 있으며, 그럼으로써 과거의 사실들을 정확하게 재현하는 것이 가능해진다.

이런 관점에서 랑케는 다음과 같이 말할 수 있었던 것이다. "나는 나의 자아를 제거하여 다만 사실로 하여금 말하게 하며, 강대한 모든 힘을 눈앞에 나타나게 하려고 할 뿐이다."[9] 랑케는 인식 주관을 배제하고 사실 자체를 탐구하는 금욕적 자세를 역사가의 제일 덕목으로 제시했다. 이보다 더 강력한 객관주의는 불가능해 보인다. 19세기 영국의 역사가 조지 액턴(G. Acton)의 다음과 같은 주장도 같은 정신에서 나온 것이라 할 수 있다. "물론 우리는 우리 세대에 완전한 역사를 가질 수는 없다. 그렇지만 우리는 전통적인 관습적 역사를 정리할 수 있으며, 여러 사람에게 우리가 도달해 있는 지점을 알려 줄 수도 있다. 지금은 모든 정보를 획득할 수 있고 모든 문제를 해결할 수 있다."[10] 액턴은 "우리가 저술하는 워털루 전투는 프랑스인, 영국인, 독일인, 네덜란드인을 모두 만족시켜 주는 것이 되어야 한다."고 말하기도 했다. 이때 역사 탐구에서 결정적으로 중요한 깃은 충분하게 수집되고 잘 기록되어 있는 사실들일 뿐 이론적이거나 철학적인 성찰은 불필요하거나 심지어 해로울 수도 있다. 역사는 사실들로부터 스스로 이루어지는 것이기 때문이다.

역사적으로 보면, 역사적 실증주의를 뒷받침하는 가장 강력한 인식론적 기초는 수동주의 내지는 축적주의라 할 수 있다. 수동적 인식론은 인식 주관으로부터 독립된 사물의 존재와 순수한 관찰을 전제하는 것이다. 그것은 우리의 모든 참된 지식이란 우리의 감각 경험을 통해 들어오며, 흡사 거울이 사물의 모습을 상으로 비추듯, 우리의 감각은 사물의 모습을 있는 그대로 드러낼 수 있음을 주장한다. 이때 오류란 전적으로 인식 과정에 개입되는 우리 주관의 편견이나 욕망에 의해 사물의 상이 찌그러져 나타나는 것일 뿐이다. 그러므로 수동적 인식론에 있어서 우리가 인식의 오류를 피하는 최선의 길은 우리 자신의 개입을 배제하고 전적으로 수동적으로 남는 길이다.

우리가 이를 축적적 인식론이라고도 하는 이유는 하나하나의 사실을 축적해서 전체의 모습을 형성하려는 그 태도 때문이다. 이것은 우리의 지식을, 감관에 의해서 받아들여지고 박물관같이 정신 속에 저장되는 자료들의 수집으로 간주한다. 이것은 개별적인 사실들 하나하나를 축적해서 일반적인 이론이나 법칙에까지 도달하고자 하는 귀납주의의 기본 사상이기도 하다.[11]

실재론적 역사 인식은 다음과 같이 그려 볼 수 있다.[12]

〔그림 1〕 실재론적 역사 인식 : 각 영역의 경계선은 분명하게 구별된다.

증거는 역사 세계가 남긴 자료들이다. 증거에 의해 역사 세계는 시간을 넘어 존속한다. 그러므로 증거는 역사 세계의 정보를 제공하며, 역사 서술은 증거에 의해 가능해진다. 역사 서술은 다시 증거에 의해 입증되어야 하고, 이런 과정을 통해 역사 세계가 재현된다.

2 반실재론적 역사 인식의 기본 교설

반실재론적 인식론의 가장 대표적인 형태는 구성주의이다. 구성주의는 우리의 모든 인식을 세계에 관한 원자료를 기초로 하여 우리가 구성한 결과물로 본다. 구성주의의 구성은 보통 개인적 차원이 아니라 사회적 차원에서 논의되므로 사회적 구성주의(social constructivism)라고 해야 정확하다. 논리적 측면에서 보면 개인적 차원의 구성주의도 불가능한 것은 아니다. 모든 개인은 나름대로의 독특한 인식의 틀을 갖고 있고, 그것을 기초로 세계를 인식한다는 주장도 성립될 수 있기 때문이다. 그렇지만 개인적 구성주의는 지나치게 극단화되었다고 볼 수 있다. 한 사회가 다른 사회와 구별되는 어떤 특성을 갖고 있고, 이 특성은 결국 그 사회 구성원들이 공유하는 특성인 한에서, 사회적 차원에서의 구성주의가 논의의 중심이 될 수밖에 없다. 이것은 실용주의가 사회적 차원에서 논의되는 것과 같은 이치이다.

구성주의 인식론의 원조는 임마누엘 칸트이다. 칸트의 구성주의 인식론은 보통 코페르니쿠스의 혁명에 비유된다. 코페르니쿠스 혁명은 태양이 지구를 돈다는 프톨레미의 천동설을 지구가 태양을 돈다는 지동설로 바꾼 것을 가리킨다. 칸트는 인식 주관과 대상의 관계를 비슷하게 전환시켰다. 즉 대상을 중심에 놓고 인식 주관이 그것을 반영한다는 전통적인 인식론을, 인식 주관을 중심에 놓고 인식 주관이 대상을 구성한다는 인식론으로 바꾼 것이다.

　이것은 결국 수동적 인식론을 능동적 인식론으로 바꾼 것이라 할 수 있다. 말하자면 우리의 지식은 수동적 관찰의 결과라기보다는 거의 대부분이 능동적인 정신적 행위의 결과라는 것이다. 그러므로 우리가 지식을 얻고자 한다면, 우리 스스로가 능동적으로 조사하고 비교하고, 종합하고 일반화하지 않으면 안 된다. 이것은 또한 어떠한 전제로부터도 자유로운 인식이란 존재할 수 없다는 것을 의미한다. 우리의 인식이란 자료들을 가공하고 정리하는 우리의 인식의 틀을 작동시킨 결과이기 때문이다. 즉 우리는 무로부터 출발할 수는 없고, 과학의 경험적 방법에 의해서는 검증되지 않는 어떤 전제의 체계를 갖고 우리의 일을 추진할 수밖에 없다는 것이다. 칸트는 이런 전제의 체제를 인간 이성의 불변적 구조를 의미하는 '범주적 틀'이라 규정했지만, 현대의 인식론자들은 훨씬 자유롭고 다양하게 해석하고 있다. 따라서 그것은 '개념 체계'라 불리기도 하고 '세계관'이나 '패러다임'이라 일컬어지기도 한다.

　이런 인식론의 가장 현대적인 형태가 패러다임 이론이다. 패러다임은 매우 복잡한 개념이지만, 핵심은 우리가 세계를 이해하는 가장 기본적인 인식의 틀이라 할 수 있다. 패러다임 이론은 우리가 어떤 인식의 틀을 갖느냐에 따라 세계는 달리 보인다고 주장한다. A 패러다임에서 오리로 보이던 것이 B 패러다임에서는 토끼로 보인다. 우리가 어떤 형태의 패러다임이든 어떤 패러다임을 갖고 세계를 볼 수밖에 없는 한 세계의 실체는 무엇인지 알 수가 없다. 패러다임 이론의 관점에서 보면 세계는 우리가 해석한 세계이다.

　토머스 쿤의 『과학 혁명의 구조』는 패러다임 이론의 교과서이다. 쿤이 제안한 패러다임은 특별한 과학자 사회가 채택한 일반적인 이론적 가정들과 법칙들 및 그것들의 적용에 대한 기술들로 구성된,

넓은 의미의 세계관이라고도 할 수 있다. 이때 경쟁적인 여러 패러다임들은 서로 불가공약적(incommensurable)[13]이다. 즉 그들은 서로 비교되거나 번역될 수 없다. 그러므로 어떤 특정한 패러다임 A를 통해서 이 세계를 바라보는 과학자와 다른 패러다임 B를 갖고 일하는 과학자는 전연 다른 세계 속에 살고 있는 셈이다.

이런 구성주의를 역사 인식에 적용시켜 보면 구성의 과정은 더욱 중첩적으로 나타난다. 즉 역사가가 마주치는 기록된 사료는 이미 어떤 패러다임의 관점에서 해석된 결과이다. 구성주의에 의하면 해석되지 않은 인식은 성립될 수 없기 때문이다. 역사가는 그것을 다시 해석해야 한다. 이때도 물론 어떤 패러다임이 작동한다. 그러므로 역사가가 기록된 자료를 근거로 작업을 수행하는 한, 그는 언제나 해석을 다시 해석한다는 이중의 해석에 직면한다고 할 수 있다. 예컨대 여기 우리 앞에 『조선왕조실록』이 놓여 있다고 하자. 그것은 역사를 보는 어떤 패러다임 아래서, 말하자면 왕조 사관 아래서 기록한 것으로 보아야 한다. 우리는 그것을 자료로 삼아 우리가 갖고 있는 어떤 패러다임에 기초하여 역사를 다시 쓰고자 한다. 이것은 이중의 구성이며, 이중의 해석이다.

역사의 구성주의는 다음과 같은 명제들로 정식화될 수 있다.[14]

1) 역사 세계는 완성된 형태로서 인식 주관으로부터 독립해서 존재하는 것이 아니라 역사 세계와 유기적인 전체를 형성하는 인식 주관에 의해 구성되는 것이다.

2) 역사적 사실을 기술하는 진술들은 언어 사용의 맥락에서 '참'으로 해석될 때만 참이다.

3) 역사 인식의 과정에 인식 주관이 갖고 있는 관점이나 세계관이 불가피하게 개입하므로, 우리는 역사적 사실들을 그대로 드러낼 수가 없다.

이런 구성주의의 고전적 형태는 현재주의나 실용주의 역사 이론이지만, 최근의 탈근대주의 역사학이 이를 더욱 극명하게 보여 준다.

이들의 공통된 주장은 상대주의이다. 이들은 대개 개인적 상대주의라는 극단적 형태로까지는 전진하지 않는다 할지라도 '시대적', '문화적', '계층적' 및 '집단적' 형태의 상대주의라고 할 수 있다.

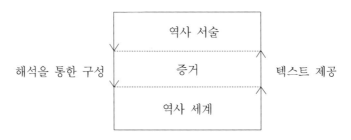

[그림 2] 반실재론적 역사 인식 : 각 영역의 경계선은 분명하게 구별되지 않는다.

3 두 이론의 문제점들

현대의 인식론에서 볼 때 소박한 실증주의는 지지를 받기 어려워 보인다. 인식 대상에 대한 인식 주관의 순수한 반영적 인식론은 더 이상 유지되기 어렵기 때문이다. 그렇다고 우리가 현재주의를 받아들이면 주관주의와 상대주의에 빠져 역사의 객관성을 상실하고 만다.

수동적 인식론은 해결하기 어려운 몇 가지 문제점을 안고 있다. 우리의 관찰 자체가 그렇게 순수하지 않다는 것이 가장 큰 문제점이다. 현대의 인식론적 용어로는 이를 관찰의 이론 의존성이라 표현한다. 관찰에 앞서 이미 이론이 존재하고 있다. 여기서 이론은 단순한 가설에서부터 넓은 의미의 세계관적 틀까지를 포함한다고도 할 수 있는데, 이런 전제 아래에서만 관찰이 이루어진다. 그러므로 이론이 일차적이며, 관찰이 오히려 이차적이다. 칼 포퍼(K. Popper)는 관찰의 이론 의존성을 다음과 같이 설명하고 있다. "나는 과학적 발전의 어떠한 단계에서도 우리가 이론의 성질을 띠고 있는 어떤 것 없이 출발할 수는 없다고 생각한다. 이 이론의 성질을 띤 어떤 것이란 가설, 선입견, 또는 문제와 같은 것으로 어떤 방식으로든 우리의 관찰을 인도해 가고, 관찰의 무수한 대상들 가운데서 흥미가 있을 듯한 대상들을 선택하는 데 도움을 주는 것들이다."[15] 우리가 관찰에 앞선 전제들을 무엇이라 부르든 관계없이, 현대 인식론의 주류를 이루는 능동적 인식론은 역사적 실증주의의 명제 3)과는 양립하기 어려운 것으로 보인다.

이와 아울러 역사의 실증주의가 안고 있는 두 번째 난점은 그것이 역사의 선택적 측면을 간과한 점이다. 역사는 선택을 불가피하게 함축하지 않을 수 없다. 역사의 원초적 자료라 할 수 있는 신문의 예를 보자. 신문은 결코 일어난 모든 사실을 기록하고자 하지도 않으며, 또 그렇게 할 수도 없다. 어떤 신문이든 일정한 편집 지침에 입각해서 수많은 자료 중 중요한 것으로 판단된 사실만을 선택해서 기록한다. 따라서 선택의 기준이라 할 수 있는 편집 지침에 따라, 같은 사건이라도 다르게 취급될 수 있다. 다르게 취급된다는 것은 그 사건의 중요성을 다르게 평가한다는 것일 뿐만 아니라, 그 사건을 전혀 다른 시각에서 드러낸다는 것이기도 하다.

가장 원초적 자료라 할 수 있는 신문이 이렇다면, 이를 기초로 보다 추상적인 단계에서 추진되는 역사 서술에는 선택이 더욱 불가피하게 개입될 것이다. 만약 우리가 선택의 관점을 피하고자 한다면, 우리는 객관적 기술에 도달하기는커녕 전혀 관련이 없는 진술들의 단순한 집적에만 도달할 수 있거나, 자료의 홍수 속에 질식하고 말

것이다. 그리고 선택은 결국 어떤 형태의 주관적 가치 판단에 기초하고 있으므로, 우리가 역사에서 주관을 완전히 배제하는 것은 불가능하다고 할 수 있다.

이제 역사의 실증주의가 유지될 수 없는 이유는 분명해졌다. 역사의 실증주의가 주장하는 명제 1)과 2)를 우리가 승인한다 하더라도 3)을 액면 그대로 수용할 수는 없기 때문이다.

역사 구성주의의 문제점은 무엇인가? 역사의 실증주의는 역사학의 과학성과 객관성을 강조했지만, 역사 탐구에 개입되는 인식 주관의 역할을 간과함으로써 실제적인 역사 탐구의 과정을 충분히 설명할 수 없었다. 반면에 역사의 구성주의는 역사 탐구자의 주관을 지나치게 강조함으로써 역사 인식의 객관성과 과학성을 파괴하고 말았다.

역사 인식의 객관성이란 우리가 반드시 추구하지 않으면 안 될 탐구자의 덕목이다. 물론 지금도 역사학이 과학의 영역에 속하는 것인가 예술의 영역에 속하는 것인가 하는 논쟁이 완전히 결판난 것은 아니다. 더 나아가 과학과 예술 사이에 과연 어떤 질적 차이가 존재하는가 하는 과학의 합리성을 둘러싼 비교적 최근의 논쟁도 있다. 그렇지만, 우리가 합리주의적 태도를 견지하는 한, 일단 예술과 과학은 구별되며, 역사는 예술이 아니라 과학의 분야라는 주장을 수용하지 않을 수 없을 것이다. 합리주의자의 이유는 간단하다. 과학적 탐구의 특성은 인식의 객관성에 있는 반면, 예술의 특성은 미의 창조에 있다고 보기 때문이다. 만약 우리가 역사학을 과학으로 간주하지 않거나, 혹은 과학의 객관성을 전적으로 의심한다면, 어떤 역사 서술이 날조되었거나 왜곡되었다는 주장은 처음부터 아무런 의미도 갖지 못할 것이다. 이런 상황은 극히 비상식적이며 현재 진행되고 있는 실제적인 역사 탐구의 과정과도 일치하지 않는다.

문제의 핵심은 우리가 역사학의 객관성을 추구하지만, 역사 인식에는 주관의 개입이 불가피하므로 객관성이 위협받는다는 데 있다. 사실 이 문제는 오늘날 역사학만의 문제라고 보기는 어렵다. 수동적 인식론 대신에 능동적인 인식론이 제창된 후부터 주관의 작용과 객관성의 위협이라는 문제는 인문 사회 과학과 자연 사회 과학을 막론하고 인식 일반의 문제로서 제기되었으며, 과학의 합리성에 관한 논의도 이런 맥락에서 설명될 수 있다. 논의의 초점을 역사 인식의 객관성에 국한시켜 보자. 결국 무엇이 문제인가? 두 개의 문제로 압축할 수 있다. 하나는 역사 인식에 개입되는 우리의 주관적 요인들이란 구체적으로 어떤 것들인가 하는 것이고, 다른 하나는 이런 주관적 요인들은 역사의 객관성을 완전히 파괴하는 것인가 하는 문제이다.

결론적으로 역사의 구성주의는 두 개의 잘못을 저질렀다고 할 수 있다. 하나는 주관적 요소를 모두 객관적 인식을 방해하는 장애물로만 본 것이고, 다른 하나는 자신의 개념 체계나 패러다임에 대해서는 비판을 가할 수 없다고 본 것이다. 역사의 구성주의가 항상 상대주의를 초래할 수밖에 없었던 것은 이러한 오류 때문이었다.

2장

현재주의 : 모든 역사는 현재의 역사다

　역사학은 시간과 밀접한 연관을 갖는다. 우리가 과거, 현재, 미래라는 시간의 상식적 분류를 용인한다면, 역사학에서 연구자와 연구 대상은 같은 시간 차원에 있지 않다. 즉 연구자인 우리는 현재에 살면서 과거에 속하는 대상들을 밝히고 서술하려는 것이 역사학이다. 이때 연구자와 연구 대상이 같은 차원의 시간에 있지 않다는 시간상의 거리는 역사학에서 극복해야 할 수많은 문제들을 제기한다.

　먼저 '과거'가 주는 난점이 있다. 즉 과거는 시간상으로 이미 지나버린 것이므로 우리는 과거를 직접 대면할 수 없다. 우리가 갖고 있는 것은 과거가 남긴 단편적인 흔적들뿐이다. 뿐만 아니라 과거 사람들은 우리와는 다른 환경 속에서 다른 생각과 다른 기준을 갖고 행위했다. 이런 상황에서 우리가 과거를 재현한다고 할 때, 어떤 식으로 접근하는 것이 가장 합리적이라 할 수 있을까.

　현재주의는 존재론적 관점에서 보면 과거는 현재의 우리 정신이 되살릴 때만 부활한다는 교설이다. 현재주의가 볼 때, 책의 기록으로만 존재하는 과거는 죽은 과거이다. 우리가 그것을 읽고 이해할 때, 그것은 살아난다. 우리가 그것에 관심을 갖지 않고 기억하지 못할 때, 그것은 죽은 상태이다.

동시에 인식론적 관점에서 보면, 현재주의는 현재의 관점이나 기준을 과거의 인물이나 사건에 그대로 적용하는 접근법을 의미한다. 말하자면, 과거를 이해한다는 것은 과거를 재창조하는 것이며 현재를 그대로 과거에 투사하는 것으로 보는 입장이다. 이러한 입장은 과거는 그 자체를 위해서, 그 자신의 권리에서, 그 자신의 술어로 연구되어야 한다는 실재론적 실증주의적 입장과는 대립된다.

역사의 실증주의와 현재주의는 오랫동안 계속해서 논쟁을 벌여왔다. 그 논쟁은 과거란 객관적 실재로서 끈기 있게 그리고 냉정하게 연구하기만 하면 실제 일어났던 그대로 재현될 수 있는 것이라고 생각하는 사람들과, 과거란 단지 기억 속에 남아 있는 경험들의 집적된 자료 위에 현재의 이념과 관심이 투영된 것이라고 생각하는 사람들 간의 싸움이었다고 할 수도 있다.[1) 역사 인식의 오류에 대해 이들이 얼마나 서로 다른 입장을 취하는지 생각해 보자. 실증주의자는 역사 인식이 실제로 일어난 과거의 모습을 제대로 포착하지 못한 것이라면, 그것은 오류가 되고 바르게 교정되어야 한다고 주장한다. 그렇지만 현재주의의 관점에서 보면 역사 인식의 오류란 사실과의 대응이 아니라 기본적으로 해석의 차이에서 연유한다고 할 수 있다. 그러므로 극단적 현재주의에서 역사의 오류란 큰 의미를 갖지 못한다. 아니 오류란 처음부터 존재하지 않았다고 해야 정확할 것이다. 역사란 항상 역사를 탐구하는 자의 필요나 관심에 대한 대답이며 해석일 뿐이기 때문이다.

이러한 현재주의는 정당화될 수 있는가? 현재주의가 주장되는 이유는 무엇이며, 그것의 인식론적 기초는 무엇인가?

1 현재주의가 제기되는 이유

현재주의는 그 명칭이 암시하듯 우리가 과거를 연구한다고 할지라도 관심의 초점을 현재에 맞춘다. 그 이유는 다음과 같은 몇 가지 문제 때문이다.

첫째, 현재주의는 과거란 완전히 사라진 시간으로 본다. 그러므로 우리가 정신 속에서 되살리지 않는 한, 과거란 존재하지 않는다고 생각한다. 역사는 객관적으로 존재하는 것이 아니라, 역사가가 관심을 갖는 한에서만 존재하는 어떤 것이라는 주장도 현재주의의 존재론적 시각을 나타낸다.

현재주의의 관점에서 보면 과거를 탐구하는 것은 지금 이 순간 활동하고 있는 우리들이다. 현재라는 터전 위에서 우리는 사실을 재구성해야 하고, 역사적 사실에 대해 설명해야 하며, 역사의 과정을 전체로서 이해해야 한다. 그러므로 현재주의는 그 명칭이 암시하듯 역사의 비중을 과거가 아니라 현재에 두고자 한다. 현재가 과거를 재창조한다.

물론 현재주의자들도 역사의 기록이 없다고 주장하는 것은 아니다. 역사를 기록한 문헌이나 과거의 유물은 박물관에 가면 흔히 볼 수 있다. 누구도 이를 부정하지는 못할 것이다. 수천 년이 지난 유물도 얼마든지 볼 수 있고, 과거 사람들의 의식주에 관한 유물들도 수없이 확인할 수 있다. 그렇지만 현재주의는 이들은 그 자체로는 죽은 과거라고 말한다. 그것이 살아 있는 역사가 되기 위해서는, 우리가 과거를 현재 우리의 정신 속에 되살려야만 한다. 이때 비로소 역사는 참된 역사가 되고 살아 있는 역사가 된다. 나는 이를 현재주의의 존재론적 논제라 부르고자 한다.

이것은 시간의 존재론에서 현재주의가 취하는 태도와 연관이 있다. 시간의 존재론에서 현재주의는 과거도 미래도 존재하지 않고 오직 현재만이 존재한다고 주장한다. 현재주의의 반대는 과거와 현재, 미래가 모두 존재한다는 불멸주의(eternalism)이다. 현재주의와 불멸주의 중간에 과거와 현재는 존재하지만, 미래는 존재하지 않는다는 시간 이론이 있다. 불교의 시간론은 대표적인 현재주의이다.[2]

아우구스티누스는 과거는 우리의 기억에서만 존재하며 미래는 기대 속에 존재할 뿐이고, 오직 현재만이 존재한다고 주장했다. 동시에 그는 현재란 과거와 미래 사이의 칼날과 같으며, 시간의 어떤 연장된 길이도 포함하지 않는다고 했다. 현재가 만약 연장된 길이를 갖는다면 여러 부분들로 나눌 수 있을 것이고, 이 여러 부분들은 동시적이어야 한다. 그렇지만 시간의 여러 부분들이 동시적으로 존재한다는 생각은 시간이란 끊임없이 흐른다는 생각과 양립하기 어렵다. 말하자면, 시간은 과거이면서 동시에 현재일 수는 없다. 이 때문에 아우구스티누스 이후 많은 철학자들은 현재는 연장된 길이를 갖지 않는다고 보았던 것이다.[3]

둘째, 현재주의는 우리가 과거에 대해 연구하는 이유는 오직 현재의 관심 때문이라고 주장한다. 그러므로 현재 관심의 대상이 될 때만 과거는 역사로 되살아난다. 예컨대, 오늘의 현실을 설명하는 데 도움을 주거나, 오늘의 문제를 해결하는 데 어떤 실마리를 제공할 때, 과거는 우리의 관심사가 되고 역사로 부활한다. 베네딕토 크로체(B. Croce)는 다음과 같이 말한다. "현재의 삶에 대한 관심만이 과거를 탐구하게 만든다. 그러므로 이 과거의 사실은 현재의 삶의 관심과 하나가 된다."[4] 이것이 현재주의의 인식론적 논제이다.

이러한 인식론적 태도는 자연스럽게 과거를 오늘의 관점에서 보게 만든다. 즉 오늘의 관점과 관심을 과거 속에 투영하는 것이다. 우리와는 전혀 다른 시대, 전혀 다른 이상과 다른 도덕 기준을 갖고 살았던 과거의 인물들을 오늘날의 기준과 잣대로 재단하고 평가한다. 예컨대 현재주의는 공자나 맹자를 페미니스트가 아니라고 평가한다. 오늘날의 관점에서 보면 그들은 분명 페미니스트가 아니다. 그러한 평가가 그들이 살았던 시대 상황과 연관시켜 볼 때 정당하다고 할 수 있겠는가 하는 점은 별개의 문제이다.

좁은 의미의 현재주의는 존재론적 논제와 인식론적 논제를 함께 포함한다. 반면에 넓은 의미의 현재주의는 인식론적 논제만을 주장한다. 현재주의는 비교적 오랜 역사를 갖고 있다. 20세기 이탈리아의 철학자 베네딕토 크로체가 현재주의를 대표하는 인물이다. 현재의 관심에서 역사 탐구가 시작된다는 넓은 의미에서의 현재주의에는 레이몽 아롱(R. Aron)과 실용주의자 존 듀이(J. Dewey)를 비롯하여, 아날학파(Annales)의 거물인 마르크 블로흐(M. Bloch)와 루시앙 페브르(L. Febre), 그리고 우리에게 『역사란 무엇인가』로 잘 알려진 에드워드 카(E. H. Carr), 미국의 신사학파 칼 베커(C. Becker)와 찰스 비어드(Ch. Beard) 등이 모두 포함될 수 있다. 이들은 크로체처럼 현재주의의 존재론적 논제까지는 주장하지 않는다 할지라도, 적어도 인식론에서는 현재주의에 공감한다.

현재의 관심이라는 초점에서 현재주의와 실용주의는 겹치는 부분이 있다. 실용성을 진리의 기준으로 삼는 실용주의도 현재의 관심을 키워드로 하기 때문이다. 그러므로 존 듀이는 현재주의자이면서 동시에 대표적인 실용주의자라고 할 수 있다. 그렇지만 두 개념이 같은 내포나 외연을 갖지는 않는다. 현재주의는 실용주의보다는 넓은 개념이다. 모든 현재주의자는 어떤 의미에서 실용주의자이지만, 우리는 실용주의자가 되지 않고도 현재주의자일 수 있다. 이것이 내가 현재주의를 실용주의와 분리해서 다룬 이유이다.

2 현재주의의 교설 : 크로체를 중심으로

역사의 현재주의를 가장 체계적으로 제시한 철학자는 크로체였다. 그는 다음과 같이 주장했다. "역사적 판단의 기초가 되고 있는 실용적 요구는 현대사(contemporary history)로서의 성격을 역사에 부여한다. 왜냐하면 역사는, 연대기적으로 볼 때 어떤 사실들이 매우 먼 과거의 일에 속한다는 사실과는 관계없이, 항상 현재의 필요성이나 현재의 상황과 관계하며, 시간적으로 먼 과거의 사실들도 현재의 필요성이나 현재의 상황 속에서 나타나기 때문이다."[5]

크로체의 현재주의를 이해하기 위해서는 그가 과학과 예술의 관계를 어떻게 이해했으며, 나아가 예술과 역사의 관계를 어떻게 설정했는가를 파악할 필요가 있다. 그리고 그의 정신주의와 직관주의를 먼저 이해할 필요가 있다. 크로체의 정신주의는 존재하는 모든 것을 정신이거나 정신의 창조물이라고 주장하며, 직관주의는 내적 정신의 표현과 정신의 이해를 강조한다. 예술은 직관의 영역을 대표하는 분야이며, 역사는 이런 예술에 포함된다. 예술과 역사의 차이점은 역사가 실제로 일어났던 것만을 소재로 취급하는 데 반해, 예술은 그러한 제한에서 벗어나 있다는 점뿐이다.

예술과 역사와의 관계에 관한 크로체의 주장은 19세기 말경 독일에서 진행되고 있던 논쟁에 대해 크로체가 취한 입장에서 잘 나타난다. 이 논쟁은 역사적 지식의 인식론적 위치를 둘러싸고 신칸트학파를 대표하는 빌헬름 빈델반트(W. Windelband)와 신헤겔학파를 대변하는 빌헬름 딜타이(W. Dilthey) 간의 논쟁이다. 빈델반트는 역사적 지식은 개성 기술적 방법에 기초하는 반면, 과학적 지식은 법칙 정립적 방법에 기초한다고 주장했다. 이것은 우리가 고찰하는 대상이 아니라, 대상을 연구할 때 우리가 취하는 방법에 따른 구분이었다. 이에 반해 딜타이는 우리가 연구하는 대상에 따라 정신세계를 연구하는 정신과학과 자연세계를 연구하는 자연 과학으로 나누고, 역사학은 정신과학의 하나로 규정했다.

방법의 차이인가, 대상의 차이인가라는 논쟁에서 크로체는 일단 빈델반트처럼 인식 방법에는 일반화와 개념적인 방법, 개별화와 직관적인 방법이라는 형태가 있다고 생각했다. 말하자면 우리가 선택하는 방법에 따라 전혀 다른 종류의 지식을 갖는다고 생각했다. 그렇지만 크로체는 이 두 형태의 인식 방법이 빈델반트가 추구하려고 한 방법과는 다르다고 생각하고, 전자를 과학으로, 후자를 예술로 바꾸었다.[6] 동시에 그는 예술을 지식의 한 형태, 과학이 제시하는 개념화된 지식과는 다르면서도 보완적인 관계에 있는 지식으로 규정했다. 말하자면, 그는 모든 지식을 과학으로서의 지식과 예술로서의 지식으로 나눈 것이다.

"인간은 과학에 종사하기도 하며…… 예술에 종사하기도 한다. 특수성이 보편성에 포함되면 과학이 되지만, 특수성이 특수한 방법으로 표현되면 예술이 된다."[7] 크로체는 예술을 다시 예술 일반과 특수한 역사의 예술로 나눈다. 예술 일반은 개별적인 존재의 모든 가능성을 직관하려는 데 반해, 역사의 예술은 실제로 구체화된 것을 직관하려 한다. 예술가가 일어날 수 있었으며 지금도 일어날 수 있는 사건의 세계를 상상력에 의해 투시하려고 한 반면, 역사가는 실제로 일어난 사건의 설명에 국한한다. 이것은 역사가는 예술가처럼 상상력에만 의존할 수 없고, 현실적 제약을 받지 않을 수 없음을 의미한다. 예술과 역사의 이런 구분은 아리스토텔레스가 시학과 역사를 구분했던 논리와 비슷하다.

역사를 과학의 지위로 끌어올리려는 시도는 두 개의 잘못된 신념에 기인한다고 크로체는 말한다. 하나는 모든 지식은 과학적 지식이어야 한다는 것이고, 다른 하나는 예술은 인식의 형식이 아니라는 신념이다. 역사가 과학과 다르다는 것은 분명하다. 역사는 개별적 사건들을 보편적 법칙의 한 사례로서 다루지 않으며, 추상적 범주 아래 분류하지도 않기 때문이다. 뿐만 아니라 크로체의 입장에서 보면, 역사가 곧 과학이라는 주장은 역사의 위치를 격상시키는 것이 아니다. 그는 과학을 철저하게 실용주의적 방식에서 이해한다. 과학적 진술들은 참도 아니고 거짓도 아니다. 그것들은 유용할 뿐이다. 과학적 개념들은 사이비 개념(pseudo-concept)이다. 그것들은 자연현상을 예측하고 통제할 수 있는 방식으로 가설과 이론을 정식화하기 위해 우리가 자의적으로 만든 구성물이다. 크로체는 철저한 과학의 도구주의자였다.

크로체는 오히려 모든 참된 지식은 역사적 지식이라고 주장한다. 이러한 주장이 성립하기 위해서는 먼저 예술 일반이 과학보다 나은 지식이라는 주장이 논증되어야 한다. 크로체에 의하면, 예술도 인식의 한 형태이므로 대상을 표상하려고 한다. 그러나 대상을 한정된 개념으로 환원하려는 대신에, 예술은 존재가 취할 수 있는 모든 가능한 형태를 발견함으로써 대상을 확장시킨다.[8] 과학이 일반화와 보편화의 과정을 추구하는 반면, 예술은 특정한 영역을 분명하고도 정확하게 표현하기 위해 다른 영역의 인식을 억제하면서 특정한 영역에 한계를 긋는다. 예술은 감각에 주어진 무형식의 현상에 형식을 부여하고, 모든 면에서 인간을 무의미한 혼란으로 몰아넣으려고 위협하는 세계에서 확실하고도 구체적인 영상을 만들어 낸다. 말하자면, 경험의 세계를 한계 지어서 우리의 감성을 특정 부분에 초점을 맞추게 하며, 그 한계 지어진 부분들이 무엇으로 구성되어 있는지 개별적이고 직접적으로 우리에게 알려 준다. 같은 논리로 예술 일반보다는 역사의 예술이 실재를 더욱더 좁게 구체적으로 한계 지어서 더욱 직접적이고 개별적인 인식을 제공한다. "역사는 법칙을 추구하지 않으며, 개념을 구성하지도 않는다. 역사는 귀납법도 연역법도 이용하지 않는다. 그것은 논증을 추구하지 않고 이야기를 추구한다. 역사는 보편과 추상 개념을 구성하지 않고, 직관을 전제한다."[9]

역사가의 주된 과업은 과거에 실제로 무슨 일이 일어났는가를 설명하고 이야기하기 위해 역사를 서술하는 것이라고 크로체도 생각했다. 동시에 그는 역사가 철저히 자료에 기반해야 함을 역설한다. 그렇지만 많은 경우에 역사가는 완전한 이야기를 구성하는 데 실패한다. 자료의 불완전함 때문에 예비적 연구는 결함을 갖게 되고, 연구 결과는 단편적 설명이나 단편적 기록에 불과한 경우가 대부분이기 때문이다. "역사가는 예술가처럼 한낮의 풍요 속에서가 아니라, 초승달의 희미한 달빛을 통해서 세계를 고찰하지 않으면 안 된다."[10] 그러므로 완전한 역사는 신만이 쓸 수 있다.

역사가 예술에 속하며, 역사적 지식만이 참된 지식이라는 크로체의 주장은 예술은 인식의 형식일 수 없다는 통상적인 관념을 뒤엎은 것이며, 현재주의에 이르는 배경을 마련해 주는 것이기는 해도 아직 그의 현재주의를 직접적으로 정당화하는 것은 아니라고 할 수 있다. 그의 현재주의는 역사와 연대기를 구분할 때 극명하게 나타난다.

크로체는 역사가 무엇인가에 대한 분명한 개념에 도달하기 위해 역사와 연대기를 비교한다. "역사는 살아 있는 연대기며, 연대기는 죽은 역사이다. 역사는 현재의 역사이며, 연대기는 과거의 역사이다."[11] 역사와 연대기는 두 종류의 역사 형식이 아니다. 연대기는 살아 있는 역사가 아니라 죽은 역사이며, 역사의 사체이다. 그러므로 그것은 전혀 역사가 아니다. 모든 역사는 그것이 더 이상 사고되지 않고, 추상적인 단어로 기록될 때, 연대기가 된다. 예컨대 철학의 역사가 철학을 전혀 이해하지 못하는 자들에 의해 읽히거나 쓰여질 때, 그것은 연대기가 된다. 반면에 연대기가 역사가의 정신 속에서 살아날 때, 그것은 현재의 역사가 된다. 말하자면 연대기가 역사가의 연구 대상이 되고, 그것들이 이해가능하게 될 때, 그것은 역사가 된다. 아무도 거들떠보지 않는 역사는 기껏해야 이름만이 역사책일 뿐 진정한 역사가 아니다. 내가 나의 정신적 필요에 의해 이들을 사고하거나 정성들여 다시 동화할 때, 그들은 비로소 역사가 된다. 내가 고구려의 역사를 읽으면서 함께 기뻐하고 분노하고 괴로워할 때, 고구려의 기록들은 참된 현재의 역사가 된다.

크로체는 역사는 사고 행위이며, 연대기는 의지 행위라고 말한다. 크로체는 그의 정신 철학에서 정신 이외에는 아무것도 존재하지 않는다고 주장한다. 정신에는 두 부분이 있다. 하나는 사고이고, 다른 하나는 의지이다. 사고는 주체와 객체의 종합이며, 그 특성은 진리에 있다. 의지는 주체에 의한 객체의 창조이며, 그 특성은 유용성에 있다. 연대기는 사고가 아니라 의지이다. 그것은 역사가가 자신의 목적을 위해서 구성하고 그린 것이기 때문이다.[12]

이런 구분은 상식적인 전제를 거부한다. 우리는 상식적으로 연대기가 역사에 앞선다고 말한다.(primo annales fuere, post historiae factae sunt.) 그러나 크로체는 사실은 그 반대라고 말한다. 사체 다음에 살아 있는 유기체로 연속되는 것이 아니라, 살아 있는 유기체 다음에 사체가 연속되는 것과 같은 논리이다. 삶의 발전이 그들을 요구할 때 죽은 역사는 부활하고, 과거의 역사는 현재가 된다. 고대의 로마나 그리스 문명은 르네상스 시대 새로운 유럽 정신에 의해 깨어날 때까지 무덤 속에 잠들어 있었다.

크로체에 의하면 역사가는 상상 속에서 사건들을 재체험한다. 역사가는 그의 자료들을 인간의 사상과 감정이 표현된 것으로 이해한다. 그는 자료 속에 담긴 사상과 감정을 자신의 정신 속에 되살리지 않으면 안 된다. 그가 연구하는 대상들과 함께 할 수 있는 것은 정신적 삶 때문이다. 정신은 현재 살아 있는 존재이다. 정신 자신이 역사이며, 매 순간 역사의 창조자며, 과거 역사의 결과이다. 그러므로 현재성은 역사를 분류하는 한 기준이라기보다는 모든 역사의 본래적인 특성이 된다. 크로체는 현대사에 대해 다음과 같이 설명한다. "현대사는 가장 최근의 과거로 간주되는 시간 —— 그것이 지난 15년의 시간이든, 10년이든, 한 달이든, 하루든, 혹은 실제로 한 시간이나 마지막 1분이든 간에 —— 의 경과에 대한 역사라고 불려지곤 한다. 그러나 엄격하게 말한다면, '현대적'이라는 술어는 행위가 일어난 후 그 행위에 대한 의식으로서, 곧 바로 쓰여지는 역사에 대해서만 적용될 수 있다."[13]

현재주의의 핵심은 현재화의 과정에 있다. 헤겔은 지나간 과거가 우리의 정신적 작용에 의해 현재화한다는 것을 다음과 같이 주장한다. "우리가 시간적으로 먼 과거를 취급할 때, 우리의 정신 앞에는 일종의 현재가 나타난다. 그 현재는 정신이 행한 노력에 대한 하나의 보상인 셈이며, 또한 정신이 활동함으로써 획득한 하나의 성과이기도 하다."[14] 우리는 지나간 과거와 직접 접촉할 수 없다. 과거는 이미 흘러가 버렸기 때문이다. 지나간 과거는 현재의 살아 있는 정신에 의해 현재화될 때에만 인식의 대상이 된다. 이것은 다음과 같은 이야기가 된다.

1) 어떤 사건 X가 과거에 발생했다고 하자.
2) 이 X에 관해 알려진 자료는 D이다.

3) 우리는 자료 D에 대한 현재적 해석 I를 내린다.

4) 우리는 해석 I에 기초해서 사건 X를 재창조한다.

이때 3)이 결정적인 중요성을 지닌다. 이것은 현재적 해석이 달라짐에 따라 우리가 얻는 정보가 달라짐을 함축하고 있다. 과거의 현재화를 수행하는 현재의 우리 정신이 텅 빈 백지 상태에 있지 않고 이미 나름대로의 관심과 동기를 갖고 있다면, 그 현재화가 과거 그대로의 재현일 수 있을까? 현재주의는 그것이 분명히 불가능하다고 주장한다. 현재의 필요성이 현재화의 과정에서 과거를 보는 관점을 제약하고, 그에 따라 과거의 상까지도 제약하기 때문이다. 이런 관점에서 보면, 역사란 항상 현재의 함수이며, 두 개 이상의 역사가 동시에 양립할 수 있다. 말하자면 누구든지 자신의 관점에서 사료들을 가공하고 정리할 수 있으며 또한 자신의 해석을 그 사료들의 진정한 내용이라고 주장할 수가 있는 것이다.

현재주의는 모든 역사를 사상의 역사로 보는 로빈 콜링우드(R. G. Collingwood)에 의해서도 전개된다. 콜링우드에 의하면 역사가는 사상의 외적 표현인 사건에 대해서만 관계한다. 즉 자연 과학자가 사건 자체를 취급하는 것과는 반대로 역사가는 사건이 사상을 표현하는 한에서만 그 사건에 대해 관계한다. 그러므로 역사적 인식이란 정신이 과거에 행위한 것에 관한 인식이며, 동시에 정신이 과거에 행한 것을 재연하는 것이다. 역사의 탐구 대상이란 인식하는 정신과는 관계없이 존재하는 단순한 객체가 아니다. 그것은 밖에서만 바라보는 광경이 아니라 역사의 정신 속에서 재생되어야 할 경험이다.[15]

여기에서 현재주의가 문제시된다. 역사가가 재생할 수 있는 것은 그의 경험의 한계 내에서만 가능하기 때문이다. 말하자면 역사가가 과거의 사상을 인식하게 되었다는 것은 그의 정신이 그렇게 사고할 수 있다는 것을 보여 주는 것에 불과하다고 할 수 있다. 거꾸로 역사가가 어떤 시대에 관해 충분히 알 수 없다고 할 경우, 그는 자기 정신의 한계를 발견한 셈이 된다. 그러므로 역사가들이 '암흑시대'라고 명명한 시대는 사실은 역사가들이 노력해도 재생할 수 없는 시대라는 의미로 해석되어야 한다.[16] 헤겔이 말한 "세계사는 세계 심판이다.(die Weltgeschichte ist das Weltgericht.)"라는 주장도 이러한 맥락에서 이해될 수 있다. 이때 심판을 내리는 자는 바로 역사가 자신이 된다.

이러한 논의는 결국 과거의 재생은 현재의 기반 위에서 진행될 수밖에 없다는 결론에 이른다.

> 역사 연구의 방법이 달라짐에 따라, 그리고 역사가의 능력이 다름에 따라 어떤 주어진 문제를 해결하는 데 유용한 증거도 달라지게 마련이다. 그리고 증거를 해석하는 원리도 또한 변한다. …… 부단한 이 변화 때문에 모든 새 세대는 그들 나름대로 역사를 다시 써야 하며, 모든 새로운 역사가는 낡은 문제에 새로운 대답을 제시하는 것으로 만족하지 않고 그 문제 자체를 수정해야 한다.[17]

카는 역사의 중심이 과거에 있다는 사실 우위의 입장과 역사의 중심이 현재에 있다는 역사가의 주관을 중시하는 입장을 종합하여, 역사란 '현재와 과거의 끊임없는 대화'라고 주장한다. "역사가와 역사적 사실은 서로 꼭 필요한 것이다. 사실을 갖지 못한 역사가는 뿌리가 없으며, 따라서 열매를 맺지 못한다. 역사가가 없는 사실은 죽은 것이고 무의미하다. 그러므로 '역사란 무엇인가?'라는 물음에 대한 나의 최초의 대답은, 역사란 역사가와 사실의 상호 작용의 과정, 즉 현재와 과거의 끊임없는 대화라는 것이다."[18]

양 입장을 종합하려고 했다는 측면에서 보면, 우리가 카를 철저한 현재주의자로 분류하는 것은 무리일 수 있다. 그렇지만 과거와 대화하는 현재의 가치와 관점은 끊임없이 변화하며, 이에 따라 과거는 언제나 다르게 해석될 수밖에 없다는 그의 논리에서 보면 그는 현재주의자임에 틀림없어 보인다.

3 현재주의의 논제들

현재주의의 관점에서 보면 이렇게 과거를 현재화할 때 문제의 핵심이 되는 것은 현재의 필요성이나 현재의 실용적 요구이다. 듀이는 그의 『논리 : 탐구의 이론』에서 과거에 관한 어떤 판단이 그것과 다른 판단보다 더 믿을 만하다고 생각되는 이유는 무엇인가라는 질문을 제기하고, 이에 대해 현재의 필요성이라는 결론을 내린다.

모든 역사적 구성은 필연적으로 선택적이다. ……이 원칙은 과거의 사건에 부과되는 비중을 결정하며, 또한 무엇을 선택하고 무엇을 생략해야 하는지를 결정한다. 아울러 선택된 사실들이 어떻게 정리되고 배열될 것인가도 결정한다. 더욱이 선택이 기본적이고 중요한 것이라고 인정된다면, 우리는 모든 역사가 필연적으로 현재의 관점에서 쓰여지며, 또한 모든 역사는 현재의 역사일 뿐만 아니라 동시대인들이 현재 중요하다고 판단한 것들의 역사라는 사실을 승인하지 않을 수 없을 것이다.[19]

듀이는 역사적 지식과 탐구의 현재적 관점을 지지하기 위하여 다음과 같은 다섯 가지 테제를 주장한다. 첫째, 역사적 설명은 설명이 전개되는 시간과 장소에 따라 상대적이다. 왜냐하면 역사적 설명은 당시에 사용할 수 있었던 자료로부터 추리할 수 있을 뿐이기 때문이다. "모든 역사적 명제의 증거가 될 만한 자료는 명제가 만들어지는 시기에 존재하지 않으면 안 되며, 그 당시에 관찰 가능해야 한다는 것은 명백한 사실이다. 그 자료는 기록이나 문서, 설화와 입으로 전해 내려오는 이야기, 무덤과 묘비명, 유골, 화폐 등등 무수히 많다. 과거가 현재에도 지속되는 어떤 흔적을 남기지 않은 곳에서는 역사는 재생될 수 없다."[20] 이것은 역사적 판단은 철저하게 판단이 내려지는 시점의 현재와 연관될 수밖에 없다는 것을 의미한다. 말하자면 역사적 판단은 과거의 사실 자체에 근거한 것이 아니라, 판단을 내리는 당시의 관찰 가능한 자료가 과거의 사건을 추리하는 궁극적인 자료라는 것이다.

둘째, 역사가가 과거를 해석할 때 사용하는 개념 장치가 현재와 연관된다. "조금만 반성해 봐도 역사를 쓸 때 채용하는 개념 장치는 역사가 쓰여지는 시기의 것들이다. …… 문화가 변함에 따라, 문화에서 지배적인 개념들도 변한다. 자료를 정리하고, 평가하고, 검토하는 새로운 관점이 필연적으로 발생한다."[21] 우리가 개념 체계를 달리하면, 예전에는 의미없는 것으로 지나쳐 버렸던 자료들이 중요한 자료로 재평가된다. 어떤 개념은 어떤 시기의 문화에는 너무나 지배적으로 사용되고 있어서 과거의 사건을 구성할 때 그 개념을 적용하는 것은 이미 확정된 사실에 의해 정당화되는 듯이 보인다. 그렇지만 듀이는 이런 현상을 앞뒤가 뒤바뀐 착시 현상이라고 본다. 정당화는 채용된 개념이 중심이 되어 수행하는 검증에서부터 진행되기 때문이다. 예컨대 지질 시대의 사건을 재생하기 위해 채용된 개념 구조에 대한 보증은 사실에 의해서가 아니라 현재의 과학에 의해서이다. 선사 시대의 여러 구분들은 현재 우리가 알고 있는 물리, 화학, 생물학의 여러 법칙들에 근거하고 있다. 이런 법칙들과 문화가 바뀌면 개념들도 바뀔 수 있고, 이에 따라 사실들도 다르게 정리될 수 있다고 듀이는 본다.

셋째, 역사가가 사용하는 사실을 선택하는 기준이 현재와 연관된다. 무수한 사실 중에서 어떤 것을 선택할 수 있게 하는 기준은 역사 서술에서 결정적이다. 과거는 전체적으로 재생될 수는 없으므로 모든 역사적 구성은 필연적으로 선택적이며, 그러므로 선택의 기준은 너무나 중요하다. 선택의 원리는 과거 사건들의 무게를 결정한다. 말하자면 그것은 어떤 것은 선택하고 어떤 것은 생략하는 판단의 기준을 제공한다. 듀이에 의하면, 이 선택의 기준은 결국 역사가가 살고 있는 시대의 관심을 대변하기 때문에 역사는 현재의 관점에서 다시 쓰여질 수밖에 없는 것이다.

넷째, 역사가가 파악하는 문제도 현재와 연관된다. 역사가는 문제의식이 달라짐에 따라 사물을 다르게 볼 수 있다. 문제의식은 사실의 중요도를 결정할 때 결정적인 영향을 미친다. 문제의식이 달라지면 자료에 대한 평가가 완전히 달라진다. 전혀 문제가 되지 아니하던 자료가 새로운 문제의식 아래서는 없어서는 안 될 자료로 재평가될 수 있기 때문이다. 이런 역사가의 문제의식은 역사가가 살고 있는 시대의 문제의식을 반영할 수밖에 없다.

다섯째, 역사적 설명의 방향적 성격이 현재와 연관된다. 역사는 전적으로 과거에 관계하는 것이지만, 시간의 연속성에서 보면 과거는 현재의 과거이며, 현재는 미래의 과거라고 할 수 있다. 그러므로 어떤 변화가 역사가 되기 위해서는 그것이 '어떤 것으로부터 어떤 것으로'라는 방향의 관점에서 해석되지 않으면 안 된다.[22] 이것은 어떤 결과의 관점에서 과거를 해석한다는 것을 의미하며, 역사가의 현재가 최종적인 결과로서 작용한다는 것을 함축한다.

듀이의 이런 논제들은 현재주의의 가장 강력한 주장들로 평가된다. 다섯 개의 논제 중에서 두 번째, 세 번째, 네 번째 논제인 개념,

기준, 문제 상황의 현재성은 모든 현재주의자들이 공통으로 주장하는 것들이다. 그렇지만 첫 번째 논제와 다섯 번째 논제는 비단 현재주의를 지지하는 논제로만 사용될 필요는 없을 것으로 보인다. 역사의 실증주의를 주장하는 사람들도 역사적 판단이 역사적 증거에 근거해서 이루어져야 한다는 것과 현재가 과거의 결과라는 것에는 동의할 수 있기 때문이다.

이런 현재주의는 다시 두 종류로 구분할 수 있다.[23] 하나는 필연적 현재주의(necessitarian presentism)이고, 다른 하나는 규범적 현재주의(normative presentism)이다. 전자는 역사 서술이 필연적으로 현재주의에 기초해서 진행될 수밖에 없다는 것이고, 후자는 역사 서술이 다른 입장에서도 가능하지만 현재주의에 설 때만 제대로 되기 때문에 현재주의에 기초해야만 한다는 것이다. 많은 현재주의자들의 경우 어느 한쪽으로 분류하기가 어려운 경우들도 있다. 이들은 때로는 필연적 현재주의 태도를 취하다가 또 때로는 규범적 현재주의 태도를 동시에 취하고 있기 때문이다. 물론 필연적 현재주의가 더욱 강력한 현재주의이다.

4 현재주의의 인식론적 근거

현재주의는 관념론적 역사이론이다. 현재주의는 조지 버클리(G. Berkeley)의 "존재하는 것은 지각된 것이다.(To be is to be perceived.)"와 비슷하게 "존재하는 것은 이해된 것이다.(To be is to be intelligible.)"라고 주장한다. 버클리에 있어서 지각되지 않은 것은 존재하지 않은 것이었다. 마찬가지로 현재주의에서는 이해되지 않는 것은 존재하지 않는 것이다. 이러한 현재주의의 관념론적 논제는 크로체의 연대기와 역사의 구분에서 극명하게 나타나 있다.

현대 인식론의 관점에서 보면, 한스 게오르크 가다머(Hans-Georg Gadamer)가 주장하는 '이해의 현재성' 논제와 후기 실증주의자들이 주장하는 '관찰의 이론 의존성' 논제가 현재주의의 인식론적 기초를 형성한다고 할 수 있다.

가다머의 이해는 과거의 사실과 전승된 자료의 의미에 대한 파악을 가리킨다. 이런 이해가 백지상태에서가 아니라 현재 우리가 갖고 있는 선이해(Vorverständnis)의 구조 위에서 진행된다고 하는 것이 그의 이해의 현재성 논제이다. 이때 우리는 다음과 같은 질문을 던질 수 있다.

1) 왜 우리는 우리의 마음을 백지상태로 만든 후 순수한 상태에서 텍스트를 이해하지 못하는가?

2) 우리가 어떤 텍스트를 이해하기에 앞서 이미 우리가 갖고 있는 어떤 이해의 틀에 기반해서 그것을 이해한다면, 이해의 객관성을 확보하는 것은 불가능하지 않을까?

첫 번째 질문에 대한 가다머의 답은 다음과 같다. 그것은 현존재가 세계를 대상적으로 파악하기에 앞서 어떤 역사적 상황과 문화적 전통 속에 이미 던져진 존재이며, 세계를 완전히 대상화할 수 없는 세계 내 존재(In der Welt Sein)이기 때문이다. 던져진 존재라는 것은 우리가 우리의 의도와는 상관 없이 특정한 역사적 상황 속에서 태어나서 특정한 문화적 환경 속에서 성장할 수밖에 없으며, 이런 성장의 과정을 통해 어떤 특정한 유형의 지식과 가치 체계를 내면화하고, 이에 기초해서 세계를 바라보는 나름대로의 눈을 갖게 된다는 것이다. 즉 우리는 불가피하게 역사적 상황에 의해 제약되어 있다는 것이다. 그러므로 이런 주장에 따르면, 만약 우리가 사물을 중립적으로 바라보기 위해 우리가 갖고 있는 세계관의 틀을 벗어던진다면,

우리는 투명한 눈을 갖기는커녕 아무것도 보지 못하게 된다. 우리가 절대적 영점에서 출발하지 못하고, 선이해의 기반 위에서 출발할 수밖에 없는 것은 이 때문이다. 하이데거도 같은 주장을 한다. "무엇을 무엇으로 해석함은 근본적으로 선유(Vorhabe), 선견(Vorsicht), 선파악(Vorgriff)에 기초한다. 그것은 앞에 주어진 것을 결코 전제 없이 파악함이 아니다."[24]

이러한 선이해를 가다머는 선판단(Vorurteil)이라고 부르면서, 이해의 필수조건으로 보았다.[25] 선판단의 인식론적 기초는 전통(Tradition)과 권위(Autorität)이다. 선이해의 방법은 순수 자아의 사유(Cogito)에서 출발하는 데카르트적인 방법의 이념이나 일체의 전통과 권위를 거부하는 계몽주의의 학문적 방법론과는 근본적으로 다를 수밖에 없다. 데카르트는 확실한 인식에 도달하기 위해 모든 것을 회의하는 방법론적 회의를 통해 가장 확실한 출발점으로서 사유하는 주체만을 인정하고 이로부터 모든 것을 연역해 내고자 했다. 이때 권위나 전통은 개입할 여지가 없다. 계몽주의자들이 권위와 전통을 거부하는 것은 그것들이 이성의 사용과는 대립되기 때문이다. 반면에 가다머는 전통의 수용이 반드시 이성의 사용과 대립된다고 생각하지는 않았다. 왜냐하면, 그는 우리가 전통을 수용한다고 해서 전통에 맹목적으로 복종하는 것이 아니라 비판적 각성에 의해 전통을 갱신하고 취사선택할 수도 있으므로, 전통의 용인 자체가 곧바로 반이성적 행위라고 볼 필요는 없다고 생각했기 때문이다. 전통과 이성이 공존 가능하다는 주장은 일반론적으로 옳을 수 있다. 그렇지만 가다머의 해석학에서 결정적인 것은 우리가 전통으로부터 완전히 벗어날 수가 없다는 점이다.

가다머는 선판단과 선입견(Vormeinung)을 구분하고자 했다. 선판단은 역사적 전통으로부터 그 근거를 갖는 것이고 선입견은 개인적 차원의 견해이다. 선입견은 아무런 근거가 없는 자의적인 것이며, 오해의 근원이다. 선판단은 전통에 근거하기 때문에 무제약적으로 임의적인 것일 수가 없다. 동시에 그것은 이해의 전제가 되지만, 이해 과정에서 부단히 검토되고 타당성 여부에 따라 수정될 수 있다.

역사적 전통과 문화적 권위에 뿌리를 두고 있는 선판단에서부터 출발한다는 것은 결국 무엇을 말하는 것인가? 그것은 역사적 사실이나 전승된 자료는 우리의 현재 상황과의 관계 속에서 이해될 수밖에 없다는 것을 의미한다. 이것은 또한 존재했던 그대로의 과거의 재현 대신에 오직 현재적 관점에 기초한 재해석만이 가능함을 의미한다. 즉 우리가 현재를 벗어나서 과거로 돌아가 과거와 직접 대면할 수는 없다는 것이다.

이런 관점에서 보면 역사적 대상의 의미는 우리가 이미 갖고 있는 선판단에 의해서 매개된 의미이며, 아무리 객관적이고자 하는 역사 탐구에서조차도 탐구된 것의 의미는 새로운 역사적 과제와 새로운 물음의 제기에 의해, 즉 선판단의 구조가 바뀜에 따라, 항상 새롭게 규정된 것이다. 이것은 이해가 과거와 현재의 상호작용 속에서 이루어진다는 것을 의미한다. "지속적으로 살아 있는 전통의 작용과 역사적 탐구의 작용은 하나로 통일되어 작용한다."[26] 이것은 다음과 같은 이야기가 된다.

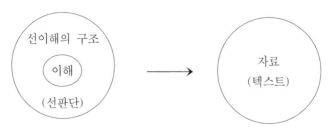

〔그림 3〕 이해는 선이해의 구조 속에 있다.

가다머는 이러한 이해의 과정을 '지평 융합'이라 부른다. 지평 융합은 두 지평의 합일이다. 한 지평은 해석자가 속해 있는 지평이고, 다른 한 지평은 텍스트가 생성된 지평이다. "해석자가 텍스트와의 거리를 극복하고 그를 통해 독자로 하여금 텍스트를 이해하게끔 도와 주려고 할 때, 그 자신의 발걸음을 뒤로 물리는 일은 부정적 의미에서의 사라짐이 아니다. 오히려 그것은 텍스트의 지평과 독자의 지평 사이에 놓인 긴장이 풀어지게끔 상호 소통 속으로 들어감을 의미한다. 나는 이러한 과정을 지평 융합이라 부른다."[27]

이러한 이해의 구조는 단순히 인식론적 구조라기보다는 존재론적 구조이다. 말하자면 우리는 존재론적으로 이미 우리가 그 속에서 살고 있는 전통과 하나라는 것이다. 우리가 전통을 비판적으로 검토할 수 있다 할지라도, 전통은 우리가 존립하는 뿌리이며, 완전히 벗어나기가 불가능한 한계이다. 이런 점에서 가다머의 역사적 해석학은 슐라이어마허(F. E. D. Schleiermacher)나 빌헬름 딜타이 등이 추구한 객관적 해석학과는 구별되는 것이다. 객관적 해석학을 추구하는 자들은 독자와 텍스트 사이에 존재하는 시간 간격을 어떤 식으로든 극복하고 저자와 독자 사이의 직접적인 관계를 회복하려고 한다. 객관적 해석학이 이해의 객관성을 확보하기 위해 해석자가 자신의 선판단으로부터 벗어나 자신을 텍스트의 저자 속으로 옮겨 놓으려고 하는 것은 이 때문이다.

선판단을 긍정적으로 평가하는 가다머의 입장에서 보면, 이해의 객관성은 해석학의 키워드가 아니다. 해석학의 핵심은 역사성이고, 현재성이다. 그러므로 텍스트의 이해는 텍스트 저자의 주관적 의도나 개성을 원래 그대로 재생산하는 것이 아니라, 텍스트의 사실에 대한 동의이면서 텍스트 의미의 새로운 생산이 된다.[28]

'관찰의 이론 의존성' 논제도 현재주의의 인식론적 기초가 된다.

노우드 핸슨(N. R. Hanson)은 『발견의 유형』이란 그의 저서에서 "본다고 하는 것은 안구 운동 이상의 행위이다."라고 하면서, 우리의 눈은 결코 카메라가 아니라고 주장했다. 이것은 전통적인 경험주의를 거부하는 것이다. 전통적인 경험주의에서 보면 우리의 눈은 카메라와 같아야 한다.

우리는 눈을 통해서 사물을 본다. 수정체와 망막이 눈의 가장 중요한 두 요소이며, 스크린 구실을 하는 망막 위에 외부 물체의 상이 맺힌다. 물체에서 반사된 광선은 망막의 중심에 그 물체의 상이 맺히도록 수정체를 통과하면서 굴절된다. 카메라의 원리도 이와 마찬가지다. 그렇지만 최종적으로 상이 기록되는 방식에서부터 눈과는 큰 차이가 난다. 두 대의 카메라가 동일한 대상을 촬영한다면, 동일한 사진을 만들어 낼 것이다. 반면에 두 관찰자가 동일한 대상을 본다 해도 동일한 대상으로 지각하지 않는 경우가 많다. 시각 경험이 이루어지려면 시신경이 전달하는 빛과 관련된 정보를 우리의 의식이 해석해야 하는데, 이때 우리가 처한 문화적 차이에 따라 그 정보를 제각각 다르게 해석하기 때문이다.

이것은 시각 경험이 단지 망막에 맺힌 상에 의해서만 결정되지 않는다는 것을 의미한다. 말하자면 관찰자가 한 대상을 볼 때 가지게 되는 시각 경험은 과거에 그가 겪은 경험, 그가 갖고 있는 지식, 그의 기대 등의 영향을 받는다는 것이다. 다음의 그림을 보자.[29] 이것은 오리로 보이기도 하고, 토끼로 보이기도 한다. 오리를 본 적이 없지만 토끼를 많이 경험한 사람은 이 그림을 의문의 여지없이 토끼로 볼 것이다. 반면에 토끼는 본 적이 없지만 오리를 많이 본 사람은 오리로 해석할 것이다. 이 그림이 의미하는 것은, 그림 자체로는 그것이 무엇인지 결정되어 있지 않고 우리가 갖고 있는 인지적 구조에 의해 토끼나 오리나 혹은 다른 무엇으로 해석된다는 것이다.

〔그림 4〕오리인가, 토끼인가

　우리는 이러한 현상을 관찰의 이론 의존성이라 부른다. 이것은 우리의 관찰이 순수한 백지상태에서 이루어지는 것이 아니라 관찰 이전에 우리가 갖고 있는 배경적 지식에 근거해서 이루어진다는 것을 의미한다.

　이것은 동시에 아무리 단순한 관찰이라도 잘못될 수 있으며, 어떤 관찰의 정당성을 입증하려면, 고도의 이론적 지식이 필요하다는 것을 함축한다. 예컨대 우리가 탁자 위에 놓인 한 컵의 액체를 보고 '이것은 물이다.'라는 판단을 내렸다고 해 보자. 그리고 '왜 그것이 물인가'라는 질문에, 물의 색깔과 냄새를 언급하면서 이것이 물임을 입증하려고 했다고 해 보자. 이것은 매우 단순한 관찰이다. 그렇지만 이와 같은 단순한 관찰도 '물은 무색무취한 액체이다.'라는 이론적 지식을 전제로 한 것이다. 이런 이론적 지식 없이는 같은 대상을 관찰하고도 '이것은 물이다.'라는 판단을 내릴 수가 없을 것이다. 더 나아가 이러한 주장은 어떤 종류의 알코올도 무색무취하다는 반론에 의해 반증될 수도 있을 것이다. 이러한 반증에 대항하려면, 다시 물의 분자식은 H_2O인 데 반해 알코올은 H_2O가 아니라는 이론을 제시하면서 컵 속의 액체가 H_2O라고 주장해야 할 것이다. 같은 논리로 타당성에 관한 논의가 진행될수록 더욱더 고차적인 이론적 지식이 필요하게 될 것이다.

이와 같이 가장 단순한 관찰도 이론에 의존되어 있다면, 이미 상당한 시간적인 거리가 있는 역사적 사실이나 텍스트를 이해할 때 상황은 더욱 복잡해질 것이다. 우리가 갖고 있는 지식 체계나 가치 체계가 역사 인식에 더욱 심원한 영향을 미칠 것이다. A와 B가 상호 모순적인 지식 체계나 가치 체계를 갖고 있다면, 동일한 대상을 상호 모순되게 이해할 수도 있을 것이다.

현재주의의 인식론적 원리는 역사적 사실의 구성 과정에서 현재의 인식 주관이 갖고 있는 관심이나 필요성이 불가피하게 개입한다는 것이며, 따라서 우리는 사실들을 객관적인 관점에서 드러낼 수가 없는 것이었다. 과거의 현재화를 수행하는 현재의 우리 정신이 텅 빈 상태에 있지 않고 이미 나름대로의 관심과 필요성을 가지고 있으며, 이것들이 현재화의 과정에서 과거를 보는 관점과 사실의 선택을 제약하기 때문이다.

5 문제점들

현재주의의 관점에서 보면, 역사는 과거라는 스크린에 비친 현재이다. 우리는 과거를 본다고 하면서 사실은 자신의 모습을 볼 뿐이다. 존재하는 모든 것이 정신이나 정신의 창조물이라면, 역사도 정신이 창조한 것이다. 그리고 살아 있는 정신이란 언제나 현재에 활동하고 있는 존재이므로, 모든 역사는 현재의 역사일 수밖에 없다. 동시에 정신은 언제나 현재의 관심 아래에서 역사를 창조해 내므로, 역사는 현재의 필요에 의해 야기된 현재 우리 자아의 독특한 투영이 될 것이다. 우리는 우리의 현재의 인식 지평을 넘어설 수 없다.

이러한 현재주의의 주장은 모든 인식에 반영되는 우리의 관심을 고려하면 수긍할 수 있는 측면이 있다. 우리에게 낯선 과거를 동시대인이 이해할 수 있도록 쓴다는 것은 인정할 만하다. 또 관점의 중요성을 강조하고, 그 기능을 인정했다는 점에서 장점을 갖고 있다. 우리가 대상을 총체적으로 바라볼 수 없기 때문에, 우리에게 관심이 있는 부분에 초점을 맞추는 것은 자연스러운 일이라고 할 수도 있다.

그렇지만 현재주의는 지나치게 상대주의적이다. 그것은 진리의 객관성을 부정한다. 역사적으로 보면 고전적 역사주의나 지식 사회학이 주장했던 인식의 한계에 대한 논의와 맥을 같이 하고 있다. 지식 사회학은 우리의 모든 사상, 특히 사회나 정치 현상에 관한 사상은 진공 속에서 진행되는 것이 아니라 사회적으로 규정된 분위기 속에서 진행된다는 것을 주장한다. 이를 칼 만하임(K. Mannheim)은 의식의 존재 구속성이라 부른다.[30] 의식의 존재 구속성은 당사자에게는 인식되지 않는다. 왜냐하면 그 자신의 사상은 그의 사회적 환경에 의해 의문의 여지없는 자명한 것으로 나타나기 때문이다. 그렇지만 그가 어떤 특정한 인지적 틀에 근거해 있다는 사실은 우리가 그를 다른 사회적 환경 속에서 자란 자와 비교해 볼 때 분명히 나타난다. 지식 사회학은 이와 같이 사회적으로 완전히 다르게 규정된 세계관적 틀 —— 이것은 통상 전체적·일반적 이데올로기라고도 불리는데 —— 에 의해 우리의 인식은 상대성을 면할 수 없다고 주장한다.

의식의 존재 구속성은 거부할 수 없는 진리인가? 우리의 인식은 상대성을 면할 수 없는가? 나는 지식 사회학을 비롯한 이런 유형의 상대주의가 우리의 이성에 대한 지나친 폄하에 근거하고 있다고 생각한다. 현재주의의 논리는 현재의 관점을 지나치게 극단화하고 고정화시켜 우리의 인식을 필요 이상으로 제한한다. 가다머, 핸슨 등이 주장하는 바와 같이 관찰이나 이해에 앞서는 어떤 이론이나 선이해가 필요하다는 것은 인정된다. 실제로 우리는 많은 경우 우리가 처한 상황을 벗어나기가 어려운 것도 사실이다. 그렇다 해도 우리가 어느 하나의 이론이나 선이해에 끝까지 사로잡혀 있다고 전제할 필요는 없어 보인다.

우리는 우리의 전제들을 반성적으로 음미할 수 있고, 다른 사람의 그것과 비교할 수도 있다. 혹은 우리 스스로 전제되는 틀을 바꾸어 가며 대상을 탐구할 수도 있다. 말하자면 하나의 대상에 대해 이론 a를 전제하면 어떤 결과가 관찰되고, 이론 b를 전제하면 어떤 결과가 관찰되는가를 서로 비교하면서 검토할 수도 있다. 실제로 핸슨은 관점이 달라짐에 따라 한 그림이 여러 가지 모습으로 보인다는 것을 논증하려고 한 것이며, 이때 그는 벌써 관점들을 바꾸어 가면서 동일한 대상을 다르게 본 것이다.

우리가 철저하게 어떤 한 관점의 노예라면, 관점이 다를 경우 우리가 동일한 대상을 보고 있다는 사실조차 알 길이 없을 것이다. 말하자면 지식사회학은 스스로를 부정하는 자기모순을 자체 속에 안고 있다. 우리의 의식이 철저하게 존재에 구속되어 있다면, 의식의 존재 구속성이라는 이론 자체를 우리가 이해할 수 없을 것이기 때문이다. 우리가 관점을 바꾸어 가면서 동일한 대상을 관찰할 수 있다면, 우리는 이미 관점의 구속으로부터 벗어나 있다. 말하자면 관찰의 이론 의존성 논제는 관찰에 앞서 어떤 이론이 전제된다는 것을 주장하지만, 이것이 필연적으로 어떤 관점의 고착화를 함축하는 것은 아니라고 할 수 있다. 우리가 우리의 개념 체계에 갇혀 있다는 것은 데이비슨이 말한 경험주의의 세 번째 독단이다.[31] 개념 체계는 우리가 벗어날 수 없는 감옥이 아니다. 그것은 우리가 원하기만 한다면 깨고 나올 수 있는 특이한 감옥이다.

현재주의는 현재의 관점을 강조하면서 역사를 과학으로 분류하기 보다는 차라리 예술로 분류하고자 한다. 만약 역사가 과학이 아니라 예술에 가까운 것이라면, 일제의 식민주의 역사관을 민족주의 역사관으로 바로잡아야 한다는 주장이나 전통적인 왕조사 중심의 역사를 탈피하고 민중 사관의 관점에서 역사를 보아야 한다는 주장은 학문적으로는 아무런 설득력도 갖지 못할 것이다. 동시에 한, 중, 일 삼국 간에 벌어지고 있는 역사 전쟁은 한갓 예술 논쟁에 불과한 것으로 될 것이다.

3장

실용주의 : 역사는 필요에 따라 쓰여진다

실용주의는 좁은 의미로는 찰스 퍼스(Ch. Peirce), 윌리엄 제임스(W. James), 존 듀이 등에 의해 전개된 의미와 진리 및 선에 관한 철학적 이론으로 규정될 수 있겠지만, 넓은 의미로는 탐구의 태도를 의미한다고 할 수 있다. 실용주의의 대부 격인 제임스는 실용주의를 어떤 특별한 결과가 아니라 어떤 탐구의 태도, 즉 최초의 것, 원리, 범주, 가정된 필연성 등에서 등을 돌리고, 최종적인 것, 성과, 결과, 사실을 추구하려는 태도[1]라고 규정한다. 실용주의가 철학에서뿐만 아니라 법학, 경제학, 역사학 등의 영역에서 다양하게 전개되었던 것은 이런 실용주의의 특성 때문이다.[2]

실용주의적 역사학은 먼저 객관주의적 역사학을 거부하는 형태로 나타났다. 랑케에 의해 절정에 달한 역사의 객관주의는 과거에 일어났던 사실 그대로를 밝혀내는 것이 역사가의 임무라고 보았으며, 이러한 목적을 달성하기 위해 역사가는 사실의 인식에서 자신을 배제하는 철저한 금욕적 자세를 견지해야 한다고 주장했다. 이러한 주장에는 다음과 같은 두 가지 사실이 전제되어 있다고 할 수 있다. 첫째, 역사적 사실은 그것을 탐구하는 역사가와는 관계없이 독립적으로 존재한다. 둘째, 역사가는 자신의 관심이나 필요와는 관계없이 역사적 사실을 객관적으로 드러낼 수 있다.

실용주의 역사학자들은 이런 역사적 사실의 절대성과 역사적 인식의 객관성을 수용할 수 없었다. 그것들은 우리의 탐구 능력을 넘어서는 주장들이었기 때문이다. 이러한 관점에서 실용주의 역사가였던 칼 베커는 다음과 같은 결론에 도달했다. "역사의 실제는 영원히 사라졌으며, 역사가의 '사실'은 그것이 무엇이든 간에 그것을 이해하기 위해 역사가가 만든 마음의 상이나 영상일 뿐이다."[3]

이러한 역사 인식은 지나치게 주관주의적이고 상대주의적으로 보인다. 이러한 입장에서 과연 역사학은 학문으로서 성립할 수 있을까? 실용주의에서 역사학과 역사 소설은 어떻게 구별될 수 있을 것인가? 더욱이 1세기가 넘는 발전의 과정에서 실용주의도 다양하게 변화되어, 리처드 로티(R. Rorty)는 보다 과격한 신실용주의를 주장하기도 한다.

실용주의가 역사 연구에 적용되었을 때 어떤 식으로 탐구가 진행될 수 있을까? 이를 해명하기 위해 실용주의의 일반적인 의미론과 진리론을 먼저 살펴보고, 이에 근거해서 실용주의의 존재론을 논의할 것이다. 다음으로 실용주의의 관점에서 보았을 때, 역사 세계는 어떻게 구성되며 역사적 진리는 어떻게 확보될 수 있는지를 논구할 것이다. 끝으로 실용주의적 역사 탐구가 안고 있는 한계와 문제점도 비판적 고찰의 대상이 된다.

1 실용주의의 의미론과 진리론

퍼스가 처음 제시한 실용주의의 주요 목적은 과학자들이 사용하는 일반 명사나 형용사의 의미를 명료하게 설명함으로써 과학적 탐구에 도움을 주자는 것이었다. 그는 한 개념의 의미에 대해 다음과 같은 규칙을 제시하는데, 이것은 실용주의가 주장하는 의미론의 한 범형이 되었다.

실제로 나타나리라고 여겨지는 결과, 개념이 지시하는 대상이 가지고 있을 것으로 생각되는 결과를 고찰하라. 그러면 이들 결과에 대해 우리가 갖고 있는 개념이 그 대상이 갖는 개념의 전체이다.[4]

예컨대 어떤 사물이 '단단하다'라고 말할 때, 그것이 의미하는 것이 무엇인가를 이 규칙을 적용해서 고찰해 보자. 단단함이라는 성질의 전체 개념은 그것의 알려진 결과에 따라 결정될 것이다. 그렇지만 시험을 해 보기 전에는 단단한 물체와 부드러운 물체를 구별하기 어려울 것이다. 이때 시험은 우리가 확인하려는 대상을 다른 물체로 긁어도 흠이 생기지 않는다면 우리는 그 물체에 단단하다는 성질을 귀속시킬 수 있을 것이다.

이러한 퍼스의 원리는 다음의 세 가지 중요한 요소로 분석된다.[5] 첫째는 가설주의로서, 이것은 한 진술의 의미를 찾아내기 위해서는 그 진술을 가언적인 형태로 변형시켜야 한다는 주장이다. 둘째로 조작주의인데, 이것은 가언적 문장의 전건은 우리가 행하는 조작을 언급해야 한다는 것이다. 셋째는 실험주의로 가언적 문장의 후건은 실험이 행해진 후에 실험자가 경험하거나 관찰해야 할 어떤 것을 지시해야 한다는 것이다. 이런 분석에 따르면 '어떤 물체가 무겁다'는 주

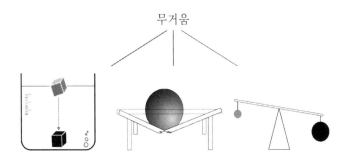

〔그림 5〕 개념이 끼치는, 생각할 수 있는 영향들을 표상함으로써 개념을 명료하게 한다.

장의 의미는 다음과 같은 가언 형식의 조작 실험을 통해서 드러난다고 할 수 있다. 만약 내가 이 물체를 떠받들고 있는 받침대를 치우면, 이 물체는 아래로 떨어질 것이다. 받침대를 치우는 것은 우리가 쉽게 행할 수 있는 조작이며, 물체가 아래로 떨어지는 것을 관찰하는 것도 어려운 일이 아니다. 혹은 어떤 물체가 무겁다는 주장은 다음과 같은 형식으로 변형될 수도 있을 것이다. 만약 우리가 이 물체를 물속에 집어넣는다면, 이 물체는 바닥에 가라앉을 것이다.

모턴 화이트가 지적한 대로, 의미에 대한 이러한 접근 방식은 두 가지 중요한 논리적 귀결을 함축한다고 할 수 있다.[6] 첫째로, 만일 일반명사의 성격상 가언절로 번역될 수 없거나 실험자가 그 명사를 사용해서 필요한 조작적 변형을 시킬 수 없다면, 우리는 그 명사를 무의미한 것으로 간주해야 한다는 것이며, 둘째로는 두 일반명사의 실용주의적인 번역이나 정의가 동일한 경우에는 다른 측면에서 두 명사가 아무리 다르다고 할지라도 두 명사는 과학적으로 동의어라는 것이다. 첫 번째 규칙은 전통적인 형이상학과 신학에 많은 제한을 가한다. 형이상학이나 신학에서 사용되는 많은 용어들은 가언적 형태로 변형시킬 수가 없기 때문이다. 두 번째 규칙은 전통적인 형이상학이나 신학의 논의가 진정한 논의가 아닌 사이비 논의라는 것을 함축한다.

이러한 조작주의적 의미론은 명석 판명함(clear and distinct)을 추구하는 데카르트의 내성적 의미론과는 완전히 대립적인 위치에 선다고 할 수 있다. 데카르트는 우리의 정신에 의문의 여지없이 분명하게 나타나는 개념을 '명석한' 개념이라 하고, 명석하면서 동시에 다른 것으로부터 확연히 구별되는 개념을 '판명한' 개념이라고 정의한다. 논리적 관점에서 규정한다면, 어떤 개념에 대한 내포적 정의를 정확하게 내릴 수 있을 경우에 그 개념은 판명한 개념이라 일컬어진다. 그렇지만 퍼스는 개념의 의미를 우리 정신의 내면적 친숙함에 기반해서 규정하는 이런 데카르트의 전통에 강력한 비판을 가한다. 그렇게 되었을 때 개념은 외부 세계나 우리의 행위와 아무런 연관을 맺을 수가 없기 때문이다.

퍼스의 주장에 의하면, 우리의 모든 사고 활동은 의심에서 일어나며, 의심이 없어지고 신념이 확립되었을 때 사고 활동은 중지된다. 그러므로 신념을 산출하는 것이 사고 활동의 유일한 기능이라 할 수 있다. 퍼스는 신념이 세 가지 성질을 가지고 있다고 본다.[7] 즉 그것은 첫째로 우리가 의식하고 있는 어떤 것이며, 둘째로 우리의 초조한 의심을 달래 주는 것이며, 셋째로 우리의 성격 속에 행위의 규칙, 즉 습관을 형성시켜 준다는 것이다. 이것은 결국 다음과 같은 이야기가 된다.

사고 활동 ⇒ 신념의 산출 ⇒ 습관의 형성

신념의 본질은 습관을 형성시키는 것이다. 그러므로 여러 신념들이 서로 다르게 의식된다 해도 결과적으로 동일한 습관을 만들어 낸다면, 그것들은 서로 다른 신념일 수가 없는 것이다. 그리고 습관의 정체는 그것이 우리를 어떠한 행위에로 인도하는가에 달려 있다. 물론 우리의 행위를 일으키는 직접적인 자극은 감각 지각으로부터 주어지지만, 우리의 행위는 우리가 어떤 습관을 갖느냐에 따라 깊은 영향을 받는다. 그렇다면 행위는 무엇을 위해서 존재하는가? 퍼스에 의하면 행위의 목적은 감각할 수 있는 어떤 결과를 산출하는 것이다.

습관 ⇒ 행위의 표출 ⇒ 감각할 수 있는 결과의 산출

이런 논의의 과정에 따라 퍼스는 결국 다음과 같은 결론에 이른다. "우리가 도달한 결론은 모든 사고(그것이 아무리 미미한 것이라 할지라도)를 구분하는 진정한 근거는 구체적이고 실제적인 어떤 것에 있다. 의미를 가장 훌륭하게 구분해 주는 방법은 있을 수 있는 실제상의 차이를 확인하는 것이다."[8]

퍼스의 이런 조작주의적 의미를 '진리'나 '참'이라는 말에도 적용할 수 있을까? 예컨대 '문장 s는 참이다.'는 주장을 가언적 조건절로 바꿀 수 있을까? 제임스에 의하면 조작주의와 실험주의를 매우 좁은 의미로 사용한다면 이런 말들에 대한 실험적 조작은 불가능할 것이다. 그러나 만일 우리가 실험과 조작이라는 말을 어느 정도 넓혀서 사용한다면, '진리'나 '참'이라는 말에도 실험과 조작을 적용할 수 있다. 이때 '문장 s는 참이다.'라는 주장은 다음과 같이 변형된다. "만일 당신이 문장 s를 믿거나 받아들인다면, 어떤 만족할 만한 경험이 수반될 것이다."[9] 문장 s를 믿거나 받아들인다는 것은 행위의 양식을 통해 조작적으로 통제할 수 있는 사실이며, 만족할 만한 경험이 수반되는지 어떤지는 경험적으로 확인 가능한 사실이다. 그러므로 퍼스가 제시한 실용주의의 의미론은 '참'이나 '진리'라는 개념에도 적용되는 셈이다.

제임스는 진리란 우리의 관념과 실재가 대응되는 데서 성립한다는 전통적인 진리 대응 이론을 진리에 관한 독단주의라고 규정한다.[10] 독단주의에 따르면 참된 관념이란 사물을 있는 그대로 드러내 주고 표상해 주는 관념이다. 말하자면 한 관념은 표상되는 사물과 정확하게 대응할 때 참이 된다. 이러한 독단주의는 전통적인 합리주의와 경험주의를 모두 포괄한다. 전통적인 경험주의에 따르면 직접적이고 구체적인 관념이란 외부 세계로부터 우리에게 주어지는 인상일 뿐이며, 우리 마음의 가장 중요한 기능은 외부의 실재를 복사하는 것이다. 전통적인 합리주의에서도 사정은 마찬가지라고 할 수 있다. 물론 합리주의에서 우리의 마음이 복사해야 하는 실재는 감각에 의해 지각할 수 있는 대상이 아니라, 자체적으로 존재하는 초감성적 대상이라고 해야 할 것이다.

왜 실용주의는 진리 대응 이론을 독단주의라고 부르는가? 그것은 진리가 기성품으로서 우리에게 억압적으로 다가온다고 보기 때문이다. 진리 대응 이론에 의하면 우리의 정신은 진리를 구성해서는 안 된다. 복사한다는 것은 그것을 존재하게 한다는 것이 아니다. 우리의 정신은 어떠한 능동적인 역할도 해서는 안 되고, 가능한 한 실재가 우리에게 있는 그대로 나타날 수 있도록 수동적으로 남아야 한다.

실용주의는 다음과 같은 두 이유에서 진리 대응 이론을 비판한다. 첫째, 진리 대응 이론은 변화하는 실재를 정태적인 상태에서만 바라보고자 하므로 실재를 있는 그대로 파악하지 못하며, 둘째, 진리 대응 이론은 초경험적인 실재를 상정하기 때문이다. 실용주의에 의하면 실재는 끊임없는 변화의 와중에 있다. 실재는 시간을 초월한 영원한 어떤 것이 아니며, 시간 속에 존재하는 어떤 것도 고정되어 있지 않다. 합리주의가 실재를 이미 만들어져 있으며 영구적으로 완성되어 있는 것으로 보는 데 반해, 실용주의는 실재를 지금도 생성중이며 미래에서 모습을 드러내는 것으로 이해한다. 그러므로 실재의 참모습이 이렇다면, 진리 역시 변화할 수 있다. 또한 실재는 완성된 어떤 것이 아니기 때문에 진리는 영원한 어떤 것일 수도 없고 완성된 체계일 수도 없다. 그것은 수없이 다양한 방식으로 형성되고, 파괴되고, 다시 형성된다. 진리의 이런 다원성을 제임스는 법이나 정의, 언어에 비유해서 설명하고자 한다. 말하자면 어떤 법관들은 단지 하나의 정의, 하나의 법전, 하나의 진리만이 존재하는 듯이 생각하지만, 실제로는 다양한 정의와 다양한 실증법적 체계가 존재하듯이 진리도 다양할 수밖에 없다는 것이다.[11]

유일한 진리가 아닌 다수의 진리를 주장하는 실용주의의 진리관에 대해 전형적인 합리주의자들은 조야하고 형편없는 이류의 임시방편적인 진리관이라고 비판한다. 합리주의자들에게 있어서 진리란 순수하고, 추상적인 것이고, 우리가 따라야 할 절대적인 어떤 것이기 때문이다. 그러나 실용주의자들은 이런 합리주의자들에 대해 생생하고 풍성한 실재 세계를 활기 없는 개념적인 틀로 파악하려 한다고 대응한다.

실용주의가 진리 대응 이론을 비판하는 보다 근본적인 이유는 실용주의가 주장하는 더욱 철저한 경험주의에 기인한다고 할 수 있다. 실용주의의 경험주의에 대해 제임스는 다음과 같이 주장한다. "실용주의가 취하고 있는 경험주의의 입장은 이전의 그것보다 더욱 철저하고 반론의 소지가 훨씬 적다. 실용주의자들은 강단 철학자들이 소중하게 생각했던 여러 가지 좋지 못한 습관에 대해 결연히 그리고 단호하게 등을 돌려 버렸다. 그들은 추상적인 것, 옳지 못한 선천적인 이성, 고정된 원리, 폐쇄된 체계, 그럴듯하게 보이는 절대자나 근원 등을 중요하게 생각하지 않는다. 이는 경험주의적인 성향이 우세하고 합리주의적인 성향이 포기되었음을 의미한다."[12] 제임스는 그의 철저한 경험론을 다음 세 가지 공준에 의해 체계화한다.[13] 첫 번째는 경험적 방법의 공준인데, 문제들은 경험으로부터 도출된 용어로 토론할 수밖에 없다는 것이고, 둘째는 유명론의 공준으로서, 대상들뿐만 아니라 대상들의 관계까지도 직접적인 특수한 경험의 문제라는 것이다. 예컨대 명사들뿐만 아니라 계사나 접속사들까지도 순수 경험의 흐름으로부터 산출된다는 것이다. 그리고 셋째로 경험의 부분들은 그 자체가 경험의 한 부분인 관계들에 의해 함께 연결되어 있다는 공준인데, 이 공준에 의해 경험은 전체론적 성격을 띠게 된다.

이러한 공준들의 관점에서 보면, 어떤 것도 우리의 경험을 넘어설 수 없다. 이것은 우리의 경험과는 무관하게 존재하는 실재 세계란 존재할 수 없다는 것을 의미하며, 따라서 진리를 우리의 관념과는 독립적으로 존재하는 실재와의 대응에서 찾는 진리 대응 이론은 성립할 수가 없는 것이다.

그렇다면 실용주의의 진리란 결국 어떤 성질의 것이라고 해야 할 것인가? 제임스에 있어서 진리는 그것을 믿음으로 해서 다른 크고 중요한 이익과 충돌하지 않는다면 믿어서 우리에게 가장 좋은 것이다. 제임스의 진리론은 다음과 같이 정리될 수 있다. "진리는 우리가 믿어야만 하는 것이다. 우리가 믿어야만 하는 것은 우리가 믿어서 가장 좋은 것이다. 따라서 진리는 우리가 믿어서 가장 좋은 것이다."[14] 제임스는 진리도 일종의 선이며, 일반적인 생각과는 달리 선과 전혀 별개의 것이 아니라 선과 아주 동일한 것으로 간주한다. "진리라고 하는 것은 신념에서 선으로 밝혀진 것을, 그리고 명확하고 분명한 이유에서도 선으로 밝혀진 것을 지칭하는 이름이다."[15]

실용주의의 진리론은 듀이의 도구주의에서 더욱 명료하게 드러난다. 듀이는 헤겔주의적인 변증법의 안티테제를 생물학에 뿌리를 두고 사회적으로 발전된 '문제 상황'의 긴장으로 바꾸었다. 모든 생명체는 문제 상황 속에 있으며, 어떤 방식으로든지 긴장을 해소하지 않으면 안 된다. 그러므로 모든 사상은 이러한 긴장을 해소시키는 역할을 수행해야 하며, 그 기여도에 따라 측정되어야 한다. 이러한 관점에서 보면 관념은 그것이 우리 경험의 다른 부분과 만족스러운 관계를 갖도록 하는 데 도움을 주는 한에서만 참이 된다. 즉 "경험의 다른 부분을 정리할 수 있고, 연속적으로 일어나는 특별한 현상을 하나하나 조사해 보지 않고도 개념적인 도구를 통해 다른 경험들의 관계를 파악할 수 있도록 해 주기 때문에 관념은 진리가 되는 것이다. 우리가 이용할 수 있는 관념이란 우리가 순조롭게 경험의 한 부분에서 다른 부분으로 이동할 수 있도록 해 주며, 사물들을 만족스럽게 연결시켜 주고, 완전하게 활동할 수 있도록 해 주고, 노동을 단순하게 해 주고, 노동을 절약하게 해 주는 관념인데, 이것들은 모두 진리인 것이다. 곧 도구적으로 진리인 것이다."[16]

2 실용주의의 존재론

실용주의에 있어서 우리가 파악한 실재 세계는 '우리가 만든 어떤 것'이라고 해야 한다. 물론 이것은 우리가 태초의 창조자로서 무로부터 세계를 만들었다는 의미가 아니라, 적어도 우리가 지금 인식하고 있는 세계는 우리와의 상관 속에서 그렇게 나타나게 되었다는 것이다. 이러한 귀결은 실용주의자들의 철저한 경험주의에서 필연적으로 도출된다고 할 수 있다.

듀이는 『철학의 회복을 위한 필요성』에서, 전통적인 경험주의의 문제점을 다음과 같이 지적하면서 자신의 경험을 특성화시킨다.[17]

1) 전통적인 경험주의는 경험을 기본적으로 지식의 문제로서 취급했다. 그렇지만 사실 경험은 유기체와 그의 물리적 사회적 환경과의 전 교섭을 포괄하는 문제인 것으로 분명히 드러난다.

2) 전통적인 경험은 본질적으로 주관적이다. 그러나 경험은 유기체와 그의 환경과의 모든 관계를 포괄하므로 주체와 대상 간의 상호작용을 포함하는 객관적인 세계이다.

3) 전통적인 경험의 본질은 무엇이 발생하는가를 기록하는 것, 즉 존재하는 것에 대한 조회라는 것으로 생각되었다. 그러나 생동하는 형식으로 존재하는 경험은 실험적인 것, 즉 주어진 것을 변화시키는 노력이다. 왜냐하면 경험의 특성은 투사, 즉 미지의 곳으로 나아가고자 하는 데에 있기 때문이다. 따라서 미래와의 연관이야말로 경험의 두드러진 특징이다.

4) 경험주의적 전통은 개별주의의 오류를 범하고 있다. 말하자면 연관성과 연속성은 경험과 동떨어진 것으로 가정되고 있다. 이와는 반대로 환경과 적응하면서 환경을 새로운 방향으로 조정하고자 노력하는 경험은 연관성으로 충만해 있다.

5) 전통적인 경험주의에서는 경험과 사유는 서로 대립된다. 따라서 추론은 우리가 경험을 뜀틀로 사용하여 우리가 알지 못하는 사물이나 타자의 세계로 뛰어오르는 필사적인 노력의 척도였다. 그러나 경험이란 추론으로 충만되어 있는 것이다. 즉 추론이 결여된 어떠한 경험도 존재하지 않는다.

이러한 듀이의 경험론에서 가장 강력하게 눈에 띄는 것은 경험의 포괄성과 철저함이다. 그것은 경험을 단순한 지식의 문제로 간주하지 않을 뿐만 아니라, 단순히 의식 내재적인 주관직인 문제로 취급하지도 않는다. 더욱이 그것은 경험을 과거나 현재보다는 미래와 연관시키고자 하며, 연관성과 추론까지도 경험의 한 요소로 생각한다.

모든 것을 포괄하는 듯한 듀이의 경험을 비판하면서, 모리스 코헨 (M. Cohen)이 그것은 지나치게 확대되어 그것이 포괄하지 못하는 어떤 것도 발견할 수 없으며, 그 말로써 무엇을 의미하는지 도무지 알 수 없다고 한 불평도 이해하기 어렵지 않다.[18)]

어쨌든 이제 우리의 관심을 이런 경험론이 함축하는 존재론에 맞추어 보자. 이런 경험론에서 우리는 어떤 존재론을 추론할 수 있을까? 첫째로, 듀이식의 철저한 경험주의는 현상과 실재의 구별을 인정하지 않으며, 현상은 우리의 경험과 상관해서만 존재하는 것으로 이해된다. 현상과 실재의 구분은 과거나 현재를 막론하고 과학적 탐구에서 본질적인 문제였다. 이러한 구분은 그리스 시대에 나타났는데, 이것은 동일한 사물이 상황에 따라 다양한 모습으로 우리에게 나타나는 경험적 현상을 설명하기 위해서였다. 예컨대 정육면체인 물체는 보는 각도에 따라 여러 가지 형태로 보인다. 그렇지만 이런 모습 중의 어느 것도 정확한 정육면체는 아니다. 그것의 참된 형태는 그것이 나타나는 방식들에서 찾아지는 것이 아니라, 그것이 감각에 나타나는 방식을 통해서 파악된다고 할 수 있다. 이때 경험적 현상들은 우리가 그것의 참된 형태를 파악하면 해석되어야 할 어떤 것으로 여겨진다.

존 로크(J. Locke)가 일차 성질과 이차 성질을 구분했던 것도 같은 맥락에서였다고 할 수 있다. 동일한 사물에 대해 여러 종류의 빛을 비춤에 따라 대상의 색깔은 달라진다. 그에 반해 크기는 달라지지 않는다. 여기서 로크는 색깔은 이차 성질로, 크기는 일차 성질로 규정하고, 일차 성질은 관찰자와는 상관없이 존재하는 성질이고 이차 성질은 관찰자와의 관계에서 존재하는 성질이라고 해석했다. 경험론을 더욱 철저화시킨 버클리가 크기도 그것을 바라보는 관점이나 거리에 따라 달라질 수밖에 없기 때문에 모든 성질은 이차 성질이라는 결론에 도달한 사실은 철학사에서 잘 알려진 일이다. 같은 논리로 듀이도 우리가 지각하는 모든 성질은 관찰자와의 상관관계 속에서만 존재한다고 주장했다. 말하자면 관계를 벗어난 곳에서는 어떤 실재도 존재하지 않으며, 경험된 자료의 존재나 성질은 경험을 하는 유기체의 본성이나 상황에 의존한다는 것이다. 따라서 이차 성질이 유일한 성질이며, 현상이 없는 실재란 존재하지 않는다는 결론에 이른다. "절대적 관점이란 존재하지 않는다. 관점으로부터의 해방도 존재하지 않는다. 존재하는 것은 언제나 상대적인 관점들이다. …… 실제로 나는 절대적인 관점에 대해서는 아무것도 생각할 수 없다. 항상 나는 암암리에 사물들을 자신과의 연관 속에서 바라보는 관찰자로서나 자신을 무대 위에 올려놓는다."[19]

둘째로 듀이식의 철저한 경험주의에서 보면, 과학적 세계관과 일상적 경험의 세계관은 서로 구분된다고 할지라도 과학적 세계관이 더욱 근본적이라고는 평가되지 않는다. 오히려 듀이는 과학적 세계관은 실제 세계로부터 추상된 것이라고 주장했다. 즉 경험은 사물들을 실체로서 드러내어 주는 데 반해 과학은 사물들을 실체로서가 아니라 관계 속에서 다룸으로써 진보해 왔다고 본다. 예컨대 물에 대해서 논해 보자. 우리는 물을 부드럽고 무색무취하고, 그것을 담는 용기에 따라 모양이 결정된다는 것 등을 경험한다. 이에 반해 과학은 화학적 분석을 통해 물을 H_2O라고 기술한다. 이때 H_2O라는 과학적 기술이 일상적인 경험의 기술보다 더욱 근본적일 수는 없다는 것이다. 이러한 해석은 결국 과학에 대한 반실재론과 연관된다고 할 수 있다.

제임스나 듀이가 주장하는 철저한 경험주의는 내재주의(internalism)로 규정되지 않을 수 없다. 내재주의란 세계가 어떤 대상들로 구성되어 있는가를 묻는 것은 어떤 개념 체계 내지는 서술 체계 안에서만 의미가 있다는 것이다.[20] 이러한 입장은 어떠한 개념 체계나 서술 체계와도 관계없이 세계가 어떻다는 것을 물을 수 있는 외재주의 (externalism)와는 정면으로 대립된다고 할 수 있다. 다시 말해서 내재주의는 개념 체계 내지는 서술 체계와는 독립적으로 존재하는 실재를 인정할 수 없는 반면, 외재주의는 세계는 정신 독립적인 대상들의 확정된 전체로 이루어져 있다고 주장한다. 우리는 통상 전자를 반실재론이라 하고, 후자를 실재론이라 한다.[21]

3 실용주의와 역사 세계의 구성

이제 실용주의의 반실재론을 역사 세계에 적용시켜 보자. 역사 세계란 우리에게 어떻게 나타나느냐 하는 문제와는 관련 없이 일어난 사건들의 총체로서 실재한다고 해야 할 것인가, 아니면 인식 주관과의 연관 속에서 끊임없이 새롭게 구성되는 것이라고 해야 할 것인가? 전자를 역사의 실재론이라 부르고 후자를 역사의 반실재론이라 부른다고 할 때, 지금까지의 논의를 근거로 실용주의가 역사의 반실재론에 속하는 것은 분명하다.[22]

역사 세계는 과거에 이미 일어난 세계로서 우리로서는 변경시킬 수 없는 세계가 아닌가? 그리고 천 년 전에 일어난 사건은 분명히 백 년 전에 일어난 사건보다 앞서 일어난 사건이 아닌가? 그렇지만 실용주의자들에 의하면 어떠한 과거의 사건도 발견되기 전까지는 경험적 실재가 될 수 없다. 엄격히 말한다면 한 사건이 발견되었을 때가 그 사건이 참다운 의미에서 발생한 때이다. 이런 논리에서 실용주의는 발견의 순서가 사건의 순서라고 말하기도 한다. 물론 어떤 지질학자가 수백만 년 전에 발생한 사건을 처음으로 발견했다 해서 그 지질학적 사건이 현재의 사건이 되는 것은 아닐 것이다. 추상적 시간 속에서는 지질학자가 연구하는 시간은 오랜 옛날일 수도 있다. 그러나 실용주의는 그것이 경험적 실재가 되기 위해서는 발견의 대상이 되지 않으면 안 된다고 본다. 여기서 다음과 같은 주장이 가능해진다. "세계는 항상 현재로부터 구체화되어 드러난다. 과거에 대한 지식이 현재의 욕구를 만족시키는 데 필요하기 때문에, 세계는 과거 속으로 확장된다. 그렇지만 그것은 현재의 범위 내에 머문다. 실제로 세계는 단지 대단히 큰 현재를 산출할 뿐이다."[23] 이런 관점에서 보면, 관찰자와 독립된 실재는 존재하지 않기 때문에 어떤 관찰자로부터도 독립된 과거는 존재하지 않는다. 그리고 모든 관찰자는 필연적으로 현재 속에 존재할 수밖에 없다.

미국의 신사학파, 예컨대 로빈슨, 베커, 비어드 등은 모두 실용주의 역사가들이다. 이들은 보통 현재주의 역사가로 분류되기도 하지만, 엄격히 말하면 실용주의적 현재주의자들이다. 이들은 사실의 구성과 선택, 그리고 설명에서 철저하게 실용주의의 원리를 적용한다.

칼 베커는 역사적 사실이란 발견되는 것이 아니라 구성된 것이라고 주장한다. "역사적 사실이란 무엇인가? 예컨대 역사가들이 자주 다루고 있는 '기원전 49년 카이사르가 루비콘 강을 건넜다.'는 단순한 사실부터 생각해 보자. 모든 사람들이 이 낯익은 사실을 알고 있으며, 또 카이사르 자신의 말 중에서도 자주 언급되고 있기 때문에 그 사실은 분명히 중요하다고 하겠다. 그렇지만 그것이 과연 그렇게 단순한 사실인가?"[24] 이것이 단순한 사실이 아닌 이유를 그는 다음과 같이 설명한다. 단순한 사실이란 그 사실이 다른 사실과 명확하게 구별되는 뚜렷하고도 변함없는 윤곽을 갖고 있어야만 하는데, 이 사실은 그렇지 못하기 때문이다. 카이사르가 루비콘 강을 건널 때, 그는 그가 지휘하고 있었던 6000여 명의 병사들과 함께 건넜을 것이다. 이것은 수많은 병사들이 어우러져 만들어 낸 온갖 행위와 끝없는 대화와 생각들이 함께 모여서 이 사실이 구성되었음을 함축한다. 만약 우리가 모든 사실을 이야기해야 한다면, 우리는 '카이사르가 루비콘 강을 건넜다.'는 단 하나의 사실을 이야기하기 위해 몇 권의 책을 써야 할지도 모른다. 따라서 단순한 역사적 사실은 벽돌과 같이 명확한 윤곽과 측정 가능한 중량을 가진 어떤 것이 아니라, 하나의 상징이며, 우리가 이용할 필요성을 크게 느끼고 있지 않은 무수히 많은 단순한 사실들을 일반화시킨 것에 불과한 것이다.

아담 샤프(A. Schaff) 역시 같은 맥락에서 다음과 같이 주장한다.

'본래 그대로'의 사실이란 있을 수 없다. 이른바 본래 그대로의 사실이란 어떤 이론적인 가공의 산물이며, 그것들을 역사적 사실의 범주 속으로 격상시키는 일은 역사가의 출발점이 아니라 종점이다.[25]

이러한 주장은 결국 역사적 사실이란 어떤 의미에서는 역사적 탐구의 전제가 아니라 역사적 탐구의 결과라는 것이다. 그리고 역사적 사실의 구성 과정은 기록 문서에서 출발하는 것이 아니라, 어떤 주제를 선택할 것인가? 주제의 한계를 어디에 설정할 것인가? 주제를 어떻게 구성할 것인가? 등과 같은 사전의 질문에서 출발한다는 것이다.

같은 논리로 실용주의자들은 어떠한 사건도 그 자체로는 다른 사건과 구별되어 존재하는 것은 아니라고 주장한다. 이들에 의하면 하나의 사건이 다른 사건과 구별되어 나타나는 것은 역사가의 작업 덕분이다. 예컨대 물가의 변동이나 사회 계급의 분화, 토지 소유의 집중이나 자본의 축적 같은 '사실들'은 이론적인 일반화에 의존하지 않고는 설명될 수 있는 사실들이 아니기 때문이다. 이것들은 우리가 채택한 어떤 특정한 이론의 틀 속에서만 의미를 갖는 사실들이다.[26]

이러한 주장은 사실과 이론이 상호 밀접한 의존 관계에 있음을 함축한다. 동시에 이러한 주장은 관찰의 이론 의존성 논제나 협약주의의 사실 구성 이론과도 맥을 같이 한다. 카의 다음과 같은 주장도 같은 논리에서 이해될 수 있다. "첫째로 역사상의 사실은 순수한 형태로 존재하지 않으며, 또한 존재할 수도 없기 때문에, 우리에게 결코 순수하게 다가오지 않는다. 사실들은 항상 기록자의 정신 속에 존재한다. 역사책을 손에 쥐게 될 경우 우리가 최초로 관심을 갖는 대상은 그 책 속에 담겨져 있는 사실들이 아니라 그 책을 쓴 역사가이다."[27] 이러한 주장들은 결국 역사적 사실들이란 우리가 일상적으로 생각하듯이 발견의 대상이라기보다는 창작의 결과라는 것을 의미한다.

실용주의자들에 의하면 사실의 구성뿐만 아니라 사실의 선택에서도 동일한 문제가 야기된다. 원칙적으로 인간의 사회생활에서 나타나는 모든 사물들과 현상들은 역사적 사실이 될 수 있다. 그렇지만 모든 사실이 반드시 역사적 사실로 되는 것은 아니다. 어떤 사실이 역사적 사실이 되기 위해서는 역사가에 의해 가치 있는 것으로 평가되고 선택되어 역사적 사실의 범주 속으로 들어와야 한다. 이것은 역사적 사건이란 적어도 그것이 과거에 일어남을 필요조건으로 하지만 충분조건으로 하지는 않는다는 것을 의미한다. 즉 그 사건이 역사적 사건으로 남기 위해서는 그럴 만한 가치를 지닌 사건이어야 한다. 평범한 사람의 하루 일과는 역사가의 관심거리가 되지 못한다. 그러나 그 사람의 일상적인 일과가 역사적으로 중대한 사건에 영향을 미쳤다면 그것은 역사적 사건의 일부가 될 수 있다. 이것은 다음과 같은 이야기가 된다.

1) X는 과거에 일어난 사건이다.
2) X는 P라는 역사적 가치를 지닌 것으로 해석된다.

3) 역사가는 X에 관해 역사적 사건으로서 관심을 갖는다.

그러므로 단순히 일어났던 사실과 역사적 사실은 구별되지 않으면 안 된다. 이러한 사실들의 구별은 역사가가 사용하는 어떤 패러다임이나 좌표계 속에서 이루어질 수밖에 없을 것이다. 카가 역사적 사실을 생선 가게의 자판 위에 놓인 죽은 생선과 같은 것이 아니라 광활한 대양에서 이리저리 헤엄쳐 다니는 살아 있는 물고기와 같은 것으로 규정하고, 역사가가 물고기를 낚아 올리는 것은 주로 그가 어디에서 고기를 낚느냐 하는 것과 그때 어떤 도구를 사용하느냐에 달려 있다고 하는 것도 사실의 선택에 역사가의 관점과 가치가 결정적으로 작용하고 있음을 의미하는 것이다.[28]

선택은 일상적 사실을 역사적 사실로 끌어올리거나 역사적 사실을 그 권좌에서 끌어내리는 것이라고 해석될 수 있다. 선택에 의해 어떤 시대 어떤 학파의 역사가들 사이에서는 역사적으로 아무런 의미가 없는 사건으로 간주되는 것이 다른 시대 혹은 다른 학파의 역사가들 사이에서는 역사적 사실로서의 권위를 인정받는다. 그러므로 실용주의자들은 어떤 좌표계나 관점을 갖느냐에 따라 우리가 구성하는 역사 세계의 모습은 달라질 수밖에 없다고 본다.

이제 역사적 설명의 문제로 넘어가 보자. 역사학의 과제는 사실이 어떠하다는 개성 기술만으로는 안 되고 그러한 사실이 왜 발생했느냐를 설명하지 않으면 안 된다. 우리는 연대기와 역사적 설명을 구별해서 생각할 수 있다. 연대기란 낱낱의 단편적인 관찰들을 발생 순서 대로 죽 늘어놓은 것을 말한다. 여기서 '왜냐하면'이라는 접속사가 사용된다 할지라도 그것은 한 진술과 다른 진술을 연결시키지 못한다. 역사 서술이 연대기에 머물러서는 안 되고 사건에 대한 설명으로 이루어져야 한다면,[29] 이때 선택의 문제와 비슷한 어려움이 제기될 수 있다. 말하자면 동일한 사건을 설명한다 해도 이론 체계가 다름에 따라 설명이 달라질 수 있기 때문이다. 실용주의자들은 다양한 선택과 마찬가지로 다양한 해석의 논리가 가능하다고 주장한다. "해석의 다양성은 역사가의 저작을 살펴보면 명백하게 드러난다. 이론 체계의 일반적 수만큼이나 많은 해석들이 생겨난다. 좀더 일반적으로 말하자면 다수의 심리학적 개념들과 개별적인 논리 체계들이 존재하는 그 수만큼 많은 해석들이 존재한다."[30]

4 실용주의와 역사적 진리

실용주의의 관점에서 보면 역사학자는 조작주의적으로 정의할 수 없는 용어를 사용해서는 안 된다. 조작적 정의가 불가능한 개념들은 명확하게 전달될 수 있는 어떤 의미를 갖지 못하기 때문이다. 예컨대 절대정신이나 절대자, 시대정신이나 역사의 궁극 목표 같은 형이상학적이거나 신학적인 용어 사용은 실용주의의 역사에서는 허용되기 어렵다. 동시에 선험적인 어떤 틀로서 살아 있는 역사 세계를 재단하는 일도 실용주의적 태도와 양립하기 어렵다.

여기서 제기되는 핵심적인 두 문제는 실용주의가 주장하는 역사가의 관심이나 필요성은 어떤 것들인가 하는 것과, 그것이 역사 인식의 객관성을 얼마만큼 방해할 것인가 하는 것이다. 첫 번째 문제부터 살펴보자. 역사가의 관심이나 필요성은 무엇이라고 해야 할 것인가? 듀이의 관점에서 보면 누구나 항상 해결해야 할 문제 상황 속에 놓여 있다. 이러한 상황은 사회적 집단에도 그대로 적용된다고 해야 할 것이다. 역사가도 사회 구성원의 일원이다. 그렇다면 그의 관심이나 필요성은 그가 속한 사회의 문제 상황을 어떻게 해결해야 하는가로 귀착된다. 예컨대 어떤 사회의 초미의 관심사가 민주화라면 그 사회 속의 역사가는 자연히 과거의 역사를 민주화라는 관점으로 보고자 할 것이며, 어떤 사회의 관심사가 산업화라면 역사가는 이런 관점에서 역사를 보고자 할 것이다. 물론 같은 관심이나 필요성에서 출발한다고 할지라도, 문화적 배경이 다르다면 해석은 다양하게 전개될 수 있을 것이다.

역사가가 갖고 있는 현재의 관심과 필요성이 앞서 논의한 이런 요인들을 배경으로 삼고 작동한다면, 역사 인식의 객관성은 과연 어느 정도 확보될 수 있을까?

로티를 비롯한 극단적 실용주의자에 의하면, 역사적 인식은 철저히 상대적이기 때문에 역사적 인식에서는 어떠한 객관성도 불가능하다. 예컨대 좌표계 A에서 a라고 하는 역사적 사실이 좌표계 B에서는 b라고 하는 역사적 사실로 서술된다면, 우리는 이들 중 어느 것이 옳은지를 판단할 수 없다는 것이다. 이런 견해에 의하면 본래적인 역사적 인식의 오류란 존재할 수 없다. 역사적 인식이란 어차피 역사적 해석이며, 역사적 해석은 주어진 자료들로부터 유용하고 그럴듯한 이야기를 만들어 내는 것이기 때문이다. 그러므로 특정한 목적을 전제로 할 때의 좋은 해석만이 존재할 수 있을 뿐, 원본에 대한 완전히 올바른 해석이 가능한 것으로 이해해서는 안 된다.

우리 실용주의자들은 진리를 위한 진리를 추구해야 한다는 생각을 이해하지 못한다. 우리는 진리를 탐구의 목적으로 삼을 수 없다. 탐구의 목적은 무엇을 할 것인가에 대한 사람들의 합의를 이끌어 내는 것, 말하자면 달성되어야 할 목표에 대한 합의를 도출해 내고 그 목표가 달성되기 위해 어떤 수단이 사용되어야 하는가에 대한 합의를 도출해 내는 것이다. 행동의 조정에 이르지 못하는 탐구는 탐구가 아니라 단순한 말장난이다. 신념을 표상으로서가 아니라 행동의 습관으로 다루는 것, 그리고 단어를 실재의 표상으로서가 아니라 도구로 다루는 것은 '나는 지금 발견을 한 것인가 아니면 발명을 한 것인가?'라는 질문을 의미 없는 것으로 만드는 것이다. 유기체와 환경 간의 상호작용을 이런 식으로 나누는 것은 의미가 없다.[31]

뿐만 아니라 이런 해석 이론에서는 역사적 인식의 진보도 불가능하다고 할 수 있다. 아무리 다양한 역사적 해석이나 재구성이 이루어진다 해도 그것들은 진리와는 무관하게 끊임없는 이야기 만들기에 불과하므로, 해석 a가 해석 b보다 진리에 더욱 가깝다고 할 어떤 합리적 이유도 존재하지 않기 때문이다. "세계는 대안적인 메타포들 가운데 어느 것을 선택할 아무런 기준도 제공하지 않으며, 우리는 단지 언어나 메타포들을 서로 비교할 수 있을 뿐이지 언어를 넘어선 '사실'이라 불리는 것과 언어를 비교하는 것이 아니다."[32]

비트겐슈타인(L. Wittgenstein)이 『철학적 탐구』에서 제시한 규칙 따르기의 역리 현상은 역사의 해석에도 적용할 수 있을 것으로 보인다. 문제의 역리는 다음과 같은 것이다. "이것은 우리들의 역리였다. 행위의 어느 과정도 하나의 규칙에 의해 결정되지 않을 수 있다. 왜냐하면 행위의 각 과정은 규칙에 부합되는 것으로 만들어질 수 있기 때문이다. 만약 어느 것이든 모두 다 규칙과 부합되는 것으로 만들어질 수 있다면, 그에 반대되게 될 수도 있다. 따라서 거기에는 부합도 갈등도 없게 될 것이다."[33] 이를 역사의 해석에 적용해 보자. 여기 a, b, c 세 개의 역사적 자료가 있고, 이 자료들을 함께 일관되게 엮어 주는 어떤 해석 p가 있다고 하자. 그런데 그 후 역사적 사건 d가 추가되어 a, b, c, d를 함께 일관되게 엮어 주는 다른 해석 q가 가능하게 되었다고 하자. 이때 p, q 두 해석 모두 나름대로의 규칙에 따라 이루어졌다면, 우리는 과연 어느 해석을 보다 나은 해석이라고 할 수 있겠는가? 이것은 철저한 상대주의이다. 만약 역사적 해석이 문화적 배경에 따라 이루어진다면 이것은 문화적 상대주의가 될 것이다.

5 문제점들

진리를 추상적인 세계로부터 삶의 현장으로 끌어낸 것은 실용주의의 공로가 될 것이다. 말하자면 실용주의는 진리와 삶을 일치시키려고 했다. 그렇지만 실용주의는 역사 세계의 구성을 지나치게 주관화시키며, 그 결과 역사적 진리를 지나치게 상대화시킨다. 이러한 문제점은 특히 듀이의 실용주의 역사 인식에서 두드러지게 드러난다.

실용주의는 두 유형으로 나뉘는 것이 편리할 것으로 생각된다. 하나는 인식과 진리의 실용성에만 관심을 갖는 극단적 실용주의이고, 다른 하나는 실용성과 함께 과학성도 고려하는 온건한 실용주의가 그것이다. 제임스, 듀이, 로티 같은 실용주의자들은 전자에 속한다고 할 수 있고, 퍼스나 퍼트남(H. Putnam) 같은 실용주의자들은 후자에 속한다고 할 수 있다. 극단적 실용주의자들은 역사 인식의 객관성을 처음부터 중요시하지 않는다. 이들은 역사란 어차피 현재의 관심과 필요성을 충족시키면 그만이라고 생각하기 때문이다.

베커나 비어드 같은 실용주의적 역사학자들은 극단적 실용주의의 상대주의적 성격에 압도되어 역사적 상대주의란 불가피하고 당연한 것으로 받아들여 왔다.[34] 그 결과 역사학은 과학이 아닌 예술과 친화성이 있는 것으로 여겨지기도 했으며, 역사학과 역사소설의 구별이 모호해지기도 했다.

역사의 실용주의가 주장하는 내용들을 검토해 보자. 베커는 역사적 사실이란 실증주의가 생각하는 것처럼 단순하지 않고 매우 복잡하다고 주장한다. 그리고 우리가 그것을 인식하는 과정에서 우리의 현재 인식의 틀에 따라 단순화시킨다는 것이다. 즉 복잡한 사실을 우리가 임의로 재단하여 단순한 사실로 만든다는 것이다.

사실들이 복잡하다는 이런 주장은 경우에 따라서는 인정될 수 있다. 어떤 단순한 사실도 관점에 따라 복잡한 것이 될 수 있기 때문이다. 그렇지만 인식 과정에서 그것이 단순화된다고 할 때, 그것이 과연 사건의 발견이 아닌 창조라고 할 수 있을까? 어떤 역사가가 '기원전 49년 1월 11일 카이사르는 루비콘 강을 건넜다.'고 했을 때, 그가 반드시 함께 강을 건넌 카이사르의 휘하 사단 6000여 명의 병사들 하나하나를 기록해야만, 복잡한 역사적 사실을 있는 그대로 서술한 것이 되는가? 물론 그를 추종한 장교들의 숫자나 의견들 및 그를 따르는 병사의 수와 의견의 일치 여부 등은 중요한 의미를 지닐 수 있다. 그러나 병사들 하나하나까지 기록해야만 한다는 것은 복잡성의 문제가 아니라 기술상의 문제일 것이다.

사건은 다른 사건과 잘 구별되지 않는다는 주장도 어떤 경우에는 맞는 이야기이다. 그러나 항상 그렇다는 주장은 우리의 상식과도 맞지 않는다. 아마도 이 주장이 의미를 가지려면, 사건은 우리가 보는 관점에 따라 달리 보이기 때문에 어떤 것으로 그 사건을 규명해야 할지 잘 알지 못한다는 주장으로 전환되어야 한다. 예컨대 다음과 같이 주장하는 것이다. 동학운동은 그 당시 민중들에게는 혁명이었지만, 왕실 측에서 보면 반란이었다. 안중근은 한국민에게는 독립운동가이지만, 당시의 일본인에게는 테러리스트이다. 이때 이 사건들의 성격을 어떻게 규정해야 할 것인가 하는 것은 우리가 어떤 관점에서 역사를 보는가에 달려 있는 문제이다. 그렇지만 사건들은 여러 성격을 동시에 가질 수 있다. 우리가 사건을 보는 관점에 따라 다르게 기술할 수 있는 것도 바로 그 때문이다. a 관점을 택하면 A 측면이 보이고, b 관점을 택하면 B 측면이 나타난다. 그렇다고 이들이 우리가 만들어 낸 속성들이라 할 수 있겠는가. 또 이들은 서로 구별되지 않는다고 말할 수 있는가?

역사적 설명의 다원성도 마찬가지이다. 한 사건을 유발시킨 다수의 원인이 존재할 때 그 원인 중 어느 것을 주된 원인으로 볼 것인가 하는 것은 설명의 맥락에 따라 달라질 수 있다. 그렇다고 그 설명이 우리가 인위적으로 만들어 낸 설명이라고 할 수는 없을 것이다.

실용성은 좋은 것이다. 그렇다고 해서 그것이 곧바로 진리일 수는 없다. 어떤 필요에 의해 혹은 어떤 관심에 의해 역사는 다시 쓰여질 것이며, 아마도 그럴 수밖에 없을 것이다. 그렇다고 이것이 역사를 자의적으로 해석해도 좋다는 것을 함축하지는 않는다. 실용주의가 부분적으로나마 설득력을 가지려면 진리의 객관성을 포기하지 않을 때만 가능하다.

4장

인문주의 : 역사는 문학의 한 장르이다

문자가 없던 시대의 역사가 구전으로 전승되었다는 것을 기억한다면, 역사가 일종의 이야기라는 것은 쉽게 수긍이 간다. 어린 시절 할머니가 들려주던 옛이야기에 시간 가는 줄 몰랐던 옛날을 회상해 보라. 얼마나 흥미진진했으며 얼마나 감동적이었던가. 또 얼마나 마음 졸이며 그 다음 이야기를 기대했던가. 만약 그것이 재미없는 어떤 연표의 회상이나 암기였다면, 그것은 우리를 사로잡는 이야기가 아니었을 것이다. 그것은 우리가 이야기라고 부르는 어떤 것이 전혀 아니었을 것이다.

역사가 이야기라면 그것은 우선 재미있어야 하고 감동을 주어야 한다. 재미있으려면 내용뿐 아니라 내용을 어떻게 유효하게 표현할 것인가 하는 표현의 기법도 필요하다. 눈에 삽힐 듯한 비유와 극적인 표현이 있어야 한다. 표현하고자 하는 대상을 다른 대상에 빗대어 표현하는 비유법과, 내용을 더욱 뚜렷하게 하기 위해 강렬한 느낌을 주는 강조법, 단조로움을 피하고 표현의 변화를 추구하는 변화법이 요구되는 것은 이 때문이다. 이것은 바로 역사가 수사학과 모종의 연관이 있다는 것을 의미한다.

이야기 역사에는 또 나름대로 줄거리의 전개가 있어야 한다. 시작이 있어야 하고, 우여곡절을 겪으면서 전개되는 중간 단계의 과정이 있어야 하고, 절정이 있어야 하고, 해피엔딩이든 비극적 종말이든 어떤 종결이 있어야 한다. 사건이 꼬리에 꼬리를 물고 전개되는 이야기가 한창 고조되면 어떤 것이 사실인지 아닌지 하는 것은 뒷전으로 밀려난다. 이야기의 도도한 흐름에 압도되어 세세한 일의 사실 여부에 관심을 빼앗길 틈이 없어진다.

여기서 역사는 이야기여야 하지만, 그것은 동시에 진실을 전달하는 이야기여야 한다는 이야기 역사의 갈등과 모순이 발생한다. 이야기이면서도 어떻게 진실을 전달할 수 있을까? 수사학적 태도와 과학적 태도 중에서 어느 쪽에 무게 비중을 두어야 할까?

1 역사와 수사학

역사가 이야기라는 입장은 수사학적 태도를 중시한다. 물론 수사학적 태도를 강조한다 해서 과학적 태도를 전혀 무시하는 것은 아니지만, 적어도 수사학이 결여된 역사는 역사일 수 없다고 본다.

역사가는 즐겁고 효율적인 논지를 만들기 위해 수사학 강의를 받아야 한다. 연표 작성자와는 대조적으로 역사가는 자신의 능력껏 모든 수사학 수단을 활용하여 텍스트를 장식해야 한다. 역사가는 자신의 논설을 미화하려 애쓰면서 사실들을 장식하는 사람이 되어야 한다.[1]

이것은 로마의 정치가 키케로(Cicero)가 한 말이다. 키케로는 역사를 웅변의 한 영역으로 이해했다. 웅변은 법정 변론에서는 상대의 마음을 격정적으로 뒤흔드는 반면, 역사의 영역에서는 그 논설이 도도하고 유려한 문체로 이루어지고 투박함을 피하면서도 정규적인 리듬을 유지해야 한다고 그는 생각했다. 그러면서도 역사에는 다음과 같은 역사의 규범이 존재한다고 보았다.

1) 그릇된 것을 말하지 말고,

2) 진실만을 말하기로 맹세하며,

3) 호의건 악의건 모든 당파성을 회피하며,

4) 시간의 추이 내지는 사건의 추이를 존중하며 연대를 언급해야 한다.[2]

로마의 역사가 티투스 리비우스는 키케로의 노선에 따라 『로마사』를 썼지만, 수사학적 측면을 강조하여 어떤 국면에서는 역사의 규범을 제대로 지키지 않았다. 그는 역사가 갖는 힘은 진실성이 아니라 이야기를 전개하는 문학적 재능이라고 보았으며, 완전한 객관성이란 신화에 불과한 것으로 이해했다. 그의 역사 서술은 서사시적 고통과 감흥을 자극하는 즐거움의 감성적 표현에 가치를 둔다. 한니발이 알프스를 가로지르는 장면이나 스키피오가 아프리카를 향해 출발하는 장면들에서, 그의 이야기는 과장되고 극화된다.

타키투스 역시 키케로의 노선에 따라 역사를 수사학적 작업에 기초를 둔 장르로서 이해한다. 그는 독자들을 보다 즉흥적이고 격정적으로 몰아갈 수 있는 표현 방식을 취한다. 말하자면 그는 이성보다는 감성에 호소하는 방식을 사용한다. 그는 두려움과 경건함, 존경이나 흠모의 감정을 표출하여 보다 압도적인 감흥을 전달하기 위해 이야기의 시간적 논리를 희생하기도 한다. 이것은 화려한 문체로 쓰여진 서사시며, 감성에 우위를 두는 역사 시학이다.[3] 그가 이런 방식을 택한 이유는 이런 방식이 존재의 복잡성과 도덕적 가치의 존귀함을 가장 효율적인 방식으로 표현할 수 있다고 보았기 때문이다. 18세기 이탈리아의 철학자 비코(Vico)는 타키투스의 『연대기』를 극찬하면서 그리스인들은 플라톤을 배출하였으되 타키투스와 같은 인물을 배출하지는 못했다고 평가했다.[4]

수사학은 민주주의와 깊은 함수 관계에 있다. 수사학은 민주주의 체제 아래에서만 번창한다. 토론과 논쟁 및 설득력과 논증 대신에 권위와 폭력이 지배하는 사회에서 표현의 아름다움과 설득력의 기법을 추구하는 수사학이 설 자리는 존재하지 않는다. 고대 민주주의의 몰락 이후 수사학이 다시 관심의 대상으로 떠오른 것은 근대 시민 사회가 형성되고 난 이후이며, 역사의 이런 수사학적 측면에 대한 강조가 근대의 낭만주의 역사학에 와서야 부활하는 것도 이런 시대적 상황과 연관되어 있다.

19세기 초 프랑스 신사학의 대표적 인물인 오귀스탱 티에리(A. Thierry)는 『프랑스사』에서 "이야기 역사는 과학인 동시에 예술 활동이다."라고 쓰고 있다. 그는 베네딕트 수도회에서 시행된 고증학적 연구 방법을 활용하지만, 동시에 새로운 역사 기술의 영감으로 작용한 허구와 낭만주의적 역사학의 모형도 수용한다.[5] "나는 원사료까지 추적하여 상세한 내용을 다면적으로 추적하지만 이야기를 훼손하거나 전체의 통일성을 깨뜨리려 하지는 않을 것이다. 매우 다양한 방법론 간의 화합을 시도하며 두 장벽 사이에서 끊임없이 고민할 것이다. 나는 두 가지 위험 사이에서 길을 뚫고 나갈 것이다. 한 장벽은 지나치게 고전적인 규격성을 부여하려 하고 지방색의 매력이나 진실을 갖지 못한 것이며, 또 다른 장벽은 어쩌면 시적일지도 모르지만 19세기의 담화면에서 볼 때 중요성이나 의미를 상실한 사소한 사실들에 묻혀 이야기를 제대로 전개해 나가지 못하는 것이다."[6]

2 사건의 역사와 구조의 역사

이야기는 사건을 중심으로 할 수밖에 없다. 이야기가 형성되려면 어떤 사건들이 전개되어야 하고, 그 사건들을 이끌어 가는 주인공들이 등장해야 한다. 주인공이 없는 이야기는 이야기가 아니다. 또 사건들은 변화무쌍하되 하나로 통일되어야 한다. 통일성이 없는 사건들은 이야기의 전개에 오히려 방해가 된다. 이것은 이야기 역사가 불가피하게 사건의 역사임을 의미한다.

진정한 역사는 사건의 역사가 아니라 사회 구조의 역사여야 한다고 주장하는 사람들이 이야기 역사를 거부할 수밖에 없는 이유가 여기에 있다. 계몽주의 시대 볼테르(Voltaire)를 비롯한 계몽주의자들은 대체로 구조의 역사를 진정한 역사로 보는 반면, 사건의 역사를 피상적인 역사로 보았다. 이러한 생각은 루시앙 페브르(L. Febre)로부터 페르낭 브로델(F. Braudel)에 이르는 아날학파의 전통이 되었다. 브로델은 사건들을 역사라는 대양의 표면으로 이해했다. "표면은 단지 심층의 흐름을 나타내 줄 때만 의미를 갖는다."[7] 이런 흐름에 따라 대중적인 역사가 이야기 전통에 충실한 반면, 전문 역사는 점점 구조의 문제에 관심을 갖게 되었다.

구조주의자들은 전통적인 이야기 역사는 과거의 중요한 국면을 놓친다고 본다.[8] 예컨대 이야기 역사는 정치적 사건에서 정치 지도자의 행위나 결정을 강조하지 않을 수 없다. 이야기가 성립되려면 주인공이 필요하기 때문이다. 전쟁에서도 마찬가지다. 어떤 구조적 모순 때문에 발생한 전쟁이라 할지라도 전쟁은 보통 장군들의 전쟁이 되며, 영웅들의 이야기로 수놓인다. 그렇지만 이런 과정에서 지도자나 장군들의 통제를 벗어나 있는 요소들은 생략되기 쉬우며, 이름 없는 수많은 추종자나 실제로 전쟁을 수행한 병사들의 역할은 잊혀

지거나 축소된다.

사건의 관점에서는 집단적 실재들을 의인화하여 다루는 것이 편리하다. 그렇지만 교회나 정당, 국민 등을 마치 한 사람의 인격체인 듯이 의인화하여 다룰 때, 지도자와 추종자를 구분하기 어렵게 되며 집단 속에 내재되어 있는 갈등은 합의로 둔갑하여 나타난다. 상황이 이렇게 진행되기 때문에 이야기는 소설에서는 적합하지만 역사 서술에는 적합하지 않다고 구조주의자들은 평가한다.

반면에 이야기 역사의 지지자들은 구조의 분석을 정태적(static)이라고 보고, 이것은 오히려 비역사적(unhistorical)이라 비판한다. 이야기 역사가는 개인적 성격과 의도에 의해서 역사적 설명을 수행한다. 인간의 역사에서 사건이란 결국 인간의 행위와 연관된 사건으로 보기 때문이다. 최근에 새롭게 등장한 미시사는 이야기 역사의 전형적인 실례이다.

구조의 분석이냐? 사건의 이야기이냐? 이들 양 진영의 시각은 과거에서 의미 있다고 생각되는 것을 선택할 때 서로 다를 뿐만 아니라, 역사적 설명의 양식에 있어서도 서로 다르다. 예컨대 한 건의 교통사고가 일어나 몇 사람이 다쳤고, 이것이 역사적으로 의미 있는 사건이라고 하자. 구조주의 역사가는 교통사고가 일어난 지점의 도로 구조나 눈보라 치던 그날의 궂은 날씨를 중요 원인으로 보려 한다. 반면에 이야기 역사가는 운전자의 실수나 건강 상태에 초점을 맞추어 원인을 추구하려고 한다.

3 이야기 역사의 새로운 부활

19세기와 20세기 초 전문 역사가들이 사회 구조의 분석에 몰두하면서 이야기 역사와는 결별했다고 여겼던 장기간의 공백기 이후에, 20세기 중반부터 이야기 역사에 대한 관심이 다시 일어났다. 이야기 역사의 부활에는 언어적 전회(linguistic turn)라는 새로운 철학 사조와 탈근대적 문예비평 이론이 크게 기여했다.

'언어적 전회'란 처음 빈 학단의 일원이었던 구스타프 베르크만(G. Bergmann)이 과학적 탐구에서 차지하는 언어의 중요성을 강조하기 위해 사용한 말이지만, 리처드 로티가 20세기 분석 철학의 중요 논문들을 모아 편찬한 책의 이름으로 사용하면서 더욱 일반화되었다.[9] 이때 이 말은 넓은 의미로 철학적 문제를 언어의 분석을 통해 해결하거나 해소하려는 분석 철학 일반의 특징을 가리키는 것이었다. 비트겐슈타인의 다음과 같은 말이 이런 특성을 가장 잘 대변한다. "철학은 언어의 수단에 의해 우리의 오성에 걸린 마법을 제거하려는 하나의 투쟁이다."[10] 분석 철학이 언어의 분석에 그토록 몰두한 것은, 문제가 언어의 잘못된 사용에서 발생했기 때문에 문제를 푸는 길 역시 언어의 특성들을 분석하여 언어의 올바른 사용 방식을 밝히는 길 외에 다른 길이 있을 수 없다고 보았기 때문이다.

'언어적 전회'란 말은 그 후 보다 특수한 좁은 의미를 갖게 된다. 이것은 언어의 역할이나 기능을 더욱 능동적으로 확대해서 보려는 것이다. 언어는 전통적으로 생각하듯이 자연을 있는 그대로 비추어 주는 거울과 같은 매개체가 아니라, 사실을 만들어 내고 우리의 사상과 인식을 지배하는 '사고의 틀'이라는 것이다. 이것은 언어적 칸트주의(linguistic Kantianism)라고 부를 수 있다.[11] 이 두 의미 중에서 언어적 전회가 이야기 역사와 연관되어 논의될 때는, 대체로 좁은 의미로 사용될 때이다.

이야기 역사는 후기 분석 철학의 반물리주의적 경향과 밀접한 연관이 있다. 초기의 분석 철학은 실증주의적, 물리주의적 경향이 강했지만, 20세기 후반으로 올수록 반실증주의적, 반물리주의적 경향을 띤다. 특히 월터 갈리(W. B. Gallie), 아서 단토(A. Danto), 루이스 밍크(L. Mink) 등의 분석 역사철학자들은 20세기 중반의 철학적 화두였던 '설명의 논리'를 역사의 분야에서 다루면서 분명한 반물리주의적 태도를 표방했다. 갈리의 『철학과 역사적 이해(Philosophy and historical knowledge)』, 단토의 『분석적 역사철학(Analytical Philosophy of History)』, 밍크의 『역사의 이해(Historical Understanding)』 등이 모두 그런 태도를 담고 있다. 이런 태도는 의식과 행위의 자율성에 대한 강조로 나타난다. 동시에 이들은 모두 자연 과학적 설명과는 대립되는 역사의 이해를 주장한다. 그 결과 역사를 이해하는 것은 이야기를 따라가는 것과 비슷하게 된다.[12]

빌헬름 딜타이가 "우리는 자연을 설명하고 정신을 이해한다."라고 이원화시킨 후부터 설명과 이해는 서로 대립적인 인식의 원리였다. 이해론자들은 우리가 우리 자신의 정신을 직접적으로 알 수 있는 것과 같이, 다른 사람의 정신도 직접적으로 알 수 있다고 주장한다. 물론 정신은 얼굴 표정이나 음성, 행위나 언어 등 다양한 통로를 통해 표현되므로, 그 표현을 이해하는 것은 곧 그것을 표현한 정신을 이해하는 것이다. 역사가 정신들이 전개되고 표현된 광장이라면, 역사는 당연히 설명의 대상이 아니라 이해의 대상이 되어야 한다. 그리고 정신은 물질과 같이 법칙에 따라 움직이지 않고, 어떤 의도나 의식적 목적에 따라 자율적으로 활동한다. 그러므로 어떤 의도나 목적의 실현 과정이 바로 역사이며, 이것은 이야기로 가장 잘 표현될 수 있다.

루이스 밍크는 이야기를 역사 이해의 한 양식으로 보았다. 그는 이야기가 단순히 역사가의 자연스러운 매체일 뿐 아니라, 일차적이고 다른 것으로 환원할 수 없는 인간의 재능이라고 보았다. "역사가의 결론은 과학적 의미로 엄격하게 증명되는 것이 아니라 이야기의 질서에 의해서 드러난다."[13] 단토는 이야기 역사를 지지한 대표적인 역사철학자이다. '역사는 이야기를 말한다.(History tells story.)'라는 것이 그의 명제이다.[14] 이런 명제에 의하면, 사건의 역사적 의미는 이야기의 맥락 속에서만 발견된다. 역사가는 과거를 재생산해 내지는 못하지만, 사건에 역사적 의미를 제공하는 이야기를 통해서 과거를 조직한다. 기록으로서의 역사의 흩어진 조각들은 이야기로 제공될 때 비로소 의미를 갖게 된다.

프랑스의 철학자 폴 리쾨르(P. Ricoeur)와 역사학자 폴 벤느(P. Veyne)는 문학 이론에서 출발하여 역사는 이야기라는 결론에 도달한다. 리쾨르는 구조만을 강조하는 아날학파를 비판하면서 그의 현상학적 방법에 기초하여 개인의 행위에 주목해야 한다고 주장한다. "인간 존재의 의미는 그 자체가 이야기이다."[15] 그러므로 역사는 이야기의 성격을 가지며, 이야기 형식과는 거리가 먼 것으로 보이는 역사조차도 이야기로 이해된다. 이야기가 표상을 의미 있게 만들어 주기 때문이다. 리쾨르는 구조주의 역사의 대표적인 사례로 페르낭 브로델의 『지중해와 필립 2세의 지중해 세계』를 분석하면서, 여기에도 준사건, 준구성, 준인물들이 존재한다고 밝힌다. 말하자면 여기에도 지중해 지역의 몰락과, 역사가 대서양과 북유럽으로 이동해 간다는 줄거리가 있고, 사건과 인물로 분류될 수밖에 없는 것들이 있다는 것이다.

리쾨르는 이야기는 서술의 형식뿐만 아니라 설명의 형식을 구성한다고 말한다. 이야기에서 '왜인가?'의 물음에 답하는 설명과 '무엇인가?'의 물음에 답하는 서술은 일치한다.[16] 역사가의 설명은 어떤 사건을 법칙 밑에 가져오는 것이 아니라, 흩어진 요소들을 모으고 마지막 결론에서 그들의 중요성을 자리 매김하는 것이다. "우리는 이야기를 말한다. 왜냐하면 마지막 분석에서 인간의 삶은 이야기로 말해지는 것을 필요로 하고, 또 그럴 만한 가치가 있기 때문이다."[17]
물론 리쾨르가 역사와 이야기를 완전히 동일시한 것은 아니다. 그의
설명에 의하면, 역사가는 소설가와는 달리 개념화를 통해 설명하려
고 하고, 보편적인 것에 호소하며, 객관적 진리를 주장하려고 한다.

폴 벤느도 그의 『역사 쓰기(*Writing History : Essays on Epistemology*)』
에서 역사의 사회 과학화에 몰두하는 아날학파와 실증주의적 역사를
공격한다. 그는 역사와 가장 잘 비교될 수 있는 영역은 문학이나 문
학 비평이라고 보면서, 역사와 소설의 유일한 차이는 소설이 허구인
데 반해 참인 사건에 관계하는 역사는 참인 소설(true novel)인 점이
라고 주장한다. 그러므로 역사가도 사료의 공백을 메우기 위해서는
소설가와 마찬가지로 거짓 연속성(deceptive continuity)을 만들어 내
야 한다. 역사적 설명이란 이야기 줄거리를 중심으로 자료들을 조직
하는 것이다.[18] 로렌스 스톤(L. Stone)의 비교적 최근의 논문 「이야기
의 부활 : 새로운 옛 역사에 대한 성찰(The Revival of Narrative :
Reflections on New old History)」은 문학이론가들과 역사가들 사이
에 새로운 논쟁을 불러일으켰다. 스톤은 이야기 역사의 관점에서 구
조적 역사, 마르크스주의의 경제적 역사, 프랑스의 생태 및 인구사,
미국의 계량 경제학사 모두를 비판한다.[19]

4 이야기 역사의 인식론적 구조

이야기가 역사 세계를 반영하는 최선의 양식이라고 주장하는 현대
의 이야기 역사가는 다음과 같은 역사의 인식론적 논제를 전제한다.

첫째, 언어는 세계를 표현하는 중립적 수단이 아니라 자족적인 의

미 체계이다.

둘째, 언어의 구조가 역사 인식에서 선험적으로 작동하여 영향을 미친다.

셋째, 역사 서술은 역사 세계의 반영이 아니라 역사 세계에 관한 이야기를 만드는 것이다.

롤랑 바르트(R. Barthes)와 헤이든 화이트가 이런 논제들을 주장하는 대표적인 인물들이다. 롤랑 바르트는 그의 『역사의 담론(The Discourse of History)』에서 역사를 하나의 문학 작품으로 취급한다. 그의 구조주의는 구조주의 언어학의 창시자인 소쉬르(F. de Saussure)의 언어 이론으로부터 온 것이다. 소쉬르는 플라톤에서부터 받아들여져 온 전통적 언어관, 즉 언어는 세계를 표현하는 중립적 수단이라는 이론을 부정한다. 이 이론에 따르면, 사물에 대한 이름은 어떻게 해서든 주어지는 것이고 자연스러운 것이다. 말하자면 에덴동산에서 사물들은 그들의 정확한 이름으로 불리고, 그 이름은 사물의 참된 본질을 반영한다. 그리고 단어는 그 자신 이외의 어떤 것을 나타내기 때문에 의미를 갖는다.

소쉬르는 언어가 사물들의 이런 이름이라는 견해를 부정한다. 말하자면 단어들의 목록이 사물들의 목록을 나타내는 것이 아니다. 그 이유는 이렇다. 만약 단어들의 목록이 사물들의 목록을 나타내는 것이라면, 외국어의 의미를 번역하는 데 어떤 어려움도 발생하지 않을 것이다. 그러나 현실적으로 많은 어려움이 따른다는 것은 단어들은 다른 언어 체계에서는 다르게 조직된다는 것을 의미한다. 또한 언어가 이름들의 집합이고, 이름들이 독립적으로 존재하는 개념에 적용되는 것이라면, 개념들은 시간 속에서도 안정적이라고 해야 할 것이다. 그러나 이런 주장은 개념들이 계속 변화한다는 사실을 설명해 주지 못한다.

소쉬르는 기호(sign)를 음성 영상과 개념의 자의적인 결합으로 본다. 보통 음성 영상을 기표(signifiant)라 하고, 개념을 기의(signifié)라 한다. 기표는 반드시 음성 영상일 필요는 없다. 그것은 쓰여진 문자일 수도 있고, 사물일 수도 있다. 그것은 의미의 물질적인 운반체다. 반면에 기의는 의미의 구체적인 측면이다. 기표와 기의는 논리적으로는 구분되지만 현실 세계에서는 분리되지 않는다.

내가 사랑하는 사람 A에게 사랑의 표시를 하기 위해 한 송이의 장미꽃을 선사한다고 해 보자. 이 장미꽃은 내가 A를 사랑한다는 의미를 담고 있다. 이것이 기의(記意)다. 장미꽃은 이 의미를 운반하는 기표(記表)다. 기표로 사용된 이 장미꽃은 보통의 장미꽃이 아니라 내가 A를 사랑한다는 의미가 내포된 하나의 기호가 된다. 자의적이라는 말의 뜻은 장미꽃과 사랑이 결합될 어떤 필연성이 없다는 것이다. 백합이 사랑과 결부될 수도 있는 것이다. 이것은 다음과 같은 이야기가 된다.

의미가 내포된 특수한 장미 : 기호 = 기표로서의 장미꽃 + 사랑한다는 기의

소쉬르의 언어 이론은 이때 기호가 그 의미를 전체 언어의 체계 속에서 얻는다고 본다. 언어는 언어 체계에 선행하는 개념이나 소리를 담고 있는 것이 아니라, 단지 이 체계로부터 유래하는 개념적 차이들과 음성적 차이들만을 담고 있다는 것이다. 이런 이론에 따르면, 명명론자가 주장하듯이 한 기호는 그 의미를 그것이 가리키는 외부 사물의 본질적 속성 때문이 아니라, 전체 언어 체계 속에서 다른 기호와의 차이에서 얻는다. 즉 한 기호의 의미는 전체에서 차지하는 자신의 위치에 의해 규정된다. 예컨대 '장미'의 의미는 장미가 아닌

꽃들, 즉 '백합', '코스모스', '진달래', '개나리', '목련' 등등의 다른 기호와의 관계 속에서 정해진다. 외부의 대상은 기호의 바깥에 있고, 기호의 의미 부여에서 일차적으로는 배제된다. 언어는 서로가 서로를 정의해 주는 자족적인 기호 체계이기 때문이다.[20]

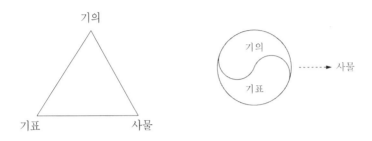

〔그림 6〕 객관주의 언어 이론 : 사물이   〔그림 7〕 주관주의 언어 이론 : 기의가
　　　　　 기의를 결정한다　　　　　　　　　　　　　 사물을 규정한다

　　요약하면 소쉬르의 언어 이론은 언어가 자율적인 의미 체계라는 것이다. 이 체계라는 것이 나중에 구조로 이해되면서 구조주의 언어학이 발전하게 되고, 여기서 논의된 구조의 원리가 역사 인식론에까지 영향을 미치게 된다. 가장 큰 영향은 언어의 구조가 역사 인식에 우선하며, 역사는 사건들의 체계라기보다는 기호의 체계라는 것이다. 언어 구조의 우선성은 언어 구조가 어떤 역사적 사건보다 논리적으로 앞서며, 우리는 언어 구조를 통해서만 역사적 사건을 이해한다는 것이다. 역사가 기호들의 체계라는 것은 역사는 우리가 의미를 부여한 세계라는 뜻이다.

　　이런 언어관에서 보면 역사가가 밝히고자 히는 것은 일어난 사건들의 역사가 아니라, 텍스트 구성으로서의 역사이다. 롤랑 바르트는 문학의 역사를 분석하면서, 한 텍스트가 문학 작품으로 등장하기 위해서는 먼저 '문학'으로 부호화되어야 한다고 주장한다. 문학 역사가는 이런 부호화가 어떻게 일어났는가를 역사적으로 추적하는 사람이다.

바르트는 역사란 바로 다른 종류의 문학이라고 규정한다. 그는 역사의 이야기는 소설과 같이 기능한다고 주장한다. "역사와 소설 모두에서 우리는 자족한 세계의 구성을 발견한다. 자족한 세계는 그 자신의 차원과 한계를 정성들여 다듬어 만들며, 이런 차원과 한계 안에서 그 자신의 시간, 그 자신의 공간, 그 주민, 그 자신의 대상들의 집합, 그것의 신화를 조직한다."[21] 바르트에 있어서, 언어 자체와 언어의 구조적 변형이 역사의 실체다. 그러므로 역사적인 이야기를 만드는 것은 역사적 문헌이 과거를 충실하게 반영해 주어서가 아니라, 역사적 문헌들이 역사 효과(history effect)라고 불리는 것을 산출하기 때문이다. 역사 효과는 문헌 속의 부호와 음성을 재배치하여 독자에게 역사 서술이 진행되고 있다는 것을 신호하는 것이다.[22] 바르트는 서술이 사용할 수 있는 다음과 같은 다섯 가지 이야기 부호를 든다. 즉 해석학적 부호, 문장적 부호, 상징적 부호, 목적적 부호, 문화적 부호가 그것이다. 역사적 서술의 해석에는 목적적 부호와 해석적 부호가 특히 중요하다. 목적적 부호는 이야기의 진행에 관계하고, 해석학적 부호는 진리가 드러난다는 것을 독자에게 알리는 방식에 관계한다. 해석학적 부호는 이야기의 의미를 밝히려는 독자의 욕구와 긴밀하게 연결되어 있다.[23]

바르트는 한 원문 안에서 다원적인 구조적 가능성을 매우 강조한다. 그는 어떤 환원적 구조 모형에 대해서도 반대한다. 또한 한 원문 안에서 의미의 무한성을 강조한다. 의미는 어떤 이야기 구조나, 문법이나, 논리로 환원될 수 없다는 것이다. "세계에 관한 이야기는 수없이 많다. 그것을 표현하는 장르들도 다양하다. 이야기는 말로 할 수도 있고, 글로 쓸 수도 있다. 고정된 영상에 의해서도, 혹은 움직이는 영상에 의해서도 가능하고, 몸짓이나 이런 것들을 복합해서도 가능하다. 이야기는 신화, 전설, 우화, 소설, 역사, 비극, 희극, 드라마, 그림, 영화, 대화 등으로 존재한다. 더욱이 이야기는 모든 세대, 모든 장소, 모든 사회에 있다. 그것은 인류의 역사와 함께 시작한다. 이야기는 국제적이고, 초역사적이고, 초문화적이다."[24]

이런 바르트의 논의에서 가장 중요한 핵심은 역사적 담론은 실재를 단지 의미 있게 할 뿐, 실재를 따라 진행되지 않는다는 것이다. 즉 실재는 역사 담론에서 중요성을 갖지 못한다. 이야기는 그 자체 속에서 대상을 완전히 형성하기 때문이다. "이야기의 실재론에 관한 요구는 무시되지 않으면 안 된다. 이야기의 기능은 표상하는 것이 아니라, 장관을 구성하는 것이고, 실재를 뒤따라 하는 정돈이 아니다."[25] 이리하여 역사와 문학의 구별은 불가능하게 된다. 역사가는 사실의 수집가라기보다는 기의의 수집가다. 그는 의미를 확립할 목적으로 사물들을 조직한다.[26]

역사를 소설과 같이 볼 때 진리의 문제는 독자의 즐거움이라는 문제로 대체된다. 이것은 역사를 완전히 문학으로 만드는 것이다. 이런 노선을 더욱 극단적으로 추구한 역사학자가 헤이든 화이트이다. 그는 역사는 원천적으로 문학에 뿌리를 두고 있다고 주장한다.

역사책들은 상당한 양의 '자료'와, 이 자료들을 설명하기 위한 이론적 개념들과, 이 자료들을 과거에 일어났다고 생각되는 일련의 사건에 대한 도상으로서 보여 주는 이야기 구조의 결합이다. 덧붙여서 나는 그들이 어떤 심층 구조적인 내용을 내포하고 있다고 주장한다. 그 심층 구조적인 내용은 일반적으로 시적이며, 본질에서 언어적일 뿐만 아니라, 비판적 능력이 발달하기 이전에 받아들인 것이지만 분명히 '역사적' 설명이라고 할 만한 것의 패러다임으로서 봉사한다. 이 패러다임은 전공 논문이나 기록 보고서보다는 훨씬 포괄적인 모든 역사

적 연구에서 '상위 역사적(metahistorical)' 요소로 작용한다.[27]

여기서 우리가 주목해야 할 부분이 바로 모든 역사 연구에 앞서 상위 역사적인 심층 구조로 작용하는 패러다임이다. 이것이 일반적으로 시적이며, 본질적으로 언어적이라는 것은 역사가 문학과 다를 바가 없다는 것을 의미한다. "19세기 유럽의 주된 역사의식의 형태를 파악하고 해석하는 것 이상으로 중요한 나의 목적의 하나는 어떤 시대에도 적용되는 역사나 역사철학에 내포된 독특한 시적 요소들을 밝히는 데 있다."[28] 그러면서 그는 이러한 목적을 어떤 역사 개념을 구성하는 언어학적 근거를 해명함으로써 달성하고자 한다.

화이트는 역사 연구의 개념화를 다음과 같은 다섯 범주로, 즉 1) 연대기, 2) 이야기, 3) 줄거리 구성의 양식, 4) 형식적 논증 양식, 5) 이데올로기 함축의 양식으로 구분한다. 이때 연대기와 이야기는 역사적 설명의 원초적 요소이고, 뒤의 세 가지는 역사적 설명들이다.

연대기는 시간 순서에 따라 사건을 배열한 것이다. 이것은 가장 일차적인 자료이지만 이것만으로는 역사가 구성되지 못한다. 연대기는 발단과 전개와 결말의 과정을 가진 이야기로 구성된다. 연대기가 이야기로 전환되는 과정에서 서로 독립적인 연대기적 사건들은 어떤 연관 속에 들어가 하나의 구조를 형성한다. 연대기에는 도입 과정이 없다. 연대기 사가가 사건을 기록하기 시작할 때 문자 그대로 연대기가 시작된다. 연대기에는 결론도 과정도 없다. 연대기는 무한히 이어질 수 있을 뿐이다. 그러나 이야기에는 뚜렷한 형식이 있다. 역사가들은 사건들을 이야기의 요소를 지닌 사건으로 전환시킴으로써 의미의 위계 속에 사건들을 배열하며, 그러한 방법을 통하여 발단과 전개와 결말을 가진 이야기로 만든다.

화이트는 역사가가 연대기를 이야기로 만드는 과정에서 필요한 여러 가지 설명에 주목한다. 연대기를 이야기로 만들 때, 역사가들이 미리 예견하고 대답하지 않으면 안 되는 문제들이 있다. 그것은 먼저 다음과 같은 질문들로서 제기된다. '어떤 일이 다음에 일어나는가?' '그것은 어떻게 일어났는가?', '왜 하필 저런 형태가 아니라 이런 형태로 사건들이 일어났는가?', '사건들은 결국 어떻게 되었는가?' 이러한 물음들은 독립적인 연대기적 사건들을 연속적인 흐름 속에서 서로 연관 짓기 위해서 제기되는 필수적인 물음들이다. 이런 물음에 대한 대답이 줄거리 구성에 의한 설명이다.

그러나 사건들을 서로 연관 짓는다 해서 설명이 종결되는 것은 아니다. 곧 다음과 같은 의문이 일어난다. '이 사건들 모두는 결국 무엇을 의미하는가?', '사건들 모두의 요점은 무엇인가?' 이러한 질문들은 완성된 이야기로 간주되는 전체 사건들의 집합이 가진 구조와 연관된다. 구조가 드러날 때 우리는 세계의 전모를 알 수 있다. 형식적 논증에 의한 설명은 이런 물음에 대한 대답이다.

사실에 대한 판단에는 윤리적 요소도 작용한다. 우리는 가치중립적으로 사건을 바라볼 수 없다고 화이트는 주장한다. '사건들은 자유를 신장시켰는가?', '사건들은 역사의 진보를 가져왔는가?', '사건들은 역사의 퇴보를 초래하였는가?' 이러한 물음들에 대한 설명이 이데올로기 함축에 의한 설명이다.

화이트는 이 세 종류의 설명 각각을 다시 네 가지로 세분한다. 즉 이야기 줄거리 구성에 의한 설명 양식은 로맨스, 희극, 비극, 풍자로 세분화하고, 형식적 논증에 의한 설명은 형태주의, 기계주의, 유기체주의, 맥락주의로 세분화하며, 이데올로기 함축에 의한 설명은 무정부주의, 급진주의, 보수주의, 자유주의로 세분화한다.

이야기 줄거리 구성에 의한 설명이란 이야기의 종류를 확인함으로써 어떤 이야기의 의미를 부여하는 것이다. 줄거리 구성은 일련의 사건들을 특수한 형태의 한 이야기로 전환시키는 방법이다. 역사가가 만약 이야기를 구성하는 과정에서 비극의 줄거리를 중심으로 했다면, 그는 한 방법으로 이야기를 설명한 셈이 된다. 마찬가지로 그는 희극으로 이야기를 구성할 수도 있고, 로망스나 풍자로 구성하여 이야기를 설명할 수도 있다.

여기서 거론되는 네 가지 양식은 프라이(N. Frye)가 그의 『비평의 해부』에서 논의한 것이다. 화이트가 프라이의 이 분류법을 채택한 것은 이 분류가 역사 저작들을 분석하는 데 특히 유용하다고 판단했기 때문이다.

로망스는 근본적으로 경험의 세계를 넘어서려는 영웅의 초월과, 경험의 세계에 대한 영웅의 승리와, 그 세계로부터의 영웅의 궁극적인 해방에 의해 상징되는 드라마다. 그것은 악에 대한 선의 승리를, 악덕에 대한 미덕의, 그리고 암흑에 대한 광명의 승리를 드러내는 드라마이며, 타락한 세계로부터 벗어나려는 인간의 마지막 초월성을 보여 주는 드라마이다. 그리스도의 부활은 로망스의 대표적인 실례이다. 이와 정반대의 위치에 있는 것이 풍자다. 풍자는 구원이 주어지지 않는 드라마이다. 그것은 인간이란 세계의 주인이기보다는 노예라는 인식에 기반한 드라마이며, 인간의 의식과 의지는 인간의 영원한 적인 죽음의 암울한 폭력을 극복하지 못한다고 보는 드라마이다.

희극과 비극은 적어도 타락한 상태로부터의 부분적인 자유와 분열된 상태로부터 벗어나는 잠정적인 해방의 가능성을 제시한다. 희극에서는 사회적, 자연적 세계에서 작용하는 힘들의 화해가 가능하다는 기대 때문에, 세계에 대한 인간의 일시적인 승리를 믿는 희망이 남아 있다. 이런 화해는 축제의 행사로 상징된다. 희극의 결말에 나타나는 화해는 인간 상호 간의 화해이며, 세계와 사회에 대한 인간의 화해이다. 반면 비극에서는 축제의 행사 같은 것은 없다. 비극의 결말에 나타나는 화해는 체념의 성격이 훨씬 강하다. 이것은 시련을 겪으며 살아야 하는 세상의 조건들에 대한 체념이며, 세상의 조건들은 바꿀 수 없고 영원하며, 인간의 정당한 추구에 한계를 지운다는 인식이다.

화이트는 이 네 가지를 원형적인 이야기 형식으로 보고, 역사가는 이야기를 구성하는 과정에서 이 네 가지 형식 중 하나를 선택하지 않을 수 없다고 본다. 모든 역사는 어떤 방식으로든 이야기로 구성되어야 하고, 이 원형적인 이야기 구성 형식은 각기 독자적인 인식 기능을 갖고 있으며, 역사가는 이 인식 기능에 의해서 실제로 일어난 일을 설명하려고 하기 때문이다. 예컨대 미슐레는 모든 역사 저술을 로망스 형식으로 썼으며, 랑케는 희극 형식으로, 토크빌은 비극 형식으로, 부르크하르트는 풍자 형식으로 쓴 것이다.[29]

사건들의 요지를 묻는 형식적 논증에 의한 설명도 네 가지로 세분된다. 형태주의, 유기체주의, 기계주의, 맥락주의가 그것이다. 형식적 논증은 일종의 삼단 논법의 형식으로 분석될 수 있다. 즉 다소 추측적인 보편적 인과 관계의 법칙으로 구성된 대전제와, 그 법칙이 적용되는 초기 조건으로서의 소전제와, 실제로 일어난 일이 논리적 필연성에 의해 전제로부터 도출되는 결론으로 분석된다. 이런 법칙 연역적 설명은 특정한 형태의 이야기 형식을 보여 줌으로써 사건을 설명하는 것과는 구분된다.

화이트가 제시한 다음의 네 가지 형식의 패러다임은 스테판 페퍼(S. C. Pepper)의 『세계 가설들(World Hypotheses)』에서 차용한 것이다.[30] 형태주의는 역사의 장에 존재하는 대상의 독특한 성격을 밝히려고 한다. 그러므로 특정한 대상이 분명히 확인되고, 대상의 종류와 독특한 속성이 밝혀질 때 설명은 완성된다. 이때 대상은 개인과 집단, 특수와 보편, 구체적인 사물과 추상적인 개념 어느 것이든 될 수 있다. 한마디로 말해 형태주의는 모든 대상은 독특한 개성을 지니며,

역사가의 임무는 이 독특한 개성을 제대로 드러내는 것이라고 본다. 이러한 형태주의 역사가로는 낭만주의 사가인 헤르더, 칼라일(Th. Carlyle), 미슐레, 니부르(B. G. Niebuhr), 몸젠(Th. Mommsen), 트리벨리언(G. M. Trevelyan) 같은 역사가들을 들 수 있다.

유기체주의는 특수를 전체의 한 구성 요소로 보고자 한다. 이때 전체는 부분들의 총합보다도 큰 것이다. 유기체주의는 개별적인 요소를 설명하기보다는 통합적인 과정을 설명하는 데 더 큰 관심을 갖는다. 이런 형식에 의해 쓰여진 역사는 목적이나 목표를 설정하는 경향이 있으며, 역사의 모든 과정은 이런 목적과 목표를 지향한다고 간주한다. 이런 유기체주의 역사가에는 랑케, 19세기 중엽의 대다수의 민족주의 사가들이 포함된다.

기계주의는 인과의 법칙에 의한 설명이다. 이것은 역사의 장에 존재하는 대상들을 인과의 법칙에 의해 지배되는 특수한 국면 속에 존재한다고 본다. 버클(H. T. Burkle), 텐느(H. Tainne), 마르크스, 토크빌 등은 모두 역사의 운동을 지배하는 법칙을 발견하기 위해서 역사를 연구하고, 또 이러한 법칙의 결과를 이야기 형식으로 설명하기 위해 역사를 서술한다. 말하자면 기계주의자들은 물리적 법칙이 자연을 지배하는 것과 동일한 방식으로 역사를 지배하는 법칙을 발견했을 때에만 역사적 설명은 완성되는 것으로 생각한다.

맥락주의는 사건을 그것이 발생한 맥락에서 설명할 수 있다고 보는 견해이다. 맥락주의에서 보면, 사건이 왜 그와 같이 일어났는가 하는 문제는 주변의 역사적 공간에서 일어난 다른 사건과의 특수한 관계를 밝힘으로써 해결된다. 얼핏 보면 맥락주의는 형태주의와 유사해 보이지만, 형태주의가 대상의 특수한 개성적 측면에 초점을 맞추는 데 반해 맥락주의는 행위자와 주어진 시간에서 그 장을 지배하는 동인 사이의 기능적 상호 관계를 밝힘으로써 무엇이 일어났는가를 설명하려고 한다. 이런 기능적 상호 관계의 해명은 월시(W. H. Walsh)나 벌린(I. Berlin) 같은 현대 철학자들이 총괄(colligation)이라고 부른 작용에 의해 수행된다. 맥락주의는 역사적인 장의 어떤 요인을 고찰의 대상으로 삼아 분리시키는 데서 역사 연구를 시작하여, 설명하고자 하는 사건을 그 맥락의 다른 영역에 연결시키는 끈을 찾으려고 하며, 끈에 대한 탐구는 그 끈이 다른 사건과의 맥락 속에서 사라져 버리거나 새로운 사건의 발생 원인이 나타날 때 종결된다. 헤로도토스에서 호이징가에 이르기까지 탁월한 역사가들과, 특히 부르크하르트에서 우리는 맥락주의의 전형을 확인한다.

화이트가 말하는 역사적 설명의 이데올로기적 차원은 역사가의 특수한 가정 속에 존재하는 윤리적 요소를 반영한다. 역사가의 특수한 가정이란 역사적 지식의 본성과 과거 사건의 연구로부터 현재 사건의 이해를 위해 도출할 수 있는 함축의 문제에 관한 것이다. 화이트는 만하임의 『이데올로기와 유토피아』를 모델로 하여, 무정부주의, 급진주의, 자유주의, 보수주의라는 네 개의 이데올로기적 관점을 제시한다. 이들은 사회 현상을 유지하거나 변혁하려는 욕망에 대해서, 현상의 변화가 마땅히 취해야 할 방향이나 그러한 변화를 초래하는 수단에 대해서, 그리고 시간의 정향에 대해서 서로 다른 태도를 드러낸다.

예컨대 변화의 속도에서 보면 보수주의자들은 자연적인 리듬을 강조하는 데 반해, 자유주의자들은 의회의 토론과 같은 사회적 리듬을 강조한다. 이와 반대로 급진주의자나 무정부주의자는 격변의 가능성을 믿는다. 그러므로 보수주의자들은 역사의 전개 과정을 제도적 구조의 진보적인 과정으로 본다. 현재는 우리가 현실적으로 추구할 수 있는 가장 최상의 상태이며, 어떤 의미에서 실현된 유토피아이다. 자유주의자들은 현재가 곧 유토피아라고 보지는 않는다. 그렇지만 역사는 유토피아를 향해 전진한다고 본다. 이들이 성급하게 유토피아를 실현하려는 급진주의에 대해 반대하는 것은 유토피아가 먼 미래에 존재한다고 믿기 때문이다. 급진주의자들은 유토피아적 상황이 임박했다고 생각하는 경향이 있으며, 이 때문에 유토피아를 당장 실현하려는 혁명적인 수단을 강구하는 데 관심을 갖는다. 무정부주의자는 먼 과거를 이상화하려는 경향이 있으며, 인간은 그러한 이상 상태로부터 현재와 같은 타락한 사회 상태로 빠져 들었다고 주장한다. 화이트의 이런 이데올로기적 차원의 설명에서 보면 역사가들은 다음과 같이 분류된다. 미슐레와 토크빌은 자유주의자이고, 랑케와 부르크하르트는 보수주의자다.

어떤 역사가이든 이 세 가지 설명 양식에서 자신의 독특한 입장을 취하지 않을 수 없다. 즉 하나의 역사 서술의 문체는 줄거리 구성과, 형식적 논증과, 이데올로기 함축의 양식을 독특하게 결합한 것이다. 그렇지만 화이트는 이런 결합이 무차별적으로 일어날 수는 없다고 본다. "이야기 구성, 논증, 이데올로기적 함축의 다양한 양식들은 어떤 연구에나 무차별적으로 결합할 수는 없다. 예컨대 희극적 이야기 구성을 기계론적 논증과 결합시킬 수는 없듯이, 급진적인 이데올로기를 풍자적 줄거리 구성과 연결시킬 수도 없다." 이유는 명백하다. 연결은 이들 설명 양식들이 갖고 있는 구조적 동질성에 따라 이루어져야 하기 때문이다. 이런 유사성을 화이트는 다음과 같은 도식으로 보여 준다.[31]

줄거리 구성의 양식	논증 양식	이데올로기 함축의 양식
로망스	형태주의	무정부주의
비극	기계주의	급진주의
희극	유기체론	보수주의
풍자	맥락주의	자유주의

〔표 1〕 세 양식은 모두 짝을 이룬다.

어떤 역사가든 이 세 수준에서 나타나는 양식을 선택하고 조합함으로써 체계적인 역사 서술을 수행한다. 예컨대 미슐레는 로망스적 이야기 구성과 형태주의적 논증과, 자유주의 이데올로기를 결합한 역사가이고, 부르크하르트는 풍자적 이야기 구성과 맥락주의적 논증과 보수주의 이데올로기를 결합한 역사가이고, 헤겔은 역사 이야기를 미시적 차원에서는 비극적으로, 거시적 차원에서는 희극적으로 구성했고, 유기체주의적 논증과 보수주의 이데올로기를 결합한 역사가이다.

화이트의 논의들은 결론적으로 무엇을 말하는가? 그의 논의는 역사가가 사실의 발견을 위해 노력한다고 하지만, 사실상 하나의 이야기를 구성하고 설명해야 하는 한에서, 그는 문학 작가와 차이가 나지 않는다는 것을 함축한다. 연대기적 사실을 토대로 이야기를 구성할 때, 역사가는 줄거리 구성과 논증과 이데올로기 함축의 어떤 양식을 전제로 하여 그의 작업을 수행하기 때문이다. 결국 역사와 역사 소설은 구별할 수 없게 되고 역사는 우리가 만든 이야기가 된다.

5 문제점들

이야기 역사는 우리에게 가장 친숙한 역사 양식이며 장점 또한 많다. 이야기 역사는 구조의 역사와 비교해서 다음과 같은 세 가지 장점을 갖는다.

첫째, 이야기는 보통 사람들이 접근하기 어려운 구조를 표면으로 드러내어 이해하기 쉽게 한다. 특히 피트 버크(P. Burke)가 보여 준 것같이 이야기와 구조를 종합해서 새로운 양식의 역사를 추구할 수도 있다.

둘째, 현대 소설의 특징들을 활용한다면 이야기는 역사의 생생한 현장을 드러낼 수가 있다.

셋째, 소외된 부분들을 비추어 볼 수가 있다. 미시사는 그 한 가능성이다.

그럼에도 불구하고 이야기 역사의 주관적 구성주의는 정당화될 수 없다. 그것은 역사의 사유화다. 역사의 규범을 넘어서면 역사는 역사 소설이 된다. 역사 담론이 실재를 따라서 진행되지 않아도 된다고 본 것은 이야기 역사가들의 치명적인 실수이다. 이들의 실수는 언어가 외부 대상을 표현하는 중립적 도구가 아니라 그 의미가 언어 체계 내에서 규정되는 자율적인 체계라고 잘못 이해한 데서 연유한다. 말하자면 이들은 언어 편재주의 논제의 희생자들이다.

헤이든 화이트는 줄거리 구성의 양식과 논증 양식 및 이데올로기 함축의 양식 간에 어떤 구조적 동질성이 존재하며, 이런 동질성에 따라 하나의 서술 체계가 형성된다고 주장한다. 예컨대 〔표 1〕에서 로망스 ― 형태주의 ― 무정부주의, 비극 ― 기계주의 ― 급진주의는 짝을 이루면서 양식들의 체계를 구성한다.

양식들의 체계가 연대기적 역사를 자의적으로 구성한다는 주장도 문제지만, 하나의 체계를 이루는 양식 상호 간의 내적 연관성도 분명하지 않다. 예컨대 로망스가 왜 형태주의와 연관되며, 또 무정부주의와 필연적으로 연관되어야만 하는가?

역사는 시학이 아니며, 현재도 논의되고 있는 역사 전쟁은 한낱 한가한 게임에 불과한 것이 아니다. 역사 이야기를 실제의 역사 세계와 분리한 것은 이야기 관념론의 돌이킬 수 없는 실수다.

2부

실재론적 역사 인식론:
역사는 과거의 재현이다

1부에서 주관주의적이고 상대주의적인 역사 서술에 관한 설명과 그 문제점에 초점을 맞추어 논의를 진행했다면, 2부에서는 보다 적극적으로 객관적인 역사 서술이 어떻게 가능할 것인가 하는 문제를 다루기로 한다.

  먼저 다양한 해석이 가능하다 해도 그것이 제멋대로 하는 주관적 해석까지 허용하는 것은 아니라는 점을 논의한다. 그러기 위해서는 관점에 대한 해명이 먼저 선행되어야 할 것이다. 통상적으로 관점은 주관적 시각을 의미하며, 인식의 객관성과 양립하기 어려운 것으로 생각되어 왔다. 이 장에서는 관점에 대한 보다 정치한 분석을 통해 관점을 용인하면서도 객관성을 확보할 수 있는 길을 모색하고자 한다.

  다음으로 역사가 이야기의 형식을 띠고 서술된다고 해서 반드시 현실과 유리될 필요는 없다는 것을 논의한다. 역사가 어떻게 서술되는가 하는 형식은 결정적인 것이 아니다. 이야기는 역사 세계를 객관적으로 그려 낼 수도 있고, 역사 세계와 관계없이 허구적으로 진행될 수도 있다. 이야기 역사의 객관성이 가능하기 위해서는 이야기의 구조와 현실의 구조가 같을 수 있다는 것이 논증되어야 할 것이다.

  우리는 20세기를 통상 언어 분석의 시대라고 부른다. 그만큼 언어가 논의의 중심을 차지했기 때문이다. 역사학에도 언어 이론은 심대한 영향을 끼쳤으며, 언어적 전회는 역사학에서도 심각하게 논의되어 왔다. 이 장에서는 언어적 전회의 진정한 의미가 무엇인가를 밝히고, 역사의 언어학은 언어적 전회의 신비로부터 벗어나야 함을 논의한다.

  객관적 역사학을 위해서는 증거와 역사적 가설 간의 관계가 과학적으로 구명되어야 한다. 이 문제에 베이지언 논리(Bayesian Logic)가 적용될 수 있는지의 여부를 검토할 것이다. 아울러 반증 가능성을 중심으로 객관성을 보증하는 여러 방법들을 논의한다.

1장

관점의 다양성과 객관적 역사 인식은 양립 가능하다

관점(viewpoint, Sehepunkt)은 '보는 각도'나 '보는 위치'를 의미한다. 관점은 대상의 인식에서 매우 중요한 역할을 수행한다. 동일한 대상도 관점에 따라 다르게 보이기 때문이다. 역사의 인식에서 관점의 중요성은 아무리 강조해도 지나치지 않는다. 특히 구성주의 인식론에서 관점은 논의의 핵심을 이룬다.

어떤 사람들은 관점을 패러다임과 동일시하여 관점이 다르면 곧 패러다임이 다르다는 것으로 이해한다. 패러다임은 보통 역사관과 같은 것으로 규정되기 때문에 이러한 이해는 관점과 역사관을 동일시하는 것이기도 하다. 그렇지만 실제로 관점은 매우 다양한 의미를 갖는다. 즉 한 패러다임 아래서도 여러 가지 관점을 갖는 것은 가능하다. 나는 관점을 패러다임과 연관시키지 않고 넓은 의미에서 자유롭게 사용할 예정이다. 이런 사용법에서 보면 패러다임이나 역사관은 관점 중에서도 가장 핵심적인 중핵적 관점이라 할 수 있다.

역사의 구성주의 인식론은 현재의 관점에서 과거를 구성하는 것이다. 현재를 중심으로 과거를 구성한다는 것은 과거를 현재의 무대로 끌어내어서 해석하는 것을 의미한다. 이때 현재의 무대는 바로 과거를 보는 관점이 된다. 현재주의, 실용주의, 인문주의는 관점이 다름에 따라 역사의 인식이 얼마나 달라질 수 있는가를 생생하게 보여 준다.

오늘날의 인식론적 논의에서 보면 관점의 역할을 배제하는 역사의 실증주의는 정당화되기 어려워 보인다. 인식 대상에 대한 인식 주관의 순수한 수동적 인식론은 불가능한 것으로 판단되기 때문이다. 이런 문제에 관한 현재의 인식론적 논의는, 이미 우리가 앞장에서 살펴보았듯이, 일반적으로 '관찰의 이론 의존성'이라는 주제 아래 다루어지고 있으며, 이때 핵심적 논리는 우리의 인식이 순수한 관찰의 축적으로 이루어지는 것이 아니라 관찰에 앞서 관찰을 안내하는 어떤 이론이나 관점이 먼저 존재하며 이런 이론이나 관점의 인도 아래 관찰이 진행되어 인식이 성립된다는 것이다. 선택에서도 관점은 필수적이다. 관점이 없는 선택이란 존재하지 않기 때문이다.

역사의 실증주의에 대한 이러한 비판들이 역사의 구성주의를 자동적으로 정당화시켜 주지는 못한다. 구성주의 역시 나름대로의 문제점을 안고 있기 때문이다. 먼저 역사의 구성주의를 극단적으로 몰고 가면 우리는 극심한 상대주의에 빠지고 만다. 구성주의가 주장하는 현재의 관점이란 보다 구체적으로 들어가면 매우 다양하다고 해야 할 것이다. 모두가 자신의 관점에서 역사 세계를 볼 수 있는 권리가 있고 모든 관점이 정당화된다면, 역사의 인식에 관한 참과 거짓의 구별은 무의미하게 된다. 이것은 끝내는 역사 소설과 역사학의 구별을 불가능하게 한다.

또한 구성주의는 관점을 지나치게 고정화시킨다. 말하자면 우리가 관점 a를 갖는다는 것을 우리가 a라는 어떤 감옥에 갇힌 것으로 이해한다. 감옥이 의미하는 것은 마음대로 움직일 수 없음이다. 그렇지만 우리는 현실적으로 관점을 바꾸어 가면서 사물을 관찰하거나 해석할 수 있다.

이런 상황에서 우리에게 남은 길은 이 양쪽의 문제점을 모두 피하면서 역사 인식의 문제를 해결하는 것이다. 즉 역사를 보는 관점의 중요성을 인정하면서도, 역사 인식의 객관성을 확보하는 길이다.

1 조망(眺望)적 관점과 투사(投射)적 관점

관찰의 이론 의존성과 사실에 대한 선택의 불가피성을 고려한다면, 역사 인식에서 관점의 우선성을 부인할 수는 없을 것으로 보인다. 그렇지만 관점을 모두 동일한 것으로 취급하기는 어려울 것이다. 그러므로 관점에 대한 보다 자세한 분석이 필요하다.

첫째, 관점은 크게 두 종류로 나눌 수 있다. 하나는 어떤 기점을 중심으로 하여 사물을 드러내는 관점이고, 다른 하나는 어떤 틀을 통해 사물을 왜곡시키는 관점이다. 전자는 인식에서 사물의 관심 있는 부분을 드러내는 역할을 하기 때문에 '조망적 관점'이라 부를 수 있고, 후자는 사물의 모습을 임의로 변형시키기 때문에 '투사적 관점'이라 부를 수 있다.

둘째, 조망적 관점에 대해서든 투사적 관점에 대해서든 모두 정도의 차이를 논의할 수 있다. 말하자면 a와 b가 모두 조망적 관점들이라 해서 모두 똑같은 값을 갖는 것은 아니다. a는 b보다 사실들을 더욱 폭넓게 그리고 일관되게 드러내 보일 수가 있다. 투사적 관점에 대해서도 상황은 마찬가지다. 어떤 관점은 사실들을 부분적으로 왜곡시키지만, 어떤 관점은 사실을 전체적으로 왜곡시킨다.

셋째, 우리는 관점을 자유로이 변경시키면서 관점들과 결과들을 비교할 수가 있다. 어떤 사람들은 관찰에 앞선 관점의 선행성을 주장하면서 우리가 마치 어떤 관점의 노예인 것처럼 생각한다. 그렇지만 우리가 관점의 불가피성을 용인한다 해도 관점을 반성적으로 검토하고 수정 변경하는 일까지 불가능한 것으로 판단할 이유는 없다. 이것은 우리가 실험에 앞서 어떤 작업가설을 갖고 있어야 하지만, 작업가설을 바꾸고 변경시키는 것은 우리의 자유로운 선택에 달려 있는 것과 같은 이치이다.

가장 넓은 의미에서 보면 관점은 먼저 무의식적 관점과 의식적 관점으로 분류할 수 있다. 무의식적 관점이란 역사가가 역사적 사실을 일정한 관점에서 탐구하지만, 그 자신은 전혀 의식하지 못하는 관점이다. 이때 그는 자신은 아무런 관점도 없이 대상을 있는 그대로 인식하고 있다고 생각한다. 반면에 의식적 관점이란 역사가가 역사적 사실을 인식하는 과정에서 자신이 견지하고 있음을 알고 있고 작업가설로 활용하고 있는 관점이다. 이때 그는 보통 자신의 관점을 먼저 표명하고 이런 관점 아래서 자신의 연구가 진행되고 있음을 밝힌다.[1] 무의식적으로 작용하는 관점이냐 의식적으로 작용하는 관점이냐 하는 구분은 사실 본질적으로 중요한 것은 아니다. 우리가 관심을 갖고 주목하는 것은 이런 관점이 인식의 과정에 긍정적으로 작용하는가 아니면 부정적으로 작용하는가 하는 점이기 때문이다.

주관을 배제하고 사실 자체를 논의의 중심에 두어야 한다고 생각하는 인식의 수동주의자들은 모든 관점을 부정적으로 보고자 한다. 이들은 관점이 결국은 사실을 있는 그대로 보지 못하게 하는 장애 요인이라고 이해했기 때문이다. 이들의 주장은 이것이다. 오목 렌즈를 끼고 세상을 본다든가 볼록 렌즈를 끼고 세상을 본다고 가정해 보라. 사물이 어떤 식으로든 일그러져 보이지, 있는 그대로 보이겠는가. 인식의 과정에 개입하는 주관적 관점이란 바로 이 오목 렌즈나 볼록 렌즈와 같은 것이다.

이에 반해 아무런 관점 없이 사물을 인식하는 것은 불가능하다고 주장하는 인식의 능동주의자들은 인식 과정에 개입하는 관점이 반드시 부정적으로만 작동하는 것은 아니라고 본다. 오히려 그것은 사물을 드러내는 데 기여한다는 것이다. 이것은 다음과 같이 설명할 수 있다. 우리가 어떤 대상 a에 관심을 갖고 이를 부각시키고자 초점을 맞출 때, 무대 위의 어떤 인물에 스포트라이트를 비출 때, 시각 조절은 대상을 왜곡시키는 것이 아니다. 그것은 오히려 관심의 대상을 더욱 잘 드러나게 한다. 어두운 밤에 손전등을 켜서 사물을 비춘다면, 손전등을 비추는 각도에 따라 나타나는 사물들은 달라진다. 그렇지만 손전등의 각도가 사물들을 한꺼번에 드러내지 못한다 해서 사물들을 왜곡시키는 기제라 할 수는 없을 것이다.

그럼에도 불구하고 잘못된 선입견이나 편견 때문에 우리가 사물들을 잘못 보는 경우도 많다는 것은 또한 부인할 수 없는 사실이다. 관점이 갖는 이런 양면성을 우리는 어떻게 설명해야 할 것인가? 18세기 독일의 역사 이론가 클라데니우스(J. M. Chladenius)는 관점을 당파성으로 이해하고 당파성은 선입견이나 편파성으로서 인식을 왜곡시키는 부정적 기능과 아울러, 사물을 인식 주체가 처한 환경이나 위치와의 관계 속에서 드러내는 긍정적 기능이라는 이중적 의미를 갖는 것으로 이해한다.[2] 우리가 관점의 이런 이중성을 염두에 둔다면, 관점을 일단 두 종류로 나누는 것은 필요해 보인다. 하나는 인식 과정에서 필요한 주관의 능동적 역할 때문에 발생하는 관점이고, 다른 하나는 이해관계나 편파성 등의 요소가 작용한 결과로서 발생한 관점이다. 우리가 어떤 사물을 바라볼 때 보는 시각을 달리함으로써 사물을 다르게 보는 것과, 학문 외적인 어떤 목적에 봉사할 의도로 사물을 처음부터 왜곡해서 재단하는 것은 분명히 다르다고 해야 한다.

역사가들 간의 견해의 차이를 야기시키는 주요한 관점으로 월시(W. Walsh)는 개인적 편견과 집단적 편견 및 역사적 해석에 관한 이론과 세계관 등을 들고 있다.[3] 개인적 편견이란 개인이 갖고 있는 좋고 나쁜 감정을 기초로 한 편향된 견해를 의미한다. 예컨대 칼라일이 위인들을 특별히 심정적으로 찬탄하면서 당시의 역사를 그 시대의 영웅의 행위와 사상을 중심으로 보고자 한 데 반해, 웰스(H. Wells)는 거꾸로 동일한 영웅의 행위를 특별히 사악하고 위선적인 것으로 평가 절하 하려고 할 때, 이들은 어떤 개인적 편견을 가졌다고 할 수 있다. 집단적 편견이란 어떤 국가나 민족, 혹은 이런저런 사회적 집단이나 종교적 집단이 갖고 있는 독단적 가정이다. 우리가 다른 민족이나 종교 집단에 대해 아무런 근거 없이 공통적으로 갖고 있는 여러 가지 견해들이 집단적 편견의 예들인 셈이다. 이슬람은 호전적이라는 생각은 서구의 기독교인들이 만들어 낸 편견이며 동양이 서양보다 열등하다는 오리엔탈리즘도 이런 편견의 대표적인 사례이다.

월시가 잘 설명했듯이 우리가 역사적 해석의 이론을 일반적인 설명의 틀이라고 한다면 세계관은 보다 넓은 의미의 인식의 틀이라고 할 수 있다. 이 둘은 서로 연관되어 분명히 구별되지 않지만, 포괄성이나 궁극성에서 본다면 세계관이 가장 근본적이라 할 수 있다. 말하자면 세계관은 사물이 어떻게 존재하는가에 대한 우리의 신념과, 사물들이 어떻게 존재해야 하는가에 대한 우리의 신념 모두를 포괄하는 것이다. 그러므로 역사적 사건의 궁극적 원인을 하나의 단일한 요인의 작용에서 찾는 일원론자와, 어떤 단일한 유형의 인과적 요인도 역사에 있어서 결정적이기를 거부하는 다원론자의 대결은 이론적 대결이라 볼 수 있고, 유물 사관과 유심 사관의 대결은 세계관의 대립으로 간주될 수 있다. 이때 개인적 편견과 집단적 편견은 투사적 관점이고, 해석 이론과 세계관은 조망적 관점으로 분류될 수 있다.

관점은 일차적으로는 원근법적 접근이라 할 수 있다. 동일한 사물이라도 우리가 그것을 멀리서 보는가 가까이서 보는가에 따라 사물의 크기가 달리 보인다. 또 보는 각도가 다름에 따라 옆면이나 윗면이 부각되고 다른 부분은 보이지 않게 된다. 예컨대 북한산의 인수봉을 생각해 보자. 수유리에서 보는 모습과 남산에서 보는 모습은 완전히 다를 수밖에 없다. 이런 현상을 우리는 원근법이라 부른다. 즉 시선의 원근법적 성격이란 1) 우리가 대상을 멀리서 보거나 가까이서 볼 때, 2) 우리가 대상의 다른 면은 보지 못하고 바로 그 한 면만을 보게 될 때, 3) 우리가 대상을 어떤 매개체를 통해서 보게 될 때 동일한 대상을 다르게 보게 된다는 것이다.

그렇지만 관점의 의미는 이보다 더 확대되어 사용되기도 한다. 이때 이것은 인식 과정에 주관이 부여하는 모든 사항을 총칭해서 가리킨다. 클라데니우스의 설명에 따르면 "우리로 하여금 한 사물을 바로 그렇게 상상하도록 만들고, 또 그렇게 상상하게 하는 원인들이라고 할 수 있는 것들, 즉 우리의 영혼, 육체, 전인격 등의 상태를 우리는 보는 각도라고 부른다."[4] 시각에 대한 이러한 규정은 단순히 시각의 원근법적 성격을 의미하는 것이 아니라, 그 내용을 훨씬 확대한 것이다. 클라데니우스는 시각의 원근법적 성격을 4단계에 걸쳐 확대하여, 단순한 시각에다 1) 눈의 엄밀성, 원근을 볼 수 있는 힘, 2) 관찰자의 감수성, 3) 관찰자의 내면적 상태, 4) 관찰자의 신분이나 위치 등을 추가했다. 1)을 제외하면 이들은 대체로 관찰자의 주관적 상태나 성향을 나타낸다. 이렇게 되면 보는 각도란 시각의 원근법적 개념에 그치는 것이 아니라 관찰자의 내적, 외적 상태 모두와 연결된 인식 범주라고 할 수 있다. 여기서 나는 원근법적 의미의 관점을 조망적 관점, 확대된 의미의 관점을 투사적 관점으로 규정하고자 한다.

2 조망적 관점과 인식의 객관성

우리가 관점을 이와 같이 조망적 관점과 투사적 관점으로 나눌 때, 이들의 인식론적 귀결은 무엇인가? 투사적 관점과 인식 상대주의와의 연결은 자연스러워 보인다. 반면에 조망적 관점은 인식의 객관주의와 양립 가능할 것으로 판단된다. 다음과 같은 이유 때문이다. 첫째, 우리가 사물을 아무리 다양한 관점에서 바라보고 그 결과 서로 다른 판단을 내린다 할지라도, 그것은 자의적 견해의 투사나 허구가 아니라 여전히 어떤 국면에서 본 사물의 모습일 것이기 때문이다. 예컨대 수유리에서 볼 때와 구파발에서 볼 때에 따라 북한산의 모습이 다르다 해서, 그것들이 북한산의 모습이 아니라고 할 수는 없을 것이다. 둘째, 우리가 사물을 멀리서 볼 때와 가까이서 볼 때 모습이나 크기가 다르다 할지라도, 관점의 조정을 통해 사물의 객관적인 인식에 도달할 수 있기 때문이다. 예컨대 북극성은 태양보다 작아 보인다. 그렇지만 우리는 북극성이 태양보다 훨씬 먼 거리에 있기 때문에 작게 보일 뿐 실제로는 태양보다 몇 십 배나 더 크다는 사실을 잘 알고 있다. 멀리 있는 물체는 가까이 있는 물체보다 작아 보인다는 일반적인 사실을 우리는 알고 있기 때문에, 우리는 사물을 볼 때, 이 점을 감안해서 볼 수 있고, 이런 시각의 교정을 통해 객관적 인식을 확보할 수 있다.

사물을 보는 관점에 초점을 맞추어 관점에 따라 사물이 다르게 보인다는 주장을 우리는 통상 조망주의라고 한다. 사람에 따라 조망주의를 역사 상대주의와 연결시키는 경우도 있지만, 조망주의가 결코 객관적 역사학과 양립 불가능한 것은 아니라고 할 수 있다. 조망주의를 상대주의와 동일시하는 것은 조망적 관점과 투사적 관점을 동일시한 오류이다. 관점의 다양성은 우리가 자유롭게 여러 가지 관점에서 역사를 조망할 수 있다는 것을 의미할 뿐, 역사를 임의로 날조할 수 있다는 것을 의미하지는 않기 때문이다. 말하자면 우리가 사실을 왜곡하여 우리가 생각한 이념의 틀에 맞추어도 좋다거나 또는 거기에 맞지 않는 사실들은 무시해도 좋다는 것이 아니다. 사태는 오히려 이와 정반대라고 할 수 있다. 우리는 우리의 관점에 관계가 있는 증거는 모조리 수집하여 그것을 엄밀하게 그리고 객관적으로 고찰해야 한다. 다만 문제는 우리의 관점을 의식하고 우리의 관점에 아무런 관계도 없는 사실들에 대해서는 마음 쓸 필요가 없다는 것뿐이다. 극단적인 예로서 우리가 노예 제도에 대한 투쟁의 이야기에 초점을 맞추어 인간의 역사를 자유를 향한 진보의 역사로 볼 수도 있고, 이와는 반대로 근대 이후 유색 인종에게 가한 백인종의 침략과 약탈을 중심으로 근대 이후의 인간의 역사를 억압과 퇴보의 역사로 볼 수도 있다. 그렇다 해도 이 두 관점은 언제나 양립 불가능한 것이 아니라 서로 보완적일 수도 있다. 이것은 마치 하나의 동일한 산을 서로 다른 관점에서 보는 경우, 그 모습들이 서로 다르게 나타나더라도, 두 조망은 함께 상호 보완적으로 그 산의 전체적 모습을 드러낸다는 것과 같은 논리이다. 그러므로 조망주의는 결코 객관적 역사학의 포기를 선언할 필요가 없는 것이다.

관점의 다양성을 용인하면서도 인식의 객관성을 추구하려고 할 때, 우리는 관점들을 전환시키고 통합시키는 기제들을 잘 활용하는 것이 중요하다. 관점을 바꾸어 봄으로써 우리는 자신의 관점이 갖는 한계와 다른 사람의 관점이 갖는 장점을 이해할 수 있다. 이것은 시각의 환산이라 불리기도 하고, 역지사지(易地思之)라 하기도 한다. 이것은 흡사 우리가 물리학에서 연구 대상과 도구 간의 상호 작용을 알게 되면, 연구의 오류를 제거할 수 있거나 최소한으로 줄이는 것이 가능하며, 우리가 기하학의 원근법을 알게 되면 어떤 상(像)을 언제든지 다른 시각으로 관찰할 수 있으며, 또한 어떤 대상을 언제든지 다른 관점에서 바라볼 수 있게 되는 것과 같은 논리이다.[5]

하나의 관점에만 고착되어 있는 경우와 자신의 관점에 대한 시각의 교정을 자유롭게 할 수 있는 경우는 완전히 다르다고 해야 할 것이다. 전자는 우리가 자신의 시각을 벗어나기가 어렵지만, 후자는 시각의 전환을 통해 다른 관점에서 사물을 볼 수도 있고 여러 관점들을 결합시킴으로써 대상의 보다 전체적인 상을 파악할 수도 있다. 이때 우리는 대상의 한 가지 국면만을 볼 수 있는 관점에서 대상의 또 다른 국면을 볼 수 있는 다른 관점으로 이행하는 방법에 관한 지식을 갖추고 있어야만 한다.

뿐만 아니라 우리는 우리의 출발점이 되는 자신의 개념적 틀에 대해서도 반성과 비판을 가할 수 있다. 이성이란 바로 이런 자기비판의 능력을 가리키는 말이다. 칼 포퍼의 지적대로 이것은 우리가 개념적 틀에 갇힌 죄수일 필요는 없다는 것을 의미한다. 물론 우리가 개념적 틀에 의존하지 않고는 아무 일도 할 수 없다는 의미에서 우리는 죄수일 수도 있다. 그렇지만 우리는 특수한 의미에서의 죄수라고 할 수 있다. 왜냐하면 우리가 하려고만 한다면 우리는 언제나 우리의 틀을 깨고 나올 수가 있기 때문이다.

이와 아울러 인식의 '객관성'이라는 문제는 인식의 '완전성'이라든가 인식의 '전체성'이라는 문제와 다르다는 것을 이해할 필요가 있다. 왜냐하면 부분적 진리는 탐구의 종국에 가서야 도달하게 될 절대적 진리는 아니지만 객관적 진리일 수 있기 때문이다. 그러므로 우리가 지금 현재 절대적 진리에 도달하지 못했다 해서 좌절하거나 객관적 진리의 이념을 포기할 이유란 없다. 우리가 획득한 역사적 지식이 비록 완전하지 못하다 해도 그것을 전적으로 허구라 할 이유는 없으며, 또 탐구가 계속됨에 따라 우리는 점차 완전한 진리로 가까이 갈 수 있기 때문이다.

문제는 투사적 관점에 있다. 그것은 우리의 정신 상태를 사실의 인식에 투사함으로써 사실을 왜곡시킨다. 정신분열증 환자의 경우를 보자. 그는 모든 것을 자기중심으로 바라본다. 그 결과 현실적으로 아무런 연관이 없는 사실들을 엮어 허구적으로 해석한다. 이것은 현실에 대한 객관적 인식이 아니다.

앞 장에서 우리가 살펴본 역사의 현재주의자들이나 실용주의자들 및 인문주의자들은 이런저런 이유들을 제시하며, 우리의 관점은 우리 자신도 모르는 사이에 규정되며, 우리는 이렇게 형성된 관점으로부터 벗어날 수가 없다고 주장한다. 현재주의나 실용주의에서는 우리의 관점이 현재의 필요성이나 실용성과 연관되어 있으며, 특히 언어편재주의를 지지하는 자들은 언어의 편재성 때문에 우리가 사용하는 언어 체계가 우리의 관점을 규정한다고 주장한다.

그렇지만 이런 주장들은 전체적으로 우리의 이성에 대한 지나친 평가 절하에 기초하고 있다. 이성은 기본적으로 자신을 대상화시키고 보편화시키는 힘이다. 이것은 자신을 초월할 수 있음을 뜻한다. 비근한 예로서 관점이 고정되어 있거나 우리가 스스로를 대상화시킬 수 없다면, 한 번도 지구를 벗어난 적이 없는 상태에서 지구의 크기를 측정하거나, 우리가 우주 속에 있으면서 우주 전체의 변화를 이야기하는 것이 어떻게 가능하겠는가?

3 프랑스 혁명의 사례

프랑스 혁명의 성격에 대한 규정은 다양하다. 관점이 다름에 따라 사건이 얼마나 다양하게 서술될 수 있는가를 프랑스 혁명의 실례를 통해 검토해 보자. 프랑스 혁명이 관점의 다양성을 논의할 때 좋은 사례가 되는 이유는 프랑스 혁명은 누구도 그냥 지나칠 수 없는 세계사적으로 중요한 사건이며, 그 사건을 어떤 관점에서 바라보아야 할지를 놓고 200년이 넘는 지금도 논쟁이 끊이지 않고 계속되고 있기 때문이다.

프랑스 혁명에 관련하여 먼저 제기되는 물음들은 그것을 하나의 혁명으로 보아야 할 것인가 아니면 여러 개의 혁명으로 볼 것인가 하는 문제에서부터 시작해서, 프랑스 혁명은 정확하게 언제 시작하였으며 언제 종결되었는가, 이 혁명의 주체는 누구였으며 그 성격은 어떻게 규정되어야 할 것인가, 혁명이 초래한 결과는 무엇인가 하는 것들이 모두 문제들이다. 많은 역사가들이 프랑스 혁명이 실제로 일어났으며 또 인류 역사에서 매우 중요한 사건이라는 점에서는 동의하지만, 아담 샤프가 잘 예시하였듯이 바라보는 관점에 따라 다양한 견해 차이를 보여 준다.[6]

먼저 프랑스 혁명을 반대하는 쪽과 지지하는 쪽의 견해는 완전히 서로 다르다. 프랑스 혁명을 반대하는 쪽에서는 혁명의 원인을 어떤 음모나 신의 섭리로 보는 반면, 혁명을 지지하는 자유주의자들은 혁명의 원인을 계급적 이해관계의 충돌과 빈곤으로 보았다. 전자를 대표하는 인물로 아베 바루엘(A. Barruel)과 루이 블랑(L. Blanc), 조셉 리세트 등을 들 수 있고 후자를 대변하는 인물로는 조셉 바르나브(J. Barnave), 스탈 여사를 들 수 있다.

아베 바루엘은 그의 『자코뱅주의의 역사에 대한 설명적 회고록』

에서 혁명은 자코뱅 내부의 음모 때문에 일어났다고 주장한다. 이 음모의 주동자로는 월페르, 달랑베르(d'Alembert), 디드로(Diderot), 그리고 프레데릭 2세(Frederik II) 등이다. "우리는 미리 예정되고 생각되고 계획되고 결정되고 선택된 매우 무서운 여러 악들을 포함하여 이 프랑스 혁명 기간 중에 일어났던 모든 것들을 말하고자 한다. 그 모든 것은 가장 가증스러운 범죄의 결과였다. 왜냐하면 비밀 결사들에 의해서 오랫동안 획책되고 있던 음모를 배후에서 조종했던 사람들이 모든 것을 준비하고 모든 것을 일으켰기 때문이다. ……프랑스 혁명의 원인, 커다란 범죄와 죄악의 원인은 ……전적으로 오래 전부터 획책된 음모 때문이다."[7]

조셉 드 메스트르(J. de Maistre)는 신비주의자였다. 그는 이런 자신의 입장에서 프랑스 혁명의 원인을 신의 응징이라고 해석했다. 그가 이런 결론을 내린 것은 혁명이 이전보다 훨씬 강해지고, 순수해진 군주제를 성립시켰다고 보았기 때문이다. "인간이 프랑스 혁명을 이끌었다기보다는 프랑스 혁명이 인간을 이끌었다는 것이 더 정확한 지적일 것이다. 이것이 가장 정확한 관찰이다. 사실상 모든 커다란 격변들에 대해서 이와 같이 말할 수 있지만, 이 시대만큼 그 말이 충격적인 때는 없었다."[8]

한편으로 역사적 유물론의 선구자로 평가되는 바르나브는 『프랑스 혁명 서설』에서 프랑스 혁명을 고립된 어떤 것으로서가 아니라, 당시 유럽의 사회적 발전과 관계가 있는 것으로 보았다. 그는 정치 체제의 형태는 사회적 조건에 따라 변한다고 고찰했다. 즉 정치 체제의 형태 변화는 사회적 조건 변화의 함수였던 것이다. 따라서 프랑스 혁명의 원인은 사회적 계급 간의 관계에서 발생한 어떤 변화였다. "산업과 상업이 민중들 사이에서 널리 퍼지게 되고, 노동 계급이 부를 획득할 수 있는 새로운 수단을 가지게 되는 때에, 정치 권력에 있어서도 혁명이 마련되기 시작한다. 부의 새로운 분배는 권력의 새로운 분배를 준비한다. 토지의 소유가 귀족 정치를 발전시켰듯이 산업 재산은 민중의 권력을 증가시킨다. 민중은 자유를 획득하고, 그것을 확대시키며, 사건의 진행에 영향을 주기 시작한다."[9] 스탈 여사도 사회, 경제적 구조의 변화에 초점을 맞춘다. 그녀는 프랑스 혁명이 우연한 사건이 아니라 필연적인 결과이며, 그 원인은 당시 사회의 모든 계급의 불만에서 찾아야 하겠지만, 가장 깊은 원인은 부르주아지의 지위가 변화하였다는 사실에 있다고 본다.

다음으로 혁명의 경제적 원인을 둘러싸고 왕정복고 시대부터 지금까지 계속되고 있는 논쟁을 검토해 보자. 이 논쟁의 한쪽은 빈곤이 혁명의 원인이었다고 주장하는 반면, 다른 한쪽은 경제 발전을 통한 부르주아지의 성장과 계급투쟁이 혁명의 원인이었다고 주장한다.

이 논쟁은 제일 먼저 미슐레와 토크빌 간에 전개되었다. 여러 권으로 된 『혁명사』를 쓴 미슐레는 혁명의 원인에는 여러 가지가 있지만, 볼테르와 루소의 사상적 영향이 결정적이라고 지적하면서 동시에 빈곤이 혁명의 가장 주요한 원인임을 주장했다. "빈곤의 역사를 쓰는 것은 더욱 어렵다. 왜냐하면 다른 나라에서와 마찬가지로 빈곤으로 인한 폭동은 일어나지 않았기 때문이다…… 폭동은 없었다. 단지 프랑스 혁명만을 제외하고는."[10] 그렇지만 미슐레는 계급 간의 싸움을 혁명의 원인으로 간주하지는 않았다. 동시에 그는 봉건 체제를 무너뜨리는 과정에서 부르주아지가 수행한 역할도 무시하였다. 빈곤이 가장 중요한 키워드였던 것이다.

반면에 알렉시스 드 토크빌(Alexis de Tocqueville)은 그의 『구제도와 혁명』에서 혁명의 원인은 빈곤이 아니라 국가의 경제 발전과 정치적 자유의 확장 때문이라고 보았다. 이것은 빈곤 논제와는 정면으로 대립되는 논제이다. 경제가 발전하고 자유가 확장되었는데도 혁명이 일어날 수밖에 없는 이유란 무엇인가? 토크빌은 악에 대한 더욱 예리해진 감수성에 초점을 맞춘다. 즉 악은 적어졌지만 악에 대한 감수성은 더욱 예리해짐으로써 혁명이 일어났다는 것이다. "혁명은 반드시 악화되고 있는 상태에서 일어나는 것이 아니다. 가장 가혹하고 무거운 법률에 대해서도 아무런 불평도 하지 않고 마치 그 무게를 느끼지 못하는 것처럼 등에 지고 있던 사람들은 그 법률의 무게가 줄어들었다고 느끼는 순간 그것을 거칠게 내팽개치려 한다. 그런 경우는 무척 많다. 혁명에 의해 파괴된 통치 체제는 거의 일반적으로 그 직전에 있었던 통치 체제보다 낫다. 그리고 경험을 통해서 알 수 있듯이, 열악한 통치 체제에서 가장 위험한 순간은 대개 그 통치 체제가 개혁을 시작하려 하는 바로 그 순간이다."[11]

이 논쟁은 파리 코뮌이 발발한 후, 19세기 말의 텐느 대 장 조레스 (Jean Jaurès)의 대결로 재연된다. 텐느는 『근대 프랑스의 기원』에서 다시 빈곤, 특히 농민의 빈곤을 프랑스 혁명의 원인으로 꼽았다. 그는, 토크빌의 주장대로, 농민들이 토지 소유자가 되었다는 사실은 인정한다. 그렇지만 그는 이러한 이유 때문에 혁명의 원인이 바뀔 이유는 없다고 주장한다. "사람이 가난하게 살 때는 비참한 법이다. 그렇지만 만일 무엇을 소유하면서 동시에 가난하게 산다면 훨씬 더 비참한 법이다. 누구나 가난은 그럭저럭 견딜 수 있을지 모르나 약탈당하는 것은 참을 수 없을 것이다. 1789년, 한 세기 동안에 걸쳐 토지를 소유할 수 있게 되었던 프랑스 농민의 경우가 바로 그러했다."[12]

장 조레스는 『프랑스 혁명의 사회사』에서 텐느의 주장을 반박한다. 조레스에 의하면, 혁명의 원인은 빈곤 때문이 아니라, 급속한 경제 발전에 따른 제3신분의 힘의 확장이었다. "두 개의 커다란 힘, 두 개의 혁명적인 힘이 18세기 말에 사람들의 마음과 세상사를 뒤흔들어 놓았으며, 그리고 어떤 강력한 요인에 의해 긴장은 고조되었다.

그 두 힘이란 프랑스 국민의 지적 성숙과, 자신들의 힘과 부와 권리가 거의 무한한 가능성을 갖고 있다는 프랑스 부르주아지의 자각이었다. 한마디로 말해서 부르주아지는 계급 의식을 갖게 되었으며 계몽사상은 프랑스 전역으로 퍼져 나갔던 것이다. 바로 이것이 혁명의 두 원천, 혁명의 두 발화점이다. 그 때문에 혁명은 가능했으며, 그 때문에 혁명은 눈부시게 되었다."[13]

20세기 들어와서도 이 논쟁은 계속된다. 라브루스(E. Labrousse)는 미슐레, 텐느의 흐름을 이어받아 『18세기 프랑스의 물가와 소득의 변화』에서 무엇보다 혁명의 직접 원인은 1788년과 1789년 동안의 심각한 경제 위기와 그것에서 비롯된 물가의 폭등, 그리고 실업이라고 보았다. 라브루스에 의하면, 1789년 빵값은 매우 비쌌으며, 1786년의 무역 협정이 방직 공업의 몰락과 노동자들의 심각한 실업 상태를 야기시켰다. 말하자면 프랑스 혁명은 조레스나 마티에가 생각했던 것보다 훨씬 더 빈곤에 의한 혁명이었다.

이와는 반대로 마티에는 『프랑스 혁명』에서 혁명은 위로부터만 가능하다고 생각한다. 노동자는 좁은 시야 때문에 자기 직업에 관련된 것 이외에 눈을 돌릴 수 없으므로 혁명의 최초 주도자는 될 수 없고, 더구나 혁명을 인도하는 것은 불가능하다는 것이다. 이것은 결국 부르주아지의 증가하는 부와 권력이 혁명의 기초가 되었다는 것을 의미한다.

조르주 르페브르(G. Lefébvre)도 그의 『프랑스 혁명』에서 마티에와 비슷한 입장을 취한다. 즉 혁명의 원인은 빈곤 때문이 아니라 새로운 계급인 부르주아지의 힘을 성장시킨 경제 발전과 이에 따른 계급 간의 갈등이었다. "다소 변형되기는 했지만, 대부분의 유럽 대륙에서 절대주의는 여전히 존재했다. 귀족들은 왕권이 자신들을 정복하였다고 비난하였으며, 다른 한편으로 부르주아지들은 통치 체제로부터 소외된 데 대해서 분노하였다. 그리고 동시에 귀족과 부르주아지 두 계급 간의 적대의식은 더욱더 날카롭게 되었다. 프랑스가 혁명이라는 수단에 의해서 이런 3자간의 싸움을 해결한 최초의 나라는 결코 아니었다."[14] 그러면서도 르페브르는 직접 혁명을 일으키게 한 것은 유례없는 빵 값의 폭등과 실업을 야기시킨 경제 위기였다는 진단을 동시에 내린다. 그는 이런 주장의 근거로서 혁명 이전의 10년 동안 생산이 균형을 잃고 현저히 저하되었다는 사실과 대중의 상태는 악화되어 결국 기아 상태에 직면하게 되었다는 사실을 지적한다. 이러한 그의 입장은 기본적으로는 조레스와 마티에의 입장과 함께하면서도, 부분적으로는 라브루스의 주장에도 동조하는 중간적 위치라고 평가될 수 있다.

이런 긴 논쟁의 흐름에서 바르나브로부터, 조레스, 마티에로 이어지는 계열의 프랑스 혁명에 대한 해석이, 즉 프랑스 혁명은 반봉건적이고, 반귀족적인 부르주아 혁명이라는 해석이 20세기 중반까지 정통 해석으로 인정되었다.

그렇지만 최근에 와서 프랑스 혁명을 문화적 관점에서 하나의 문화적 사건으로 해석하려는 경향이 나타났다. 이것은 새로운 문화사의 시각이다. 프랑스 혁명에 대한 이런 문화적 접근은 프랑수아 퓌레(F. Furet)를 선두로 하여, 오주프(M. Ozouf)의 『혁명 축제』, 아귈롱(M. Agulhon)의 『마리안느의 투쟁』, 헌트(L. Hunt)의 『프랑스 혁명기의 정치, 문화, 계급』 등에서 시도되고 있다. 이들에 의하면, 혁명의 정치 문화는 새로운 정치 계급의 상징 조작과 수사학 및 실천에서 비롯되며, 혁명의 주된 결과는 사회, 경제적 변화가 아닌 새로운 정치문화의 탄생으로 이해된다.[15] 뿐만 아니라 지금까지 거론한 것 이외에도 아날학파의 구조적 분석과, 수정학파의 정치적 분석 등도 있다.

프랑스 혁명에 대한 사례 하나만으로도, 우리는 하나의 사건을 보는 무수한 관점들이 존재하며, 그 결과 수많은 상이한 해석들이 존재한다는 것을 생생하게 확인할 수 있다.

4 관점을 둘러싼 인식론적 논의

여기서 우리는 다음과 같은 질문들을 던질 수 있다. 역사 인식에서 첫째, 오직 하나의 관점과 해석만이 타당하다고 해야 할 것인가? 둘째, 모든 관점과 해석은 동일한 값을 가지는가? 셋째, 관점들의 상호 비교와 융합을 통해 혹은 새로운 관점의 창안을 통해 보다 나은 해석은 가능한가?

이러한 질문에 대해 결론부터 말한다면, 첫째 질문에 대한 답은 아니오이며, 둘째 질문에 대한 답도 아니오이다. 반면에 셋째 질문에 대한 답은 그렇다이다. 그 이유를 검토해 보자.

오직 하나의 관점과 그에 따른 해석만이 타당하다는 주장은 우리가 여러 다른 각도에서 사실을 관찰할 수 있다는 일상적인 경험에도 위배된다. 예컨대 위의 해석들에서 사회 경제적 관점에서 프랑스 혁명을 해석하는 것과 정치 문화적 관점에서 해석하는 것은 얼마든지 양립 가능하다. 그것들 중 어느 하나만 선택해야 할 어떤 이유도 없다. 혁명을 반대하는 입장에서 혁명의 원인을 찾을 수도 있고, 혁명을 찬성하는 입장에서 혁명의 원인을 찾을 수도 있다. 혹은 빈곤의 관점에서나 부르주아지의 성장이라는 관점에서 혁명을 해석할 수도 있다. 비록 우리가 어느 것을 가장 최선의 해석으로 결론짓는다 할지라도, 그것이 다른 관점을 원천적으로 배제한다는 것을 의미하지는 않는다.

토마스 쿤의 패러다임 이론을 원용하여 패러다임이 다르면 동일한 사실을 전혀 다르게 바라본다는 주장을 하는 사람도 있다. 그렇지만 우리 각자의 다양한 패러다임에 따라 우리가 전혀 사물을 다르게 바라본다면, 동일한 사물에 대해 다르게 바라본다는 사실 자체도 알기는 어려울 것이다. 즉 패러다임 A의 사람은 패러다임 B의 사람과 동일한 사물에 대해 대화조차 할 수 없을 것이다. 이것은 지나친 극단주의이다. 우리는 우리의 관점들을 자유롭게 바꿀 수 있다. 내가 다른 사람의 입장에서 사물을 볼 수도 있다.

이러한 논의는 자연스럽게 둘째 문제로 넘어간다. 관점을 자유롭게 허용한다 해서 모든 관점이 동일한 위치에 있지는 않다. 사실을 전혀 밝히지 못하는 관점도 있고, 다른 관점에 비해 사실을 부분적으로밖에 밝히지 못하는 관점도 있기 때문이다. 예컨대 프랑스 혁명은 신의 응징이라는 관점은 종교적 세계에서는 어떤 의미를 가질지 모르지만, 학문적으로는 아무런 가치가 없다. 문제되는 증거와 해석 간의 연관이 학문적 차원에서 다룰 성질의 것이 아니기 때문이다. 음모설의 관점은 만약 실제로 음모가 존재했다면 완전히 무가치하다고 하기는 어려울 것이다. 그렇지만 음모가 실제로 존재했다고 해도 과연 그것이 프랑스 혁명의 가장 중요한 원인이었는가 하는 문제는 별도로 남는다. 어떤 중요한 사회적 사건이 있을 때마다 음모설은 있어 왔다. 그렇지만 그것은 결정적인 증거가 없거나 그것이 지나치게 과장되어 해석되었다는 것이 밝혀지는 경우가 많았다. 이런 사실에서 보면 음모설을 심각하게 받아들이기는 어려울 것이다.

빈곤의 관점에서 프랑스 혁명의 원인을 찾거나 부르주아지의 부의 증가라는 관점에서 그 원인을 찾으려고 할 때, 이를 뒷받침하는 증거가 문제될 것이다. 어느 역사적 이론이 더욱 그럴듯한가를 우리는 우리가 확보한 증거로서 비교할 수 있다.

뿐만 아니라 조망주의는 모든 해석이 같은 값을 갖는다고 주장할 필요가 없다. 역사적 해석에 있어서도 우열을 가리는 기준이 존재할 수 있기 때문이다. 우리는 설명력의 우열에 의해 과학적 진보를 주장한다. 조망주의 관점에서는 같은 논리로 '설명력'에 의해 역사적 해석의 진보를 주장할 수 있을 것이다. 말하자면 사실적인 자료와 모순되는 해석보다는 모순되지 않는 해석이 우수한 해석이며, 사실적인 자료와 모순되지 않기 위해서 항상 보조적인 가설을 사용하는 해석은 그러한 보조 가설 없이 수행하는 해석보다 가치가 덜하다고 할 수 있다. 예컨대 어떤 해석 a는 다수의 사실들을 연관 짓지 못하지만, 다른 해석 b는 이것들을 연관 짓고 설명할 수 있다면, b는 a보다 진보된 해석으로 이해된다. b가 더욱 큰 설명력을 갖고 있기 때문이다.

이제 셋째 문제로 가 보자. 답은 이미 나와 있다. 우리가 더욱더 나은 관점을 찾으려고 노력하는 것은 얼마든지 바람직하다. 역사학이 새로운 방법론을 개발하거나 인접 학문의 발달은 이것을 가능하게 할 것이다. 우리가 사실을 더욱더 제대로 보려고 노력해서는 안 될 이유란 어디에도 존재하지 않는다. 다음의 그림이 이를 잘 보여 준다.

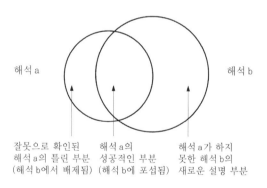

〔그림 8〕 해석 a에서 해석 b로의 진보는 가능하다.

2장

실재론적 이야기는 과거를 재현할 수 있다

이야기 역사 이론은 두 그룹으로 나눌 수 있다. 하나는 이야기 실재론(narrative realism)이고, 다른 하나는 이야기 관념론(narrative idealism)이다. 이야기 실재론은 이야기를 과거에 관한 그림이나 사진으로 생각한다. 이때 그림과 실재는 대응이나 투사의 관계를 갖는다. 반면에 이야기 관념론은 이런 그림 이론을 거부한다. 즉 이야기와 실재 간의 연결 고리는 존재하지 않는다고 본다.

이야기가 참된 역사일 수 있는가 없는가 하는 문제는 결국 이야기가 역사 세계를 있는 그대로 표상할 수 있는가 없는가 하는 문제로 귀착한다. 이야기는 사실 세계를 반영하지 못한다는 이야기 역사의 관념론과 이야기는 사실 세계를 반영하는 가장 효과적인 방식이라는 이야기 역사의 실재론은 어떤 근거에서 이런 주상들을 하는 것일까? 이 문제에 대한 해답을 얻고자 한다면, 그리고 이런 논의가 어떤 의미를 가지려면, 먼저 이야기의 구조는 어떤 특성을 갖고 있는

가라는 질문부터 대답을 해야 한다.

이야기의 구조가 사실의 구조와 전혀 다르다면, 이야기는 사실을 표상하지 못할 것이다. 왜냐하면, 한 구조가 다른 구조를 표상하려면 동형성을 전제해야 하기 때문이다. 그러므로 이야기가 사실 세계의 표상일 수 있다고 보는 입장에서는 사실의 구조가 이야기의 구조와 동형적이라는 것을 논증해야 한다. 반면에 이야기 역사의 관념론자들은 이야기의 구조가 사실의 구조와 어떻게 다른지를 설명해야 한다.

이 장에서는 이야기 실재론의 정당성을 논증하면서, 이야기 관념론의 문제점을 비판한다. 비판의 근거는 다음과 같다. 즉 역사는 삶의 과정이며, 우리의 삶은 이야기의 구조를 갖는다. 그러므로 역사는 이야기를 통해 드러날 수 있다.

1 이야기 구조의 특성

이야기는 사건들의 계열을 하나의 줄거리로 엮은 것이다. 우리는 일반적으로 이런 이야기가 다음과 같은 세 가지 특성을 갖는 것으로 이해한다.[1] 첫째, 이야기는 발단과 전개와 종말을 갖는다. 둘째, 이야기는 정합적으로 짜여진다. 셋째, 이야기는 이야기를 말하는 자와 이야기 속의 인물과 독자라는 세 요소를 갖는다.

발단과 전개와 종말을 갖는다는 것은 단순히 어떤 사건들이 시간의 흐름에 따라 진행된다는 물리적 시간성을 의미하는 것은 아니다. 만약 그렇다면, 세상의 모든 존재들은 발단과 전개와 종말이 있다고 해야 할 것이다. 예컨대 계절은 발단과 전개와 종말이 있다. 여름은 입하에 시작되어 하지에서 절정에 달하고 입추에 종국에 달한다. 그러나 계절의 전개가 이야기는 아니다. 이야기가 되려면, 발단과 전개와 종말이 하나의 유기적인 역사성으로 묶여야 한다.

물론 우리는 이야기의 의미를 매우 확대하여, '별의 이야기'나 '태양의 이야기'라고 말할 수 있다. 별의 이야기는 별이 탄생해서 사멸하기까지의 과정에 대한 서술이 될 것이며, 태양의 이야기는 태양이 탄생하여 지금까지 변화해 온 과정에 대한 서술이 될 것이다. 뿐만 아니라 생명체의 탄생과 사멸에 관한 이야기도 가능할 것이다. 그렇지만 이런 경우 이야기는 너무 넓은 의미로 사용되고 있다. 역사는 이야기인가 하는 논의에서 이야기는 좁은 의미로 사용될 수밖에 없다. 그렇지 않다면 이런 질문 자체가 의미를 갖지 못한다.

좁은 의미의 이야기는 어떤 목적이나 의도가 실현되는 역사적 과정에 대한 서술이어야 한다. 그러므로 목적이나 의도를 귀속시킬 수 없는 무생물이나 낮은 단계의 생명체에 대해서는 좁은 의미의 '이야기'라는 말을 사용할 수가 없다. 이야기는 발단과 전개와 종말이 유기적으로 묶여 있다고 하는 주장도 목적이나 의도의 실현을 전제하고 있다.

정합적으로 짜여진다는 것은 하나의 통일적인 구성을 갖는다는 것이다. 하나의 이야기 속에는 쓸데없는 군더더기가 존재할 이유가 없다. 모든 것은 어떤 필요에 의해 존재하며, 하나의 줄거리를 만들도록 교묘하게 자리 매김 된다. 거미줄같이 엮이면서 복잡다단하게 보이는 사건들도 결국은 하나의 줄거리로 수렴되어 통합된다. 아무런 연관도 없는 사건들의 서술이 병렬적으로 존재한다면, 그것은 이야기가 아니다.

이야기 속에서는 이야기를 말하는 자와 이야기 속의 인물과 독자가 공존한다. 이야기를 하는 자는 작가이고, 이야기 속의 인물은 이야기의 대상이 되는 주인공을 비롯한 인물들이고, 독자는 이런 이야기를 듣는 사람들이다.

이야기 구조는 크게 두 가지 유형으로 나눌 수 있다. 하나는 사건들의 연속적 흐름들을 병렬적으로 엮은 복합적 이야기이고, 다른 하나는 하나의 줄거리를 지닌 총괄적인 이야기이다. 고전적 역사주의 역사가가 보면 세계사는 여러 민족들의 이야기들이 병렬적으로 존립하는 복합적 이야기이고, 계몽주의 역사가의 관점에서는 세계사는 인류라는 종의 총괄적인 이야기가 된다.

2 이야기 실재론과 이야기 관념론

이야기 실재론자는 하나의 이야기는 과거에 관한 여러 개별적인 표상들로 구성된다고 생각한다. 이때 개별적인 표상들은 하나의 진술에 비유될 수 있다. 예를 들어 우리가 한 편의 영화나 드라마를 본다고 해 보자. 영화나 드라마는 분절해 보면 수많은 개별적인 장면들로 구성되어 있다. 장면들 하나하나가 모여서 한편의 영화나 드라마를 만드는 것이다. 제대로 된 한 편의 영화나 드라마를 만들기 위해 오랜 시간이 걸리는 것은 장소를 옮겨 가며 이들 개별적인 장면들을 하나하나 찍어야 하기 때문이다. 우리는 이때 한 편의 영화는 하나의 이야기에, 그리고 개별적인 장면들은 이야기를 구성하고 있는 진술들 하나하나에 비교할 수 있다. 실재론자는 진술 전체, 즉 한 이야기의 진리는 개별적인 진술의 진리함수라고 주장한다. 우리가 개별적인 진술을 S_1, S_2, S_3……S_n으로 표현하고 이야기를 N으로 표현한다면, 이것은 다음과 같은 이야기가 된다.[2]

$$N = S_1 + S_2 + S_3 …… + S_n$$

이런 이야기 실재론에 대해 이야기 관념론은 다음과 같은 두 종류의 비판을 가한다. 하나는 역사적 실재는 이야기를 떠나서는 독립적으로 존재하지 않는다는 것이며, 다른 하나는 이야기의 구성 요소 하나하나가 역사적 실재와 상응한다고 할지라도 이야기는 실재를 반영하지 못한다는 것이다.

첫 번째 이야기 관념론의 주장은 다음과 같다. 이야기가 실재를 반영하려면 이야기를 구성하는 하나하나의 진술들이 확정된 어떤 사실을 반영해야 한다. 그렇지만 이야기로 진술되기 전에 확정된 역사적 사실은 존재하지 않는다. "확정적인 역사적 현실이 존재한다는 생각, 즉 실제로 일어난 것에 관한 우리의 모든 이야기가 가리키는 복잡한 대상, 이야기 역사가 접근해 가는 말해지지 않는 이야기가 존재한다는 생각을 거부하지 않으면 안 된다."[3] 이것은 역사적 풍경은 역사가에게 주어지는 것이 아니라 이야기 속에서 역사가가 구성해야 한다는 것을 의미한다. 요한 호이징가(J. Huizinga)는 다음과 같이 말한다. "역사가는 과거를 있었던 그대로 재현해야 한다고(wie es eigentlich gewesen) 주장하는 랑케의 격률에서 어떤 사실 es가 고정된 어떤 것을 가리킨다고 믿는다면 잘못이다."[4]

과거의 대상들이 고정되어 있지 않다면, 즉 이야기 관념론자들이 주장하듯이 과거의 여러 대상들이 이야기와 독립해서 존재하지 않는 한에서, 이야기가 과거를 반영한다는 주장은 성립되지 않는다. 한쪽이 다른 한쪽을 반영하는 투사의 규칙(projection rule)이나 번역의 규칙(translation rule)은 두 영역의 구조적 유사성이 서로 대응할 때 성립한다고 할 수 있기 때문이다. 과거는 어떠한 이야기 구조도 갖고 있지 않으며, 이야기 구조는 이야기 속에서만 발생한다면, 구조적 유사성에 관한 논의는 처음부터 불가능할 것이다.

프랑크 앙커스미트(F. Ankersmit)는 역사가의 임무를 다음과 같이 의상 디자이너에 비유한다.[5] 의상 디자이너는 자신의 작품을 전시하기 위해 장식 인형이나 모델들을 활용한다. 그러나 이 모델들은 옷을 돋보이게 하기 위한 장치일 뿐, 옷의 일부분이 아니다. 비슷하게 역사가들도 '르네상스'나 '산업혁명' 같은 개념들을 만들어 과거에다 옷을 입힌다. 이런 과정을 통해 과거는 과거의 일부분이 아닌 사물들, 즉 '산업혁명'이나 '르네상스'라는 개념에 의해 드러난다. 이런 이야기 관념론자들은 이야기 구조의 자율성을 주장하면서, 이야기를 지배하는 이야기 규칙이나 이야기 논리(narrative logic)를 강조한다. 이야기 관념론자들의 주장에 의하면, 우리는 과거를 우리 앞의 풍경이나 나무를 바라보듯이 있는 그대로 바라볼 수가 없다. 우리는 과거를 가면을 통해서만 볼 수 있다. 이 가면 뒤에 이 가면과 비슷한 구조를 갖고 있는 것은 아무것도 없다.

두 번째 비판의 문제로 가 보자. 우리가 이야기 N을 구성하는 원자명제들 S_1, S_2……S_n의 원래 순서를 무시하고 마음대로 바꾸어 N_1을 만든다고 할 때, 만약 N이 S_1, S_2,……S_n의 진리함수라면, $N=N_1$이 되어야 한다. 진리함수는 요소들의 순서를 바꾼다고 해서 인식적 지위에 어떤 변화를 초래하지는 않는다. 그러나 우리가 어떤 이야기 과정의 순서를 바꾼다면, 그것은 원래의 이야기와는 전혀 다를 뿐만 아니라 어쩌면 이야기가 전혀 안 될지도 모른다. '……때문에', '……후에', '……전에', '……그러므로' 등의 순서가 없어짐으로써 시간 계열이 파괴되고, 원인과 결과가 뒤바뀔 것이기 때문이다. 따라서 이야기 관념론자는 이야기 실재론자를 틀렸다고 주장한다.

더 나아가 이야기 관념론자는 이야기의 내용이 특수한 진술들과 하나하나 연관되지 않고 이야기 진술들의 모두와 연관된다고 주장한다. 말하자면 이야기는 특수한 진술들로 환원되지 않는다는 것이다. 이것은 마치 윌라드 콰인(W. v. O. Quine)의 전체론적 경험주의와 유사하다. 전체론적 경험주의는 우리가 세계를 경험을 통해 알게 되지만, 우리의 경험은 단편적인 낱개로서가 아니라 경험 전체로서 세계를 인식한다고 주장한다.

그렇다면 이야기 관념론자에게 역사 이야기의 진실은 무엇을 의미하는가? 이야기가 실재의 반영이 아니라면, 이야기의 참과 거짓은 어떻게 구별될 것인가? 이에 대해 페인(H. Fain)은 다음과 같이 말한다. "한 이야기가 참이라고 말하는 것은 이야기가 우리에게 적절한 진리(relevant truth)를 말해 준다는 것이다. 그러나 그 적절성은 사실과 개념 체계의 복잡한 상호 작용의 결과이다."[6]

이야기 실재론에 대한 이야기 관념론의 비판은 정당한가? 나는 이러한 비판들이 정당화되기 어렵다고 생각한다. 이야기 관념론의 첫 번째 비판은 구성적 인식론에 기초하고 있다. 즉 대상 그 자체는 무엇인지 우리가 알지 못하는 X인데, 우리가 갖고 있는 인식의 틀에 따라 그것은 a, b, c 등으로 나타난다는 것이다. 이러한 논리를 역사에 적용시켜 보면, 우리가 어떤 관점을 갖느냐에 따라 하나의 역사적 사실을 서로 다르게 해석할 수 있을 뿐이며, 역사적 사실 자체는 우리가 알지 못한다는 주장으로 나타난다. 나는 이미 관점의 다양성이 해석의 자의성을 의미하는 것은 아니라는 논의를 했다.[7]

우리가 인식하기 전에 대상이 결정되어 있지 않다는 주장은 철저한 내재주의(internalism)이다. 내재주의에 의하면 우리가 어떤 개념 체계를 갖고 대상을 파악하느냐에 따라 대상의 모습은 달라진다. 그렇다고 개념 체계 없이 대상에 대해 탐구하는 것도 불가능하다.

나는 내재주의의 문제를 개념 상대주의를 논의할 때 자세하게 검토하려고 한다. 여기서는 단지 개념 체계에 대한 지나친 의존성과 그 결과 초래되는 상대주의의 문제점만 지적해 두고자 한다. 우리 앞에 광개토 대왕의 비석이 있고, 우리와 전혀 다른 개념 체계를 가진 외계인이 우리와 함께 이 비석을 보고 있다고 해 보자. 외계인에게는 비석이라는 개념이 없다고 해도, 이것이 무엇을 위해 세워졌고,

또 그 내용은 무엇이라는 우리의 설명을 듣는다면, 그가 단순한 바위 덩어리와 이 정교한 문자가 새겨진 비석을 구별하지 못한다고 할 수 있을까?

비문의 해석도 그렇다. 개념 체계가 다름에 따라 그 내용이 전혀 다르게 해석된다는 것은 지나친 주관주의이다. 비문을 만들 당시의 단어들의 의미와 문법이 고정되어 있는 한에서, 비문의 내용은 고정되어 있다. 외계인이 그 비문을 해석한다 해도, 해석이 제대로만 이루어진다면, 우리와 같은 내용에 도달할 수밖에 없을 것이다. 마모된 글자 때문에 해석의 의견 일치가 완전히 이루어진 것은 아니라고 해도, 탐구와 비판을 계속해 간다면 객관적인 해석에 도달하는 것은 가능하다.

이야기 관념론의 두 번째 비판은 이야기 N이 요소들 S_1, S_2……등의 단순한 연접이 아니라는 것이다. 이 비판도 정당하지 않다. 이야기 실재론자도 하나의 이야기가 진술들의 단순한 연접이 아니라, 질서 있게 정돈된 진술들의 연접이라는 사실은 인정하기 때문이다. 물론 이것은 개별적인 진술들 이외에 이 개별 진술들을 연결하는 어떤 질서가 있음을 인정하는 것이며, 철저한 환원주의의 입장을 넘어서는 것이다.[8] 그렇다고 그것이 이야기 실재론에 대한 공격이 되는가? 실재론자가 언제나 환원주의자일 필요는 없다. 실재론의 주장은 이야기가 개별 사실들을 반영하는가 아닌가 하는 문제일 뿐, 환원적인가 아닌가 하는 문제는 아니기 때문이다.

3 이야기와 실재 간의 구조적 불일치

이야기와 그것이 그려 내는 사건들 사이에는 어떤 관계가 있는가? 이야기의 구성과 사건들의 연관 사이에는 어떤 관계가 있는가? 전통적인 이야기 역사는 실제로 무엇이 일어났는가를 말하려고 한다. 반면에 몇몇 철학자, 문학 이론가, 역사가들은 이야기가 실재를 전혀 반영해 주지 못한다고 주장한다. 이들의 주장에 따르면, 이야기는 자료의 빈곤 때문이 아니라 그 형식 때문에 실재를 왜곡시킨다. 이야기는 그 자체로 실재와는 아무 상관없는 독립적이고 자율적인 성격을 갖는다. 그러므로 결국 이야기 역사는 문학의 일종이 된다.

실증주의로부터 아날학파에 이르기까지 이야기 역사를 부정하는 주장은 다음과 같은 논리적 구조를 갖는다.

1) 이야기 역사는 항상 허구적인 요소를 포함한다.
2) 허구적인 요소는 과학적 역사에서 배제되어야 한다.
3) 그러므로 이야기 역사는 과학적 역사에서 배제되어야 한다.

이때 대전제가 가장 핵심적인 문제이다. 이야기 역사는 필연적으로 허구적인 요소를 포함하는가? 루이스 밍크는 이야기가 '인지적 도구(cognitive instrument)' 내지는 '이해의 양식(mode of comprehension)'이라고 말하면서, 이야기의 인식적 가치를 높이 평가한다. 그러면서도 그는 이야기가 발단과 전개와 종말이라는 독특한 구조를 갖고 있고 이런 구조에 의해 사건을 엮기 때문에, 허구적인 요소를 필연적으로 수반한다고 본다. 이런 형식은 사건 자체로부터 도출된 것은 아니라고 보기 때문이다. "이야기는 실제로 있었던 것이 아니라 이야기일 뿐이다. 삶은 발단과 전개와 종말을 갖지 않는다. 이야기의 속성은 예술로부터 삶으로 전이된 것이다."[9] 말하자면 이야기는 원래 예술의 양식인데 삶의 과정인 역사를 반영하는 방법으로 전용되었다는 것이다.

그는 이야기 역사라는 말 자체가 모순 어법이라고 주장한다. 예컨 대 둥근 사각형같이, 한쪽은 필연적으로 허구를 의미하는 반면 한쪽 은 진실을 주장하는 서로 양립할 수 없는 말의 결합이라는 것이다. "이야기는 역사적 측면에서 그 형식에 의해 과거 세계의 복잡한 부분 을 표상한다고 주장하지만, 이야기 측면에서는 논증이나 입증의 인정 된 과정에 의해 진리 주장을 할 수 없는 상상적 구성의 산물이다."[10]

헤이든 화이트는 가장 강력한 이야기의 반표상론자이다. 그의 결 론은 한마디로 이야기의 구조와 실재의 구조는 완전히 다르므로 이 야기는 실재를 표상하지 못한다는 것이다. 화이트에 의하면, 실제 사 건의 계열이 우리들이 상상적 사건에 관하여 말하는 이야기의 형식 적 속성을 갖고 있을 것이라고 생각하는 것은 우리의 희망 사항일 뿐이다. 그는 다음과 같은 질문을 던진다.[11] "세계는 실제로 잘 다듬 어진 이야기의 형태로 우리에게 나타나는가?", "혹은 세계는 연표나 연대기가 제시하는 것과 같이 시작도 끝도 없는 단순한 사건들의 계 열로서 나타나는가?"

이들이 지적하는 문제의 핵심은 결론적으로 말해서 다음과 같다. 이야기는 우리가 세계를 이해하는 효율적인 방법일 수 있다. 그렇지 만 그 구조는 전혀 비실재적인 허구이다. 그러한 허구를 우리가 실 제로 믿고 이야기의 속성에 실재성을 부여할 때, 이야기는 신화로 전락한다. 발단과 전개와 종말이라는 구조는 실재 세계에서는 전혀 의미를 갖지 못하기 때문이다.

롤랑 바르트는 이야기 구조의 비실재성을 다음과 같이 주장한다. "예술은 군더더기를 모른다."[12] 이것은 이야기 속에서 모든 것은 조 화롭고, 쓸데없는 것들은 어떤 것도 존재하지 않는다는 의미이다. 한 이야기 속에 전체 줄거리와 연관이 없는 불필요한 어떤 것이 들어 있지 않다는 것은 분명하다. 그럴 필요가 없기 때문이다. 어떤 구조 속에서 모든 것은 자신의 몫과 역할을 담당한다. 그렇지만 현실적인 삶 속에서 모든 것은 뒤섞여 있다. 예술과 삶은 일치하지 않고 하나가 다른 하나를 표상하지 못하는 것은 바로 이런 이유 때문이다.

폴 리쾨르(P. Ricoeur)의 이야기 역사 분석은 매우 독창적이다. 그는 이야기를 언어에 의해 새로운 어떤 것을 산출하는 의미론적 혁신으로 규정한다. 이것은 이야기가 여러 이질적인 것들을 종합해서 어떤 줄거리를 만들어 낸다는 의미이다. 말하자면 이야기 속에서 인간사의 여러 분리된 요소들, 예컨대 행위자, 목표, 수단, 상호 작용, 환경, 기대하지 않은 결과 등이 모두 조화를 이룬다는 것이다. "이야기는 세계를 서술하는 대신에 재서술한다."[13] 서술이 있는 그대로의 기술이라면, 재서술은 세계가 실제로는 그렇지 않지만 마치 그런 것처럼 기술하는 것이다. "비유는 사물을 '……와 같이(seeing as)' 보는 능력이고, 이야기는 사물을 '……인 것처럼(as if)' 보는 능력이다."[14]

이야기가 이질적인 것들을 종합해서 새로운 어떤 것을 만들어 내고, 세계를 마치 '……인 것처럼' 재기술하는 특성을 갖는다면, 이야기는 사건들이 가지고 있지 않은 어떤 형식을 사건들에 부과한다고 할 수 있다. "발단과 전개와 종말이라는 생각은 경험으로부터 얻은 것이 아니다. 그것은 실제적인 행위의 특성이 아니라, 시적 순서의 결과이다."[15] 이러한 주장이 결론적으로 함축하는 것은 무엇인가? 이야기의 구조는 실제 세계로부터 분리되며, 이야기는 문학 텍스트나 역사 텍스트일 뿐, 실제 세계의 텍스트는 아니라는 것이다.

이야기 역사의 부정론자들이 다 같이 이야기 형식의 허구성을 강조하고, 그럼으로써 이야기가 실제 세계와 일치하지 않음을 주장한다고 해도, 이야기의 기능에 대해서는 의견을 달리하는 경우가 많다. 밍크, 리쾨르 등은 이야기의 긍정적인 기능에 초점을 맞추고, 화이트, 푸코(M. Foucault), 데리다 등은 이야기의 부정적인 기능에 초점을 맞춘다. 리쾨르에 있어서 허구적 이야기나 역사적 이야기는 실재를 확대시키고, 우리 자신의 관념과 가능한 것에 관한 관념을 확장시키는 역할을 한다. 그들의 모방은 가짜가 아니라, 실재의 창조이다. 반면에 푸코나 데리다에 있어서 이야기는 권력의 도구로 기능하며 외부로부터 현실에 부과되는 진정제나 마취제다. 이것은 현실로부터의 도피이며 전환이다.

4 구조적 불일치에 대한 비판적 검토

이야기체 역사가 참된 역사일 수 있다고 주장하는 이야기체 역사의 긍정론자들은 다음과 같은 논증을 전개한다.

1) 이야기는 x, y, z의 구조를 갖는다.
2) 사회적 실재는 x, y, z의 구조를 갖는다.
3) 동일한 구조는 서로를 반영할 수 있다.
4) 그러므로, 이야기는 사회적 실재를 반영할 수 있다.

이것은 이야기와 사회적 실재의 구조적 동형성을 근거로 이야기가 사회적 실재를 반영할 수 있음을 주장하는 것이다. 이야기와 실재의 구조가 동일하다면, 즉 이야기의 구조가 사회적 실재의 경험으로부터 도출된 것이라면, 이야기체 역사를 참된 역사가 아니라고 할 이유는 존재하지 않는다. 데이비드 카(D. Carr)가 이런 주장을 하는 대표적인 인물이다. 그는 그의 저서 『시간, 이야기, 그리고 역사』에서 이야기의 구조는 바로 존재하는 사회적 실재의 구조를 반영한다고 주장한다. 말하자면 1차 질서의 이야기인 사회적 실재는 2차 질서의 이야기가 될 수 있다는 것이다.[16]

이것은 1차 질서 이야기와 2차 질서 이야기가 서로 대응한다는 것을 의미한다. 이야기의 특성은 발단과 전개와 종말을 가지며, 모든 요소들이 정합적으로 짜여져 있다는 것이었다. 그리고 저자와 인물들과 독자를 동시에 포함한다는 것이었다. 그렇다면 사회적 실재도 이런 구조를 갖는다고 해야 할 것인가?

이야기의 세 번째 특성은 문제될 것이 별로 없어 보인다. 작가는 역사가로 대체하고, 작품 중의 인물과 독자는 역사 속의 개인들에 해당된다고 볼 수 있기 때문이다. 이야기 구조의 첫 번째 특성과 두 번째 특성은 행위와 체험의 목적론적 구조에 대응한다고 볼 수 있다. 말하자면 우리의 행위와 체험이 목적론적 구조를 갖고 있다면, 그것은 발단과 전개와 종말을 갖는다고 할 수 있고, 여러 행위들이 목적과 수단으로 정합적으로 짜여 있다고 할 수 있다.

이야기는 역사적 시간 속에서의 사건들의 진행이다. 그러므로 실재 자체가 이야기라는 것은 사회적 실재를 구성하는 행위들이 무엇보다 먼저 역사적 시간 속에 존재한다는 것을 의미한다. 이때 역사적 시간은 물리적 시간이 아니라 체험된 시간을 의미한다.[17] 체험된 시간만이 역사성을 갖는다. 물리적 시간은 모든 사물에 무차별적으로 균등하게 기계적으로 적용되기 때문에, 우리가 물리적 시간의 관점에서 보면 행위의 역사적 시간성을 이해하기 어렵다.

행위의 역사적 시간성을 논의하기 위해서는 행위의 특성을 해명할 필요가 있다. 행위는 외부적인 관찰에서는 단순한 신체의 움직임으로 나타난다. 그렇지만 우리는 의식적 차원에서는 행위를 내면적 의도의 실현으로 본다. 혹은 어떤 목적을 실현하기 위한 수단으로 보거나, 어떤 정신 상태의 표현으로 본다. 철저한 유물론자는 행위를 조건 반사적으로 어떤 자극에 대한 반응으로 기계적으로 설명하려고 할 것이다. 행태주의는 이런 설명을 극단적으로 추구하는 대표적인 이론이다. 행태주의는 우리의 내면적 의식 세계를 모두 신체적 움직임으로 환원시키고자 한다. 하지만 현실적으로 이런 환원주의를 우리가 수용하기는 어려울 것이다. 자율적인 의식의 세계를 모두 환원하거나 제거하기는 불가능하기 때문이다.

우리가 행위를 내면적 의도의 실현이라고 할 때, 그것은 목적론적 구조를 갖는다고 할 수 있다. 목적은 그것을 실현하는 수단들을 필요로 한다. 그리고 여러 수단들이 단계적으로 전개될 때, 그것들은 어떤 유기적 연관 속에 존재한다고 볼 수 있다. 즉 우리가 현재의 시간에서 어떤 행위를 수행하지만, 그 행위는 동일한 목적을 실현하기 위해 존재했던 과거의 행위를 반성적으로 이어받은 것이며, 또 동일한 목적을 실현하기 위해 존재하게 될 미래의 행위를 미리 준비하고 있는 것이다. 그러므로 목적론적 구조 속에서는 행위는 철저하게 역사적 시간성을 갖는다. 과거와 현재와 미래가 한 단위로 묶이며, 현재 속에 미래와 과거가 함께 작동하고 있다. 역사적 시간 속에서는 시간의 흐름이 물리적 시간과는 거꾸로 흐른다. 말하자면 우리가 통상 생각하듯이 과거에서 현재로 여기서 다시 미래로 흐르는 것이 아니라 과거에서 현재로 그리고 동시에 미래에서 현재로 흐른다. 이것은 다음과 같은 이야기가 된다.[18] 가로 방향의 시간 지평에서 지금의 계기들 A, B, C는 과거와 미래가 만나는 지점들이다. 미래는 미리 예상되어 설계되기 때문에, 즉 선취되기 때문에 시간의 방향은 현재에서 미래로 가는 것이 아니라 미래에서 현재로 흐른다. 세로 방향의 지평에서 과거는 없어진 것이 아니라 침전되어 여전히 유지된다. 예컨대 C는 과거와 현재가 만나는 지점이면서 A_2와 B_1의 과거를 유지하고 있다.

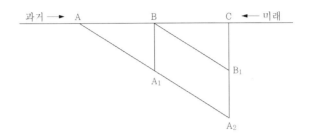

〔그림 9〕 과거는 침전되어 유지되고 미래는 선취된다.

이런 논의에 대해 어떤 사람은 다음과 같은 의문을 제기할지도 모른다. 우리들의 삶이나 역사는, 공간적으로나 시간적으로도 서로 구별되는 개별적 사건들의 집합에 불과한 것인데, 이런 집합에 대해 어떤 의미나 목적을 논의하는 것이 과연 가능한 일일까? 우리가 삶의 목적을 운위한다는 것은 삶의 전 과정을 하나의 전체로서 보고, 그 모든 부분들이 유기적으로 짜여 있다는 것을 전제하는 것이다. 그렇지만 과연 우리의 일생을 이루는 부분들이 처음부터 끝까지 빈틈없이 짜여져 있다고 할 수 있을까? 뿐만 아니라 이것이 역사의 차원에서 이야기되려면, 수많은 개별적인 삶들이 하나의 통일체로서 먼저 엮어져야 하며, 역사의 시작과 끝이 어떤 구성 아래 체계적으로 연결되어야만 한다. 우리가 역사를 이렇게 볼 어떤 필연성이 존재하는 것일까?

나는 다음과 같은 두 가지 관점에서 역사의 의미나 목적에 대한 물음을 정당화할 수 있다고 본다. 하나는 우리가 개인차는 크겠지만, 나름대로 미래를 예견하거나 목적을 설정하고, 그것을 실현시키고자 하는 존재라는 것이다. 그런데 우리가 설정하고 실현시키고자 하는 목적은 한두 번의 개별적 행위에 의해 달성되지 않는다. 아주 단순한 목적은 그렇게 달성될 수도 있겠지만 그런 것들은 수단적인 것일 뿐이고, 대체로 우리가 설정하는 목적이란 오랜 기간에 걸친 지속적인 노력에 의해서만 성취된다. 그러므로 우리의 삶의 과정은 완전히 고립된 순간들의 단순한 집합이라기보다는 어떤 목적 아래 결합되어 있는 연관 체계라고 할 수 있다. 물론 목적은 다양할 수 있다. 그렇지만 이런 다양한 목적들도 결국 어떤 질서 아래 연결된다고 할 수 있을 것이다.

같은 논리로 나의 삶이 추구하는 목적은 다른 사람이 추구하는 목적에 의해 방해 받고 좌절될 수도 있겠지만, 한편으로 다른 사람의 도움을 받지 않고는 성취될 수 없는 것이기도 한 것이다. 동시에 한 공동체의 구성원들은 공통의 유산과 전통을 물려받는다. 이것은 결국 같은 공동체에 사는 개인들은 공동의 삶을 영위할 수밖에 없다는 것을 의미한다. 더 나아가 공동체 간의 상호 밀접한 연관과 교류를 고려할 때, 공동체들의 삶을 특징지우는 한 시대의 삶을 상정하고, 이것을 어떤 공동의 목적 아래 포섭시킬 수 있다. 여기서 이런 시대와 시대를 묶는 더욱 고차적인 삶의 연관을 구성하고, 이런 전체적인 연관 속에서 실현되는 역사의 전체적 의미와 목적을 상정하는 것이 가능해진다.

삶의 목적론적 구조는 삶의 철학자인 딜타이의 체험론에 의해 더욱 극명하게 설명될 수 있다. 딜타이에 의하면 체험은 지(Intelligenz), 정(Gefühl), 의(Wille)의 정신 능력 전체가 작용하는 전인적인 경험이면서 동시에 그 경험의 내용이 된다. 우리가 삶의 과정을 체험의 연속으로 볼 수 있다면, 체험은 삶의 흐름 속에서의 최소한의 단위이며, 그럼으로써 "역사 세계의 근원적 세포"[19]가 된다.

체험은 외부 대상에 대한 단순한 지각이 아니다. 그것은 목적을 설정하고, 가치를 평가하며, 이런 맥락 속에서 외부 사물을 지각하는 삶의 한 단면이다. 말하자면 어떤 목적을 설정하고 이를 실현하려고 하는 것이나, 사물들의 가치를 평가하는 것, 그리고 이런 바탕 위에서 외부의 사물들을 파악하는 것은 모두가 연관되어 있는 삶의 구조이며, 우리는 이를 체험이라 부른다. 이런 체험의 가장 기본적인 특징은 외향적 지각과의 대립적 위치에서 나타난다. 외향적 지각을 중심으로 한 모든 다른 인식에서는 타당하고 자명하게 보이는 주관과 객관의 구별이 체험에서는 더 이상 타당하지 않기 때문이다.

모든 외향적 지각은 지각하는 주체로서부터 그 대상을 구별하는 데서 성립한다. 그에 반해서 체험에서는 보는 눈과 보여지는 대상이 하나이다. 예컨대 내가 어떤 목표를 설정할 때 이 목표는 나와 대립적인 대상이 아니라, 이런 목표가 의식적으로 설정되기 때문에 나에게 존재하는 것이다. 말하자면 체험 작용(Erleben)과 체험 내용(Erlebnis)은 구별되지 않는다. 그러므로 체험은 정신적 실재를 인식하는 독특한 방식이면서 동시에 삶의 세계를 구성하는 요소가 된다.[20] "체험은 정신적 실재가 나에게 나타나는 특수한 성격의 방식이다. 체험 내용은 지각 내용이나 표상 내용처럼 나에게 대상적으로 나타나지 아니한다. 그것은 우리에게 주어지는 것이 아니라 그것을 내면적으로 지각함에 의해서 …… 즉 내가 그것을 나에게 어떤 의미에서 귀속하는 것으로서 직접적으로 소유함으로써 …… 우리에게 존재한다. 그것은 사유 속에서 비로소 대상화된다."[21] 이것은 체험이 단순한 인식의 과정이 아니라 삶의 과정임을 의미한다.

딜타이는 체험의 과정이 곧 삶의 과정이라는 것을 체험의 전체성을 통해 설명한다. 즉 그것은 일면적인 이성에 대립되는 정신 능력 전체의 활동을 의미하며, 동시에 내면적 정신세계의 과정에 국한되지 않고 우리가 관계하는 외부 세계까지도 함께 포괄한다는 것이다. 그러므로 볼노브(O. F. Bollnow)가 분석한 대로,[22] 대상과의 직접적인 관계없이 우리가 주관적인 상태에만 머물러서 현실과의 관계를 맺지 못하는 경우나, 혹은 사실이 주어지지만 우리가 이것과 내적인 연결없이 대립하는 경우 등은 딜타이가 말한 참된 의미의 체험이라고는 할 수 없다.

이러한 체험은 그것이 비록 삶에 있어서의 가장 작은 단위라 할지라도 풍부한 내적 구조를 가지고 있으므로 다른 체험과 구별 가능하게 되며, 그것이 항상 통일적인 목적, 즉 의미를 지향하는 한에서, 목적론적이라 할 수 있다. 그리고 그 목적이 체험 밖의 목표로서가 아니라 체험 속에 통일성을 이루는 힘으로써 존재한다는 의미에서 내재적이며, 여러 구성 요소를 포괄한다는 의미에서 체험은 하나의 전체이다.[23] 이와 같이 체험은 그 자체로서 완결한 단위를 형성하면서 동시에 삶의 전체를 구성한다.

그러나 이때 이렇게 개별적으로 독립된 체험들이 어떻게 하여 삶의 전체를 이룰 수 있겠는가 하는 문제가 발생한다. 즉 모든 체험이 그 자체 안에 중심을 갖고 있으면서 동시에 삶의 전체에 어떻게 관계할 수 있겠는가? 딜타이에 의하면 하나의 체험에서 다른 체험에로의 이행은 체험들의 빈틈없는 상호 연관과 유기적인 상호 전개 때문에 가능하게 된다. 다시 말해서 현재의 체험 속에 항상 과거와 미래가 관련되어 일련의 전진이 연속적으로 일어남으로써 체험은 상호 유기적인 관계 속에 들어간다. "이러한 삶의 과정에서 모든 개별적 체험은 전체와 관계한다. 이 삶의 체계는 상호 계속되는 순간들의 합계나 총계가 아니라, 모든 부분들을 결합하는 관계에 의해서 구성된 통일이다."[24] 따라서 시간의 흐름 속에서 단순한 상호 배열이 아니라, 부분들을 함께 포괄하고 시간의 진행 속에서도 유지되는 전체적 연관이 형성된다고 할 수 있다.

5 이야기체 역사와 역사 소설의 구별

롤랑 바르트가 주장한 것과 같이, 과거에 관한 역사적 서술은 여러 형태를 띨 수 있다. 사실적일 수도 있고, 설명적일 수도 있고, 일반적일 수도 있고, 추상적일 수도 있고, 이야기체 유형일 수도 있고, 통계 자료의 요약일 수도 있다. 그것은 산문적일 수도 있고, 시적일 수도 있다. 이야기는 이보다 더욱 다양하다. 인류의 역사와 함께 시작하며 모든 시대, 모든 사회에 존재하는 이야기의 형태는 거의 무한하다고 할 수 있다. "그것은 신화로, 전설로, 우화로, 소설로, 시로, 역사로, 드라마로, 그림으로, 영화로, 만화로, 뉴스로, 대화로, 자신의 모습을 드러낸다."[25] 아리스토텔레스는 그의 『시학』에서 역사 서술의 양식은 문제가 되지 않는다고 주장했다. 예컨대 헤로도토스의 작품을 서사시로 바꾸는 것도 가능하다. 그렇게 한다 해도 그것의 인식적 가치는 변화하지 않을 것이기 때문이다. 그렇다고 해서 이야기나 소설이 곧 역사가 되는 것은 아니다. 그 역은 성립하지 않는다. 말하자면, 역사가 이야기체로 쓰일 수 있다 해서, 이야기가 곧 역사일 수는 없는 것이다.

이야기 관념론자가 이야기체 역사와 역사 소설은 근본적으로 구분되지 않는다고 주장하는 이유는 두 가지이다. 하나는 역사 이야기도 실재 세계를 반영하지 못하기 때문에 이야기체 역사와 역사 소설이 구분될 근거가 없다는 것이고, 다른 하나는 소설도 진리를 드러내기 때문에 이들은 구별되지 않는다는 것이다. 첫 번째 이유에 대해서는 이미 앞부분에서 살펴보았다. 이야기의 구조는 실재 세계의 구조와 다르므로 역사기 이야기로 서술되는 한, 그것은 불가피하게 허구를 구성할 수밖에 없다는 주장은 역사 세계의 구조와 이야기 구조가 동일할 수 있다는 것을 밝힘으로써 충분히 반증되었다.

두 번째 이유를 설명하기 위해 앙커스미트는 진리의 계층 이론을 도입한다.[26] 진리의 계층 이론이란 진리에는 두 계층이 있다는 주장이다. 하나는 진술 하나하나의 진리를 문제 삼는 요소적 수준의 진리이고, 다른 하나는 일반화된 유형들의 진리를 문제 삼는 전체적 진리의 수준이다. 이런 구분에서 보면, 역사 소설은 전체적 수준의 진리는 잘 나타낼 수 있지만, 개별적 수준의 진리에는 신경을 쓰지 않는 것으로 이해할 수 있다. 시가 역사보다도 더 진실하다는 아리스토텔레스의 주장은 전체적 진리를 염두에 두고 한 말로 해석된다. 역사 이야기는 그 반대라고 할 수 있다. 즉 역사 이야기는 개별적 수준의 진리에는 관심을 갖지만 전체적 수준의 진리에는 무관심하다고 할 수 있다.

이리하여 앙커스미트는 소설이 설사 허구라 해도 어떤 시기의 일반화된 지식, 즉 전체적 수준의 진리를 나타낼 수 있다고 주장한다. 물론 그는 이야기체 역사와 역사 소설이 다 같이 전체적 수준의 진리를 나타낸다고 할지라도, 구별할 수 있는 기준은 있다고 주장한다. 그가 제시하는 기준 두 가지는 다음과 같은 것이다.[27] 이야기체 역사가는 역사적 지식을 추구하고 그의 담론은 설명적이고 논증적이다. 반면에 역사 소설가는 이런 일반적 지식을 특수한 역사적 상황에 적용한다. 이것은 이론과학과 응용 과학의 차이와 흡사하다. 다음으로 진리의 두 차원이 서로 연관되는 방식에서 차이가 있다. 이야기체 역사에서는 요소 수준에서 전체적 수준으로 나아가는 데 반해, 역사 소설에서는 그 반대이다. 즉 역사 소설가는 역사에 대한 일반적인 지식에 이미 통달해 있어야 한다.

앙커스미트가 제안한 전체적 수준의 진리라는 것은 오해의 소지가 많은 것으로 판단된다. 역사가의 관심이 개별적인 사실의 추구에 있지 일반적인 법칙의 추구에 있지 않은 한에서, 일반적인 유형화된 지식이라는 것이 역사 탐구에서 어떤 지위를 차지한다고 말하기는 어려울 것이다. 우리는 역사적 진리라는 말을 좀 더 엄격한 의미로 사용할 필요가 있다. 즉 진리는 개별적, 사실적 수준에서만 사용되어야 한다.

이런 기준에서 보면, 역사는 진리를 추구하지만 소설은 진리를 추구하지 않는다. 스트로슨(P. F. Strawson)이 말했듯이 소설 속의 여러 진술들은 참도 아니고 거짓도 아니다. 소설은 그 자체가 허구이기 때문이다. 역사는 참과 거짓의 기준을 갖는다. 반면에 역사 소설은 참과 거짓의 값이 없는 진술들로 구성된다. 비어드슬리(M. Beardsley)의 제안도 같은 맥락에서 이해된다. 그는 역사 소설은 "비주장적 진술(non-assertion theory)"[28]로 구성된다고 주장한다. 이것은 사실에 대한 기록이 아니다. 상상력의 작품이라는 관점에서 보면, 역사가의 작업과 소설가의 작업은 구별되지 않을 수도 있다. 그렇지만 소설은 오직 하나의 목적, 의미 있는 일관된 그림을 구성하는 것이고, 역사가는 이 일을 하면서 사건들이 실제로 일어났던 그림을 그리는 것이다.[29]

이야기체 역사와 역사 소설의 구분을 포기하는 것은 정당화되지 않는다. 역사를 역사 소설과 동일시하는 것은 학문으로서의 정체성을 포기하겠다는 역사학의 자기 파괴적인 선언에 불과하다.

3장
언어적 전회에 대한 비판적 검토가 필요하다

언어적 전회라는 새로운 사조는 역사 인식에도 결정적인 전환점을 가져왔다. 말하자면 언어적 전회가 역사학에 도입된 이후부터 역사 인식은 상대주의로 급격하게 바뀌었다. 1973년 출간된 헤이든 화이트의 『상위 역사학』은 역사학에 이런 변화를 불러온 전환점으로 평가된다.

뿐만 아니라 언어적 전회는 역사철학의 논의 주제도 바꾸어 놓았다. 언어적 전회가 심각하게 논의되기 전의 역사철학자들은 '우리는 과거에 대해 어떻게 알 수 있는가?', '역사적 사건을 설명한다는 것은 무엇을 의미하는가?', '역사적 사건에 대한 객관적인 지식은 가능한가?'와 같은 인식론적 물음에 대한 해답을 추구하고 있었다.

언어적 전회 이후에 이런 물음들은 언어에 초점을 맞추면서 다음과 같은 물음들로 바뀌었다. '역사학자들이 과거를 서술하고 설명하는 담론의 형식은 어떤 것인가?', '역사 서술은 과학인가, 시학인가?', '이야기체 역사는 과거를 반영한다고 할 수 있는가?' 20세기 중반의 한 세대 동안 역사철학의 중심 화두였던 '설명과 법칙(explanation and law)'은 이제 '이야기와 표상(narration and representation)'으로 대체되었다.

언어적 전회란 무엇인가? 그것은 언제부터 논의되기 시작하였는가? 때로는 철학의 한 방법론으로 거론되기도 하고, 때로는 문학 비평의 한 방법론으로 거론되기도 하는 언어적 전회는 매우 포괄적인 개념이다. 역사 인식에 적용되었을 때 그것은 어떤 의미를 갖는 것인가?

탈근대주의 역사학자들은 언어적 전회를 역사 인식의 필수 조건으로 규정한다. 그러면서 언어적 전회는 상대주의를 필연적으로 함축하는 것으로 이해한다. 이 장에서는 언어적 전회의 의미를 근원적인 출발점부터 살펴보고, 언어적 전회는 반영적 의미에서만 타당함을 밝힌다.

1 분석 철학과 언어적 전회

넓은 의미에서 언어적 전회(linguistic turn)는 탐구의 관심이 실재로부터 언어로(from reality to language) 이동하는 현상을 가리킨다. 전통적으로 언어는 외부의 실재를 가리키는 중립적인 도구일 뿐, 실재의 인식에서 능동적인 역할을 하는 어떤 매개체가 아니었다. 그렇지만, 분석 철학의 등장은 언어에 대한 이런 관념을 완전히 바꾸어 버렸다. 분석 철학은 언어의 구조나 개념 체계가 실재의 인식에서 결정적인 중요성을 가지며, 언어를 매개로 하지 않고는 실재에 도달할 수 없다고 주장한다. 인식에서 우리가 탐구하는 실재보다 언어가 중심적인 위치를 차지하게 된 것이다. 언어와 실재의 관계에서 벌어진 이런 코페르니쿠스적 전회가 바로 언어적 전회이다.

코페르니쿠스적 전회는 원래 칸트의 인식론을 가리키는 말이다. 그것은 인식 주관과 대상 간의 관계에서 벌어진 전환이었다. 전통적으로 인식에서 문제는 대상이었고, 인식 주관은 그 대상을 어떻게 하면 제대로 반영할 것인가 하는 과제만을 안고 있었다. 말하자면 대상이 중심이고, 인식 주관은 그것을 반영하기 위해 그 주위를 맴도는 거울이었다. 칸트는 이런 구조를 역전시켜, 인식 주관이 중심이고 대상이 오히려 그 주위를 도는 구도로 바꾸었다. 칸트는 이런 전회를 프톨레미의 천동설을 코페르니쿠스가 지동설로 바꾼 것에 비유하여 코페르니쿠스적 전회라 불렀던 것이다. 이것은 인식론의 혁명적 사건이었다. 코페르니쿠스의 지동설이 천문학에서 혁명적인 사건인 것만큼이나 혁명적이었다.

언어적 전회도 비슷하게 혁명적인 사건으로 생각된다. 언어와 실재의 관계에서 중심의 자리를 언어가 차지하게 되었기 때문이다. 이와 동시에 언어적 전회는 상대주의의 위험을 증가시켰다. 이것은 칸트의 코페르니쿠스적 전회가 인식 주관의 인식 형식을 강조함으로서 상대주의의 물꼬를 튼 것과도 유사하다. 이런 이유로 나는 언어적 전회를 제2의 코페르니쿠스적 전회라 부르고자 한다. 이런 제2의 코페르니쿠스적 전회인 언어적 전회는 분석 철학에 의해 수행되었다. 그러므로 언어적 전회를 이해하기 위해서는 분석 철학의 전개 과정에 대한 이해가 다소 필요하다.

분석 철학[1]은 언어의 의미 분석을 철학의 과제로 삼는 철학이다. 말하자면 그것은 언어의 의미를 분석함으로써 형이상학적 문제, 인식론적 문제, 윤리학적 문제 등의 여러 철학적 문제를 해결하려는 것이다. 예컨대 '역사란 무엇인가?' 라는 철학적 물음은 "'역사'라는 말은 무엇을 의미하는가?"로 바뀐다. 여기서 당연히 다음과 같은 질문이 제기될 수 있다. 언어의 의미에 대한 분석적 방법은 오랜 역사를 가진 것인데, 왜 20세기에 와서 '분석 철학'이라는 말이 유행하게 되었는가? 실제로 중요한 낱말에 대한 의미의 분석과 정확한 정의를 통해 철학적 문제에 접근하려는 시도는 플라톤에서부터 전개되어 온 오랜 전통이다. 그런데도 우리가 20세기 현대의 어떤 철학적 사조들만을 분석 철학이라 부르는 것은, 이들이 언어의 분석을 철학의 유일한 방법이나 기초로 채택하고 있기 때문이다. 분석 철학자들은 대체로 대다수의 철학적 문제들이 오직 언어가 작용하는 방식의 면밀한 분석이나 재편성을 통해서만 이해될 수 있고, 또 해결되거나 해소될 수 있다는 견해를 갖고 있으며, 언어의 문제가 비분석 철학자들이 이해하는 것보다도 훨씬 깊숙이 철학적 탐구에 개입되어 있다는 견해를 견지하고 있다. 그러므로 분석 철학자들이 언어에 대해 기울이는 관심은 단순히 예비적인 정비 작업의 단계나 많은 수단 가운데 하나인 어떤 보조 수단적 차원에 머물지 않고, 철학적 문제를 해결할 수 있는 거의 유일하고 절대적인 수단으로 생각하는 것이다. 이런 맥락에서 더미트(M. Dummett)는 언어에 대한 철학이 다른 모든 철학의 기초가 됨을 분석 철학의 기본 강령으로 규정했던 것이다.[2]

『언어적 전회』라는 책을 편집한 리처드 로티는 언어 철학을 다음과 같이 정의한다. "내가 말하는 언어 철학은 철학적 문제들이란 언어를 재편성하거나 현재 우리가 사용하는 언어에 관해 더 많이 이해함으로써 해결할 수 있거나 혹은 해소될 수 있는 문제라고 보는 견해이다."[3] 이러한 정의는 결국 철학적 문제란 언어가 제대로 이해되지 않을 때 그리하여 사이비 세계가 창조될 때 발생하며, 언어만 제대로 이해되면 사이비 세계는 사라지기 때문에 문제들은 저절로 해소된다는 의미이다.

분석 철학은 발전사적으로 보면 논리적 원자론, 논리 실증주의, 일상 언어 분석의 철학 및 그 이후 순서로 나눌 수 있다. 논리적 원자론은 러셀에 의해서 명명된 이름인데, 개괄적으로 말해서 언어의 논리적 분석을 통해 주장된 새로운 형태의 원자론이라 할 수 있다. 데모크리토스가 주장한 원자론은 세계가 더 이상 쪼개질 수 없는 작은 입자, 즉 원자들로 구성되어 있다는 것이었다. 그러나 데모크리토스가 이런 주장에 도달하게 된 것은 그의 사유 실험에 의해서였지, 언어의 논리적 분석이라는 방법에 의한 것은 아니었다. 논리적 원자론은 우리의 언어 체계에 대한 분석을 통해, 세계가 더 이상 분해될 수 없는 단순한 사실들로 구성되어 있으며, 그 사실은 가장 단순한 문장에 의해 그려질 수 있다는 주장이다.

우리가 사용하는 모든 복합적인 문장들은 접속사를 갖지 않는 단순 문장으로 분해될 수 있다. 말하자면 아무리 복잡한 문장이라도 그것은 단순 문장들이 여러 종류의 접속사에 의해 결합되어 있는 것에 불과한 것이다. 그러므로 우리의 언어 체계 전체는 단순 문장들의 결합 체계라고 할 수 있다. 이때 단순 문장은 더 이상 분해가 불가능한 문장을 가리킨다. 이를 논리적 원자론자들은 원자 문장이나, 혹은 그것의 내용에 초점을 맞추어 원자 명제라 불렀으며, 모든 복합 명제들은 단순 명제의 진리 함수라 규정했다.[4]

논리적 실증주의는 논리적 원자론과 마찬가지로 언어 분석의 방법에 의해 실증주의를 새롭게 확립하고자 한 철학 사조라 할 수 있다. 콩트에 의해 주장된 고전적 실증주의는 경험에 의해 실제로 검증 가능한 명제만이 우리의 지식의 영역 속에 들어온다는 것이었다. 그러나 그의 이러한 주장은 경험주의를 극단화한 것일 뿐, 어떤 언어 분석의 방법을 통해 도달된 결론은 아니었다. 그러므로 고전적 실증주의와 논리적 실증주의는 같은 결론을 주장했다 할지라도, 그

것에 도달한 방법에 있어서는 달랐다고 할 수 있다.[5]

논리 실증주의자들은 한 진술의 의미란 그것의 검증 방법임을 주장한다. 이것이 그 유명한 검증 원리(principle of verification)이다. 따라서 진술의 의미를 안다는 것은, 즉 진술을 이해한다는 것은 그 진술을 검증하는 방법을 안다는 것이다. 만일 진술을 검증할 수 있는 방도가 없다면, 그 진술은 전혀 의미가 없는 것이다. 형이상학에 대한 거부는 금세기에 처음 등장한 새로운 현상은 아니지만, 그것이 무의미한 진술이기 때문에 배격되어야 한다는 주장은 논리적 실증주의에 의해 처음으로 제기되었다고 할 수 있다.[6]

후기 비트겐슈타인을 중심으로 라일(G. Ryle), 오스틴(J. Austin) 등에 의해 대표되는 일상 언어 분석의 철학이야말로 분석 철학의 핵심적인 사조라고 할 수 있다. 그것은 일상 언어 분석의 철학이 논리적 원자론이나 논리적 실증주의보다 늦게 풍미했기 때문만이 아니라, 다른 사조들과 비교해서 언어의 폭넓은 분석에 더욱 비중을 두고 있기 때문이다.

일상 언어 분석의 철학은 그 명칭이 암시하듯 우리들이 일상생활에서 사용하는 언어를 분석함으로써 철학을 하자는 입장이다. 논리적 실증주의가 주로 과학 언어의 분석에 몰두한 것과는 대조적이다. 그런데 왜, 무엇을 위해서 일상 언어를 분석하고자 하는가? 라일에 의하면, 우리가 일상 언어를 분석하는 목적은 사실의 구조에 대한 더욱 분명한 견해를 얻는 것과 같은 존재론적 목적이라기보다는 혼란을 제거하고, 언어의 오해를 막고, 불합리한 이론들을 폭로하는 것이었다. 물론 일상 언어 분석의 철학자들은 사실의 실제 형식을 잘 드러내 주지 않는 명제들을 그러한 형식이 충분히 잘 드러나는 명제들로 다시 진술하고자 했다. 그렇지만 이러한 목적은 오히려 부차적인 것이었고, 본래적 목적은 오해를 야기시키는 잘못된 표현들에 대한 치료에 있었다. 그리고 이러한 철학적 치료는 사실의 형식에 준거하거나, 동치의 번역이란 형식으로 이루어질 필요가 없었다. 이제 언어의 의미는 사실 세계의 그림이 아니라 그것의 사용에 있었기 때문이다. 예컨대 '홍길동은 혁명가이다.'와 같은 진술은 분석을 필요로 하지도 않고, 오해를 야기시키지도 않는다. 그러나 '홍길동은 객관적이다.'와 같은 진술은 분석을 필요로 하며, 분석이 없이는 오해를 야기시키게 된다. 이 진술이 오해를 야기시키는 이유는, 그것이 표면상의 문법적 특성에 있어서도 '홍길동은 혁명가이다.'라는 진술과 유사할 것이라고 쉽게 생각되기 때문이다.[7] 철학이란 이런 다양한 언어의 사용법을 명료히 드러냄으로써 언어의 오용에 의해 잘못 설정된 철학적 문제들을 해소시키는 작업이다. 이런 점에서 철학적 진술의 핵심은 언어에 관한 충고이며, 치료적 기능을 수행하는 데 있다.[8]

2 언어적 전회의 인식론적 의미 : 언어적 칸트주의

역사적으로 보면 이런 언어 분석은 두 방향에서 진행되었다. 하나는 논리적 원자론이나 논리실증주의가 추구한 것과 같이 완벽한 이상 언어를 만들어 오류의 발생을 막는 방향이고, 다른 하나는 일상 언어 분석의 철학과 같이 우리의 일상적인 생활 언어를 정교하게 분석하여 오류를 제어하는 방향이다. 전자는 언어와 사실의 구조적 동일성을 전제로 사실을 보다 정확하게 드러내기 위해서 언어를 분석하며, 후자는 언어의 다양한 사용법을 밝혀 언어에 의해 발생하는 오해를 치료하기 위해 언어를 분석한다. 이를 바탕으로 우리는 다음과 같이 규정할 수 있겠다. 언어적 전회는 넓은 의미로 사용될 때는 언어 분석을 철학의 과제로 삼는 분석 철학 일반과 연관되지만, 좁은 의미로 사용될 때는 특히 일상 언어 분석의 철학과 연관된다고 할 수 있다. 이때 우리의 관심사는 좁은 의미의 언어적 전회에 있다. 그것이 특히 언어에 기초한 인식론적 변화를 가져왔기 때문이다. 나는 이를 반영적 의미의 언어적 전회와 구성적 의미의 언어적 전회로 구분할 수 있다고 본다. 전자는 언어를 통하지 않고는 대상에 도달할 수 없기 때문에 우리가 진리를 획득하기 위해서는 대상을 반영하는 언어의 의미를 먼저 정교하게 분석해야 한다는 입장이며, 후자는 언어가 사실을 반영하는 것이 아니라 사실을 구성하기 때문에 사실을 인식하기 위해서는 언어의 의미를 묻지 않을 수 없다는 입장이다. 여기서 우리의 주된 관심사는 물론 구성적 언어적 전회에 있다.

인식론적으로 이것은 결국 무엇을 주장하는 것인가? 그것은 다음과 같은 명제들로 정식화해 볼 수 있다.

1) 언어는 삶의 양식이다.
2) 언어는 실재를 반영하는 중립적 매개체가 아니라, 오히려 실재를 구성하는 의미 체계이다.
3) 그러므로 우리가 다른 언어 체계를 사용한다면, 즉 삶의 양식을 달리 한다면, 우리는 실재를 다르게 구성하게 된다.

언어가 삶의 양식이라는 것은 언어를 통해 다양한 삶의 모습을 드러낼 수 있다는 의미이다. 이런 관점에서 보면 말하는 행위가 삶을 구성하는 가장 중요한 행위이다. 동시에 이런 언어 이론은 언어가, 즉 삶의 양식이 실재를 구성한다고 주장한다.

후기 비트겐슈타인, 오스틴, 라일 등은 모두 언어가 실재를 지시하고 기술하는 기능뿐만 아니라 매우 다양하게 사용된다는 사실을 강조한다. 비트겐슈타인은 말한다. "우리의 언어는 하나의 고대 도시로 보일 수 있다. 그것은 수많은 작은 길과 광장, 옛 건물들과 새로운 건물들, 여러 시기를 거치면서 덧붙여진 건물들, 또한 똑바르고 규칙적인 거리와 통일된 형태의 집들로 둘러싸인 도시와 같다."[9] "도구 상자에 있는 도구들을 생각해 보라. 해머, 펜치, 톱, 나사돌리개, 자, 아교냄비, 아교, 못, 나사 등이 있다."[10] 『철학적 탐구』에서 비트겐슈타인이 보여 준 언어 놀이는 다양하다. 명령하고 복종하는 것, 대상의 모양을 기술하거나 측정하는 것, 사건을 보고하는 것, 이야기를 만드는 것, 수수께끼를 추측하는 것, 묻는 것, 감사하는 것, 인사하는 것, 기도하는 것,[11] 위장하는 것, 거짓말하는 것[12] 등등이다.

오스틴은 우리의 언어 사용에서 참과 거짓을 목표로 하지 않는 진술들이 허다하다는 것을 지적한다. 어떤 것을 서술하는 문장은 참과 거짓을 구별할 수 있다. 그러나 다른 목적을 위해 사용되는 발언은 그런 구별이 무의미하다. 결혼식에서 혼인 서약을 예로 들어 보자. 보통 주례가 '두 사람은 일생 동안 부부가 될 것을 맹세합니까?' 하고 물으면, 신랑, 신부는 '예, 맹세합니다.'라고 대답한다. 이런 질문과 대답은 사실을 진술하는 것이 아니다. 오스틴은 이런 발언들을 수행적 발언(performative)이라고 명명하면서, 사실적 발언(constative)과 구별한다. 사실적 발언은 참 거짓으로 판명될 수 있지만, 수행적 발언들, 예컨대 약속한다, 사과한다, 고맙다, 축하한다 등과 관련된 발언들은 그 자체가 하나의 행위이며 하나의 사건이다. 그렇지만 사실적 발언도 행위의 측면을 가지므로 이 둘 사이의 엄격한 구분은 불가능하다. 결국 오스틴은 모든 발언을 행위의 일종으로 보고, 한 언어의 발언은 어떤 것을 말하는 행위(locutionary act)와, 명령하거나, 사과하거나, 설명하는 수행적 행위(illocutionary act)와, 기대하게 하거나 즐겁게 하는 영향적 행위(perlocutionary act)로 세분했다. 이중에서도 수행적 행위가 가장 중요하다. 우리가 언어를 이런 식으로 분석하면, 발언의 의미를 묻는 것은 그것이 어떤 종류의 행위인가를 묻는 것이며, 이에 대한 답은 발언이 함축하고 있는 명제적 내용과 아울러 그것이 어떤 수행적 힘을 갖는가에 대답하는 것이다.

콰인은 논리실증주의의 흐름에서 철학을 했으면서도 결과적으로 는 일상 언어 분석의 철학과 비슷한 결론에 도달했다. 콰인의 '경험 주의의 두 독단(two dogmas of empiricism)'은 언어적 전회의 의미 가 무엇인지를 극명하게 보여 준다. 그가 이 논문에서 비판한 경험 주의의 두 가지 독단은, 첫째로는 우리의 모든 진술은 직접적 경험 에 관한 진술로 환원될 수 있다는 것이며, 둘째로는 분석 판단과 종 합 판단이 확연하게 구분된다는 것이다.[13]

첫 번째 독단은 우리가 통상 환원주의의 독단이라 부르는 것이다. 극단적 환원주의는 의미의 검증 이론을 여러 가지 형태로 예고한다. 로크나 흄(D. Hume)은 모든 관념이 감각 경험으로부터 직접 유래하 든가 아니면 그렇게 유래된 관념의 복합이어야만 한다고 주장했다. 콰인은 이를 다음과 같이 비판한다. "그러나 여기서 허용되는 결합 방식들은 모호하다. 전체로서 진술들이 감각 자료의 언어로 번역될 수 있어야 하긴 하지만, 그러나 용어 대 용어로 번역될 수 있는 것 은 아니다."[14] "외적 세계에 관한 우리의 진술들은 개별적으로가 아 니라 총체적 전체로서만 감각 경험의 법정에 선다."[15]

더 나아가 콰인은 분석적 진술과 종합적 진술 간에 실제로 그어져 야 할 구분이 있다는 주장을 경험주의자들의 비경험적인 독단이며, 일종의 형이상학적 신념의 항목이라고 비판한다. "우리는 일반적으 로 한 진술의 진리가 어떤 방식으로든 언어적 구성 요소와 사실적 구성 요소로 분석될 수 있다고 가정하도록 유혹받는다. 이런 가정이 주어지면, 그 다음에는 어떤 진술에는 사실적 구성 요소가 전혀 없 어야 한다는 것이 그럴듯하게 보인다. 이런 진술이 곧 분석 진술이다. 그러나 분석적 진술과 종합적 진술 간의 경계가 그리 간단하게 그어지는 것은 아니다."[16]

우리는 콰인의 이런 주장을 보통 전체론적 경험주의라고 부른다. 이런 전체론적 경험주의가 함축하는 것은 언어도 실재만큼 진리의 제조자가 될 수 있다는 것이다.

나의 제안은 어떤 개별 진술에서 언어적 구성 요소와 사실적 구성 요소에 관해 말하는 것은 무의미하며, 이것이 또한 많은 무의미의 근원이라는 것이다. 전체적으로 볼 때, 과학은 언어와 경험에 이중적으로 의존한다. 그러나 그러한 이중성은 개별적으로 취해진 과학적 진술로서는 의미 있게 추적될 수 없다. 경험적 의미의 단위는 과학 전체이다.[17]

우리가 이런 콰인의 논의를 충실하게 따라가면, '힘 = 질량 × 속도'라는 뉴턴의 법칙은 두 가지 입장에서 말할 수가 있다. 하나는 그것이 경험적인 진리나 종합적인 진리라고 이해하는 것이고, 다른 하나는 그것이 분석적인 진리나 개념적인 진리라고 이해하는 것이다. 그것이 경험적 진리인 이유는 그것이 물체의 관찰과 일치하기 때문이다. 그것을 개념적 진리로 이해할 수도 있는 이유는 그것이 힘, 질량, 가속도의 개념에 대해 정의를 내리고 있기 때문이다. 개념적 진리로 이해될 때, 이 법칙은 현실에 대한 정보를 제공하는 것이 아니다. 우리가 이 법칙을 현실의 설명에 사용하는 것은 이 개념적 진리를 도구로서 활용한다는 것을 의미할 뿐이다.[18]

이제 이런 논리를 역사 문제에 적용하여, '르네상스'나 '계몽주의'의 예를 들어 보자. 우리는 경험적 입장에서 과거의 연관된 부분에 대한 역사적 탐구의 결과로 르네상스나 계몽주의에 대해 특별한 견해를 갖게 된다고 말할 수 있다. 그렇지만 반면에 이런 탐구는 '르네상스'나 '계몽주의'에 관한 어떤 정의(definition)와 함께 우리에게 제시된다고 말할 수 있다. 즉 우리는 '르네상스'나 '계몽주의'에 관해 어떤 정의를 내리느냐에 따라 '르네상스'나 '계몽주의'를 과거의 다른 국면과 연결시킨다. '계몽주의'를 어떻게 정의 내리는가에 따라 루소(J. J. Rousseau)는 계몽주의자가 되기도 하고, 반계몽주의자가 되기도 한다. 이것은 무엇을 의미하는가? 르네상스나 계몽주의에 관한 모든 진술의 내용이 우리가 그 말들에 부여한 의미로부터 분석적으로 도출되는 한에서, 우리가 르네상스나 계몽주의에 관해서 하는 모든 이야기는 분석적으로 참이 되어야 함을 의미한다.[19] 이것은 뉴턴의 법칙을 개념적 진리로 해석하는 것과 같은 논리이다.

이런 관점에서 보면, 역사적 서술에서 우리는 종종 사실적 진리와 개념적 진리를 구별하지 못할 때가 있으며, 이때 과거에 대한 인식은 참과 거짓의 문제로 환원되지 않는다. 말하자면 언어적 전회의 열렬한 지지자가 볼 때는 르네상스나 계몽주의에 대한 논쟁은 주로 '르네상스'나 '계몽주의'를 어떻게 가장 잘 정의할 수 있을 것인가 하는 문제에 대한 토론일 뿐, 사실 세계의 진상에 대한 토론이 아니다.[20]

우리가 언어적 진리(truths de dicto)와 사실적 진리(truths de re)를 구별할 수 없다면, 우리가 과거에 대해 갖는 지식은 상당 부분 우리의 결정, 즉 우리가 사용하는 말에 어떤 의미를 부여할 것인가의 결정에 절대적인 영향을 받지 않을 수 없다. 경험적 진리와 언어적 진리의 구분이 어렵다는 것은 언어의 어떤 부분이 실재의 어떤 부분과 대응하는지 정확하게 결정할 수 없다는 의미이다. 이렇게 되면 결정적인 것은 역사적 진술이 참인가 거짓인가 하는 문제가 아니라, 어떤 종류의 진리를 우리가 더욱 선호하는가하는 문제가 된다.[21]

3 문학 이론과 시적 언어의 형식

최근의 구조주의 문학 이론은 언어적 전회와 비슷한 결과를 가져왔다. 언어 철학과 구조주의 문학 이론은 현대 역사학에 결정적인 영향을 미친 두 개의 다른 흐름이다. 사람에 따라서는 언어적 전회라는 말로써 구조주의 문학 이론의 영향까지도 포함해서 설명하지만, 엄격히 말하면 두 흐름은 전혀 다르다고 해야 한다. 예컨대 헤이든 화이트의 『상위 역사학』이 역사학에 엄청난 영향을 미쳤다고 할 때, 이것이 언어적 전회 때문이라고 해야 할지는 논란의 여지가 있다. 이 책에서 언어적 전회는 언급되지도 않는다. 뿐만 아니라 화이트의 이론을 추종하는 현대의 대다수의 역사 이론가들, 즉 켈너(Kellner), 라카프라(D. LaCapra) 등도 언어 철학에는 큰 관심을 두고 있지 않다.[22]

그렇다면 언어적 전회와 구조주의 문학 이론 사이에는 어떤 연관도 없는 것인가? 아니다. 이 둘 사이에는 아주 중요한 유사성이 있다. 언어적 전회와 구조주의 문학 이론은 모두 다음과 같이 주장한다.

> 언어는 단순한 자연의 거울이 아니라, 실재에 관한 우리의 모든 지식과 우리의 모든 언어적 표상은 언어적 매개체의 흔적을 갖고 있다.[23]

우리는 이러한 견해를 언어적 칸트주의(linguistic Kantianism)[24]라 부를 수 있다. 두 이론 모두에서 언어가 칸트의 직관 형식이나 범주같이 작동하기 때문이다.

이러한 유사성에도 불구하고 앙커스미트는 두 이론 사이에는 결정적인 차이점이 있다고 주장한다.[25] 그 차이점은 바로 문학 작품은 인식론이나 언어 철학 일반에서 하듯이 언어와 실재의 관계나 간극을 문제 삼지 않는다는 것이다. 문학 작품은 언제나 연구의 대상이며, 탐구되는 실재이다. 문학 이론가가 문학 작품에 대해서 이야기하는 것은 식물학자가 나무에 대해서 이야기하듯이 너무나 자연스럽다. 그렇지만 언어 철학자에게 언어와 실재의 간극은 지시와 의미와 진리가 발생하는 매우 중요한 장소이다. 언어 철학에는 한쪽은 언어, 다른 한쪽은 세계라는 두 개의 영역이 별도로 존재하고 있으며, 이 둘 사이의 간극을 가로질러 넘는다는 것은 탐구의 주제들(즉 지시, 의미, 진리 등)이 존재하는 공간을 덮어 버리는 것이다. 언어 철학자가 언어를 도구에 비유할 때도 그것은 현미경이나 지도같이 우리로 하여금 세계를 알게 하는 도구이다. 말하자면 언어와 세계 사이에는 넘을 수 없는 간극이 존재하는 것이다. "문학 이론가들은 언어를 자연화한다. 언어 철학자들은 언어와 그것의 세계에 대한 관계를 의미론화한다."[26]

언어적 전회는 실재와 언어라는 두 축에서 중심축이 바뀌는 코페르니쿠스적 전회이다. 그러므로 엄격히 말해서 철학자들이 말하는 언어적 전회가 구조주의 문학 이론가에게는 큰 의미를 갖지 못한다고 앙커스미트는 주장한다. 철학자들이 언어적 전회를 이야기할 때 염두에 두고 있는 것은 언어가 실재에 관한 우리의 신념에 어떤 영향을 미치는가 하는 문제지만, 문학 이론에서의 언어에 관한 관심은 언어와 실재의 관계가 아니라는 것이다.

앙커스미트가 지적한 언어 철학과 문학 이론의 차이점은 일견 수긍이 간다. 문학 이론의 중심 논제가 인식론이 아니라는 것도 의문의 여지가 없다. 그럼에도 불구하고, 문학 이론에도 의미론의 문제는 중요하다. 예컨대 언어의 의미는 언어가 실재를 지칭하기 때문에 발생하는 것인지, 아니면 언어의 자율적인 구조 속에서 그것이 수행하는 역할에 따라서 발생하는 것인지 하는 문제는 작품의 의미를 해석할 때에도 중요하다. 특히 구조주의 문학은 구조주의 언어학으로부터 큰 영향을 받았고, 소쉬르에서 출발하는 구조주의 언어학은 전통적인 객관주의 언어학을 주관주의 언어학으로 전환시켰다는 점을 염두에 둔다면, 구조주의 문학 이론도 언어적 전회와 유사한 전회를 수용하고 있다고 해야 할 것으로 판단된다.

구조주의 문학 이론은 시적 언어의 형식을 자세하게 분석함으로써 언어와 실재의 관계를 논의한다. 그러므로 구조주의 문학 이론이 형식적으로는 언어적 전회를 논의하고 있지는 않다고 할지라도 다 같이 언어적 칸트주의로 특성화할 수 있는 한에서, 그리고 헤이든 화이트의 중심 논제도 과거에 대한 우리의 이해는 과거가 어떠했는가에 의해서뿐만 아니라, 그것을 이야기할 때 역사가가 사용하는 언어에 의해서도 결정된다는 것, 즉 역사적 지식은 문서 속에서 발견되는 만큼 역사가의 언어에 의해 만들어진다는 주장임을 고려한다면, 우리가 언어적 전회의 틀 속에서 구조주의 문학 이론을 함께 다루는 것은 무방해 보인다.

화이트는 그의 『상위 역사학』에서 역사가들이 사용한 역사 서술의 문체를 분석하면서 그들이 과거를 어떻게 인식했는가 하는 특징을 추구한다. 그는 19세기 사실주의 소설과 19세기 역사 서술의 실재론적 문체 사이의 친화성을 강조하며, 18세기 역사 서술의 반어적 문체와, 낭만주의 역사 서술의 비유적이면서 유기체주의적 문체, 그리고 사회 과학적으로 정향된 역사 서술의 환유적 문체를 구별한다.

화이트는 그의 비유법의 이론에서 다음과 같이 논의한다.

전통적 시학과 현대의 언어 이론은 시적 언어나 비유적 언어를 분석하기 위한 네 가지 기본적인 비유법을 확인한다. 은유, 환유, 제유, 반어가 그것이다. 이 비유법들이 여러 종류의 간접적인 담론이나 비유적인 담론에서 대상들을 특징적으로 드러나게 한다. 이 비유법들은 명확하게 산문적 표현으로 서술하기 어려운 경험적 내용을 비유적으로 파악할 수 있고 의식적으로 인지할 수 있는 작용들을 이해하는 데 도움을 준다.[27]

화이트에 의하면 역사가는 본질적으로 시적 활동을 수행하는 사람이다. 왜 역사가는 시인이어야 하는가? 화이트의 이론을 토대로 다음과 같이 그 이유를 재구성해 볼 수 있다.

1) 역사가의 중심적 과제인 역사 서술은 연대기적 사료를 하나의 일관된 이야기로 구성하는 것이다.
2) 역사가는 이때 이야기 줄거리의 구성, 형식적 논증, 이데올로기 함축 등의 설명 양식을 활용하여 자료를 조직한다. 이것은 연대기적 자료에 이런 개념 틀을 부과하는 것이다.
3) 이런 부과적 작업이 가능하기 위해서는 역사가는 역사의 장을 이해할 수 있도록 예시할 수 있어야 한다. 즉 역사의 장을 인식의 대상으로서 구성해야 한다. 이 구성적 작업이 곧 시적 활동이며, 상이한 문체를 통해 역사의 장은 독특한 형태로 이해된다.

이것은 다음과 같은 이야기가 된다. 과거 자체는 우리가 알 수 없다. 과거는 그 자체로는 사실, 상태, 사건들의 무의미한 덩어리며, 역사가가 이해하기 어려운 정형이 없는 혼란이다. 그러므로 역사가는 과거라는 산문을 역사 서술을 통해 이야기 시가로 번역하지 않으면 안 된다. 이런 번역을 가능하게 하는 것이 은유, 환유, 제유, 반어라는 네 가지 수사학적 비유법이다. 이들 비유법이 없이는 역사는 이해 가능한 이야기로 번역되지 않는다. 말하자면 이 네 가지 비유법은 각각 과거라는 혼란으로부터 그 나름의 방식으로 자료들을 선택하고 추상하여 역사를 우리가 이해 기능하게 만들어 준다.

화이트가 강조하는 것은 연대기적 서술만으로 역사가 이루어질 수는 없다는 것이다. 이것은 제품과 원자재의 관계에 비유할 수 있다. 즉 연대기는 원자재이고 제품은 역사 이야기이다. 여기 연대기적 순서로 배열된 사건들의 집합이 있다고 해 보자.

가) a, b, c, d, e ······ n

이것만으로는 역사가 아니다. 이들에게 의미를 부여하여 이야기 제품을 만들기 위해서는 이들을 이야기 줄거리의 요소로서 기술하고 특징지어야 한다. 이것은 역사란 연대기적 배열과 구문론적 전략(이야기 전략)의 합작품임을 의미한다. 이때 우리는 연대기적 순서를 어기지 않고 다양한 방식으로 이야기를 구성할 수 있다.[28]

나) A, b, c, d, e ······ n
다) a, B, c, d, e ······ n
라) a, b, C, d, e ······ n
마) a, b, c, D, e ······ n
사) a, b, c, d, E ······ n

대문자는 사건들의 계열에서 갖는 특권적인 지위를 의미한다. 즉 그것은 전체 계열의 구조를 설명하는 원인으로서 혹은 특수한 종류의 이야기로서 간주되는 줄거리 구조의 상징으로서의 지위를 의미한다. 예컨대 a에다 결정적인 요소 A의 지위를 부여한 어떤 역사는 '결정론적' 역사가 된다. 반면 마지막 요소 e에다 설명력 E를 부여한 어떤 역사는 종말론적 역사가 된다. 화이트는 전자의 예시로서 루소,

마르크스, 프로이트 등을 들고, 후자의 예로서 아우구스티누스, 헤겔 등을 든다. 이 사이에 로망스, 희극, 비극, 풍자 등의 허구적인 줄거리 구조에 호소하는 여러 종류의 역사 서술이 존재한다.[29]

화이트에 의하면 역사는 사건들에 관한 역사일 뿐 아니라, 사건들이 나타나는 관계의 가능한 집합에 관한 역사이다. "그렇지만 이런 관계는 사건들에 내재적인 것이 아니다. 그들은 단지 그들을 반성하는 역사가의 마음속에 존재한다."[30] 여기서 우리의 관심사가 되는 더욱 중요한 사실은 이런 관계가 역사가들이 사건을 기술할 때 사용하는 언어 속에 내재한다는 것이다. 화이트는 그 이유를 다음과 같이 설명한다. "만약 역사가의 목적이 친숙하지 않은 것을 친숙하게 만드는 것이라면, 그는 전문적인 언어보다는 비유적인 언어를 사용하지 않으면 안 된다."[31] 전문적인 용어는 그 용어를 학습한 사람들에게나 친숙하다. 역사학은 그와 같이 일반적으로 용인된 전문 술어를 갖고 있지 않다. 그리고 어떤 종류의 사건들이 역사의 특수한 주제를 만드는지 의견의 일치를 보지 못하고 있다. 역사학자들은 일상적인 용어들을 사용한다. 이것은 역사가들이 과거를 이해할 수 있게 하는 유일한 도구가 비유적 언어(figurative language)의 기술이라는 것을 함축한다. 그러므로 모든 역사적 이야기는 사건들의 비유적 특성화를 전제한다.

화이트는 프랑스 혁명의 예를 들어 자신의 이론을 다음과 같이 전개한다. 에드먼드 버크(E. Burke)는 프랑스 혁명을 반어의 양식으로 해석함으로써 우스꽝스럽게 해석했다. 미슐레는 제유의 양식으로, 토크빌은 환유로 해석했다. 이때 이야기 줄거리 구성의 양식은 각각 풍자, 희극, 비극으로 나타난다.

이것은 결국 무엇을 의미하는가? 사건 자체들은 여러 설명에서 크게 변하지 않는 데 반해, 그들 관계의 양상은 여러 설명에서 심각

줄거리 구성의 양식	논증 양식	비유법
로망스	형태주의	은유
비극	기계주의	환유
희극	유기체주의	제유
풍자	맥락주의	반어

〔표 2〕 비유법도 실재를 드러내는 한 양식이다.

하게 변한다는 것이다. 말하자면 원자료는 비슷하지만 제품은 완전히 다르다는 것이다. 이 양상은 사회나 정치나 역사의 성격에 관한 여러 상이한 이론에 근거하고 있는 것 같지만 사실은 사건들의 전 집합을 비유적으로 특징지우는 데서 연유한다. 화이트에 의하면 우리는 비유적 언어에 이중으로, 즉 가) 대상들의 특성화에서, 나) 대상들을 이해하기 쉽도록 변형시키는 구문론적 전략에서 의존하고 있다.

화이트는 이 비유법을 제이콥슨(R. Jakobson)과 레비스트로스(C. Levi-Strauss)로부터 가져왔다. 그의 설명에 따르면 비유법의 기능은 다음과 같은 것이다.[32] '내 사랑 장미'와 같은 은유를 통해서 우리는 현상이 어떻게 같고 다른가를 규정할 수가 있다. 애인과 장미를 결합함으로써 애인의 아름다움, 소중함, 우아함 등을 나타낸다. 두 대상 사이에는 분명히 다른 점이 있지만 이 표현은 두 대상 사이에 존재하는 유사성을 강조한다.

'50개의 돛'이 '50척의 배'를 의미할 때가 환유이다. 여기에서 '돛'이란 말은 전체를 한 부분으로 환원한다는 의미에서 '배'라는 말로 대체된 것이다. 따라서 환유는 이름 바꾸기(name change)로 불리기도 한다. 서로 다른 두 대상은 부분과 전체와의 연관 속에서 묵시적으로 수용되고 있다.

환유는 현상을 부분과 부분들이 상호 연관을 맺고 있는 것으로 이해한다. 예컨대 '천둥의 노호'라는 표현은 환유적이다. 이 표현을 통해서 천둥소리가 나오게 되는 모든 과정은 원인과 결과로 나누어진다. 이 두 구분이 이루어졌을 때 천둥은 원인과 결과라는 환원의 형식에 의해서 노호와 연결된다. 우리는 환유에 의해서 동시에 두 가지 현상을 구분하고 한 현상을 다른 현상의 표현 형태로 환원할 수가 있으며, 이러한 환원에 의해서 현상계는 현상계의 배후에 존재한다고 여겨지는 행위자나 섭리와 함께 공존할 수 있게 된다.

환유는 표현하고자 하는 사물의 특징으로 전체를 나타내는 방법이지만(예 : 금수강산 → 대한민국, 요람 → 탄생, 무덤 → 죽음), 제유는 같은 종류의 사물 중에서 어느 한 부분을 들어 전체를 나타내는 방법이다. '그는 간 덩어리이다.'에서 간은 개인의 전 신체를 규정하는 데 사용된다. 제유는 부분과 부분과의 관계를 부분의 총합과는 질적으로 다른 전체 내의 통합이라는 방법을 통해 해석한다.

반어는 문자의 수준에서 긍정적으로 확인한 사실을 묵시적으로 부정하거나 그와 반대되는 형태로 설명하고자 하는 데 있다. 소크라테스가 무지(無知)를 가장하고 논적(論敵)에 접근하여, 지자로 자부하는 상대방에게 질문하는 형식으로 상대방의 내적 모순을 폭로하고, 그 무지를 자각하게 하는 문답법이 바로 반어법이다. 우리는 이것을 '소크라테스적 아이러니'라고 부른다. 그것은 일반적으로 진의(眞意)와 반대되는 표현을 말하는데, 표면으로 칭찬과 동의를 가장하면서 오히려 비난이나 부정의 뜻을 신랄하게 나타내려고 하는 등의 예를 들 수 있다.

화이트는 이런 비유법을 경험의 영역을 예시하는 의식작용의 패러다임으로 이해한다. 즉 다양한 비유적 언어의 사용에 의해 사상들은 다양하게 설명된다. "은유는 형태주의가 그런 것과 같은 방식에서 표상적이다. 환유는 기계론적 방식에서 환원적이고, 반면에 제유는 유기체론적 방식에서 통합적이다. 은유는 대상과 대상과의 관계에서 경험의 세계를 예시하며, 환유는 부분과 부분과의 관계에서, 제유는 대상과 전체의 관계에서 경험의 세계를 예시한다."[33]

이런 화이트의 분석에 따르면, 어떤 역사가라 할지라도 이 네 가지 비유법 중 어느 하나나 혹은 그것을 결합하여 사용하지 않고는 역사를 서술할 수 없다. 니체(F. W. Nietzsche)는 은유법을 주로 사용했고 마르크스는 환유법을 최대한 활용했다. 헤겔은 제유법의 대가이고, 크로체는 반어법에 정통했다. 비유법은 다시 줄거리 구성의 양식과 논증 양식, 이데올로기 함축의 양식의 조합과 연결되어 짝을 이룬다. 예컨대 은유법은 로망스 — 형태주의 — 무정부주의와 짝을 이루며, 환유법은 비극 — 기계주의 — 급진주의와 연결된다.[34]

4 '언어 구속성' 논제에 대한 비판적 고찰

언어적 전회는 지식 사회학과 비슷한 형태의 의식의 존재 구속성을 함축한다. 지식 사회학에 의하면 우리가 어떤 상황 속에서 사느냐에 따라 우리의 의식은 결정된다는 것이다. 이와 비슷하게 언어적 전회는 우리의 의식이 우리가 사용하는 언어에 따라 결정된다는 것이다. 이런 관점에서 나는 언어적 전회를 '의식의 언어 구속성'논제라 부르고자 한다.

현대 인식론적 논의에서 언어적 전회가 제기하는 문제는 개념상대주의의 문제로 압축된다. 그것은 마음과 언어, 그리고 세계 간의 관계에 관한 철학적 고찰에 의해 논의되기 시작했다. 이런 논의의 기본적인 출발점은 세계는 이미 만들어진 기성품이 아니라, 오히려 우리가 개념적 체계나 범주적 틀을 적용함으로써 세계를 여러 범주들이나 종류로 나눈다는 철학적 입장이다. 이를 힌티카(H. Hintikka)는 다음과 같이 표현한다.

세계에 관해 우리가 말하는 것은 무엇이든지 간에 우리 자신이 만든 개념을 통해 투과된다. 심지어 개별적인 것에 관한 개념만큼이나 일견 명백하게 단순한 관념들도 사태에 대한 다른 가능한 상태를 다루는 개념적 가정에 의존한다는 것이 판명된다. 우리의 사유가 관여하는 한에서, 실재는 원리상 우리의 개념으로부터 해방될 수 없다. 어떤 특정한 개념적 틀에 의존함이 없이 기술될 수 있는 혹은 개별화될 수 있는 물자체는 환상이지 않을 수 없다.[35]

개념상대주의는 오늘날 상대주의를 대표하는 가장 중요하고 흥미로운 논변의 형태로 여겨지고 있다. 이것은 의미론적 상대주의(semantic relativism), 언어적 상대주의(linguistic relativism), 존재론적 상대주의(ontological relativism) 등으로도 불린다. 그리고 개념 체계(conceptual schemes)는 개념적 틀, 삶의 양식, 사고 체계, 세계관, 학문적 모체, 패러다임, 관점 등등의 이름으로 불리기도 한다.

이런 개념상대주의의 핵심은 체계와 내용의 이원론이다. 한쪽에는 개념화하거나 조직화하는 체계들이 있고, 다른 한쪽에는 개념화되고 범주화되고 조직화되는 대상이 있다. 이 개념 체계는 철학자들에 따라 다양하게 이해된다. 바그라미안(M. Baghramian)은 체계를 다음과 같은 내용으로 정리한다.[36] "경험적 자료에 제약을 가하는 수단, 존재론적으로 더욱 기본적인 단위로부터 대상들의 구성을 가능하게 하는 원리들이나 규칙들, 우리의 경험 내용을 확인하고 분류하는 데 사용하는 범주들, 경험과 세계를 다른 방식으로 개념화함으로써 경험과 세계를 이해하는 수단, 자연이나 세계를 분할하는 수단 등으로 규정되기도 하고, 틀이나 기본적인 가정들의 집합 혹은 기본적인 원리들, 사고의 활동을 나타내는 형식, 구성, 혹은 해석, 사람들이 역사의 여러 단계에서 견지하는 중심적 믿음들, 우리가 실재를 기술하는 데 사용하는 일련의 개념들, 우리가 만드는 세계의 변형들, 실재를 기술하는 대안적 방법들, 언어들이나 이데올로기, 지식이나 믿음의 그물망" 등이 그것이다.

바그라미안의 논의에 따르면 이들을 크게 두 유형으로 분류하는 것이 가능하다. 하나는 가) 우리의 경험을 여러 다른 방식으로 묶거나 조직하는 원리들(principles)이고, 다른 하나는 나) 우리가 세계에 대해 갖는 근본적인 신념들의 체계(sets of fundamental beliefs)이다. 이 두 유형이 갖는 결정적인 차이점은 가)는 언어 이전의 단계에서 작동할 수 있는 데 반해, 나)는 언어적 의미론적 인지적 장치를 전제한다는 것이다.[37] 그러므로 우리가 언어적 전회라고 부르는 것은 정확하게는 개념 상대주의 중에서도 나)에 초점이 맞추어져 있다고 할 수 있다.

내용도 다양한 방식으로 특징지어져 왔다. 칸트의 물자체에서부터 감각 자료에 이르기까지 다양하다. 때로는 조직화되기 이전의 세계나 재조직화에 열려 있는 자연을 의미하기도 한다. 칸트의 물자체는 우리 인식의 한계이다. 우리는 그것을 절대로 파악하지 못한다. 감각 자료는 17세기, 18세기의 용어로 관념 혹은 인상으로 알려진 것이다. 그것은 다양한 마음이나 문화에 의해서 다양하게 재작업되는 순수한 경험의 흐름이다. 이러한 것들은 모두 동일하다고 말할 수는 없지만, 모두 해석되지 않은 이론 중립적인 실재들이거나 범주화되지 않은 경험의 내용들이다.[38]

개념 체계와 내용의 관세는 옷들과 옷상을 성리하기 위해 우리가 사용하는 원나, 경험의 영역으로부터 연관된 요소들을 낚는 그물, 빵 덩어리와 빵을 자르는 칼, 대리석 덩어리와 그것을 조각하는 칼 등의 비유들에서 잘 드러난다. "우리의 인지적 경험 안에는 두 요소들이 있다. 마음에 나타나고 주어지는 감각 기관의 자료와 같은 즉각적으로 주어지는 자료들과, 사고의 활동을 나타내는 형식, 구성, 혹은 해석이 그것이다. 이런 사실에 대한 인식은 철학적 통찰의 가장 오래되고 보편적인 것 중의 하나이다."[39]

이런 구조 위에서 콰인의 번역 불확정성 논리와 퍼트남의 내재적 실재론 같은 이론이 주장될 수 있었다. 콰인은 번역의 불확정성을 다음과 같이 표현하고 있다. "한 언어를 다른 언어로 번역하는 경우 관찰할 수 있는 언어 성향의 총화와 일치하는 여러 가지의 다른 번역을 할 수 있는데, 이때 어느 번역이 올바른 번역이냐고 묻는 것은 헛된 일이다."[40] 콰인의 주장은 이렇다. 영어를 모국어로 사용하는 어떤 언어학자가 어떤 원주민의 언어를 번역하려고 한다고 하자. 한 주민이 그 언어학자의 언어 체계 속에서 '토끼(rabbit)'라 불리는 어떤 동물이 뛰어가는 것을 보고 'Gavagai'라고 발언한다고 하자. 이때 'Gavagai'라는 말은, '토끼(rabbit)', '토끼임의 한 사례(rabbithood)', '토끼의 단면들(stages of rabbit)', '토끼를 구성하는 부분들(integral parts of rabbit)' 등으로 번역될 수 있다는 것이다. 이들은 모두 경험적 자극 의미에 있어서는 동일하기 때문이다.

이것은 다음과 같은 이야기가 된다.

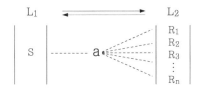

〔그림 10〕 S의 대응은 어느 것인가?

L_1의 언어 체계에서는 어떤 현상 a에 대해 오직 한 개념 S로 표현하는 데 반해, L_2의 언어 체계에서는 R_1, R_2…… R_n 등으로 세분화되어 있다고 할 때, 어떤 경우에 S가 R_1으로 번역되고, 어떤 경우에 S가 R_2로 번역되어야 할 것인가? 혹은 그 반대의 경우에는 R_1이든 R_2이든 항상 S로 번역되어도 좋을 것인가? 이에 대한 콰인의 대답은 어느 경우든 번역은 불확실할 수밖에 없다는 것이다.[41]

퍼트남에 의해 제시된 개념 상대성 이론은 우리가 어떤 개념 체계를 택하느냐에 따라 세계가 어떻게 다르게 구성되는가를 알기 쉽게 보여 준다. 퍼트남은 다음과 같은 개념 상대성을 제시한다.[42] 세 개의 개체 X_1, X_2, X_3로 이루어진 어떤 세계를 상정해 보자. 여기에는 몇 개의 대상들이 존재한다고 할 수 있을까?

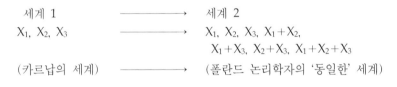

세계 1   ⟶   세계 2
X_1, X_2, X_3 ⟶ X_1, X_2, X_3, X_1+X_2,
                                   X_1+X_3, X_2+X_3, $X_1+X_2+X_3$
(카르납의 세계)   ⟶   (폴란드 논리학자의 '동일한' 세계)

〔그림 11〕 대상들은 세 개인가 일곱 개인가?

'개체', '대상', '특수자'를 모두 동일한 것으로 간주하면서 추상적인 존재를 인정하지 않는 논리학자는 세 개의 대상이 존재한다고 대답할 것이다. 그렇지만 두 개의 특수자가 존재할 때는 항상 그것들의 합이 생겨난다는 부분 전체학(merelogy)을 받아들이는 논리학자는 일곱 개의 대상이 존재한다고 대답할 것이다. 그러므로 우리가 어떤 개념 체계를 갖고 세계를 보느냐에 따라 세계는 완전히 달라진다.

우리가 개념 체계를 C라 하고, W를 세계라 할 때, 이것은 다음과 같은 이야기가 된다.

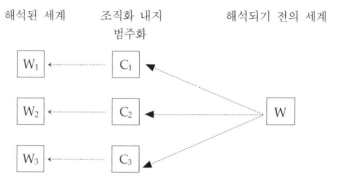

해석된 세계　　　　조직화 내지　　　　해석되기 전의 세계
　　　　　　　　　　범주화

〔그림 12〕 한 세계의 다른 해석인가, 완전히 다른 세계인가?

　여기서 우리는 두 가지 주장을 생각할 수 있다. 하나는 개념 체계가 다름에 따라 우리는 동일한 세계를 다르게 해석한다는 주장이고, 다른 하나는 개념 체계가 다름에 따라 우리는 완전히 별개의 세계를 가질 뿐이라고 하는 주장이다. 우리는 보통 전자를 온건한 개념 상대주의라 부르고, 후자를 극단적 개념 상대주의라 부른다.

　극단적 개념 상대주의는 개념 체계가 다름에 따라 우리가 동일한 세계에 대한 다른 해석을 내리는 것이라고 주장하지 못한다. 동일한 세계의 존재라는 것을 용인할 수 없기 때문이다. 그것은 단지 개념 체계가 다르면 그 각각에 따라 다른 세계를 가질 뿐이라고 주장한다. 그러므로 이런 주장에 따르면 개념 체계의 수만큼 많은 세계가 존재하게 된다. 말하자면 개념 체계를 달리했던 지구상의 여러 공동체들은 서로가 전혀 다른 세계 속에 살았다는 것이다. 이런 주장은 결정적으로 자기모순을 함축하고 있다. 즉 다른 개념 체계를 전혀 이해하지 못하는 상황에서, 다른 개념 체계를 가지면 다른 세계를 가진다는 주장도 불가능한 것이다. 이것은 지나친 극단주의이다.

　개념 체계가 다르면 동일한 세계를 다르게 해석한다는 온건한 개념 상대주의는 극단적 개념 상대주의와 비교하면 비교적 이해하기 쉽다. 콰인이나 퍼트남도 이런 유형에 속한다. 앞의 예시에서 영어가 모국어인 언어학자와 인디언 원주민이 다 같이 'Rabbit'이나 혹은 'Gavagai'라 불리는 어떤 동물이 뛰어가는 것을 함께 보고 있다. 번역의 문제는 그 이후에 발생한다. 이것은 동일한 세계에 대한 다른 해석의 경우이다. 그렇지만 여기에 대해서도 다음과 같은 질문을 던질 수 있다. 두 사람의 경우 개념 체계가 완전히 다르다면 어떻게 뛰어가는 동물을 비슷한 동물로 볼 수 있겠는가? 개념 체계가 완전히 달랐다면 완전히 다른 동물로 볼 수밖에 없지 않는가? 서로 다른 개념 체계가 동일한 세계를 다르게 해석한다는 논리는 더욱 많은 부분에서 인식을 공유하고 있음을 의미한다. 더 구체적으로 말한다면, 대다수의 지식은 공유하면서, 어떤 부분을 서로 다르게 해석하는 것이다. 이 경우 우리가 개념 상대주의를 강력하게 주장할 수 있겠는가?

우리가 지식 사회학의 이론에 따라 의식의 존재 구속성을 철저히 하면, 지식 사회학 자체는 성립되기 어려울 것이다. 말하자면 지식 사회학은 '의식의 존재 구속성'이라는 보편적 명제를 주장할 수가 없는 것이다. 왜냐하면 모든 지식은 늘 어떤 상황과 연관되어 있으므로, 상황을 넘어선 보편적 주장이란 어떤 경우에도 성립될 수 없기 때문이다. 같은 비판이 의식의 언어 구속성에 대해서도 가해질 수 있다. 우리의 의식이 철저하게 언어에 구속되어 있다면, '의식의 언어 구속성'이라는 보편적 명제에 대한 주장도 불가능할 것이다. 이런 주장은 언어 구속성을 넘어서 있기 때문이다.

개념 상대주의의 결정적인 특징은 다음 두 가지로 압축될 수 있다. 하나는 개념 체계 a와 b가 서로 번역할 수 없다는 것이고, 다른 하나는 이런 개념 체계가 현실을 자의적으로 해석한다는 것이다. 그러므로 우리가 개념 체계가 상호 번역 가능하다는 것을 보여 주거나, 개념 체계가 존재한다 하더라도 실재를 왜곡시키는 것이 아니라 실재의 상이한 국면을 드러내는 장치임을 보여 준다면 개념 상대주의는 성립될 수 없게 된다.

먼저 개념 체계의 번역 가능성 문제부터 검토해 보자. 우리가 개념 체계 a를 사용하면서 다른 집단의 개념 체계 b를 이해의 대상으로 하고 있다고 해 보자. b가 a와 다른 특이한 개념 체계라는 것을 알기 위해서는, b가 a로 번역되지 않으면 안 될 것이다. 그리고 번역은 많은 수의 진리에 대한 광범위한 실질적 합의를 요구한다. 도널드 데이비슨은 이를 '선의의 원리'라 부른다. 그렇지만 만약 b가 a로 번역된다면 그것은 a와 다르다고 할 이유가 없다.

만약 b와 a 간의 번역이 전혀 불가능하다면, b가 특이한 개념 체계라는 것 자체를 주장할 수 없을 것이다. 예컨대 유클리드 기하학과 비유클리드 기하학, 뉴턴 역학 체계와 아인슈타인의 역학 체계를 생각해 보자. 이들이 전혀 번역 불가능하다고 할 수 있는가? 점, 선, 면 등에 대한 기본적인 정의는 유클리드 기하학이나 비유클리드 기하학이나 마찬가지이다. 뉴턴 역학 체계나 아인슈타인의 상대성 체계나 같은 수학을 사용한다. 이들은 같은 기반 위에서 성립한다. 공통의 기반에 비하면 차이점은 사소하다고 할 수 있다. 뿐만 아니라 뉴턴의 역학 체계는 아인슈타인의 상대성 체계와 대립한다기보다는 아인슈타인의 움직이는 좌표계의 정지된 한 국면을 설명하는 것으로 이해된다. 데이비슨은 상호 번역 불가능한 개념 체계 같은 것은 존재하지 않는다는 논증을 다음과 같이 진행한다.

1) 개념 체계를 확인하기 위해서는 우리가 그것을 번역할 수 있지 않으면 안 된다.

2) 한 개념 체계가 번역될 수 있다면, 그것은 우리의 개념 체계와

매우 다를 수 없다.

3) 그러므로 서로 완전히 다른 개념 체계와 같은 것은 있을 수 없다.[43]

다음으로 개념 체계가 실재를 왜곡시킨다는 논제를 검토해 보자. 개념 상대주의자들은 개념 체계가 실재를 왜곡시킨다는 주장을 인정하지 않으려고 한다. 그들은 우리가 개념 체계 없이 세계를 언급할 수는 없으며, 개념 체계 C_1에서는 세계가 W_1으로 우리에게 나타나며, C_2에서는 W_2로 나타날 뿐이라고 주장한다. 뿐만 아니라 그들은 실용성의 관점에서 개념 체계 중에서 우월한 개념 체계를 선택할 수도 있다고 주장한다. 그러므로 세계를 자의적으로 해석하지는 않는다는 것이다. 나는 이러한 논증이 정당화된다고 생각하지 않는다. 자의적 해석이 되지 않으려면 개념 체계 간의 비교가 실용성의 관점에서가 아니라 합리성의 관점에서 가능해야 한다. 말하자면 개념 체계 C_2가 C_1보다 실용적으로 우수하기 때문에 선택된다고 해서는 안되고, C_2가 C_1보다 실재를 보다 잘 드러내 주기 때문에 선택된다고 할 수 있어야 한다. 이것이 가능한 이유는 우리가 어떤 개념 체계에 고착되어 있는 것이 아니라 C_1에서 C_2나 C_3로 자유롭게 이동할 수도 있고, 새로운 개념 체계 C_n을 만들 수도 있으며, 이런 여러 개념 체계들을 실재와 연관하여 비판적으로 검토할 수 있기 때문이다. 개념 체계 C_1에서 개념 체계 C_2로의 자유로운 이동과, 새로운 개념 체계의 창안, 개념 체계들에 대한 비판적 검토와 개념 체계들이 갖는 설명력의 비교 등은 개념 체계와는 독립적으로 존재하는 실재에 대한 선험적 추정을 가능하게 한다. 이것은 동시에 개념 체계의 영향력을 극소화하면서 실재에 접근해 갈 수 있는 가능성을 열어 준다. 이것은 개념 체계가 우리의 의식을 지배하는 것이 아니라, 우리의 의식이 개념 체계를 지배한다는 것을 의미한다.[44]

이런 관점에서 보면 개념 체계 상대주의의 치명적인 문제점은 그것이 개념 체계의 가설적 성격을 제대로 인식하지 못한 점이라 할 수 있다. 개념 체계란 고기를 잡기 위해서 던지는 그물과도 같은 것이다. 그물에 따라 잡히는 고기가 다를 수도 있지만, 여러 다양한 그물을 사용하여, 그리고 무엇보다 새로운 그물을 만들어 냄으로써 존재하는 어떤 고기든 잡을 수 있다는 희망을 가질 수 있다.

화이트의 비유적 언어에 대해 다음과 같은 비판을 가할 수 있다. 첫째로 역사가가 반드시 비유법을 사용할 필요는 없다는 점이다. 비유법이 우리의 이해를 돕는 것은 분명하다. 그렇지만 역사가는 직설적이고 전문적인 용어를 사용할 수도 있다. 역사학이 과학으로 정착되려면 역사가도 보다 의미가 분명히 규정되는 용어들을 사용해야 할 것이다. 그리고 이것은 얼마든지 가능한 일이다. 둘째로 역사가가 설사 필요한 경우 비유적 언어를 사용한다 할지라도 그것이 필연적으로 사실을 왜곡시킨다고 할 수는 없다는 점이다. 왜 비유법은 사실을 보다 잘 드러내기 위해 우리가 사용하는 언어적 수단이라고 해서는 안 되는가?

화이트가 제시한 표현의 양식들 자체가 두 가지 측면에서 자의적이다. 하나는 그가 구성한 표현 양식의 집합들이 자의적이다. 예컨대 로망스 — 형태주의 — 무정부주의 — 은유법의 연결은 내적 필연성이 없다. 다른 하나는 설사 이들 결합이 적합하다 하더라도 네 가지 유형이 표현 양식의 전부를 대변하지 못한다는 점에서 보면, 우리가 네 가지 양식 중 어느 하나를 선택하지 않을 수 없다고 주장하는 것은 자의적이다. 우리는 다른 양식을 고안해 낼 수도 있고 다른 범주표를 만들 수도 있다. 우리가 실재를 파악하기는 쉽지 않다. 실재는 언어를 통해 보다 분명히 드러나는 것도 사실이다. 이런 과정에서 언어가 부분적으로 실재를 왜곡시키는 국면도 때로는 무시할 수 없다. 특히 비유적 언어가 그럴 수 있다. 그렇지만 우리가 언어의 창조자라는 점을 감안하면, 그리고 언어가 계속 진화해 왔다는 점을 고려하면, 언어가 실재의 모습을 가로막는 장애 요인이라고 할 수는 없을 것이다.

개념 상대주의는 노엄 촘스키(N. Chomsky)의 변형 문법 이론과도 맞지 않는다. 변형 문법 이론은 인간의 모든 문법은 표면적으로는 서로 달라 보이지만 심층 구조에서는 동일한 보편적 구조를 가지며, 우리는 또 언어 습득 능력을 타고나기 때문에 후천적으로 배우지 않은 언어까지도 이해하고 활용할 수 있다는 이론이다. 폭스(R. Fox)의 다음과 같은 주장도 비슷한 논리이다. "문명사회와 격리되어 자란 아이들이 좋은 건강 상태로 살아남는다면, 나는 이 아이들이 필경 말할 수 있으리라는 것과 또 이론적으로는 이 어린아이들이 한 번도 언어를 배운 적이 없는데도 불구하고 그들과 그 자손들이 언어를 만들어 발전시키리라는 점을 의심하지 않는다. 더욱이 그 언어가 우리에게 익숙한 언어들과 전혀 다를지라도 언어학자에 의해 다른 언어로 분석될 때 동일한 기초 위에서 분석될 수 있고, 또 우리가 아는 모든 언어로 번역될 수 있을 것이다."[45] 언어는 무엇보다 진화의 산물임을 기억할 필요가 있다. 정확한 의사소통을 위해 원시적인 언어에서 고차적 언어로 진화해 왔으며, 이에 따라 어휘도 더욱 풍부하게 되고 더욱 정확하게 되었다. 이런 관점에서 보면 문법 구조보다는 훨씬 지엽적인 개념 체계가 상호이해 불가능하다는 주장은 설득력이 없다.

이런 논의를 역사 연구에 적용시켜 보자. 15~16세기에 유럽에서 일어났던 '르네상스'나 18세기의 '산업혁명'은 물론 그 당시에 사용되던 용어가 아니다. 그것은 후대의 역사가가 당시의 사회 문화적 변천을 특징짓기 위해 새롭게 만든 개념이다. 그러므로 당시의 시대상은 이런 개념들에 의해서 드러난다고 할 수 있다. 뿐만 아니라 우리가 이런 개념들을 어떻게 정의하느냐에 따라 과거의 모습이 달라진다는 것도 사실이다. 그렇지만 이보다 더욱 원천적인 문제는 우리가 이런 개념을 만들어 과거를 반영하기 이전에 그리스의 고전을 탐독하고 그것을 번역하고, 그리스 문화를 동경하는 현상이 이탈리아를 중심으로 광범위하게 일어났었다는 역사적 사실이다. 그러므로 르네상스를 자의적으로 정의 내리는 것은 가능하지 않다. 이런 현상을 서술하기 위해 '르네상스'라는 용어 대신에 다른 용어를 사용할 수도 있겠지만 그 용어는 과거의 그런 현상을 제대로 반영할 수 있어야 한다. '르네상스'라는 용어는 현상을 설명하기 위해 던지는 가설에 불과하며 그것은 사실에 의해 입증되어야 한다.

고대의 생활상은 현재의 우리와 다르며, 그들의 개념 체계도 부분적으로 우리와 다르다는 것은 분명하다. 개념은 두 가지 방식에서 인간 행위의 이야기에 관계한다. 즉 하나는 과거의 사건을 우리에게 단순히 알려 주는 개념이고 다른 하나는 과거의 행위를 구성하고 있었던 개념이다. 예를 들어 우리의 개념적 체계에는 다소 낯선 운명 (moira)의 개념 없이는 그리스 문명을 이해할 수 없다. 역사에 대한 이런 인간적인 접근은 참여자와 동시대인의 관찰자 자신들이 이해했고 이해할 수 있었던 용어로서 행위와 사건을 서술할 것을 주장한다. 카이사르는 야망과 반역은 이해하고 있었지만, 계급투쟁이라든가 불평등한 신분 등은 이해하지 못하고 있었다.

그렇지만 이들이 우리가 완전히 이해하지 못할 정도로 이질적인 것은 아닐 것이다. 우리가 인간인 한에서 고대인이건 현대인이건, 그리고 공동체가 다르다고 할지라도, 비슷한 삶의 양식을 갖고 있다고 생각된다. 우리가 석기 시대 원시인의 생활상을 이해할 수 있는 것은 삶의 양식이 비슷하기 때문이다. 삶의 양식을 지나치게 좁게 해석하여 공동체마다 칸막이를 한다든가, 시대마다 단절시킨다든가 하는 것은 약간의 차이점을 지나치게 확대 해석한 결과에 불과하다. 우리가 개념 체계를 자유롭게 바꿀 수 있는 한에서, 우리는 개념 체계의 죄수가 아니다. 이것은 동시에 과거의 객관적 인식이 가능함을 함축한다. 언어적 전회가 언어가 사실을 진술하는 기능 이외에 여러 가지 다른 기능을 갖고 있는 삶의 한 양식임을 밝힌 공로는 인정되지만, 그러므로 사실 세계의 탐구도 상대적일 수밖에 없다는 주장은 정당화되지 않는다.

최근 언어적 전회를 역사학에 적용시켜 해체주의 역사학을 주장하려는 사람들은 지칭의 불투명성(referential opacity)에 초점을 맞추어 동일 개념 체계 안에서도 고정된 대상을 지칭하지 못하며, 따라서 사실을 표상하지 못한다고 강조한다. 예컨대 "단재 신채호는 일본인과 투쟁했다."는 진술이 있다고 해보자. 이 진술은 어떤 역사적 사실을 표상하는가, 그렇지 못한가? 해체주의자들은 이 진술에 대응되는 어떤 고정된 역사적 사실은 존재하지 않는다고 주장한다. '단재 신채호(丹齋 申采浩)'가 언론인이자 역사학자이며 『조선상고사(朝鮮上古史)』의 저자인 그 신채호를 가리키는지, 아니면 농사꾼이었던 다른 사람을 가리키는지 알 수 없기 때문이며, '일본인'이란 단어도 일본 국적을 가진 사람을 지칭하는지 한국을 침략하여 식민지화한 일본인을 지칭하는지, 그 단어가 지칭한 일본인이 현재 우리가 생각하는 일본인과 같은지 다른지 우리로서는 알 수 없기 때문이라는 것이다. 그러므로 이 진술에 대응하는 어떤 사실을 발견하려고 하기보다는 이 진술의 의미를 나름대로 해석하는 것으로 만족할 수밖에 없다는 것이다. 이것은 소쉬르의 주관주의 언어 이론과 사실과 진술의 일 대 일 대응관계를 주장하는 그림 이론을 극단화한 결과이다. 언어의 기본 기능인 지칭의 불투명성을 이런 식으로까지 극단화시키면, 우리의 사회생활 자체가 불가능해질 것이다. 일체의 의사소통이 불가능하기 때문이다. 우리는 적어도 개념 체계가 같은 한에서 지칭을 여러 가지 방법을 동원해서 투명하게 할 수 있다. 그렇지 않다면 비근한 예로서 어떤 물건의 권리를 주장하는 법률적 등기나 이를 근거로 한 상거래마저 설명할 수 없게 될 것이다. 언어적 전회에서 우리가 다룬 핵심적 문제는 개념 체계가 다를 때도, 우리가 동일한 대상을 지칭할 수 있는가 하는 문제였다. 우리의 결론은 그렇다는 것이었다.

4장
역사 인식의 객관성을 어떻게 확립할 것인가

이 장에서는 역사의 객관성을 가로막는 장애물들을 종합적으로 검토해 본다. 이때 우리는 먼저 과학적 지식의 객관성이 어떤 성질을 띤 것인지를 검토해 볼 필요가 있다. 그런 다음 역사적 지식이 과학적 지식과 어떻게 다른가를 비교함으로써 역사적 지식의 객관성을 해명하는 것이 가능하다.

객관성은 두 측면에서 논의될 수 있다. 하나는 존재론적 측면이고, 다른 하나는 인식론적 측면이다. 존재론적 객관성은 우리의 인식 주관과는 관계없이 존재하는 대상 그 자체를 의미한다. 우리가 객관적 지식을 주관적 지식과 대비시켜 대상에서 연유한 지식이라 하는 것은 이 때문이다.

과학은 객관적 지식을 추구한다. 많은 사람들이 객관적 지식에 도달하기 위해 우리의 주관이 갖고 있는 편견이나, 선입견, 이데올로기적 성향이나 정치적 충성심 등 주관적 요소를 배제시키고 이성의 순수한 상태로 돌아가면, 객관적 지식을 획득할 수 있다고 주장한다. 고전적 경험주의나 고전적 합리주의가 모두 이런 노선에 서 있다. 비판적 합리주의자로서 나는 근원을 추구함으로써 지식을 정당화하려는 노력은 실패할 수밖에 없다고 본다. 고전적 경험주의는 오염되지 않은 순수 경험에서, 고전적 합리주의는 명석판명한 이성적 직관에서 객관적 지식의 근원을 찾으려고 한다. 그렇지만 어떠한 근원도 절대적 권위를 갖지는 못한다. 인간의 이성은 항상 틀릴 수 있기 때문이다. 그러므로 우리 이성의 어떤 부분을 무오류의 절대적 권위로 확립하려는 이들의 시도는 모두 잘못되었다고 할 수 있다.

우리가 오랫동안 계속 제기해 온 '객관적 지식의 근원은 무엇인가?'라는 질문은 이제 '우리의 주장 속에 내포된 오류를 어떻게 검색하고 이를 어떻게 제거할 것인가?' 하는 물음으로 바뀌어야 한다. 이런 관점에서 나는 지식의 객관성을 위한 조건들을 제시했다. 첫째가 객관화의 조건이며, 둘째가 반증 가능성의 조건이다. 역사적 지식의 객관성을 위해서는 이런 일반적 조건에다 세 번째 '상황의 재구성' 조건을 덧붙였다. 그리고 베이즈주의와 반증주의를 활용하며 역사적 가설과 증거의 관계를 다룬다.

1 객관성의 두 의미

객관(object)과 주관(subject)은 한 짝을 이루면서 오랫동안 인식론적 논의의 키워드로 기능해 왔다. 주관은 인식하는 주체를 가리키고, 객관은 인식의 대상을 가리킨다. 주관은 주체로 객관은 객체로 불리기도 한다. 또한 객관성은 대상 자체가 갖는 성질이나 대상에서 연유한 성질을 의미하는 반면, 주관성은 인식 주체가 갖고 있는 성질이나 인식 주체에서 연유하는 성질을 의미한다.

인식이란 주관이 객관의 성질이나 구조를 파악하는 것이다. 이때 문제는 주관이 객관을 있는 그대로 파악할 수도 있고, 그렇지 못할 수도 있다는 점이다. 이러한 일은 흔하게 또 부지불식간에 일어난다. 예컨대 황달에 걸린 사람은 대상이 실제로 노란색이 아닌데도 대상을 노랗게 본다. 어떤 편견에 사로잡혀 있을 때도 대상을 제대로 보지 못한다. 남의 떡이 크게 보인다는 속담은 주관의 편견 때문에 발생하는 오류를 인정한 것이다.

대상을 있는 그대로 파악한 지식을 우리는 보통 객관적 지식이라 부르고, 주관의 작용으로 대상을 있는 그대로 파악하지 못한 지식을 주관적 지식이라 부른다.[1] 이런 의미로 우리가 지식을 구분한다면, 객관적 지식은 참된 지식인 반면, 주관적 지식은 참된 지식이 아니다. 대상을 왜곡시켰기 때문이다. 그러므로 인식론적 논의는 우리의 판단이 대상을 제대로 파악한 것인지 아닌지 하는 문제, 즉 지식의 객관성이 언제나 중심을 이룬다.

객관성은 두 측면에서 검토될 수 있다. 하나는 존재론적 측면이고, 다른 하나는 인식론적 측면이다. 따라서 객관성은 두 가지 의미를 갖는다고 할 수 있다. 존재론적 객관성은 우리의 인식 주관과는 관계없이 존재하는 대상 그 자체를 의미한다. 이런 존재론적 객관성은 우리의 인식 주관과는 무관하다고 해야 한다. 그것은 우리가 인식하든 인식하지 아니하든 상관없이 존재하기 때문이다. 그러므로 우리에게 나타나는 현상(phenomena for us)은 엄격하게 말하면 존재론적 객관성을 갖는다고 하기는 어렵다. 그것은 우리의 인식에 의존해 있기 때문이다.

인식론적 객관성은 우리가 내리는 판단이나 주장의 정당화와 관계가 있다. 우리의 주장이나 판단이 대상의 실제 성질이나 모습을 있는 그대로 드러낼 때, 그것은 객관성을 갖는다. 우리가 객관적 지식을 대상에 관한 지식이나 대상에서 연유한 지식이라 하는 것은 이 때문이다. 객관성을 획득하기 위해서는 개인의 특이한 선입견이나 선호가 신념의 형성 과정에서 영향을 끼치지 않아야 하며, 개인적 성향에 기초해서가 아니라 합리적 이성의 판단에 따라 인식의 과정이 진행되어야 한다. 이것은 개인적 관심이나 견해가 모두 배제되어야 한다는 것을 의미하는 것이 아니다. 그것은 단지 개인적 편견이나 선호에 의해 대상의 인식이 왜곡되지 않아야 함을 주장하는 것이다. 사람들로 하여금 객관성으로부터 벗어나게 하는 성향들로는 다음과 같은 것을 들 수 있다. 선입견과 열정(증오, 공포, 시기, 탐욕 등), 다른 사람의 견해에 무비판적으로 따르는 맹목적 태도, 개인적 애호나 충성심, 이념적이거나 정치적인 충성, 개인적 편견, 희망적 사고 등이 그것들이다.[2] 데카르트가 진리에 도달하기 위해 방법론적 회의 속에서 논의한 여러 장애물들이나, 베이컨이 제거하기 위해 노력한 여러 우상들도 객관성을 저해하는 요소들이라고 할 수 있다.

인식론적 객관성은 다음의 두 경우와 혼동하기 쉽다. 하나는 인식 주관들 사이의 의견 일치가 이루어지는 경우이고, 다른 하나는 현상에 관한 보편적 인식이 이루어지는 경우이다.

개인들이 모두 다른 판단을 내릴 때와 개인들 사이의 합의나 의견 일치가 이루어질 때를 비교해 본다면, 후자가 더 높은 인식론적 가치를 갖는다는 것은 쉽게 수긍이 간다. 그렇다고 해서 이 합의가 곧 객관성을 보장해 주는 것은 아니다. 현재 합의에 이른 판단들 이외에 합의에 이르지 못할 주관적 판단이 앞으로 얼마든지 나타날 수 있기 때문이다. 이 때문에 진리의 기준을 합의에서 찾으려는 사람들은 이상적 의사소통의 상태를 상정하고 모든 사람들이 동의할 수 있는 합의를 도출하려고 시도한다. 위르겐 하버마스(J. Habermas) 같은 철학자의 경우가 이런 경우이다. 그렇지만 진리의 합의 이론은 두 개의 문제점을 갖고 있다. 하나는 우리 모두가 합의에 이를 수 있는 이상적인 상황을 만들어 내기가 어렵다는 것이고, 다른 하나는 설사 우리가 그런 상황을 만들어 냈다 해도 그것이 객관성과는 거리가 있을 수 있다는 점이다. 간주관성과 객관성은 구별되어야 하기 때문이다.

현상에 대한 보편적 인식은 객관성과 더욱 유사해 보인다. 칸트는 우리가 객관적인 인식을 추구해야 함을 인정한다. 그렇지만 그는 사물들 자체에 대해서는 우리가 알 수 없고, 우리는 단지 우리에게 나타나는 현상만을 알 수 있을 뿐이라고 주장했다. 이것이 그의 구성적 인식론이다. 칸트의 구성적 인식론이 현대의 사회적 구성주의와 구별되는 것은 이 구성이 인간에게 있어서는 보편적이라는 점이다. 이 점에서 칸트는 지식의 간주관성을 극한까지 추구한 철학자라고도 할 수 있다. 많은 사람들이 그가 뉴턴의 이론을 보편타당한 지식으로 정당화시켰기 때문에 그는 객관적 지식의 추구자라고 평가한다. 하지만 우리가 지금까지 논의한 기준에서 보면, 그가 지식의 객관성을 정당화시켰다고 보기는 어렵다. 그는 단지 현상 세계에 대한 지식의 보편타당성을 논의했으며, 현상은 우리에게 나타난 세계일 뿐 엄격한 의미에서 우리와 독립해 존재하는 객관적 세계는 아니기 때문이다.

인식론적 객관성에 대해 거부감을 느끼는 사람들은 우리가 절대적으로 보편적인 관점, 즉 신의 눈으로(God's eye view) 사물을 볼 수는 없기 때문에 우리는 그런 엄격한 객관성을 확보하지 못한다고 주장한다. 이들은 객관성을 보편적 관점의 산물로서 이해한다. 실용주의의 대가인 윌리엄 제임스는 다음과 같이 말한다. "절대적인 관점은 존재하지 않는다. 우리가 무엇을 판단하든지 우리는 시공 속에서 어떤 맥락의 관점에서 판단하지 않을 수 없다."[3]

이러한 비판은 객관성을 너무 과대평가한 결과이다. 객관성은 신의 눈으로, 즉 절대적 관점에서 사물을 보는 문제가 아니다. 우리가 어떤 맥락 속에서만, 말하자면 어떤 관점 아래서만 사물을 본다는 것은 부정할 수 없는 사실이다. 우리는 절대적 관점에서 사물을 볼 수는 없다. 그렇다고 객관성이 부정되는 것은 아니다. 객관성의 문제는 절대적 관점이나 아무 곳도 아닌 관점(view from nowhere)의 문제가 아니라, 어떤 측면에서 대상을 제대로 표상하는가의 문제이기 때문이다.

우리가 어떤 풍경의 사진을 찍는다고 해 보자. 어떤 관점도 없이 사진을 찍기는 불가능할 것이다. 렌즈를 어떤 각도로 맞추느냐에 따라 풍경은 다른 모습으로 보이기도 할 것이다. 그렇지만 우리는 여러 각도에서 찍은 사진들이 모두 그 풍경을 객관적으로 드러내고 있다는 사실을 부정할 이유가 없다. 어느 사진도 신의 관점에서 본 사진이 아니라고 해서 객관적이 아니라고 할 수는 없을 것이다.

2 과학적 지식의 객관성

과학은 객관적 지식을 추구한다. 객관성의 추구를 포기한 과학은 이미 과학이 아니다. 어떤 사람은 예술도 객관적 지식을 추구한다고 주장한다. 베네딕토 크로체나 마틴 하이데거가 대표적인 경우들이다. 이들은 예술도 과학과 마찬가지로 세계에 대한 인식의 한 방식이라고 주장한다. 아니 오히려 더욱 심오하고 풍부한 인식이라고 말한다. 물론 예술도 세계를 표상할 수 있다. 더욱 단순하고 더욱 의미심장하게 표상할 수 있다. 그러나 그 표현이 객관성을 갖고 있다고 하기는 어렵다. 니콜라스 레셔가 잘 지적하였듯이 객관성은 이성적인 사람이라면 누구나 이해 가능해야 한다.[4] 그러므로 입체파나 초현실주의가 그린 그림은 어떤 대상에 대한 표상이라 해도 객관성을 결여하고 있다. 그런 표현 방식이 일부의 사람들에게는 공감을 불러일으킨다 해도, 그것은 너무나 주관적이다. 물리학의 객관성을 비교해 보라. 물리학에서는 개인적 선호나 선입견이나 편견을 갖고 있는 다양한 관찰자들이 관찰하지만, 관찰의 결과는 바뀌지 않는 상태를 객관성으로 규정한다. 이것은 객관적 판단이란 개인적 성향이나 집단적 편협함으로부터 벗어난 판단이며, 개인적 선호나 기호가 영향을 끼치지 못하는 판단임을 의미한다.

우리가 객관적 지식에 도달하려면 몇 가지 필요조건을 충족시켜야 한다. 나는 객관적 지식의 필요조건으로서 다음과 같은 두 가지를 제시하고자 한다. 하나는 객관화의 조건이다. 이것은 어떤 주장을 개인의 심리 상태의 표현이 아니라 사태를 반영하는 객관적 주장의 형태로 제시하는 것이다. 예컨대 노란 개나리에 대한 인식을 '나에게 이 개나리가 노랗게 보인다.'거나 '나는 이 개나리가 노랗다는 것을 의심 없이 확신한다.'는 등의 형태가 아니라, '이 개나리는 노랗다.'는 객관적인 사태를 반영하는 주장으로 정식화하는 것이다. 이때 이 개나리를 인식하는 주체가 누구이든 조금도 문제되지 않으며, 오직 '이 개나리가 노랗다.'는 주장의 참·거짓만이 논의의 대상이 된다. 칼 포퍼는 이를 '객관적 의미의 지식(Knowledge in objective sense)' 내지는 '인식 주체 없는 인식론'이라 부른다.[5]

니콜라스 레셔(N. Rescher)는 포퍼의 이런 '객관적 의미의 지식'에 반대하면서, 포퍼와 같이 객관적 의미의 지식을 추구하게 되면 객관적 사유 내용의 실재론을 수용해야 하기 때문이라고 그 반대 이유를 설명한다.[6] 즉 우리가 객관적 의미의 지식을 추구하게 되면, 일종의 플라톤주의자가 되어야 한다는 것이다. 반면에 그는 이성의 보편성과 합리성을 객관적 지식의 근거로서 제시한다. 이성이 보편적이라는 것은 이성은 비개인적이라는 의미이다. 즉 어떤 사람이 행위하거나 믿거나, 평가하기에 타당한 것은 같은 상황에 처해 있는 우리 모두에게 동일하게 타당하다는 것이다. 동시에 이성이 합리적이라는 것은 이성이 추구하는 합리적 신념과 행위가 어떤 설득력 있는 근거에 기초하여 이루어진다는 것이다. 레셔는 합리성의 구체적 내용을 행위와 평가의 영역에까지 포괄적으로 예시하지만[7] 인식적 측면에서의 합리성은 1) 자신의 신념을 이용 가능한 증거와 잘 조화되게 하는 것과 2) 신념 체계의 일관성을 유지하는 것으로 규정한다. 그러므로 객관성은 합리성에 기초하고 있다고 할 수 있다. 합리성은 본래적으로 객관적이기 때문이다. 우리의 이성은 보편적이고 합리적이므로 이성이 추구하는 과학적 지식은 객관성을 함축한다는 레셔의 논증은 우리의 상식적 직관과 대체로 일치한다. 그렇지만 이성도 편견에 오염될 수 있고 불합리한 신념을 가질 수도 있다는 것을 염두에 둔다면, 이성의 작업을 최대한 객관화시키는 장치는 지식의 객관성을 위해 필수 불가결해 보인다.

둘째로 반증 가능성의 조건이다. 이것은 비판을 활용하기 위한 조건이며, 객관적 지식에 이르기 위한 절대적 관문이다. 우리의 이성은 언제나 오류를 범할 수 있다. 그러므로 이성의 탐구 결과인 과학적 지식은 항상 틀릴 수 있다. 그렇지만 이성이 오류 가능하다 해서 우리가 회의주의에 빠질 이유는 없다. 우리가 합리적 비판을 통해 오류를 검색하고 그것을 제거하는 것은 가능하기 때문이다. 그러므로 객관적 지식은 항상 반증 가능한 형태로 정식화되어야 한다. 반증이 불가능한 주장은 객관적 지식의 영역 속에 들어올 수 없다. 그것은 독단적이고 주관적인 견해일 뿐이다. 이런 관점에서 보면, 반증 가능성이 높을수록 더욱 객관적인 지식이 된다. 동시에 우리가 지식의 객관성에 도달하기 위해서는 최대한 비판을 허용해야 하며, 그것을 장려하는 사회적 장치나 분위기를 만들어야 한다. 학술지의 심사 위원을 그 분야의 전문가로 하고, 전문가의 초빙 범위를 최대한 확대하고, 심사 결과를 공개하고, 학술지가 신뢰할 만한가 하는 것을 다시 평가하는 장치나 작업들이 모두 지식의 객관성을 확보하기 위한 것들이라 할 수 있다.

그렇다고 객관적 지식이 정당화된 지식과 같은 의미를 갖는 것은 아니다. 정당화주의자들은 객관적 지식을 정당화된 신념으로 이해한다. 이들은 신념 체계의 피라미드를 염두에 두고 있다.

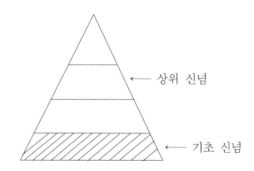

←— 상위 신념

←— 기초 신념

〔그림 13〕 신념 체계의 피라미드는 기초 신념에 의해 지지된다.

하나의 피라미드는 수많은 돌들이 쌓여서 이루어지며, 각 돌들은 바로 밑에 있는 돌들에 의해서 지지된다. 이런 지지의 과정은 땅에 근거하고 더 이상 다른 돌들에 의존하고 있지 않은 돌들에서 종결된다. 이때 각 돌들을 우리의 신념이라 하고 피라미드는 우리의 신념 체계라고 해 보자. 신념 체계의 윗부분에 있는 신념들은 아랫부분에 있는 신념들에 의해 지지되고 있으며, 가장 밑부분에 있는 신념들은 그 정당성을 다른 신념들에 의존하지 않는다. 기초 신념은 의심할 여지없이 확실한 것이다. 그것은 우리의 탐구 대상을 있는 그대로 반영해 주는 객관적 지식이기 때문이다. 우리는 통상 이를 토대적 신념이나 직접적으로 정당화된 신념이라 부른다.

이 피라미드적 구조에서 보면 비기초적 신념들은 직접 혹은 간접으로 기초적 신념에 의해서 정당화된다. 기초적 신념과 맞닿아 있는 비기초적 신념은 기초적 신념에 의해 직접적으로 정당화되며, 기초적 신념과 몇 단계 떨어져 있는 비기초적 신념들은 다른 비기초적 신념들을 거치면서 간접적으로 기초적 신념들과 연결된다. 그러므로 우리의 신념 체계에서 모든 비기초적 신념들은 그 정당성을 기초적 신념에 의존하고 있는 것이다.

우리가 객관적 지식의 정당화를 이런 식으로 설명한다면, 지식의 문제는 기초적 신념을 어떻게 확립할 것인가 하는 문제로 귀착되고 만다. 베이컨에서 로크, 흄에 이르는 고전적 경험주의자들은 오염되지 않는 순수한 경험이 기초적 신념을 산출할 수 있다고 보았고, 데카르트를 비롯한 고전적 합리주의자들은 명석 판명한 관념을 가질 수 있는 이성이 이런 역할을 할 수 있다고 보았다. 말하자면 고전적 경험주의자들의 순수 경험이나 고전적 합리주의자들의 이성적 직관은 지식의 객관성을 보증해 주는 최후의 보루였던 것이다. 경험주의자 흄은 다음과 같은 질문에서 이를 잘 보여 준다. "내가 당신에게 어느 특정한 사실을 믿는 이유가 무엇이냐고 묻는다면, …… 당신은 몇 가지 이유를 대야 할 것이다. 그리고 그 이유는 또 다른 몇몇 사실과 연관될 것이다. 그러나 무한정 이런 식으로 진행할 수는 없으므로, 기억이나 감각에 나타난 어떤 사실에 이를 수밖에 없거나, 아니면 당신의 신념은 전혀 근거가 없음을 시인해야 한다."[8] 반면에 데카르트의 새로운 권위는 이성이었다. 이성은 명석판명(明晳判明)한 관념만을 갖는다. 명석판명한 관념은 거짓일 수 없다. 그러므로 데카르트는 이성은 오류를 범하지 않는다고 주장한다.

그렇지만 이런 주장들은 지나치게 이상적이고, 유토피아적 인식론이다. 실제로 우리의 이성은 언제나 오류 가능하고 절대적이 아니다. 이 때문에 우리의 지식은 아무리 과학적 지식이라 해도 잠정적이고 가설적이다. 우리가 이성적 활동에 의해 객관성을 추구한다 해도, 절대적 확실성에는 도달하지 못한다고 보는 것이 합리적이다. 포퍼는 다음과 같이 주장한다.

> 객관적 과학의 경험적 기초는 절대적인 어떤 것을 갖지는 않는다. 과학은 단단한 바위 위에 기초해 있지는 않다. 그것은 말뚝 위에 세워진 건물과 같다. 그 말뚝들은 늪 속에 박혀 있지만, 어떤 자연적인 기초나 주어진 기초까지는 내려가지 못하고 있다. 그러나 우리가 말뚝을 더욱 깊게 박지 않는 것은 우리가 단단한 땅에 도달해서가 아니라, 단지 그 말뚝들이 적어도 당분간은 이론의 구조를 지탱하기에 충분할 만큼 단단히 박혀 있다는 데 우리가 만족하기 때문이다.[9]

우리가 절대적인 객관적 지식에 도달하지 못한다 해도, 합리적 비판은 진리에 대한 근접을 가능하게 한다. 우리는 항상 실수를 저지르고 잘못을 범할 가능성을 갖고 있다. 그렇지만 우리의 앎은 비판적 시험과 논의에 의해 증진되고 개선될 수 있다. 비판적 합리주의자의 다음과 같은 주장은 비판의 의미를 극명하게 보여 준다. "나는 절대적으로 확실하게 알지는 못한다. 나는 다만 추측할 뿐이다. 그렇지만 나는 추측을 비판적으로 검토할 수 있다. 그리고 다만 그 추측이 엄격한 비판을 견뎌 낸다면, 그것 자체가 그 추측이 옳다는 충분히 비판적인 이유라고 볼 수 있을 것이다."[10] 우리가 진리를 궁극적으로 정초시키려 하지 않고 합리적 논증의 도움으로 비판적으로 시험하고 비판적으로 논의하고자 한다면, 진리에로 가까이 접근해 갈 수는 있다. 만약 어떤 이론이 비판으로부터 면제되어 있다면, 그것은 과학적 이론일 수 없다. 과학은 반증 가능성을 생명으로 하기 때문이다.

이제 과학과 역사를 비교해 보자. 과학을 지식의 기준으로 삼았을 때 역사적 지식은 어떻게 평가되어야 할 것인가?

3 과학적 지식과 역사적 지식

아무런 객관적 증거도 없는 상태에서 역사를 쓴다는 것은 불가능하다. 직접적인 증거가 없다면 간접적인 증거라도 있어야 한다. 역사에 대한 필요성이 아무리 강하더라도 무로부터 역사를 재현할 수는 없을 것이다. 물론 과학 기술이 진보함에 따라 똑같은 증거라 할지라도 그것을 활용하는 능력과 범위는 달라질 것이다. 분자 생물학의 발달과 유전자 확인 기술의 진보에 따라 머리카락 한 올이 갖는 의미는 달라진다. 예전에는 그것이 큰 의미를 갖는 증거가 아니었지만, 지금은 그 주인을 재구성할 수 있는 증거가 된다.

증거는 과거의 정보를 보존하고 있는 것도 있고, 그렇지 못한 것도 있다. 그렇지만 어쨌든 역사가는 증거로부터 출발할 수밖에 없다.[11] 사료는 역사가가 다루는 증거가 된다. 사료는 여러 종류로 나누어진다. 그것은 1차 사료와 2차 사료로 분류되기도 하고, 역사학자는 사료의 진실 여부를 확인하기 위해 사료에 대한 외재적 비판과 내재적 비판을 수행하기도 한다. 증거와 역사적 주장은 어떤 관계를 형성하는가?

증거를 공정하게 다룰 수 있는 방법론의 확립에 의해 역사학은 학문의 영역 속에 들어온다. 많은 사람들이 역사는 관찰할 수 없는 과

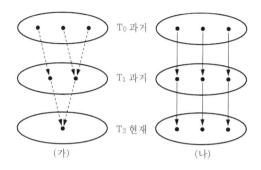

〔그림 14〕현재가 과거의 증거가 되는가 되지 못하는가의 여부는 과거에서 현재로
연결되는 과정이 가) 정보 파괴적인가 나) 정보 보존적인가에 달려 있다.

거를 다루고, 자연 과학은 우리가 관찰할 수 있는 대상을 다루기 때
문에, 두 학문은 엄격히 구분되며, 역사학은 물리학에 비해 매우 불
리한 위치에 있다고 말하곤 한다. 예컨대 블로흐와 존 패스모어(J.
Passmore)는 물리학자는 실험실에서 실험의 결과를 직접 확인할 수
있지만 역사가는 역사적 사건들을 경험한 다른 사람의 증언에 의존
할 수밖에 없다고 주장하면서, 역사학의 불리함을 강조했다. 많은 사
람들도 그렇게 생각하고 있다. 사실 현재 역사를 전공하는 어떤 사
람도 왕건이나 이성계나 세종대왕을 직접 본 적은 없을 것이다. 이
런 점에서 보면 이런 주장은 타당해 보인다. 삼국 통일의 전쟁에 참
가한 사람으로 아직 살아 있는 사람은 없을 것이며, 임진왜란에서
직접 왜군과 전투를 한 사람이나 그 목격자도 찾을 수 없을 것이다.
  그렇지만 이러한 주장은 다음과 같은 몇 가지 점에서 문제점을 안
고 있다. 첫째로, 피터 코소(P. Kosso)가 질 지적하였듯이[12] 모든 관
찰이 현재의 관찰이라기보다는 과거의 관찰이라는 점에서 보면, 이
런 주장은 타당하지 않다. 물리학의 경우를 보자. 물리학도 엄격하게

말하면 현재의 사건이 아니라 과거의 사건을 다룬다고 해야 한다. 정확하게 말한다면 현재는 과거와 미래 사이에 존재하는 아주 짧은 순간이다. 그러므로 우리가 실험을 하면서 어떤 대상을 관찰하는 순간, 그것은 이미 과거의 대상이 되며, 우리가 손에 쥔 자료는 과거의 대상이 남긴 자료일 뿐이다. 천문학의 예는 우리의 이해를 돕는 좋은 사례가 될 것이다. 어떤 천문학자가 지구에서 100만 광년 떨어진 은하계의 안드로메다라는 별을 관찰하고 있다고 해 보자. 그가 관찰하는 것은 언제나 현재 존재하는 안드로메다가 아니라, 100만 광년 이전의 안드로메다이다. 그의 작업은 100만 광년 이전의 자료를 근거로 하여 안드로메다를 재구성하고 있을 뿐이다.

과거의 증거에 근거하여 탐구를 수행하는 지질학, 진화 생물학, 비교 언어학 등도 사정은 마찬가지다. 그들은 모두 현재에 남겨진 증거를 근거로 하여 과거를 연구한다. 그러므로 역사학이 자연 과학에 비해서 관찰할 수 없는 대상을 다루기 때문에 특별히 불리한 위치에 있다고 하기는 어려울 것이다.

이것은 동시에 과거라고 해서 원칙적으로 관찰에서 불리한 위치에 있는 것은 아님을 의미한다. 예컨대 텔레비전에서 실제로 진행되는 축구 경기를 생방송으로 보는 것과 그것을 녹화해서 시간이 지난 후 보는 것 중 어느 쪽이 꼭 불리하다고 말할 수 있는가? 우리는 지금도 2002년 월드컵 4강전 경기를 재생해서 볼 수 있다. 물론 우리가 목격하는 모든 것이 과거라는 사실로부터 우리가 모든 과거의 사건을 목격할 수 있다는 것을 주장하는 것은 아니다. 녹화 테이프는 중간중간 끊겨 있을 수도 있고, 어떤 경우 녹화 테이프 자체가 모두 파괴되어 있을 수도 있기 때문이다. 그렇다고 해서 우리가 어떤 것도 관찰할 수 없는 것은 아니다.

둘째로, 이런 주장은 어떤 과학도 직접적인 관찰에만 의존하지 않는다는 점을 고려한다면, 정당화되지 않는다. 한때 논리 경험주의는 모든 과학은 경험에 근거한다는 경험의 중요성을 강조하면서 우리의 모든 지식의 근원이 경험이라는 주장을 폈다. 그들의 논리는 이렇다. 우리는 이런저런 지식을 갖지만 그것들은 결국은 직접적 관찰로 환원될 수 있다. 직접적 관찰로 환원되지 않는 것은 참된 경험적 지식이 아니다. 우리가 가장 단순하고 직접적인 관찰의 기록을 직접적 관찰 문장(프로토콜 문장, protocol sentence)이라 한다면, 모든 참된 경험적 지식은 이 프로토콜 문장들의 다양한 결합이다. 즉 프로토콜 문장의 진리 함수이다. 그렇지만 이런 환원주의적 지식관은 과학의 가장 단순한 법칙조차도 프로토콜 문장으로 환원되지 않는다는 사실에 의해 유지될 수 없게 되었다.

실제로 어떤 과학자도 연관된 분야에서 중요한 모든 실험을 확인할 수는 없다. 그는 경험적 증거의 많은 부분을 다른 실험실의 관찰자의 증언에 의해 알게 된다. 다른 실험실의 관찰에는 동시대뿐만 아니라 과거의 관찰까지도 포함된다. 실제적인 실험보다는 과학 학술지가 개별 과학자에게는 중요한 자료의 원천이다. 이를 역사학에 적용시켜 볼 때, 역사학자가 취급하는 증거, 즉 사료는 다른 사람이 수행한 관찰 기록이다. 그렇다면 역사학자가 자신이 수행한 관찰을 다루지 않고 다른 사람의 관찰을 다룬다고 해서 불리한 위치에 있다고 할 수는 없을 것이다.

어떤 이야기 관념론자는 물리학 같은 엄밀 과학과 역사학의 차이를 다음과 같이 주장하기도 한다.[13] "물리학에는 우리에게 주어지는 출발점이 있다. 이 출발점은 잘못될 수 있고, 수정되고, 다듬어지기도 하지만, 어쨌든 어떤 자료가 주어짐으로써 출발한다. 그러나 역사학에는 그런 출발점이 없다. 역사가의 지식은 축적이 안 된다고 하는 것은 이 때문이다. 역사가는 다른 사람의 작품을 이용할 수도 있겠지만, 언제나 새로 시작해야 한다." 이런 비교는 위에서 논의한 문제점들에 비추어 볼 때 정당화되기 어렵다.

셋째로, 그런데도 여전히 많은 사람들은 물리학은 다른 사람의 관찰을 이용하더라도 원하기만 하면 언제라도 실험을 반복적으로 할 수 있는 관찰 가능한 대상을 다루지만, 역사학은 아무리 하려고 해도 관찰이 불가능한 대상을 다룬다고 주장한다. 일견 그럴듯해 보인다. 고구려의 시조 주몽은 물리적 대상과 같이 우리가 실험할 수 있는 대상이 아니다. 그렇지만 이런 비교는 타당하지 않다. 물리학자가 탐구하는 대상인 전자도 관찰되지는 않는다.[14] 우리는 단지 거품 상자 속에서 전자의 흔적을 볼 수 있을 뿐이다. 우리는 이런저런 관찰의 증거들을 근거로 하여 전자의 존재를 추정한다. 이것은 주몽이라는 실제 인물이 남긴 증거나 그것에 관련된 증거를 근거로 하여 주몽을 재구성하는 것과 같다.

이러한 논의는 즉각 다음과 같은 반론을 불러일으킬 수 있다. 주몽은 그 당시에는 관찰 가능한 대상이었지만, 전자는 한 번도 관찰된 적이 없는 대상이다. 그런데 어떻게 두 경우를 같이 볼 수 있겠는가? 여기서 우리는 관찰의 의미를 좀 더 자세하게 분석할 필요를 느낀다. 관찰은 육안으로 이루어질 수도 있고, 안경, 망원경, 현미경 등의 도구를 사용하여 이루어질 수도 있다. 도구를 사용했다 해서 관찰이 아니라고 하기는 어려울 것이다. 앞으로 더욱 정교한 관찰의 보조 기구가 개발된다면, 우리가 현재 관찰하지 못하는 것도 관찰의 대상이 될 수 있을 것이다. 그러므로 관찰할 수 있는 것과 관찰할 수 없는 것을 현재 상황에서 고정적으로 양분하는 것은 합리적이지 않다. 뿐만 아니라 x는 관찰될 수 있는가? 그것은 실제로 x에 대한 관찰인가? 하는 질문은 잘못된 질문이다. 관찰이 지식의 유일한 원천이 아니라는 것을 우리가 인정한다면, 우리는 다음과 같이 물어야 한다. 이것은 그 사건에 대한 정보인가? 그 정보는 어떻게 전달되었는가? 정보의 흐름에 대한 믿을 만한 독립적인 설명이 존재하는가?

4 역사적 지식에서의 증거와 가설의 관계

지금까지의 논의는 증거를 잘만 활용하면, 역사학이라 해서 특별히 불리한 위치에 있는 것은 아니라는 것이었다. 그렇다면 증거를 어떻게 다룰 것인가 하는 문제가 핵심적인 과제로 떠오른다.

베이즈주의(Bayesianism)는 증거와 가설의 관계를 설명하는 확률론적 과학 방법론이다. 확률을 보는 견해는 크게 두 종류로 나뉜다. 하나는 객관적 이론이고, 다른 하나는 주관적 이론이다. 객관적 이론은 보통 빈도 이론이라 불린다. 빈도 이론에 의하면 확률이란 한 시행을 동일한 조건 아래에서 독립적으로 반복할 때 그 사건이 일어날 것으로 예측되는 횟수의 전체 시행 횟수에 대한 백분율이다. 반면에 주관적 이론은 한 사건의 발생에 대한 주관적 확신의 정도를 확률이라 규정한다. 이것은 반복의 시행 횟수와는 관계없이 정의되며, 어떤 사람이 특정한 순간에 주어진 명제나 사건에 대해서 갖는 믿음의 정도(degree of belief)이다. 우리는 통상 전자를 빈도주의자라 부르고, 후자를 베이즈주의자라 부른다. 동전 던지기를 했을 때 빈도주의자나 베이즈주의자나 모두 1/2의 확률을 부여할 수 있지만, 어떤 자료를 근거로 1억 년 전에 달에 생명체가 있었다는 주장에 대해 상대적인 빈도를 언급하지 않고 주관적인 믿음으로써 어떤 확률의 값을 부여힐 수 있다.[15]

주관적 믿음의 정도로서 어떻게 객관적 실재의 세계를 반영할 수 있을 것인가 하는 문제는 간단히 답하기 어려운 형이상학적 물음이다. 그렇지만 주관적 믿음도 가설의 설정 단계에서는 어떤 역할을 할 수 있을 것으로 보인다. 말하자면 그것이 객관적 지식을 보증해 주지는 못해도, 적어도 객관적 지식에 이르는 한 방법론으로 기능할 수는 있을 것으로 판단된다. 특히 이것은 반복이 불가능한 상황에서는 불가피한 것으로 생각된다.

가설의 입증과 관련하여 사용되는 베이즈의 정리는 다음과 같다.[16] 가설의 입증은 특정한 증거가 가설에 대해 갖는 관계를 나타낸다. 일반적으로 증거가 문제의 가설에 대해 긍정적인 관계를 나타내면서 그 값이 클수록 증거가 가설을 입증하는 강도는 높아 가고, 그렇지 못할 경우 증거는 가설을 반증한다고 말한다.

$$\Pr(H/E\&B) = [\Pr(E/H\&B) \times \Pr(H/B)] : \Pr(E/B)$$

이때 Pr는 확률을 나타낸다. H는 어떤 가설을 나타낸다. 우리가 논의하고 있는 맥락에서는 과거의 사건에 관한 어떤 역사적 명제를 나타낸다. E는 증거를 나타낸다. 우리의 논의 맥락에서는 문서, 유물, 언어 등과 같은 두 개 혹은 그 이상의 자료 사이의 유사성을 의미한다. B는 역사에 관한 이론, 방법, 및 다른 가설들의 배경 지식을 나타낸다. 대다수의 배경 지식은 여러 형태의 정보가 이전되고 교환되는 과정을 설명한다. 이런 이론의 이해는 과학적 역사 서술에는 결정적이다. 왜냐하면 그들은 역사 서술에서의 합의를 가능하게 해 주기 때문이다.

/는 조건적 확률을 나타낸다. 조건적 확률이란 어떤 조건 아래에서 일어날 확률을 말한다. 그러므로, Pr(H/E&B)는 증거 E와 배경 지식 B가 주어졌을 때, 가설 H의 확률을 의미한다. 이것은 사후 확률(posteriori probability)이다. 예컨대 이성계가 조선의 초대 왕이었을

확률은, 그것에 관한 수많은 문헌 증거와 이런 증거를 만든 인과적 연쇄에 관한 배경 지식이 주어졌을 때, 거의 1이라고 할 수 있다.

Pr(H/B)는 증거에 관한 지식 이전에 기존의 이론과 역사 서술을 포함하는 배경 지식이 주어졌을 때, 특정한 가설의 사전 확률(prior probability)이다. 예컨대 한반도에 구석기 시대가 존재했었다는 역사적 가설의 확률은 구석기 시대의 돌도끼가 발견되기 전에는 매우 낮았다.

Pr(E/H&B)는 문제의 가설이 배경 지식과 함께 주어졌을 때, 증거 E가 얻어질 개연성을 나타낸다. 예컨대 이성계는 조선의 초대 왕이라는 가설의 참과 그것이 기록된 『조선왕조실록』의 보존 상태 및 왕실의 문헌이 가진 특성, 종이의 성질 등에 관한 배경 지식이 주어졌을 때, 우리가 이성계를 조선의 초대 왕으로 언급하는 많은 문헌들을 발견할 가능성은 매우 높다.

Pr(E/B)는 가설 H와는 관계없이 배경 지식이 주어졌을 때, 증거 E가 얻어질 확률, 즉 증거 E의 기대값을 나타낸다. 예컨대 '이순신은 자살했다.'는 역사적 가설을 생각해 보자. 『난중일기』에는 명백한 언급이 없다. 그러나 이를 뒷받침할 어떤 자료가 존재할 가능성은 있다.

$$Pr(E/B) = [Pr(E/H\&B) \times Pr(H/B)] + [Pr(E/-H\&B) \times Pr(-H/B)]$$

나중에 이 가설에 대한 증거로서 『난중일기』의 후속편이 발견되었고, 그곳에서 그가 당시의 부패한 조정에 대한 개탄과 함께, 자신이 전쟁에서 승리했을 때 옛날과 같이 참소에 의해 옥살이를 할 수밖에 없는 상황을 예상하면서 고뇌하는 기록이 있다고 하자. 『난중일기』의 후속편이 발견되기 전에는, '이순신이 자살했다.'는 역사적 가설의 사전 확률은 매우 낮았지만, 『난중일기』의 후속편의 발견은 이 역사적 가설의 확률을 높이는 결정적인 증거가 된다.

아비저 터커(A. Tucker)는 베이즈주의가 역사 서술에 어떻게 적용되는가를 로마 공화정 시대의 백인대 민회(centuriate assembly)의 역사 서술에서 구체적으로 다음과 같이 확인한다.[17] 백인대 민회는 입법 권한과 고위 관리의 선출권, 법정에서 사형이 언도된 소송을 피고의 요청이 있을시 재심사할 수 있는 사법 권한을 갖고 있었다. 이것은 193백인대로 구성되어 있었고, 과반수의 찬성으로 의사를 결정했다. 193백인대는 18전통 귀족 집단과 170보병 집단 및 비무장 5백인대로 구성되어 있었다. 그리고 170보병 집단은 재산에 따라 다섯 계층으로 나뉘고, 이 보병 집단의 첫 번째 계층이 80백인대를 가졌다. 따라서 전통 귀족 18백인대와 가장 부유한 보병 집단 80백인대가 합치면 98백인대가 되고 백인대 민회의 과반수를 차지하게 되어, 보통 백인대 민회의 의사를 결정했다.[18]

기원전 241년에서 220년 사이에 백인대 민회는 개혁되었다. 이때 어떤 식으로 개혁되었는지 정확한 기록이 없어서, 보병 집단의 다섯 계층이 어느 정도의 백인대를 가졌는가 하는 문제를 두고 판타가토의 가설과 몸젠의 가설은 대립하고 있었다.

판타가토의 가설은 다섯 계층이 각각 70백인대를 갖는다는 것이고, 몸젠의 가설은 첫 번째 계층은 70백인대이고, 나머지 네 계층은 모두 합해서 100백인대를 갖는다는 것이다. 대다수의 역사학자들은 몸젠의 가설을 거부했다.

몸젠 가설의 낮은 사전 확률은 새롭고 기대하지 않은 고고학적 증거의 발견으로 뛰어 올랐다. 1947년 로마 공화정 시대의 백인대 민회에 관한 소중한 기록을 담고 있는 헤바의 서판이 발견됨으로써, 몸젠의 가설은 확인되어 보편적으로 인정되었다.

역사 서술에 대한 베이즈주의적 해석이 갖는 또 다른 이점은 역사 서술을 과학적 탐구와 비슷하게 만들 수 있다는 점이다.[19] 일반적으로 역사가는 개별 사실을 탐구하고 자연 과학자는 보편 법칙을 추구하는 것으로 생각한다. 그렇지만 역사가도 언제나 개별 사실들만을 기록하는 것은 아니다. 많은 경우 역사 서술은 개별적인 역사적 사실에 기초해 있는 것이 아니라 이론적인 개념들을 사용하여 현상을 설명한다. 총괄(colligation)이 그것의 대표적인 경우이다.[20] 총괄은 알려진 특수한 역사적 사건들을 하나의 단일한 실재로 종합하는 설명 방식이다.

드레이는 총괄을 일반 개념이나 유형, 비유, 유비 아래 사건들을 종합하고 재조직하는 것으로 설명했다. 총괄은 '왜(why)'에 대한 답을 추구하는 과학적 설명에 대응되는 '무엇(what)'에 대한 역사 서술적 설명의 인문학적 모형이라 할 수 있다. 역사적 전체를 일반성이 아니라 개별성과 맥락 속에서 이해하고자 하는 것이다. 총괄의 구체적 예를 들어 보자.[21] '르네상스'나 '계몽주의'는 총괄의 대표적인 경우이다. 이들은 비슷한 양상의 여러 개별적인 현상들을 전체적으로 묶어 설명하기 때문이다. 14세기 이탈리아에서 신적인 것을 추구하지 않고 인간의 모습을 중심으로 미를 추구하는 광범위한 예술 현상이 나타난다. 부르크하르트는 이런 현상을 설명하기 위해 '르네상스'라는 가설을 제안했다. 이 가설은 예술과 문학, 정치로부터 광범위한 현상들을 설명한다. '계몽주의'라는 가설도 18세기 후반의 비슷한 현상들을 설명해 준다. 이때 역사 서술에서 이런 이론적 개념을 사용하여 비슷한 현상들을 설명하는 것과 자연 과학자가 이론적이고 관찰되지 않는 개념들을 사용하여 일련의 현상들을 설명하는 것은 같은 작업이라 할 수 있다. 예컨대 돌턴(J. Dalton)은 일련의 화학적 현상을 설명하기 위해 '원자'라는 개념을 도입했다. 이것은 부르크하르트가 '르네상스'라는 개념을 도입한 것과 흡사하다. 돌턴과 부르크하르트의 이론적 창안들은 잘 입증되어 일반화되었다. 이때 가설과 그것을 입증해 주는 증거(우리가 관찰하는 현상)와의 관계에서 베이즈주의는 일관되게 적용되고 있다.

증거는 낮은 사전 확률을 가진 가설들을 높은 사후 확률로 만들어 준다. 증거가 가설을 입증하여 더욱 설득력 있게 만들었기 때문이다. 그렇지만 증거에 의한 가설의 입증도가 아무리 높다 해도, 그것이 곧 객관적 지식을 보증해 주지는 못한다. 가설은 입증 사례를 가지는 것 못지않게 반증 사례를 갖지 않아야 한다. 증거는 어떤 가설의 반증에도 사용될 수 있다. 증거를 원칙적으로 가설의 반증과 연관시키는 방법론이 반증주의이다. 반증주의에서 보면 가설을 입증하는 증거보다 가설을 반증시킬 수 있는 증거가 더욱 중요하다. 우리가 어떤 가설을 시험한다는 것은 그 가설을 입증하는 긍정적 증거와 아울러 그 가설을 반증하는 부정적 증거를 찾는 것이기 때문이다. 이런 시험에 합격한 가설, 즉 아무리 그 가설을 부정하는 반증 증거를 찾으려고 노력해도 그런 증거를 찾지 못한 가설만이 '객관적 지식'이라는 영예를 차지할 수 있다. 예컨대 '단군은 실재 인물이다.'라는 역사적 가설은 이를 입증하는 증거와 아울러 이를 반증하는 증거가 존재하지 않을 때, 객관적 지식이 된다.

어떤 사람들은 증거의 역할에 대해 회의적인 눈초리를 보내면서 증거에 의한 지식의 확립에 부정적이다. 증거가 여러 가설들을 동시에 만족시킬 수도 있기 때문에 증거가 어떤 특정 가설을 입증해 주지 않는다는 주장이 미결정성 논제이다. 말하자면 증거 e가 가설 h_1과 가설 h_2를 동시에 지지할 수도 있기 때문에, 우리가 증거 e를 가지고는 가설 h_1이 참인지, h_2가 참인지 알 수 없다는 것이다. 물론 이런 경우들도 존재할 것이다. 그렇지만 미결정성 논제가 정당화되는 것은 아니다. 그것은 탐구의 과정에 존재하는 어떤 딜레마적 상황을 설명할 뿐, 탐구의 최종적 결과와는 어긋나기 때문이다. 우리가 탐구를 계속하여 가설들을 부분적으로 변형시키거나 정교화시킨다면, 증거 e에만 매달릴 필요가 없을 것이며, 우리가 확보한 다른 증거 e_2를 활용하여 보다 우월한 가설의 선택은 가능해질 것이다.

5 해석학적 객관성

많은 사람들이 자연 과학은 자연의 세계를 다루지만, 역사는 남겨진 자료나 문헌의 의미를 이해하는 해석학에 기반하기 때문에, 역사학이 자연 과학과 같은 객관성을 확보할 수 있을지를 의심한다. 나는 해석의 객관성도 같은 논리로 확립할 수 있다고 생각한다.

해체주의는 원전의 해석에서 객관성을 부정하는 이론이다. 이러한 해체주의의 이론은 처음 문학 원전에 대한 해석과 관련하여 논의가 시작되었지만, 역사나 철학의 원전 해석 등, 해석 일반에 적용되기에 이르렀다. 이들은 어떤 원전이 고정되고 객관적인 의미를 갖는다는 견해를 수용하지 않는다. 해체주의에겐 객관성이 허용될 자리가 없다. 해석은 각자가 자기 나름으로 내리는 자유로운 상상력의 작업이기 때문이다. 그러므로 해체주의자는 한 원전이 무엇을 의미하느냐고 물어서는 안 되고, 단지 그것이 무엇을 의미할 수 있는지, 무엇을 의미해도 좋은지를 물을 수 있을 뿐이다.

레셔는 해체주의의 교설을 다음과 같이 정식화한다.[22]

1) 범텍스트(omnitextuality) : 한 텍스트에 대한 해석은 또 다른 텍스트가 된다. 해석학에서는 텍스트의 영역에서 탈출할 방법이 없다.

2) 가소성(plasticity) : 모든 텍스트는 항상 다양한 해석을 허용한다.

3) 등가성(equivalency) : 모든 해석은 동일한 가치를 지닌다. 어떤

해석도 결정적이지 않으며, 어떤 해석도 적합하지 않은 것으로 거부되지 않는다.

이를 역사학에 적용시켜 설명해 보자. 범텍스트는 '텍스트밖에는 아무것도 없다.', '실재는 존재하지 않으며 언어만이 존재한다.'는 명제로 극단화되어 나타난다. 말하자면 텍스트는 외부 실재와 관계하는 것이 아니라, 그 자체로 완결되어 있다. 그러므로 역사 서술이 실제로 일어났던 과거의 역사를 준거로 한다는 주장은 설 자리가 없어진다.

해체주의의 세 주장은 모두 잘못되었다고 판단된다.[23] 첫 번째 범텍스트 논제를 보자. 텍스트와 텍스트 밖의 세계를 구별하지 못한다는 것은 우리가 해석의 감옥에서 결코 벗어날 수 없다는 것을 의미한다. 이것은 극단적 관념론이다. 철저한 감각주의자인 버클리가 '존재하는 것은 지각된 것이다.'라고 주장했듯이, 해체주의자들에겐 '존재하는 것은 해석된 것이다.' 우리는 이러한 태도를 이론적으로는 논파하지 못할 수도 있다. 그렇지만 이러한 태도는 우리의 상식이나 직관과도 너무나 이질적이다.

두 번째 가소성도 문제될 수밖에 없다. 가소성이란 간단히 말해서 해석의 자의성을 의미한다. 자의적 해석이 가능하려면 다음 두 경우 중 어느 하나에 해당되어야 할 것이다. 하나는 텍스트의 의미를 결정하는 텍스트 밖의 세계가 존재하지 않기 때문에 텍스트의 의미가 확정적일 수 없는 경우이고, 다른 하나는 텍스트의 의미가 확정되어 있다 해도 그것에 대한 접근이 불가능한 경우이다. 해체주의자들은 전자의 경우를 더욱 선호한다. 그렇지만 이것은 전체적으로 언어에 대한 오해에 근거하고 있다. 만약 텍스트의 의미가 확정되어 있지 않다면 텍스트와 그것에 대한 해석을 매개로 하는 일체의 의사소통 자체가 불가능할 것이다. 두 번째 경우는 우리의 이성에 대한 지나친 평가 절하라고 할 수 있다. 나는 이 문제를 역사의 현재주의를 다루면서 논의한 바 있다. 물론 텍스트의 의미가 확정되어 있고 우리가 그것을 객관적으로 해석할 수 있다 해도, 텍스트의 어느 측면에 초점을 맞추느냐에 따라 상이한 해석들이 가능할 수 있다. 그렇지만 이런 객관적 해석들은 자의적 해석을 의미하는 가소성과는 구별되어야 할 것이다.

해체주의의 세 번째 주장인 모든 해석의 등가성은 더 큰 문제를 일으킨다. 해석의 등가성은 해석의 무정부 상태를 의미하며, 학문으로서의 역사학의 파멸을 의미한다.

텍스트 해석의 객관성을 위해서는 앞서 이야기한 객관성의 여러 조건들이 일관되게 적용되어야 할 것이다. 먼저 객관화의 조건을 생각하면서, 어떤 역사서를 해석한다고 해 보자. 이때 우리는 우리 앞에 놓인 텍스트가 확정된 객관적 의미를 갖는 것으로 간주하고 그 내용을 있는 그대로 드러내는 일에 몰두할 수밖에 없다. 그러므로 텍스트 해석은 텍스트에 대한 주관적 의미 부여나 느낌의 표현이 아니라, '이것은 무엇이다.'는 객관적 정식화로 나타나야 한다. 물론 텍스트를 바라보는 다양한 시각이 가능하겠지만, 어떤 시각에서의 해석이든 객관화의 조건 위에서 진행되어야 할 것이다.

다음으로 반증 가능성의 조건을 보자. 모든 해석은 반증 가능한 형식을 갖추고 있어야 한다. 예컨대 '고구려는 중국의 지방 정부였다.'고 누군가가 주장한다고 하자. 이러한 주장이 역사적 지식으로서의 자격을 가지려면 비판적 검토를 통과해야 한다. 고구려는 700여 년의 역사를 갖고 있다. 그 700여 년 동안 중국에는 수많은 나라들이 나타났다가는 사라졌다. 고구려는 이런 나라 중의 어느 나라 지방 정부인가를 우리는 물을 수 있고, 중앙 정부가 사라져도 지방 정부는 존속하는지를 물을 수 있다. 고구려가 중국의 지방 정부였다는 주장이 정당화되려면, 이런 모든 비판을 견뎌 내야 한다. 그렇지 못할 경우 그것은 허구적 가설이 된다. 그러므로 반증 가능성의 조건에서 보면 객관적 해석이란 원리적으로 반증 가능하지만, 아직 반증되지는 않은 지식을 의미한다.

이런 두 조건에 덧붙여 텍스트 해석의 객관성에는 상황의 재구성 조건이 필요하다. 상황의 재구성 조건이란 그 텍스트가 발생한 역사적 상황을 재구성하여 그 상황 속에서 이해하는 것이다. 예컨대 철학사의 중요 사상인 플라톤의 이데아 이론을 제대로 이해하려면, 무리수 $\sqrt{2}$의 발견에 의해 그리스 원자론이 위기에 처한 당시 상황을 재구성할 수 있어야 하며, 임마누엘 칸트가 그의 『순수이성비판』에서 제기한 질문 '선천적 종합판단은 어떻게 가능한가'라는 질문의 의미를 제대로 이해하려면, 칸트가 뉴턴 역학의 절대적 진리성을 의심하지 않고, 그런 절대적 진리가 어떻게 가능한가를 묻지 않을 수 없었던 당시의 상황을 재구성할 수 있어야 한다. 왜 3·1독립운동은 비폭력 저항운동으로 출발했는가를 이해하기 위해서는 3·1독립운동을 주도했던 민족 지도자들의 당시 상황 인식을 재구성할 수 있어야 한다. 해석의 객관성 문제에 대해서는 '합리적 설명의 논리'에서 보다 자세하게 설명하기로 하겠다.[24]

3부

역사의 이해와 설명 :
이해와 설명의 통합이 필요하다

역사가가 추구해야 하는 일은 과거의 역사 속에서 무엇이 발생했으며, 동시에 그것이 왜 발생했는가를 밝히는 것이다. 첫 번째 물음에서는 문제되는 역사적 사건의 특성에 대한 이해가, 그리고 두 번째 물음에는 그 사건을 유발시킨 원인이나 이유에 대한 설명이 문제된다. 그러므로 역사의 서술에서는 이해와 설명 모두가 필요하다.

18세기 계몽주의 시대만 해도 역사적 설명에 특별한 문제가 있다는 것을 정확하게 인식하지 못했다. 계몽주의 시대는 보편적 물리학의 방법을 통해서 모든 사물을 설명할 수 있다고 여겼고, 뉴턴의 방법은 자연의 모든 것에 적용될 수 있는 것으로 이해했다. 그러나 19세기 후반으로 오면서 역사 세계를 탐구하는 방법론을 중심으로 역사에 대한 철학적 성찰이 시작되었다.

신칸트학파와 딜타이 등은 본체계와 현상계를 구별한 칸트나, 정신과 자연을 구별한 헤겔의 이론을 방법론적으로 더욱 발전시켜, 법칙 정립적 방법과 개성 기술적 방법을, 그리고 자연 과학의 방법론과 정신과학의 방법론을 구별해야 한다고 생각했다. 이에 따라 두 종류의 학문과 그 각각에 맞는 이해와 설명이라는 방법론은 엄격하게 구분되고, 정신과학의 이해의 방법은 자연 과학의 설명의 논리적 구조와는 완전히 다른 것으로 이해되었다.

그렇지만 그 후 가속화되어 가는 자연 과학의 진보와 영향력의 증대에 따라 정신과학까지 자연 과학의 방법론에 의해서 통일하려는 사상이 다시 대두되었고, 특히 논리 실증주의의 등장과 함께 이러한 사조는 20세기 중반까지 대단한 유행을 이루었다. 역사적으로 보면, 결국 역사 인식의 방법론 논쟁은 과학의 이상을 자연 과학(그중에서도 특히 물리학)에 두고 모든 학문을 이에 근접시키려는 방법론적 일원론자와, 정신과학 내지는 문화 과학을 자연 과학에서 분리해서 보려는 방법론적 이원론자의 대결이라 할 수 있다. 그것은 존재론적으로 보면 역사 세계를 물리적 세계의 일부분으로 보는 일원론과 물리적 세계와는 다른 합리적 세계로 보는 이원론의 대결이라 할 수 있다.

3부에서는 먼저 역사 세계를 구성하는 행위와 문화에 대한 검토부터 하기로 한다. 그 후 해석학적 이해와 과학적 설명의 특성을 밝히고, 객관주의 역사학을 가능하게 하는 설명적 해석학을 논의한다. 마지막으로 수반 이론은 하부 구조가 상부 구조를, 미시적 행위의 법칙이 거시적 역사 법칙을 설명할 수 있음을 보여 준다.

1장
역사의 세계는 문화의 세계이다

세계의 모든 것은 시간 속에 존재하는 한에서 모두가 나름대로의 역사를 갖는다고 할 수 있다. 넓은 의미에서 역사란 어떤 것이 시간 속에서 변화하는 과정이기 때문이다. 그러므로 인간만이 역사를 갖는 것은 아니다. 별들도 탄생에서 사멸에 이르는 변천 과정이 있고, 식물이나 동물도 우리가 보통 진화라고 부르는 역사를 갖는다. 인간도 동물인 한에서 생물학적 진화의 역사를 갖는다. 그렇지만 이런 생물학적 진화의 과정은 긴 시간에 걸쳐 일어나고 우리의 직접적인 생활 세계와는 다소 거리가 있기 때문에 인간의 역사에서 전체적인 배경을 이룰 뿐 중심적인 위치를 차지하지는 못한다. 대신에 인간의 의식적인 행위와 그 결과인 문화가 중심을 차지한다.

생물학적 기반은 문화의 역사가 전개되는 기반으로 작용한다. 문화는 때로는 생물학적 기반과 상충하기도 하고 때로는 생물학적 기반을 보완하고 확장하는 장치로서 기능을 하기도 한다.

오늘날의 생물학자들은 인간 이외의 동물들도 문화를 창조한다고 본다. 예컨대 개미가 건축한 개미집이나 벌의 사회 조직은 이들이 이룩한 대표적인 문화다. 그리고 이런 건축물이나 사회 조직도 역사적 변천을 겪는 점에서 보면, 이들도 문화의 역사를 갖는다고 할 수 있다. 그렇지만 지구 위의 어떤 생명체도 인간만큼 광범위하고 고차적인 문화를 창조하지는 못했다. 인류의 역사를 문화의 역사로 보는 것은 이런 이유 때문이다. 말하자면 문화가 인류의 전유물은 아니지만, 생활에서 문화가 차지하는 비중을 볼 때 문화를 통해 인간의 역사를 이해하려는 접근은 매우 합리적이다.

자연과 대립되는 문화는 인류가 자연 상태에 노동을 가해서 획득한 정신적, 물질적인 성과 일체를 의미한다. 이것은 통상 물심 양면에 걸치는 생활양식과 내용 모두를 포괄하는 혼합체다. 한 사회의 문화는 그 속에 사는 사람들의 의식주에 관련된 모든 물질적인 것, 그리고 행위와 정서와 사고의 양식들로 구성된다. 그것은 사람과 대상과의 관계뿐만 아니라 사람과 사람과의 관계 및 사람들이 이룩한 지적, 정신적 자산 일체를 포함한다. 그러므로 공간적 관점에서 보면 문화는 순수한 동물적 본능과 자연 환경 사이에서 만들어진 완충물이며, 시간적인 관점에서 보면 세대에서 세대로 이어지는 사회적 전통이다.[1]

이 장에서는 문화에 대한 일반적인 규정을 살펴본 후에, 문화에 대한 가장 고전적인 이론인 생철학자 빌헬름 딜타이의 문화 이론을 검토해 보고, 문화에 대한 가장 현대적인 이론인 비판적 합리주의의 문화 이론을 살펴본다.

1 문화로서의 역사 세계

문화의 세계란 의식적인 인간 활동의 결과라는 의미에서 자연의 세계와는 대립되는 세계이다. 자연은 저절로 발생한 것, 스스로 성장한 것들의 총체인 데 반해, 문화는 인간의 노력에 의한 창조물이나 생산물을 가리킨다. 그러므로 넓은 의미에서 보면 대지로부터 자유롭게 자라나는 것은 자연의 산물이고, 인간이 대지를 경작하여 산출하는 것은 문화의 산물이라 할 수 있다. 인간도 자연의 일부분이다. 인간의 생물학적 욕망과 기본적인 의식은 자연적으로 주어진 것이다. 그렇지만 인간은 스스로의 의식적인 노력에 의해 생물학적 욕구를 다양한 방식으로 충족시키며, 주어진 자연을 변형시키거나 자연과는 다른 무엇인가를 창조해 낸다. 이런 변형과 창조의 결과를 문화라 할 때, 인간은 자연적 존재인 동시에 자연과는 대립하는 문화적 존재가 된다.

서양에서 문화라는 말의 원래적 의미가 '땅의 경작'에서 유래했다는 것은 잘 알려져 있는 사실이다.[2] 이러한 의미는 곧 학습을 통한 '정신의 함양'이라는 의미로 전화되고, 급기야는 인간의 모든 의식적 활동과 그 산물을 총체적으로 가리키기에 이르렀다. 문화에 대한 정의는 매우 다양하다. 문화에 대한 최초의 현대적인 정의를 내린 타일러(E. B. Tylor)에 의하면, "문화 혹은 문명이란 지식·신앙·예술·법률·도덕·풍속 등 사회의 일원으로서 인간이 취득한 능력과 습관의 총체"이다.[3] 린드(Lynd)는 문화를 "동일한 지역에 사는 사람들의 공동체가 하는 일, 사고방식, 감정, 사용하는 도구, 가치, 상징의 총체"[4]라고 정의했다.

문화를 이렇게 물리적, 정신적 '삶의 양식 일반'을 의미하는 사회적 개념으로 넓게 보지 않고 좁은 의미로서 규정하는 경우도 있다.

이상주의자들은 문화를 보편적이고 절대적인 가치의 구체화라고 규정한다. 이때 문화는 매우 윤리적인 의미를 갖게 되며, 인간성의 완성이라는 이상을 나타낸다. 또한 이와 다른 측면에서 문화는 현실적으로 존재하는 예술 작품과 지적 작품의 총체를 의미하기도 한다.[5]

문화 과학(Kulturwissenschaft)이라는 말을 학문적 용어로 정착시킨 리케르트(H. Rickert)에 의하면, 일체의 문화 사상에는 인간에 의해서 승인된 어떤 가치가 구체화되어 있으며, 이 가치 때문에 그것이 생겨나든가 혹은 보호되든가 하는 것이다. 그러므로 문화란 가치의 표현 이외에 다른 것이 아니다. 가치 없는 문화 현상이란 존재할 수가 없다. 말하자면, 문화는 원래 주어진 자연을 인간이 필요한 가치에 따라 형성한 것이다. "종교, 교회, 법률, 국가, 도덕, 과학, 언어, 문학, 예술, 경제 및 그것을 경영하는 데 필요한 기술적 수단들은 그것들에 붙어 있는 가치가 한 공동체의 전 구성원들에 의해서 타당하다고 인정되는 의미에서 문화적 객체나 재화라고 할 수 있다."[6] 이런 리케르트의 주장은 지나치게 당위성을 강조함으로써 이상적 문화만을 문화로 볼 위험성을 내포하고 있다.[7] 현실적인 삶의 관점에서 보면, 문화 세계에 대한 딜타이의 규정이 더욱 타당해 보인다. 삶의 철학자인 딜타이에 있어서 문화의 세계는 곧 삶의 세계이며, 정신이 구체적으로 나타난 세계이다. "인간이 조우하는 모든 것, 인간이 그 속에서 삶을 향유하는 목적 체계, 개인들의 협력에 의해 성립하는 사회의 외적 조직, 이 모든 것이 하나의 통일적인 삶의 세계를 이룬다."[8] 문화적 현상들이 가치와 연결되어 있다는 것은 딜타이도 인정한다. 그렇지만 딜타이에 있어서 "그러한 가치는 선험적 가치가 아니라 생활 속의 가치이다."[9] 이러한 가치는 선험적으로 우리에게 주어지는 것이 아니라, 역사적인 삶 자체의 경험에 대한 반성에서 이루어진 결과물이다.

이리하여 문화의 세계는 통상 객관적 정신(objektiver Geist)으로 표현하기도 한다. 헤겔이 이 말을 처음 사용하였을 때 '객관적 정신'은 주관적 정신과 절대적 정신 사이에 존재하는 영역을 가리키는 말이었고, 예술, 종교, 철학은 객관적 정신이 아니라 절대적 정신의 영역에 속하는 것이었다. 그렇지만 딜타이 이후 객관적 정신은 예술과 종교 및 철학까지도 포함하는 문화의 전 영역을 의미하기에 이르렀다. "나는 객관적 정신이란 개념을 개인들 사이에 성립하는 공통성이 감각적 세계에 구체화된 다양한 형식으로 이해한다. 객관적 정신 속에서 과거는 우리에게 계속해서 존재하게 된다. 그 영역은 삶의 양식이나 교류의 형태로부터, 사회가 설정한 목적 체계, 도덕, 법률, 국가, 종교, 예술, 과학 및 철학에까지 미친다."[10]

포퍼의 세계3도 딜타이의 객관적 정신과 비슷하다. 이것은 인간 정신의 산물로서 구성된 세계이다. 그러므로 그것은 이야기들, 신화들, 도구들, 과학적인 이론들, 과학적인 문제들, 사회 제도나 예술 작품을 모두 포괄한다. 이들은 모두 역사 세계를 가장 넓은 의미에서 문화의 세계로 이야기하고 있다.

2 삶의 객관화와 세 종류의 표현

우리는 딜타이가 제안한 대로 과학적 연구의 두 가지 태도를 구별할 수 있다. 하나는 인식 대상으로서의 자연을 중심에 놓고 보는 태도이고, 다른 하나는 인간 자신을 중심으로 삼는 태도이다. 자연을 중심으로 놓고 볼 때 인간은 자연에 의해서 규정된 존재이다. "인간의 정신까지도 자연 속에 놓고 본다면 물리적 세계라는 큰 본문 속에 들어 있는 하나의 삽입구와 같은 느낌을 준다. 이때 인간은 자기 자신을 배제하면서 자연이라는 큰 대상을 하나의 법칙적 질서로서 구성한다. 이와 반대로 인간적 사실에로, 즉 의미나 목적이 전개되어 있는 인간의 삶의 세계를 중심으로 삼았을 때 새로운 현실이 우리에게 나타난다. 삶의 세계는 인간의 정신에 의해 창조된 세계이다."[11] 그러므로 삶의 세계는 가치와 목적, 의미가 얽힌 문화의 세계이며, 끝없이 발전하는 역사의 세계이다.

이렇게 해서 자연의 법칙적 질서를 다루는 자연 과학과 인류의 삶을 대상으로 삼는 정신과학이 구분될 수 있다. "정신과학은 인류라는 사실에 관한 학문이다. 그것은 인간적 사실에 관해 이야기하고, 판단하고, 개념이나 이론을 구성하는 것이다."[12] 그러므로 정신과학의 주제는 언제나 인류 내지는 인간의 활동이 전개된 인간적-사회적-역사적 현실이 된다.

그러나 정신과학과 자연 과학이 인간이란 주제에 의해서 완전하게, 구분되지는 않는다. 왜냐하면 정신-물리적 통일체로서의 인간은, 육체에 관한 한 자연의 세계에 속하며 물질적 매개체를 통하지 않고는 정신 역시 나타날 수 없기 때문이다. 따라서 자연 과학과 정신과학의 대상은 서로 얽혀 있는 셈이다. 인간의 생리적 측면을 다루는 생리학은 자연 과학에 속하며, 정신이 그 속에 표현되어 있고 개입되어 있는 대상, 즉 정신이 흔적을 남긴 물질 세계는 정신과학의 대상이 된다. 예컨대 전쟁은 복잡한 화학적 과정과 물리적 법칙을 이용한 파괴와 살육의 과정이지만, 인간의 의도가 개입되어 있는 한 정신과학의 대상이 되며, 순전히 유기체적 메커니즘만을 다루는 생리학은 인간과 동물의 차이를 전혀 가정할 필요가 없는 것이다. 이리하여 정신과 자연이라는 두 개의 근본적인 범주가 나타난다.

정신은 학적 탐구의 대상이 되기 위해서는 객관화되지 않으면 안 된다. 말하자면 정신은 물질적 세계에 나타나야 한다. 이것이 정신의 표현이며, 표현은 동시에 삶의 객관화(Objektivation des Lebens)다.[13] 표현 속에서 삶은 비로소 고정되며, 바로 이 고정화로 인해서 삶의 세계는 과학적 탐구의 대상이 된다. "내관을 통해서는 인간적 본성을 파악할 수 없다. 우리의 삶은 그 표현을 통해서 언제나 간접적인 방법에 의해서만 확실하게 파악된다."[14]

이러한 삶의 표현은 크게 세 종류로 구분될 수 있다. 즉 우리 자신을 포함하는 세계에 대한 지식, 행위 및 예술 작품이 그것이다. 딜타이는 이를 명제, 행위 그리고 좁은 의미의 체험 표출이라고 부른다.[15] 이들은 정신적 실재를 얼마만큼 완전하고 확실하게 드러내는가, 그것들이 어떻게 이해되는가에 따라 구별된다.

첫번째 종류는 개념, 판단 및 복합적인 사유 체계 등으로 구성된다. 우리는 이들을 간단히 과학의 이름 아래 포섭할 수 있다. 이들은 다른 삶의 표현들과 구별되는 공통적인 특징으로서 논리적 규범을 갖는다.[16] 모든 서술적 명제는 그 자신 안에 진위의 기준을 갖고 있기 때문에 그것을 표현한 체험에 다시 관계하지 않고도 그 자체로서 이해 가능하다. 그러므로 이들은 개별적 체험에서 분리되어 객관적 지식의 체계인 과학의 구성 요소가 된다. 예컨대 그것은 시간의 변화나 개인에 의존하지 않는 사상 내용의 타당성에 관해서만 이야기한다. 바로 여기에 "명제적 의미의 동일성"[17]이 있다. 그러나 명제는 그것을 언표한 자의 내적 정신 상태에 대해서는 어떠한 것도 알려 주지 않는다.

표현의 두 번째 종류는 행위와 행위의 결과로서 구성된다. 행위 역시 내면적인 것이 실현됨으로써 가시적 세계에 나타난 것이므로, 우리는 보이는 것에서 보이지 않는 내면적인 의미를 추구해 갈 수 있다. "행위와 그것의 계속적인 작용은 항상 그것이 발생한 내면 세계를 재구성할 수 있게 한다."[18] 행위의 본질은 목적의 실현에 있다.

"행위는 무엇을 실현하고자 하는 의도에서 발생한다."[19] 바로 이 때문에 순전히 서술의 기능만을 가진 명제와는 구별된다. 행위의 가장 간단한 예로는 도구의 사용을 들 수 있다. 어떤 사람이 도구를 사용하는 것을 볼 때, 우리는 여기에서 단순한 지각과는 다른 그의 목적이나 의도를 파악한다. 행위를 이해 가능한 의미 있는 것으로 만드는 것은 바로 이 행위 속에 내재해 있는 의도나 목적 때문이다. 그러나 행위가 내면적인 것의 기호로서 존재한다 해도 그것은 인간의 내면성을 완전히 드러내지는 못한다. 즉 행위는 어떤 행위로 나타나든 간에 우리 본질의 다만 한 부분을 나타낸다. 그러므로 행위는 그것이 발생한 내면적 정신의 전체적 상태를 결코 제공해 주지 않는다.[20]

삶의 표현의 세 번째 종류는 체험 표출의 영역이다. "체험 표출의 영역은 다른 표현의 영역과는 완전히 다르다. 체험 표출은 내면적인 체험을 표출시키거나 다른 사람에게 전달코자 하는 욕구에서 나타난다."[21] 뿐만 아니라 그것은 의식이 규명할 수 없는 깊이에서 내면적인 심정적 연관을 전체적으로 드러낸다. 진위가 첫 번째 종류의 표현, 즉 명제의 기준이고, 합목적성과 비합목적성이 두 번째 종류의 표현인 행위의 기준인 데 반해, 이 체험 창출의 기준은 진정성과 비진정성이다. 그러므로 체험 표출의 방법에 의해서만 인간적 내면성의 영역으로 통하는 완전한 길이 열린다. 이러한 체험 표출의 범위는 감탄, 몸짓 같은 사고의 개입 없는 자발적인 감정의 표현에서부터 의식적으로 창조된 온갖 종류의 예술 작품, 철학적 체계, 종교적 문헌에까지 확대된다.[22]

표현은 두 개의 기준에 의해 다시 구분될 수 있다. 하나는 실제적인 삶에서 나타나고 실제적인 삶의 관심에 구속되어 있는 표현이고, 다른 하나는 실제적인 관심과는 관계없는 순수한 예술에서 나타나는 표현이다. 이들은 각각 거짓 및 진실성의 범주와 일정한 관계를 맺는다. "일상생활에서 나타나는 표현은 그의 관심의 영향력 아래 있다. ……놀라운 것은 실제적 이익을 위한 싸움에서는 모든 표현이 거짓일 수 있다는 것이다."[23] "그러나 위대한 작품에서만 우리는 거짓이 종식된 세계에 들어간다."[24] 이러한 주장은 거짓으로 가득 찬 인간 사회에서 순수한 예술 작품만이 언제나 진실하다는 이야기이다.

이렇게 볼 때 결국 표현은 이중적 의미로 사용되고 있는 셈이다. 즉 넓은 의미로 사용할 때는 모든 명제와 목적적 행위 등 내면적 상태의 모든 표현으로 이해되지만, 좁은 의미로 사용할 때는 체험 표출에 국한된다.[25] 우리는 체험 표출과 행위를 다음과 같이 엄격하게 구분할 수 있다. 우선 체험 표출은 필연적으로 내면적인 것에 의해서 제약을 받는 데 반해, 행위는 자의적으로 구성된다. 그 때문에 체험 표출에서는 항상 정신적인 어떤 것이 표현되는 데 반해서, 행위는 미래에 관계하는 그의 목적이나 목표에 의해서 규정된다.

명제·행위·체험 표출이라는 세 종류의 표현은 인식의 영역, 의지의 영역, 감정의 영역에서의 현실 인식·목적 설정·가치 평가라는 정신의 세 가지 태도 방식에 대응한다.[26] 그러나 인간은 언제나 인식하고 의욕하고 느끼는 통일체로서만 존재하고 지·정·의의 세 정신 능력은 상호 분리될 수 없는 내적 구조를 이루고 있는 한에서, 표현의 세 가지 분류는 상대적 분류에 불과하다. 예컨대 첫 번째 종류에 속했던 학술적 논문까지도 지식의 전달만이 아니라, 저자 자신의 정신 상태나 세계관까지 제시하는 한에서 세 번째 종류에 포함될 수 있고, 모든 수행적 언명들은 명제의 형식을 취했다 해도 두 번째 종류에 속한다.

오늘날의 관점에서 보면, 딜타이의 문화 이론은 문화를 과학 기술과, 사회 조직, 그리고 예술로 3등분한 것으로 볼 수 있다. 물론 이러한 해석은 기술을 과학에 덧붙이고, 행위를 사회 조직으로 확장한 것이지만, 기본 골격에서는 동일하다고 할 수 있을 것이다. 기술은 과학의 응용 형태이므로 덧붙인다 해도 문제될 것이 없으며, 사회 조직은 결국 행위의 연장선상에서 이해될 수 있을 것이기 때문이다.

문화의 이런 분류를 우리가 수용한다 해도 어느 부분을 문화의 가장 핵심적인 부분으로 볼 것인가 하는 것은 또 별개의 문제이다. 관념론자인 딜타이는 예술을 문화의 가장 핵심적인 부분으로 이해했지만, 우리가 문화를 보다 현실적으로 이해한다면, 문화의 우선 순위는 오히려 거꾸로 매겨져야 될 것으로 판단된다. 즉 과학 기술이 문화의 가장 중요한 부분이고, 그 다음이 사회 조직이며, 그 다음이 예술이 되어야 한다.

3 세계3과 역사 세계의 존재론

문화는 보다 큰 맥락에서 세계3으로 규정될 수도 있다. 비판적 합리주의는 다원적인 세계, 즉 세 개의 세계를 주장한다.[27] 그것들은 간단히 세계1, 세계2, 세계3 등으로 표현되는데, 세계1은 물리적 세계(the physical world)를, 세계2는 심리적 세계(the mental world)를, 그리고 세계3은 객관적 관념의 세계(the world of ideas in the objective sense)를 의미한다. 세계1은 물리적 사물들의 세계이다. 이것은 우리가 일상적으로 대하는 흙과 물, 바람과 불 등으로 구성된 세계이다. 미시적 관점에서 보면 이들은 모두 원소들로 이루어진 구성체들이라 할 수 있다. 살아 있는 유기체도 세계1의 구성원이다. 이들은 세포로 구성되어 있고, 세포는 원소들의 결합체이기 때문이다.

이에 반해 세계2는 주관적 경험의 세계이다. 말하자면 그것은 희로애락의 감정과 의지의 세계, 잠재의식과 무의식의 세계를 포함한 내면적, 심리적 세계이다. 물론 이 세계는 인간들만이 갖는 독점적인 세계가 아니다. 동물들도 의식이 있는 한 그 의식은 세계2를 구성한다고 할 수 있다. 포퍼에 의하면, 자아와 죽음에 관한 의식이 세계2를 상징적으로 나타낸다. 세계1만을 주장하는 유물론자들은 세계2의 존재를 세계1로 환원시켜 버리려고 한다. 말하자면 내면적, 심리적 세계란 신경 세포의 물리·화학적 작용에 불과하다는 것이다. 이런 반론에 대해 포퍼는 세계1에 대한 세계2의 작용력에 의해 세계2의 독자적 존재를 주장한다.[28]

물리적 대상들의 세계1이나 주관적 경험들의 세계2는 우리에게 친숙한 세계라고 할 수 있다. 그렇지만 세계3은 약간은 낯선 세계이다. 이 세계는 물리적 세계도 아니며, 심리적 세계도 아니다. 그것은 사고의 대상들로서 이루어진 세계이고, 그런 한에서 이론 자체와 그것들의 논리적 관계의 세계이며, 논증 자체의 세계나 문제 상황 자체의 세계이다. "이론이나 명제, 혹은 진술은 세계3의 가장 중요한 언어적 실재이다."[29] 포퍼는 세계3의 독자성을 주장하기 위해 세계3에다 실재성과 자율성, 비시간성과 상호 주관성의 특성을 부여한다.[30] 우선 실재성의 의미부터 살펴보자. 세계3은 발생론적으로 보면 세계2를 전제하지 않고는 불가능하다. 말하자면 세계3은 세계2에 의해 창조된 세계이다. 이런 측면에서 세계3은 세계2에 의존적이라고 할 수도 있다. 그렇지만 그것의 독자적인 실재성을 주장할 수 있는 것은 그것이 일단 창조된 다음에는 세계2와는 상관없이 존재하기 때문이다. 세계3의 실재성을 논증하기 위해 제시된 다음과 같은 사유 실험을 검토해 보자.[31]

1) 모든 생산 수단과 그것들을 사용하는 방법에 대한 이해가 파괴되었지만 도서관과 그로부터 배울 수 있는 능력이 존재할 경우.

2) 모든 생산 수단과 그것들을 사용하는 방법에 대한 이해뿐만 아

니라 모든 도서관도 파괴되었고, 다만 책으로부터 배울 수 있는 능력만이 존재할 경우를 상정해 보자.

　이 두 경우에서 문명의 재건은 어느 쪽이 용이하겠는가? 도서관이 보존되어 있을 경우 문명의 재건이 용이하리라는 것은 분명해 보인다. 이것은 무엇을 의미하는가? 이것은 세계3의 실재성을 의미한다. 말하자면 책 속에 기호화된 정신적인 것들은 그 인과적 효력이나 존재에 있어서 세계2에 의존하고 있지 않다는 것이다. 벌의 집이나 새의 둥지는 벌이나 새에 의해 만들어진 것이다. 그렇지만 벌이나 새들이 떠난 후에도 그것들이 자체적으로 존재한다는 것은 세계3의 실재성을 논증하는 하나의 비유가 된다.

　세계3의 자율성은 다음과 같이 설명된다.[32] 우리는 자연수를 창안했다. 그렇지만 소수나 홀수, 짝수는 발견된 것이다. 말하자면 우리가 창안한 것은 하나에다 계속해서 하나를 더해 나가는 자연수의 계열인데, 그 자연수의 계열은 그것을 창안한 정신에 의해서는 전연 고려되지 않았던 소수나 홀수, 짝수 등의 속성을 자율적으로 갖게 된다는 것이다. 그러므로 이런 속성들은 우리의 창안이 아니라 발견의 대상이 될 수밖에 없다. 물론 이러한 논의가 세계3이 전체적으로 자율적이라는 이야기는 아니다. 그것은 단지 세계2에 의해 의도되지 않는 어떤 부분이 세계3 속에 있다는 것이다. "세계3의 자율적인 부분은 세계2와 상호작용할 수 있고, 또 세계2를 경유하여 세계1과 상호작용할 수 있다는 의미에서 실재한다."[33] 말하자면 자율적 세계3의 대상들은 세계2의 과정들에 강한 인과적 영향을 끼칠 수 있으며, 그 영향은 세계1에까지 미칠 수 있다.

　세계3의 대상들에는 시간적 술어를 귀속시킬 수 없다는 점에서, 그것은 시간을 넘어서 있다. 물론 그것들이 창조된 시간은 존재하며, 전체적으로 세계3은 증가한다고 할 수 있다. 그렇지만 일단 창조된

후에는 세계3의 개별적 실재들은 플라톤의 형상처럼 영원히 지속된다고 봐야 한다.

상호 주관성은 세계3의 대상들이 그것을 창조한 인간 정신에 의해서가 아니라 다른 인간 정신에 의해 이해될 수 있다는 의미이다. 여기서 특히 중요한 것은 상호 주관성은 그것의 현실적인 실현 여부와는 관계없이 세계3의 대상들이 소유한 성향적 특질이라는 점이다. "책은 객관적 지식의 세계3에 속하기 위해서 원리적으로 혹은 사실적으로 어떤 사람에 의해 이해되어야만 한다."[34]

포퍼의 세계3은 플라톤의 형상의 세계나 헤겔의 객관적 정신의 세계, 프레게(F. Frege)의 제3의 영역과도 어떤 유사성을 갖는 것으로 해석된다. 오히어(A. O'Hear)는 포퍼의 세계3을 플라톤주의적이라고 특징짓기도 한다.[35] 그러나 상당한 유사성에도 불구하고, 세계3이 이들과 다른 특징은 그것이 인간 정신의 창조물이라는 점이다. 간단히 말해 그것은 인간 정신이 창조한 세계이다. 그것은 이야기들, 신화들, 도구들, 과학적인 이론들, 과학적인 문제들, 사회 제도나 예술 작품들 모두를 포괄한다.

세계3의 대상들은 물질적인 것에 의존해서 존재한다고 할 수 있다. 이런 점에서 이것들은 세계1과 세계3에 동시에 속한다. 예컨대 책은 물질적 대상으로서 세계1의 구성원이 된다. 그러나 수많은 부수를 찍어 내도 바뀌지 않는 책의 내용은 세계3에 속한다.

이들 세계는 서로 환원할 수 없는 독립된 세계이다. 그렇지만 이들 세계는 발생론적으로 보면 진화론적 과정에 의해 연결되어 있기도 하다.[36]

세계3 (인간 정신의 산물인 문화의 세계)	(6) 예술 작품과 과학(기술을 포함한) 작품 (5) 인간의 언어, 자아와 죽음에 관한 이론
세계2 (주관적 의식의 세계)	(4) 자아와 죽음에 관한 의식 (3) 감각(동물의 의식)
세계1 (물리적 대상들의 세계)	(2) 살아 있는 유기체 (1) 보다 무거운 원소들 : 액체와 결정체 (0) 수소와 헬륨

〔표 3〕 세계1에서 세계2가 발생하고, 세계2에서 세계3이 발생한다.

포퍼의 이런 다원적 존재론은 니콜라이 하르트만(N. Hartmann)의 4개의 존재층을 주장하는 존재론과 깊은 유사성을 갖고 있다. 하르트만은 실재 세계를 무기적인 존재, 유기적 존재, 의식적 존재, 정신적 존재라는 4개의 존재층으로 구분한다.[37) 여기서 첫 번째 무기적 존재층과 두 번째 유기적 존재층은 포퍼의 세계1에 대응하며, 세 번째의 의식적 존재층은 세계2에, 그리고 네 번째의 정신적 존재층은 세계3에 대응한다고 할 수 있다. 물론 하르트만은 정신을 개인적 정신, 객관적 정신, 객관화된 정신이라는 세 가지 형식으로 구분하고 있기 때문에 포퍼의 세계3과 하르트만의 정신적 존재층이 완전히 일치하는 것은 아니다. 포퍼의 관점에서 보면 개인적 정신과 객관적 정신은 세계2에 귀속되어야 하며, 객관화된 정신(Der objecktivierte Geist)이야말로 세계3과 정확하게 일치한다. 하르트만에 있어서도 객관화된 정신은 주관적 정신이나 객관적 정신이 산출해 낸 형성물이다. 이때 주관적 정신은 개인이 갖고 있는 정신을 의미하며, 객관적 정신은 개인들의 정신을 포괄하는 초개인적 정신이다. 이들은 모두 살아 생동하는 정신이다. 이에 반해 객관화된 정신은 그 자체 살아 있지 않고 발전하지 않는 물질적 사물 속에 고정화된 정신이다. 이런 의미에서 그것은 물질화된 정신이라 불리기도 한다. 하르트만은 이런 객관화된 정신의 세계에 문학, 시, 조형 예술, 음악 등의 창작물, 각종 기념물, 건축물, 기술적 작품, 도구, 무기, 수공업과 공업의 산물, 과학적 및 철학적 체계들, 신화적 관념이나 종교적 관념들을 모두 포함시킨다. 말하자면 인간이 창조한 일체의 문화재는 객관화된 정신의 영역 속에 포함되는 것이다.

하르트만은 객관화된 정신을 전경과 배경으로 나누기도 한다.[38] 전경은 우선 감각적으로 접근할 수 있는 정신을 담지하고 있는 물질적 사물의 층이고, 배경은 그 속에 고정된 정신적 내용을 의미한다. 정신적 내용, 즉 객관화된 정신은 자립적 존재 방식을 가진 것은 아닐지라도, 어떤 살아 있는 정신과의 만남에 의해 활성화될 수 있다. 예컨대 천 년 동안 잠들어 있던 그리스·로마의 정신을 재발견한 르네상스는 잠들어 있는 정신을 깨워 살아 있는 정신 속으로 재도입시킨 것이라 할 수 있다. 객관화된 정신은 다시 활성화되면 살아 있는 정신을 움직이는 힘이 된다. 이것은 포퍼의 세계3이 세계2의 매개에 의해 세계1에 영향을 끼치는 과정과 흡사하다.[39]

우리가 이렇게 다원적인 존재론에 입각할 때, 역사 세계는 어떤 세계가 중심이 되는 세계일까? 그것은 세계3이라고 말하지 않을 수 없다. 우리가 살고 있는 사회의 모습을 생각해 보자. 온갖 제도와 생활양식은 모두 우리가 창조한 것들로서 세계3에 속한다. 세계2를 구성하는 우리의 의식 상태나 구조도 물론 탐구의 대상이 된다. 그렇지만 우리가 어떤 표현을 통하지 않고, 즉 세계3을 통하지 않고, 사람들의 의식 상태를 직접 인식할 수는 없다. 세계1도 역사적 탐구의 대상에 포함되겠지만, 그것은 세계2나 세계3과의 관련 아래서만 논의될 가치를 가질 것이다. 그러므로 결국 역사 세계에 대한 이해나 설명은 세계3의 대상을 어떻게 이해하고 설명할 것인가 하는 문제라고 할 수 있다.

4 종합적 고찰

인류의 역사가 문화의 세계라는 명제는 인간만이 문화를 창조한다는 이야기도 아니고, 역사는 좁은 의미의 문화만으로 구성되어 있다는 것도 아니다. 그리고 무엇보다 중요한 사실은 문화가 인간의 생물학적 욕구와 동떨어진 어떤 것이 아니라는 점이다. 인간은 생명체인 한에서 생물학적 진화의 선상에 있으며, 생물의 기본적인 욕구를 우선적으로 충족해야 한다. 문화는 이런 기본적인 욕구의 충족을 상황에 알맞게 가능하게 하는 장치이다. 동시에 문화는 우리가 의식적으로 만든 장치이고, 역사는 이런 문화가 진화해 온 발자취라고 할 수 있다. 역사의 세계가 문화의 세계라는 것은 바로 이런 의미이다.

딜타이의 문화 분류는 체험 표출에 너무 큰 비중을 두고 있다. 그는 과학 기술과 사회 조직보다는 예술을 최상위에 놓는다. 이 때문에 그는 역사의 관념론자가 된다. 현실주의적 관점은 과학 기술을 문화의 최상위로 자리 매김할 수밖에 없을 것이다. 반면에 포퍼의 문화 분류는 의식의 객관화에 초점이 맞추어져 있을 뿐, 이것을 다시 세분화하지는 않은 상태다.

이러한 분류들 모두에서 우리는 언어가 문화의 최대 담지자라는 사실을 확인한다. 언어에 의해 문화는 보존된다. 이런 관점에서 보면 역사의 이해는 결국 역사의 언어 이해로 귀결된다. 역사학은 역사의 언어학이다.

2장

해석학적 이해와 과학적 설명은 서로 대립해 온 역사 인식의 두 방법이다

방법론적 관점에서 볼 때 동일한 대상을 다루더라도 방법론이 다르면 학문의 성격이 달라진다. 반면에 존재론적 관점에서 보면 다루는 대상이 다를 때 방법론은 달라질 수 있다. 이해와 설명은 존재론적 차이에 근거한 대립적인 방법이다.

일상생활의 언어 사용에서는 이해와 설명은 구별되지 않는 경우도 많지만, 이들은 학문적으로는 엄격하게 구별할 필요가 있는 용어들이다. 이해는 정신에 대한 직접적 인식이며, 설명은 자연에 대한 간접적 인식이다. 우리는 우리 자신의 정신에 대해 직접적으로 알수 있을 뿐만 아니라 다른 사람의 정신에 대해서도 알 수 있다. 반면에 인조인간 사이보그는 사랑을 이해하지 못한다. 만약 다른 사람의 정신에 대한 이해가 전혀 불가능하다면, 사회생활 자체가 불가능할 것이다. 물론 다른 사람의 정신을 이해한다는 것은 쉬운 일이 아니다. 의사소통에서 여러 가지 오해가 끊임없이 발생한다는 사실이 이를 방증한다. 때로는 우리가 우리 자신의 정신에 대해서도 명확하게 알지 못할 때가 많다. 심리 분석가들의 도움이나 여러 가지 이해의 기술이 필요한 것은 이 때문이다.

우리는 자연에 대해 인식할 때 다른 사람의 정신을 인식할 때처럼 하지는 않는다. 어떤 면에서 보면 비코(G. Vico)가 일찍이 간파했듯이 자연은 다른 사람의 정신보다는 우리에게 훨씬 더 낯설고 이질적이다. 자연에 대한 탐구는 기본적으로 법칙에 대한 탐구이다. 이때 우리는 논의의 대상을 어떤 필연적인 법칙에 귀속시킴으로써 파악한다. 이것이 바로 설명이다. 그러므로 정신과학의 방법론은 이해이고 자연 과학의 방법론은 설명이라는 명제가 성립한다.

이 장에서는 이해의 방법론자로 딜타이, 콜링우드(R. G. Colliingwood), 후기 분석철학자 등을 살펴보고, 설명의 대표자로 칼 헴펠(C. Hempel)을 중심으로 논의하기로 한다. 그리고 이들의 문제점을 검토하기로 한다.

1 정신과학과 이해의 방법론

빌헬름 딜타이는 정신과학 특유의 인식 방법론으로서 이해를 가장 체계적으로 확립한 철학자이다. 그와 동시대 철학자로 신칸트학파의 빈델반트와 리케르트가 있지만, 이들은 딜타이만큼 이해의 방법론을 정립하지 못했다. 빈델반트의 개성 기술적 방법이나 리케르트의 가치 연관적 기술 방법은 정통 해석학적 방법이라고 보기는 어렵다. 딜타이는 다음과 같이 이해와 설명을 구분한다.

자연의 인식은 의식에 주어지는 현상에만 관계한다. 그에 반해 정신과학의 대상은 내면적 경험(innere Erfahrung)에서 주어지는 체험의 실재 자체이다.[1] 우리는 자연을 '설명'하고 정신생활을 '이해'한다.[2]

이해와 설명의 대립은 두 종류의 지각과 연관되어 있다. 딜타이는 우리의 지각을 두 종류로 구분한다. 하나는 오관을 통한 외적 지각이며, 다른 하나는 오관을 통하지 않는 내적 지각이다. 외부 세계는 오관의 도움에 의해 주어지고, 기쁨과 슬픔 같은 인간 자신의 정신 상태는 오관의 도움 없이 직접적으로 내면적 지각에 의해 파악된다. 이런 구분에서 보면, 자연 과학은 인간의 외부에서, 현상으로서, 개별적으로 우선 의식에 주어지는 여러 사실들을 대상으로 갖는 데 반해서, 정신과학은 내면적인 실재로서 그리고 살아 있는 체계로서 보다 근원적으로 주어지는 사실들을 다룬다.[3]

이해는 체험-표현-이해라는 전체적 틀 속에서 논의될 때 그 전모가 드러난다. 이해를 이런 해석학적 구조 속에서 밝히고자 하는 것이 딜타이의 역사 이성 비판(Kritik der Historischen Vernunft)의 과제였다. 해석학적 구조 속에서 "가장 먼저 주어지는 것은 체험뿐이다."[4] 그러나 삶에 관한 체험적 인식은 아직 불투명하고 모호한 상태이다. 즉 삶에 관한 이 단계에서의 파악은 아직 분명한 인식의 상태가 아니다. 그러므로 우리가 자신에 관한 분명한 인식에 도달하기 위해서는 우리 자신을 드러내지 않으면 안 되며, 이것이 바로 여러 가지 형태의 삶의 표현이다. 여기서 표현의 학적 인식이라는 이해의 문제가 마지막 과제로 등장한다.

이해는 감각에 주어진 정신적인 삶의 표현에서 그 속에 표현된 정신을 인식함이다.[5] 외부에서 주어진 기호에서 내면적인 것을 인식하는 과정을 우리는 이해라 부른다.[6]

이해는 먼저 다른 사람의 정신의 이해이며, 개인의 개별적 표현에서부터 문화의 거대한 체계에 이르기까지의 삶의 표현의 이해이다. 삶의 이해가 자연의 인식과 구별되는 대표적인 특징 중의 하나는 인식의 주체와 객체가 동일하다는 점이다. 자연의 인식은 우리가 창조하지도 않았고 또 창조할 수도 없는 자연의 세계를 가설적 체계들에 의해 파악코자 하는 데 반해, 삶의 이해는 바로 우리 자신이 창조한 세계를 직접적으로 파악하고자 하는 것이다. "정신은 그가 창조한 것만을 이해한다."[7]

딜타이의 이해론에서 보면 삶의 세계에 대한 보다 확실한 인식이 가능한 것은 인간의 본성은 어디서나 거의 동일하기 때문이다. 다시 말해서 삶의 세계가 이해 가능한 보다 근원적인 이유는 삶의 공통성 때문이다. 인간들이 아무리 상이하다 할지라도 그 내면적 본성에 관해서는 전혀 알 수 없는 물질적 세계만큼 이질적인 것은 아니다. '나'와 '당신'은 삶의 세계를 공동으로 형성하고 있고 이 공통의 세계가 바로 우리의 이해 대상이 된다. 이러한 삶의 공통성을 기반으로 하여 우리는 모든 삶의 표현을 이해할 수 있는 것이다. 다시 말해서 타자의 표현은, 우리가 자신의 체험을 그 속에 집어넣음으로써, 본질에 있어서 나의 체험과 유사한 것으로 파악될 수 있는 것이다. "이해는 당신 속에서 나를 재발견하는 것이다. 정신은 언제나 연관의 보다 높은 단계에서 자신을 재발견한다."[8] 그러므로 "이해는 체험을 전제로 한다."[9]

1) 이해의 세 종류

이해가 결국 삶의 표현에 관한 이해라면 명제, 행위, 체험 표출이라는 표현의 세 종류에 따른 세 종류의 이해가 존재하는 것은 당연하다. 논리적 이해, 기술적·실천적 이해, 정서적 이해가 그것이다.

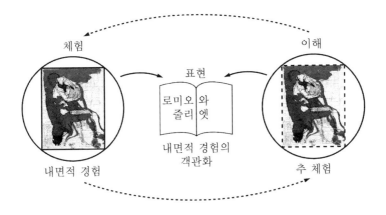

〔그림 15〕 체험, 표현, 이해는 순환 구조 속에 있다.

논리적 이해는 명제를 대상으로 한다. 명제의 이해는 객관적 지식에 대한 파악이다. 이해는 여기서 오직 사유 내용에만 관계하고 그 내용은 어떤 문맥에서나 동일하기 때문에 다른 표현에 관계할 때보다 더욱 완전하다.[10] 즉 명제의 의미는 언표하는 자에 있어서나 이해하는 자에 있어서 언제나 동일하다. 따라서 여기서는 엄격하게 말해서 보다 좋거나 보다 나쁜 이해의 정도가 존재하지 않는다. 일반적으로 내가 논리적으로 완전한 어떤 명제나 진술을 이해하는 한에서 나는 그것을 완전하게 이해한다. 그렇지 않을 경우 나는 그것을 보다 못하게 이해하는 것이 아니라, 그것을 전혀 이해하지 못하는 것이다. 이것이 그 자체로서 의미의 동일성을 지닌 명제에 대한 논리적 이해 (das logische Verstehen)다.[11] 그러나 이런 논리적 이해에서는 명제를 언표한 자의 내면적 심정은 결코 이해되지 않는다.[12]

기술적·실천적 이해는 행위를 대상으로 한다. 행위의 이해는 행위의 목적이나 의도의 파악이다. 의도나 목적이 행위를 단순한 신체적 움직임이 아닌 의미 있는 것으로 만드는 것이고 이해 가능한 것으로 만드는 것이다.[13] 그러나 행위의 이해는 추리에 의한 논리적 이해가 아니다. 타인의 신체적 움직임에서 그의 정신을 파악하는 이해의 과정은 다음의 두 이유에서 추리와 구별된다. 첫째로 추리가 각각 독립된 두 항 사이에서 전제로부터 결론에로 이행하는 간접적인 파악의 과정인 데 반해, 이해는 직접적인 파악의 작용이다. 왜냐하면 표현과 표현되는 것, 즉 신체 상태와 정신 상태는 독립된 두 사실이 아니라 하나의 통일적인 사실이기 때문이다. 둘째로 추리는 완전히 지적인 과정이고 논리적 관계에 의해 서로 연결되어 있는 판단의 계기인 데 반해, 이해는 기본적으로 전인적인 상상력의 작업이다.

행위의 결과인 사회 조직에 대한 이해 역시 마찬가지 과정이다. 예컨대 어떤 시대의 삶을 규제하기 위해서 제정된 법률에서 그것을 창조한 입법가의 의도에로, 여기서 다시 그 시대의 정신적 상황에로 소급할 수 있다. 일반적인 제도들로부터 그 시대인들의 목적이나 의무의 의식을 이해한다. 법률이나 제도들은 언젠가 존재했던 내면적 실재의 기호로서, 상징적 유물로서 존재한다. 합목적성이 기준이 되는 이러한 행위의 이해를 우리는 간단히 기술적·실천적 이해(Das technisch-praktische Verstehen)라 부른다.[14]

인간의 내면 세계가 전체적으로 나타난 체험 표출의 이해만이 본래적인 이해가 된다.[15] 이것은 순수한 예술 작품을 대상으로 하는 이해이다. 인간에게 있어서 결정적인 것은 독특한 개성적 가치를 지닌 체험 표출의 내면 세계라고 본다면, 삶의 세계를 파악코자 하는 이해의 과정은 이 체험 표출로 집중된다. 체험 표출은 진위나 합목적성의 판단에 속하지 않고, 진정성과 비진정성의 판단에 속한다.[16] 체험 창출은 원래 지식이나 인식이 아니다. 그것은 지성만으로 이루어지는 것이 아니라, 한 인간의 감정과 충동, 사상과 목적, 사회 환경 등을 배경으로 하여 복잡하고 유기적인 살아 있는 인간 전체에 의해서 이루어진다. 이런 관점에서 이 체험 표출의 이해는 정서적 이해(das irrationale Verstehen)로 규정될 수 있다.

2) 기초적 이해

세 종류의 이해는 다시 그 심도에 따라 '기초적 이해'와 '고차적 이해'로 구분될 수 있다. 기초적 이해에서는 개별적 표현과 그 의미 사이의 관계가 문제되고, 고차적 이해에서는 표현들의 보다 큰 체계가 전체로서 문제된다. "나는 기초적 이해의 형식 아래서 모든 개별적인 삶의 표현의 의미를 파악한다."[17] 개별적인 표현의 이해는 삶의 표현의 모든 영역에 존재한다. 하나의 명제는 우리에게 어떤 사실을 알려 주며, 얼굴 표정은 우리에서 기쁨과 슬픔을 전달한다. 단순한 행위는 우리에게 어떤 목적의 존재를 직접적으로 알려 준다.

기초적 이해는 인식의 욕구에서 발생하지 않고 실제적 삶의 관심에서 발생한다. 실제 생활에서 사람들은 상호 교류하고 의존한다. 사람들은 서로의 감정과 의욕하는 바를 모르고 생활할 수가 없다. 그러므로 간단한 명제들, 일상적 몸짓이나 얼굴 표정, 단순한 행위나 그 결과들은 모두 기초적 이해의 대상이 된다. 인간을 둘러싸고 있는 이런 것들은 인간에 의해서 자연스럽게 이해된다. 모든 삶의 체계는 이미 삶의 이해를 포함하고 있다. 이해는 우리가 삶의 과정에서 겪을 수도 있고 겪지 않을 수도 있는 어떤 특수한 경험이 아니라 본래부터 우리의 삶에 근원적으로 귀속되어 있다. 이해는 이런 의미에서 삶의 근원적 현상이며 본질적 규정이 된다. 따라서 이해는 인식의 범주를 넘어선 삶 자체의 존재 범주이다.[18]

그러나 무엇이 우리들의 삶의 세계 속에서 일어나는 이해의 객관성을 보장할 수 있겠는가? 딜타이는 이것을 객관적 정신(objeketiver Geist)에서 찾고 있다. 객관적 정신은 개인들 사이에 성립하는 공통성이 감성계 속에 객관화된 다양한 형식들이다. "우리의 일상적 생활양식에서부터 사회적 목적 체계, 관습·법률·종교·예술·과학 및 철학 등을 모두 포괄하는 객관적 정신"[19]은 우리가 그 속에서 양육되었고 그리고 계속해서 살고 있는 현재화된 과거로서의 역사의 총체적 유산이다. 그러므로 이해의 객관성이 보장되고 정신과학에서 객관적 지식이 가능한 것은 우리 모두가 객관적 정신 속에 살기 때문이다. 우리는 어린 시절부터 객관적 정신으로부터 영양분을 섭취해 왔고 그것에 의해서 양육되어 왔다. 따라서 "객관적 정신은 다른 사람과 그의 표현을 이해 가능케 하는 매개체이다."[20] 이렇게 해서 딜타이가 헤겔로부터 물려받은 객관적 정신은 우리 모두가 존립하는 공통의 기초를 제공한다. 이것은 객관적 해석학의 토대론적 기초가 되었다.

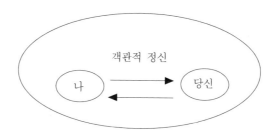

〔그림 16〕 나와 당신은 모두 객관적 정신 속에 있다.

모든 개별적인 삶의 표현은 이런 객관적 정신의 영역에서 공통적인 것을 나타낸다. 단어나 문장, 몸짓이나 예의범절, 예술 작품 및 역사적 행위는 모두 표현된 것과 이해자를 결합시키는 공통성 때문에 이해된다. 개인은 언제나 공통성의 영역에서 체험하고 사고하고 행위한다. 그리고 다만 공통성의 영역에서만 그는 이해한다. 모든 이

해자는 말하자면 그러한 공통성에서 이해의 대상이 갖고 있는 특징을 그 자신이 갖고 있다.[21]

여기서 이해의 근원적인 전향이 나타난다. 우리는 개인을 처음에 이해하고 나서 이로부터 객관적인 정신적 형성체를 이해하는 것이 아니라, 반대로 우리를 둘러싸고 있고 우리가 그 속에 살고 있는 객관적 정신의 공통성을 먼저 이해하고 나서 이것을 통해서 개인을 이해하게 된다. 그러므로 객관적 정신의 세계는 우리가 그것을 통해서 타자를 이해하는 단순한 매개체가 아니라, 우리 모두가 그 안에 살고 있는 매개체이고 우리가 그 속에서 발전하는 매개체이며 우리를 본질적으로 규정하는 매개체이다.[22]

딜타이에 있어서 객관적 정신은 객관화된 정신(objeketivierter Geist)과 같은 의미이다. 즉 정신이 감성적 세계에 나타난 것이다.[23] 우리가 이 객관화된 정신을 객관적으로 부르는 이유는 그것이 비록 개인을 통해서 발생한다 할지라도 우리 모두에게 일반으로 속하는 공통성의 성격을 띠고 있기 때문이다. "천재의 작품 역시 한 시대의 환경에서의 이념이나 정서적 삶 내지는 이상의 공통성을 대표한다."[24] 따라서 우리는 이해의 대상을 객관적 정신의 요소로 파악함으로써 그것을 이해하는 정신으로서의 나와 동일한 근원으로 소급할 수 있고, 그럼으로써 이해의 가능성을 확보한다.

3) 고차적 이해

기초적 이해 위에서 이해의 고차적 형식이 나타난다. 기초적 이해에서는 개별적인 삶의 표현과 그 의미 사이의 관계가 중요시되었지만, 고차적 이해에서는 삶의 체계 전체가 중요시된다. 여기서는 "표현과 표현된 것 사이의 관계가 다른 사람의 표현의 다양성과 그것이 기초하고 있는 내면적 세계 사이의 관계로 이행한다."[25] 기초적 이해에서 고차적 이해에로의 이행은 다음의 두 이유 때문에 발생한다고 볼 수 있다. 첫째, 기초적 이해의 수준에서는 복합적인 표현의 이해가 불가능할 뿐만 아니라 기초적 이해에서 발생하는 모순을 해결할 수 없으며, 둘째, 주어진 삶의 표현과 이해자 사이의 내면적인 거리(역사적 전통의 상이함이나 시대적 차이)가 멀면 멀수록 더욱더 개입되는 불확실성을 기초적 이해로서는 제거할 수가 없기 때문이다.[26]

기초적 이해와 고차적 이해의 보다 결정적인 차이점은 개성에 대한 이해에서 나타난다. 기초적 이해는 일상적 세계 속에서의 일상인의 이해이므로 일반적인 공통성이나 중립적 성격을 띠게 되며, 이때 개성의 이해는 배제된다. 특정한 전체와의 관련 아래서 이루어지는 고차적 이해에서 비로소 개성의 개념이 나타난다. "정신세계 속에서 개인은 우리가 의심할 수 없는 고유한 자기 목적이다."[27] 개인은 보편적 인간의 한 사례일 뿐 아니라 개성적인 전체이다. 따라서 "객관적 정신과 개인의 힘은 정신세계를 함께 규정한다. 이 두 개의 이해 위에서 역사는 성립한다."[28] 그러나 개인의 비밀이 그 독특한 개성 때문에 항상 새롭고 깊은 이해의 탐구를 자극한다 해도, 우리가 이해하지 못할 정도로 이질적인 것은 아니다. "만약 삶의 표현이 완전히 이질적이라면 이해는 불가능할 것이다. 만약 삶의 표현 속에 전혀 이질적인 것이 없다면 이해는 불필요할 것이다. 이 두 개의 극단적인 모순 사이에서 이해는 존재한다."[29]

고차적 이해가 가능한 것은 자기 전이(轉移 : Sichhineinversetzen, Übertragung des eigenen Selbst, 전위(轉位) : Transposition)가 가능하기 때문이다. "전이는 주어진 이해의 대상 속으로 자신을 투입하여 자신과 대상이 하나가 되는 이행 작용이다."[30] 그러나 전이는 단편적 경험을 투입하는 것만으로는 불충분하다. 다시 말해서 전이는 한 번의 지나가는 감정이나 욕망 등을 전이시키는 것만으로는 불충분하고, 지·정·의의 모든 정신 능력을 동원한 전인적인 투입으로만 가능하다. 이리하여 만약 우리가 어떤 사람의 정신생활을 지속적이고 통일성 있게 이해하고자 한다면, 우리는 그의 체험 속에서 나 자신에게 친숙한 길을 추적해 가야 한다. "정신은 유사한 삶의 조건 아래서 언젠가 그가 향유했고, 괴로워했고, 욕망했고, 수행한 친숙한 길을 따라간다."[31] 사이보그가 사랑을 이해할 수 없는 것은 그가 정신의 소유자가 아니기 때문이다. 그러므로 "이해는 당신 속에서 나를 재발견하는 것이다."[32]

"전이의 기초 위에서 정신생활 전체가 실제로 이해되는 최고의 형식인 추구성(Nachbilden)과 추체험(Nacherleben)이 등장한다."[33] 추구성은 논리적 작용에 의한 구성 요소들의 재결합이 아니다. "추구성은 바로 추체험하는 것이다."[34] 그러므로 사건의 진행 과정에 역행하는 조작인 이해는 기본적으로 상상력의 작업이며 동시에 전인적인 작업이다. 다른 사람을 이해한다는 것은 그가 어떤 체험을 하고 있다는 것을 인지한다는 사실뿐만 아니라, 그 체험의 반향을 감득하는 것이다. 즉 그것을 상상적으로 재체험하거나 재구성하는 것이며, "사건 자체의 선을 따라 다시 창조하는 것이다."[35] 이렇게 함으로써 우리는 상이한 전통 속에서 일어났던 사건이나 다른 시대 사람들의 정신 속에 일어났던 사건을 추적해 갈 수 있다. "단편적 사실에서 사건의 전체 상을 재구성할 수 있을 때"[36] 그리고 "작가가 자신을 이해한 것보다 우리가 작가를 더욱더 잘 이해할 수 있을 때"[37] 이해는 완성된다.

기초적 이해에서 고차적 이해에 이르기까지 다양한 이해의 수준이 있겠지만, 가능한 한 엄밀한 인식의 확실성에 도달하는 것이 우리의 최종 목표이다. 그러기 위해서는 학적 인식에 적합한 표현에로 지향해 가야 한다. 얼굴 표정이나 몸짓 같은 순간적인 삶의 표현들은 엄격한 학적 인식의 대상으로는 부적합하다. 이것들은 순간적인 소멸로 인해 추후적 이해가 불가능하다. 말로써 이루어진 표현은 추후적 이해가 좀 더 쉽겠지만, 이 방법 역시 인간의 기억에 의한 좁은 한계에 부딪힌다. 여기서 반복해서 고찰할 수 있고 음미할 수 있는 고정된 표현이 우선권을 주장하게 된다. 이것들은 특수한 주관적 조건에 의존해 있지 않고 재음미의 과정을 계속해서 제공함으로써 정신과학에 있어서의 과학적인 기반을 제공하기 때문이다. 삶의 표현이 고정되어 우리가 항상 그 표현에로 되돌아갈 수 있을 때만 이해는 객관성을 얻을 수 있는 기술적인 과정으로 될 수 있다. 이러한 고정화의 계기를 통해 해명(Auslegung)이나 해석(Interpretation)의 새로운 단계가 등장한다. "해명이나 해석은 영속적으로 고정된 삶의 표현에 관한 기술적 이해이다."[38] 그러므로 해석은 모든 이해의 최고의 단계이며, 보편타당한 학적 인식의 단계이다. 같은 논리로 해석학은 해석의 기술에 관한 학문이며,[39] 이해에 관한 과학적이고 방법적인 형식을 의미한다.

이런 항구적이고 고정된 표현 중에서 언어는 특수한 위치를 차지한다. 왜냐하면 언어의 형식에서 인간적 내면성은 가장 완전하고 창조적으로 표현되며, 언어는 가장 객관적이고 이해 가능한 표현 형식이기 때문이다.[40] 즉 언어는 유동하는 삶을 그 자체에서 가장 잘 보존할 수 있고, 언어의 공공성은 이해의 주관성을 최대한 배제할 수 있기 때문이다. 그러므로 언어적 작품은 다른 표현에 앞서 우선권을 가지며, 세 종류의 표현 모두에서 언어로 형성된 표현만이 해석의 본래적인 대상이 된다.[41] 따라서 언어 작품에 남겨진 삶의 유산을 이해하는 데서 해석은 완성된다.[42]

딜타이는 모든 해석이 순환 논법의 형식을 취한다고 본다. 순환 논법은 아르키메데스적 기점을 인정하지 않는 모든 인식론의 공통된 필요악이며,[43] 특히 해석학의 본질을 이룬다. 작품의 해석은 전체에서 부분에로, 다시 부분에서 전체에로의 계속되는 순환 과정이다. 해석자는 자신의 해석이 타당하다는 증거로서 그 해석을 뒷받침하는 작품의 부분적 관계를 제시하겠지만, 바로 이 부분들의 관계란 가설적 성격을 띤 기초적 이해 내지는 전 이해에 의해 이미 규정된 것에 불과하다.[44] 그러므로 이해에서 도달된 결과는 결코 논증적인 확실성을 가질 수 없다. 그렇지만 이것이 해석의 자의성(恣意性)을 의미하지는 않는다. 계속되는 비판과 비교의 작업을 통해 우리는 보다 객관적인 해석으로 점차 접근해 갈 수 있다.

2 콜링우드의 재연

콜링우드 역시 역사 인식에서 이해적 방법을 주장한 역사철학자였다. 그에 의하면 세계에는 우리가 인식해야 할 두 종류의 사건이 있는데, 하나는 자연적 사건이며, 다른 하나는 인간이 개입된 사건이 그것이다.

자연적 사건은 외부로부터 설명될 수 있다. 그러나 행위는 단순한 사건이 아니기에 내면 혹은 사상적 측면을 가진다.[45] 그러므로 행위의 설명은 전체로서의 행위가 표현하는 행위자들의 사상을 발견해 내야 한다. 콜링우드에 의하면 행위자의 사상에 의해서 행위를 설명하는 것은 그것을 일반 법칙 아래 포섭하는 것을 의미하지는 않는다.

자연 과학은 사건을 지각에 의해서 발견하며, 그 사건을 다른 사건과 연관시킴에 의해 원인을 탐구한다. 그렇지만 콜링우드는 역사학의 사정은 매우 다르다고 주장한다.

역사에 있어서 발견되어야 할 대상은 단순한 사건이 아니라 그 안에 표현된 사상이다. 그 사상을 발견한다는 것은 이미 그것을 이해한다는 것이다. 역사가가 사실을 확인하고 난 다음에 그 원인을 탐구하는 그 이상의 과정이란 없다. 무엇이 일어났는가를 역사가가 알 때 그는 이미 그것이 왜 일어났는가를 알고 있다.[46]

콜링우드의 이론에 따르면 행위를 이해하기 위해서 역사가는 그의 정신 속에 행위자의 사상을 다시 사고(re-think)하거나 재연(re-enact)해 봐야 한다. 예를 들어 어떤 역사가가 로마 시대의 테오도시우스 칙령(Theodosian Code)을 연구하고 있고 지금 황제의 칙령을 읽고 있다고 하자. 그는 이 역사적 칙령을 이해하기 위해서 무엇을 해야 할 것인가? 콜링우드는 다음과 같이 주장한다.

그는 우선 황제가 다루려고 했던 상황을 생각하지 않으면 안 되며, 또한 그 황제가 생각한 것과 같이 생각해야 한다. 그때 그는 스스로 황제의 상황이 자신의 상황인 것 같이, 그런 상황을 어떻게 다룰 것인가를 알아야만 한다. 그는 가능한 대안들도 알고 있어야 하며, 다른 것보다 이것을 채택하는 이유도 알아야 한다. 그런 후에 그는 황제가 이 특수한 경우에 관해서 결단을 내렸던 과정을 음미해야 한다. 그리하여 그는 그 자신의 마음속에 황제의 경험을 재연한다. 이렇게 하는 경우에만, 그는 단순한 문헌학적 지식과는 다른 칙령의 의미에 대한 어떤 역사적 지식을 갖게 된다.[47]

여기서 콜링우드가 의미한 사고는 다소 특이하다. 딜타이가 인간의 사고란 말을 쓸 때는 인간의 경험 일반에 관계되는 것으로서 데카르트의 '생각한다'(Cogito)와 거의 같은 의미이지만, 콜링우드는 여기서 합리적인 사고만을 지칭하는 좁은 의미로 사용한다. 이것이 콜링우드가 딜타이와 다른 점이다. 콜링우드의 사고는 행위자가 그의 행위를 결단하기 위해서 노력한 실제적인 사고들이며, 이것은 행위자가 그가 처한 상황에 대한 파악, 그가 행위로서 달성하고자 했던 목적, 채택 가능한 수단에 관한 그의 지식과, 그 수단들을 채택함에 있어서 그가 가질 수도 있는 망설임과 주저 등을 포함한다. 이러한 사고는 행위의 이유가 된다. 즉 역사가는 행위자의 신념, 목적, 원리 등이 그의 실제의 행위에 대한 이유가 된다는 것을 파악할 때, 비로소 그 행위를 이해했다고 할 수 있다. 이리하여 자연 과학이 이루어진 사태의 불가피성이나 혹은 적어도 높은 확률적 가능성을 밝히고자 하는 데 반해서, 합리적 설명이라 불리는 이 역사적 설명은 행위의 이유를 밝히는 것이다.

이와 같이 콜링우드는 역사적 이해의 중심 대상을 행위, 즉 외면적인 행위에서 표현된 사상으로 간주한다. 역사가는 단순히 물리적인 것이거나 혹은 단순히 물리적인 것의 서술에서부터 출발해도 좋다. 그러나 그의 목적은 이것의 배후에서 이것을 있게 한 사상에까지 침투해 들어가야 한다. 예를 들어 역사가는 기원전 49년 어느 날 카이사르라 불리는 어떤 사람(혹은 더 정확히 말하자면 어떤 육체)이 어떠 어떠한 힘을 가지고 루비콘 강을 건넜다는 단순한 사실에서부터 출발해도 좋다. 그러나 그것에 그쳐서는 안 된다. 역사가는 계속해서 그 당시 카이사르의 마음속을 무엇이 지배하고 있었으며, 이러한 육체적 운동 이면에 어떠한 사상이 놓여 있었나를 밝혀야만 한다. 이해명이 사건의 외부로부터 내부로 침투해 들어가는 과정이며, 일단 이 이행이 이루어지면 행위는 이제 완전히 파악할 수 있게 된다.

그렇지만 콜링우드의 이해론은 딜타이의 이해론보다 객관성의 확보가 더욱 어렵다. 딜타이 이해론의 객관성을 뒷받침해 주던 '객관적 정신'이 콜링우드에게는 존재하지 않기 때문이다.

3 현대 분석 철학자들의 실천적 추론

이해의 중요성은 여러 분석 철학자들이 주장했지만, '설명'과 대비되는 '이해'의 특성을 목적론적 구조 속에서 가장 명료하게 정식화시켜 보여 준 대표적인 철학자는 거트루드 앤스콤(G. E. M. Anscombe), 폰 리히트(Von Wright) 등이었다.

폰 리히트는 과학적 설명의 전통을 아리스토텔레스적인 전통과 갈릴레이적 전통으로, 즉 목적론적 설명 대 인과적 설명으로 대비한다. 인과적 설명론자들은 행위도 인과적으로 설명할 수 있다고 생각한다. 반면 목적론자들은 행위의 설명은 목적론으로 설명될 수밖에 없다고 본다. 목적론적 설명은 다시 기능주의적 설명과 의도적 설명으로 나눌 수 있다. 생물학에서 주로 사용되는 기능주의적 설명은 유기체의 부분 a가 유기체 전체에서 어떤 기능을 수행하는지를 밝힘으로써 부분 a의 속성이나 역할을 규명하려고 하는 것이다. 예컨대 '신장은 무엇인가?'라는 질문에 신장은 피를 깨끗하게 한다고 답하는 것이다. 의도는 인간과 같은 고차적인 의식 존재에게 물을 수 있는 범주이다. 그러므로 인간의 행위에 대한 설명은 목적론적 설명 중에서도 기능적 설명이 아닌 의도적 설명이 된다.

우리가 행위를 내적 양상과 외적 양상이라는 두 측면을 갖는다고 볼 때, 내적 양상은 행위의 지향성을 가리킨다. 즉 행위의 배후에 있는 의도 혹은 의지이다. 외적 양상은 손을 들어 올리거나 다리를 내딛는 근육 운동과 이 근육 운동이 인과적으로 초래하는 사실을 가리킨다. 지향성이 결여된 행위는 반사적 행위이다. 그것은 자극에 대한 신체의 반작용이다. 이런 반사적 행위는 우리가 다루고자 하는 행위가 아니다. 행위를 목적론적으로 설명한다는 것은 그 설명을 통해서 의도의 대상을 정확하게 지적하는 것이라고 말할 수 있다. 앤스콤은 행위를 의도의 실현으로 보고 의도와 관련된 목적론적 설명을 일종의 실천적 삼단논법(practical syllogism)으로 해석한다.[48] 그것은 다음과 같은 구조로 되어 있다.

대전제 : 행위자의 목적 내지는 욕구.
소전제 : 그 목적을 실현하는 수단에 대한 믿음.
결론 : 수단을 현실화시키는 행동.

이것은 다음과 같이 정식화될 수 있다.

대전제 : A는 P를 실현하고자 한다.
소전제 : A는 자신이 a를 행하지 않으면 P를 실현할 수 없다고 생각한다.
결론 : 따라서 A는 a를 행위하고자 한다.

여기서 우리는 A가 하는 행위 a를 보고 그의 의도 P를 이해한다. 이것이 논증적 삼단논법이 아닌 이유는 전제가 결론을 필연적으로 함축하지 않기 때문이다. 우리가 P를 원하고, 그것을 실현시키기 위해서는 a를 행해야 함을 알고 있더라도, 여러 가지 이유로 우리는 a를 행위하지 않을 수 있다.

이때 의도와 행위 사이의 관계를 인과적 관계로 볼 수 있는가?

흄이 제기한 후 일반화된 인과 관계의 두드러진 특징은 원인과 결과의 관계는 논리적 연결을 필요로 하지 않는다는 것이며, 원인과 결과는 법칙에 의해 연결된다는 것이다. 예컨대 성냥불이 원인이 되어 가스통이 폭발하는 결과가 일어날 때, 성냥불과 가스통의 폭발 간에는 어떠한 논리적 연결도 없다. 이들은 논리적으로 완전히 독립적이다. 물리·화학적 법칙이 이 둘을 연결시킨다. 폰 리히트는 이런 관계를 흄의 인과 관계라고 부른다.

그렇지만 의도(이유)와 행위 간에는 논리적 연결이 존재한다. 예컨대 다음을 보자.

1) 철수는 목마름을 해소하고자 한다.

2) 철수는 맥주를 마시면 목마름을 해소할 수 있다고 생각한다.

3) 따라서, 철수는 맥주를 마신다.

이때 전제와 결론 간에는 논리적 연결 관계가 성립한다. 즉 목마름의 해소(대전제), 맥주 마심에 의한 목마름의 해소(소전제)가 맥주 마심(결론)과 법칙이 아니라 논리적으로 연결되어 있다. 의도와 행위 간에는 어떠한 법칙도 성립하지 않는다. 그러므로 의도와 행위의 관계는 흄의 인과 관계가 아니다. 원인과 결과의 관계는 논리적 관계를 필요로 하지 않지만, 의도와 행위 관계에는 논리적 관계가 존재한다. 의도주의자들이 원인(cause)과 이유(reason)을 구별하고자 했던 것은 이 때문이다. 스타우트랜드(F. Stoutland)는 의도와 행위의 관계에 대한 이런 논증을 논리적 연결 논증(Logical Connection Argument)이라 부른다.[49] 즉 의도와 행위 간에는 개념적 연결(conceptual link)이 존재한다는 것이다.

실천적 삼단논법의 현실적 어려움은 우리가 P를 욕구하면서 이를 실현시킬 수단으로 a를 선택할 수도 있고, Q를 욕구하면서 a를 선택하는 것도 가능하다는 데에 있다. 즉 P-a나 Q-a가 모두 합리성의 원리를 만족시킨다면, 나타난 행위 a만을 보고 P를 욕구했는지, Q를 욕구했는지 이해하기가 쉽지 않다.

최근 도널드 데이비슨(D. Davidson)의 무법칙적 일원론(Anomalous monism)은 행위의 설명에 대한 새로운 해결책을 제시한다. 무법칙적 일원론은 물리적 결정론과 정신의 자율성을 조화시키려는 새로운 시도라고 할 수 있다. 이것은 의도와 행위 간의 관계를 논리적 관계가 아닌 인과적 관계라고 규정한다. 그렇지만 그 관계가 법칙적 관계라는 것은 부정한다. 데이비슨은 라일이나 후기 비트겐슈타인주의자들과는 반대로 이유에 의한 행위의 설명이 인과적 설명이 아니라면, 그것은 전혀 설명이 아니라고 주장한다. 만약 어떤 행위가 실제로 그 이유 때문에 발생했다면, 이런 이유가 행위의 원인이 안 될 수가 없기 때문이다. 논리적 연결주의자들이 이유는 원인이 아니라고 주장하는 핵심 근거는 인과 관계는 법칙을 필연적으로 함축하는 데 반해, 개념적 연결은 법칙을 필요로 하지 않는다는 점이었다.

전통적으로 인과성이 있다면 법칙이 있음에 틀림없다고 생각되어 왔다. 그럼에도 불구하고 데이비슨은 이유와 행위 간의 법칙의 존재는 부정한다. 이를 정리해 보면 다음과 같다.[50]

1) 행위자의 이유에 의한 행위의 설명은 인과적 설명이다.

2) 모든 인과적 설명은 법칙의 존재를 함축한다.

3) 이유에 의한 행위의 설명은 어떤 정신·물리적 법칙이나 심리학적 법칙도 필요로 하지 않는다.

모순되는 듯한 세 명제를 어떻게 양립시킬 것인가? 데이비슨은 그의 독특한 기술 이론(description theory)에 근거하여 이 문제를 해결한다. 이 이론에 의하면, 어떤 사건은 물리적 언어로 기술하면 물리적 사건(physical event)이 되고, 심리적 언어로 기술하면 심리적 사건(mental event)이 된다. 심리적 언어는 합리성에 기반해 있고, 물리적 언어는 법칙성에 기반해 있다. 그러므로 심리적 사건은 동시에 물리적 사건으로 재기술할 수 있고, 이때 어떤 물리적, 화학적, 생물학적 법칙에 의해 원인과 결과는 인과적으로 연결된다. 말하자면 이유와 행위는 모두 물리적 사건으로 재기술되고, 이들은 물리적 법칙에 의해 연결된다. 이유와 행위가 인과적으로 연결되면서도 법칙을 필요로 하지 않았던 것은 단지 심리적 사건인 이유를 심리적 언어로 기술했기 때문이다.

심리적 사건이 곧 물리적 사건이고 물리적 사건은 물리적 법칙에 의해 결정된다면, 인간의 자유가 단지 현상에 불과한 것이 아닌가 하는 문제가 제기될 수 있다. 그럼에도 불구하고 통속 심리학에 기초하여 심리적 언어를 사용하는 한 정신의 자율성과 이에 대한 이해의 방법은 필요 불가결하다.[51]

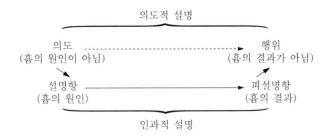

〔그림 17〕 의도적 설명은 흄의 인과 설명이 아니다.

4 설명의 논리 : 포괄 법칙 모형

삶의 세계나 행위의 특수성을 인정하고, 추체험적 이해의 방법에 의해 이를 파악해야 한다는 방법론적 이원론에 대해서, 모든 사실은 법칙적 설명에 의해서 파악될 수 있음을 주장하는 것이 일원론이다. 일원론자들은 자연 과학의 눈부신 진보에 힘입어 과학이란 결국 변수 간의 인과 관계를 추구하는 데 목적이 있으며, 실증된 인과 관계를 토대로 이미 일어난 현상을 설명하기도 하고 또 앞으로 일어날 현상을 예측하기도 하는 것이며, 인문, 사회 과학도 그것이 과학인 한에서 그 목적에 있어서는 조금도 다를 바가 없다고 주장한다. 이들의 주장은 이렇다. 사회 과학은 그것이 가지는 특수한 제약 때문에 인과 관계를 논할 때 제약이 많다. 예를 들어 어떤 사회 현상은 그 빈도가 극히 낮아서 고성능의 통계적 분석을 허용하지 않는다. 가령 혁명에 대해서 보편타당성이 있는 이론을 정립하려 한다고 가정해 볼 때, 혁명은 그렇게 자주 일어나는 것도 아니며 또 그 성격이 서로 달라서 통계적 분석이 어렵다. 그러나 이것을 다루는 학문의 목적이 그것에 관한 보편적 법칙의 발견에 있음은 이론의 여지가 없다.

이 이론을 가장 극단적이고 정교한 이론 체계로서 수립한 사람이 칼 헴펠이다. 헴펠의 기본적인 주장은 역사가가 아무리 다른 방법에 의해서 역사를 이해했다고 할지라도, 결국은 역사적 사건을 자연 과학자가 물리적 세계의 사건을 설명하는 것과 꼭같은 방법으로 설명한다는 것이다. 헴펠은 이를 증명하기 위해서 우선 자연 과학적 설명을 기본적인 두 모형, 즉 연역적-법칙론적 설명과 귀납적-통계적 설명으로 나누고, 역사적 설명으로서 발생학적 설명과 동기적 이유에 의한 설명의 두 기본 모형을 제시한 후, 이 역사적 설명의 두 기본 모형이 모두 근본적으로 자연 과학적 설명과 같은 법칙론적 설명이나 통계적 설명임을 밝힌다.[52] 우리는 보통 헴펠의 설명 모형을 드레이 (W. Dray)의 명명에 따라 포괄 법칙 모형(The covering law model)이라 부른다.

1) 연역적-법칙론적 설명

연역적-법칙론적 설명이란 어떤 현상을 보편 법칙 아래 포섭하는 설명이다. 이것은 논증 형식으로 나타난다. 즉 설명 항은 일정한 시간과 장소에서 어떤 사건의 발생을 주장하는 일련의 진술들과, 일련의 보편적 가설들로서 구성되어야 하며, 설명 항에 포함된 모든 진술은 경험적으로 잘 확정되어야 한다. 그리고 피설명 항은 설명 항으로부터 논리적으로 연역되지 않으면 안 된다. 설명의 논리에 관한 그의 유명한 도식화는 다음과 같은 것이다.[53)]

(가) C_1, C_2, C_3 ……C_k : 선행 조건들

L_1, L_2, L_3 ……L_k : 일반 법칙들 ⎤ 논리적 연역

E : 설명해야 할 사건 ↓

'연역적-법칙론적 설명'이라는 명칭은 이 설명이 피설명 항 E를 일반 법칙에 의해 연역적으로만 도출하기 때문에 붙여진 이름이다. 즉 이것은 사건 E가 왜 일어났는가라는 물음에 대해서 그 사건이 L_1, L_2 …… L_k의 여러 법칙에 따라 C_1, C_2 …… C_k의 특수한 개별적 상황으로부터 결과된 것임을 보여 주고 있기 때문이다. 물론 이때 설명되어야 할 대상은 특수한 사실일 수도 있고, 일반적 법칙일 수도 있다. 일반적 법칙에 대한 설명은 그것을 더욱 포괄적인 법칙으로부터 연역해 내는 것이다. 예컨대 우리가 자유 낙하의 법칙을 만유인력의 법칙으로부터 연역적으로 도출해 낸다면, 우리는 법칙에 대한 설명을 하고 있는 것이다.

구체적인 예로서 거울에 비친 상이나 무지개의 색깔, 물속의 막대

가 굽어 보이는 현상 등은 빛의 반사와 굴절의 여러 법칙 아래 포섭될 수 있고, 자유 낙하나 유성들의 운동은 갈릴레이(G. Galilei)나 케플러(J. Kepler)의 법칙들 아래서 연역되는 것으로 설명될 수 있다. 더 나아가 이러한 법칙들은 운동과 중력에 관한 뉴턴의 여러 법칙들의 특수한 귀결들임을 보여 줌으로써, 이들은 보다 포괄적인 일반 이론들 아래 포섭되는 것으로 설명할 수 있다. 보다 광범한 법칙들이나 이론들 아래로의 이러한 포섭은 일반적으로 과학적 이해의 폭과 깊이를 증가시키며, 폭이나 범위의 증가가 존재하는 까닭은 새로운 설명적 원리들이 보다 넓은 영역의 현상들을 망라해 주기 때문이다. 헴펠에 의하면 상당히 많은 과학적 설명들이 그 성격상 연역적-법칙론적 설명에 속하며, 여기서 가장 강조되는 것은 여러 법칙들의 역할이다.

2) 귀납적-통계적 설명

연역적-법칙론적 설명에서는 포함된 여러 법칙들과 원리들이 엄격히 보편적 형식을 취한다. 그들은 어떤 특정의 조건들이 현실화되어 있는 경우에는 똑같이 어떤 동일한 사건이 일어나리라고 주장한다. 이에 반해서 과학의 제2의 설명 유형은 그 설명의 일부 또는 전부가 확률적-통계적 형식을 취한다. 즉 그것은 어떤 특수한 조건들이 실현되면, 어떤 종류의 사건이 어느 정도의 통계적 가능성을 가지고 발생된다고 주장한다. 연역적-법칙론적 설명과는 달리, 이것은 선행 조건들이 결과를 논리적으로 내포하고 있지 않으며, 다만 높은 가능성을 그에게 부여하고 있을 뿐이다. 이것은 다음과 같은 도식으로 표현할 수 있다.

(나) F$_i$: 선행 조건

P(O.F.)는 상관관계가 대단히 높다 : 확률적 형식의 일반 법칙

∴ O$_i$: 설명해야 할 사건

　물론 통계적 설명 역시 일반적 법칙을 전제로 한다는 점에서 법칙
론적이다. 그러나 이 법칙은 엄밀하게 보편적 형식을 취한다기보다
는 통계적 성질의 것이므로, 결과된 설명은 그 성격상 연역적이라기
보다는 귀납적이다. 이러한 종류의 귀납적 논구는 하나의 현상을 특
정한 통계적 법칙들에 비추어 보아 그것이 매우 높은 귀납적 확률로
일어나리라고 기대된다는 것을 보여 줌으로써 설명한다.[54] 여기서도
가장 중요한 역할을 하는 것은 법칙이다.
　이와 같이 자연 과학에서의 설명의 두 모형을 제시한 헴펠은 역사
적 설명에 있어서도 이 모형은 그대로 적용된다는 것을 논증하고자
한다. 헴펠에 의하면 어떠한 역사적 상황이라도 이를 경제적 요인에
비추어서나 사회 혹은 문화적 변동의 일반 원리들에 의해서, 또는
심리학적 일반화에 의해서 기술하는 설명은 비록 명확한 형식을 취
하지 않아도 그 내용에 있어서는 법칙론적이다.
　헴펠은 역사가들이 많이 사용하는 '발생학적 설명'과 '동기적 이유
에 의한 설명'의 구조를 해부하면서 자신의 논리를 정당화시키고자
한다. 발생학적 설명이란 우리가 어떤 현상을 설명하려고 할 때 그
현상에 이르기까지의 발생적 단계를 제시하는 설명 방식이다. 이 설
명 방식은 보통 역사의 독특한 설명 방식이라 불리기도 하는데, 그
것은 어떤 사건의 역사적 전개 과정을 통해 그 사건의 발생을 설명
하고자 하기 때문이다. 헴펠은 이런 설명 역시 본질적으로는 법칙론
적 설명에 기초하고 있음을 주장한다. 그는 이를 루터(M. Luther) 시

대에 있었던 속죄부의 판매에 대한 역사를 예로 들고 있다.

속죄부의 기원은 9세기로 거슬러 올라가는데 당시 교황들은 회교와의 싸움에 깊이 관련되어 있었다. 마호메트의 전사들은 종교상의 가르침을 통하여 그가 전장에서 죽으면 그의 영혼은 즉시 천당으로 가리라는 것을 확신하고 있는 데 반해, 기독교도들은 만일 죄에 대한 정기적 고해 성사를 이행치 못하면 버림받을지도 모른다는 두려움을 지니고 있었다. 이런 의심을 가라앉히기 위해서 요한 7세는 877년 전장에 나가 죽은 십자군에 대해서는 그들의 죄를 사면할 것을 약속했다. …… 이리하여 속죄부를 얻은 사람은 누구나 교회에서의 고해 성사로부터뿐만이 아니라 사후 연옥에서의 그에 상응하는 고통에서도 해방을 보장 받는다는 신념이 태어났고, …… 다음으로 종교 전쟁에 참여하기에는 신체적으로 부적합하여 병정 한 사람을 십자군에 보내는 데 필요한 자금을 헌납한 사람들에게까지 속죄부의 혜택은 확대되었다.[55]

속죄부의 발생에 관한 이 설명이 어떻게 해서 법칙론적 설명에 근거하고 있다는 것일까? 헴펠에 의하면 발생학적 설명은 결국은 각 단계가 다음 단계로 이어지는 것을 보여 주어야 하며, 이때 전자가 주어지면 후자의 발생을 최소한 합리적으로 개연적이게 해 주는 일반적 법칙에 의해서 각 단계가 그것의 후속 단계로 연결되는 것이다. 제시된 예에서 이런 일반적 법칙은 전투력을 보전하며 더 많은 기금을 저축하는 것에 대한 교황의 관심을 설명하는 데서는 심리학적 일반화로서 전제되어 있고, 속죄부에 대한 열망이 설명되는 데서는 연옥의 공포에 관한 일반적 여러 가정으로 그 근저에 놓여 있다.[56]

헴펠은 여기에서 일반적 법칙이 구체적으로 어떤 것임을 자세하게 언급하지 않고 있지만, 그의 논지에서 추구해 볼 때 대략 다음과 같이 정식화할 수 있을 것 같다. '마호메트교도와 싸우는 모든 기독교 교황은 언제나 (혹은 높은 확률로) 신도들이 죽음을 두려워하지 않고 싸우기를 바란다.' '모든 기독교도는 언제나 (혹은 높은 확률로) 연옥을 두려워하며 가능한 한 그것에서 구원 받기를 원한다.' 이것은 형식상 다르게 언표될 수도 있으므로 헴펠이 주장한 일반 법칙을 정확하게 표현했는지는 의문이지만, 헴펠이 여기서 주장하는 핵심적 요지는, 일정한 조건 아래서는 돌이 언제 어디서나 낙하의 법칙에 따라 떨어지며, 일정한 조건 아래서 달걀은 언제 어디서나 병아리로 부화되듯, 역사적 사건도 본질적으로는 일회적 사건이라기보다는 동일한 조건만 주어지면 지금도 어디서나 발생한다는 데 있다. 결국 물리적 사건의 발생과 역사적 사건의 발생은 다 같이 법칙의 지배 아래에 있다는 것이다. 이것은 다음과 같은 공식으로 나타낼 수도 있다. '만약 a가 p, q, r의 성격을 지닌 사람이고 b라는 조건이 주어진다면, 언제나 (혹은 높은 확률로) c를 행할 것이다.'

행위를 합리적 요소를 빌려서 설명하는 동기적 이유에 의한 설명 역시 법칙론적 설명에 근거하고 있음을 밝히는 것이 이제 남은 과제다. 여기서 합리적 요소라 함은 특별히 행위자가 달성하려 했던 목적들, 그리고 그 행위자가 가능하다고 믿는 대체적인 행동 경로 등을 포함한다. 우선 헴펠은 동기적 이유에 의한 설명을 분석하기 위해서, 콜링우드의 이해적 방법과 거의 같은 주장을 펴고 있는 드레이의 주장을 예로 들고 있다.

드레이에 의하면 "동기적 설명은 행위의 합리적 요소를 전시해 보이는 설명이며, 행위자가 처한 상황 조건에 비추어 그가 선택한 목표로 나가기 위해 채택한 여러 수단을 다시 계산하는 것이다."[57] 즉 그것은 설명의 대상을 일반 법칙 아래 포섭하는 것이 아니라, 주어진 여러 이유 때문에 그렇게 행해지도록 되어 있었음을 보여 주는 것이며, 그러므로 그 내부에 행해진 것이 적절하다거나 정당화됨을 보여 주는 평가 행위적 요소를 갖는다. 이것은 다음과 같은 공식으로 표현될 수 있다.

(다) C_1, C_2, …… C_n 유형의 상황에 처할 때 A가 해야 할 일은 x이다.

헴펠은 이를 더 세밀히 분석하여 이 주장에는 ㉠ 행위자가 달성하려 했던 목표, ㉡ 행위자의 눈에 비친, 그리고 자신이 그 속에서 행동해야 했던 경험적 상황 조건들, ㉢ 행위자가 일으킨 구체적 행동의 도덕적 표준들이나 원리들이 암암리에 기본 요소로서 전제되어 있음을 밝히고, 행위자 A가 왜 x를 행했는가라는 질문에 드레이는 결국 다음과 같이 답할 것이라고 주장한다.

(라) ① A는 C 유형의 상황에 있었다.
② C 유형의 상황에서 해야 할 적절한 일은 x이다.

그러나 이러한 유형의 설명은 A가 사실에 있어 x를 행했음을 설명할 수 없다는 것이 헴펠의 주장이다. 왜냐하면 예의 두 진술은 A로서 해야 할 적절한 일은 x였음을 믿는 데 대한 훌륭한 이유들은 제공해 주지만, A가 사실상 x를 행했음을 입증해 주지는 못하기 때문이다. 따라서 헴펠에 의하면 드레이가 말하는 합리적 설명은 설명해야 한다는 것이 무엇을 뜻하는지 분명하지 않다. 드레이 자신이 지적하듯 '해야 할 일'이라는 표현은 '가치 언어로서의 기능을 한다.' 그러나 논리적 근거에서 볼 때 (라)에서 두 번째 문장에 의해서 표현된 평가적 원리가 단순히 경험적이고 비평가적인 첫째 문장에서 도출될 수는 없다. A가 사실상 x를 행했는지 설명하기 위해서는 행위의 규범적 원리에 의해서가 아니라 문제의 시점에서 A가 합리적 행위자였다든가 또는 합리적으로 행위할 성품을 지녔다거나 하는 기술적 진술들을 제시해야 한다. 더욱 중요한 것은 C 종류의 상황에 처하면 합리적 행위자는 언제나 혹은 높은 확률로 x를 행한다는 법칙이 전제되어야 한다. 따라서 헴펠은 다음과 같은 도식을 제시한다.[58]

(마) ① A는 C 유형의 상황에 있었다.
② A는 합리적으로 행동할 성품이었다.
③ 합리적으로 행동할 성품인 사람은 누구나, C 유형에 처하면 변함없이 (혹은 높은 확률로) x를 행한다.

그러나 이러한 공식에서는 A가 x를 행했다는 것이 연역적-법칙론적 설명이나 확률적 설명의 방식을 취하는 것으로 되고 만다. 그러므로 이 설명은 결국 앞서의 자연 과학의 법칙론적 설명의 모형 중 어느 하나를 따르는 것이 된다.

이와 같이 법칙 포섭 모형이 역사적 설명에도 적용된다고 주장하는 방법적 일원론자들에 있어서는 자연 과학과 정신과학 사이에 어떠한 차이점도 존재할 수 없다. 그들은 역사적 사건이 유일하다는 것에는 동의하지만, 그러나 어떠한 사건이든 시공 속의 일정한 상황 아래서 발생한다는 것을 지적한다. 그러므로 역사적 설명은 다른 자연 과학에 있어서의 설명과 마찬가지로 결코 단순한 어떤 한 사건의 설명이 아니라 항상 어떤 유형으로 생각된 사건의 설명이며, 이는 전제 조건과 사건을 법칙적으로 연결하는 것이다. 둘째로 이들은 인간적 동기와 의도가 인간이 개입한 사건에 관련이 있음을 의심하지 않는다. 그러나 그렇다고 하더라도 설명될 사건에 개입한 자의 동기,

의도, 신념 및 태도에 대한 어떤 입증이 있을 것이며, 이런 심리학적 사실들이 문제의 사건을 유도했다고 주장한다. 또한 이러한 근거는 법칙 포섭론자들에게는 그러한 심리학적 사실과 설명될 종류의 행동을 연결하는 일반 진술로 보인다. 셋째로 법칙 포섭 모형을 신봉하는 자들 역시 상이한 장소와 상이한 시간에 따라 인간은 다르게 사고하고 느끼며, 다르게 행위할 수 있다는 사실을 부정하지 않지만, 그렇다고 해서 인간 행동을 지배하는 법칙의 수립이 불가능하다고 보지 않는다. 다만 역사적 사건에 관련되는 듯이 보이는 심리학적 및 사회학적 법칙들의 대다수는 모든 인간 존재에 일률적으로 적용될 수 있는 것이 아니라, 어떤 특수한 성격의 유형에만 적용될 뿐이라고 본다.[59]

5 종합적 고찰

행위는 이해의 대상인가, 아니면 설명의 대상인가? 이해와 설명의 대립은 꽤 오랜 역사를 갖는다. 지금도 어떤 사람들은 행위의 이해를 주장하고, 어떤 사람들은 행위의 설명을 주장한다. 이해의 키워드는 정신(의도)과 공감(共感)이며, 설명의 키워드는 법칙과 포섭이다.

의도적 행위가 단순한 물리적 사건이 아니라는 것은 분명해 보인다. 그것은 물리적 과정으로는 환원되기 어려운 고차적인 의식 세계의 범주에 속하기 때문이다. 의도는 행위를 통해 드러나지만, 직접적인 관찰의 대상은 아니다. 그러므로 의도의 파악에 이해가 요청되는 것은 자연스럽다. 그렇지만 이해가 당면한 최대의 문제는 객관성의 확보가 불확실하다는 것이다. 딜타이는 이 문제를 해결하기 위해 우리 모두를 공통으로 포섭하는 객관적 정신을 끌어들인다. 객관적 정신은 우리 모두가 서로를 이해하는 공통의 기반이기 때문에 이해의 객관성은 확보된다는 것이다. 객관적 정신의 이론은 현실적이고 설득력이 있는 이론이다. 우리가 같은 교육을 받으며, 같은 전통 속에서 하나의 공동체를 이루며 함께 살고 있다는 현실 자체가, 이해의 객관성을 상당 부분 보장해 주기 때문이다. 그렇지만 객관적 정신은 다소 막연한 개념이다. 외연을 규정하기가 용이하지 않다. 공동체가 다르거나 시대가 다르면 객관적 정신은 어떤 부분에서는 달라질 수밖에 없을 것이다. 이때 이해의 객관성은 어떻게 확보할 것인가?

설명의 논리는 이에 대한 강력한 반명제이다. 설명의 논리는 이렇다. 과학이 추구하는 목적은 법칙의 수립에 있다. 그러므로 과학은 개별적 현상을 기술할 때 개별적 특성에 관심을 두지 않고 그것을 어떤 부류의 실례로 다룬다. 개별적 현상의 분류적 기술은 보편적 법칙을 세우는 데 필요한 작업이며, 이런 기술 아래서 여러 현상을 포섭할 것으로 기대되는 보편 법칙이 수립된다. 설명의 과정은 법칙의 수립 과정과는 반대 방향이다. 어떤 현상을 확립된 법칙 아래 포섭하는 것이기 때문이다. 이때 법칙이 객관성을 띠는 한도만큼, 어떤 현상에 대한 설명은 객관적이라 할 수 있다. 더 나아가 우리는 어떤 사람의 의도적 행위를 보고 그의 의도가 무엇인가 하는 질문과 아울러 그런 의도가 왜 발생했는가를 당연히 물을 수 있다. 설명은 이런 물음에 답하는 것이다.

그렇다고 해도 설명이 이해를 완전히 대체할 수 있을 것으로 생각되지는 않는다. 의도는 직접적 관찰의 대상이 아니며, 자율적이고 통합적인 의식의 세계는 법칙이라기보다는 합리성의 원리에 따라 작동하기 때문이다.

일찍이 아리스토텔레스는 자연 속에 있는 존재물을 탐구하는 것은 그것에 대한 네 가지 물음에 대답하는 것이라고 주장했다. 4원인설이라고 불리는 이 물음은 1) 그것이 무엇으로 되어 있는가(질료인) 2) 그것의 본질은 무엇인가(형상인) 3) 그것은 무엇이 만들어 냈는가(생성인) 4) 그것의 목적은 무엇인가(목적인)이다. 다시 말해 모든 사물은 질료와 형상으로 구성되어 있고, 그것을 생성시킨 어떤 작용이 반드시 있으며 그것이 목적하는 바가 있어야 한다. 그러므로 여기에 대한 대답은 질료의 기술, 본질적 정의, 인과적 설명, 목적적 설명으로 표현될 수 있다. 그의 철학에서는 본질적 정의와 목적적 설명이 가장 중요한 것이었지만, 경험주의적 자연 과학의 발달에 따라 점차 질료의 기술과 인과적 설명이 중심적 위치를 차지하게 되었고, 본질적 정의나 목적적 설명은 인과적 설명에 귀속되어 버렸다. 이리하여 모든 과학의 통일을 주장하는 자들은 인과적 설명 하나만으로 모든 것에 답할 수 있다고 본다. 이에 대해서 정신과학의 독자성을 주장하는 자들은 대체로 정신과학의 방법론으로서 행위의 의도 및 목적을 파악하는 목적론적 설명을 채택고자 한다. 자연의 생성에 대하여 우리는 그 생성에 내재하는 원인 이상의 목적을 물을 수가 없다. 그러나 삶의 표현인 문화나 역사적 현상의 배후에는 그것을 생성시킨 인간의 의도나 목적이 있다.

의도를 배제하고 인간의 행위를 파악하는 것은 어려워 보인다. 이런 점에서 의도에 초점을 맞추는 이해는 행위의 파악에 불가피한 것으로 판단된다. 그렇지만 이해론자들이 주장하듯이 의도를 모든 상황에서 직접적으로 파악하는 것은 어렵다는 생각이 든다. 말하자면 의도도 복잡한 상황에서는 추리를 통해서 파악할 수밖에 없다. 이때 이해는 설명의 형식을 띤다. 뿐만 아니라, 어떤 행위의 의도에 대한 이해는 그런 의도의 발생을 동시에 설명해 주지는 못한다. 이 행위가 무엇을 의도하고 있는가에 대한 질문은 왜 이런 의도가 일어났는가에 대한 질문과는 다른 것이다. 전통적 이해론자들은 행위의 의도가 무엇인가를 알 때, 그 행위가 왜 발생했는가를 더 이상 물을 필요가 없다고 본다. 그렇지만 무엇인가에 대한 대답이 '왜'에 대한 대답을 함축하는 것으로 보이지는 않는다. 더 나아가 행위는 의도되지 않은 결과를 초래할 수도 있다. 이때는 이해가 아니라 설명이 더욱 중심적인 위치를 차지할 수밖에 없다.

전통적인 이해에다 이런 제한을 가하면 이해와 설명은 상호 대립이 아니라 상호 보완적인 관계 속에 위치하게 된다. 나는 이를 다음 장에서 보다 자세히 논의하려고 한다.

3장
행위는 합리성의 원리에 의해 가장 잘 설명된다

 이 장은 역사학도 설명적 과학이어야 하며 역사학에서의 설명의 형식은 합리적 설명 모형이어야 한다는 것을 논증하려는 것이다. 역사학의 특수성에 기초하여 '설명'과 '이해'를 대립시켜 온 입장이나 인식 관심에 따른 학문의 분류를 강조하는 사람에게는 이러한 논제가 지나치게 실증주의적이라는 인상을 줄지도 모른다. 그렇지만 이 장은 해석학적 전통을 수용하면서도 설명적 과학의 장점을 결합시켜 보려는 것이다.
 우리는 우리의 앎을 먼저 실천적 앎(knowing how)과 사실적인 앎(knowing that)으로 나눌 수 있다.[1] 이때 사실적 앎은 더욱 세분될 수 있을 것으로 보인다. 예컨대 '오늘 날씨가 덥다.'라는 우리의 앎은 '왜 오늘 날씨가 이렇게 더운가?'를 묻는 원인에 대한 앎과는 다른 것이다. 자연현상에 대해서뿐만 아니라 문화 현상에 대해서도 같은 논리가 적용될 수 있다. '이 작품의 내용은 무엇인가'에 답하는 것은

'이 작품이 어떻게 해서 나타날 수 있었는가'에 답하는 것과는 다른 것이다. 혹은 '이 제도의 기능은 무엇인가' 하는 물음과 '왜 이런 제도가 발생했는가'에 관한 물음은 완전히 다른 성질의 물음이라고 할 수 있다. 우리는 편의상 전자를 기술적 앎(descriptive knowledge)이라 하고, 후자를 설명적 앎(explanatory knowledge)이라 부른다. 문화 현상의 설명적 앎에 대한 물음은 자연현상의 설명적 앎에 대한 물음만큼 정확하게 대답할 수 없을지도 모른다. 그러나 그것에 대한 탐구가 처음부터 차단되어 있다거나 관심에 따라 좌우되는 것으로 보이지는 않는다.[2]

자연 과학자들은 대체로 설명적 앎을 기술적 앎보다 우월한 것으로 간주한다. 하나의 사실이나 사건에 대한 앎은 한 사건이 어떻게 해서 발생하게 되었는가를 알 때만 완성된다고 생각하기 때문이다. 이러한 태도는 동시에 '아는 것이 힘이다', '알면 통제할 수 있다'는 태도와 깊이 연관되어 있다. 그들에 있어서 기술적 앎은 설명적 앎을 위한 전 단계에 불과하다. 문화 현상의 특이성을 주장하는 사람들은 문화의 세계를 탐구하는 문화 과학은 설명적 과학일 수 없고, 오직 기술적 과학일 뿐이라고 주장한다. 이런 주장은 다음과 같은 이유들에 근거하고 있다. 첫째, 문화 현상들은 자유로운 인간 활동의 산물이다. 그들은 모두 일회적 행위들의 결과이며 독특한 개성을 지닌다. 이런 유일무이한 산물들에 대해 결정론적 세계관에 근거한 어떤 법칙적인 설명을 한다는 것은 불합리하다. 둘째, 문화 현상은 어떤 의미의 구현체이고 이를 파악하는 데는 감각적 지각과는 다른 이해(Verstehen)라는 특수한 인식 작용이 필요하다. 이때 의미를 파악하는 것만으로 우리의 목적은 달성된다.

이런 주장은 인간 정신의 자율성을 강조하는 사람들에 의해 강력히 지지되었고, 설명적 과학이 아닌 기술적 과학의 독자성에 대한 요구로 이어졌다. 빈델반트가 자연 과학의 법칙 정립적 방법(nomothetische Methode)에 대립해서 문화 과학의 개성 기술적 방법(idiographische Methode)을 주장했던 것도 이런 이유에서였다.[3]

설명(explanation)이란 원래 '왜 그것이 필연적으로 그러한가(why necessarily)'에 대한 대답이라 할 수 있다. 이런 설명에서 결정적으로 중요한 것은 법칙의 역할이다. 우리는 설명해야 할 대상을 법칙 아래 포섭시킴으로써 설명을 수행하기 때문이다. 그러므로 드레이는 이러한 설명의 도식을 법칙 포섭 모형[4]이라 불렀던 것이다.

이해와 설명의 필요성을 모두 충족시키려는 나의 전략은 1) 이해를 최대한 객관적으로 만들고, 2) 설명에 사용되는 법칙을 다양화시키는 것이다. 나는 이를 설명적 해석학이라 부르고자 한다. 설명적 해석학에 대한 자세한 논의에 앞서 화용론적 설명과 전체론적 설명을 비판적으로 검토한다. 이들도 법칙 포섭 모형의 변형을 추구하지만 내가 제안하려는 합리적 설명 모형과는 거리가 멀다.

1 논증적 설명과 화용론적 설명

우리는 상황에 따라 여러 종류의 왜 그런가(why question)의 물음을 던진다. '왜 생명체는 죽는가?', '왜 지구는 자전하는가?', '왜 별들이 생겼는가?', '왜 인간은 큰 뇌를 가지고 있나?' 등등. 이런 물음에 답하는 설명의 여러 유형과 논리적 구조를 본격적으로 논의한 사람은 헴펠이었다. 앞장에서 이미 논의한 대로, 그는 설명을 우선 네 종류로, 즉 연역적·법칙론적 설명과 귀납적·통계적 설명, 발생적 설명, 기능적·목적론적 설명으로 분류한 후, 연역적·법칙론적 설명과 귀납적·통계적 설명만이 진정한 설명이라는 것을 논증하려고 한다. 네이글(E. Nagel)도 이와 비슷한 입장을 취한다.

헴펠과 오펜하임이 1948년 본격적으로 논의한 이래 지금까지, 연역적·법칙론적 모형은 과학적 설명의 한 패러다임으로 군림해 왔다. 이에 대해 두 개의 반론이 제시되었다. 하나는 설명의 논리를 다양화시킴으로써 자연 과학에서는 연역적·법칙론적 설명을 수용한다 하더라도, 역사학에서는 다른 설명 모형을 활용할 수 있다는 반론이고, 다른 하나는 자연 과학이든 역사학이든 헴펠의 설명 도식이 유일한 모형일 수 없다는 반론이다. 전자의 입장을 드레이는 다음과 같이 잘 나타내고 있다. "설명의 실용적 차원을 고려한다면, 그 개념의 분석은 그 말이 일상적인 과정에서 사용되는 방법과 좀 더 일치한다. 옥스퍼드 영어 사전은 '설명한다(to explain)'의 일반적인 의미를 '문제에 관한 원인이나 기원, 이유를 분명히 한다'는 것 외에 '장애를 없애다', '드러내다', '상세히 하다', '평이하거나 알기 쉽게 하다', '모호한 점이나 어려운 점을 분명히 하다'라는 뜻으로 나타내고 있다."[5] 이것은 일반적인 법칙을 사용하지 않고도 설명이란 말을 사용할 수 있다는 뜻이며, 자연 과학에서 사용하는 설명과 역사학에서 사용하는 설명이 서로 다르다는 것을 의미한다. 예컨대 설명의 일상적인 사용이란 인과 관계적인 의미에서의 사용이 아니라 '나의 목적을 설명한다', '나의 관점을 설명한다', '나의 의도를 설명한다', '이러한 말이나 저런 도구의 사용을 설명한다' 등등에서 보는 것과 같이 전혀 일반적인 법칙을 포함하지 않는 사용이라는 것이다.[6] 이때의 설명이란 수수께끼인 것을 수수께끼가 아닌 것으로 환원하는 과정에 불과한 것이다.

이런 논의를 더욱 극단화시켜 자연 과학의 설명에 있어서도 법칙이 필수적인 것은 아니라는 논의가 제기되었다. 특히 설명의 문제를 집요하게 추구해 온 웨슬리 새먼(W. C. Salmon)은 설명의 개념을 포괄적으로, 양상, 인식, 존재의 세 측면에서 분류한 후, 인식적 개념을 다시 추론적(inferential) 해석과 정보·이론적(information-theoretic) 해석 및 물음론적(erotetic) 해석으로 나눈다.[7] 추론적 해석의 대표적인 예는 설명을 논증으로 보는 헴펠의 설명이다. 이때 설명의 목적은 피설명 항의 법칙적 예측 가능성을 제공하는 것으로 간주된다. 그리노(F. G. Greeno), 한나(J. Hanna) 등이 주장하는 정보 이론적 해석에 의하면 과학적 설명은 우리가 설명하고자 하는 종류의 현상에 관한 우리의 정보를 증가시키는 방식이 된다. 그러므로 이런 설명에 있어서 중요한 것은 세계에 대한 우리의 정보인 기술적 지식을 조직화하는 방법이며, 설명이 전달하는 정보 양에 따라 설명은 평가된다. 설명을 '무엇인가'의 물음에 대한 대답으로 간주하는 것이 설명의 물음론적 해석인데, 이때의 물음은 철저하게 상황 의존적이다. 그러므로 설명의 적절성은 전적으로 물음이 제기된 상황의 공백이 메워지는 정도에 따라 판단된다. 이 세 해석 중 추론적 해석만이 법칙적 설명을 추구할 뿐, 나머지 두 해석은 설명에서 법칙은 필수적인 것이 아니라는 입장이다.

설명의 물음론적 해석을 정교하게 발전시킨 반 프라센(B. C. van Fraasen)은 전통적인 설명 이론에 대한 다음과 같은 공격을 가한다.

(가) ① 설명은 이론과 사실의 단순한 관계가 아니다.
　　② 설명력은 이론의 다른 장점으로부터 논리적으로 분리될 수 있다.
　　③ 설명은 과학적 탐구의 목표가 아니다.[8]

프라센에 의하면 설명은 이론과 사실 사이의 단순한 2항 관계가 아니라 이론과 사실과 문맥 간의 3항 관계이다. 동일한 물음일지라도 맥락에 따라 달라진다. 예컨대 '왜 현관불이 켜져 있는가?'라는 질문에 대해, '내가 그 불의 스위치를 올렸다.'라거나 '우리는 친구를 기다리고 있다.'라는 대답을 할 수 있다. 이 대답 중 어느 것이 적절한지는 맥락만이 결정한다. 또 강조점을 달리함으로써 동일한 물음이 전혀 다른 물음으로 나타난다. 그리고 이때 질문자를 만족시키기만 하면 모두 만족스러운 설명이 된다. 프라센은 또한 설명력과 이론의 수용은 별개의 것이라고 주장한다. 설명에는 이론에 기초한 설명과 이론에 기초하지 않은 설명이 있을 수 있으며, 설명력이 이론의 유일한 특성은 아니기 때문이다. 이런 맥락에서 보면, 설명적 앎과 기술적 앎 간의 근본적인 차이란 존재하지 않는다. 설명은 특정한 형태의 물음에 대답하는 기술적 정보에 불과하기 때문이다. 설명적 앎과 기술적 앎의 구별은 전적으로 화용론적(pragmatic)이다.[9] 그러므로 프라센은 과학적 탐구의 최고 목적이 설명이라는 명제는 성립되지 않는다고 주장한다.

프라센의 이러한 화용론적 설명은 과학적 설명과는 구분되어야 한다. 화용론적 설명은 일상생활에서의 설명이다. 그것은 과학의 설명이 아니며, 과학의 설명을 대체할 수도 없다. 일상생활 속에서는 어떤 사람에게 무엇을 설명한다는 것은 분명 그 무엇을 그 사람에게 분명하게 만드는 것이다. 그러므로 그것은 생활의 맥락이 중요하며 이런 맥락에 따라 설명의 논리는 달라진다. 그렇지만 과학적 설명은 맥락 초월적이다. 그런 의미에서 그것은 보편적이다. 우리가 추구하는 것은 이런 보편적인 과학적 설명이다.

2 역사 현상에 대한 설명의 여러 유형들

역사 과학은 기술적 과학이어야 한다는 주장에도 불구하고 역사 현상에 대한 설명은 이런저런 방식으로 추구되어 왔다. 그중에서 대표적인 것이 역사주의적 설명, 구조·기능주의적 설명, 변증법적 설명, 연역적·법칙적 설명들이다.

1) 역사주의적 설명

우리가 역사주의를 모든 사회문화적 현상은 역사 발전의 단계나 법칙에 따라 결정된다는 이론으로 해석할 경우, 역사주의는 역사 현상에 대한 하나의 설명 모형이 된다.

역사의 과정이란 끊임없이 발생하는 사건들의 연속이라 할 수 있다. 그것들은 모두 일회적인 사건들로서 독특한 제 나름의 개성을 갖고 있는 것으로 보인다. 그렇지만 역사주의자들에 의하면, 이런 사건들은 모두 어떤 유기적으로 통일적인 연관 속에 존재하는 것이다. 역사주의자들은 이를 연관성의 원리라고도 부른다. 연관성의 원리에 의하면 국지적 사건들은 보다 차원이 높은 보편사의 테두리 안에서 이해되어야 한다.

이런 역사주의는 전체란 부분들의 단순한 총합 이상이라는 전체론의 일종이라고 할 수 있다. 이것은 보통 관념론의 모습으로 나타난다. "전체는 그것의 모든 외적 표현들이 확실한 것만큼 모든 순간 확실하다. 우리는 전체에 우리의 모든 주의를 집중시키지 않으면 안 된다. …… 우리는 개인들에 관심을 갖는 것이 아니라 개인들을 통해서 살아 있는 사물로써 자신을 표현하는 전체에 관심을 갖는다."[10] 이런 관점에서 보면, 역사적 사건이나, 개인들, 제도들의 외적 현상 이면에는 언제나 통합된 정신적 실재인 전체가 존재한다. 그러므로 역사주의에 의하면 개별만을 보고 그것들의 연관인 전체를 보지 못하는 것은 생명체의 외양만을 보고 그 생명을 보지 못하는 것과 같은 것이다.[11]

이런 연관성의 원리를 받아들이면 한 특정한 시대의 특정한 사회가 창조한 모든 개별 문화 현상들은 동일한 시대정신의 표현으로 이해된다. 예컨대 문화 현상 a가 왜 발생했는가 하는 질문에 대한 대답은 다음과 같을 수 있다.

(나) ① 시대 정신 M이 지배한다.
　　 ② 시대정신 M 아래서는 a와 같은 유형의 문화 현상들이 나타난다.
　　 ③ 그러므로 문화 현상 a가 나타난다.

그렇지만 우리는 여기서 한 걸음 더 전진할 수 있다. 왜 시대정신 N이 아니고 M이 지배하게 되었는가? 개성과 연관성만을 강조한 고전적 역사주의자들은 이 문제에 대답할 수 없었지만, 발전의 단계나 법칙을 주장한 법칙적 역사주의자들은 다음과 같이 대답할 수 있다. 그것은 역사의 발전 단계상 M일 수밖에 없다.

헤겔의 예술에 대한 설명을 예로 들어 보자. 헤겔은 예술을 절대정신의 직관 형식으로서 간주한 후 다음과 같이 설명한다. "참된 정신으로서의 정신은 자체적 존재이면서 동시에 자신에 대립하는 존재다. 그럼으로써 그것은 대상성을 넘어선 추상적 본질을 상기하는 것이다. 이런 파악의 첫 번째 형식은 직접적이고 감각적인 지식, 즉 감각적이고 객관적인 것의 형식과 형태에 관한 지식이다. 여기서 절대자는 직관과 감정으로 나타난다. 그다음 두 번째 형식은 표상하는 의식이고, 마지막 세 번째는 절대적 정신의 자유로운 사유이다."[12]

이렇게 해서 절대자의 감각적 직관은 예술 속에서 수행되며, 절대자의 표상하는 의식은 종교이며, 자유로운 사유가 철학인 것이다. 이들은 모두 절대정신의 자기 실현 단계들을 특징짓는다. 같은 논리로 예술도 다음과 같은 발전 과정을 통해 나타난다. 먼저 상징적 예술형식이 나타나고, 다음으로 고전적 예술 형식이 나타난다. 그리고 마지막으로 낭만적 예술 형식이 나타난다.

상징적 예술은 무한자와 유한자, 이념과 형태의 일치를 특징으로 하며, 인도 종교에서 볼 수 있는 환상적이며 회화적인 상징 단계를 거쳐, 이집트 예술 속의 본래의 상징 예술까지를 포괄한다. 고전적 예술형식은 그리스 예술과 신화에서 명확히 드러난다. "고전적 미는 그의 자유롭고 자립적인 의미가 아니라 자기 자신을 의미하는 자이며, 그래서 마찬가지로 자기 자신을 드러내는 자이다. 이것은 일반적으로 자기 자신을 자신의 대상으로 만드는 정신적인 것의 활동이다."[13) 낭만적 예술에서 정신은 주관성의 자유와 무한성에 도달한다. 정신의 자기화해가 바로 낭만적 예술의 근본 원리이다. 헤겔에 있어서 예술의 이와 같은 변증법적 발전 단계는 문화 일반에도 그대로 적용될 수 있다.

역사주의적 설명이 언제나 관념론적일 필요는 없을 것이다. 그것은 철저히 유물론적 기초 위에서도 전개될 수 있다. 예컨대 마르크시즘이 역사를 생산 양식의 변천 과정으로 규정하면서, 동시에 문화란 생산 양식의 토대를 반영하는 상부 구조로 해석한다고 해 보자. 그리고 생산력과 생산 관계의 갈등에 의한 봉건제 생산 양식의 붕괴 다음에 자본주의 생산 양식이 지배적으로 되었다고 상정해 보자. 그러면 다음과 같은 설명 모형이 가능할 것이다.

(다) ① 자본주의 생산 양식이 지배한다.

② 자본주의 생산 양식 아래서는 b와 같은 유형의 문화 현상
　 들이 나타난다.
③ 그러므로 문화 현상 b가 나타난다.

　역사주의적 설명 모형 역시 겉으로 보기에는 논증적 설명 형식을
갖추고 있는 것같아 보인다. 각각의 논증에서 ②는 법칙의 역할을
담당하고 있다. 그렇지만 역사주의적 설명은 근본적으로 전체론적
설명이라 할 수 있다. 여기서 개인의 자율성과 창조성은 전체라는
실체 속에 묻혀 버린다. 관념론적 역사주의에서는 초개인적인 시대
정신이 실체로서 자신을 드러내는 것으로 가정되며, 유물론적 역사
주의에서는 생산 양식이라는 경제적 구조가 모든 문화를 결정하는
것으로 상정되어 있다.

2) 기능주의적 설명

　어떤 것이 그것이 속한 전체 구조 속에서 어떤 기능을 수행하기
때문에 존재한다고 보는 입장이 기능주의이다. 이것은 보통 구조 기
능주의라고 불린다.

　헴펠은 기능적 설명의 특징을 다음과 같이 규정한다.[14] "역사적으로
말해서, 기능적 분석은 목적론적 설명의 한 변형인데, 목적론적 설명
은 문제되고 있는 사건을 초래하는 원인에 대해 언급하는 것이 아니
라, 그 사건의 과정을 결정하는 결과에 대해 언급하여 수행하는 설명
이다." 스틴치콤(A. Stinchcombe) 역시 어떤 행동의 결과가 그 행동의
본질적 원인이 되는 설명 방식을 기능적 설명이라 규정한다. 이런 주
장의 핵심은 우리가 설명하고자 하는 사건이나 현상의 원인이 바로
우리가 관찰하는 결과라는 것이다. 이러한 설명은 일종의 순환적인
설명이다. 원인과 결과가 상호 순환적으로 얽혀 있다. 말하자면 결과

가 원인을 필요로 하는 반면, 원인은 또 그 결과를 필요로 한다.

기능주의는 기능적 상호 연관 논제에 근거하고 있다. 기능적 상호 연관 논제란 사회적 삶의 모든 요소는 상호 연관되어 있어 서로 간에 지탱하거나 강화시키므로, 결국 총괄적으로 하나의 분리될 수 없는 사회 전체를 지탱하거나 강화시킨다는 것이다.[15] 그러므로 기능주의는 어떤 요소가 구조적 전체에 이바지하기 때문에 존재하는 것으로 설명한다. 이때 이바지라는 것은 전체의 생존이나 정상적 작동, 적응적 평형 상태나 유용성의 극대화에 공헌하는 것이며, 구조적 전체는 내적 갈등보다는 내적 일관성과 내적 화합이라는 동적 균형 상태에 있는 것으로 가정된다. 이러한 가정은 생물학에서의 항상성의 원리와 같다.

기능주의적 설명의 주된 영역인 생물학의 예를 들어 보자. 왜 새의 뼈 속이 비어 있는가의 질문에, 날기 쉽게 하기 위한 것이라고 대답했다고 해 보자. 이것은 다음과 같은 기능적 진술로 표현될 것이다.

① 속이 빈 뼈의 기능은 날기 쉬움이다.

그런데 날기 쉬움은 뼈 속이 빈 것이 원인이 되어 그렇게 되었다고 할 수 있다. 그러므로 다음과 같은 순환이 된다.

② (속이 빈 뼈 → 날기 쉬움) → 속이 빈 뼈

따라서 이들은 결국 다음과 같이 정식화된다.

(라) ① 새는 날기 쉬워야 한다.

② 새의 속이 빈 뼈의 기능은 날기 쉬움이다.

③ 그러므로 새의 속이 빈 뼈가 존재한다.

이제 이를 역사적 설명에 적용하여, 한글이 왜 창제되었는가를 기능주의적으로 설명해 보자.

(마) ① 세종 시대는 정치적으로 안정되고 경제적으로도 윤택하여 독자적인 문화의 창조가 요구되는 상황이었다.

② 한 사회가 독자적인 문화를 창조하려면 그 구성원들이 쉽게 사용할 수 있는 독자적인 문자가 있어야 한다.

③ 한글은 누구나 쉽게 사용할 수 있는 독자적인 문자다.

④ 그러므로 한글이 창제되었다.

①은 문제 상황에 대한 기술이며, ②는 ①이 가능하기 위해 충족되어야 할 필요조건에 관한 진술이며, ③은 ②에서 말한 필요조건이 충족된다는 진술이다. ④는 ①, ②, ③으로부터 연역적으로 도출된 결론이다.

이런 설명의 문제점은 무엇인가? 헴펠도 잘 지적하였듯이, ③의 타당성이 문제이다. 즉 누구나 사용 가능한 독자적 문자는 한글뿐만이 아니라, 다른 문자도 가능했을 것이다.

그러므로 ③은 완료된 진술이 아니라, 같은 기능을 수행하는 경험적 충분조건들의 집합에 관한 진술이어야 하며, 따라서 결론 ④도 이런 충분조건들 중의 하나가 존재한다고 해야 한다. 말하자면 다음과 같이 되어야 한다.

③′ 한글은 누구나 사용 가능한 독자적인 문자 중의 하나이다.

④′ 그러므로 여러 가능한 문자 중의 하나인 한글이 창제되었다.

그러나 이렇게 되면 설명력은 거의 상실하고 만다. 뿐만 아니라 기능적 설명은 갈등 상황을 설명하기 어렵다.

3) 변증법적 설명

변증법은 인간의 사고를 비롯하여 만물은 정립, 반정립, 종합(thesis, antithesis, synthesis)이라는 3박자로 전개된다고 주장하는 이론이다. 먼저 '정립'이라 할 수 있는 어떤 상태가 존재한다. 이것은 한정된 가치만을 갖기 때문에, 이것은 자연적으로 자신과 대립되는 '반정립'을 초래한다. 반정립 역시 정립과는 다르지만 한정된 가치만을 갖기 때문에, 정립과 반정립의 투쟁에서 양쪽의 장점을 보존하고 약점을 제거한 '종합'이 나타난다. 한 순환이 완성되면 종합은 다시 새로운 정립으로 되어 발전은 계속된다. 이런 변증법을 헤겔, 마르크스 등 변증법의 주창자들은 새로운 논리학으로 규정한다. 이때 '반정립' 대신에 '정립의 부정'으로, '종합' 대신에 '부정의 부정'으로 부르기도 한다.

변증법의 세 법칙은 다음과 같다. ① 만물은 내적 대립이나 모순을 포함한다.(대립물의 통일) ② 양적인 변화는 질적인 변화를 일으킨다.(양과 질) ③ 부정을 다시 부정함으로써 만물은 보다 높은 단계로 발전한다.(부정의 부정) 우리가 죽는 것은 우리의 삶 속에 죽음이 이미 포함되어 있기 때문이다. 이것이 대립물의 통일이다. 물이 끓어 증기가 되는 것은 양적인 변화가 질적인 변화를 일으킨 것이다. 이 세 법칙 중 가장 중요한 법칙이 세 번째 '부정의 부정' 법칙이다. 이 법칙에 의해 만물은 항상 더욱 높은 단계로 발전한다. 예컨대 한 알의 밀알이 썩어 새싹이 나는 것은 원래의 밀알에 대한 부정이지만, 새싹이 수많은 새로운 밀알을 열매 맺는 것은 단순한 썩음을 다시 부정하는 이중의 부정이 된다. 이것은 다음과 같이 표현되기도 한다.

'정립과 반정립의 대립은 종합으로 발전한다.'

우리는 이것을 다음과 같이 정식화시킬 수 있다.

① 정립 a가 존재한다.

② 반정립 ~a가 발생한다.

③ 그러므로 종합 b가 존재한다.

이를 역사에 적용해 보자.

① 봉건 사회가 존재한다.(정립)

② 이에 대립되는 자본주의 사회가 나타난다.(반정립)

③ 그러므로 사회주의 사회가 탄생한다.(종합)

변증법적 관점에서 보면, 모든 사물은 정립이면서, 반정립이고, 동시에 종합이다. 예컨대 위의 예에서 우리는 다음과 같이 구성할 수도 있다.

① 노예제 사회가 존재한다.(정립)

② 이에 대립되는 봉건 사회가 나타난다.(반정립)

③ 그러므로 자본주의 사회가 탄생한다.

혹은 자본주의 사회를 정립으로 하고 사회주의 사회를 반정립으로 하여 미래의 또 어떤 사회의 탄생을 예상할 수도 있다.

변증법론자들은 사물의 변화가 진보를 함축하는 한 이런 버전들이 큰 문제를 야기하지 않는다고 생각한다. 그렇지만 문제는 모든 변화가 진보일 수 없다는 것이다. 변증법은 아무런 연관도 없는 사실들을 정반합의 공식에 맞추어 자의적으로 연결시키는 설명을 할 뿐만 아니라,

세계가 끝없는 진보 속에 있다는 근거 없는 낙관에 사로잡혀 있다.

4) 연역적 · 법칙론적 설명

이 설명 모형은 바로 헴펠이 제시한 논증적 설명이다. '왜 이광수의 소설 『흙』이 나타나게 되었는가'에 답한다고 해 보자. 연역적 · 법칙론적 설명 모형에 의하면, 그러한 상황에서는 그러한 작품이 나타난다는 사회학적인 법칙이나, 혹은 더 정확히 그러그러한 상황에서 소설가는 그런 내용의 작품을 쓸 수밖에 없다는 심리학적 법칙을 사용하여, 그런 현상들의 발생을 설명하려 할 것이다. 이것은 다음과 같이 정식화된다.

(바) ① A 유형의 상황이 존재한다.
    ② A 유형의 상황에서는 언제나 (혹은 높은 확률로) c가 발생한다.
    ③ 그러므로 c가 발생한다.

여기서 사용된 법칙은 역사주의적 설명에서처럼 전체론적 성격을 띠고 있지는 않다. 그렇지만 여기에는 두 가지 문제가 있다. 하나는 여기서 사용된 법칙이 과연 법칙일 수 있겠는가 하는 문제이고, 다른 하나는 그것이 법칙일 수 있다 할지라도 그러한 법칙의 적용은 인간의 행위를 제대로 설명할 수 있겠는가 하는 문제이다.

3 역사적 설명에서의 법칙 문제

지금까지 논의에서 보면 역사적 설명의 문제에서는 결국 다음과

같은 두 가지 문제가 핵심으로 떠오른다고 할 수 있다.[16]

(1) 역사가는 때때로 사건을 설명한다.
(2) 모든 설명은 적어도 하나의 일반 법칙을 포함하지 않으면 안된다.

이 두 가지 문제 각각에 대해 우리는 긍정과 부정의 입장을 취할 수 있다. 말하자면 역사가는 때때로 사건을 설명한다는 주장을 긍정할 수도 있고, 부정할 수도 있다. 즉 역사가의 작업이 설명과는 일체 관계없는 일이라고 주장할 수도 있고, 역사가도 사건을 설명할 수밖에 없다고 주장할 수도 있다. 설명에 대해서도 모든 설명은 적어도 하나의 일반 법칙을 포함한다고 주장할 수 있고, 설명은 아무런 법칙도 포함하는 것이 아니라고 주장할 수도 있다. 이리하여 지금까지 논의되어 온 역사적 설명에 대해 아서 단토(A. Danto)는 다음과 같은 네 가지 경우를 제시한다.[17]

가) (2)는 참이고 (1)은 거짓이다.
나) (2)는 참이고, (1)은 거짓으로 보이지만 수용할 수 있게 재진술될 수 있다.
다) (1)은 참이고 (2)는 거짓으로 보이지만 수용할 수 있게 재진술될 수 있다.
라) (1)은 참이고, (2)는 거짓이다.

가)에는 대체로 크로체, 딜타이, 콜링우드 등 역사적 관념론자들이 속한다. 이들은 정신과학을 자연 과학과는 엄격하게 구별해서 보려고 하면서, 자연 과학은 설명의 방법을 사용하고, 역사학은 이해의 방법을 사용한다고 주장한다. 이들에 의하면 자연 과학적 설명은 설명하고자 하는 개별 현상을 법칙에 귀속시키는 법칙 포섭 모형의 형식을 갖는다. 따라서 (2)는 절대적으로 참이 된다. 그러나 인간 존재는 일반 법칙에 따라서 행위하지 않는다. 인간 존재는 자유로운 행위자이고, 인간의 행위는 어떤 내면적 상태에 의해서, 즉 목적이나 동기, 욕구나 판단 등에 의해 평가되어야 한다. 인간 존재가 야기하는 역사적 사건이 일회적이고, 반복이 불가능한 것은 바로 이 때문이다.

이런 관점에서 보면 정신과학의 과제는 외부적으로는 관찰 불가능한 내면적 기제를 재연하는 것이라고 할 수 있다. 이것은 다른 사람의 마음의 작용을 공감적으로 파악하는 일이다. 우리는 이러한 인식을 '이해'라고 부른다. 이해는 자연 과학에 적합한 설명이 아니다. 그러므로 가)는 (2)는 참이고 (1)은 거짓이라는 결론을 내린다.

나)는 헴펠에 의해 대표되는 입장이다. 그는 자연 과학에서 사용하는 연역적·법칙론적 설명 모형을 역사학에도 적용할 수 있다고 주장한다. 그는 고전이 된 그의 유명한 논문 「역사학에서의 일반 법칙의 기능(The Function of General Law in History)」에서 역사학자도 설명을 추구하며, 모든 설명은 설명하고자 하는 개별 현상을 일반 법칙 아래 귀속시키는 작업임을 논의한다.[18]

과학적 설명의 단일성을 지지하는 헴펠의 주장은 매우 단순하고 논리적이지만, 역사학자가 역사적 설명에서 일반 법칙을 실제로 사용하지 않고 있다는 반론이 제기되었다. 이에 대해 헴펠은 '설명 스케치'라는 개념을 동원하여 이에 응수한다. 즉 역사학자는 완전한 설명 대신에 '설명 스케치'라 불리는 약식 설명을 사용한다는 것이다.

약식 설명이란 무엇인가. 그런 스케치는 법칙에 대한 다소간 애매한 지시와 적절한 것으로 고려된 초기 조건으로 구성되어 있다. 그것을 완전한 설명으로 바꾸기 위해서는 빈 곳을 채울 필요가 있다.[19]

그러므로 약식 설명은 법칙이 명시적이지 않고, 암시적으로만 언급되는 설명이라 할 수 있다. 우리가 설명을 일반 법칙을 포함하는 설명 항으로부터 피설명 항으로의 논리적 귀결로서 정의한다면, 이런 약식 설명은 분명 설명이 아니다. 그렇지만 헴펠의 관점에서 보면 약식 설명도 완전한 설명으로 바꿀 수 있는 한에서, 역사가도 사건을 설명한다는 (1)은 우리가 그것을 재진술한다면 참이 될 수 있는 것이다.

이론과학은 법칙이나 이론의 정립을 목표로 하는 데 반해, 역사 과학은 개별적 사실의 기술을 목표로 한다. 그런데 설명의 형식이 적용될 수 있을까? 당연히 제기될 수 있는 질문이라 할 수 있다. 그렇지만 이론과학이든 기술 과학이든 모든 과학의 설명의 구조가 동일하다는 사실을 설명론자들은 지적한다. 과학적 설명의 논리적 구조는 단순화시키면 다음과 같이 될 것이다.[20]

$$[U + I] \rightarrow E$$

여기서 U는 법칙을 가리키고, I는 법칙과 연관되는 초기 조건을, 그리고 E는 우리가 관찰하거나 예상하는 개별적 사건을 가리킨다. 세 개의 항 중, 두 가지를 전제하면 나머지 한 항을 추론해 낼 수 있다. 예컨대 법칙 U와 초기 조건 I를 알면, 사건 E를 예측할 수 있다. 그리고 E가 주어졌을 때 U나 I를 발견하는 것이 우리의 문제라면 우리는 설명을 찾고 있는 것이며, U나 I 중의 어느 하나를 문제되는 것으로 생각하고 E를 경험의 성과와 비교해 보아야 할 것으로 생각한다면, 우리는 U나 I의 검증에 관계하고 있는 것이다.

이때 이론과학은 물론 U나 I를 전제하고 보편적 법칙을 발견하고 검증하는 데만 관심을 갖는다. 반면에 역사 과학은 E를 기술하고 I를 발견하는 데만 관심을 갖는다. E를 기술하는 것은 과거에 일어났던 사건의 기술이 될 것이고, I에 대한 발견은 그 사건을 야기시킨 원인에 대한 발견이 될 것이다. 역사 과학이 일어난 사건의 기술뿐만 아니라 그 사건의 원인까지 규명해야 한다면 보편적 법칙은 필수적으로 요청될 것이다. 왜냐하면 보편적 법칙의 도움 없이 개별적 사건들을 연결하는 것만으로는 아무런 합리적 설명도 되지 못하기 때문이다. 그러므로 이론과학과 역사 과학의 관심의 초점은 다르더라도 어느 경우에나 보편적 법칙은 논의되거나 전제되고 있는 셈이다.

다)는 역사가가 설명을 추구하는 것은 완전히 참으로 수용하지만 모든 설명이 적어도 하나의 일반 법칙을 포함한다는 주장은 재진술되어야 한다고 본다. 즉 통계적 법칙도 법칙으로 사용될 수 있다는 것이다. 특히 양자 역학에서는 귀납적 통계적 법칙이 추구되고, 설명에 사용된다. 이것은 모든 설명은 적어도 하나의 일반 법칙을 포함하고, 설명은 설명의 대상을 일반 법칙을 전제로 이용하여 연역적으로 도출하는 것이라는 주장을 보다 완화된 형태로 재진술해야 함을 의미한다.

더 나아가 역사적 설명에 사용되는 법칙이 상식의 일반화(trivial generation)일 경우가 많다. 이런 경우에는 법칙이 거의 자명한 성격을 띤다. 예컨대 구한말, 우리나라가 일본의 식민지가 된 역사적 사실을 설명한다고 해 보자. 당시 일본은 근대화된 신식 무기를 소유하고 있었고, 우리나라는 근대 무기를 소유하지도, 근대식 교육을 받은 군대도 갖고 있지 못했다. 국력의 격차도 컸다. 그러므로 싸움에서 이길 수가 없었다. 이런 역사적 사건을 설명하려 할 때, 우리는 어떤 법칙을 사용하고 있는가? 이때 사용되는 법칙이 바로 평범한 일반화이다. '열등한 무기를 가진 군대는 우수한 무기를 가진 군대를 이길 수 없다.'는 법칙은 이러한 실례가 될 수 있다. 이를 정식화시키면 다음과 같이 된다.

① 일본의 군대는 우수한 무기를 가진 군대다. 조선의 군대는 열등한 무기를 가진 군대다.
② 열등한 무기를 가진 군대는 우수한 무기를 가진 군대를 이길 수 없다.
③ 그러므로 조선의 군대는 일본의 군대를 이길 수 없다.

칼 포퍼는 이런 평범한 일반화에 주의를 환기시킨 최초의 철학자였다. 그는 다음과 같이 예를 들고 있다. "예컨대 우리가 1772년에 있었던 폴란드의 첫 번째 분할을 폴란드가 러시아, 프러시아, 그리고 오스트리아의 연합군을 이길 수 없었다는 사실을 지적함으로써 설명하려 한다면, 그때 우리는 암암리에 다음과 같은 평범한 보편적 법칙을 사용하고 있는 것이다. 거의 비슷하게 잘 무장된 두 군대 중에서 한 쪽이 수에 있어서 엄청난 우위를 점한다면, 다른 쪽은 결코 이길 수 없다. 이런 법칙은 군사력에 관한 사회학적 법칙으로 기술될 수도 있을 것이다. 그렇지만 그것은 너무나 평범해서 사회학도에게 심각한 문제를 제기하거나 그들의 관심을 끌지는 못할 것이다."[21]

이러한 입장은 마이클 스크리븐(M. Scriven)에 의해서도 지지된다.[22] 하지만 스크리븐은 이런 법칙을 연역적으로 사용하기보다는 어떤 주장의 정당화에 사용하고자 한다. 네이글은 확률적 법칙의 역할을 매우 강조한다. 네이글에 의하면 확률적 법칙은 연역을 허용하지는 않지만, 설명의 근거를 제공한다.[23]

라) 입장, 즉 역사가는 설명을 추구하지만, 설명은 일반 법칙을 포함하지 않는다는 입장은 헴펠의 법칙 포섭 모형에 대한 가장 강력한 반대 모형이라 할 수 있다. 이런 입장의 대변자로 우리는 윌리엄 드

레이를 들 수 있다. 드레이는 역사가의 설명은 법칙을 사용하지 않는다고 주장한다. 드레이에 의하면 설명이란 어떤 대상을 보편적 법칙 아래 귀속시키는 것이 아니라, 수수께끼를 풀거나 이해하기 어려운 개념을 이해할 수 있는 개념으로 풀어서 해명하는 것이다.

그는 역사 설명의 문제에 대해 헴펠이 말한 연역 법칙 모형 대신에 연속 계열 모형(continuos series model)을 제안한다.[24] 이것은 전체적 사건을 우리가 이해할 수 있는 작은 사건들의 어떤 집합에 도달할 때까지 작은 사건들의 계열로 쪼개어 보여 주는 것이다.

드레이에 의하면 역사적 설명에는 어떠한 일반적 진술도 필요하지 않다. 우리가 사건이 발생한 경로를 추적할 수만 있다면 그 사건은 설명될 수 있다. 그는 역사의 일반 법칙을 다음과 같이 비판한다.[25] 첫째로 일반 법칙 아래 개별 사건이 포섭될 수 있다 해도 그것은 전혀 설명의 힘을 가질 수 없다. 포퍼의 다음과 같은 군사에 관한 사회학적 법칙이 좋은 예가 될 수 있다. "동일하게 잘 무장되어 지휘되는 두 군대 중에서 한쪽이 수에 있어서 매우 우세하다면, 다른 쪽이 결코 승리할 수 없다." 즉 이것이 일반 법칙으로 주장된다 해도 너무나 포괄적이고 형식 논리적이어서 사실상 어떤 것도 설명할 수 없다. 둘째로 좀 덜 일반적인 법칙의 예로서, 루이 14세가 인기가 없어진 이유를 설명하기 위해 "신민의 이익에 위배되는 정책을 추구하는 통치자는 인기가 없다."는 법칙을 적용할 수도 있다. 그러나 이 명제는 분명히 거짓 명제이기 때문에 법칙이 아니다. 그러한 정책을 추구했는데도 불구하고 인기가 있었던 지배자가 많이 있어왔다는 사실이 이를 증명한다. 이 일반 명제가 의미를 갖기 위해서는 '종종'이라든가 '자주'라는 수식어가 첨가되어야 하는데 이렇게 되면 벌써 법칙이 아니다. 셋째로 사람들은 다음과 같은 형식을 취함으로써 일반 법칙을 유지하려 할지도 모른다. 즉 "바로 '이것'과 꼭 같은 조건이 있을 때는 언제나 꼭 '저것'과 같은 사건이 발생한다."
고. 이것은 확실히 연역적인 형식의 법칙으로 표현되기는 했지만 '이
것'과 '저것'이 완전히 한정된 기술에 의해서 대체된다면, 이 진술이
어떤 의미에서 일반적 법칙일 수 있는지 의심스러워진다. 따라서 역
사에서 법칙의 수립이란 무의미하다.

갈리(W. B. Galle)에 의하면 어떤 사건은 첫째, 그 사건에 선행하
는 여러 조건들을 언급하고 둘째, 그 사건은 그것의 발생에 서술한
조건들 중의 어떤 것을 필요로 하는 종류의 사건임을 제시하고 셋
째, 그 사건의 발생에서 실제 필요했던 것은 어떤 종류의 조건임을
지적함으로써 설명된다.[26] 만약 어떤 역사적 사건의 설명이 타당하
지 못하다 해서 일반적 법칙을 언급하는 것은 전혀 무의미한 일이
다. 적절하지 못한 설명의 개선은 일반 법칙의 언급에 의해서가 아
니라 필요한 다른 종류의 조건들을 첨가함으로써 가능하다.

갈리는 일반 법칙에 의한 설명을 이야기의 흐름이 귀결될 어떤 것
으로서 역사 속에 개입되는 것이 아니라, 이야기의 흐름에서 불가피
하게 생기는 간격을 메우기 위해서 필요한 것이라고 주장한다. 즉
일반 법칙에 의한 설명은 역사적 이해가 도달한 점을 명시하는 것이
아니라, 도달하지 못할 점을 명시한다. 역사의 이야기를 따라간다는
것은 결과를 예언하는 것과는 다른 지적 과정이며, 이야기를 따라가
도록 하는 인간 능력의 향상은 사태의 결과를 예견하는 인간 능력의
향상과는 완전히 다르다. 놀라움과 우연적인 것들, 그리고 예기치 못
한 사건들이 이야기의 본질적인 것들이다. 이야기를 이해하며 이를
추구해 간다는 것은 우연적인 사건들이 결론으로 귀결되는 일련의
사건을 추적해 가는 것이다. 그러나 이것이 어떻게 가능한가? 사건
에 대한 우리의 공감에 의해서다. 역사적 이해의 이러한 설명에서
중요한 것은 역사적 진술이 사실이라고 불릴 수 있는 조건에 의존하

고 있는 것이 아니라, 이야기로서의 역사의 특성에 의존하고 있는 데 있다.[27] 이러한 입장은 단토에 의해서도 제시된다. "과거의 이해 및 설명은 본질적으로 과거로 거슬러 올라가는 기술의 양식에 의존하며, 부당한 확장에 의하지 않고는 법칙적으로 미래에까지 적용될 수 없다."[28]

우리가 위에서 다룬 네 가지 유형이 역사의 설명을 둘러싸고 제기된 대표적인 모형들이다. 각 모형들이 나름대로의 특징을 갖고 있지만, 역사적 사건에 대한 최선의 설명으로 보기는 어려워 보인다. 나는 (1) 역사가도 때때로 사건을 설명한다는 명제를 수용하고, (2) 모든 설명은 적어도 하나의 일반 법칙을 포함하지 않으면 안 된다는 명제를 재해석함으로써 새로운 설명의 모형을 제안하려고 한다. (2)의 재해석에서 결정적인 것은 일반 법칙을 ① 경험적 법칙과 ② 선험적 법칙으로 나눈 후, 역사의 설명, 특히 행위의 설명에는 선험적 법칙이 사용된다는 점을 밝히는 것이다.

4 합리적 설명 모형

합리적 설명 모형은 다음과 같은 논제들 위에서 출발한다. 첫째, 모든 문화 현상은 주체적인 개인들에 의해 창조된 것이다. 물론 개인에 의해 창조되지 않은 문화 현상들도 있다. 그렇지만 그것들도 결국 개인들의 집단에 의해 창조되었다고 봐야 한다. 둘째, 개인들은 (혹은 집합적 개인들은) 합리적으로 인식하고 행위한다. 셋째, 개인들의 행위나 그 결과는 이해의 대상이면서 동시에 설명의 대상이다.

역사 세계를 탐구할 때, 우리는 다음과 같은 의문에 부딪힌다. 역사 세계는 인간 정신에 의해 창조된 세계이다. 정신은 자연 과학적 법칙의 지배를 받지 않는다는 점에서 자유롭다고 할 수 있다. 그리고 자유로운 정신에 의해 창조된 산물들은 의미나 가치의 존재라 할 수 있고, 하나하나가 모두 독특한 개성적 존재이다. 이런 점에서 역사의 세계는 자연의 존재와는 다르다고 할 수 있다. 합리적 설명은 이런 세계를 어떻게 설명하자는 것인가?

우리는 먼저 문화의 세계가 자연의 세계와 같은 감각적 지각의 대상이 아니라 이해의 대상이라는 것을 인정한다. 그러므로 해석학을 그대로 수용한다. 그렇지만 해석학은 학문의 방법론이 되려면 철저히 객관적 해석학이지 않으면 안 된다.

이해의 문제가 논의될 때, 이해를 주관주의적 이해와 객관주의적 이해로 먼저 나누는 것은 편리한 방법이 될 것이다. 리히트는 이해를 의미론적 이해(semantic understanding)와 감정 이입적 이해(empathic understanding)로 나누기도 한다.[29] 감정 이입적 이해는 어떤 표현을 보고 그것에 자신의 감정을 투사하여 이루어지는 이해이다. 예컨대 우리는 우리의 여러 정서와 감동을 자신의 음성을 통해 표출하는데, 다른 사람의 음성을 듣고 그의 정서와 감동을 이해하는 것은 나의 감정을 그것에 투사했기 때문이다. 전통적으로 해석학의 많은 이론가들이 이해를 이런 식으로 규정하여, 감정 이입(empathy)이나, 직관적 동일화(intuitive identification) 혹은 상상적 재연(imaginative reenactment) 등으로 특징지었다. 포퍼식으로 말한다면 주관적 경험을 향한 이런 이해는 세계2의 대상에로 향하는 이해라 할 수 있다. 객관적 이해는 이와 상황이 다르다. 그것은 해석되는 행위자의 주관적 경험과 관계하는 것이 아니라, 세계3의 대상을 다루는 데서 성립한다. 객관적 이해를 확립하려 하는 비판적 합리주의에 의하면 이해에 있어서 본질적인 것은 "재연이 아니라 상황의 분석이다."[30]

주관적 이해의 한계는 명백하다. 우리는 다른 사람의 정신을(특히 그것이 예술적 탁월성이나 영웅적 행위인 경우) 재연하기 어려울 뿐만 아니라 이해의 타당성을 검증할 수 없다. 이 때문에 헴펠, 네이글, 아벨 같은 실증주의자들은 이해를 과학적 설명을 위한 하나의 보조 수단이나 발견적 수단으로만 보고자 했다. 아벨은 이해를 보간(補間) 작용으로 간주한다.[31] 예컨대 갑자기 기온이 하강하자 이웃 사람이 책상에서 일어나 나무를 쪼개어 난로에 불을 붙이는 것을 보면, 우리는 그가 추워서 방을 따뜻하게 하려 의도하고 있다는 것을 자동적으로 추측하는데, 이 추측이 곧 이해라는 것이다. 이때 이해가 갖는 논리적 특성은 관찰된 행동의 내면화를 통해서 어떤 행동의 규칙에 도달하는 점이다. 그러나 이 행동의 규칙이 객관적으로 검증되어야 하는 하나의 가설적 법칙인 한에서 이해는 인과적 설명으로부터 논리적으로 구분될 수 있는 어떤 방법론적 특성을 소유하고 있는 것이 아니라, 설명의 논리적 조작을 위한 발견적 부분에 불과하다는 것이다.

객관적 이해는 전혀 다르게 규정될 수 있다. 이것은 문제 해결의 과정에 대한 추적이며 세계3의 대상들에 대한 합리적 재구성의 과정이 된다. 비판적 합리주의의 이론에서 보면, 인간 행위와 그것의 결과인 문화는 당시의 주어진 문제를 해결하려고 한 결과물들로 볼 수 있고, 문제와 문제 해결 사이의 관계는 세계3에 속하는 논리적이고 객관적인 관계이다. 그러므로 이러한 과정을 이해하고자 하는 방법은 문제 해결의 일반적 도식에 따라 제시될 수 있다. 문제 해결의 일반적 도식이란 어떤 것인가? 이것은 다음과 같이 설명될 수 있다. 우리는 먼저 문제에 부딪힌다. 예컨대 선택의 범위를 이해한다거나, 과학적 역설을 풀고자 한다거나, 가장 효율적인 방식으로 행위하고자 한다거나 하는 것들이 모두 우리가 부딪히는 문제 상황이다. 문제가 없는 인식이란 존재하지 않으며, 모든 과학적 설명이나 인식 체계는 문제를 해결하고자 하는 시도이다. 예술 작품도 같은 맥락에서 설명될 수 있다. 모든 생명체는 항상 문제 해결에 몰두하고 있다. 이러한 문제들은 나중에 가설적으로 재구성될 수 있는 객관적 의미의 문제이다. 문제 해결은 언제나 시행착오의 방식에 의해서 진행된다. 새로운 행동 양식이나 새로운 가설이 시험적으로 제시되고, 오류의 제거에 의해 통제된다.

인간의 행위가 당면한 문제를 해결하고자 하는 시도라면, 이런 과정과 결과를 이해하고자 하는 문제는 그 행위자가 그 자신의 문제를 어떻게 파악했고, 또 해결하려고 했는가를 추적하는 일이다. 즉 그것은 포퍼가 말한 대로 상위 문제(meta-problem)[32]이다. 즉 현실적으로 문제 상황이 무엇이었고, 잠정적 가설이나 비판적 시험이 무엇이었으며, 새로운 문제 상황이 무엇이었나를 발견하는 것이다. 이리하여 이해의 과정은 대상적 차원에서의 문제 해결 과정에 대한 2차적 추적이며 재구성의 과정이 된다. 이리하여 다음과 같은 도식화가 가능하다.[33]

(사) 대상 차원의 문제 해결 과정 :
　　문제 상황 ① → 잠정적 가설 → 비판적 시험 → 문제 상황 ②
　　--
　　이해 차원의 문제 해결 과정 :
　　이해의 문제 상황 ① → 이해의 잠정적 가설 → 이해의 비판적
　　시험 → 이해의 문제 상황 ②

이런 이해의 과정을 포퍼는 상황의 논리(situational logic)[34]에 의해 정교하게 해명한다. 상황의 논리란 행위자가 그 자신을 파악한 상황에 호소하여 수행하는 인간 행위에 대한 어떤 종류의 잠정적이거나 가정적인 가설을 설정하는 방법이다. "아마도 우리는 사상의

어떤 구조가 어떻게 그리고 왜 창조되었는가를 설명하고자 원할 것이다. 물론 어떠한 창조적 행위도 충분히 설명될 수는 없다. 그런데도 우리는 가정적으로 행위자가 자신을 파악한 문제 상황에 대해서 이상화된 재구성(idealized reconstruction)을 시도할 수 있고, 어느 정도 그 행위를 이해 가능하게 (혹은 합리적으로 이해 가능하게) 만들 수 있다. 즉 그가 파악한 그의 상황에 적합하게 만들 수 있다. 상황의 논리라는 이러한 방법은 합리성의 원리(rationality principle)를 적용한 것으로 기술될 수도 있다."[35] 즉 상황의 논리는 인간을 합리적 존재로 보고 합리성의 원리를 인간 행위의 상황에 적용하는 방법이라 할 수 있다.

상황의 논리는 두 개의 근본적인 측면을 갖는다. 하나는 상황의 유형이며, 다른 하나는 합리성의 원리이다. 상황의 유형은 행위자가 그의 문제를 인식하고 그것에 대한 해결을 시도하는 문제 상황에 대한 자세한 기술로서 구성된다. 그렇지만 이 기술은 전혀 심리주의적 방법이 아니다. 상황의 분석은 처음에는 심리학적인 요소로 보이는 것들, 예컨대 욕망, 기억, 연상 등을 상황의 요인으로 변환시키는 데까지 상황을 분석하는 것이다. 그 결과 이러이러한 욕망을 가진 사람은 이러이러한 객관적인 목표를 추구하는 상황에 처해 있는 사람으로 되며, 이러이러한 기억이나 연상을 가진 사람은 이러이러한 이론이나 정보가 주어진 상황에 놓인 사람으로 된다.[36] 다음으로 합리성의 원리는 문제 상황 속의 행위를 합리적으로 이해할 수 있게 해 주는 원리이다. 이 원리에 기초해서, 누구든지 A 유형의 상황에 놓이면 P와 같이 행동할 것이라는 합리적 추론이 가능해진다.[37]

이것은 다음과 같이 정식화된다.

(아) ① A는 C 유형의 상황 속에 있다.

② 인간은 누구나 합리적으로 행위한다.(합리성의 원리)
③ C 유형의 상황에서 할 수 있는 합리적인 선택은 q이다.
④ 그러므로 q가 존재한다.

상황의 논리는 헴펠의 설명 모형과 동일해 보인다. 상황의 유형은 초기 조건에 관한 진술들과 같고, 합리성의 원리는 이론적 법칙과 같아 보인다.[38] 그러므로 합리성의 원리는 연역적 설명에서의 대전제와 같이 사용된다. 행위자의 행위는 합리성의 원리에서 연역적으로 도출되기 때문이다. 만약 상황의 논리가 헴펠의 연역 법칙적 설명 모형과 동일한 것이라면, 역사학에 있어서도 법칙적 설명 이론을 수용해야 하는 것이 아닐까? 동시에 인간 정신의 자유로운 창조는 배제되는 것이 아닐까?

이런 물음에 대해 다음과 같은 대답이 가능하다. 합리성의 원리는 상황의 논리에서 헴펠의 법칙과 비슷한 기능을 수행하지만, 경험적 법칙은 아니다. 합리성의 원리는 인간 행위의 탐구에서 규제적 준칙(a regulative maxim)으로서 작용하는 선험적 원리이다. 이 규제적 준칙에 의해 과학자들은 행위자의 문제 상황을 행위를 상황에 알맞도록 정당화하는 방식으로 분석한다.[39] 그러므로 합리성의 원리는 자유와 모순되지 않는다.

합리성의 원리를 선험적 원리로 보는 경우와 경험적 법칙으로 보는 경우, 어떤 차이가 존재하는가? 이를 과학적 탐구의 과정에 적용해 보자. 경험주의자는 현재의 과학적 실천의 합리성을 과학의 역사에서 일어난 사건을 해석하는 기준으로서 받아들인다. 이런 관점에서는 과거의 과학자들의 행위가 불합리한 것으로 이해될 수도 있다. 예컨대 점성학이나 성서적 예언에 대한 뉴턴의 탐구는 불합리한 탐구 행위가 된다. 그렇지만 우리가 선험주의자의 입장에 서면, 이런 상황을 그들 자신이 이해한 상황으로 볼 수 있고, 과거의 실천은 합리적인 것으로 이해 가능하게 된다.

갈릴레이의 조수 이론을 예로 들어 보자. 포퍼는 이를 다음과 같이 설명한다.[40] 갈릴레이의 이론에 따르면, 조수는 가속도의 결과이며, 가속도는 다시 지구의 복잡한 운동의 결과이다. 결과적으로 그의 이론은 조수에 대한 달의 영향력을 부정했기 때문에 잘못된 것으로 판명되었다. 갈릴레이의 조수 이론을 이해하기 위해 우리는 무엇을 해야 하는가? 우리는 먼저 갈릴레이의 잠정적 해결이 되었던 세계3의 문제가 무엇이었나를 물어야 한다. 즉 이 문제가 제기된 상황이 무엇이었나를 물어야 한다. 갈릴레이의 문제는 조수를 설명하는 것이었다. 그렇지만 그는 이 문제에 직접 관심이 있었던 것은 아니고 코페르니쿠스의 이론을 지지하는 결정적인 논증으로서 조수의 이론을 사용하려고 했던 것이다. 그런데 왜 그는 당시 이미 잘 알려져 있는 조수에 대한 달의 영향력을 부정했던 것일까? 그것은 다음의 두 가지 이유 때문이었는데, 첫째로 갈릴레이는 유성들을 신들로 생각하는 점성술에 반대했고, 둘째로 그는 회전 운동에 대해서 역학적 보존 원리를 가지고 설명했던 것이다. 이것은 유성 상호 간의 영향력을 배제하는 것으로 나타났다. 이러한 상황 아래서 그는 나중에 잘못된 것으로 밝혀진 그의 조수 이론을 제시했던 것이다. 그렇지만 그가 처한 상황에서는 그의 이론은 합리적으로 도출된 것이다. 그는 비합리주의자도 독단주의자도 아니었다.

5 종합적 고찰

우리는 합리성을 크게 두 영역으로 나눌 수 있다. 하나는 신념의 합리성이고, 다른 하나는 행위의 합리성이다. 우리는 보통 합리적 신념이나 합리적 행위라는 표현을 쓴다. 합리적 신념은 이용 가능한 증거와 합치하는 신념이며, 그 자신 속에 일관성을 유지하는 신념이다. 다시 말해서 합리적 신념이란 증거에 의해 뒷받침되는 신념이며, 자기모순을 내포하지 않는 신념이다. 합리적 행위란 합당한 목표를 설정하고 그 목표를 효과적으로 추구하는 행위이다. 동시에 이것은 자신의 목표를 자신의 신념이나 평가와 적절히 조화시키는 행위이다.

지금까지의 논의에서 합리성은 행위의 합리성에 초점이 맞추어져 있었다. 그렇지만 행위의 합리성만으로 어떤 행위를 설명하기에는 충분하지 않을 수도 있다. 왜냐하면 인간의 행위는 객관적 상황에 기초해 있다기보다는 객관적 상황에 대한 행위자의 인식에 기초해 있기 때문이다. 그러므로 그가 그 상황을 어떻게 파악하고 있는가 하는 점은 행위의 설명에서 매우 중요하다. 상황적 요인들에 대한 인식이 다르면, 즉 다른 신념을 갖게 되면 같은 상황에서도 다르게 행동할 수 있다.

우리는 다른 사람들이 세상을 어떻게 이해하고, 어떤 신념 체계를 갖는다고 가정해야 할 것인가? 모두가 제각기 같은 상황을 다르게 인식한다고 해야 할 것인가? 아니면 모두가 합리적 신념을 가질 수 있는 사람들로서 가정해야 할 것인가?

데이빗슨이 제시한 선의의 원리(principle of charity)는 이 문제의 해결을 위한 매우 유용한 선험적 원리라고 생각된다. 데이빗슨의 선의의 원리는, 우리가 어떤 사람의 말과 태도를 마음을 가진 행위 주체의 표현으로 이해하려면, 그가 우리 자신과 가능한 한 많은 부분에서 매우 비슷한 욕구와 믿음을 갖고 있다고 보아야 한다는 것이다. 데이빗슨은 이를 "최선의 적합성을 얻어 내는 방법"[41]이라고 부른다. 말하자면 이 원리는 우리가 화자의 발언을 해석해 나감에 있어서 우리와 화자 사이의 일치가 최대화되도록, 또는 더 정확히 최적화되도록 하는 합리적 조절의 정책이다.[42] 캘리니코스(A. Callinicos)는 이를 '행위에 관한 해석의 합리성'이라고 규정한다.[43]

우리가 인간 행위나 문화 현상에 적용되는 합리성을 이렇게 해석의 합리성과 행위의 합리성 모두를 포괄하는 것으로 해석할 때 비로소 객관적 설명의 가능성이 확보된다고 할 수 있다.

그러므로 (사)는 다음과 같이 수정될 수밖에 없다.

(자) ① A는 C 유형의 상황 속에 있었다.
   ② 인간은 누구나 합리적으로 인식하고 행위한다.(포괄적 합리성의 원리)
   ③ C 유형의 상황에서 할 수 있는 합리적인 선택은 q이다.
   ④ 그러므로 q가 존재하게 된다.

합리적 설명의 논리는 과학적 탐구에서만 적용되는 것은 아니다. 그것은 예술 작품의 이해나 예술 양식의 변화 역사에도 적용할 수 있다. 포퍼가 재구성한 후기 인상주의에서 현대 미술로 이르는 미술사의 과정을 음미해 보자. 이 과정을 이해하기 위해 우리는 먼저 인상주의의 문제 상황이 무엇이었나를 명료히 해야 한다. 인상주의자들은 오랫동안의 관찰을 통해 사물을 '아는 것'과 빛의 반사를 통해 그 사물을 순간적으로 '보는 것'을 엄격히 구분하고 순간순간을 눈으로 본 대로만 재현시킨다는 것을 추구했다. 말하자면 이들은 사물을 그리려고 한 것이 아니라 사물에서 반사되어 나오는 빛의 인상을 그리려고 했다. 그렇지만 우리가 보는 세계는 끊임없는 빛의 변화로 인해 아주 모호하다는 것이 확인되고, 본 대로를 재현하는 것이 어려울 뿐만 아니라 본다는 것도 다양한 해석 중의 한 선택이라는 것이 밝혀진다. 여기서 '보는 것'과 '아는 것'을 명확하게 구분하는 것은 불가능하다는 모순에 빠진다. 이 문제를 해결하기 위해 세잔(Cézanne), 고흐(Gogh), 고갱(Gauguin) 등은 문제 해결에 몰두한다.[44]

세잔은 세세한 모든 부분까지 자신의 시각적 경험에 아무리 충실을 기한다고 할지라도, 똑같은 형태를 창조할 수 없다는 사실을 확인했다. 즉 그 구성 요소들이 결국은 납득이 갈 만한 전체에 융합하지 못했던 것이다. 여기서 그는 재현의 모자이크 이론에 종지부를 찍고 자연의 입체적이고 영속적인 형태를 살려 내는 조직화된 새로운 이론을 모색해야만 했다.[45] 이러한 시도는 프랑스 입체파의 등장을 촉진시킨 계기가 되었다. 고흐는 인상주의가 시각적 인상에만 지나치게 집착함으로써 예술가 자신의 감정을 표현하고자 하는 열정을 상실했다고 보고 감정 표현을 추구했다. 고흐의 문제 해결 시도는 표현주의에 영향을 미쳤다. 고갱은 인상주의의 문제점을 자연을 모방하는 기교에 지나치게 집착하는 것으로 보았다. 이리하여 하나의 창조물로서의 예술 작품은 솔직함과 단순함을 회복해야 한다고 생각했다. 타이티에서의 그의 여러 시도는 다양한 형태의 원시주의를 낳게 되었다.[46] 이들은 모두 '눈으로 본 대로 재현한다.'는 기치를 내걸었던 인상주의의 문제를 해결하기 위한 시도들이었다고 할 수 있다.

미술사에 대한 이러한 해석은 미술이란 그 자체의 내적 발전 법칙에 따라 자율적으로 전개되는 것이며, 양식의 변화 역시 형식들 자체에서 나오는 충동에 의해 설명하고자 하는 전체론적 미술 역사관과는 대립되는 것이다. 전체론적 미술 역사관은 역사주의에 기초하고 있다. 상황의 논리는 새로운 양식의 출현을 우리가 경험할 수 없는 신비적이고 초자연적인 힘에 호소하는 대신, 앞선 시대의 양식으로부터 제기된 문제를 해결하기 위한 새로운 시도로서 해석한다. 즉 새로운 양식의 탄생이란 문제와 문제 해결의 연속적인 과정인 것이다.

이러한 합리적 선택의 설명은 최고의 창조성을 특성으로 하는 여러 철학적 사상의 출현에 대해서도 적용될 수 있을 것으로 판단된다. 학문이나 예술의 역사에서 전혀 상호 교류가 없었는데도 불구하고, 같은 발견이나 발명이 이루어진 예가 허다하며, 전체적으로도 문화가 어떤 비슷한 단계들을 거치면서 발전해 간다는 사실들이 이런 설명의 타당성을 뒷받침하고 있다. 그리고 문화의 창조적 과정뿐만 아니라 일반 대중들에 의한 문화의 수용 과정에도 이러한 설명 모형은 적용될 수 있다.

4장

사회 구조와 거시적 역사 법칙은
수반 이론에 기초하여 설명될 수 있다

우리는 사회 구조를 상부 구조와 하부 구조로 구분하고, 상부 구조를 하부 구조에 의해 설명하기도 하고, 거시적인 역사 법칙을 미시적인 행위의 법칙에 의해 설명하기도 한다. 이때 상부 구조와 하부 구조, 거시적 법칙과 미시적 법칙은 어떤 관계를 갖는 것일까?

통상 하부 구조가 상부 구조를 결정한다고 말한다. 마르크스의 이론에서도 일차적으로 하부 구조인 경제 구조가 상부 구조인 정치나 문화 구조를 결정한다. 그렇지만 때로 상부 구조가 하부 구조에 영향을 미치기도 한다. 이런 관계를 어떻게 설명해야 할 것인가?

같은 맥락에서 역사의 형이상학자들은 다음과 같은 근본적인 물음을 던지고 이에 답하고자 노력해 왔다. '역사는 어디로 가고 있는가?', '역사는 그 속에 살고 있는 개인들의 노력에 의해 자유로이 창조되는 것인가, 아니면 개인의 힘으로는 어쩔 수 없는 섭리나 운명적 법칙에 의해 지배되는 것인가?'

일단의 역사주의자들은[1) 대체로 인류의 역사 세계 전체를 셰익스피어의 희곡과 같이 어떤 줄거리를 가지고 전개되는 기나긴 드라마로 간주하거나, 탄생과 성장과 죽음이 주기적으로 전개되는 생명을 가진 하나의 유기체로 해석한다. 따라서 이들에 의하면, 역사의 과정에는 필연적으로 이 과정을 지배하는 어떤 법칙이나 율동이 존재하고, 우리가 그 법칙이나 율동을 발견할 때 우리는 미래의 세계가 어떻게 전개될 것인가를 알 수 있게 된다. 이런 역사적 법칙주의는 참으로 매력적이고 우리의 관심을 끌기에 충분한 이론이었다. 왜냐하면 우리 모두는 우리의 운명을 좌우할 미래 세계에 대해 호기심을 갖지 않을 수 없을 뿐만 아니라, 인간의 역사 전체에 대한 앎은 결국 인간의 본질과 의미까지도 밝혀 줄 것이기 때문이다.

하부 구조와 상부 구조, 미시 법칙과 거시 법칙의 관계를 나는 최근 심리철학을 중심으로 제기된 수반 이론(supervienience theory)을 원용하여 설명하고자 한다. 심리철학에서 논의되고 있는 수반 이론을 사회 구조의 설명에 적용할 때, 우리는 두 가지 이점을 갖게 된다. 토대와 상층부의 관계를 가장 잘 설명할 수 있다는 이점과 아울러, 어떤 이론의 참과 거짓을 판별할 수 있는 기준을 가질 수 있다는 이점이 그것이다.

1 수반 이론의 특성

'수반하다(supervene)'라는 말은 17세기경 처음 사용될 무렵에는 어떤 사건이 주어졌을 때 다른 사건이 그것에 부가적으로 덧붙여지는 것을 의미한다. 그것은 대체로 시간적 질서를 함축하는 사건 간의 수반으로, 수반된 사건은 수반하는 사건의 다음에 보통 그 결과로서 발생하는 것이었다. 현대에 와서 '수반'은 대다수의 경우 속성 간의 의존적 관계를 의미하는 것으로 사용되고 있는데, 이것은 주로 도덕 철학의 논의에서 제기되었다. 무어(G. E. Moore)는 '수반'이라 는 말을 직접 사용하지는 않았지만, 내용상으로는 분명 '수반'으로 표현할 수 있는 도덕적 속성과 비도덕적 속성 간의 어떤 의존적 관 계를 다음과 같이 묘사했다.[2]

만약 어떤 주어진 사물이 어떤 종류의 내적 가치를 어느 정도 갖 는다면, 그 사물은 모든 상황에서 같은 정도로 그런 내적 가치를 가 져야만 할 뿐만 아니라, 그와 똑같은 사물도 모든 상황에서 정확하게 같은 정도로 그것을 가지지 않으면 안 된다.

'수반'이란 술어 자체를 철학적으로 처음 사용한 사람으로 지목되 고 있는 헤어(R. M. Hare)도 가치적 속성과 자연적 속성 간의 의존 적 관계로서 수반을 사용하고 있다.[3] 즉 우리가 갑을 '훌륭한' 사람 이라고 상정할 때, 을이 갑과 똑같은 상황에서 똑같이 행동한다면 을도 역시 '훌륭한' 사람이라고 하지 않을 수 없다는 것이다. 다시 말해서 우리가 '훌륭한' 덕성의 사람을 용기 있고 자애롭고 정직한 사람으로 규정했다면, 용기 있고 자애롭고 정직한 사람은 누구든지 '훌륭한' 덕성을 갖게 된다는 것이다.

'수반'의 개념이 도덕 철학에서만 시작되었던 것은 아니다. 오히려 이보다 앞서 창발적 진화론자들과 그 비판자들에 의해 수반과 같은 계통의 언어들이 사용되고 있다. 헤어를 비롯한 윤리학자들은 이 창 발적 진화론자들의 이론에서 그 단어를 차용해 간 것으로 보인다.[4] 창발적 진화론에 의하면, 기본적인 물리·화학적 과정이 어떤 복잡 한 단계에 도달하면, 완전히 새로운 특성(정신적 속성과 같은)이 나타난다는 것이다. 창발적 진화론은 1920년대와 1930년대에 생물학과 심리학, 사회학 등을 중심으로 논의된 이론인데, 논의의 핵심은 한편으로는 데카르트주의나 생기론과 같은 반자연주의적 학설과 다른 한편으로는 기계론적 환원주의를 모두 거부하면서, 그럴듯한 자연주의적 대안을 제시하는 것이었다. 수반 이론이 한편으로는 극단적 유물론과 다른 한편으로는 심신 실체 이원론적 관념론을 다같이 거부하면서 그럴듯한 유물론적 대안을 제시하고자 하는 점에서, 이 두 이론은 같은 맥락에 서 있다고 할 수 있다.

창발적 진화론은 다음과 같이 정식화될 수 있다.[5]

1) 기초적인 비창발적 실재들이 있으며, 이들은 물질적인 실재들과 그들의 물리적 속성이다.

2) 기초적인 실재가 어느 정도의 복잡한 수준에 도달하면, 진정으로 새로운 속성이 나타난다. 새로 나타난 것은 적당한 관계를 맺고 있는 기초적인 실재들의 총합에 귀속하는 속성이나 특성이다.

3) 창발적 속성은 그것의 기초가 되는 속성에 의해서 환원적으로 설명되지 않는다.

수반론은 이러한 창발적 진화론과 매우 큰 유사성을 갖고 있다고 할 수 있다. 수반론 역시 가) 물질적인 실재들과 그 속성을 기초적인 것으로 인정하며, 나) 이것에 근거해서 새로운 속성들, 예컨대 정신적 속성이나 가치적 속성들이 수반되며, 다) 이렇게 수반된 속성은 물질적인 속성에 의해서 환원적으로 설명되지 않는다고 주장하기 때문이다.

비교적 최근에 전개된 수반에 관한 논의는 도널드 데이비슨에 의해 시작되었다. 데이비슨은 자주 인용되는 그의 논문 「심리적 사건 (Mental Events)」에서 다음과 같이 주장하고 있다.[6]

내가 기술하는 입장은 심신 법칙의 존재를 부정하지만, 그것은 심리적 특성이 어떤 의미에서 물리적 특성에 의존하거나 수반된다는 견해와 양립 가능하다. 그러한 수반은 두 사건이 모든 물리적 측면에서 같으면서 심리적 측면에서 다를 수는 없다는 것으로 이해되거나, 어떤 대상이 어떤 물리적 측면에서 변화하지 않고는 어떤 심리적 측면에서 변화할 수 없다는 것으로 이해될 수 있다. 이런 종류의 의존이나 수반은 법칙이나 정의를 통한 환원 가능성을 함축하지 않는다. 만약 그것이 환원 가능성을 함축한다면, 우리는 도덕적 속성을 서술적 속성에로 환원할 수 있을 것이다.

여기서 데이비슨은 수반이 두 가지 의미를 동시에 갖는 것으로 제시하고 있다. 하나는 의존의 관계(dependence relation)라는 것이며, 다른 하나는 비환원적 관계(nonreductive relation)라는 것이다. 이러한 그의 수반 개념은 그가 주장한 무법칙적 일원론(anomalous monism)에 보다 구체화되어 있는데, 그것은 다음과 같은 핵심 요지를 담고 있다. 심리적 특성은 물리적 특성에 의존해 있지만, 심리적 특성과 물리적 특성을 연결하는 법칙이란 존재하지 않으므로 심리적 특성은 물리적 특성에로 환원될 수 없다.

데이비슨보다는 수반의 개념을 더욱 발전시키고 다듬은 김재권은 수반의 개념을 다음과 같이 세 가지 의미로 규정하고자 한다.[7]

1) 함께 변함(covarience) : 수반된 속성들은 그들의 기반이 되는 속성이나 토대가 되는 속성들과 함께 변화한다. 특히 토대가 되는 속성에서 구별되지 않는다는 것은 수반된 속성에서 구별되지 않는다는 것을 함축한다.

2) 의존(dependency) : 수반된 속성들은 그들의 토대가 되는 속성들에 의존하거나, 그것들에 의해서 결정된다.

3) 환원 불가능성(non-reducibility) : 수반된 속성들은 토대가 되는

속성들에로 환원시킬 수 없다.[8]

우리가 M을 수반적 속성들의 친족적 집합이라 하고, P를 토대적 속성들의 친족적 집합이라 하며, x와 y를 대상들이라 할 때, 단지 다음과 같은 경우에만 M은 P에 수반된다.[9]

어떤 가능한 세계 속의 x와 y가 P를 공유한다면 그때 x와 y는 M을 공유한다.

2 토대와 상부 구조의 관계

토대와 상부 구조는 마르크스의 사회 이론에서 결정적으로 중요한 한 쌍이다. 토대는 물질적 토대로서 경제 구조를 의미하고, 상부 구조는 이 이외의 모든 비경제적 제도들이나 형태들 즉 법률적, 정치적, 종교적, 예술적, 또는 철학적 형태들을 의미한다.

인간 사회는 생산력과 그것과 연관된 생산 관계로 구성되는 물질적 토대를 가지는데, 이것이 경제 구조이다. 그리고 경제적 토대가 아닌 나머지 모든 것은 상부 구조를 이룬다.[10]

이들은 서로 어떤 관계를 갖는가? 이런 구분을 통해 무엇을 해명하고자 하는가? 명칭이 암시하고 있듯이 상부 구조는 토대 위에 구축되어 있는 구조를 의미한다. 그렇지만 토대 위에 구축됨은 서로 다른 해석을 가능하게 한다. 하나는 토대가 상부 구조를 결정한다는 해석이다. 말하자면 경제적 결정론으로, 경제 구조가 모든 비경제 구조를 결정짓는 반면, 정치, 예술적 비경제적인 제도들은 아무런 독자적인 인과적 힘을 갖지 못한다는 해석이다. 말하자면 사회생활의 한 측면인 경제적 측면을 다른 모든 측면이 의존하는 결정적 측면으로 간주하는 것이다. 이런 설명에서는 사회생활의 모든 것을 경제로 환원하거나, 사회생활의 나머지를 경제의 부수 현상으로 여기거나, 혹은 전적으로 경제적 원인으로부터 진행되는 일련의 결과로 여긴다. 다른 하나는 토대가 상부 구조에 영향을 미치지만 상부 구조 역시 토대에 이차적으로 어떤 영향을 미친다는 해석이다. 이런 해석은 상부 구조에 대한 토대의 영향력이 일차적이고 핵심적이라는 주장을 용인하지만 동시에 토대에 대한 상부 구조의 이차적인 기능이나 역할을 부정하지도 않는다. 우리는 이 두 입장을 간단히 토대 결정론과 상호 작용론이라 명명할 수 있다.

오랫동안 마르크스주의자들은 토대 결정론적 해석을 정통 해석으로 인정해 왔다. 그렇지만 이런 해석은 역사적 현실을 제대로 설명할 수 없다는 난점을 갖고 있다. 즉 현실에는 상부 구조가 단순히 부수 현상이 아닌 경우들이 많다. 정치적 구조가 변함에 따라 경제적 구조가 바뀐 사례는 많으며, 윤리 의식이 경제적 구조를 전환시킨 사례도 우리는 알고 있다. '위로부터의 근대화'를 실현한 나라들이 그런 실례이며, 막스 베버(M. Weber)의 『프로테스탄트의 윤리와 자본주의 정신』이 다룬 주제가 바로 이것이다. 경제적 결정론은 공산주의 혁명의 역사를 설명할 수 없다. 마르크스주의 자체의 역사가 경제적 결정주의라는 과장된 경제주의를 반증해 주는 명백한 사례이다. '만국의 노동자여 단결하라. 무산자가 잃어 버릴 것은 쇠사슬이고, 얻을 것은 승리뿐이다.'는 마르크스의 사상은 러시아 혁명 전야까지 엄청난 의미를 가지고 있었다.[11] 그것은 경제적 조건에 심대한 영향을 미쳤다. 마르크스 자신도 여러 곳에서 상부구조의 적극적 영향력을 언급하고 있다. 그렇다면 결국 토대와 상부 구조의 상호 작용론적 해석을 수용할 수밖에 없다는 결론에 이른다.[12)]

토대는 다시 생산력과 생산 관계로 나누어진다. 이들은 토대와 상부 구조 간의 관계와 비슷한 한 쌍을 이루면서, 사적 유물론의 두 근간 골격을 구성한다. 생산력은 자연을 가공하여 필요한 재화를 만들어 낼 수 있는 힘을 가리키며, 생산 관계란 생산의 과정에서 맺어지는 사람들 사이의 사회적 관계를 가리킨다. 정통 혁명주의자들은 생산력에 대한 생산 관계의 우위를 주장한다. 생산 관계의 변화가 생산력의 변화를 초래한다는 것이다. 그렇지만 이런 해석은 사회주의 혁명이 성공하여 생산 관계를 사회주의 식으로 완전히 바꾸었다 할지라도 생산력은 증가하지 않는 경우를 설명하지 못한다. 후진 여러 나라에서 반복된 혁명의 악순환과 사회주의 러시아의 몰락이 이런 실례들이다.

반면에 생산력의 발달이 생산 관계에 영향을 미친 사례들은 많다. 마르크스 자신도 자본주의 사회의 생산력이 발달함에 따라 사회주의 사회로 필연적으로 이행해 갈 것으로 예언했던 것이다. 그러므로 여기서도 어느 일방의 결정론을 고집하기는 어렵고, 생산력을 기초로 생산력과 생산 관계의 상호 작용을 수용하지 않을 수 없다.

3 거시적 역사 법칙과 반역사주의의 비판

이제 역사 법칙의 문제에 대해 눈을 돌려 보자. 역사가들이 사건을 설명하기 위해서 사용하는 법칙에는 두 종류가 있다. 하나는 여러 개별 과학들이 확립해 놓은 경험적 법칙들로서, 여러 자연 과학적 법칙과 사회 과학적 법칙이 그것이다. 역사학자들은 이런 법칙들을 확립하려고 시도하지 않는다. 그 대신 그들은 다른 개별 과학자들이 확립해 놓은 여러 경험적 법칙들을 이용해서 개별적인 역사적 사건을 설명하고자 한다. 예컨대 어떤 역사학자가 동학 혁명의 패배를 물리적 힘의 열세로서 설명하고자 한다면 그것은 다음과 같은 설명 방식이 될 것이다.

전제 1) : 물리적 힘이 뒷받침되지 않는 혁명은 성공할 수 없다.
전제 2) : 동학혁명은 물리적 힘이 뒷받침되지 않았다.
결론 : 그러므로, 동학혁명은 성공할 수 없었다.

여기서 전제 1)은 사회학적 법칙이라 할 수 있는데, 이것은 사회학자가 확립한 것으로 역사학자들, 특히 실증주의적 역사학자들이 이용하는 것이다. 이런 맥락에서 역사학자는 법칙의 생산자가 아니라 소비자이다.

역사학자들이 사용하는 법칙 중에는 이와는 전연 다른 법칙이 있는데, 이것이 바로 법칙적 역사주의자들에 의해 소위 역사의 법칙으로 주장되는 것들이다. 이것은 다른 개별 과학에서 빌려온 것이 아니라, 역사학자나 역사철학자들이 직접 발견했다고 주장하는 것으로, 이러한 역사 법칙의 예로서는 헤겔이 주장한 역사의 3단계 발전 법칙과 마르크스의 5단계 발전 법칙 등을 들 수 있다.

헤겔은 세계사를 자유 의식의 진보 과정으로 보고 한 사람의 자유에서 다수의 자유로, 그리고 만인의 자유로 역사는 발전한다고 주장한다. 마르크스는 그의 유물 역사관에 기초해서 생산력과 생산 관계의 경제적 모순에 의해 역사의 5단계 발전 법칙을 제시했는데, 원시 공산 사회에서 고대 노예제 사회로, 다시 중세 봉건 사회와 근대 자본주의 사회를 거쳐 미래의 공산주의 사회로 발전해 간다는 것이 그

것이다. 인류사를 지식의 발달 과정으로 보고, 신학적 단계에서 형이
상학적 단계로, 여기서 다시 실증적 단계로 역사의 발전 과정을 구
분한 콩트 역시 거시적 역사 법칙의 제시자라고 할 수 있다.

　이러한 역사 법칙들은 사회적 진화의 법칙이나 사회적 계기의 법
칙이라고도 불린다. 그 이유는 그 법칙들이 낮은 단계에서 높은 단
계로의 사회적 발전을 규정하는 법칙이면서 어떤 단계의 사회를 다
음 단계의 사회로 연속적으로 이어 주는 법칙이기 때문이다. 이를
단순화시키면 다음과 같이 된다.

〔그림 18〕 역사적 단계들을 이어 주는 법칙은 거시적 역사 법칙의 한 실례이다.

　우리가 역사의 법칙이라 할 때, 물론 이런 형태의 계기의 법칙들
만을 의미하는 것은 아니다. 역사 세계 전체에 적용되는 이런 법칙
과는 달리, 어떤 국가나 민족, 혹은 특정 문명의 역사에 적용되는 역
사 법칙들도 생각할 수 있다. 이때 역사의 주체적 단위는 인류 전체
가 아니라, 어떤 특수한 국가나 민족 혹은 문명이 되며, 이들이 일정
한 역사 법칙에 따라 전개된다는 것이다. 예컨대 비코에 의하면, 모
든 민족은 신들의 시대에서 영웅의 시대로, 다시 인간의 시대로 진
보해 간다고 했고, 토인비는 인류의 역사에서 21개 문명을 설정한
후, 모든 문명은 탄생과 성장과 사멸의 과정을 거친다고 주장했다.
오스왈드 슈펭글러(O. Spengler)가 『서구의 몰락』에서 진단한 역사

의 종말도 문명의 성장과 사멸의 과정을 지배하는 역사 법칙에 근거한 것이었다. 이러한 주장은 대체로 탄생 → 성장 → 완성 → 사멸이라는 생명의 주기가 개개의 동물과 식물에만 적용되는 것이 아니라, 국가나 민족들, 더 나아가 문명들에게도 적용될 수 있다는 데 기초하고 있다.

이런 유형의 역사 법칙들이 앞서 이야기한 인류 전체의 역사 법칙과 다른 점은 인류 전체의 역사 법칙은 오직 일회적인 인류 전체의 역사 과정에 관계하는 법칙이지만, 민족이나 문명에 관계하는 역사 법칙들은 다양한 민족이나 문명들의 역사 과정을 지배하는 법칙이라는 점이다. 그런데도 불구하고 이들 모두를 함께 거시적인 역사 법칙이라고 하는 것은 이런 법칙 역시 우리의 정상적인 관찰을 넘어선 것들이기 때문이다. 말하자면 이들이 반복적인 사례들에 적용된다 할지라도, 이 반복적인 사례들은 그 규모가 너무나 방대해서 쉽게 검증되거나 반증될 수 없는 것들이다. 그러므로 이들 역사 법칙들은 보통의 검증이나 반증의 범위 안에 있는 개별 과학들이 추구하는 여러 경험적 법칙들과는 구별될 수밖에 없는 것이다.

반역사주의자인 칼 포퍼에 의하면, 헤겔의 3단계 역사 발전 법칙이나 마르크스의 5단계 역사 발전 법칙은 거짓된 법칙이라기보다는 아예 법칙이 아닌 것이다. 왜냐하면 법칙이란 일정한 종류의 사물이 갖는 어떤 규칙성을 의미하는 것인데, 만일 우리가 단 하나의 특이한 과정의 관찰에만 국한되어 있다면 어떠한 규칙성의 발견도 불가능할 것이기 때문이다.

역사적 법칙주의를 진화론의 한 변형으로 보고 있는 포퍼는 진화론이 주장하는 진화의 법칙 자체를 부정한다. 그 이유는 다음과 같다. 지구 위의 생명의 진화나 인간 사회의 진화는 하나의 특이한 역사적 과정인 것이며, 그와 같은 과정은 어떤 단일한 법칙에 따라 일어나는 것이 아니라 실제로는 두 개 이상의 여러 법칙이 함께 작용하여 일어나는 것이다. 예컨대 어떤 생명의 종 A가 B로 진화했다면, 이러한 사건은 당연히 인과 법칙에 의해 기술될 수 있을 것이다. 그러나 그것은 결코 진화의 법칙과 같은 단일한 법칙에 의해서가 아니라, 실제로는 역학, 화학, 유전과 분리, 자연 선택 등의 여러 법칙들에 따라 진행되는 것이다. 그러므로 계기의 법칙도 진화의 법칙도 존재하지 않는다는 것이다. 진화의 법칙을 부정하는 포퍼의 이러한 주장은 물론 진화의 현상까지 부정하는 것은 아니다. 부정되는 것은 이 현상을 하나의 법칙에 의해 지배되는 것처럼 보려는 법칙적 진화론의 입장이다. 포퍼는 다음과 같이 주장한다.

우리가 진화론적 가설이라고 부르는 것은 다수의 생물학적 및 고생물학적 관찰(예컨대 여러 가지 종과 속과의 어떤 유사성)을 친근 관계가 있는 형태들의 공동의 선조를 가정함으로써 설명하는 것이다. 이러한 설명 가운데는 유전, 분리, 돌연변이의 법칙들과 같은 보편적인 자연법칙이 가설들과 함께 들어 있기는 하지만, 이 가설은 보편적 법칙이 아니라 오히려 특징적인(단칭적이거나 종별적인) 역사적 언명이라는 성격을 지니는 것이다.[13]

여기서 우리는 포퍼가 단칭적인 역사적 언명과 전칭적인 보편적 법칙을 날카롭게 대비시키고 있다는 것을 알 수 있다. 보편적 법칙은 일정한 종류의 사물 모두에 무차별적으로 적용되는 것이다. 그러므로 그것은 전칭 진술의 형태를 띤다. 우리가 어떤 종류의 보편적 법칙을 알 때 그 법칙이 포괄하는 사물이나 사건의 변화 과정을 예측할 수 있는 것은 법칙의 보편적인 성격 때문이다. 그렇지만 단칭적인 역사적 언명은 특정한 사물이나 사건에만 관계하는 것일 뿐이다.

그것은 전혀 보편적 성격을 가질 수 없다. 그러므로 그것은 미래의 예측에 어떠한 역할도 하지 못한다. 예컨대 우리가 오직 한 마리의 올챙이밖에 관찰하지 못한다고 가정한다면 그 관찰은 올챙이가 개구리로 변한다는 것을 예측하는 데 아무런 도움도 주지 못할 것이다.[14]

우리가 진화의 법칙을 수립할 수 없고 그것을 사회학에다 적용할 수 없다 할지라도, 사회적 변화를 부인할 수는 없지 않겠는가? 그리고 그 변화에 어떤 추세나 경향이 존재한다는 것은 인정해야 하지 않는가? 반역사주의자들도 사회적 변화에 어떤 추세나 경향이 존재한다는 것은 인정한다. 그러나 그들은 법칙(laws)과 추세(trends)는 근본적으로 구별되어야 한다고 생각한다. 왜냐하면 추세의 존재를 주장하는 진술은 일정 시간과 장소에 있어서의 어떤 것의 존재를 주장하는 존재 진술이며 하나의 단칭적, 역사적 진술인 데 반해, 보편적 법칙이란 어떤 것의 존재를 주장하는 것이 아니라 어떤 것의 불가능성을 주장하는 비존재 진술이기 때문이다. 반증 가능성이란 포퍼의 유명한 구획의 기준에 입각해 볼 때, 보편 진술과 존재 진술의 구별은 더욱 분명하게 대비된다. 보편적 진술은 경험과학의 범위 안에 들어가지만 존재 진술은 이론적 경험과학의 범위 안에 들어갈 수 없는 형이상학적 진술이기 때문이다.

이사야 벌린에 의하면,[15] 거시적인 역사 법칙을 주장하는 자들은 결국 집단의 개념을 잘못 이해했기 때문이다. 즉 국가나 민족 혹은 문명이란 어떤 공통의 특성을 소유하고 있는 개인들을 지칭하는 집합적 개념인데, 그것들을 구성하고 있는 개인들보다도 더욱 실제적이고 더욱 구체적인 것으로, 즉 초개인적인 실재로 취급함으로서, 역사법칙주의자들은 이들 초개인적인 실재가 변화하는 역사의 법칙을 논의하게 되었다는 것이다. 이것은 사회유명론적 관점에 선 비판이라 할 수 있다.

이러한 비판들은 완전히 정당화될 수 있을까? 이들 비판이 갖는 강력한 설득력에도 불구하고, 어떤 형태의 거시적인 역사의 법칙이 존재할 수도 있다는 우리의 상식적 직관을 이들이 완전히 패배시키지는 못하는 것으로 보인다. 나는 수반 이론에 입각하여 상식적 직관을 설명하려고 한다.

4 수반에 기초한 설명 모형[16)]

수반 이론을 역사적 유물론의 핵심적인 두 요소를 설명하는 데 적용해 보자. 유물론은 통시적 유물론과 공시적 유물론으로 나눌 수 있다. 공시적 유물론은 사회의 경제적 측면과 비경제적 측면의 관계에 관심을 가지며, 통시적 유물론은 혁명은 왜 발생하며, 어떤 생산 관계가 다른 생산 관계에 의해 왜 대체되는가에 관심을 갖는다.

1) 공시적 유물론 : 상부 구조(비경제 구조)는 하부 구조(경제 구조)에 수반된다.
2) 통시적 유물론 : 생산 관계는 생산력에 수반된다.

수반을 통한 이러한 설명은 하부 구조와 상부 구조, 생산력과 생산 관계를 가장 그럴듯하게 보여 준다. 무게 중심은 물론 아래쪽 토대에 있다. 위쪽 상부는 토대에 의존해 있다. 그러므로 토대가 변하면 상부도 변하지 않을 수 없다. 그렇지만 상부도 단순한 부수 현상이 아니다. 상부도 나름대로의 기능을 갖는다.

〔그림 19〕 상부 구조는 토대에 수반되고, 생산 관계는 생산력에 수반된다.

수반 이론은 이런 관계를 다음과 같이 표현할 수도 있다.

S_1 : 어떤 두 사회도 토대가 같으면서 상부 구조가 다를 수 없다.
S_2 : 어떤 두 사회도 생산력이 같으면서 생산 관계가 다를 수 없다.

만약 S_1이 참이라면, 동일한 경제 구조를 가진 사회들은 동일한 법적, 정치적 제도를 갖지 않으면 안 된다. 그리고 S_2가 참이라면 동일한 생산력을 가진 사회들은 동일한 생산 관계를 가질 수밖에 없다. 이런 정식화는 어떤 이론의 검증에 좋은 기준을 제공한다. 예컨대 우리가 마르크스의 유물론을 수반 이론으로 설명하는 것이 타당하다고 할 때, S_1이나 S_2가 거짓인 경우를 발견한다면 마르크스의 이론이 잘못되었음을 확인하는 셈이 된다. 즉 하부 구조가 같으면서 상부 구조가 다른 경우를 발견한다거나, 생산력이 같으면서 생산 관계가 다른 경우를 발견한다면, 마르크스가 설정한 하부 구조와 상부 구조, 생산력과 생산 관계는 잘못이라는 것이 드러난다.

역사적 유물론에 대한 코헨의 기능주의적 해석은 가장 영향력 있는 해석 중 하나이다. 그렇지만 이러한 해석이 참인지 거짓인지 분명하게 밝힐 수 있는 방법이 기능주의적 해식 안에서는 빌견되지 않는다. 수반 이론은 이런 문제에 대한 좋은 해결책을 제공한다.

이제 이를 역사 법칙의 문제에 적용해 보자. a, b, c 세 사람이 A,

B, C의 개인적 속성들을 공통으로 갖고 있다고 하고, 이 개인적 속성들의 집합을 P라 하자. a, b, c가 일정한 관계 속에 돌입하여 하나의 사회 s를 이루었다고 하고 이 s가 Q, R의 사회적 속성을 갖는다고 하자. 그리고 이 사회적 속성들의 집합을 M이라 하자. 이제 우리가 부분전체론적 수반 이론을 받아들이면, M은 P에 수반되었다고 할 수 있을 것이다. 똑같은 논리로 모든 속성들에 *를 붙인 다른 세계도 상정할 수 있다. 그러면 역시 수반적 속성 M*는 토대적 속성 P*에 수반되었다고 해야 할 것이다.[17]

만약 P가 P*로 변화한다면, M도 M*로 변화한다고 해야 할 것이다. 왜냐하면 M은 P에 수반되고 M*는 P*에 수반된 속성이기 때문이다. 그렇다면 M과 M*는 무엇에 의해 연결되는가? 즉 어떤 고리에 의해 M과 M*는 인과적으로 연결되는 것일까? 그것은 P와 P*를 연결시킨 바로 그 행위의 법칙들[l_1, l_2, l_3]에 의해서인가? 아니면 다른 법칙에 의해서인가? 부분전체론적 수반론에 기초한다면 다음과 같이 말할 수 있을 것이다. P와 P*를 연결하는 행위의 법칙들[l_1, l_2, l_3]이 존재한다면, P와 P*에 수반된 사회적 속성 M과 M*를 연결하는 법칙 L이 수반적으로 존재할 수밖에 없다. 법칙 L은 물론 행위의 법칙 [l_1, l_2, l_3]에 수반된 법칙이다. 그렇지만 이것은 사회적 속성 M과 M*가 실재하는 그런 의미에서 실재하는 법칙이라 할 수 있다. 그리고 이 L은 바로 역사적 법칙주의자들이 주장했던 거시적 역사 법칙인 것이다.

이를 도식화하면 다음과 같다.

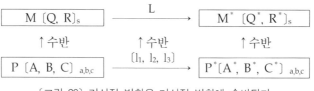

〔그림 20〕 거시적 법칙은 미시적 법칙에 수반된다.

이것은 수반적 인과 관계(supervenient causation)를 나타낸다. 수반적 인과 관계란 수반된 속성 간의 인과 관계를 의미한다. 거시적 인과 관계는 수반적 인과 관계로 볼 수 있다. 그 이유는 전체의 속성은 그 부분들의 속성에 수반된다는 부분전체론적 수반에 기초해서이다.

그렇다면 거시적 인과 관계란 무엇인가? 거시적 인과 관계는 거시적 사건들과 상태들을 포함하는 인과적 관계이다. 거시적 사건이나 상태는 한 대상이 어떤 시간에 거시적 속성을 갖는 것으로 이해된다. 미시 — 거시의 구별은 물론 상대적이다. 온도는 분자 운동에 비해 거시적이고, 분자의 속성은 원자의 보다 근본적인 소립자들로 규정되는 속성이나 관계에 대해서는 거시적이다.[18]

만약 수반적 인과 관계로서 거시적 인과 관계가 존재한다면, 이 수반적 인과 관계를 지배하는 거시적 법칙 역시 존재해야 할 것이다. 우리가 미시와 거시를 상대적 개념으로 파악하는 한 거시적 법칙의 존재는 필연적일 것으로 보인다. 왜냐하면 미시·거시적 개념을 상대적으로 사용하면서 거시적 법칙을 거부한다면 우리는 결국 우리가 현재 사용하고 있는 대다수의 법칙을 거부할 수도 있을 것이기 때문이다. 실제로 우리의 일상적 경험에 친숙한 대다수의 인과 관계가 거시적 인과 관계라면, 우리가 아는 대다수의 법칙은 거시적 법칙이라고도 할 수 있다.

법칙도 수반될 수 있는가? 수반 이론에서 중심적으로 논의되어 온 것은 속성의 수반이었다. 속성의 수반이 모든 수반 중에서 가장 기본적인 것은 사실이다. 그렇지만 속성의 수반만이 수반의 유일한 대상일 필요는 없을 것으로 생각된다. 사건의 수반은 속성의 수반과 더불어 많이 논의되어 왔고, 우리가 만약 수반적 인과 관계를 이야기한다면 인과 관계도 역시 수반의 대상이 된다고 봐야 한다. 그렇다면 이 인과 관계를 지배하는 법칙만은 수반되지 않는다고 해야 할 이유가 있을까?

구체적인 예를 들어 설명해 보자. 마르크스는 자본주의 사회에서 공산주의 사회로 이행하는 것은 역사의 법칙상 필연적인 과정이라고 주장했다. 이것은 거시적인 역사의 법칙이 두 사회를 연결하고 있음을 의미한다. 반역사주의자들은 그러한 거시적 역사 법칙은 전혀 법칙일 수 없고, 그러한 이행의 과정이 존재한다면 그것은 역사적인 일회적 사건일 뿐이라는 비판을 가했다. 그렇지만 지금까지 제시된 설명 모형에 의하면, 이것은 다음과 같이 분석된다.

자본주의 사회가 핵심적으로 갖고 있는 속성들, 예컨대 시장 경제적 자유 경쟁과 경제적 불평등은 그 속에 사는 개인들이 자신의 이익을 최우선적으로 추구하며, 자신의 재화를 자기 마음대로 처분하는 권리를 갖고 있으며, 국가 권력으로부터의 자유를 최대한 추구하는 개인적 속성들에 수반되었다고 할 수 있다. 사회주의 역시 마찬가지라고 할 수 있다. 사회주의 사회의 일반적 특성들, 예컨대 최대한의 경제적 평등과 자유를 제한하는 분위기는 그 사회 속의 개인들이 개인의 사적 소유를 철저히 제한해야 한다는 원칙에 따라 행동하며, 사적 이윤의 추구는 죄악이라는 태도 등에 수반된 속성이라 할 수 있다. 그렇다면 자본주의 사회에서 사회주의 사회로의 이행은 어떻게 이루어진다고 할 수 있을까? 자본주의 사회나 사회주의 사회란 개인들에 수반된 거시적 대상인 한에서 그것들의 토대가 되는 개인들의 행위 양식이 변화할 때, 그러한 사회적 이행이 가능하다고 할 수 있다. 간단히 말해서 개인들이 갖는 자본주의적 행동 양식이 사회주의적 행동 양식으로 바뀔 때, 자본주의 사회는 사회주의 사회로 변화할 것이다. 『자본론』에서 마르크스가 수행한 분석에 기초해서 행위의 변화를 설명하면, 그것은 아마도 다음과 같이 정식화될 수 있을 것이다.

l_1 : 경쟁의 법칙 : 자유 경쟁에서 대자본가들은 소자본가들보다 유리하다.

l_2 : 생산성의 증가 법칙 : 대자본가들은 경쟁에 의해 축적된 자본을 새로운 기계에다 더욱더 투자함으로서 생산성을 향상시킨다.

l_3 : 부의 편중 법칙 : 자본가 집단은 더욱더 많은 부를 갖게 되고 노동자 집단은 더욱더 빈곤해진다.

l_4 : 집단의 양극화 법칙 : 모든 집단은 소수의 자본가 집단과 다수의 노동자 집단으로 양분된다.

l_5 : 노동자 집단의 승리 법칙 : 이 두 집단의 대결인 사회적 혁명에서 노동자 집단은 반드시 승리한다.

여기서 법칙 [l_1, l_2, l_3, l_4, l_5]가 모두 정당화된다면 자본주의 사회는 사회주의 사회로 필연적으로 이행된다고 주장할 수 있을 것이다. 이것은 무엇을 의미하는가? 이것은 개인들의 행위의 법칙[l_1, l_2 l_3, l_4, l_5]에 기초해서 '자본주의 사회는 사회주의 사회로 필연적으로 이행된다.'는 거시적인 수반적 법칙이 존재한다는 것을 의미한다. 물론 개인들의 행위의 법칙 중 하나라도 허위임이 밝혀진다면 처음 예측했던 변화는 일어날 수 없을 것이다. 그러나 이들이 모두 정당화된다면, 예측된 행위 양식의 변화가 언제나 필연적으로 일어난다고 기대할 수 있으며 이에 근거해서 수반적 법칙을 정식화시킬 수 있을 것이다.

헤겔의 세계 정신의 발전 법칙에 대한 설명도 같은 논리로 전개할 수 있다. 헤겔은 세계 정신의 진보 과정에 맞추어 개인의 정신은 진보한다고 주장한다. 왜냐하면 세계 정신은 개인 정신의 단순한 집합이 아니라 그 이상의 보다 본질적인 실체이기 때문이다. 그렇지만 수반 이론의 입장에서 보면 세계 정신은 그것을 구성하고 있는 개인 정신들에 의해서 일차적으로 규정된다. 그러므로 세계 정신의 발전 법칙이 있다면, 그것은 그 토대가 되는 개인 정신들의 발전 법칙에 수반된 이차적 법칙일 수밖에 없을 것이다.

5 종합적 고찰

거시적인 역사 법칙이 수반적 법칙이라는 것은 어떤 의미를 갖는 가? 이것은 한편으로는 인간의 행위의 법칙보다는 더욱 본질적인 역사의 법칙이 먼저 존재하며 이것이 인간의 역사를 지배하므로 인간의 행위도 이에 따라 수행될 수밖에 없다는 법칙적 역사주의를 배격하면서, 다른 한편으로는 인간 행위의 법칙만이 존재하므로 역사는 이런 인간 행위의 법칙에 의해서만 설명되어야 한다는 반역사주의를 모두 거부하는 것이다. 역사는 기본적으로는 개인들의 행위에 의해 이루어진다. 그렇지만 역사 세계 전체는 개인들의 행위들이 복잡하게 얽히고 결합되어 수반적으로 나타난 총체적 구성체라 할 수 있고, 이러한 구성체의 변화는 거시적 역사 법칙에 의해 더욱 간명하게 설명될 수도 있다.

그러므로 어떠한 역사의 법칙도 진화의 법칙도 존재할 수 없다는 반역사주의의 주장은 지나친 비판이었다고 생각된다. 이들 거시적인 법칙들은 비록 이차적인 수반적 법칙이라 할지라도 분명히 법칙으로 존재한다고 할 수 있다. 만약 우리가 토대적 속성 간의 법칙을 확립할 수 있다면, 그것에 기초한 수반적 속성 간의 수반적 법칙은 (수반적 속성 간의 인과 관계가 아무리 일회적이라 할지라도) 쉽게 확립할 수 있을 것이다. 이런 의미에서 어떤 역사적 단계의 객관적 정신 A가 다른 단계의 객관적 정신 B로 필연적으로 전개되어 간다는 헤겔식의 주장도 가능할 것으로 판단된다. 이것은 물론 객관적 정신

A를 결정한 개인들의 사유 및 행동 양식이 객관적 정신 B를 결정한 개인들의 사유 및 행동 양식에로 행위의 법칙에 의해 필연적으로 전개된다는 토대가 밝혀지는 한에서이다.

이렇게 볼 때 역사 세계 전체의 흐름을 역사 법칙에 의해 설명하고자 한 헤겔이나 마르크스가 구성한 역사철학은 나름대로의 통찰을 함축하고 있다고 할 수 있다. 그렇지만 그들은 이들 법칙이 개인들의 행위의 법칙에 기초해서 나타난 수반적 법칙임을 철저히 인식하지 못했던 것이다. 그렇기 때문에 이들은 역사의 법칙을 그 토대가 되는 행위의 법칙에서 정당화시키려 하지 않고, 형이상학적 전제나 선험적 직관에 의해 정당화시키려고 했던 것이다. 그들의 잘못은 역사 법칙 자체의 수립에 있었다기보다는 그것을 정당화시키려 한 방법에 있었던 것이다. 그리고 우리가 이렇게 거시적인 역사의 법칙을 승인한다고 해서, 역사적 결정론이나 전체주의를 받아들일 이유란 없는 것이다. 이런 거시적인 법칙들은 미시적 인간 행위의 법칙들에 수반된 이차적 법칙일 뿐이며, 그 존재론적 토대가 개개인의 행동들에 관련된 법칙들이기 때문이다.

4부

과학적 연구 프로그램으로서의 역사관:
역사관은 역사 세계에 대한 탐구의 중심 틀이다

역사를 보는 서로 다른 시각 때문에, 그리고 사실을 다루는 서로 다른 틀 때문에 끊임없는 논쟁과 갈등이 전개되어 왔다. 갑의 시각은 을의 시각을 배제하며, 을의 해석은 갑의 해석을 편견이나 독단으로 취급한다. 이러한 논쟁은 보통 개인적 편견에서 출발하지만 더욱 근본적으로는 가치관이나 세계관의 차이에서 연유된다고 할 수 있다. 그러므로 역사를 둘러싼 대다수 논쟁의 진원지는 바로 역사관의 문제이다.

나는 역사관을 다양한 현상을 설명하기 위해 우리가 창안해 낸 '중핵 가설'(中核假說, hard core hypothesis)의 체계라고 규정한다. 중핵 가설이란 탐구의 과정에서 작동하는 가장 중심적인 가설이라는 의미이다. 중핵 가설이 없는 상태에서 진행되는 단편적인 탐구들은 큰 의미를 갖지 못한다. 부분적인 연구들을 체계화시켜 낼 수가 없기 때문이다. 그렇지만 중핵 가설도 궁극적으로는 가설이므로, 그것 역시 입증되거나 반증되어야 할 운명을 타고난다. 이런 점에서 역사관은 과학적 연구 프로그램과 같다.

어떤 역사가는 논쟁의 여지가 없는 객관적인 역사를 쓰기 위해 역사를 보는 관점, 즉 역사관을 포기하고자 했다. 그렇지만 관점이 없이 쓰여진 역사가 과연 참다운 역사일 수 있겠는가? 이와 반대로 어떤 역사가는 과거의 역사를 있는 그대로 재구성하기란 불가능하고 재구성의 과정에서 역사관이 불가피하게 개입하므로, 객관적 역사란 존재할 수가 없고 역사적 해석만이 존재할 뿐이라고 주장한다. 이러한 입장에서는 어떠한 역사적 해석도 유일한 해석일 수는 없지만, 동시에 모든 역사적 해석이 동일한 권리를 주장할 수 있다. 그렇지만 우리가 이런 해석의 무정부 상태에 만족해도 좋을 것인가?

한편으로 어떤 역사가는 역사관을 역사 세계의 본질을 드러내는 원리나 체계로 보는 데 반해, 어떤 역사가는 역사관을 역사적 사실을 연관 짓는 단순한 도구로 보고자 한다. 역사관에 어떤 인식적 지위를 부여하는 것이 합리적일까?

도대체 우리를 논쟁과 갈등의 도가니로 몰아넣는 역사관이란 무엇을 의미하는 것인가? 역사관의 차이는 도저히 합리적 논의의 대상이 될 수 없는 것인가? 우리가 아무런 정당화의 절차도 없이 어떤 역사관을 마음대로 주장할 수 있을까?

이 장은 이러한 여러 문제들과 연관하여 다음의 세 주장을 논증코자 시도한다.

첫째, 역사관 없는 역사 서술이란 존재할 수 없다. 역사 서술에서 역사관은 필요 불가결하다. 아무런 편견 없이 역사를 기록하기 위해 모든 역사관을 버렸다는 주장은 정당화될 수 없다. 그렇지만 역사적 사실을 제대로 드러내지 못하는 역사관은 공허하다.

둘째, 역사관의 내적 구조는 비판적 합리주의의 과학적 연구 프로그램에 기초해서 보다 자세히 설명되고 정식화될 수 있다.

셋째, 역사관은 그 자체로 정당화된 것이 아니다. 그것은 역사 서술에 앞서 요구된다는 점에서는 선험적이지만, 사실에 의해 정당화되어야 한다는 점에서는 가설이다. 뿐만 아니라 그것은 우열을 가릴 수 있고, 또 새로운 가설은 얼마든지 창안될 수 있다.

이러한 주장은 자연적으로 역사가는 역사관 없이도 역사를 쓸 수 있다는 주장이나 역사관의 타당성에 대한 논의나 비교는 불가능하다는 주장들을 거부하게 될 것이다.

동시에 근대의 대표적인 두 역사관을 논의해 본다. 하나는 계몽주의의 인류 보편적 진보 사관이고, 다른 하나는 역사주의의 개성적 발전 사관이다. 칸트의 이성의 실현 사관이나 마르크스의 변증법적 유물 사관도 보편적 진보 사관의 한 변형본이다.

1장

역사관 없는 역사 서술은 맹목이고
객관적 역사 서술 없는 역사관은 공허하다

역사관[1]이란 넓은 의미에서 역사를 보는 통일적 견해나 해석을 뜻한다. 그것은 역사가를 지도하는 기본 개념과 원리의 체계를 의미한다. 물론 이것은 경험적 자료를 수집하는 단편적 기술이나 자료의 분석과 같은 단순한 방법론을 지칭하는 것은 아니다. 그것은 역사가에게 폭넓은 발견적 지침을 제공하는 것으로 이해되어야 한다. 말하자면 그것들은 역사가의 목적과 목표에 영향을 미치며, 그가 그의 주제에서 추구해야 할 것을 결정하는 데 도움을 주는 이론적 범주들이나 법칙들의 체계이다. 이것은 세계관이 세계 전체에 대한 통일적 이해를 의미하는 것과 같다.

역사관과 역사상은 구별되어 사용된다. 이것은 세계관(Weltan-schauung)과 세계상(Weltbild)이 구별되는 것과 같은 논리이다. 우리는 보통 세계관을 세계에 대한 통일적인 이해나 관점으로 정의한다. 이때 다음과 같은 사항이 고려되어야 한다. 첫째, 세계관은 세계의 어떤 부분에 대한 견해가 아니라 세계 전체에 대한 통일적인 관점이다. 둘째, 세계관은 일반적으로 세계상 이상의 것을 의미한다. 세계상은 세계에 대한 과학적 연구 결과의 종합으로서 순수 이론적이고 어느 정도 일반화되어 있는 객관적인 설명 체계인 데 반해, 세계관은 세계에 대한 더욱 추상적이고 통일적인 설명 원리이면서 동시에 세계에 대한 우리의 관점까지도 포괄하는 해석이라고 할 수 있다. 철학을 세계관의 학문으로 규정한 딜타이에 의하면, 세계관은 자연주의, 자유의 관념론, 객관적 관념론으로 나뉜다. 이런 다양한 세계관의 유형화가 가능한 것은 우리가 사는 세계가 너무나 다양하고 복잡할 뿐만 아니라 세계를 대하는 우리의 관점이나 태도 역시 너무나 다양하기 때문이다. 셋째, 세계관은 세계를 탐구하는 연구 프로그램으로서 개별적인 연구에 선행한다고 할 수 있다. 예컨대 우리는 개별적인 사건들의 본성과 상호 간의 법칙을 인식한 연후에 목적론적 세계관이나 기계론적 세계관을 확립한다고 하기보다는 오히려 일정한 세계관에 기초하여 탐구를 시작하는 것이다.

　같은 논리가 역사관과 역사상에서도 적용될 수 있다. 역사상은 역사에 대한 일반화된 과학적 연구의 종합인 데 반해, 역사관은 이를 기초로 한 보다 통일적인 설명 원리이면서 역사를 보는 우리의 관점까지도 포괄하는 것이다. 말하자면 역사관에는 역사적 사실에 기초한 객관적 계기와 그것을 해석하는 주관적 계기가 함께 포함되어 있다고 할 수 있다. 또한 역사관도 개별적인 역사적 사실의 탐구에 앞서 전제되는 탐구의 틀인 것이다. 이런 논리에서 보면, 일정한 역사관을 갖고 역사를 연구한다는 것은 단순히 역사를 어떤 특정한 분야의 역사에 제한시키는 것을 의미하는 것이 아니다. 말하자면 그것은 정치 권력의 역사나 경제의 역사, 예술의 역사와 같이 어떤 분야의 역사만을 다루는 것이 아니다. 그것은 한층 더 관심의 중심이 되는 선택적인 원리이며, 어떤 분야 내부에서 보다 체계적이고 통일적인 설명 원리에 기초해서 여러 개별적 사실들을 연결시키고 해석하는 것이다. 우리가 어떠한 역사관을 갖든 우리는 어떤 시대의 정치사나 경제사를 쓸 수 있다. 그렇지만 우리가 갖는 역사관의 차이에 따라 그 정치사나 경제사는 완전히 다르게 쓰일 가능성이 높다.

우리가 역사관을 이렇게 규정할 때, 다음과 같은 물음이 우선 제기된다. 역사관은 왜 어떤 역사 연구보다도 앞서 선험적으로 전제되는 것인가? 그것이 선험적으로 전제된다면 그것의 정당성은 어떻게 평가되어야 할 것인가?

1 역사관의 필요 불가결성

귀납주의적 관점에서 보면 전체나 보편에 대한 이해란 전체를 구성하는 개별적 존재들에 대한 이해를 바탕으로 하여 추후에 구성되는 것이다. 즉 개별들에 대한 지식을 축적시켜 개별에 대한 통일적 이해를 추상해 내는 것이다. 물론 이때 개별들에 대한 인식은 특별한 선행 조건 없이 백지 상태에서 객관적으로 이루어지는 것으로 전제된다.

이러한 관점에서는 역사관은 개별적인 역사적 사실의 탐구를 기초로 해서 추상화 과정을 거쳐 형성되는 것으로 이해된다. 그렇지만 이러한 귀납주의적 주장이 과연 정당화될 수 있을까? 이와 반대로 연역주의적 관점에서 보면 전체에 대한 이해는 개별적 사실의 연구에 선행된다고 할 수 있다. 말하자면 우리는 일정한 역사관에 기초해서 역사적 탐구를 추진하는 것이다.

현대의 인식론적 논의는 귀납주의적 주장이 두 가지 이유에서 잘못된 것임을 보여 준다.[2] 그 이유 중 하나는 이런 주장은 순수한 경험이나 관찰이 가능한 것으로 전제하고 있다는 것이며, 다른 하나는 개별적인 사물들을 종합할 때 어떤 틀 없이도 가능한 것으로 상정하고 있다는 점이다.

순수한 경험의 가능성에 대해서는 수많은 논의가 있어 왔다. 소박한 귀납주의에 의하면 우리의 눈은 사물을 있는 그대로 표상하는 카메라와 같으며, 개별적 사실들에 대한 관찰의 축적에 기초해서 일반적 이론이나 법칙의 도출이 가능해진다. 이러한 귀납주의는 존 로크가 주장한 정신의 백지 이론(tabula rasa)에 근거하고 있다. 이것은 과학이 관찰에서 출발하며, 관찰은 과학적 지식이 세워질 수 있는 확실한 토대를 제공해 줄 것이라는 것을 의미한다. 그러므로 이러한 논리에서 보면 아무리 일반적이고 복잡한 이론이라도 끝내는 직접적인 경험적 관찰로 환원될 수 있다.

가설 연역주의는 이런 과학관과는 정반대의 입장을 취한다. 가설 연역주의에 의하면 과학은 관찰이 아니라 이론에서부터 출발하며, 관찰은 이론에 의존해 있기 때문에 지식의 확실한 토대를 마련해 주지 못한다. 이것은 우리가 어떤 이론적 전제들을 갖지 않고는 과학적 연구를 시도할 수 없으며, 이론이나 그 체계들이 우리의 관찰과 실험을 유도해 간다는 것을 의미한다.

이런 가설 연역주의는 통상 탐조등 이론(searchlight theory)[3]에 의해 비유적으로 설명되기도 한다. 탐조등은 물체를 비추기 위한 조명 기구이다. 어두운 바다 속에서 우리는 탐조등을 사용하여 바다 밑을 탐색한다. 이때 어떤 각도로 탐조등을 비추느냐에 따라 사물의 다양한 측면들이 우리에게 드러난다. 여기서 탐조등은 문제 상황이나 이론에 비유된다. 그러므로 관찰자가 갖는 문제 상황이나 이론 없이는 어떠한 관찰도 가능하지 않게 된다. 관찰이란 이론에 대해서는 이차적이다. 그것은 오히려 이론에 비추어진 해석이기 때문이다.

이론이 관찰에 선행한다는 주장은 아무리 단순한 관찰 진술이라 해도 이론적 언어의 도움에 의존할 수밖에 없다는 사실에 의해서도 논증된다. 예컨대 '여기 한 그루의 나무가 있다.'는 단순한 관찰도 '그루'와 '나무'라는 이론적 언어 없이는 성립될 수 없다. 뿐만 아니라 관찰 진술의 정당성을 검토하려면 이론에 의존해야 하며, 더욱 정확하게 그 정당성을 입증하려고 하면 더욱 광범한 이론적 지식이 필요하게 된다는 사실도 이런 주장을 뒷받침한다.

우리는 통상 귀납주의를 수동적 인식론으로, 가설 연역주의를 능동적 인식론으로 부르기도 한다.[4] 이러한 명칭은 우리의 정신이 인식의 과정에 어느 정도만큼 개입하느냐는 측면에서 붙여진 것이다. 수동주의적 인식론에 의하면 참된 지식이란 아무 작용도 하지 않는 고요한 정신에 자연이 각인을 새긴 것이라고 할 수 있다. 그러므로 이런 입장에서 보면 정신의 작용은 편견과 왜곡이라는 부정적 결과만 가져올 뿐이며, 진리에 이르는 최선의 길은 가능한 한 우리가 수동적인 자세를 취하는 것이다. 이런 수동주의적 인식론은 정신의 작용 없이는 우리가 자연이라는 책을 읽을 수 없다는 사실을 간과하고 있다. 왜냐하면 자연은 우리들의 기대나 이론에 비추어, 혹은 우리가 갖고 있는 인식의 틀 속에서 해석될 수밖에 없기 때문이다.

칼 포퍼가 지적하였듯이, 모든 귀납적 이론의 근저에 놓여 있는 기본적인 원리는 반복이며 이 반복은 다시 유사성에 근거하고 있다. 즉 A의 반복인 A′는 A와 완전히 똑같은 것이 아니라, A와 다소간 유사한 것일 뿐이다. 이것은 우리가 경험하는 모든 반복은 근사치적 반복이라는 것을 의미한다.[5] 그러므로 반복이 가능하기 이전에 반드시 기대나 예상, 가정이나 관심의 체계 같은 어떤 관점이 먼저 존재하지 않으면 안 된다는 결론에 이른다. 말하자면 비슷한 두 사물은

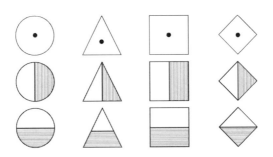

[그림 21] 모양의 관점에서 보면 세로줄의 도형들이 비슷하다. 점이나 빗금의 관점
에서 보면 가로줄의 도형들이 비슷하다.

항상 어떤 관점에서만 비슷한 것이다. 위의 그림이 이를 잘 예증하
고 있다.[6]

이 그림은 사물들이 여러 다른 관점에서 비슷할 수 있다는 것을
보여 주며, 한 관점에서 유사한 사물도 다른 관점에서 보면 완전히
다를 수 있다는 것을 보여 준다. 이러한 논의는 결국 역사 탐구에
있어서도 관점, 즉 역사관이 우선해야 함을 방증한다.

이에 대해 다음과 같은 반론, 즉 역사 과학은 법칙을 추구하는 이론
과학이 아니라 일회적인 개별적 사실을 추구하는 기술 과학이기 때문
에 이론과학에 적용되는 관찰의 이론 의존성이나 이론의 우선성이 역
사학에 같은 논리로 적용될 수는 없다는 반론이 제기될 수 있다.

물론 보편적 법칙을 추구하는 이론과학과 일회적인 개별적 사실
을 기술하는 기술 과학은 동일하지 않다. 이론과학에 있어서는 법칙
이 관찰이 관계하는 관심의 중심으로 작용하거나 관찰이 행해지는
관점으로서 작용한다. 이에 반해 역사학은 보편적 법칙에 대해서는
무관심하다. 역사학은 보편적 법칙의 생산자가 아니라 소비자일 뿐
이다. 이러한 차이점에도 불구하고 역사학도 이론과학과 마찬가지로

관점을 전제하지 않으면 안 된다고 할 수 있다. 왜냐하면 개별적인 사실의 기술에 있어서도 관점은 불가피하게 요구되며, 더 나아가 역사학은 개별적인 사실의 기술만을 노리는 것이 아니라 다양한 사실들을 한데 엮지 않으면 안 되는데, 이때 관점은 필수적일 수밖에 없기 때문이다. "자연 과학과 마찬가지로 역사학도 빈약하고 지리멸렬한 자료의 홍수에 질식되어서는 안 되며, 반드시 선택적이어야 한다. 먼 과거에까지 인과적 연쇄를 추구해 가려는 시도만으로는 조금도 도움이 되지 않을 것이다."[7]

이러한 논의는 이론과학에서의 관점과 역사학에서의 관점이 동일하다는 것을 주장하는 것은 아니다. 두 종류의 관점은 명백히 구분될 수 있다. 이 구분은 대체로 관점과 법칙과의 연결 여부에 달려 있다. 이론과학에 있어서는 관점과 법칙이 자연스럽게 연결된다. 예컨대 우리가 한 그루의 소나무를 유기체적 관점에서 고찰한다면 우리는 유기체의 법칙을 추구하고 있는 것이며, 에너지의 관점에서 고찰한다면 에너지의 법칙을 추구하고 있는 것이다. 이에 반해 역사학에서의 선택적 관점은 설사 그것이 이론과학에서의 법칙과 유사한 기능을 수행한다 해도, 이론이나 법칙과 연결되지는 않는다. 사실들을 총괄하는 이러한 관점을 우리는 통상 '역사적 해석(historical interpretation)'[8]이라 부른다.

이론과학이건 역사학이건 모든 과학의 기술이 선택적이어야만 하는 이유는, 우리가 사는 세계의 사상(事象)들이 무한히 풍부하고, 그 사상들의 양식이 무한히 다양하기 때문이다. 따라서 우리는 선택적 관점을 피할 수 없을 뿐만 아니라, 피하기를 바라지도 않는다. 왜냐하면 만약 우리가 선택적 관점을 피하고자 한다면, 우리는 객관적 기술에 도달하기는커녕 전혀 관련이 없는 진술들의 단순한 집적에만 도달할 수 있을 뿐이기 때문이다.[9]

인식 과정에 정신적 작용의 개입이 불가피하다는 능동주의적 인식론에도 여러 가지 문제점이 뒤따른다. 그중에서도 가장 중요한 문제는 우리가 우리 자신이 갖고 있는 개념적 틀의 노예인가 그렇지 않은가 하는 점이다. 말하자면 우리는 기본적인 기대들이나 개념적 틀을 갖고 태어나며 이 때문에 세계를 '우리의 세계'로 바꾸지만, 이렇게 바꾼 후에는 우리가 이 세계에 갇힌 채로 살 수밖에 없는 것인가, 아니면 오래된 개념적 틀을 새로운 개념적 틀로 대체할 수 있을 것인가, 하는 문제다. 임레 라카토스(I. Lakatos)는 전자에 대해 긍정하는 입장을 보수적 능동주의로, 후자에 대해 긍정하는 입장을 혁명적 능동주의라 명명한다.[10]

칸트는 보수적 능동주의를 대변한다. 칸트에 의하면 우리의 지식은 감관에 의해서 받아들여지고 박물관같이 정신 속에 저장되는 자료들의 집적이 아니라, 거의 대부분이 우리의 정신적 행위의 결과인 것이다. 그러므로 우리가 지식을 얻고자 한다면 우리 스스로가 능동적으로 조사하고 비교하고 통일하고 일반화하지 않으면 안 된다. 동시에 이러한 작업은 무로부터 출발할 수는 없고, 과학의 경험적 방법에 의해서는 검증되지 않는 어떤 전제된 체계를 갖고 시작할 수밖에 없다. 이런 점에서 칸트는 철저히 능동주의적 인식론의 대표자라고 할 수 있다. 그러면서도 이 전제된 체계, 즉 범주적 틀로서 인간 이성의 불변적 구조를 가리키고 있는 점에서, 그는 보수적 능동주의자라고 해야 할 것이다.

보수적 능동주의는 우리의 전제들에 대해서는 비판할 수 없다고 상정한다. 우리 스스로가 이 전제들의 포로이기 때문이다. 반면에 혁명적 능동주의는 이와 정반대의 입장을 취한다. 즉 우리가 우리의 출발점이 되는 전제들에 대해서도 비판적으로 검토할 수 있고, 수정할 수 있다는 것이다. 비판을 통한 과학의 진보라는 측면에서 포퍼는 이런 주장을 대변한다.[11] 우리가 항상 어떤 전제를 갖고 출발한다는 점에서 우리는 이 전제들의 포로라고 할 수도 있다. 그렇지만 우리는 언제나 이 감옥을 부수고 나올 수 있다. 이런 점에서 우리는 포로가 아니다. 이런 입장에서 보면 우리가 기초하고 있는 전제나 가정들은 경험적 탐구의 대상이 될 수 없다는 주장은 과학의 이론과 경험 사이의 관계를 잘못 이해한 것이다. 예컨대 칸트에 있어서 시간과 공간은 감성의 형식으로서 모든 과학적 탐구의 필수적인 전제였고, 모든 과학의 범주적 틀에 속하는 것이었다. 그렇지만 아인슈타인은 이런 전제들에 대해 의문을 제기할 수 있고, 이런 전제들을 수정할 수 있다는 것을 보여 주었다. 이런 탐구의 역사는 혁명적 능동주의를 뒷받침한다.

역사학의 특성과 관련하여 보면 혁명적 능동주의는 더욱 뚜렷하게 드러난다. 역사학은 일차적으로 일회적인 개별적 사건을 탐구한다. 예컨대 개별적 사건 a의 구체적 내용은 무엇이며 왜 발생하게 되었나를 추적한다. 그렇지만 역사학은 여기서 끝나지 않는다. 동시적이거나 시간적 계기 속에서 일어나는 수없이 다양한 사건들을 어떤 체계 아래 혹은 어떤 틀 속에서 선택적으로 한데 묶지 않으면 안 된다. 지상에는 하루에도 수없이 다양한 사건들이 발생한다. 인류의 역사를 쓴다 해서 이 모든 사건들을 하나하나 그대로 기록하기란 불가능할 것이다. 그러므로 불가불 중요한 사건과 그렇지 않은 사건을 선택하지 않을 수 없으며, 또한 유사한 사건들을 하나의 범주 속에 총괄하지 않고는 줄거리가 있는 역사를 구성할 수가 없을 것이다. 그렇지만 '중요하다'는 기준은 선택자의 관점에 따라 달라질 수 있으며, 낱낱의 사물들도 관점에 따라 다르게 구성될 수 있을 것이다. 이것은 밤하늘을 수놓고 있는 수많은 별자리들이 문명권에 따라 다르게 구성되는 것과 흡사하다.

같은 맥락에서 헤겔은 다음과 같이 말한다. "완전히 수동적인 입장에서 단지 주어진 사실들의 뒤만 좇을 뿐이라고 믿고 있으며, 또 그렇다고 주장하는 평범한 역사가조차도 그의 사고에 있어서는 결코 수동적이지 않다. 그는 자신만의 사고의 범주를 설정하고, 그것을 통하여 현존하는 사실들을 바라본다."[12] 칸트에 의하면 우리는 합목적성의 범주를 사용하지 않고는 역사를 이해할 수 없다.[13]

지금까지 논의한 두 가지 이유, 즉 개별적 사건에 대한 직접적 경험적 관찰도 이미 어떤 이론에 의해 해석된 관찰이며, 개별 사건들을 한데 묶는 과정에서도 어떤 틀을 먼저 상정하지 않을 수 없다는 이유는 역사 연구에서 역사관이 불가피함을 증명해 준다. 역사관이란 바로 역사 세계 전체를 통일적으로 설명하는 원리나 범주적 틀을 의미하기 때문이다.

고전적 역사가들은 대체로 사실 그대로의 객관성을 추구하기 위해 모든 선택적 관점을 포기하고자 했다.[14] 선택적 관점은 불가불 우리의 주관적 가치를 포함하고, 이 가치는 결국 객관성을 불가능하게 할 것으로 판단되었기 때문이다. 모든 선택적 관점을 포기하고 사실을 있는 그대로 기술코자 하는 의미에서 완전한 객관주의를 지향하는 이런 이론을 통상 원자주의(atomism) 또는 백과전서주의(encyclopedism)라고도 부른다. 이런 입장에서 만델바움(M. Mandelbaum)은 "역사가의 과제는 인간의 과거에 대한 전체적 모습에 가능한 한 가까이 접근하는 것"[15]이라고 주장했고, 랑케는 역사가의 임무가 과거의 사건들을 실제로 일어났던 그대로 재현하는 것이라고 믿었다. 그러나 이것은 하나의 소박한 꿈에 불과한 것이다. 즉 선택의 관점을 포기함으로써 객관성을 확보하고, 원자적 사실 하나하나를 백과전서식으로 축적함으로써 전체적 사태에 도달하고자 하는 모든 시도는 좌절될 수밖에 없다. 왜냐하면 이것들은 잘못된 귀납주의의 방법을 역사학에 적용한 것이기 때문이다. 단순한 연대기적 역사에 있어서도 선택적 관점은 불가피하며, 선택적 관점을 피하려는 시도들은 결국 자기 파멸에 이른다. 그러므로 역사관이 없는 역사를 주장하는 자들은 단지 자신들이 선택한 관점을 스스로 의식하지 못하고 있는 것에 불과할 뿐이다.

2 역사관의 인식적 지위 : 선험적 가설성

우리가 역사관을 역사 세계를 탐구하는 기본적인 틀로서 간주한다 해도 그것의 존재론적 위치에 대해서는 서로 다른 입장에서 논의를 전개시킬 수 있다. 이것은 우리가 과학적 이론이나 이론들의 체계에 대해서 서로 다른 입장에서 논의를 전개할 수 있는 것과 같은 논리이다. 여기서 서로 다른 입장이란 본질주의와 도구주의 및 실재론을 의미한다.[16]

본질주의란 진정한 과학 이론이나 이론 체계들은 현상의 배후에 존재하는 본질이나 본성을 기술해야 한다는 주장이다. 이런 관점에서 보면, 참된 과학적 이론들은 더 이상 의심받을 이유도 없고 더 이상 설명이 필요하지도 않는 궁극적 설명들이다. 그러므로 과학자들의 궁극적 목표는 절대적으로 확실한 진리를 확립하는 것이다. 예컨대 뉴턴의 인력의 법칙은 사물의 본질적인 속성을 기술하고 있으므로, 이것은 사물에 대한 궁극적 설명이 되며 절대적인 진리일 수 있을 것으로 생각되었다. 그러나 과학의 역사가 보여 주듯, 이러한 본질주의는 자의적인 독단주의라고 할 수 있다. 궁극적인 과학적 설명은 불가능하기 때문이다. 모든 이론은 궁극적으로는 정당화되지 않는 가설이며, 의심할 수 없는 지식이 아니라 시험적 추측일 뿐이다.

이에 반해 도구주의는 과학을 구성하는 이론적 내용들이 실재를 기술하는 것이 아니라, 관찰 가능한 사태와 다른 사태를 관련짓기 위해 고안된 도구라고 이해한다. 도구주의자에 의하면, 기체 운동 이론에서 언급하는 움직이는 분자는 과학자들이 기체의 성질에 관한 관찰 가능한 현상을 관계짓고 예측을 가능하게 해 주는 편리한 허구에 지나지 않으며, 또한 전자기 이론에 있어서 장(場)과 전하(電荷)는 과학자들이 자기, 전하된 물체, 전류 회로와 같은 것을 관계짓고 예측할 수 있도록 해 주는 편리한 허구일 뿐이다. 즉 보편적인 법칙이나 이론은 고유한 진술이라기보다는 한 단칭 진술에서 다른 단칭 진술을 도출해 내기 위한 규칙이나 지침인 것이며, 따라서 이론적인 지식의 성장은 단지 도구의 개량에 불과한 것이다.

그러나 이런 도구주의는 다음과 같은 두 가지 이유 때문에 정당화되지 못한다. 먼저 도구주의는 관찰적인 존재자와 이론적인 존재자를 엄격하게 구분하고 있지만, 이 구별은 모든 관찰 진술이 이론 의존적이라는 사실 때문에 의미가 없다. 둘째, 도구주의는 허구라고 상정했던 이른바 이론적 구성물들이 과학 기술의 발달에 힘입어 실제로 관찰 가능하게 된 사실을 설명하지 못한다. 계산 체계는 아무리 정교하게 개발되더라도 여전히 허구일 것이기 때문이다.

다른 한편으로 실재론자에 의하면, 과학은 세계에 대한 참된 이론이나 기술을 찾는 데 목표를 두고 있으며, 또한 그와 같은 참된 이론이나 기술은 관찰 가능한 사실에 대한 설명이어야 한다. 즉 과학적 이론은 세계에 관해 많은 정보를 포함하고 있는 추측이다. 그러므로 그것들이 비록 절대적인 진리로 검증되지는 않지만, 우리는 실제 세계와의 대응을 통해서 보다 진리에 접근한 이론과 그렇지 못한 이론을 구별할 수 있다.

역사관에 대해서도 똑같은 논의가 가능할 것으로 생각된다. 역사관은 역사 세계를 탐구할 때 전제하지 않으면 안 될 핵심적인 이론적 틀이다. 탐구에 앞서 전제된다는 점에서 그것은 선험적 특성을 갖는다고 할 수 있다. 그렇지만 이들은 실제의 역사 세계와 어떤 연관이 있다고 해야 하는가?

역사관을 완전히 선험적 특성으로만 규정할 때 우리는 두 가지 입장을 고려할 수 있다. 하나는 역사관이 역사 세계의 본질을 있는 그대로 표상해 준다는 입장이고, 다른 하나는 그것이 역사 세계를 드러내는 도구적 성격을 지닌다는 입장이다. 본질주의의 입장에 설 때, 우리는 역사관을 역사 세계의 본질을 드러내는 탐구 원리나 체계로서 이해하게 될 것이고, 도구주의적 입장에서는 역사관을 역사 세계의 사실들을 연관짓기 위해 고안된 단순한 도구로 생각할 것이다. 반면 실재론자들은 역사관을 역사 세계를 기술하고 설명하는 중핵적 이론 체계나 원리로 이해할 것이다.

우리의 역사관이 역사 세계의 본질을 있는 그대로 드러내 보여 준다는 주장은 지나치게 형이상학적이다. 이런 관점에서 보면 참된 역사관은 더 이상 의심받을 이유도 없고 더 이상 설명이 필요하지도 않다. 예컨대 근대 이후 지배적인 진보 사관은 역사의 본질적인 속성을 기술하는 것으로 해석되어, 이것은 역사에 대한 궁극적인 설명이 되며 절대적인 진리일 것으로 생각되었다. 그러나 이런 역사관을 우리가 어떻게 갖게 되었는가를 고려해 보면, 이러한 주장은 지나치게 자의적인 독단주의라 할 수 있다. 상호 모순되기까지 하는 다양한 역사관의 난립이 이런 독단주의의 정당성을 의심케 한다. 본질주의적 역사관은 어떤 특정한 역사관만이 역사 세계의 본질을 드러낸다고 주장함으로써 결국 자의적 독단주의를 벗어날 수 없다. 절대적 본질이란 우리의 앎의 범위를 벗어나 있기 때문이다.

역사관의 도구적 선험성을 주장하는 입장은 독단주의보다는 설득력이 있어 보인다. 이 이론에 의하면 역사 세계 자체는 우리로서는 알 길이 없지만, 우리가 갖고 있는 선험적 틀을 통해 역사 세계는 우리에게 나타나게 된다. 예컨대 우리가 빨간 색안경을 쓰고 사물을 본다면 사물들은 빨갛게 보일 것이고, 파란 색안경을 쓰고 사물을 본다면 파랗게 보일 것이다. 우리는 우리의 안경을 통해서만 사물들을 바라보기 때문에 이때 사물들 자체가 어떤 색깔을 갖고 있는가 하는 것은 우리 능력 밖의 일이 된다. 이러한 주장은 과학의 도구주의와 유사하다고 할 수 있다.

우리가 역사관을 한갓 도구로 간주한다면, 그것은 과거의 사실들을 연결지어 주는 도구적 기능만을 담당하게 될 것이다. 예컨대 우리가 진보 사관을 갖고 역사를 연구한다고 할 때, 그것은 역사적 사건들 a, b, c……를 진보적인 틀 속에서 인과적으로나 공간적으로 연결시키고 설명하는 데 사용될 뿐, 그 자체의 참과 거짓은 논의할 수 없게 된다. 도구에는 보다 좋은 도구와 보다 나쁜 도구만이 있을 뿐, 참된 도구와 거짓된 도구란 존재할 수 없기 때문이다. 도구주의적 선험성은 결국 역사에 대한 회의주의로 귀착될 가능성이 높다.

도구주의적 역사관은 우리의 이론적 앎이 단순한 도구 이상이라는 관점에서 비판될 수 있다. 만약 우리가 역사관이나 역사적 지식에 관해 도구주의적 이론을 채택한다면, 사건들이 과거에 실제로 일어났고 이것들이 현재의 우리에게 어느 정도 알려질 수 있다는 가정을 정당화할 필요가 없게 된다.[17] 말하자면 탐구의 원리나 쓰여진 역사가 기본적으로 현재의 자료를 설명하는 도구이고, 그것이 그 기능을 잘 수행하는가 그렇지 않은가에 따라서만 평가된다면, 역사가 어떤 실제적인 과거 사건의 정확한 기술이라고 주장할 이유는 없는 것이다. 아서 단토는 도구주의에 대해 다음과 같이 설명한다. "도구주의는 과거에 관한 진술들이 무엇을 지시하는가, 지시하지 않는가 하는 것은 문제되지 않는다는 것을 보임으로 지시의 모든 문제를 회피하려고 시도한다. 우리는 다만 사실을 진술하는 문장을 체계적 도구로 전환시키고자 한다. 그리고 이러한 과정에서 참과 거짓은 논리적으로 부적당하다."[18]

실재론적 역사관을 받아들일 때만, 역사적 진리의 논의 가능성이 열린다. 즉 역사관이 진정한 과학적 연구 프로그램이 되려면, 실제로 존재하는 역사 세계와 어떤 형태로든 연관되지 않으면 안 된다. 이러한 해석은 역사관에 선험적 성격과 동시에 가설적 성격을 부여하는 것이다. 그것이 선험적 성격을 갖는 것은 역사관이 역사 연구에 앞서 전제되기 때문이다. 그리고 그것에 가설적 성격을 부여하는 것은 그것이 역사 세계를 표상하는 실재론적 특성을 갖고 있다는 것과, 또한 그것의 진리가 절대적으로 검증된 것이 아니라 계속해서 비판적으로 검토될 대상이라는 것을 의미한다.

여기서 우리는 다음과 같은 질문을 던질 수 있다. 이런 역사관은 처음 어떻게 구성되었는가? 경험적 관찰의 누적에 의해서 어떤 역사관이 형성되었다고 귀납주의적으로 주장한다면, 그것은 잘못된 대답이라고 할 수 있다. 왜냐하면 역사관은 모든 역사 탐구에 앞서서 전제되는 선험적 성격을 갖고 있기 때문이다. 반면에 직관에 의해 자명한 것으로 주어졌다는 주장은 지나치게 형이상학적인 대답이 될 것이다. 그것이 갖고 있는 가설적 특성과 연관시켜 본다면, 역사관은 우리가 현상을 구제하기 위해 창안해 낸 핵심적 이론 체계라고 해야 할 것이다.

우리는 실재론적 역사관을 다시 상대주의와 객관주의로 구분해서 설명할 수 있다. 상대주의란 우리의 역사적 관점은 역사적 사실을 있는 그대로 기술하고 재구성해야 하는 원리이지만, 여러 관점 중 어떤 것이 참이고 어떤 것이 거짓인가 하는 문제는 논의할 수 없다는 것이다.[19] 예컨대 입체파 화가와 야수파 화가는 자신들의 고유한 기법에서 주제를 다루겠지만 어느 것이 사물의 본질을 올바로 통찰했다고 말할 수 없는 것과 마찬가지로 역사가는 자신의 전제, 즉 역사관을 가지고 과거를 관찰해야 하지만 그 역사관이 과거에 대한 모든 이해의 지름길이라고 말할 수는 없다는 것이다. 그러므로 유물 사관과 정신 사관 중 어느 것이 더 올바른 것인가는 말할 수 없으며, 각각의 역사관에서 도출된 역사적 해석들에 대해서도 어느 것이 더욱 참인가를 말할 수 없게 된다. 여기서는 토머스 쿤이 말한 패러다임의 비통약성[20]이 철저하게 지배하고 있다. 물론 이들이 허구적 역사를 구성했다거나 역사를 날조했다고 비난할 수는 없다. 그들은 단지 자신들의 패러다임에서 보았을 뿐이기 때문이다. 그렇지만 상대주의는 역사관 상호 간의 우열을 비교할 기준을 제시하지 못한다.

나는 역사관의 상대주의에서 객관주의로 한 걸음 더 전진할 수 있다고 생각한다. 즉 우리는 역사관 상호 간의 우열을 논의할 수 있다. 이것은 과학적 탐구에서 이론들의 우열을 비교할 수 있는 것과 같은 논리이다. 말하자면, 우리가 채택하는 역사관은 결국 역사 세계를 탐구하는 원리이기 때문에 잘못되었거나 조잡한 탐구 원리를 가지고 역사를 연구한다면 역사적 사실을 왜곡하거나 은폐하지 않을 수 없는 데 반해, 참된 탐구 원리는 역사적 사실을 더욱 객관적이고 통일적으로 설명할 수 있기 때문이다. 이러한 주장은 사실이 역사관의 우열을 결정하는 기준이 될 수 있다는 것을 의미한다. 예컨대 식민주의 역사관도 하나의 사관이라고 주장될 수 있겠지만, 그것은 역사적 사실을 왜곡하거나 은폐하지 않을 수 없다는 점에서 잘못된 역사관인 것이다. 물론 이것은 역사적 사실의 왜곡이나 은폐가 아니라 자기 나름대로의 해석이나 규정을 내렸을 뿐이라고 강변할 수도 있을 것이다. 그렇지만 우리가 모든 해석이나 규정을 똑같은 자격으로 수용할 수는 없을 것이다.

3 종합적 고찰

역사 서술에 앞서 역사관이 먼저 요구된다는 것은 쿤이 그의 『과학 혁명의 구조』에서 패러다임이 경험적 연구에 앞서 필요하다고 밝힌 것과도 유사하다. 패러다임이라는 말은 매우 포괄적인 개념이지만, 기본적으로는 과학 공동체가 공유하고 있는 학문의 규율적 모체(disciplinary matrix)이며 세계관이라 할 수 있다. 연구에 앞서 패러다임이 필요하다는 것은 학문 공동체가 다음과 같은 근본적인 물음들에서 먼저 의견의 일치를 보아야 한다는 것을 의미힌다. 즉 우주에는 어떠한 사물들이 존재하는가? 이 사물들은 서로 어떻게 연관되며 우리들의 감각과는 어떻게 접촉하는가? 이러한 사물들에 대해서 적법하게 제기할 수 있는 물음으로는 어떤 종류가 있는가? 이런 물음에 답하기 위해서는 어떤 기술이 적합한가? 하나의 이론에 대해서 어떤 것이 증거로 간주될 수 있는가? 어떠한 물음들이 과학에서 중심적이라 할 수 있는가? 제기된 물음에 대한 해결책으로 간주될 수 있는 것은 무엇인가. 어떤 현상에 대한 설명으로 간주될 수 있는 것은 무엇인가?[21]

패러다임이 없이는 체계적인 탐구를 수행할 수 없다. 역사 서술에서도 상황은 마찬가지다. 역사관이 먼저 전제되지 않고 역사 서술을 하는 것은 불가능하다. 그렇지만 여러 패러다임들이나 역사관들이 서로 통약 불가능하다고 생각하는 것은 탐구의 현실과 맞지 않는다. 예컨대 패러다임 이론가들이 뉴턴의 역학 체계와 아인슈타인의 역학 체계를 완전히 다른 패러다임이라고 생각하는 근거로서 아인슈타인의 상대성 이론 체계에서는 뉴턴의 질량 개념이 전혀 통용되지 않는다는 사실을 제시한다. 옳은 말이다. 아인슈타인의 역학 체계는 움직이는 좌표계를 기반으로 하고, 뉴턴의 역학 체계는 정지된 좌표계를 기반으로 하기 때문이다. 그러나 정지된 좌표계는 움직이는 좌표계의 한 특수한 양상이다. 그러므로 뉴턴의 역학 체계는 아인슈타인의 역학 체계와 양립 불가능한 것이 아니라, 아인슈타인 역학 체계의 한 국면으로 포섭될 수 있다.

유클리드 기하학과 비유클리드 기하학도 비슷한 실례가 될 수 있다. 유클리드 기하학은 삼각형의 내각의 합은 180°라고 계산한다. 반면에 비유클리드 기하학은 삼각형의 내각의 합은 180°보다 클 수도 있고 작을 수도 있다고 계산한다. 축구공과 같은 볼록한 공간에서는 180°보다 크고, 말안장 같은 오목한 공간에서는 180°보다 작기 때문이다. 유클리드의 평면 공간은 다양한 공간의 한 형태에 불과하다. 그러므로 유클리드 기하학은 비유클리드 기하학과 양립 불가능한 것이 아니라, 그것의 특수한 한 양상으로 포섭될 수 있다.

앞에서 내가 전개한[22] 개념 상대주의 비판은 패러다임의 통약 불가능성에 대해서도 그대로 적용될 수 있을 것이다. 같은 논리로 역사관도 역사 서술에 앞서 요청되지만, 상호 비교와 상호 비판은 얼마든지 가능하다. 그동안 우리 사회를 지배해 온 대표적인 두 역사관인 민족 사관과 민중 사관을 예로 들어 보자. 민족 사관이 민족을 초역사적인 어떤 실체로 상정하고 민족사는 그런 실체적 민족의 자서전이라고 주장할 때, 우리는 민족이란 역사적으로 형성된 역사적 산물일 뿐 초역사적 실체가 아니며, 본질적 정체성이 아니라 닮음의 정체성을 가질 뿐이라는 사실에 근거하여 민족 사관을 비판할 수 있다.[23] 또 민중 사관이 민족과 국경을 넘어 보편적 이해관계를 함께하는 계급을 역사의 주체로 상정하고 역사를 그런 계급들의 투쟁의 역사라고 주장할 때, 우리는 그런 역사 주체란 존재하지 않는다는 사실을 지적함으로써 민중 사관의 오류를 비판할 수 있다. 비판이 정당할 때 비판의 대상이 된 역사관은 수정되거나 폐기되어야 한다.

비판에 면역이 된 역사관은 학문적 차원을 넘어선 독단일 뿐이다.

결론적으로 역사 서술에서 역사관과 역사적 사실은 정합적 평형 상태에 있어야 한다. 역사관 없는 역사 서술은 역사 세계를 체계적이고 통일적으로 그려 내지 못한다. 반면에 역사적 사실을 제대로 드러내지 못하는 역사관은 폐기될 수밖에 없다.

2장
역사관은 과학적 연구 프로그램으로 정식화될 수 있다

　역사관은 어떤 요소들로서 구성되는가? 역사관이 만약 역사적 사실의 연구에 선행하는 연구의 선험적 틀이라면 그 진리성은 어떻게 입증되는가? 다양한 역사관들이 서로 대립할 때 이들의 우열을 가릴 기준은 무엇인가? 이 장에서는 이러한 문제들을 보다 구체적으로 검토할 것이다.

　역사관의 핵심 원리는 역사관이 갖추어야 할 필요 조건이라 할 수 있다. 그러므로 역사관의 핵심 원리를 규정하는 데는 적어도 다음 세 문제에 대한 논의와 대답이 필수 불가결한 것으로 판단된다.

1) 역사의 주체는 누구인가?
2) 이 주체의 본질적 속성이나 이 주체가 추구하는 목적은 무엇이며, 이 목적을 실현시키기 위해 선택하는 수단은 무엇인가?
3) 역사의 진행 방향은 어디인가?

이 세 문제에 대한 논의와 대답이 역사관의 핵심 원리를 이루는 이유는 이 문제가 역사적 탐구의 가장 기본적인 전제와 틀을 결정하기 때문이다. 이런 문제들에 대한 고민이 없는 역사관은 진정한 역사관이 아니다.

역사의 주체는 크게 두 유형으로 나눌 수 있다. 하나는 개인들이며, 다른 하나는 초개인적 실재이다. 절대정신, 국가, 문명 등이 모두 초개인적 실재에 속한다고 할 수 있다. 주체가 추구하는 것은 정신의 실현과 물질적 생산력의 발달이라는 범주들로 나눌 수 있다. 역사의 방향을 어떻게 규정할 것인가 하는 문제에서도 진보 이론, 발전 이론, 순환 이론, 퇴보 이론 등이 논의되어 왔지만, 긍정적 방향과 부정적 방향을 기준으로 하여 크게 두 유형으로 묶을 수 있다. 하나는 역사의 과정을 진보나 발전으로 보는 입장이고, 다른 하나는 순환이나 퇴보로 보는 입장이다.

이 장에서는 역사관은 비판적 합리주의의 과학적 연구 프로그램과 같은 성격을 가지며, 또한 그것은 개별적 연구에 선행하는 선험성을 가지면서도 절대적 진리가 아니라 사실을 설명하기 위해 제안되는 가설적 성격을 동시에 갖는다는 것을 보다 체계적으로 논증하고자 한다. 그 결과 역사관이란 단순히 주관적 결단의 문제가 아니라 그 우열을 합리적으로 비교할 수 있는 연구의 중핵적 작업 가설임이 밝혀진다.

1 역사관의 세 계기

역사관은 어떤 요소들로 구성되어 있다고 해야 할 것인가? 그것이 단순한 하나의 구성 요소로 구성되어 있다고 주장하는 것은 합리적이지 않아 보인다. 왜냐하면 시공 속에 전개되는 역사 세계 자체가 여러 가지 성질과 다양한 측면을 갖고 있기 때문에, 아무리 통일적인 설명 원리라 할지라도 어떤 특정한 성질이나 측면을 설명하는 여러 이론들이 체계화된 것으로 볼 수밖에 없기 때문이다. 이것은 유클리드 기하학의 공리 체계가 점과 선, 평면 등을 규정하는 몇 개의 공리들로 구성되어 있고, 뉴턴 물리학의 원리가 그의 세 가지 운동 법칙과 만유인력의 법칙으로 구성되어 있는 것과 흡사하다.

우리가 역사적 사건을 탐구한다고 할 때, 우선 사건의 구조를 검토해 보자. 사건이란 어떤 구체적 대상이 특정한 시간에 하나의 성질을 구현하는 것이다. 그러므로 사건이 발생하려면 대상과 시간과 성질이라는 세 계기가 결합되지 않으면 안 된다고 할 수 있다.[1]

같은 분석의 기법이 역사관에서도 적용될 수 있을 것으로 판단된다. 그렇다면 역사관은 어떻게 분석될 것인가? 그것은 다음과 같은 세 가지 사항을 필수적인 구성 요소로서 갖는다고 할 수 있다. 즉 1) 역사의 주체, 2) 주체의 본질적 속성이나 추구하는 목적 및 그 목적을 실현시킬 수단, 그리고 3) 역사의 진행 방향이 그것이다. 우리가 역사적 사건들의 주체를 s로, 주체의 본질적 속성이나 목적 및 수단을 O로 그리고 역사의 진행 방향을 D로 기호화한다면 역사관 V는 이들의 함수로서 다음과 같이 기호화될 수 있을 것이다.

$$V = f(s, O, D)$$

왜 이 세 요소는 역사관이 갖추어야 할 필수적인 요소인가? 그것은 이 세 요소에 대한 구체적인 설명이 없이는 역사 세계가 전체적으로 드러나지 않기 때문이다.

역사란 정확하게 말한다면 무언가의 변화 과정이라고 해야 할 것이다. 예컨대 우리가 지구의 역사를 이야기한다면 변화의 주인공이 되는 것은 지구이며, 개라는 생명체의 역사를 논의한다면 변화의 주체는 개라는 종이 될 것이다. 주체가 없는 변화 과정을 논의하는 것은 주어가 없는 문장이나 대상이 없는 사건과 같이 성립될 수 없는 공허한 이야기가 될 것이다. 그렇지만 복합적인 사건에서 대상들을 구분해 내기가 쉽지 않듯, 사건들의 주체를 명확하게 확인하는 것은 쉬운 일이 아니다.

우리가 인간의 역사를 논의하는 한에서, 역사적 사건들의 대다수는 개별적인 인간들이 행한 행위들로 구성된다고 할 수 있을 것이다. 그러나 개인들은 스스로 의도하지 않은 어떤 행위를 할지도 모른다. 말하자면 더욱 큰 힘이나 집단에 의해 무의식적으로 조종당할 수도 있다. 이때 우리는 이 더욱 큰 힘이나 집단을 사건의 실질적인 주체라고 보아야 할 것이다. 그러므로 역사의 주체는 다양하게 논의될 수 있다.

개인들을 역사의 주체로 상정하는 것은 개인들의 자발적이고 자유로운 행위가 역사적 사건이 되며, 이 사건들의 집합이 바로 인류의 역사가 된다는 이야기다. 인본주의적 역사관은 이런 입장을 취한다. 이와 반대로 초개인적 실재를 역사의 주체로서 상정하는 것은 개인들 이상의 힘이 역사를 지배한다는 이야기이다. 예컨대 마르크스가 상정한 계급이나 헤겔이 말한 세계 정신, 슈펭글러(O. Spengler)나 토인비(A. Toynbee)가 제안한 문명들은 초개인적 실재에 속한다고 할 수 있다. 정치적 조직체로서의 국가나 사회의 구조가[2] 역사의 실질적인 주체로서 등장하기도 한다. 이때 개인은 이런 실재들의 변화 과정에서 사용되는 한낱 도구가 된다. 이런 맥락에서 헤겔은 인류의 역사를 세계 정신이 스스로를 실현해 가는 과정이라고 보았고, 토인비는 문명들의[3] 흥망성쇠로써 인류의 역사를 설명하려고 했던 것이다.

나는 이 문제에 대한 논의를 사회 과학에 있어서의 방법론적 개체론과 전체론의 논의를 통해서 보다 자세히 접근하고자 한다. 제임스(S. James)가 지적한 것과 같이, 사회적 세계의 질서를 파악하려는 우리의 시도는 끊임없이 개인과 전체라는 범주로 거슬러 올라가기 때문이다.[4]

사회 과학에 있어서의 방법론적 개체론의 존재론적 기초는 사회적 원자주의(social atomism)이다. 이 이론에 의하면, 사회는 개인들로 구성된다. 집단도 개인들로 구성된다. 제도는 개인들과 개인들에게 부과된 규칙과 역할에 의해 구성된다. 규칙은 개인들에 의해 지켜지고 역할은 개인들에 의해 수행된다. 물론 전통과 습관, 이데올로기나 언어 체계 등이 존재하는 것이 사실이지만, 이것들은 개인들이 행위하고 생각하고 말하는 방식들에 불과한 것이다. 그러므로 이 이론의 존재론적 기초는 사회가 상상할 수 없는 종류의 유기체가 아니라, 완전히 알기 쉽게 행위하고, 직접 혹은 간접으로 서로 영향을 끼치는 개인들로만 구성된다는 것이다.

왓킨스(J. W. Watkins)의 다음과 같은 주장이 이를 잘 설명해 준다. "사회를 구성하는 궁극적인 요소는 그들의 성향과 그들의 상황에 대한 이해에 따라 대개 적당하게 행위하는 개인들이다. 모든 복잡한 사회적 상황이나 사건은 개인들과 그들의 성향, 상황과 신념 내지는 물질적 자원과 환경이 특수하게 배열된 결과이다."[5] 그러므로 방법론적 개체론은 사회적 현상에 관한 모든 사실이 개인에 관한 사실들에 의해서만 설명되어야 된다고 주장한다. 왓킨스에 의하면, 방법론적 개체론의 원리는 사회적 과정과 사건들이 1) 사회 구성원인 개인들의 행동을 지배하는 원리들과 2) 개인들의 상황에 관한 기술들로부터의 연역에 의해서 설명되지 않으면 안 된다는 것이다.[6] 칼 포퍼도 이러한 설명의 원리를 지지한다. "모든 사회적 현상과 특히 모든 사회적 제도의 기능은 항상 개인들의 결단과 행위, 태도 등에서 유래되는 것으로 이해되지 않으면 안 된다. …… 우리는 소위 '집단'에 의한 설명으로 만족해서는 안 된다."[7]

이러한 논의는 결국 모든 사회적 사건은 개인들에 의해서만 발생한다는 것을 함축한다. 그러므로 역사에 있어서 움직이는 유일한 행위자는 개별적인 남녀들뿐이며, 개인들만이 유일한 인과적 요인이 될 수 있다. 말하자면 개인들만이 역사의 유일한 주체자인 것이다.

방법론적 전체론은 개인들의 행위가, 1) 하나의 전체로서의 사회 체계에 적용되는 독자적인 거시적 법칙들과 2) 전체 안에서 개인의 기능이나 위치에 관한 기술들로부터 연역적으로 설명되어야 한다는 주장이다.[8] 말하자면 전체론적 접근법은 개별 주체의 행동을 사회 연구의 출발점으로 하는 대신에, 전체로서의 사회 체계를 분석하고 그 체계를 구성하는 요소들 간의 상호 관계를 구명하는 데 초점을 맞추는 방법이라고 할 수 있다. 그러므로 방법론적 전체론에 있어서 제일 먼저 문제되는 것은 환원 불가능한 사회적 체계나 법칙의 존재이다. 전체론자에 의하면 적어도 사회 체계의 어떤 대규모 형태는 거시적 법칙들에 의해서 지배된다는 의미에서 사회 체계는 전체를 구성한다. 그리고 이 거시적 법칙들은 본성상 전체론적이라고 할 수 있다. 왜냐하면 그것들은 상호 작용하는 개인들의 행위로부터 유래되는 단순한 규칙성이나 경향으로는 설명되지 않기 때문이다.

더 나아가 전체는 계급이나 민족 국가나 문명, 세계 정신 등으로 확대될 수 있다. 계급이나 민족은 개인들의 집합으로 규정될 수도 있다. 그렇지만 전체론에 있어서 이들은 개인으로는 환원될 수 없는 초개인적 실체들이다. 문명이나 세계 정신이 개인을 초월해 존재한다는 것은 전체론자에게 너무나 자명하다.

이렇게 볼 때 방법론적 전체론의 존재론적 기초는 독자적으로 존재하는 구조(structure)나 제도(institution)에서부터, 계급, 민족, 국가, 문명, 세계 정신들이며 이들이 바로 사회적 변화나 역사의 주체가 된다. 물론 이러한 접근법에서도 개인의 행위가 문제되지 않는 것은 아니지만, 개인의 행위는 어디까지나 규범과 규칙으로 제도화된 행위들이며, 구조나 제도 내지는 넓은 의미에서 전체에 의해서 통제된 행위들인 것이다. 그러므로 개인의 행위는 이차적이며 수단적인 차원으로 밀려나지 않을 수 없게 된다.

　주체가 구현하는 역사적 사건의 성질들의 내용 역시 다양하다고 할 수 있다. 우리가 통상적으로 분류하는 정신 사관이나 유물 사관 등은 역사의 주체가 구체적으로 실현하는 성질들에 초점을 맞추어 붙인 이름들이라 할 수 있다. 말하자면 정신 사관은 인류의 역사를 정신의 실현 과정으로 보며, 유물 사관은 인류의 역사를 물질적 생산력의 발전 과정으로 해석한다. 정신과 물질은 대상들에 적용하는 가장 보편적인 두 범주이지만, 다른 성질들도 얼마든지 구체화될 수 있을 것이다. 예컨대 생태 사관은 역사의 주체를 생물학적 차원에서의 인류로 보고 인류가 자연환경과 상호 교섭하면서 적응, 발전해 가는 궤적으로 역사를 보고자 한다.

　역사적 사건의 진행 방향도 없어서는 안 될 역사관의 구성 요소라고 할 수 있다. 역사란 궁극적으로 시간의 흐름 속에서 발생하는 사건들의 변화 과정이기 때문이다. 그런 한에서 시간이 흘러가는 방향이 결정적으로 중요하다. 시간이 순환적인 속성을 갖는 것이라면 역사는 반복될 수밖에 없을 것이다. 순환 사관은 이런 시간관에 기초하고 있다. 반면에 시간이 직선적 운동이라면 역사는 퇴보할 수도 있고 진보할 수도 있다. 진보 사관이나 퇴보 사관은 이런 직선적 시간관과 짝을 이룬다. 그리고 이런 직선적 시간에 어떤 출발점을 상정한다면, 시간이 소멸되는 역사의 종말도 예상할 수 있다.

고대인들이 본 시간은 시작도 끝도 없이 영원히 되풀이되는 원운동과 같은 것이었다. 원시 문명에 있어서 최초의 시간 단위는 낮과 밤의 순환이었다. 좀 더 큰 시간 단위는 달이 보여 주는 위상의 주기였으며, 다음에는 덥고 추우며, 풍요와 곤궁이 되풀이되는 계절적인 주기였다. 그리고 맨 나중에야 태양년의 일정한 주기가 알려졌고, 이를 기초로 수백 년 수천 년에 걸친 더욱 장구한 순환을 생각할 수 있었다. 이들은 이러한 순환을 우주의 법칙이나 운명으로 받아들였고, 이 법칙을 역사의 과정에 대해서도 무차별적으로 적용하고자 했다. 대다수의 고전적 역사관이 순환 사관인 것은 이런 시간관 때문이다.

반면에 기독교의 교부 철학자 아우구스티누스(Augustinus)가 본 역사는 직선적인 흐름의 역사였다. 그것은 그가 시간을 순환적 운동이 아닌 직선적 운동으로 보았기 때문이다.[9] 원운동과 직선운동은 대립되는 두 유형의 운동이면서, 동시에 모든 운동의 기본이 되는 두 범례이기도 하다. 아우구스티누스가 이해한 시간이 직선적 운동일 수밖에 없는 것은, 그것이 창조된 출발점을 분명히 갖고 있으면서 도달해야 할 종국점을 또한 갖고 있기 때문이다. 즉 순환적 시간을 거부하고 직선적 시간을 제시하는 아우구스티누스의 주장에는 그의 도덕적 요청이 실려 있다. 그는 영겁 회귀를 주장하는 이교도의 교리에는 아무런 희망도 없다고 해석한다. 왜냐하면 희망과 신앙은 본질적으로 미래와 관련된 것인데, 과거와 미래가 시작도 끝도 없는 순환적인 반복의 틀 내에서 동일한 비중을 갖는 것이라면 진정한 미래란 존재할 수가 없게 되며, 이 순환 속에서 우리는 오직 불행과 행복의 맹목적인 교체만을 기대할 수 있을 뿐 어떤 영원한 축복도 바랄 수 없을 것이기 때문이다.

한편으로 시간의 흐름 자체를 무명에 기인하는 몽환적인 것으로 보는 관점도 있다. 인도의 힌두 문명이나 불교가 그 대표적인 예가

될 것이다. 여기서는 진정한 역사관이란 성립될 수 없을 것이다. 시간의 흐름이 배제된 역사란 그 자체 모순이기 때문이다.[10]

2 과학적 연구 프로그램

주체와 주체의 본질적 속성이나 목적 및 역사의 진행 방향이라는 세 계기를 갖는 역사관이 실제로 연구의 과정에 적용되었을 때, 그것은 어떤 모습으로 나타날 것인가? 그것은 주관적 계기와 객관적 계기를 함께 포괄하고 있으면서 실제적 탐구에 선행하는 개념적 틀이라는 점에서 쿤의 패러다임이나 비판적 합리주의자인 라카토스의 과학적 연구 프로그램과 동일한 위치에 있는 것으로 판단된다.

과학과 비과학을 구별하는 기준으로 검증주의와 반증주의의 대결은 과학 철학사에서 잘 알려져 있는 사실이다. 검증주의는 경험적으로 검증 가능한 주장만을 과학으로 인정하면서 한 진술의 의미를 안다는 것은 그 진술의 검증 방법을 아는 것이라고 주장한다. 반면에 반증주의는 경험적으로 반증 가능한 주장만을 과학으로 인정한다. "한 이론의 과학적 자격의 기준은 그 이론의 반증 가능성, 반박 가능성, 시험 가능성이다."[11] 즉 한 이론이 과학적인 것으로 분류될 수 있는 경우란, 그 이론에 모순되는 관찰을 생각할 수 있는 경우이다. 그러므로 한 이론의 과학적 성격이란 그 이론이 언제나 경험에 의하여 반증될 위험을 내포하고 있다는 점에 있다. 그러므로 검증주의는 과학의 방법적 본질이 귀납법에 있다고 보며, 반증주의는 과학의 방법을 가설 연역직 방법으로 이해한다. 검증주의가 가진 여러 문제들을 반증주의가 해결한다는 측면에서 보면, 이런 반증주의는 한 단계 진전된 이론이라 할 수 있다. 그렇지만 반증주의 역시 과학에 대한 설명이 지나치게 단선적이다. 말하자면 반증주의도 개별 이론과 개별 관찰 진술들 간의 관계에만 주의를 집중함으로써 이론이 지니고 있는 복잡한 구조와 과학의 성장을 제대로 설명하지 못한다. 과학사의 연구는 이론을 개별적 단위가 아니라 구조로 파악해야 한다는 필요성을 강조한다. 이론이 구조라는 것은 탐구의 과정에서 작동하고 있는 핵심 이론들이 하나의 체계를 이루고 있다는 의미이다. 이를 가장 잘 예시하는 것이 라카토스의 과학적 연구 프로그램이다.

상대주의자 쿤이 제시한 패러다임은, 특정 집단 구성원이 공유하고 있는 신념이나 가치, 기법 등의 체계를 지칭하면서, 정상 과학 (normal science)에 남아 있는 수수께끼를 푸는 모형이었다.[12] 그러나 쿤의 패러다임 이론은 여러 패러다임들 상호 간의 비통약성을 특징으로 하는 점에서 지나치게 주관적 계기가 강조되고 있다. 이에 반해 라카토스의 연구 프로그램은 주관적 계기를 승인하면서도 객관성을 지향하는 합리주의에 기초하고 있다. 나는 라카토스의 과학적 연구 프로그램을 통해 역사관의 내부적 구조를 보다 자세히 밝힐 수 있을 것으로 생각한다.

라카토스의 과학적 연구 프로그램은 방법론적 규칙으로 구성되어 있다. 그 규칙 중 어떤 것은 우리에게 어떤 연구의 길을 피할 것인가를 이야기하고(부정적 발견법) 다른 것은 어떤 길을 추구해야 할 것인가를 이야기한다.(긍정적 발견법)[13] 연구 프로그램의 부정적 발견법은 모든 과학적 연구 프로그램의 특성을 이루는 핵심 원리(hard core)는 수정되거나 거부될 수 없다는 규정을 포함하고 있다. 즉 부정적 발견법은 핵심 원리에 부정법(modus tollens)의 적용을 금지한다. "핵심 원리는 지지자들의 방법론적 결단에 의해 반증 불가능한 것으로 받아들여진다."[14] 핵심 원리를 방어하기 위해 시험과 정면으로 맞서서 수정되고 대체되어야 하는 것은 보조 가설들로 이루어진

보호대인 것이다. 말하자면 핵심 원리를 방어하기 위해 포진된 보조 가설들은 반증되어 폐기되기도 하고 대체되기도 한다.

이에 반해 긍정적 발견법은 어떻게 탐구 강령이 전개되어야 하는 가를 지시해 주는 개략적인 지침으로 짜여져 있다. 이것이 바로 보호대(protective belt)를 이루는 보조 가설들이다. "긍정적 발견법은 연구 프로그램의 '반박 가능한 변형체들'을 어떻게 변형시키고 발전시킬 것인가, 어떻게 '반박 가능한' 보호대를 수정하고 세련되게 할 수 있는가에 대한 부분적으로 명료화된 일단의 제안이나 암시로 구성되어 있다."[15] 과학자들은 연구 프로그램의 긍정적 발견법에 의해 수많은 변칙 사례의 대양 속에서도 혼란에 빠지지 않고 연구를 수행한다. 연구 프로그램에 참여하는 이론과학자들은 '반박'에 대해 과도한 주의를 기울이지 않는다. 그들은 이런 반박을 예상할 수 있는 장기 연구 정책을 갖는다. 이런 장기 연구 정책이 상세하게 연구 프로그램의 긍정적 발견법 속에 진술된다. 나아가 긍정적 발견법의 발달은 이미 알려진 현상을 설명하고 새로운 현상을 예측하기 위한 부가적 전제를 핵심 원리에 첨가하는 작업을 포함한다.[16]

결국 지금까지의 논의를 토대로 해서 본다면 라카토스의 연구 프로그램은 강령의 특성을 이루는 1) 핵심 원리와 2) 이 핵심 원리를 둘러싸고 있는 보호대로 구성되어 있다고 할 수 있다. 이것은 다음과 같은 이야기가 된다.

과학의 역사 속에서 연구 프로그램의 대표적인 예를 들어 보자. 코페르니쿠스의 천문학 체계는 우리가 과학의 역사 속에서 만날 수 있는 수많은 연구 프로그램 가운데 대표적인 실례이다. 그것의 핵심 원리는 지구와 행성은 고정된 태양을 중심으로 회전하고, 지구는 지축을 중심으로 하루에 한 번 자전한다고 하는 이론으로 구성되어 있다. 부정적 발견법에 의해 이 핵심 원리와 모순되는 여러 관찰들은

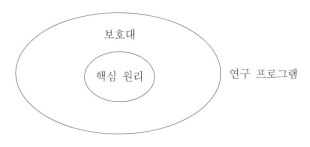

〔그림 22〕 핵심 원리는 반증되지 않는다

오히려 신뢰할 수 없는 것으로 거부되거나 비판되었다. 동시에 긍정적 발견법은 이 핵심 원리를 기초로 하여 현상을 설명할 수 있는 여러 보조 가설들을 개발해 냄으로써, 이 프로그램은 진보적인 문제 교체를 이루어 냈다. 뉴턴 물리학의 연구 프로그램은 뉴턴의 세 가지 운동 법칙과 그의 만유인력의 법칙으로 구성된 핵심 원리와 이에 부가된 보조 가설들로 이루어져 있다.

3 과학적 연구 프로그램에 의한 역사관의 정식화

라카토스의 과학적 연구 프로그램은 반증주의를 발전시킨 이론으로, 첫째, 우리가 과학적 연구를 시작할 때 어떤 핵심적 가설들의 체계를 갖고 출발하며, 둘째, 이 핵심적 가설들은 반증에서 제외되어 있으며, 셋째, 반증 때문에 수정되는 것은 핵심적 가설들을 둘러싸고 있는 보호대라는 것이다.

앞에서 나는 역사관을 라카토스의 연구 프로그램과 같은 성격으로 보고 그것을 통해 역사관의 구조를 설명하고자 했으므로, 이제 나는 라카토스의 연구 프로그램 방법론을 활용하여 역사관에 대한 더욱 자세한 정식화를 시도해 보고자 한다.[17] 많은 사람들이 역사관에 대한 이해 부족으로 역사관과는 상관이 없는 탐구의 방법들에 대해서도 역사관이란 용어를 붙인다. 예컨대 실증주의 역사관 같은 것이 그런 예이다. 실증주의는 방법론일 뿐 역사관이 아니다. 역사관이 되려면 앞에서 내가 분석한 역사관의 요소들을 갖추고 있어야 한다. 그러므로 역사관의 정식화를 위해서는 먼저 역사관의 핵심 원리를 추출하는 것이 필요하다. 이 핵심 원리에는 역사관의 세 요소가 포함되어 있어야 한다. 그리고 부정적 발견법과 긍정적 발견법을 체계화시켜야 한다.

1) 인본 사관(볼테르)
가) 핵심 원리
① 역사의 주체는 개인들의 집합, 즉 인류이다.
② 역사는 인간 이성의 힘에 의해서 보다 높은 문명의 단계로 진보해 간다.
나) 부정적 발견법
① 초월적인 신비적 힘이나 섭리가 역사 속에서 작용한다고 가정하지 말라.
② 전체론적 설명 모형을 만들지 말라.
다) 긍정적 발견법
① 개체론적, 합리적 설명 방식을 채택하라.
② 모든 역사적 사건들을 진보의 관점에서 연결하라.

2) 유심 사관(헤겔)
가) 핵심 원리
① 역사의 주체는 세계 정신이다.
② 세계 정신의 본질은 자유이다.

③ 세계 정신은 개인의 정열을 수단으로 사용하면서 변증법적 발전 법칙에 따라 자신의 본질을 실현한다.

나) 부정적 발견법

① 다원론적 내지 개체론적 설명 모형을 추구하지 말라.

② 변증법 이외의 법칙을 적용하지 말라.

다) 긍정적 발견법

① 모든 역사적 사건들을 세계 정신의 구현으로 해석하라.

② 역사의 전 과정을 자유 의식의 진보 단계에 따라 구분하라.

③ 모든 역사적 사건들을 변증법적 발전 단계에 대응시켜 파악하라.

3) 문명 사관(토인비)

가) 핵심 원리

① 문명들의 성장과 소멸이 역사의 과정이다.

② 문명들은 독자적인 발전 단계를 가진다.

③ 문명들의 탄생과 몰락은 순환적으로 전개된다.

나) 부정적 발견법

① 역사를 하나의 보편 문명이 전개되는 과정으로 해석하지 말라.

② 역사를 직선적 진보의 과정으로 보지 말라.

다) 긍정적 발견법

① 문명들의 단위를 설정하라.

② 모든 역사적 사건을 그것이 속한 문명의 발전 단계에 비추어 해석하라.

마르크스의 사적 유물론의 연구 프로그램은 사회 변화는 계급투쟁으로 이루어지며 계급의 본질과 투쟁의 상세한 사항들은 궁극적으로 경제적 토대에 의해 결정된다는 핵심 원리와 이 핵심 원리를

실제 현실에 적용하는 지침인 보조 가설들로 구성되어 있다.[18]

4) 유물 사관(마르크스)

가) 핵심 원리

① 계급이 역사 변혁의 주체다.

② 생산력은 계속해서 발전한다.

③ 사회의 경제적 토대가 비경제적 상부 구조를 결정한다.

나) 부정적 발견법

① 계급 이외의 다른 주체를 상정하지 말라.

② 생산력의 후퇴나 정지를 가정하지 말라.

③ 비경제적 상부 구조를 중심으로 역사를 보지 말라.

다) 긍정적 발견법

① 모든 투쟁을 계급투쟁으로 해석하고, 일체의 사회 변화를 계급 투쟁의 맥락에서 설명하라.

② 생산력의 진보 수준에 맞추어 역사의 단계들을 구분하라.

③ 상부 구조의 특성을 경제적 토대에 비추어 이해하라.

4 역사관의 진리 근접

한 연구 프로그램과 다른 연구 프로그램의 우열을 비교하는 것은 어떻게 가능한가? 쿤과 같은 비합리주의자들은 연구 프로그램들 간의 비통약성 때문에 합리적으로 우열을 가리는 것은 불가능하다고 주장한다. 이러한 결과는 동시에 과학과 과학 아닌 것을 구분하는 것도 불가능하게 만든다. 그렇지만 이러한 주장은 의심할 여지없는 과학의 진보를 설명해 주지 못한다.

우리는 연구 프로그램에 대해 전진적 특성이나 퇴행적 특성을 부여할 수 있다. 전진적 연구 프로그램은 새로운 현상을 발견해 낼 수 있는 반면, 퇴행적 연구 프로그램은 그렇게 하지 못한다. 그러므로 당연히 전진적 연구 프로그램은 퇴행적 연구 프로그램보다 우월하다고 해야 할 것이다. 연구 프로그램의 전진적 특성을 설명력이라 부른다면 두 연구 프로그램 간의 우열은 더욱 분명해진다. 높은 설명력을 갖고 있는 연구 프로그램이 설명력이 떨어지는 연구 프로그램보다 우월하다는 것은 자명하기 때문이다.

설명력에 의한 연구 프로그램 간의 이런 비교는 세련된 반증주의자들이 이론 상호 간의 우열을 비교할 때와 크게 다르지 않다고 할 수 있다. 포퍼는 이론 t_1과 이론 t_2를 다음과 같이 비교하면서 t_1에 대한 t_2의 우월함을 논증하고자 한다.[19]

1) t_2는 t_1보다 더욱 정확한 주장을 하며, 이러한 주장은 더욱 엄격한 시험을 통과한다.

2) t_2는 t_1보다 더욱 많은 사실들에 주의를 기울이며, 더욱 많은 사실들을 설명한다.

3) t_2는 t_1보다 더욱 자세하게 사실들을 기술하거나 설명한다.

4) t_2는 t_1이 통과하지 못한 시험을 통과한다.

5) t_2는 t_1이 고안되기 이전에는 고려되지 않았던 새로운 실험적 시험을(t_1에 의해서는 제안되지 않은, 그리고 아마도 t_1에는 적용될 수조차 없는 시험) 제안하며, t_2는 이 시험을 통과한다.

6) t_2는 지금까지 연관되지 않은 문제들을 통일시키거나 연관시킨다.

세련된 반증주의자에게는 어떤 과학 이론 T는 다른 이론 T′가 다음과 같은 특징들로 제안될 때만 반증된다. 라카토스는 이를 다음과 같이 정리한다.[20] 1) T′는 T보다 더 많은 경험적 내용을 갖는다. 다시 말해 T′는 예상 밖의 사실들(즉 T에 비추어 볼 때 일어날 가능성이 없는 사실들이나 혹은 심지어 T에 의해서 거절된 사실들조차도)을 예측한다. 2) T′는 T의 이전의 성공을 설명한다. 즉 T의 내용 중 반박되지 않은 모든 내용이 (관찰적 오차의 한계 내에서) T′의 내용 속에 포함되어 있다. 3) T′의 여분의 내용 중 일부가 확증된 것이다.

이제 이러한 비교의 원칙을 역사관의 비교에 적용해서 역사관 1과 역사관 2를 평가한다고 해 보자. 역사관 1은 역사적 자료들과 모순되는 데 반해 역사관 2는 그렇지 않다면, 역사관 2가 더욱 참되다고 해야 할 것이다. 또한 역사관 1은 역사적 자료와 모순되지 않기 위해서 항상 보조 가설들을 사용하는 데 반해, 역사관 2는 보조 가설들 없이도 역사적 자료를 설명할 수 있다면, 역사관 2가 더욱 참된 것으로 평가될 것이다. 그리고 역사관 2는 역사관 1보다 더욱 많은 역사적 사실들을 연관 짓고 역사 세계 전체를 더욱 잘 설명한다면, 역사관 2는 더욱 진리에 가깝다고 할 수 있다.

물론 이러한 비교가 즉각적이고 결정적이라고 하기는 어려울 것이다. 퇴행적인 프로그램이 복귀할 수 있는 가능성은 항상 존재하기 때문이다. 따라서 경쟁적인 관계에 있는 프로그램이 퇴행적인 프로그램을 따라잡을 때까지 그리고 따라잡힌 후에도 퇴행적인 프로그램에 매달리는 것은 어느 정도 합리적일 수 있다. 그럼에도 불구하고 비판적 논의가 계속됨에 따라 역사관의 우열은 결국 드러날 수밖에 없을 것이다.

여기서 나는 라카토스의 방법론을 다시 한 번 원용하여 역사관의 비교 기준을 제시하고자 한다. 다음과 같은 경우 역사관 2는 역사관 1보다 디욱 진리에 가깝다고 할 수 있다.

① 역사관 2는 역사관 1보다 더 많은 초과적인 경험 내용을 갖는다.
② 역사관 2는 역사관 1이 설명하는 모든 경험적 내용을 설명한다.

③ 역사관 2의 초과적 내용 중 얼마가 입증된다.

이것은 다음과 같이 자세하게 설명할 수도 있다. 첫째, 새로운 역사관은 지금까지 관계없던 사물들이나 사실들을 통일적으로 연관지을 수 있어야 한다. 그림에서 보듯이 역사관 1과 역사관 2에 의해서는 전혀 연관이 없던 사실들 a, b, c, d, e가 역사관 3에 의하면 하나의 통일적인 연관 속에 드러난다. 이것은 간단히 단순성(Simplicity)에 대한 요구라고도 할 수 있다. 둘째, 새로운 역사관은 독자적으로 시험 가능해야 한다. 이 조건은 새로운 역사관이 이전의 역사관보다 더 잘 시험될 수 있기 위해서 필요하다. 시험의 의미는 우리가 역사관을 과학적 연구 프로그램으로 규정해 온 것을 생각하면 분명하다. 그것의 설명력을 검토하는 것이다.

셋째로, 새로운 역사관은 보다 엄격한 시험들을 통과해야 한다. 그것은 미지의 것에 대한 새로운 정복이요, 생각하지 못했던 것에 대한 예측의 성공을 뜻하는 것이다. 예전 역사관이 잘못 설명한 것을 제대로 설명해 줄 때, 역사관의 진보는 일어난다.

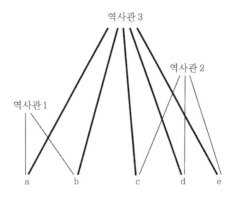

〔그림 23〕 역사관 3은 지금까지 별개의 현상으로 간주되었던 것들을 통일함으로써
역사관 1과 역사관 2를 대체한다.

5 종합적 고찰

나는 이 장에서 역사관이 역사 세계를 탐구하는 기본적인 원리이기 때문에 역사관 없이는 역사적 탐구가 불가능하다는 것을 밝혔고, 라카토스적 방법론을 원용하여 그것의 내부 구조를 정식화해 보고자 시도했다. 그리고 여러 역사관들의 우열을 객관적으로 논의할 수 있는 기준을 제시하려고 했다. 그렇지만 이러한 나의 주장은 지금 당장 하나의 절대적인 역사관을 결정적으로 확립하려는 시도를 함축하지는 않는다. 이러한 태도는 이미 비판한 본질주의적 역사관으로 되돌아가는 것이다. 하나의 절대적 역사관이란 탐구의 먼 이정표로서, 즉 규제적 이념으로서 제시된 것이다.

역사관에 대한 실재론적 해석은 오히려 역사관의 번성을 함축하는 것이다. 수많은 역사관이 제시될 수 있다. 특히 모든 시대, 모든 세대는 자신들이 당면한 실천적 문제와 연관해서 새로운 역사관들을 제시할 수 있다. 그렇지만 보다 중요한 것은 역사관 상호 간의 우열을 비교하는 논의는 언제나 가능하다는 점이다. 이렇게 우리가 객관주의에 설 때만, 역사의 명백한 날조나 주관적 편견, 독단적 이데올로기를 함축한 역사관들을 합리적으로 거부할 수 있게 된다.

3장
계몽주의의 보편적 진보 사관과 역사주의의 개성적 발전 사관은 근대 역사관의 두 원형이다

이제 역사관이 실제로 적용되는 사례들을 살펴보자. 나는 근대의 대표적인 두 역사관으로서 18세기 계몽주의가 견지했던 역사관과 그에 반대했던 역사주의의 역사관을 들어 논의하려고 한다. 계몽주의의 키워드는 이성과 진리, 그리고 진보였다. 이와 대립되는 역사주의의 키워드는 개성과 발전, 그리고 연관성이었다.

계몽주의는 인간성의 불변과 이성의 보편성을 주장한다. 인간성의 불변이란 인간의 본성은 시대나 지역에 따라 다르지 않다는 것이며, 이성의 보편성이란 인간이라면 누구나 이성을 갖고 있다는 것이다. 이런 주장 때문에 많은 사람들이 계몽주의는 역사의식을 갖고 있지 않다고 주장한다. 즉 인간의 본성이 항상 동일하며 불변이라면, 역사의 모든 생기는 인간성의 실체와는 무관하게 되며, 단지 표면적인 성격만을 갖게 된다. 말하자면, 역사를 움직이는 힘은 어디서나 동일하기 때문에 역사적 사건들은 껍데기에 불과한 것이다.

계몽주의가 비역사적 성격을 갖고 있으며, 따라서 참다운 역사관이 없다는 비판을 우리는 어떻게 이해할 것인가? 다른 한편으로 에른스트 카시러(E. Cassirer) 같은 철학자는 18세기 계몽주의를 비역사적 시대라고 평가하는 이런 비판을 19세기 역사주의가 18세기 계몽주의에 대항하기 위해 만들어 낸 표어에 불과하다고 주장한다. 카시러의 주장에 따르면 '역사적 문화 세계'라는 개념은 역사주의의 전매특허같이 보이지만, 사실은 계몽주의의 이념과 이상을 토대로 해서만 발견될 수 있었다는 것이다. 역사주의는 계몽주의의 후계자인가, 아니면 반명제인가?

이 장에서는 계몽주의와 역사주의를 근대 역사관의 두 원형으로 정식화하고 이들의 특성을 비교하고자 한다.

1 계몽주의의 사유 형식과 역사학

계몽주의의 시대는 보통 이성의 시대라 불린다. 이성은 이 시대의 통일적인 중심점이며, 이 세기가 동경하고, 추구하고, 성취해 낸 모든 것들을 표현하는 이름이다. 18세기는 이성의 동일성과 불변성을 믿는다. 이성은 모든 사유 주관에서, 모든 민족에서, 모든 시대에서, 모든 문화에서 동일하다. 이것이 이성의 보편성이다. 그렇지만 계몽의 이성은 경험계를 초월하는 인식 능력이 아니라, 경험계를 통찰할 수 있는 능력이다.[1] 여기에 17세기 이성과 차이점이 있다. 17세기의 이성은 영원한 진리를 파악할 수 있는 능력이었다. 이런 점에서 17세기의 이성은 초월적 이성이었고 신의 능력과도 같은 것이었다. 그러므로 이성의 행위는 신적인 것에 참여함을 의미했으며, 이성은 초감각적인 예지계를 보여 준다. 17세기의 형이상학의 여러 체계들, 데카르트, 말브랑슈(N. de Malebranche), 스피노자(B. de Spinoza), 라이프니츠(G. W. von Leibniz)의 체계들은 이런 초월적 이성의 결과물이다.

이에 반해 18세기의 계몽적 이성은 진리를 경험계를 초월해서 찾지 않고 경험계 내부에서 찾으려고 한다. 이성의 가장 중요한 기능은 분해하고 종합하는 것이다. 이성은 사실적인 것, 즉 주어진 모든 것을 분해하여, 단순한 요소로 환원하고, 이를 다시 연결하여 종합한다. 분석과 종합이라는 이런 이성의 이중적 기능을 알 때만 우리는 18세기 이성 개념을 제대로 이해하게 된다.[2] 17세기가 데카르트의 『방법서설』이 지배하는 시대였다면, 18세기 계몽 시대는 뉴턴의 『철학하기의 규칙』이 지배하는 시대이다.[3] 뉴턴의 방법은 순수 연역적 방법이 아니고, 분석의 방법이다. 그는 사실에 관한 구체적 지식에 도달하기 위해 먼저 원리나 공리를 세우지 않고, 오히려 반대로 진행한다. 현상은 주어진 자료이고 원리는 추구되어야 할 과제이다. 우리는 법칙을 현상 속에서 찾아야 한다.

계몽주의는 자연 인식의 가능성과 조건을 문제 삼았듯이, 역사의 가능성과 조건을 문제 삼았다. 말하자면 18세기는 역사에 대한 명석판명한 개념을 추구하고, 보편과 특수, 이념과 현실, 법칙과 사실 간의 관계를 확립하고 이들 사이의 한계를 확실히 함으로써 역사적인 것의 의미를 찾으려 했다.[4]

볼테르는 우연적인 것과 필연적인 것을, 그리고 지속적인 것과 일시적인 것을 구별한다. 그는 역사학자의 탐구를 자연 과학자의 탐구와 똑같은 것으로 본다. 즉 역사학자와 자연 과학자는 뒤엉킨 현상의 배후에 숨어 있는 법칙을 탐구한다는 것이다. 이때 자연 인식과 역사 인식에서 신학이 개입되어서는 안 된다. 참된 역사 서술은 궁극 원인의 지배로부터 역사를 해방시키고, 역사를 경험적인 현실적 원인으로 환원시키는 작업이 되어야 한다. 자연 과학이 자연적 사건의 기계론적 법칙을 인식함으로써 신학으로부터 해방되었듯이 역사학에서는 심리학에 의해 이러한 작업이 성취되어야 한다.

그렇지만 이성이 보편적이라면 역사의 진보는 어떻게 가능한 것인가? 보편성과 진보는 조화할 수 있을까? 카시러는 이것을 다음과 같이 설명한다.

우리는 인간의 근본적인 힘으로서 '이성'을 처음부터 타고난다. 이성은 어디서나 똑같이 하나이다. 그러면서도 그것은 통일적인 완전한 형태로 드러나는 것이 아니라 관습과 습관의 무게에 눌려 숨겨져 있으며, 일상적인 선입견의 목소리에 억눌려 있다. 역사는 이성이 이런 방해물들을 어떻게 점차 극복하여 그 참된 모습을 실현시켜 나가는지를 보여 준다. 따라서 발전이라는 말은 이성, 즉 인간성 자체를 두고 말하는 것이라기보다는 '이성이 밖으로 드러남'이나 혹은 '이성이 경험적이며 객관적으로 가시화됨'을 뜻한다. 역사 진보의 근본 의미도 바로 이성의 가시화요, 현현화를 의미한다.[5]

이런 관점에서 보면 역사는 이성의 원천에 대해서는 물음을 제기할 필요도 없고 대답할 수도 없다. 이성 자체는 초시간적인 것이며, 발생의 문제가 제기할 수 없는 초시간적이고 형이상학적인 물음이기 때문이다. 이런 물음을 제기하고 답하는 것은 철학의 과제이며, 역사는 단지 이 영원하고 초시간적인 이성이 시간 속에서 자신의 모습을 점점 더 완전하고 순수하게 드러내는지를 밝힐 따름이다. 자연 과학 분야에서 볼테르는 뉴턴의 생각과 근본 개념들을 대중적으로 보급시킨 사람에 불과하지만, 역사의 분야에서 그는 독창적인 사상가이며, 새로운 방법의 창안자이다. 18세기의 모든 위대한 역사 서술, 튀르고

(A. R. J. Turgot), 콩도르세(M. de Condorcet), 흄(D. Hume), 기번(E. Gibbon) 등의 역사 서술은 볼테르의 위업에 힘입고 있다.

18세기에 시작된 철학적인 역사 서술의 시대는 역사를 단순히 사변의 구성으로 보는 것이 아니라, 오히려 풍부한 역사적 자료에 대한 생생한 관찰을 통하여 역사를 신학의 후견으로부터 해방시키는 작업부터 시작한다. 이것은 대단한 전환이라고 할 수 있다. 동시에 이러한 철학적 역사 서술은 역사에 대해 회의적이고 부정적인 데카르트의 엄격한 합리주의 노선으로부터의 전환이었다. 데카르트의 방법론적 회의주의는 한 번이라도 우리를 속였거나 속일 가능성이 있는 지식의 원천을 결코 신뢰해서는 안 된다는 것이었다. 이런 척도에서 보면, 감각 지각뿐만 아니라 엄밀하게 논증할 수 없는 지식은 받아들여서는 안 된다. 따라서 역사적인 것들에 관한 사실적 지식은 지식의 영역에서는 배제된다.

카시러의 설명에 따르면 신학으로부터 해방되고 데카르트주의로부터도 해방된 계몽주의의 철학적 역사 서술을 대변하는 사람이 벨(P. Bayle)이다. 그는 절대적인 존재 근거에 관한 지식을 포기하고 철저한 실증주의적 입장에서 역사에 알맞고 역사에 고유한 확실성을 탐구하고자 했다. 그는 사실적이며 역사적으로 주어진 소여의 세계를 개관하고 확정 짓고자 자료들을 가능한 한 최대한으로 수집하고자 했다. 이러한 역사 서술은 이전의 역사 서술처럼 세계에 대한 거대한 형이상학적 윤곽을 제시하려는 것이 아니라 특수한 사실들을 하나하나 추적하고 그것들을 비판적으로 밝혀 보려는 것이다. 벨은 이런 자신의 역사 서술을 과거의 형이상학적 역사 서술보다 우월한 것으로 생각했다. 그는 모든 사실 판단 자체를 가능하게 해 주는 역사의 논리학자가 된다. 그에 있어서 사실은 역사 인식의 출발점이 아니라 그 궁극 목표가 된다. 보쉬에(J. Bossuet)는 위대하고 장엄한 역사를 설계하고자 했고, 역사의 의미를 종교적으로 해석하고자 했다. 그렇지만 벨이 보기에 이 대담한 건축물은 사상누각에 불과했다. 보쉬에에게 있어서 역사적 사실의 모든 권위는 성서의 권위에 의존하고, 성서의 권위는 교회의 권위와 전통에 의존할 수밖에 없다. 벨은 상황을 뒤집고자 했다. 즉 전통의 내용과 가치는 어디까지나 역사적 사실을 기초로 해서 증명되어야 한다고 생각한다. 그는 갈릴레이가 자연현상의 파악과 해석에서 성서로부터 완전히 독립해서 과학적 방법을 추구하고 정당화시키려고 했듯이, 역사학에서 비슷한 전환을 감행했다. 이 때문에 그는 종종 역사학의 갈릴레이로 평가된다. 벨의 날카로운 분석적 지성은 역사를 맹신의 쇠사슬에서 해방시키고, 역사를 독자적인 방법적 토대 위에 세워 놓았다.

벨은 새로운 역사 과학의 논리학자였을 뿐만 아니라, 역사 과학의 윤리학자이기도 했다. 그는 역사학자가 지녀야 할 덕목들을 다음과 같이 말한다. "역사란 깨끗한 손으로 만져야 하고, 역사 서술은 어떤 선입견에 의해 방해받아서도 안 되며, 어떤 종교적·정치적 당파심에 의해 왜곡되어서도 안 된다."[6] 벨이 주장한 역사학자의 덕목에서 보면, 역사학자는 스토아학파의 정신을 배워야 한다. 그는 오직 진리에 대해서만 관심을 두어야 하며, 진리 이외의 것에 마음이 흔들려서는 안 된다. 그는 자신이 겪은 부당한 처우 때문에 생긴 적개심이나 혹은 자신이 받은 은혜에 대한 호의적 감정이나 심지어 조국애의 감정까지 버려야 한다.

볼테르는 일회적이고 개별적인 것을 묘사하려는 것이 아니라, '시대정신'을 그리고 '민족정신'을 밝혀 내려고 한다. 그를 매혹시킨 것은 문화의 발전 과정이요, 문화의 개별적 계기들이 서로 어떻게 연관되는가 하는 것이었다.[7] 볼테르가 보기에 지금까지 역사 서술의 본질적 결함은 사건의 신화적 해석과 영웅 숭배이다. 이 양자는 상호 의존적이다. 영웅이나 지배자에 대한 숭배는 바로 역사의 신화화에서 생기기 때문이다. "나는 영웅들을 좋아하지 않는다. 그들은 세상을 너무 요란스럽게 한다. 나는 뽐내는 저 정복자들을 증오한다. 그들은 지고한 행복을 전투의 공포 속에서 찾으며, 어디서나 죽음을 노리며, 수많은 사람들에게 죽음의 고통을 겪게 한다. 그들의 영광이 찬란하면 할수록 그만큼 그들은 증오스러운 자들이다."[8] 이리하여 역사 서술의 중심점은 정치사에서 정신사로 옮겨진다. 이때 정신의 개념은 인간이 참다운 자기의식에 도달하기까지 거쳐야 할 모든 변화의 총체를 의미한다. 볼테르의 『풍속론』의 목적은 인류의 이런 자각에 이르기까지 인류의 점진적인 진보 과정과 이 진보의 과정에서 극복해야 할 장애 요소를 밝혀내려는 것이다. 인류의 진보는 정치 발전에만 의존하는 것이 아니라, 종교, 예술, 과학, 철학의 모든 발전을 총체적으로 포괄한다.

2 이성에 의한 문명의 보편적 진보사관

서구에서 근대적 의미의 역사철학의 시작은 신학적 역사 해석으로부터의 해방이었다고 할 수 있고, 원칙적으로는 반종교적이었다고 할 수 있다. 이것은 '역사철학'이라는 말을 최초로 만들어 낸 볼테르의 『국민 도덕과 정신』[9]에서 분명하게 나타난다. 섭리는 이제 인간의 이성으로, 인간의 구원은 진보로 대체된다. 이런 세속화의 과정을 통해, 신은 역사의 지배로부터 은퇴한다. 이리하여 역사의 목적과 의미는 인간이 그의 이성을 통해 자신의 생활을 개선하고, 인간에게 좀 더 많은 지식과 행복을 가져오는 것이다. 말하자면 이성에 의한 문명의 창조야말로 역사의 궁극적인 의미인 것이다. 그리고 이때 문명이란 과학과 기술, 도덕과 법률, 교육과 산업의 진보들을 의미하는 것이었다.

볼테르는 그의 철학적 소설인 『캉디드』에서 라이프니츠가 제시한 기독교적 섭리관과 목적론적 세계 해석을 풍자적으로 비판한다. 먼저 그는 기독교적인 역사철학의 보편사는 전혀 보편적이 아님을 지적한다. 이런 비판은 특히 보쉬에의 『보편사에 관한 논의』를 염두에 둔 것인데, 보쉬에의 이 책은 아우구스티누스의 역사철학을 샤를마뉴 시대까지 확대해서 다시 쓴 것이다. 보쉬에에 있어서 보편사는 신의 섭리를 나타내 주는 선민의 역사이다. 다른 민족들의 역사는 이 선민의 역사와 관계를 맺음으로써만 의미를 갖게 된다. 그렇지만 볼테르에 있어서 이런 형태의 보편사는 전혀 잘못된 것이다. 유대 민족의 역사는 다른 민족들의 역사와 비교해서 어떤 특별한 의미를 갖고 있지 않다. 우리는 스키타이족이나 그리스인에 관해 이야기했던 것과 꼭 마찬가지로 유대인에 관해 이야기하지 않으면 안 된다. 역사적 사건들의 과정을 통일시켜 주는 보편사의 개념은 원래 기독교적 역사철학에 의해 형성된 것이었다. 즉 보편사란 역사가 단일한 초월적 목적을 실현시키는 과정이라는 이론에 기초하는 것이었다. 그렇지만 섭리의 자리에 인간의 이성이 대체된 지금, 이런 형태의 보편사는 더 이상 의미를 갖지 못한다. 볼테르가 자신의 출발점을 중국으로 잡은 것은 성서적 전통에서 역사를 해석하지 않고, 야만주의에 대립되는 세속적 문명의 과정에서 역사를 해석하고자 했기 때문이다. 그는 근대 물리학의 혁명을 받아들여, 지구가 우주의 중심이 아니며 인간 또한 만물의 중심이 아니라는 것을 강조했다.

섭리 대신에 이성에 의한 역사의 진보는 볼테르의 전기를 저술한 콩도르세에 의해 더욱 강조된다.

태양은 이성 이외의 어떠한 주인도 섬기지 않는 자유로운 국가들에만 봉사하는 순간이 도래할 것이며, 이리하여 그들 국가에서는 더 이상 독재자와 노예, 사제들과 …… 그들의 도구들이 현실적으로 존재하지 않게 될 것이며, 역사나 무대에서만 찾아볼 수 있을 것이다.[10]

콩도르세에 있어서 인간의 완전성은 절대적으로 무한하며 결코 퇴보될 수 없는 것이었다. 인간의 욕구와 능력은 계속적으로 산업과 행복을 증진시키고 개인과 집단의 번영을 이룩하게 될 것이기 때문이다. 콩도르세는 그의 이런 사상을 『인간 정신의 진보에 관한 역사적 관점의 개요』에서 전개하고 있는데, 여기에는 인간의 이성에 의해 인간의 역사가 16단계를 거쳐 진보해 왔다는 것이 상세히 설명되어 있다.

콩트는 인간 정신의 진보적 과정을 세 단계의 법칙에 따라 설명하고자 한다. 이 법칙에 따르면, 우리의 문명과 지식의 각 분야는 세 가지 상이한 단계를 거친다.[11] 그 첫째 단계는 신학적 혹은 허구적 단계이고, 둘째 단계는 형이상학적 혹은 추상적 단계이고, 셋째 단계는 과학적 혹은 실증적 단계이다. 신학적 단계에서 인간 정신은 모든 변화를 초자연적인 힘으로 설명하려고 한다. 형이상학적 단계에서 인간 정신은 초자연적인 힘을 추상적 실재로 대체한다. 즉 현상의 원인으로 간주된 신령들을 중력과 같은 힘으로 바꾸어 놓고, 신을 비인격적 자연으로 대체한다. 실증적 단계의 인간 정신은 공허한 문제에 대한 탐구를 포기하고, 현상들을 일어나는 그대로 기록하고 현상들의 결합의 법칙을 진술하는 것으로 만족한다.

이런 3단계 발전 법칙에 따라 역사의 발전 단계를 구분한다면, 신학적 단계는 최초의 야만 시대에서부터 그리스 로마 문명과 중세기까지 포괄하며, 그 다음에 문예 부흥, 과학의 발흥 및 산업의 발달과 더불어 형이상학적 단계가 따랐다. 마지막 단계는 베이컨, 갈릴레이 및 데카르트와 함께 시작되어 그 장엄한 완성을 향해 전진하고 있다.

더욱 혁명적이고 동시에 세속적인 진보에 대한 신앙은 프루동(P. J. Proudhon)에 의해서 전개되었다.[12] 그는 근대적 혁명의 과제를 신의 섭리에서 해방되는 것으로 보았다. 인간은 인간사의 지휘권을 신으로부터 넘겨받음으로써 신의 자리를 차지해야 하며, 인간적 진보에 대한 믿음은 섭리에 대한 신앙을 대신해야 한다는 것이다.

기독교적 역사의 이해는 신의 의미와 인간의 의지, 숨겨진 계획과 가시적인 수행자, 강제적인 필연성과 인격적인 선택의 자유 사이의 구별에 의존해 있다. 프루동은 이런 전통적인 이중적 구조를 사회학적인 측면에서 새롭게 설명하려고 한다. 즉 그는 사회적 존재나 집합적 존재로서의 인간과, 개인적 인격으로서의 인간을 구별한다. 인격적 개인은 이성적 숙고에 따라 의식적으로 행동하는 데 반해, 집합적 존재로서의 인간은 무의식적인 충동에 따라 움직이거나 초인적인 계획에 따라 인도되는 것처럼 보인다. 이런 이중적 구조에서 보면, 신의 섭리란 결국 집합적 존재로서의 인간이 갖는 '집합적 본능'이나 '보편적 이성' 이외의 다른 것일 수가 없는 것이다.

프루동이 제시한 역사적 진보의 4단계 역시 특이하다. 최초의 진보는 신 앞에서의 평등을 주장했던 예수에 의해 이룩된 것이다. 두 번째 진보는 종교 개혁과 데카르트에 의해 시작되었으며, 양심과 이성 앞에서의 평등을 성취하는 것이었다. 그리고 프랑스 혁명과 함께 시작된 진보는 법 앞에서의 평형을 확립하는 것이었고, 다가올 네 번째 진보는 경제적이고 사회적인 평등을 완성하는 것이다. 프루동에 의하면 이런 진보를 이루기 위해 인간은 신과의 영원한 투쟁을 전개해야 한다. 왜냐하면 신이야말로 인간의 진보를 가로막는 유일하고 가장 큰 장애물이기 때문이다. "우리는 신 없이도 과학과 복지 그리고 사회를 갖는다. 그리고 모든 진보는 곧 우리가 신성에 대해서 거둔 승리를 말한다."[13]

전체적으로 18세기 계몽주의자들의 이성과 진보에 대한 정열은 실제로는 비종교적이었지만, 가히 종교적이라 할 만한 정도의 열렬함과 치열함을 갖는 것이었다. 그리고 이들에 있어서 역사의 시간은 결코 완성된 것이 아니었다. 진보는 자유와 평등 및 행복을 향해 무한히 전진하는 것이었다.

3 역사주의의 일반적 의미

역사주의(Historismus)란 19세기 중엽 헤겔 철학 체계의 붕괴를 전후해서 역사와 철학 분야에서 논의되기 시작하여, 지금은 인문·사회 과학의 여러 분야에서 광범위하게 사용되고 있는 술어이다. 처음 사용될 때부터 이 말은 매우 다의적인 개념이었지만, 다방면에 걸친 활발한 논의와 더불어 그 의미는 더욱 다양하고 포괄적으로 전개되어 현재 이 말은 심지어 상호 대립되는 의미까지도 동시에 함축하고 있을 정도이다. 역사주의를 둘러싸고 수많은 논쟁이 끊임없이 제기되어 온 것도 바로 이 말이 갖는 의미의 다양성과 포괄성 때문이라고 할 수 있다. 이런 근거에서 호퍼(W. Hofer)는 역사주의를 수많은 논의의 와중에서 공격당하고, 주장되고, 포기되고, 애매하게 된 투쟁 개념(struggle-concept)[14]으로 규정한다.

그러므로 역사주의는 오늘날도 여러 가지로 정의되고 있다. 런즈(D. D. Runes)에 의하면 역사주의는 "어떤 것의 역사가 그것에 내한 충분한 설명이 되며, 어떤 것의 가치는 그것의 기원을 발견함으로써 평가될 수 있고, 어떤 것의 본성은 그것의 발전 과정에 의해 충분히 이해될 수 있다고 보는 견해"[15]로서 정의되며, 엥겔 야노시(F. E. Janosi)에 따르면, 역사주의는 "우리의 지적 삶의 대부분의 영역이 역사에 의해 침투되어 있다고 보고, 적어도 어느 정도까지는 역사를 이론적 삶의 스승으로 삼는 태도"[16]로서 이해된다. 그리고 만델바움에 있어서 역사주의란 "어떤 현상에 대한 적절한 이해와 그 현상에 대한 적절한 가치 평가는, 우리가 그 현상을 그것이 어떤 발전의 과정 속에서 점유한 위치와 그 과정 속에서 수행한 역할의 관점에서 고찰함으로써만 가능하다고 믿는 신념"[17]으로 정의된다. 이러한 정의들은 엄밀하게 동일한 의미를 함축하는 것은 아니지만, 역사주의가 역사에 의한 설명과 평가(explanation and evaluation by means of history)라는 점에서는, 즉 역사를 중심으로 삼아 어떤 현상을 설명하고 평가하는 태도라는 점에서는 일치한다. 더욱 포괄적인 입장에서 에른스트 트뢸치(E. Troeltsch)는 역사주의에 대한 정의를 다음과 같이 내렸다. "역사주의란 정신세계에 대한 우리의 온갖 인식과 경험의 역사화다."[18] 이것은 역사주의가 우리의 모든 지식과 모든 형태의 경험을 역사적 변화의 맥락에서 보려는 시도라는 것을 의미하며, 역사주의를 '특수한 역사적 사고방식'이나 인간 활동의 세계를 경험하거나 이해하는 '특수한 역사관(a specific historical point of view)'으로 규정한 것이라 할 수 있다.[19]

역사주의는 크게 두 종류로 나눌 수 있다.[20] 하나는 비코, 헤르더, 딜타이 등이 주장한 고전적 역사주의이고, 다른 하나는 20세기 중반 칼 포퍼가 정식화한 법칙적 역사주의이다. 법칙적 역사주의는 역사의 전 과정이 어떤 법칙의 지배 아래 전개되어 간다는 역사의 결정론이다. 칼 포퍼는 역사주의의 대표자로 플라톤, 헤겔, 마르크스를 든다. 그리고 역사주의가 정치적 전체주의의 사상적 배경을 이룬다고 보고 이들을 비판한 것이 그의 유명한 『열린사회와 그 적들』이다. 여기서 계몽주의와 짝을 이루면서 논의되는 역사주의는 법칙적 역사주의와는 아무런 관련이 없다. 나는 고전적 역사주의만을 문제 삼고 있다.

4 민족정신의 개성적 발전사관

이러한 역사주의는 발전과 개성 및 연관성의 원리에 의해서 설명될 수 있다.[21] '발전의 원리(Entwicklungsprinzip)'는 역사적 현실 자체가 다양한 발전 과정이고 역사 속에 존재하는 모든 것의 본질이 이 발전하는 역사 과정 속에 전개된다는 이론이며, '개성의 원리 (Individualitätsprinzip)'란 역사상의 개별적 사실들이나 사건들은 그 자체로서 독자적인 개성과 가치를 갖는다는 이론이다. 그리고 '연관성의 원리(Zusammenliangsprinzip)'란 역사 속의 개별적 사건이나 사실들은 하나의 유기적이고 통일적인 연관 속에 존재한다는 이론이다. 그러므로 역사주의는 18세기 계몽 시대의 합리주의에 대한 반명제(反命題)로서 해석된다. 왜냐하면 합리주의는 인간성의 불변과 아울러 보편적 진리의 타당성을 믿었기 때문이다.

이렇게 볼 때 역사주의의 기본 명제는 아주 간단하다고도 할 수 있다. 그것은 결국 역사의 주제가 변화와 다양한 인간 생활이라는 것을 주장하기 때문이다. 말하자면 민족·국가·문화·관습·제도·시가·사상 등 갈피를 잡을 수 없을 정도의 비체계적인 다양성을 그것들 특유의 살아 있는 모습으로, 그리고 계속적인 성장과 변형의 과정에서 생생하게 묘사하는 것이 역사가의 목적이라는 것이다. 이것은 역사의 특성이 일반 법칙이나 원리의 진술에 있는 것이 아니라, 시간의 경과 속에 가라앉은 특수한 역사적 형식들의 무한한 다

양성을 포착하는 데 있다는 것을 의미한다.[22]

'어떤 것의 본질은 그것의 발전 과정을 통해 이해된다.'는 역사주의의 발전의 원리에 의하면, 개별적인 역사적 사건들이나 사실들은 정지된 상태에 있지 않고 끊임없는 시간적 변화 속에 존재한다. 그러므로 역사가는 개인이나 사건, 민족이나 시대를 다른 개별자들과의 상호 작용 속에서 발전하는 특이한 개체로서 고찰하지 않으면 안 된다. 그는 한 개체가 발전하는 상이한 단계에 유의하지 않으면 안 되며, 이러한 변화를 초래한 내적, 혹은 외적 원인이 무엇인가 하는 것을 규정하지 않으면 안 된다. 뿐만 아니라 역사가는 모든 개체가 역사 과정에서 그 자신의 시대와 장소에 뿌리를 내리고 있다는 것을 알아야 하며, 그것이 그 시대의 특수한 상황으로부터 성장했다는 것을 인지해야 한다. 여기서 딜타이는 역사가가 "기원적인 것에 대한 감각, 진정한 발전의 본질에 대한 감각"[23]을 가져야 한다고 역설했다.

그러나 발전의 개념은 단순한 반복적 변화의 개념과는 구별되어야만 한다. 왜냐하면 반복의 과정에서는 변화 과정의 최후에 나타난 것이 처음에 나타난 것과 조금도 다르지 않은 데 반해서, 발전의 과정 속에는 완전한 질적 변화가 함축되어 있기 때문이다. 그것은 또한 진보의 개념과도 구별되어야 한다. 말하자면 발전의 원리는 역사를 보다 높은 단계에로의 이행이라는 '진보의 도식' 아래서 파악하는 것으로 해석되지는 않는다. 진보가 낮은 단계에서 보다 높은 단계에로의 변화인 데 반해, 발전은 동일 차원에서의 상대적인 전개를 의미하기 때문이다. 따라서 랑케는 계몽주의의 진보 개념을 부정하고 모든 시대는 신(神)에 직결되며 그 자체로서 가치를 가진다고 주장했고, 마이네케는 각 시대는 공리성이나 유용성에서가 아니라 그 시대가 지니는 내적 본질로 평가해야 한다고 강조했던 것이다.

역사주의를 서구 사상이 이룩한 가장 위대한 정신적 혁명 중의 하나로서 규정하는 마이네케[24]에 의하면 역사주의의 본질은 '발전의 원리'로서보다는 오히려 '개성의 원리'로서 더욱 잘 설명된다. "개체는 필설로 다 표현할 수 없다.(Individuum est ineffabile.)"[25]는 명제가 개성의 원리를 전형적으로 상징한다. 마이네케에 의하면 역사주의의 핵심은 역사적, 인간적 작용에 대한 일반화적 고찰을 개별화적 고찰로써 대신한 것이다.[26] 즉 역사주의란 바로 라이프니츠로부터 괴테의 죽음에까지 이르는 독일 운동에서 획득한 새로운 생의 원리를 역사적 생에 적용한 것이었다. 이리하여 마이네케는 자연법적 사고방식이나 보편적 이성의 울타리를 파괴한 역사주의의 개성의 원리를, 종교 개혁에 이어 독일 정신이 두 번째로 수행한 위대한 업적 중의 하나로서 평가하며, 그 의의도 프랑스 혁명에 결코 뒤지지 않는다고 찬양했다.

그러므로 역사주의에 있어서 되풀이되지 않는 일회적이고 독특한 개체는 역사의 기본적인 소재이며 또한 목표이다. 그리고 보편적인 것까지도 오직 개별적인 것과의 관련에서만 파악될 수 있다. 왜냐하면 보편적인 것도 개체들 속에 내재하는 최고의 개성에 불과하기 때문이다. 따라서 개성의 원리에 의하면 인간 생활의 개별적인 국면과 상이한 사실의 집합체인 역사에서는 어떠한 미세한 사실이라 해도 반복되지 않으며, 하나의 사실이 독자적인 가치와 의미를 갖게 된다. 랑케는 이러한 개성의 원리를 다음과 같이 표현한다.

어떤 것도 전적으로 남을 위해 존재하는 것은 없으며, 남의 존재 속에 전적으로 포섭될 수 있는 것은 아무것도 없다.[27]

이것은 각 개체는 무한한 전체에 속하나 또한 그 자체로서 하나의 전체이며, 개체는 보다 큰 세계 속에 있으나 그 자체 내에 하나의 세계를 지니는 것으로 볼 수 있다는 것을 의미한다.

　개성에 대한 강조는 이상주의나 낭만주의와 매우 밀접한 연관을 갖는다. 낭만주의는 인간을 감정과 정서가 지배하는 비합리적 존재로 보며, 개개인을 하나의 생동하는 개성으로 파악한다. 이러한 견해는 인간을 합리적으로 행위하는 이성적 존재로 본 계몽주의 시대의 합리주의와 상반되는 것이었다. 그러므로 역사주의의 발생 시기는 정신사적으로 볼 때 18세기 계몽주의에 대한 19세기 낭만주의의 비판을 통해서 특징지어진다. 즉 계몽주의의 이론적 기초는 변화하지 않는 보편적인 인간성의 표상이었고, 계몽주의에 대한 낭만주의의 비판은 바로 이 계몽주의의 이론적 기초를 겨냥한 것이었다.[28] 만약 우리가 보편적이고 불변적인 인간성의 개념을 역사 고찰의 기초로서 삼는다면, 역사는 우리가 심리학에서 연구할 수 있는 보편적인 인간 행위의 사례들을 모아 놓은 것에 불과할 것이다. 계몽주의는 보편적 진리를 추구하며, 그렇기 때문에 보편적이고 고정 불변한 인간성을 설명의 기초로서 선택하고, 변화하는 것을 변화하지 않는 것과 그 법칙에로 환원시키는 자연 과학적 이상을 지지한다. 즉 계몽주의는 한편으로는 역사의 진보를 주장하면서 다른 한편으로는 인간 존재의 비역사적 성격을 인정한다고 할 수 있다.

　이러한 계몽주의적 역사관에 반대해서 역사적 개성(historische Individualität)의 사고를 도입한 뫼저(J. Möser), 헤르더 등에 의하면, 역사는 단순히 변화하지 않는 보편적인 인간 행위의 사례들을 다루는 것이 아니다. 왜냐하면 그들에 있어서 참된 역사란 반복적 사례의 집합으로서의 역사가 아니라, 교체 불가능한 개성의 역사이기 때문이다. 마이네케가 개성에 대한 깊은 이해는 독일에 있어서 이상주의와 낭만주의를 통해서 형성되었고 현대의 역사주의를 창조한 위대한 업적이었다고 평가하고, 역사주의 운동을 추적하면서 괴테나 실러 등의 낭만주의자들을 역사주의의 선구자들로서 다룬 것도 이러한 이유 때문이라 할 수 있다.[29] 이렇게 볼 때 낭만주의가 놀라울 정도로 역사적 사고를 풍부하게 하였고, 역사적 사고가 낭만주의의 가장 중요한 지적 성숙이었다는 것은 부인할 수 없다.[30]

역사주의의 개성은 자연 과학의 원자론적 입장에서 파악되어서는 안 되고 생명의 통일성이나 전체성이라는 차원에서 이해되어야 한다. 따라서 역사주의가 주장하는 개체는 다음 두 가지 측면에서 자연 과학의 원자적 개체와는 구별된다. 첫째로 역사주의의 개성의 개념은 발전의 개념과 밀접히 연결되어 있다. 즉 역사적 개체는 단순한 반복적 변화를 수행하는 것이 아니라 항상 역사적으로 발전하며, 발전을 통해서만 자신을 드러낸다. 마이네케에 의하면 모든 개체는 발전을 통해 보다 차원이 높은 개체 속으로 포섭되며, 보다 차원 높은 개체 속에서 일어나는 발전은 서로 분리되어 발전하는 개체들을 더 큰 통일체로서 포괄한다. 그러므로 역사주의에 있어서 개체와 발전은 서로 불가분의 관계를 이루면서 역사 세계를 형성한다.

둘째로 역사 속의 개체는 인간 개개인을 의미할 뿐만 아니라, 민족이나 국가, 문화적인 여러 시기나 여러 경향, 계급이나 종교적 단체와 같은 집단적 개체들까지를 모두 포괄한다. 즉 역사주의의 개체란 개인뿐만 아니라, 국가·제도·문화·시대·사건 등을 포함하여 역사적 단위가 되는 모든 개별적 사상(事象)을 가리킨다고 할 수 있다. 그러므로 역사주의에 의하면 하나의 민족, 하나의 국민은 개인들의 단순한 집합체가 아니라, 보다 차원이 높은 통일적인 구체적 개체인 것이다.[31]

여기에서 역사주의의 연관성의 원리가 나타난다. 연관성의 원리란 역사상의 개별적인 사실들이나 인물들, 민족이나 국가, 제도나 개체 등은 각각 개성적인 발전을 하지만, 이러한 개별적인 발전 간에는 긴밀한 상호 연관이나 유기적 통일성이 존재한다는 이론이다. 딜타이의 연관의 개념이 이를 잘 설명해 준다.

정신생활은 부분들의 합성으로 이루어지지 않는다. 즉 그것은 요소들로 형성되는 것이 아니다. …… 그것은 항상 근원적으로 포괄적인 통일체다. 이러한 통일체로부터 정신적 기능들은 분화되지만, 그때에도 그것들은 상호 연관 속에 결합되어 있다.[32]

그러므로 딜타이에 의하면 지역적 사건들은 보다 차원이 높은 보편사의 테두리 안에서 종합되며, 각 시대와 민족은 세계사와의 관계에서 이해되어야 한다. 이렇게 하여 삶의 간단한 양태로부터 최고의 이념에 이르기까지의 모든 것을 포괄하는 정신적 통일체가 형성되고, 이것이 정점에 도달한 후 다시 소멸하는 것을 기준으로 역사적 과정의 시기들은 구분될 수 있는 것이며, 이러한 시기들은 또 다시 보다 큰 전체와의 내적 연관성 속에서 파악될 수 있는 것이다.[33]

랑케 역시 개별과 개별 사이의 상호 연관성을 인정하고 개별적 발전 사이에 존재하는 내적 연관에 주목하면서, 역사를 하나의 거대한 전체로서 파악해야 할 것을 강조했다. "모든 개인, 모든 제도, 모든 문화는 이해 가능한 하나의 의미 있는 정신적 통일체다."[34] 그러므로 역사주의에 의하면 개별만을 보고 그것들의 연관인 전체를 보지 못하는 것은 생명체의 외양만을 보고 그 생명을 보지 못하는 것과 같은 것이다. 만하임이 역사적 발전을 '수직적 발전'과 '수평적 발전'으로 나누고 이러한 발전의 두 측면을 역사의 수직적 분석과 수평적 분석을 통해 구명코자 한 것도 바로 역사적 현실이 지닌 이러한 연관적 성격 때문이었다고 할 수 있다.[35]

발전과 개성 및 연관성이라는 역사주의의 역사관에 별도로 하나의 방법론적 원리를 추가한다면, 그것은 이해(Verstehen)의 이론이다. 역사주의가 이해의 방법을 주장하는 주된 이유는 자연의 세계와 역사의 세계는 완전히 구별된다는 역사주의의 존재론에 기초하고 있다. 역사주의의 선구자인 비코가 신이 창조한 연장(延長)의 세계인 자연은 원칙상 이해 불가능한 세계요 인간 자신이 만들어 낸 역사 세계만이 이해될 수 있다고 했을 때, 그는 분명히 역사의 세계를 자연의 세계와는 다른 차원에서 보려 했던 것이었고,[36] 같은 역사주의 선구자인 훔볼트가 역사가는 과거의 사실을 탐구함에 있어 사실의 외부만을 볼 것이 아니라 내부 구조까지 파고 들어가야 하며, 그러기 위해서는 사실들에 대한 정확한 비판적 탐구의 방법과 아울러 이를 넘어서는 직관적 이해의 방법이 필요 불가결하다고 했을 때도 사정은 마찬가지였다고 할 수 있다. 헤르더에 있어서도 다른 사람들의 내면적 생활에 대한 공감적 이해를 요구하는 방법론이 발견된다. 이리하여 이들은 모두 과거를 이해하기 위해서는 무엇보다 민족에 공감을 가지고, 시대와 지리, 그리고 전체 역사 속에 몰입하여 그 안에서 당신 자신을 느끼라고 주장한다.

이해는 외부에 나타난 삶의 표현을 통해 삶을 파악하는 방법이다. 즉 이해는 먼저 다른 사람의 정신을 파악하는 방법이며, 개인의 삶의 표현에서부터 문화의 거대한 체계에 이르기까지의 전체 역사 세계에 대한 인식의 방법이다. 그러므로 역사주의에 의하면 역사 인식은 이해를 통해서만 가능한 것이며, 역사가는 이해를 통해서만 자신의 주제에 침투할 수 있고, 문제되는 시대에 대한 구체적 평가를 내릴 수 있게 된다.

5 종합적 고찰

계몽주의의 보편적 진보 사관과 역사주의의 개성적 발전 사관을 근대 사관의 두 원형으로 설정한 것은 이 이후에 전개되는 모든 역사관들이 결국은 이 두 역사관의 변형이거나 혼합이라고 보았기 때문이다.[37]

전체적으로 보면 보편적 진보 사관은 크게 두 유형으로 나뉜다. 하나는 정신적 자유가 확대되는 정신의 진보를 중심으로 보는 입장이고, 다른 하나는 과학 기술에 의한 물질적 생산력의 진보를 중심으로 보는 입장이다. 전자는 유심 사관으로, 후자는 유물 사관으로 부를 수 있다. 근대의 역사관에서 헤겔은 전자를 대표하고, 마르크스는 후자를 대표한다.

역사주의의 개성적 발전 사관은 크게 민족 사관과 문명 사관으로 나눌 수 있다. 민족 사관은 모든 민족은 자신의 독자적인 개성적 역사를 갖는다는 것이며, 문명 사관은 모든 문명은 나름대로의 발전 단계와 발전 법칙이 있다는 주장이다. 민족 사관은 식민지 해방 투쟁에서 중요한 역할을 수행한다. 문명 사관은 서구 중심적 사관에 충격을 주었고, 일직선적 역사의 발전에 의문을 제기했다. 민족 사관의 원조는 비코와 헤르더이고, 문명 사관은 슈펭글러와 토인비가 대표한다.

역사관의 유형과 타당성:
역사관은 다양한 현상에 대한
설명력의 정도에 따라 평가된다

역사관은 정당화된 인식의 틀이 아니라, 정당화되어야 할 중핵 가설이다. 이때 평가의 기준은 역사관이 얼마만큼 다양한 역사적 현상을 잘 총괄하고 설명해 주느냐이다. 나는 이를 간단히 '설명력'이라 부르고자 한다. 개별 역사관이 갖는 설명력의 정도를 수치적으로 정확하게 측정하기는 어려운 일이다. 그렇지만 역사관의 설명력이 어느 정도인지 전체적으로 확인할 수는 있다.

5부에서는 현재 논의되고 있는 근대의 대표적 역사관 네 가지를 검토해 보기로 한다. 이성 사관, 유심 사관, 유물 사관, 문명 사관이 그것이다. 이성 사관은 역사를 이성의 실현 과정으로 이해한다. 이성 사관의 대표적인 인물로 칸트를 들 수 있다. 유심 사관은 역사를 정신의 전개 과정으로 본다. 이때 정신의 속성과 범위를 어떻게 규정할 것인가에 따라 유심 사관의 종류도 다양하겠지만, 여기서는 헤겔을 대표자로 논의하려 한다. 헤겔은 정신의 본질을 자유로 보았기 때문에 역사를 자유 의식의 진보 과정으로 규정했다.

유물 사관은 마르크스의 사적 유물론을 중심으로 논의하지 않을 수 없다. 그렇지만 그의 역사관은 매우 복합적이고 모순적인 측면도 포함하고 있기 때문에 현대적 방법론 아래서 재구성할 필요가 있다. 문명 사관은 인류의 보편적 역사 대신에 문명들의 역사를 주장한다. 그러므로 문명들의 생성 소멸이 곧 인류의 역사다. 그 대표자로서 슈펭글러와 토인비를 논의했다.

헤겔이 분류했듯이 역사는 세 차원에서 논의될 수 있다. 첫 번째 단계는 자신이 본 대로, 들은 대로 기록하는 근원적 역사이고, 두 번째 단계는 이 자료들을 기초로 다시 쓰는 반성적 역사이고, 마지막 단계는 역사의 본질을 파헤치는 철학적 역사이다. 첫 번째 단계는 보통 사초라고도 불리는 원자료이며, 두 번째가 역사가들이 쓰는 역사이며, 세 번째 단계가 철학자가 쓰는 철학적 역사이다. 철학적 역사가 곧 역사관은 아니다. 역사관은 두 번째 역사가들이 역사를 쓸 때 사용하는 패러다임이며, 철학적 역사는 그것과는 다른 역사의 형이상학이기 때문이다. 그렇지만 역사관은 철학적 역사의 배경 아래서 성립한다.

나는 대표적인 네 역사관을 앞의 장에서 논의한 역사관의 세 구성요소에 초점을 맞추어 보다 자세히 설명하고자 한다.

1장

역사는 이성의 실현 과정이다: 이성 사관

칸트의 역사관은 매력적이면서도 대담하다. 이 대담성은 그의 다른 사상 체계와 어울리지 않는 측면을 노출시키기도 하지만, 종종 그 매력의 원천이 되기도 한다. 이 때문에 역사철학 속의 칸트는 『순수이성비판』의 저자와는 매우 다른 모습으로 우리에게 다가온다. 그는 20세기에 와서야 실현을 본 국제 연맹의 예언자이기도 했고, 인류 역사의 출발을 추측으로 구성해 보기도 했으며, 미래의 역사에 대해 메시아적인 예언을 내리기도 했다.

계몽주의자답게 그는 인간의 이성을 역사의 주인공으로 등장시켰다. 이리하여 역사는 이성의 실현 과정이 된다. 이성은 자유를 추구한다. 이성의 본성이 자유이기 때문이다.

이성은 자연의 상대로부터 출현한다. 이성이 출현하기 전의 자연의 세계는 아직 역사의 세계가 아니다. 자연 상태에서는 오직 본능만이 작동하기 때문이다. 본능만이 존재하는 세계에서는 자연 그대로가 존재할 뿐 선과 악의 구별이 있을 수 없다. 이성이 눈을 뜨면서 자연의 상태로부터 벗어나기 시작하며, 악이 발생하게 된다. 악은 이성이 내린 명령이나 금지의 위반이기 때문이다. 칸트는 이성의 구체적인 목표를 보편적 시민 사회의 건설로 설정한다. 시민 사회 속에서만 그리고 시민 사회에 의해서만 이성의 완전한 계발이 가능하기 때문이다. 그렇다면 이러한 목적은 어떤 수단에 의해 도달되는 것인가? 칸트의 유명한 반사회적 사회성이 그 대답이다.

칸트는 또한 계몽주의의 진보를 철저히 믿었다. 계몽주의의 진보는 역사를 자연으로부터 구별시켜 주는 기준이었다. 계몽주의에 있어서 자연은 진보적인 것이 아니었는 데 반해서 이성만이 진보적이었기 때문이다. 이런 진보는 19세기의 진보와는 구별되어야 한다. 진화론에 기초한 19세기의 진보 사상은 자연이든 역사든 관계없이 모든 시간적 경과에 진보의 성격을 부여했으므로, 역사의 진보도 진화의 한 경우, 즉 자연의 진화에 불과한 것이었다.

1 코페르니쿠스적 전회와 역사

정신이 대상에 준거해야 한다는 전통적인 인식론을 대상이 정신에 준거해야 하는 것으로 역전시킨 칸트의 코페르니쿠스적 전회는 잘 알려져 있지만 실천 철학과 관련해서 칸트가 제시한 또 하나의 코페르니쿠스적 전회는 그렇게 잘 알려져 있지 않다. 그렇지만 인간의 행위와 연관되는 이 전회 역시 중요한 의미를 지닌다.[1] 그것은 바로 동일한 사물을 자연 속의 현상으로서 볼 수 있으면서, 동시에 물자체로서는 현상의 법칙으로부터 독립된 어떤 것으로도 볼 수 있다는 것이었다.[2]

자신을 예지자로 생각하는 인간이 자신을 의지를 부여받은, 따라서 자율성을 부여받은 예지자로 생각할 때에는, 자신을 감성계의 한 현상으로서 지각하고 자신의 인과성을 자연법칙에 따르는 외적 규정에 종속시키는 때와는 다른, 사물의 질서 속에 자신을 집어넣고 있으며, 전혀 다른 규정 근거에 관련시키고 있다.

이런 관점에서 볼 때 인간은 현상적으로는 다른 사물들과 마찬가지로 취급되겠지만 사물 자체에서 보았을 때는 자유 의지를 가진 도덕적 존재로서 보인다. 말하자면 인간은 두 개의 세계, 즉 자연의 세계와 초감성적 세계에 동시에 속한다고 할 수 있다. 자연의 세계는 우리에게 알려질 수 있는 현상의 세계이고, 초감성적 세계는 우리가 알 수 없는 본체의 세계로서 행위에 대한 도덕적 명령 속에서만 드러나는 세계이다. 그러므로 인간은 인식의 대상으로서는 현상으로서 규정되어 나타나지만, 도덕적 경험과 행위에서는 자유인으로 드러난다. 같은 논리로 동일한 행동이 필연적 원인의 결과라는 입장에서 보느냐 혹은 도덕적 당위의 입장에서 보느냐에 따라, 그것은 자연적 현상이 되기도 하고 도덕적 의의를 갖는 행위가 되기도 한다.

이러한 코페르니쿠스적 전회가 가장 극명하게 드러나는 곳이 역사 세계에 대한 탐구에서이다. 왜냐하면 역사란 인간의 자유 의지가 나타난 현상으로서의 인간 행위를 다루어야 하기 때문이다. 만약 우리가 역사를 단순히 현상으로만 취급한다면, 역사적 사건들은 다른 물리적 현상들과 마찬가지로 보편적인 자연적 법칙에 의해서만 규정될 것이다. 그것들이 그렇게 규정되지 않는다면, 그것들은 전혀 현상이 아니며, 우리의 앎의 대상일 수도 없을 것이다. 그렇지만 그것들은 또한 자유 의지를 가진 인간의 행위이기 때문에 단순히 현상으로서만 다루어질 수는 없을 것이다.

그러므로 칸트에 있어 역사는 바로 완전히 다른 두 세계, 즉 자연과 도덕 세계를 연결시키는 영역이 된다. 그는 역사를 자유가[3] 자연 속에서 나타나는 과정으로 봄으로써 역사를 단순한 자연으로부터 분리시켰다. 그와 동시에 그는 자연에 적용되는 인과 법칙적 설명 대신에 역사에는 목적론적 설명이 적용되어야 한다고 주장했다. 물론 이때의 목적론은 독단적 형이상학이 주장했던 전통적인 목적론이 아니다. 전통적 목적론은 합목적성을 인간에게서 독립해서 자체적으로 존립하는 것으로 파악했지만, 칸트의 사고방식의 전환은 이를 우리의 인식 주관이 가지는 정신적 태도로서 천명했기 때문이다. 말하자면 칸트에 있어서 역사의 목적은 경험적으로 관찰될 수 있는 것이 아니다. 그것은 차라리 우리의 정신이 역사를 이해 가능한 것으로 만들기 위해서 역사 속에 집어넣는 선험적 원리(Prinzip a priori)인 것이다. 그것은 마치 그의 인과성(Kausalität)이 관찰로부터 도출된 것이 아니라, 관찰에 부과되는 선험적인 원리인 것과 같다.[4]

우리가 역사의 탐구에 있어 합목적성이라는 이런 선험적 원리를 사용하지 않을 수 없는 이유는, 그렇지 않을 경우 역사는 전혀 의미 있게 구성되지 못하기 때문이다. 역사적 사건들 하나하나에 대한 인과 법칙적 설명만으로는 역사는 사건들의 혼란스러운 집적 이상이 되지 못한다. 그렇지만 우리가 역사를 전체적 관점에서 어떤 목적을 향해 진행해 가는 과정으로 본다면, 지리멸렬하고 혼란스러워 보이는 것들도 이해 가능한 것으로 나타날 수 있다. 칸트는 이를 다음과 같이 설명한다.

인간 행위의 원인이 아무리 깊숙하게 감추어져 있어도, 우리가 역사에서 인간 의지의 발휘를 긴 안목으로 고찰해 보면, 우리는 그 속에 어떤 규칙적인 진행이 있음을 발견할 수 있으리라고 기대할 수 있다. 그리고 …… 각 개인에게 있어서는 얽혀져 있고 불규칙한 것처럼 보이는 것도 인류 전체라는 관점에서 보면, 비록 느리긴 하지만 지속하고 있는, 근원적인 자질의 발전이라는 점을 인식할 수 있으리라는 것도 기대할 수 있다.[5]

이때는 아무런 확정된 계획도 없이 이루어지는 인간 행위들이, 그리고 서로 모순되는 목적들을 추구하는 행위들이 어떤 자연의 계획에 따라 이루어지고 있는 것으로 해석되며, 행위자들에게는 알려지지 않은 자연의 계획을 향해서 마치 어떤 안내자를 따라가듯이 쫓아가면서 자연의 계획을 촉진시키기 위해 노력하고 있는 것으로 해석된다. 이런 근거에서 칸트는 다음과 같이 말할 수 있었던 것이다.[6]

인류의 완전한 시민적 통합을 목표로 하는 자연의 계획에 따라서 보편적 세계사를 편찬하려는 철학적 시도는 가능한 것으로, 또 그러한 자연의 의도를 촉진하는 것으로 간주되어야 한다.(제9명제)

칸트 이후 지금까지 관념론적 역사철학의 한 모델이 되었던 이런 목적론적 역사관은 어느 정도 정당화될 수 있을까? 그리고 칸트가 설정한 역사의 목적과 그것에 도달하기 위해 사용하는 수단은 설득력을 갖는 것일까?

2 자연 상태와 이성의 출현

자연 상태와 역사가 구별되지 않을 때, 역사는 왜 시작되었으며 무엇을 향해서 전진하는가 따위의 물음은 특별한 의미를 갖지 못한다. 그것은 결국 자연은 왜 시작되었으며 또 어떻게 그 변화가 진행되는가 하는 보다 일반적인 물음에 귀속되고 말 것이기 때문이다. 그렇지만 자연 상태와 역사를 구별하는 입장에 선다면, 그와 같은 물음들은 중요한 의미를 갖는다.

우리는 자연 상태를 좁은 의미에서는 간단히 역사 이전의 상태로 규정할 수 있다. 그렇지만 그것은 넓은 의미로는 인류가 지나 온 어떤 원시적인 상태가 아니라 과거·현재·미래의 어느 곳에서나 발견될 수 있는, 무절제하고 도야되지 않은 조야한 인간성의 발현 상태를 의미하기도 한다. 토머스 홉스(T. Hobbes)는 이를 간단히 '전쟁 상태'라[7] 불렀다. 우리가 어떤 의미로 자연 상태를 논의하든지 자연 상태와 역사 세계를 구별한다면, 다음과 같은 물음이 제기될 수 있다. 왜 자연 상태가 그대로 계속되지 않고 그와는 다른 역사의 과정이 펼쳐졌는가? 그리고 역사 세계와 자연의 상태를 구별하는 결정적인 기준은 무엇인가?

자연 상태에 대한 평가에는 대체로 부정적인 관점과 긍정적인 관점, 두 가지가 대립되어 있다. 자연의 상태를 부정적인 관점에서 전쟁의 상태로 규정한 홉스에 있어서 역사는 이 전쟁 상태를 종식시키는 단계이다. 자연 상태의 종식은 "생명과 종족을 우리에게 주어진 그대로 굳건히 지키기 위해서 우리가 해야 할 일과 해서는 안 될 일에 관해서 올바른 이성이 내리는 명령인 자연의 법칙이"[8] 실현될 때 가능해진다. 그러므로 이러한 관점에서 보면, 전쟁의 유무가 자연 상태와 역사를 구별하는 기준이 되며, 악으로 규정되는 전쟁 상태를 이성의 명령으로 종식시키고자 할 때, 역사는 시작된다고 할 수 있다.

이와 반대로 로크나 루소는 자연 상태를 긍정적인 관점에서 해석했다. 로크는 완전한 자유의 상태로서 자연 상태를 규정했는데, 이때의 자유는 "다른 사람의 허락을 구하거나 다른 사람의 의사에 의존함이 없이 자연의 법칙 안에서 자신들이 정당하다고 생각하는 대로 자신들의 행동을 결정하고, 자신들의 재산과 몸을 마음대로 할 수 있는"[9] 자유였다. 그런데 왜 이런 완전한 자유의 상태가 계속되지 못했는가? 로크는 이에 대해 자유를 파괴하는 자들이 존재하기 때문이라고 대답한다. 말하자면 몇몇 사람들이 탐욕을 일으키고 타인들의 권리를 침해할 뜻을 품고 있기 때문에 자연의 상태는 전쟁의 상태로 전락하고 말았다는 것이다. 이때 이 전쟁 상태에 대비하여 자유의 상태를 회복하고자 하는 것이 시민 사회의 상태이며, 역사의 출발점이 된다. 더욱 긍정적인 관점에서 루소는 자연의 상태란 전쟁의 상태로 전락할 위험도 갖고 있지 않은 목가적인 천진난만한 상태이며, 역사는 그런 상태가 타락해 가는 과정으로 보았다. 왜 이런 타락의 과정이 시작되었는가? 루소에 의하면 문명의 발달과 더불어 이성이 부패해졌기 때문이다.

그렇지만 자연 상태와 역사의 출발에 대한 이런 설명들은, 칸트의 관점에서 보면, 일면적인 진리들을 담고 있다 할지라도 정곡을 찌른 설명이라고 하기는 어렵다. 칸트에 있어서 자연의 상태와 역사의 세계를 구별하는 결정적인 기준은 전쟁이나 자유 내지는 타락의 유무가 아니라 이성의 계발 여부이기 때문이다. "이성이 깨어나기 전에는 명령이라든가 금지와 같은 것은 없었다. 따라서 아무런 위반도 있을 수 없었다. 이성이 자신의 업무를 시작했을 때, 그리고 이성은 미약했지만 동물적인 성질 및 그 위력과 뒤섞여 갈등을 겪을 때, 악이 생겨날 수밖에 없었다. 더욱 심각한 문제는 이성의 계발과 더불어 무지의 상태와 순진 무구의 상태에서는 전혀 알지도 못하던 악덕이 발생한 것이다."[10]

이런 관점에서는 이성이 잠들어 있는 한, 인간은 자연의 상태 속에 사는 것이다. 그리고 여기서는 자연 그대로가 존재할 뿐 선과 악의 구별이 있을 수 없다. 이성의 계발과 더불어 인간은 자연 상태로부터 벗어나기 시작하며 이때에야 비로소 악이 존재하게 된다. 그러므로 자연 상태로부터 벗어나기 시작한다는 것은 도덕적 측면에서 볼 때는 타락이고, 물리적인 측면에서 볼 때는 형벌이라 할 수 있다. 그러한 타락의 결과는 이전에는 몰랐던 삶의 무수한 사악함들이기 때문이다. 이 때문에 "자연의 역사는 신의 작품이므로 선으로부터 시작되고, 자유의 역사는 인간의 작품이므로 악으로부터 시작한다."[11]는 명제가 성립될 수 있었던 것이다.

자연의 상태는 본능에 따라 사는 상태이다. 모든 동물은 처음에 본능에 의해서만 인도되었음이 틀림없을 것이다. 본능에 의해 생명체들은 먹을 것을 찾고, 적을 구별하며, 종족을 번식시킨다. 그렇지만 이성이 깨어나면서부터 사정은 달라진다. 이성적 존재는 본능에만 삶을 의존하지 않게 된 것이다.

그렇다면 역사를 출발시킨 이성이란 무엇이며 어떤 능력으로 나타나는 것인가? 칸트는 이성의 능력을 다음 네 단계로 나누어 설명한다.[12] 첫째, 이성은 본능적 지식을 확장시키는 힘이다. 가장 원초적인 본능적 지식은 먹을 수 있는 것과 먹을 수 없는 것을 구별하는 음식물에 대한 지식이다. 이성의 활동과 더불어 인간은 기존의 섭취물과 유사한 것으로 간주되는 것을 기존의 섭취물과 비교함으로써 음식물에 대한 자신의 지식을 본능의 한계를 넘어서 확장시키고자 한다. 이제 "그는 자신 속에서 동물과 같이 단일한 삶의 방식에 얽매이지 않고 스스로 삶의 방식을 선택할 수 있는 능력을 발견한 것이다."[13] 그는 그때까지 본능이 지시해 주던 욕망의 특수한 대상들로부터 이제 무수한 선택의 가능성을 발견하게 된 것이다.

둘째 단계에서 이성은 성적 본능을 더욱 내적이고 더욱 지속적으로 만드는 힘으로 나타난다. 성적 본능은 동물의 경우 일시적이고 대부분 주기적인 충동에 근거한다. 그렇지만 인간의 경우에는 상상력에 의해서 그러한 흥분이 더욱 지속될 수도 있고 증가될 수도 있다. 그러므로 "무화과 나뭇잎은 이성이 그의 초기 발전 단계에서 보여 주는 것보다 훨씬 더 큰 이성의 현현이었다."[14] 이제 이성은 초기 단계에서처럼 단지 어떤 범위 내에서 감관에 봉사하는 능력에만 머물지 않는다.

셋째 단계의 이성은 현재의 순간적 삶에 만족하지 않고 다가올 먼 미래를 현재화하는 능력을 의미한다. 이 미래에 대한 의식적인 기대야말로 인간의 결정적인 특징을 이루는 것이면서, 또한 불확실한 미래가 야기하는 걱정과 불안의 고갈되지 않는 원천이기도 하다. 동물들은 모두 그러한 걱정과 불안으로부터 자유롭다. 그렇지만 미래를 내다보는 능력 때문에 인간은 노동의 괴로움과 고난의 삶을 예견하며, 모든 동물들이 걱정하는 일 없이 마주치는 죽음을 두려움으로 예견했다.

이성의 네 번째 진보이자 마지막 진보는 인간이 자신을 자연의 본래의 목적으로서 파악하는 능력으로 나타난다. 인간은 이제 더 이상 다른 동물들을 자신과 같은 차원의 동료 창조물로서 간주하지 않게 되었으며, 자신의 의도에 따라서 사용할 수 있는 수단이나 도구 정도로 간주하게 되었다. 그리하여 그는 이렇게 말할 수 있게 되었다. "양아, 네가 입고 있는 가죽은 자연이 너를 위해 준 것이 아니라, 나를 위해 준 것이다."[15]

이 마지막 단계는 지극히 인간 중심적인 사고방식을 나타낸다. 그렇지만 칸트에 의하면 이 인간 중심적인 태도야말로 시민 사회의 기초가 되는 '평등의 원리'를 정립시키는 토대가 된다. 왜냐하면 "이러한 생각은 다른 어떠한 사람에게도 적용될 수 없으며, 오히려 모든 사람들은 자연의 본성에 있어서 동등하다는 대립되는 생각을 내포하고 있기 때문이다."[16] 즉 인간은 자신이 목적이어야 한다는 요구와 관련하여, 자신과 같은 이성적 존재자들도 그렇게 평가되고, 수단으로 사용되어서는 안 된다고 생각하게 되었다는 것이다.

이러한 이성의 계발은 자연의 모태로부터 벗어남을 의미하는 것이며, 영예로운 것이면서 동시에 매우 위험한 변화이기도 하다. 왜냐하면 그것은 인간을 아무런 위험도 없는 안락한 어린아이의 상태로부터 걱정과 수고와 미지의 괴로움들이 기다리고 있는 세상으로 몰아넣었기 때문이다. 뿐만 아니라 "이성에 의해 인간이 벗어났던 조야하고 단순한 원래의 상태로 다시 돌아가는 것은 더 이상 허용되지 않는다. 한번 자유를 맛본 이성이 다시 본능의 지배 밑으로 되돌아가는 것은 불가능하기 때문이다."[17] 그러므로 칸트의 관점에서 보면 인류의 역사를 타락의 역사로 본 루소의 견해는 옳았지만, 원래의 천진무구한 '자연으로 돌아가라.'는 그의 주장은 실현 불가능한 것이었다.

그렇지만 우리는 아직도 이성의 계발이 왜 시작되었느냐고 추궁할 수 있다. 왜 자연 상태 그대로가 계속되지 못했는가? 이에 대한 칸트적 대답은 이성의 소질이 원래부터 자연에 의해 주어졌기 때문이라는 것이다.

3 보편적 시민 사회의 건설

자연 상태로부터의 탈출인 역사가 이성의 눈뜸과 함께 시작되었다면, 역사는 어떤 목표를 향해 전진하는 것일까? 이에 대한 해답의 실마리를 우리는 칸트의 다음 명제에서 찾아볼 수 있다.[18]

피조물의 모든 자연적 자질은 언젠가는 완전하고도 피조물의 자연적 목적에 맞게 발전하도록 되어 있다.(제1명제)

칸트는 이 명제가 모든 동물들을 외적으로 관찰하거나 내적으로 고찰함으로써 증명된다고 주장한다. 이 주장의 정당성 여부는 더욱 자세한 논의를 요하지만, 일단 우리가 이 명제를 받아들인다면 우리는 다음과 같이 주장하는 것이 될 것이다. 어떤 소질이 존재한다면 그것은 우연히 존재하는 것이 아니라 반드시 어떤 목적을 위해 실현되기 위해서 존재하는 것이며, 존재하지 않는 소질은 계발될 수 없다. 이 명제에 비추어 볼 때 역사의 과정이란 무엇인가? 그것은 인간의 자연적 소질이 자연적 목적에 맞게 계발되는 과정 이외의 다른 것이 아니다. 여기서 두 개의 물음이 제기된다. 하나는 인간의 자연적 소질이란 무엇인가이며, 다른 하나는 인간의 자연적 목적은 무엇인가이다.

칸트는 능력 심리학의 분류법에 따라 정신의 전 능력을 지(智)·정(情)·의(意)로 나누었다.[19] 이것은 칸트가 넓은 의미에서 인간의 자연적 소질을 이 세 가지로 보았다는 것을 의미한다. 우리는 이런 능력을 넓은 의미로 이성이라 부른다.

칸트에 의하면 자연이 인간에게 이성을 주었으며 이성에 기초하는 의지의 자유를 주었다는 사실이, 이미 인간에 관한 자연의 계획을 분명하게 보여 주고 있는 것이다. 인간은 본능에 의해 인도되어서는 안 되며, 천부의 지식에 의해 돌보아지거나 양육되어서도 안 된다. 인간은 그 자신으로부터 모든 것을 산출해야 하는 것이다. 그러므로 인간의 음식·의복, 외부로부터의 위험을 막기 위한 안식처·보호 수단, 삶을 즐겁게 해 주는 오락 등등, 또 인간의 통찰력과 재치, 심지어는 인간 의지의 선량함까지도 전적으로 인간 자신의 작품인 것이다.[20]

칸트의 다음 명제들이 이를 증명하고 있다.[21]

　　자연이 의도하고 있는 것은 인간이 그의 동물적 존재의 기계적인 질서를 넘어서는 모든 것을 전적으로 자기 자신으로부터 이끌어 내야 한다는 것이며, 또 인간 자신이 본능에 의존하지 않고 자신의 이성을 통해서 이룩한 행복과 완전성 이외에는 관여하지 않게 한다는 것이다.(제3명제)

　　이성은 크게 이론 이성과 실천 이성으로 나뉠 수 있다. 이론 이성은 사물의 속성과 법칙을 이해하고 이를 이용할 수 있는 능력 일반을 가리키는 것이며, 실천 이성은 도덕의 법칙을 이해하고 이를 준수하는 능력을 의미한다. 그러므로 우리가 문화를 넓은 의미에서 자연을 수단으로 사용하는 숙련성이나 자연을 지배하는 기술로 이해한다면 문화는 이론 이성의 산물이라 할 수 있고, 인간을 도덕적 존재자이게끔 하는 것은 실천 이성 때문이라 할 수 있다.
　　여기서 우리는 다음과 같은 잠정적인 결론에 도달한다. "자연적 소질로서 주어진 이론 이성과 실천 이성의 완전한 계발이 역사가 지향하는 목적이다." 그리고 이 중에서도 실천 이성이 더욱 중심적인 위치를 차지한다. 그 이유는 이론 이성에 대한 실천 이성의 우위에서뿐만 아니라 역사를 엮어 가는 행위는 실천 이성과 보다 밀접한 연관 아래 있기 때문이다. 칸트는 실천 이성을 "이성적이면서 동시에 책임을 질 수 있는 존재로서의 인간의 인격(Persönlichkeit)의 소질"[22]로 규정하기도 했다. 이것은 생물로서의 동물성(Tierheit)의 소질이나, 생물이면서 동시에 이성적 존재자로서의 인간성(Menschheit)의 소질과는 구별되는 것이다.
　　실천 이성은 무엇을 위해서 실현되어야 하는가? 인간의 자연적 목적은 무엇인가? 칸트에 의하면 인간은 자연의 최후 목적이며 그런 의미에서 목적 자체이다. 도덕적 존재자로서의 인간에 관해서는 무엇을 위해서(quem in finem) 그가 존재하는가를 물을 수가 없다.[23] 도덕적 목적이야말로 아무런 다른 목적을 필요로 하지 않는 무제약적인 절대 목적이기 때문이다.

그렇지만 이때 우리는 이성의 계발이 개인적 차원에서가 아니라 유(類)적 차원에서 이루어진다는 칸트의 주장에 유의할 필요가 있다.[24]

> (지상에서 유일한 이성적 피조물인) 인간에 있어서 그의 이성의 사용을 지향하는 그러한 소질은 개인(Individuum)에 있어서가 아니라 유(Gattung) 속에서만 완전히 계발될 수밖에 없다.(제2명제)

이 명제가 성립하는 이유는 간단하다. 이성의 완전한 계발을 위해서는 오랜 기간을 필요로 하므로 어떤 개인의 생애 동안에 이성이 계발된다는 것은 도저히 상정될 수 없으며, 그렇지만 그러한 잠재력이 존재하면서도 계발되지 않는다고 생각하는 것은 이치에 어긋나는 일이기 때문이다. 따라서 이성의 완전한 실현은 무수한 세대를 통해 존속하는 전체로서의 인류 속에서만 가능하게 된다. 이 명제에 의해 역사의 주체는 개인이 아니라 집합적 의미로 사용된 인류[25]임이 드러나며, 역사의 목적은 개인의 완성이 아니라 인류 내지는 인간 종족의 이성의 계발임이 확인된다. 이것은 어떤 측면에서 보면 개인을 희생시키면서 전체로서의 인류의 이익을 도모하는 것과 같은 것이다. 문명의 역사는 개인적인 도덕성에 있어서의 어떤 변화의 역사가 아니다. "최고의 도덕적 선은 그 자신의 도덕적 완성을 지향하는 개인의 노력에 의해서 성취될 수는 없다. 최고의 도덕적 선은 그런 개인들이 동일한 목표를 지향하는 전체로 통합될 것을 요구한다. 그런 통합 속에서만 그리고 그런 통합에 의해서만 최고의 도덕적 선은 성취될 수 있다."[26] 여기서 다음의 명제가 가능해진다.[27]

　자연이 인간으로 하여금 그 해결을 강요하는 인류의 가장 큰 문제는 법이 지배하는 보편적인 시민 사회의 건설이다.(제5명제)

이것이 가장 큰 문제일 수밖에 없는 것은 시민 사회 속에서만, 그리고 시민 사회에 의해서만 역사가 추구하는 소질의 계발이 가능하기 때문이다. 이때 시민 사회는 다음과 같은 특징을 갖지 않을 수가 없다.[28] 첫째, 시민 사회는 그 구성원들 간에 일반적인 대립(Antagonism)을 허용하는 자유로운 사회이다. 인류의 모든 문화와 기술 및 가장 아름다운 사회적 질서는 이런 대립의 결과이기 때문이다. 이는 마치 숲의 나무들이 서로 경쟁적으로 공기와 햇빛을 많이 차지하기 위해 위로 성장하기 때문에 그 결과 보기 좋고 꿋꿋하게 자라나는 것과 같다. 둘째, 시민 사회는 자유의 한계에 대한 가장 정확한 규정과 보장을 갖는 사회이다. 그러므로 이것은 자연적인 자유 상태가 아니다. 구속받지 않은 자연 상태의 자유 아래서는 인간은 오랫동안 함께 지낼 수 없으며, 그 결과 자질의 계발에 차질이 생긴다. 이것은 마치 집단들로부터 분리되어 제멋대로 자라는 나무들은 기형으로 자라게 되거나 삐딱하고 굽은 형태로 성장하게 되는 것과 같다.

그러나 "이 문제는 동시에 가장 어려운 문제이며 인류에 의해 가장 나중에 해결될 문제이다."(제6명제)[29] 시민 사회의 건설이 가장 어려운 이유는 무엇인가? 그것은 자유에 대한 정확한 규정과 보장이 인간으로서는 해결하기가 가장 어려운 문제이기 때문이다. 이에 대한 칸트의 설명은 다음과 같이 진행된다. 이기적이고 동물적인 성향 때문에, 인간은 자유를 남용하게 될 것이다. 설사 우리가 모든 사람의 자유에 제한을 가하는 법률을 갖고자 하더라도, 우리 자신만은 그러한 제한으로부터 벗어나고자 할 것이다. 이 때문에 인간으로 하여금 개인적인 의지를 포기하게 하고 어떤 보편타당한 의지에 복종하게 함으로써 모든 사람들이 자유로워질 수 있도록 강요하는 지배자를 필요로 할 것이다. 그렇지만 이러한 지배자들도 자신에 대해 힘을 행사하는 더욱 높은 지배자를 갖지 않을 경우, 자신들의 자유를 잘못 사용하게 될 것이다. 그러므로 스스로 정의로우면서 동시에 인간인 최고의 지배자를 갖는다는 것은 어떤 문제보다도 어려운 문제일 것이다.

그리고 이러한 과제가 가장 나중에 실현될 수밖에 없는 것은 그것의 실현에는 수많은 시행착오를 거친 후에야 발견될 수 있는 다음의 세 가지 조건이 충족되어야 하기 때문이다.[30] 1) 가능한 정치 체계의 본성에 관한 올바른 이해, 2) 수많은 세속적 경험을 통해 도달한 위대한 경륜, 3) 이러한 것들을 수용할 준비가 되어 있는 선한 의지 등이 그것이다.

뿐만 아니라 "완전한 시민적 정치 체제를 확립하는 문제는 합법적인 국제 관계의 문제에 의존하며, 국제 관계의 문제 해결 없이는 해결될 수 없다."(제7명제)[31] 왜냐하면 개인들 사이에 작용했던 대립과 갈등은 국가 간에도 그대로 작용할 것이며, 그 결과 한 국가가 아무리 완전한 시민적 체제를 확립했다고 하더라도 아주 밀접하게 연결되어 있는 다른 국가의 침략이나 영향력에 의해 쉽게 붕괴될 수 있기 때문이다. 약소 국가는 말할 것도 없고, 강대국이라 할지라도 대외적인 전쟁 상태에서는 정상적인 국가 체제를 유지하기가 어려울 것이다. 평화 상태라도 국가 간의 교류가 잦아지고 그 관계가 밀접해질수록, 국제 관계가 한 국가의 내부적 문제에 미치는 영향력과 비중은 더욱 증가될 것이다. 그러므로 국제 관계에 대한 정립 없이 완전한 시민 사회의 건설을 논의하기가 어렵다는 것은 분명하다.

그렇다면 칸트가 말한 합법적인 국제 관계란 무엇을 의미하는가? 그것은 간단히 말해 "모든 국가가 (비록 그것이 가장 작은 국가일지라도) 자신의 안전과 권리를 보장받을 수 있는"[32] 그러한 국가 간의 관계이다. 이것은 상호 합의된 국제법에 의해 가능해진다. 칸트는 이러한 국가 간의 관계를 "국제 연맹(Völkerbund)"[33]이라 불렀다. 자연 상태에 있던 개인들이 서로의 안전과 자유를 위해 형성한 것이 시민적 공동체이듯이, 국제 연맹은 경쟁적인 여러 국가들이 전쟁을 방지하고 각자의 안전과 자유를 보장하기 위해 형성한 세계 시민적 공동체다. 그렇지만 칸트는 이 국제 연맹을 하나의 거대한 초민족적 국가나 국제 국가(Völkerstaat)[34] 형태로 생각한 것은 아니었다. 그것은 언제라도 해체될 수 있는 여러 다른 국가들의 자발적인 결합을 의미하고 있다. 그것은 하나의 정치 체제에 기초해 있으므로 해체될 수 없는 미국과 같은 연방 국가가 아니다. 왜 그것은 하나의 국제 국가여서는 안 되는가? 개인 간의 경쟁과 대립이 사라질 때 소질의 계발을 더 이상 기대할 수 없듯, 국가 간의 경쟁과 대립이 사라질 때도 소질은 더 이상 계발될 수 없기 때문이다. 이것은 자연이 바라는 바가 아니다.

칸트는 이런 국제 연맹을 자연이 최고의 목표로 삼고 있는 보편적인 세계 시민 상태(weltbürgerlicher Zustand)로 해석하고, 이러한 세계 시민적 상태야말로 인류의 모든 근원적인 소질들이 계발되는 모체라고 보았다. 이러한 근거에서 칸트는 다음과 같은 결론을 내릴 수 있었다.[35]

인류의 역사는 내부적으로도 완전하고 외부적으로도 완전한 국가 체제를(이 완전한 국가 체제는 인류의 자연적 소질이 완전히 계발되

는 유일한 상태인데) 산출하고자 하는 자연의 숨겨진 계획을 실현하
는 과정으로 간주될 수 있다.(제8명제)

4 반사회적 사회성

역사의 목적이 완전한 시민 사회의 건설에 있다면, 이러한 목적은
어떤 수단에 의해 도달되는 것인가? 이에 대한 칸트의 대답이 그의
유명한 반사회적 사회성(ungesellige Geselligkeit)이다.[36]

　자연이 그의 모든 소질들을 계발시키기 위해서 사용하는 수단은,
　이 대립이 궁극적으로 사회의 합법칙적인 질서의 원인이 되는 한에
　서, 사회 속에서의 소질들의 대립이다.(제4명제)

인간은 사회적 성향과 반사회적 성향을 동시에 갖고 있다. 즉 그
는 열심히 다른 사람들과 함께 사회를 이루어 살려고 하면서도, 다
른 사람들에 대립해서 자신의 의도대로만 행동하려고 한다. 이런 대
립되는 소질을 갖고 있는 인간의 성향을 칸트는 '반사회적 사회성'이
라 불렀다. 이것은 아리스토텔레스가 인간은 이성적 요소와 비이성
적 요소를 동시에 갖고 있다고 말한 것과 비슷하다.
　대립되는 두 소질 중에서도 반사회적 소질이 특히 중요한 의미를
갖는다. 우리는 이를 간단히 인간의 반사회성이라 부를 수 있다. 그
런데 어떻게 해서 이런 반사회성이 인류의 자질을 계발시키는 수단
으로 봉사할 수 있을까? 이에 대한 칸트의 설명은 다음과 같은 두
측면에서 진행된다. 하나는 인간의 반사회성이 인간의 노력을 분발
시키는 원천이라는 것이며, 다른 하나는 반사회성이 초래하는 결과

가 궁극적으로는 소질의 계발을 촉진하게 된다는 것이다.

인간이 가진 반사회적 성향들을 생각해 보자. 자신의 이익만을 추구하는 이기심, 악의적인 경쟁심, 만족할 줄 모르는 소유욕·지배욕·명예욕 등이 그런 것들이다.[37] 우리 모두는 우리와 같은 다른 사람들도 이런 욕망들을 갖고 있으며, 그 결과 상호 적대 관계에 돌입하지 않을 수 없음을 알고 있다. 여기서 인간은 다른 사람의 저항을 극복하고 경쟁에서 이기기 위해서, 즉 이런 욕망들을 충족시키기 위해서 소질의 계발에 혼신의 노력을 기울이게 된다. 그러므로 그 자체로서는 결코 사랑할 만한 속성이 아닌데도 불구하고 그것이 필요불가결한 이유는 그것이 없다면 "인간의 모든 재능들은 완전한 조화로움과 만족감 및 서로 사랑하는 목가적인 삶 속에서 꽃피우지 못하고 영원히 묻혀 버리게 될 것이기"[38] 때문이다.

그렇지만 그런 반사회성이 수많은 해악도 초래하지 않는가? 그것은 오히려 소질의 계발을 방해하지 않는가? 그것이 반드시 좋은 결과만을 산출한다는 어떤 보장이 있는가? 칸트 역시 반사회성이 수많은 해악을 초래한다는 사실을 시인한다. 그러나 칸트가 보기에 그것은 더욱 큰 선을, 즉 더욱 고차적인 자질의 계발을 촉진하기 위한 필요악에 불과한 것이다.

반사회성의 대표적 표출인 전쟁에 대한 칸트의 설명을 들어 보자. 문명의 파멸을 초래하는 전쟁은 분명 그 자체로는 최고의 악이다. 그렇지만 모든 집단은 전쟁에서 이기기 위해 기술의 개발과 촉진에 노력을 경주함으로써, 전쟁은 과거나 현재나 소질을 계발시키는 원동력이 된다. 물론 전쟁은 황폐화를 초래하며, 더욱이 끊임없이 전쟁을 준비해야 하는 필요성에 의해서 자연적 소질의 완전한 계발은 오히려 방해받을 수도 있다. 그렇지만 이 같은 상황에서 발생하는 사악함은 결국 인류로 하여금 많은 국가들 상호 간의 대립을 넘어서서 평형의 법칙을 발견하게 하고, 공적인 국가의 안전을 보장하는 세계 시민적 상태에 도달하도록 한다. 말하자면 그것은 자연이 전쟁을 통해서, 그 전쟁을 위한 과다하고 철저한 준비를 통해서, 그리고 그 때문에 결국 모든 국가가 평시에도 항상 내적으로 고통을 받게 되는 궁핍을 통해서, 인간으로 하여금 무법 상태에서 벗어나 국제 연맹과 같은 평화 기구를 창설하게 한다는 것이다. 이런 관점에서 볼 때, "모든 전쟁은 (비록 그것이 인간의 의도 속에서는 아니라 하더라도 자연의 의도 속에서는) 국가 간의 새로운 관계를 정립하려는 시도이며, 파괴를 통해서 새로운 정치 기구들을 형성하려는 시도이기도 하다."[39]

칸트에 의하면 전쟁은 또한 전제 정치를 자제시키고 자유를 가능케 하는 유일한 요인으로 작용한다. 역설적으로 보이는 이 주장이 성립하는 이유는 간단하다. 어느 국가든 전쟁에서 승리하기 위해서는 강대국이 되어야 한다. 한 국가가 강대국이 되기 위해서는 부가 필요한데 자유가 없이는 부를 생산할 수 있는 활동이 번창할 수 없다. 그러므로 자유가 허용된다. 가난한 국가의 경우에도 전쟁에서 이기기 위해서는 시민들의 강력한 참여가 요구되는데, 이것은 다시 그 국민 자체 내에서 자유가 유지될 때만 가능하다. 이를 증명하는 실례로서, 칸트는 중국의 예를 든다. 중국은 그 지리적 위치로 인해 강력한 적대국을 갖지 않았으므로, 모든 자유를 상실해 버렸다는 것이다. 그러므로 "완성된 문화의 상태에서만 영원한 평화가 인간에게 행복을 가져온다."[40]고 주장된다.

이러한 상황은 개인에 대해서도 마찬가지로 적용된다. 무정부 상태가 산출하는 온갖 악덕과 폐해 때문에 인간들은 결국 시민 사회를 형성하게 된다. 이 점에서 칸트는 시민법의 기원에 관한 홉스의 이론에 동의한다. 홉스에 의하면, 사람들은 자신의 반사회적 욕구와 같은 것을 다른 사람도 갖고 있다는 것을 인식하고, 다른 사람의 반사회적

충동을 제어하기 위한 장치로서 시민법에 도달하게 된 것이다.[41)]

5 비판적 고찰

칸트의 역사관은 크게 두 가지의 특성 또는 장점을 갖고 있는 것으로 판단된다. 하나는 새로운 목적론적 역사관을 제시한 것이고, 다른 하나는 18세기 계몽주의의 역사관을 전형적으로 대변하고 있다는 점이다.

1) 새로운 목적론적 역사관은 전통적인 독단적 목적론과는 다른 것이다. 칸트에 있어서 자연의 목적은 과학적인 연구를 통해서는 검증할 수도 반증할 수도 없는 성질의 것이다. 그렇지만 우리가 자연의 유기적 산물을 탐구할 때 그 근저에 목적이나 의도라는 개념을 반드시 인정하지 않을 수 없는 것은 그것 없이는 전혀 유기적 산물들을 이해할 수 없기 때문이다. 그러므로 칸트가 의인화시켜 이야기하는 자연의 의도나 계획은 실제로 그러한 의도나 계획의 존재를 주장하는 것이 아니라, 우리가 자연의 여러 사물을 마치 그런 의도나 계획이 있는 것처럼 볼 수밖에 없다는 것을 의미한다. 예컨대 물고기의 유선형 몸매와 지느러미, 물을 막아 주는 눈의 각막 등은 물속에서의 생활에 아주 적합한 듯이 보인다. 이것은 어떤 특정한 물고기가 개별적으로 영리하기 때문에 그렇게 된 것으로 생각되지는 않는다. 모든 물고기가 선천적으로 그렇게 되어 있기 때문이다. 그러므로 이러한 현상은 오히려 자연이 물고기를 물속에서 살 수 있도록 설계한 듯이 볼 수밖에 없다는 것이다. 같은 논리로, 자연의 계획이나 섭리는 인류로 하여금 보편적 시민 사회를 건설하는 것이라고 했을 때, 이것은 역사 안에 자연이라고 하는 정신적 존재가 실재하고

있어서 그러한 계획을 의식적으로 수행해 간다는 것이 아니라, 그러한 정신적 존재가 계획하는 것처럼 역사가 진행되어 가고 있다는 것을 의미한다. 칸트에 의하면, 가장 완전무결한 목적론이라 할지라도 하나의 오성적인 근원적 존재자가 있다는 것을 증명할 수는 없다. 어떤 의도적으로 작용하는 최고의 원인을 생각하지 않고서는, 목적론적 세계의 가능성을 절대로 이해할 수 없다는 것 이상을 우리는 증명하지 못한다.[42] 이것은 독단적인 목적론의 오류를 피하면서도 목적론적 고찰을 시도하는 독창적인 역사관이며, 그의 코페르니쿠스적 전회에 가장 잘 어울리는 사고방식이라 할 수 있다.

2) 칸트의 역사관을 계몽주의 역사관의 전형으로 보는 이유는, 그가 인간의 본질을 이성으로 규정하고 인류의 역사를 이성의 실현이라는 진보적 과정으로 보았기 때문이다. 계몽주의는 인간의 이성에 대한 신뢰와 역사의 진보에 대한 믿음 위에 기초하고 있다. 칸트는 물론 인간에게 비이성적인 소질이 있다는 것을 부정하지도 않았고, 그것이 수행하는 역할을 간과하지도 않았다. 그렇지만 그에 있어서 인간의 본질은 역시 이성이었고, 그것은 실현될 수밖에 없는 것이었다. 역사가 존재하는 이유도 여기에 있었다. 즉 인간의 이성이 실현되는 데는 오랜 시간이 필요하기 때문에 역사는 존재해야 하는 것이었다. 칸트는 이성의 계몽을 스스로 책임져야 할 미성년 상태로부터의 탈출로 보았다.[43] 미성년 상태는 다른 사람의 지도 없이는 그의 오성을 사용할 수 없는 상태며, 이에 대해 스스로 책임져야 하는 이유는 이 미성년 상태가 이성의 결핍에서 발생한 것이 아니라, 다른 사람의 지도 없이 그것을 사용할 용기나 결단의 부족에서 발생했기 때문이다.

칸트는 이성의 본질을 자유와 도덕성으로 규정했다. 그러므로 이성에 의한 진보의 역사는 자유의 실현 과정이었고, 도덕성의 실현 과정이었다. 우리가 칸트의 역사철학에서 원형적인 '자유의 역사관' 내지는 '도덕적인 역사관'을 발견할 수 있는 근거가 여기에 있다.

그렇지만 칸트의 역사관은 그것이 가진 독창성과 탁월성에도 불구하고 몇 가지 문제점을 내포하고 있는 것으로 판단된다.

첫째, 그의 역사관은 지나치게 구성적이다. 이것은 구성주의를 주장하는 칸트 인식론의 필연적인 귀결이기도 하다. 그렇지만 그의 구성주의적 역사관은 역사를 지나치게 작위적으로 구성할 가능성을 제공한다. 칸트는 물론 상대주의를 주장하지는 않지만, 그의 구성주의는 그 이후에 전개되는 역사 상대주의의 싹을 잉태하고 있다.

둘째, 그의 역사관은 지나치게 도덕적 측면을 강조한다. 말하자면 이성의 실현을 역사의 과정으로 이해할 때, 이성을 실천 이성 중심으로 해석함으로써, 이론 이성의 실현은 실질적으로 소외되고 있다. 과학 기술의 발달은 이론 이성 때문에 가능하다. 인류의 역사에서 과학 기술의 진보를 도외시한다면 역사를 제대로 이해하기 어려울 것이다. 말하자면 인류의 도덕성의 진보는 풍요로운 과학 기술 문명의 건설과 밀접한 연관이 있다.

셋째, 우리는 그의 역사관의 지나친 낙관주의와 그가 소질의 발휘를 위한 수단으로서 제시한 반사회성에 대해서도 문제를 제기할 수 있다. 칸트는 실제로 존재하는 세계가 모든 가능한 세계 중에서 최선의 세계라는 라이프니츠의 낙관주의를 수학의 예와 대비시켜 논증하려고 시도하면서 다음과 같이 외친다. "만세! 우리는 존재하고, 창조주는 우리에게 만족한다."[44] 그리고 이런 낙관주의에 기초하여 그는 다음과 같이 주장한다. "인류는 항상 더 나은 것에로의 진보 과정 속에 있어 왔으며, 또 앞으로도 계속 진보해 갈 것이라는 명제는 좋은 의도를 지니는 것이고 또 실천적인 의도에서도 추천할 만한 명제일 뿐 아니라, 모든 회의에도 불구하고 가장 엄밀한 이론을 위해서도 타당한 명제이다."[45] 그렇지만 이런 낙관주의는 논증된 것이 아니라 종교적 독단일 뿐이다. 칸트에 있어서 사회적 소질과 반사회적 소질 두 요소는 모두 기본적인 것이다. 만약 반사회적 소질이 없다면, 이성적 소질은 계발되지 않고 잠들어 버릴 수도 있다. 이것은 다음과 같은 이야기가 된다.

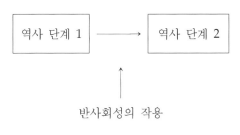

〔그림 24〕 반사회성을 통해 역사는 진보한다.

이러한 설명은 전체적으로는 다음 세대에 출현할 헤겔의 '이성의 간계(List der Vernuft)'를 연상케 한다. 이것은 존재하는 모든 것을 정당화하며, 역사에 대한 자의적 해석을 가능하게 한다.

넷째, 그는 인류 역사 전체를 이성의 실현 과정이라고 보고 있지만, 계몽주의 시대를 중심으로 하여 논의를 전개하기 때문에 그의 역사관을 계몽주의 이전의 시기에 적용하기는 쉽지 않다. 특히 서로 교류가 미약했던 고대의 여러 다른 문명들의 흥망성쇠에 대해 이성의 실현이라는 보편적 기준에서 어떻게 시대를 구분하여 설명할 수 있을 것인지는 문제로 남는다.

2장

역사는 자유 의식의 진보이다 : 유심 사관

헤겔 역사철학의 출발점은 '이성(Vernunft)이 세계를 지배하며, 따라서 세계사도 이성이 지배한다.'는 명제이다. 이때 자유란 이성의 부분적 속성이 아니라 유일한 속성을 나타낸다. 이성의 다른 모든 속성은 자유를 위한 수단에 불과하다. 이성은 이 자유를 추구하고 산출한다. 그러므로 헤겔에 있어서 세계사는 '자유 의식의 진보' 이외에 다른 것이 아니다.

헤겔은 이 자유 의식의 진보 과정을 그의 변증법에 따라 3단계로 구분한다. 첫째 단계는 한 사람만이 자유로웠던 동양의 전제 정체 단계이며, 둘째 단계는 소수의 사람만이 자유로웠던 그리스의 민주 정체와 로마의 귀족 정체 단계며, 세 번째의 마지막 단계는 모든 사람이 자유로운 게르만적인 입헌 군주 정체 단계이다. 따라서 세계사는 이성의 발전 법칙에 따라 중국, 인도, 페르시아의 동양 세계로부터 시작해서 그리스와 로마의 세계로 이어지고, 서북 유럽 게르만 민족의 개신교 세계에서 그 절정에 달한다.

헤겔이 이성의 지배라는 전제에서 역사를 철학적으로 고찰한다고 해서 현실을 무시하고 역사를 선천적으로 구성하는 것은 아니다. 헤겔에 의하면 "우리는 역사를 '있는 그대로' 고찰하지 않으면 안 된다. 우리는 역사적으로, 경험적으로 진행하지 않으면 안 된다."[1] 이성이 역사를 지배한다는 사상은 순수한 가정으로 전제된 것이 아니라 역사 전체의 조감에서 파악된 것이다. "세계사의 전개가 합리적 과정이라는 것, 그리고 세계사가 세계 정신의 합리적이고 필연적 과정이라는 것은 역사 자체의 고찰에서 비로소 명백해진다."[2] 역사에 있어서 선험적 구성은 용인될 수 없다. 역사의 사실에 의해서 또 사실로부터 논증되지 않으면 안 된다.

그렇지만 헤겔은 사실 그 자체는 아무런 것도 밝혀 주지 못한다고 주장한다. 주어진 자료에만 충실하는 지극히 공정한 역사가라도 그의 사고는 결코 수동적이지 않다. 그는 그 자신의 범주를 지니고서 오직 그 범주를 통해서만 대상을 본다. 뿐만 아니라 우리는 잡다한 우연성에 의해서 지배되는 것같이 보이는 역사 속에서 일반적인 목적을 찾아내야만 한다. 이 목적은 세계의 목적이며 주관적 정신이나 감정의 특수한 목적이 아니라, 객관적 필연적 목적이다. 따라서 이성적 고찰이란 우연성을 제거하고, 본질을 포착하는 것이다.

1 역사의 주체와 목적

철학이 역사적 사색에 제공하는 유일한 사상은 이성이 세계를 지배하며, 따라서 세계사도 역시 이성적으로 전진해 왔다고 하는 단순한 이성의 사상이다.[3]

이러한 통찰은 헤겔에 있어서 역사철학을 구성하는 기본적이며 유일한 전제이다. 그러나 이것은 철학 자체에 있어서는 결코 어떠한 전제도 될 수 없다. 왜냐하면 이성은 실체인 동시에 무한한 힘이며, 그 자신 일체의 자연적 생과 정신적 생의 무한한 소재인 동시에, 이러한 질료를 움직이게 하는 무한한 형상이라는 것이 사변적 인식을 통해서 증명되기 때문이다. "이성은 실체이다."[4]

실체로서의 이성은 개인적 이성의 원천이지만 이를 포괄하고 넘어서는 신적 이성이다. 그러므로 실체적 이성은 개인의 단순한 추상적 사고 능력이 아니라, 일체의 현실을 창출해 내는 무한한 힘이다.

이성은 보다 높은 단계로 상승하기 위해 정태적 상태에 머물지 않고 시간 속에서 자신을 전개한다. 이때 이성은 정신이라 불리며, 세계사와 연관될 때 세계정신이라 불린다. 따라서 '이성이 세계를 지배한다.'는 명제는 '세계정신이 자신을 실현한다.'는 명제와 같은 의미다.

헤겔은 이성에 대한 가능한 두 종류의 오해를 피하는 것이 매우 중요하다고 지적한다. 하나는 고대 그리스의 아낙사고라스(Anaxagoras)의 '이성이 세계를 지배한다.'는 원리다. 이것은 과학자가 자연에서 이성을 발견했다고 할 때의 의미로서, 이때의 이성은 자기 스스로를 의식하는 이성으로서의 지성적 존재가 아니며, 정신 자체가 아니다. "태양계의 운행은 불변적 법칙에 따르며, 이 법칙들이 태양계의 이성이다. 그러나 이러한 법칙들에 따라서 움직이는 태양이나 위성들은 이 법칙들에 대한 의식을 갖고 있지 않다."[5] 그러므로 자연 속에 이성이 존재하기 때문에 자연은 언제나 보편적 법칙에 따라 합리적으로 지배된다는 아낙사고라스의 이성 개념은 '보편적인 불변의 법칙에 일치한다.'는 개념에 불과하다. 헤겔에 의하면 소크라테스가 아낙사고라스의 원리에 관해서 불평한 것은 분명히 원리 그 자체가 아니라, 그것을 구체적 자연에 적용할 수 없는 결함 때문이었다. 자연은 이러한 원리에서 이해되거나 파악될 수 없으며, 자연이 이성의 전개로서 파악되지 않는 한 그러한 이성의 원리는 추상적인 것에 불과하다. 특히 역사는 정신적 존재에 관계되는 것이므로 이러한 개념은 역사에 대한 철학적 해명으로는 적절하지 못하다.

이성이 세계를 지배한다는 또 하나의 사상으로는 세계가 우연이나 외적인 원인에 내맡겨져 있는 것이 아니라, 신의 섭리가 세계를 지배한다는 종교적 사상을 들 수 있다. 이때 역사의 합리성은 단순히 외적 질서 속에서가 아니라, 목적 또는 계획의 실현에서 발견된다. "신의 섭리는 그의 목적, 즉 절대적이고 이성적인 세계의 궁극목적을 실현하는 무한한 힘이 부여된 지혜이다."[6] 그러나 이러한 신앙과 헤겔의 이성의 원리 사이에도 역시 대립이 존재한다. 헤겔에 의하면, 그러한 신앙은 그 내용이 규정되어 있지 않기 때문에 세계사를 구체적이고 포괄적으로 설명하는 데까지는 이르지 못한다. "섭리는 우리의 시야에서 가려져 있고, 그것을 알려고 하는 것은 오히려 주제넘은 행위같이 보인다."[7] 섭리에 대한 일반적인 신앙은 대체로 그 원리의 사용을 거부하며, 섭리의 계획에 대한 인식 가능성을 배제한다. 그러므로 헤겔은 우리가 섭리의 이러한 태도에 만족할 수 없으며 섭리의 방법과 섭리가 나타나는 역사적 현상에 대한 인식에로 향하지 않으면 안 된다고 본다.

여기서 참으로 철학적인 역사 해명은 역사의 과정에서 실제로 작용하고 있는 이성을 밝혀내고 논증하지 않으면 안 된다는 주장이 성립한다. 헤겔은 역사의 참다운 주체는 이성이라고 했다. 이 이성은 이미 밝힌 바와 같이 순수한 사유로서 현실에서 유리된 것이 아니기 때문에, 그 자체의 활동에 의해서 자신을 실현시키며 그 내면적인 것을 외면화시키는 동시에, 외면성을 부정하고 내면화시키는 정신적 활동이다. 이리하여 역사의 추진력, 역사의 주체는 바로 정신이다.

그것은 단지 개인의 주관적 정신이 아니라 보편자로서 실재하는 객관적 정신이다.[8] 그러기에 "우리는 먼저 우리의 대상인 세계사가 정신의 지반 위에서 일어나는 것임을 주목해야 한다."[9] 세계는 물적 자연과 심적 자연을 다 포괄하므로, 물적 자연도 세계사에 관여한다. 그러나 정신과 그 발전 과정이 역사 탐구의 실질적인 대상이 된다. 즉 자연은 그 자체가 독립적으로 고찰되는 것이 아니라, 정신과의 관계에서만 고찰된다. 자연은 그 자체가 이성의 체계로서는 취급되지 아니하고 정신과의 상대적 관계에서만 취급된다.

이성은 존재론적 측면에서 이념(Idee)으로 불린다. 그러므로 자연은 이념이 소외되어 나타나는 형태요, 정신은 이념이 자기 소외를 거쳐 도달하는 단계다. 자연은 그 자체 이념의 궁극 목표는 아니며, 정신의 출현을 위한 전제로서 나타나서 정신 속에서 지양된다. 세계사에서 문제되는 것은 자연에 대립되는 정신과 이 양자의 통일체로서의 보편적 의식이다.

그러면 역사에 있어서 실현되는 이성, 즉 정신의 내용은 무엇인가? "정신의 본성은 그와 반대되는 것, 즉 물질과 비교해 봄으로써 이해될 수 있다. 물질의 본성이 중력이라면 정신의 본성은 자유라고 할 수밖에 없다."[10] 헤겔에 의하면 자유란 정신의 일부분을 나타내는 속성이 아니라, 오히려 정신의 모든 속성이 자유에 의해서만 존립하며, 다른 모든 속성은 자유를 위한 수단에 불과하다. 모든 것은 이 자유만을 추구하고 산출한다. 자유야말로 정신의 유일한 진리다.

"물질은 중심점을 향하는 그 경향 때문에 중력을 가진다."[11] 그러므로 물질은 본질적으로 서로 대립되는 부분으로 구성되어 있다. 물질은 통일을 추구함으로써 자신을 지양하고 그 반대를 추구한다. 그렇지만 정신은 이와 대조적이다.

정신은 그 자신 안에 중심점을 가지고 있다. 정신은 그 자신 밖에서 통일을 찾는 것이 아니라, 그 자신 안에 그리고 그 자신과 더불어 존재한다.[12]

물질은 중심점을 향하지만 정신은 자존적 존재(das Bei-Sich-Selbst-Sein)로서 중심점 자체다. 이것이 바로 자유다. 만약 내가 나 자신이 아닌 다른 것에 관계한다면, 나는 자유가 아닌 의존의 상태에 머물 것이다. 그러나 나는 나 자신에만 의존하고 있으므로 완전히 자유다. 헤겔은 의식에서 두 가지를 구별한다. 하나는 내가 안다는 사실과, 다른 하나는 내가 아는 대상이다. 자의식이란 자기 스스로에 대한 인식이기에 자의식에 있어서는 이 두 가지가 하나로 결합되어 있다. 따라서 정신은 자기 자신의 본성에 관한 평가이며, 동시에 그것의 본질을 실현시키는 활동이다.

"자유는 자신까지 의식화하며, 그럼으로써 스스로를 실현하는 것이다."[13] 자유는 그 자체가 정신의 유일한 목적이다. 이렇게 볼 때 "세계사란 정신이 자신의 본질에 관한 지식을 스스로 획득해 가는 정신의 현현이다."[14] 정신의 관점에서 보면 정신보다 더 높은 것은 세상에 존재하지 않는다. 또한 정신의 대상보다 더 가치 있는 것도 없다. 정신은 자신의 완전한 인식에 도달하기까지는 결코 휴식하지 않으며 자신 외의 어떠한 것과도 관계하지 않는다. 그러므로 정신이 자신의 자유에 관해서 가지는 의식과 잠재적 자유의 완전한 실현이 세계사의 목적이며, 세계 전체의 궁극 목적이다. 이 지상의 광대한 제단 위에 장구한 시일에 걸쳐 온갖 희생이 바쳐진 것도 바로 자유의 실현이라는 세계사의 궁극 목적 때문이다.

2 세계사의 진행 과정

세계사를 '자유 의식의 진보'라고 규정한 헤겔은 이 자유 의식의 실현 과정을 3단계로 구분하고 있다. 또한 각 단계에는 세 개씩의 하위 단계가 있어 역사는 변증법[15]적으로 발전하며, 동에서 서로 옮겨 간다. 즉 세계사는 중국, 인도, 페르시아의 동양 세계로부터 시작하여, 그리스와 로마의 세계로 이어지고 서유럽의 게르만 민족의 기독교 세계에서 절정에 달한다.

세계사는 동양에서 서양에로 진행한다. 왜냐하면 아시아가 세계사의 시작인 데 반해서 유럽은 단적으로 세계사의 목적이기 때문이다.[16] 동양에서 물질적 태양이 떠서 서양으로 진다. 그에 반해 서양에서는 보다 고상한 빛을 발하는 자기 의식의 태양이 뜬다.[17]

헤겔에 의하면 세계사는 자연적 정신이 주체적 자유로 도야되어 가는 과정이다. 그런데 동양인들은 정신이나 인간 그 자체가 본래 자유로운 것임을 알지 못했다. "그들은 한 사람만이 자유롭다는 것을 알 뿐이다."[18] 따라서 그러한 자유는 자의, 횡포에 지나지 않는 것이었고, 이 한 사람은 자유인이라기보다는 전제 군주에 불과했다. 그리스인에게서 최초로 자유의 의식이 일어났다. 그리고 그들은 자유를 알았기 때문에 자유스러웠다. 그러나 그리스인이나 로마인이 누린 자유는 제한된 자유였다. 왜냐하면 "그들은 몇 사람이 자유롭다는 것을 알았을 뿐, 만인이 자유롭다는 것을 알지 못했기 때문이다."[19] 그들의 자유는 노예 제도 위에 구축된 일시적인 꽃이었다. "게르만 민족에 와서 그리스도교의 덕분으로 만인이 인간으로서 자유이며, 정신의 자유가 인간의 가장 고유한 속성을 이룬다는 의식에 도달했다."[20]

그러나 이러한 원리를 세계사적 본질로 형성하는 일은 역사 자체가 창조하는 문화의 긴 과정을 요구하는 문제였다. 즉 자유 의식이 가장 내적인 영역인 종교에서 일어나서 세속적인 생활 속까지 파급되는 데는 오랜 동안의 교화가 필요했다. "노예 제도가 폐지되고 자유가 여러 국가를 지배하게 되고, 자유의 원리 위에서 정부와 헌법들이 조직되는 데는 오랜 기간의 과정이 요구되었으며, 이 과정이 바로 역사 자체인 것이다."[21]

헤겔은 세계사의 각 단계들을 다음과 같이 설명한다. 첫 번째 단계인 동양의 세계는 직접적 의식을 기반으로 삼고 있다.

> 동양 세계에서 정신은 아직 주관성을 획득하지 못했기 때문에 일반적으로 여전히 자연적인 정신 형태로 나타날 뿐이다. 외면적인 것과 내면적인 것, 법률과 도덕관념이 아직 구분되지 않고 여전히 미분화 상태에서 통합되어 있기 때문에 종교와 국가 또한 구분되지 않는다.[22]

그러므로 이성적 자유가 정치 생활에서 나타나긴 하나, 주관적 자유에까지 이르진 못했다. 국가 생활에 있어서 개인은 단순히 우연적 존재에 불과하며, 동양의 영광은 모든 존재가 귀속되는 군주 일개인에게 있다. "개인의 연령과 비교해 본다면 동양은 역사의 소년 시대다."[23]

헤겔이 보기에 동양의 중요한 세 민족, 중국, 인도, 페르시아 중에서 중국인과 인도인은 아직 세계사적 민족의 지위에 도달하지 못했다. 중국의 정신은 기껏해야 가족의 정신이었고 그 구성원은 시민이 아니라 자녀의 자격을 갖는 데 불과했다. 자발성과 자기 의식의 결여가 중국 문화의 모든 면에 고루 퍼져 있었고, 중국 민족의 경우만큼 연달아 사가를 배출한 민족은 없을 정도지만, 그들의 역사란 반성되지 않은 사실의 집적에 불과하다. 법률 규범은 자유로운 감정,

도덕적 입장 따위와는 무관하게 자연의 법칙처럼 외적인 힘으로 생각되었다. "중국 민족의 특징은 그들이 무릇 정신에 속하는 모든 것, 즉 자유로운 윤리, 도덕, 심성, 내적인 종교, 학문, 또는 정통적인 예술 등에서 결핍되어 있다는 점이다. 황제는 항상 존엄과 어버이와 같은 자애와 온정으로써 인민을 대한다. 그러나 백성은 자기 자신에 대해서는 극히 비굴한 감정을 가질 뿐이고, 단지 황제 폐하의 권력의 수레를 끌어 주기 위해서 탄생했다고 믿는다."[24] 그러므로 전제 국가는 이 민족에 적합한 정치 체제였다는 것이다.

인도는 중국보다 정신적으로 보다 발달했다고 헤겔은 주장한다. 그는 그 근거로 인도의 관념론을 든다. 중국이 모든 점에서 산문적 오성의 성격을 가지고 있는 데 반해, 인도는 공상과 감각의 나라다. "이제 정신의 관심은 외면적으로 세워진 규정이 내면적 규정으로, 자연계와 정신계가 지성에 속하는 내면적인 세계로 규정되는 데 있고, 그것에 의해서 일반적으로 주관과 존재와의 통일이나 존재의 관념론이 세워진다."[25] 그러나 이런 관념론은 개념 없는 공상에 지나지 않는다. 이것은 출발점과 자료는 존재에서 취하지만 일체를 다만 공상적인 것으로 바꿔 버린다.

세계사적 관련에서 볼 때 인도는 중국보다 훨씬 중요하다고 주장된다. 이런 주장은 인도가 중국보다 세계사의 발전에 더욱 크게 기여했다는 데 근거하고 있다. "산스크리트어는 훗날의 유럽어의 전부, 즉 그리스어, 라틴어, 독일어의 기초이며, 인도는 전 서양 세계의 발상지이다."[26]

"페르시아는 최초의 역사적 민족이고 사라져 버린 최초의 국가다."[27] "페르시아에서야 비로소 스스로의 빛으로 남을 비춰 주는 광휘가 나타난다."[28] 왜냐하면 조로아스터의 빛이야말로 비로소 의식의 세계에 속하는 것이기 때문이다. 중국과 인도가 정체성을 지속하여 오늘날까지 식물적 생존을 영위해 온 데 반해서, 페르시아는 시종 발전과 변혁을 겪었다. 발전의 원리는 페르시아의 역사와 더불어 시작하며, 페르시아의 역사야말로 세계사의 미래의 시작을 이루는 것이다. 역사에서 정신의 일반적 관심은 자신의 무한한 내면 세계에 이르는 데 있으며, 절대적 대립을 거쳐 화해에 도달하는 데 있기 때문이다. 중국에서 윤리적 전체로서의 총체성은 볼 수 있으나 주관성은 없으며, 전체의 질서는 있었지만 개인의 독립성은 없었다. 인도에서 분리가 출현하였지만 그러나 이 분리는 그 자체가 정신적인 것이 아니기에 초보의 내면성에 지나지 않았다. 그러나 페르시아의 정신은 순수한 광명의 정신이고, 윤리에 사는 민족의 이념이었다. 따라서 "중국은 전적으로 본래적 의미에서 동양적이지만, 인도는 그리스에 비유되고 그에 대해 페르시아는 로마에 대비될 수 있다."[29] 그러나 여기서도 아직 인간의 독립성과 자유로운 인간성의 발달에까지는 이르지 못하고 있다.

그리스인과 더불어 진정한 자유의 역사가 시작한다고 헤겔은 말한다. 왜냐하면 여기서 우리는 자기 자신을 형성하는 개성을 보기 때문이다. "역사의 두 번째 단계인 그리스는 인류의 청년 시대이다."[30] 여기서 헤겔이 말하는 청년의 개념은 미완성적이고 미숙한 상태를 의미하는 것이 아니라 오히려 발랄한 정신의 젊음을 의미한다. 그리스에서 정신의 구체적인 발랄함은 감성적인 모습으로 등장하는데, 그것은 육체화된 정신이고 정신화된 감성으로서, 말하자면 정신에서 산출된 통일이라는 모습으로 출현한다. 여기에서 정신은 성숙하게 되고 객관적 윤리와 개인의 자유로운 의지가 완전 통일됨으로써 미적 자유의 왕국을 이루며, 국가, 가족, 법률, 종교가 동시에 개인의 목적이 된다. 헤겔은 그리스 정신의 젊고 신선함과 활기의 상징으로서 아킬레스(Achilles)와 알렉산드로스 대왕(Alexandros the Great)을 예로 들고 있다. 전자는 시를, 후자는 현실을 상징하는 이상적 젊은이이다. "그리스의 생활은 그 자체가 참다운 청년의 사업이었다. 시 속의 청년 아킬레스가 바로 그리스의 생활을 시작하였고, 현실의 청년 알렉산드로스 대왕이 이것을 결실시켰다."[31] 그러므로 그리스 정신의 특성은 미적 개성의 출현에 있다.

그렇지만 정신은 미적 개성만을 통해서는 완성되지 못한다. 헤겔에 의하면 그리스에서는 개인의 주관적인 의지와 도덕이 통일되어 있다 할지라도, 아직 개인은 정의와 법칙에 의해서 부과된 행위와 습관을 반성 없이 받아들이고 있다. 따라서 개체는 일반적인 목적, 즉 이성과 무의식적인 통일 상태에 머물 뿐, 자유로운 주관성의 단계에까지 순화되지 못하고 있다.

"역사의 세 번째 단계는 추상적 보편성의 영역인 로마 세계이며 인류의 장년 시대다."[32] 그리스의 원리에는 기쁨과 쾌활과 즐거움에 충만한 정신이 있었다. 그 정신은 자연적 요소와 개인의 특수성을 구비하고 있었고, 그 때문에 개인의 덕 자체가 윤리적 예술품으로 되어 있었다. 그러나 추상적인 일반적 인격성은 아직 나타나 있지 않다. 정신은 아직 추상적 보편성의 형식에까지 발전하지 못했기 때문이다. 로마에서 이 자유로운 보편성, 추상적인 자유가 발견된다. 그것은 한편으로는 구체적 개성 위에 추상적 국가, 즉 정치와 권력을 세워서 이 개성을 완전히 억압하는 동시에, 다른 편에서는 국가라는 보편성에 대립하는 것으로서의 인격성, 즉 각자의 자유를 창조한다.[33] 그리스의 자유스러운 미적 개성의 발휘는 자연적인 것, 감성적인 것과 밀접한 관계를 가졌기 때문에 결국 오성적이며, 추상적인 발달보다도 주관적이며 자의적인 발달로 기울어졌다. 여기서 주관성과 개성의 존중은 오히려 야비한 감성적인 향락과 추락으로 바뀌었고, 그들의 최고의 관심도 국가의 운명보다는 위대한 개성의 창조에 있었다. 이에 반대해서 나타난 로마 정신의 원리는 오직 외적인 힘과 법에 의한 지배였다. "로마의 세계사적 계기는 보편성이라고 하는 추상체이며, 인정도 눈물도 없이 냉혹하게 추구된 목적은 이 추상체를 전파시키기 위한 단순한 지배였다."[34] 국가 건설도 지배와 복종이라는 강제적인 힘의 기반 위에서 이루어졌으며, 도덕은 국가에 대한 희생만을 최고의 목적으로 삼았다. 가족 관계도 사랑과 아름다운 감정에 의한 자유스러운 것이 아니고 의존 관계라고 하는 냉혹한 원리로서 나타났다. 이러한 자유의 조직화로써 로마 문화는 그리스 사회의 약점을 보충했다.

역사의 네 번째 단계는 게르만적 세계[35]이며 인류의 노년기다. 노년기는 쇠퇴기가 아니다. "자연의 노년기는 허약하지만, 정신의 노년기는 정신에로의 통일로 되돌아가는 완전한 성숙기다."[36] 이 단계는 기독교의 정신과 더불어 시작된다. 기독교의 정신에서 인간은 비로소 그 자체로서 완전히 자유롭다는 것을 인식했기 때문이다. 그러나 내적 세계의 의식으로서의 정신은 출발점에서는 추상적 형태에 머물고 그 자체만의 완성이었기에, 그 후 정신적이고 종교적인 원리와 현실 세계 사이의 거대한 대립이 계속된다.

헤겔의 설명에 따르면, 그리스도교적 원리의 진리와 현실이 통합됨으로써 새로운 이성적인 자유가 유럽 세계에 전개된 것은 종교 개혁 이후였다. 종교 개혁에서 지금까지의 오성적인 사고는 자유 정신의 구체적인 의식으로 나타났으며, 그 참다운 내용을 가지게 되었다. 정신은 이제 이성적인 단계에 이르렀고, 동시에 국가 생활도 이성에 의해서 통제됨으로써 자유는 주관적일 뿐 아니라, 객관적으로 실재하게 된다.

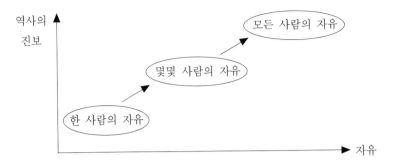

〔그림 25〕 역사는 만인의 자유가 실현되는 데서 종국에 달한다.

3 세계 정신의 실현 수단

자유의 이념이 역사의 목표이지만 이것은 실현의 수단을 요구한
다. 수단 없는 목적은 아직 추상적인 것이기 때문이다. "자유 자체는
내적인 개념이지만, 그에 반해서 수단은 외적인 것, 현상하는 것이
요, 역사에서 직접 우리에게 나타나는 것이다."[37]

역사를 자세히 고찰해 보면 "인간의 모든 활동은 그들의 욕망, 정
열, 관심, 성격, 본능 등으로부터 나온다."[38]고 헤겔은 주장한다. 그러
기에 역사 무대에서는 욕망이나 정열, 관심들이 추진력이 되고 주역
으로 등장한다. 물론 그 가운데서 선의지나 숭고한 애국심 같은 보
편적 목적들도 있지만, 이것들은 다른 것에 비하면 너무나 보잘것없
다. 개인에 의해서 실현되는 선은 보편적 선의 특수한 형태에 불과
하다. 예컨대 아무리 고상한 조국애라 할지라도 세계의 일반적 목적
과 관계없는 어떤 특수한 나라에 대한 사랑이며, 자기의 가족이나
친구에 대한 사랑이다. 우리가 덕이라 부르는 것도 이러한 범주를
벗어나지 못한다. 뿐만 아니라 지리한 훈육보다는 자연이 훨씬 직접

적으로 인간을 지배하므로, 역사의 가장 강력한 추진력은 여러 가지 정열과 특수한 관심의 목적이나 법과 도덕의 제약에도 아랑곳하지 않는 이기심의 만족이다. 역사의 무대에서 인간은 단순한 '충동자'에 불과하다.

그러나 세계정신은 바로 이 충동을 통해서 자신을 실현시킨다고 헤겔은 설명한다. 정열이 이루어 놓은 온갖 재앙과 죄악, 인간이 창조한 화려한 제국의 몰락 등은 세계정신의 실현을 위한 한갓 수단에 불과하다. 물론 이것들은 비극이다. 그러나 정신의 고양을 위한 불가피한 도덕적 비극이다. 왜냐하면 세계의 궁극 목적이나 원리는 추상적인 것이기에, 그것의 실현을 위해서는 여러 가지 현실적인 계기들이 불가피하게 필요하고, 이러한 계기가 바로 인간의 욕망과 활동이기 때문이다. 즉 이념은 자신의 실현을 위해 인간의 욕망이나 정열을 도구로 사용한다. 인간의 정열은 이념이 사용하는 팔이다. 정열은 개인이 다른 일체의 관심과 목적을 제쳐놓고 혼신의 힘을 기울여 하나의 대상에 몰두하고, 이 목적에 자기의 모든 욕망과 힘을 집중시키는 열의다.

> 이 세상의 위대한 일치고 정열 없이 이루어진 것은 하나도 없다. ······ 이념(Idee)과 정열(Pathos), 이것이 역사 진행의 두 계기이다. 이 념은 우리의 눈앞에 펼쳐진 세계사라는 거대한 양탄자의 날줄이요 정 열은 그 씨줄이며, 이 양자의 구체적 결합이 바로 역사의 진행이다.[39]

헤겔에 의하면 세계사의 첫 번째 계기, 즉 이념은 그 자체로서는 아무리 참된 것이라 해도 아직 완전히 현실적인 것은 아니다. 목적이나 원리들은 우리의 사상 속, 겨우 우리의 내적 의도 속에 있는 것이지 아직 현실 가운데 있는 것은 아니다. 그러기에 이러한 것들이 현실성을 갖기 위해서는 제2의 계기가 첨가되어야 한다. 이 계기가 바로 실행, 실현이며 이 실행과 실현의 원리가 의지, 즉 인간의 활동 일반이다. 개인의 관심과 욕망은 세계 정신이 그 목적을 성취하고, 그 목적을 의식에까지 높여서 실현하기 위한 도구요 수단이다. 개인과 민족은 각기 자기의 목적을 추구하고 만족하면서, 동시에 더 넓고 높은 목적의 수단과 도구가 된다. 그렇지만 이들은 이러한 사실을 자각 없이 무의식적으로 수행해 간다.

그렇지만 만일 특수한 욕망이나 관심이 개인적 행동의 유일한 동인이라면, 자유의 자각은 어떻게 인간의 실천적 동기가 될 수 있을까? 헤겔의 이론에 따르면 세계사란 결국 자유의 자각에 있어서의 진보가 아니었던가? 그리고 이것은 인간의 실천에 있어서만 가능하지 않았던가?

헤겔은 이 물음에 대답하기 위해서 이성의 도구에 불과한 위치를 뛰어넘어, 새로운 생활 형태를 만들어 역사를 창조하는 인물들, 즉 알렉산드로스 대왕, 카이사르, 나폴레옹 같은 세계사적 개인들을 강조한다. 그들의 행동도 역시 개인적 관심에서 생기는 것이지만 그들의 경우에는 개인의 관심과 보편적 목적이 동일한 것이 된다. 그들은 역사를 만들고 이끌어 간다. 그러기에 그들의 관심은 필연적으로 현존의 생활 체제의 특수한 이익과 충돌하지 않을 수 없다. 역사적 개인은 현존의 승인된 의무와 법률 등 고정된 체제에 대립하며, 이 체제의 기초와 존립을 공격하고 파괴까지도 하는 중대한 충돌의 시기에 나타나는 인물들이다. 헤겔은 가장 전형적인 세계사적 인물로서 권력 투쟁에서 최고의 위험에 처했을 때의 카이사르를 예로 들고 있다. "카이사르는 자기의 지위, 명예, 안전을 확보하려고 싸웠지만, 적의 힘은 로마 제국의 전 영토를 지배하고 있었기 때문에 적에 대한 승리는 전 제국의 정복이 되었다. 즉 그가 자기의 목적을 수행함으로써 획득한 것은 로마의 독재였거니와, 이것은 동시에 로마사와 세계사에 있어서는 그 자체가 필연적인 사명이었다.”[40] 카이사르의 경우에는 개인의 목적과 세계사의 목적이 완전 일치했다. 위대한 세계사적 인물들은 자신의 목적과 사명을 현존 체제에 기반을 두고 평탄하고 질서 정연하게 수행해 가는 것이 아니라, 내용이 은폐되어 있어서 아직 현실적인 것으로 되지 못한 어떤 원천으로부터 이끌어 낸다. 그래서 그들은 영웅이라고 불린다. 헤겔은 이러한 인물이 실천적 정치적 인물일 뿐, 사변적 철학자가 아니라고 주장한다. 그러므로 그들은 자신이 추구하는 목적이 세계사의 한 단계라는 따위의 개념적 인식에는 관심이 없다.

그렇다 하더라도 영웅들은 시대의 소망이 무엇이며, 무엇이 성숙의 단계에 도달했는가를 통찰한 자들이다. “한 시대의 영웅인 세계사적 인물은 가장 통찰력 있는 자로 간주되어야 한다. 그의 행위와 그의 말은 그 시대 최상의 것이다.”[41] 영웅의 말과 행위는 그 시대의 법이 되며, 모든 인간은 그에게 복종하지 않으면 안 된다. 그의 말과 행위가 그 시대의 최상의 것일 뿐 아니라, 그는 새로운 정신의 원리를 계발하고 그 실현을 위해서 투쟁하는 자이기 때문이다. “그들은 영혼의 인도자다.”[42] 일반 대중은 이 영혼의 지도자를 추종할 수밖에 없다. 그에게 반항하는 것은 부질없는 짓이며, 승리는 반드시 새로운 정신의 원리를 수행하는 영웅에게 돌아간다.

영웅은 자신을 실체적인 정신의 기관으로 형성하며, 이러한 의미에서 영웅은 역사를 창조한다. 그러나 그들도 역시 역사의 참된 주체인 세계정신이 그 진행상 요구하고 산출한 수단이요, 세계정신의 대행자에 불과하다. 이러한 사실은 모든 세계사적 인물이 비극적 운명을 지니고 있는 점에서 명백히 증명된다고 헤겔은 주장한다. 그들의 운명은 결코 평탄치 못하다. “그들은 조용한 만족을 누리지 못한다. 그들의 전 생애는 노동과 슬픔이며, 그들의 본성 전체는 정열뿐이다."[43] 목적이 달성되면 그들은 알맹이 없는 빈 껍질로 남는다. 그들은 알렉산드로스 대왕과 같이 요절했고, 카이사르와 같이 살해되었으며, 나폴레옹과 같이 유배되었다. 이렇게 볼 때, 보편적 이념을 실현함으로써 역사를 창조하는 영웅 역시 한낱 세계정신의 도구에 불과하다. 따라서 세계정신이 나타나는 역사의 법칙은 저항하기 어려운 힘으로 개인의 배후에서, 개인의 머리 위에서 활동한다. 동방의 세계에서 그리스 로마 세계로의 추이, 시민 사회의 확립 등, 모든 역사적 변화는 본질적으로는 인간의 산물이라기보다는 세계정신의 필연적 결과이다. 그러므로 이러한 세계정신의 신적인 힘은 불행과 파멸을 남기고 전진한다. "역사는 민족의 행복이나, 국가의 예지나, 개인의 덕성이 희생되어 온 도살대다."[44] 개인은 고되게 일하며, 비참한 생활을 영위하다가 죽어 간다. 개인은 결코 자신의 노동의 열매를 수확하는 일 없이, 열매는 항상 다음 세대의 수중으로 돌아간다. 그러나 그의 정열과 관심은 굴하지 않는다. 그러므로 개인은 쇠퇴하여 죽어 가지만 이념은 승리를 거두어 영원한 삶을 계속하는 것이다. 서로 투쟁하다 몰락하는 쪽은 특수자인 개인일 뿐 보편적 이념이 아니다. 이념은 오히려 조금도 손상되지 않고 투쟁의 배후에 은신하여 정열이라는 특수자로 하여금 서로 싸우고 멸망토록 한다. 이념은 온갖 정열을 자기를 위해 사용한다. 개개의 것은 보편적인 것에 비하면 너무나 보잘것없고 하찮은 것이다. 그러므로 개인은 이념에 대항할 수 없다. "이념은 그의 현존과 무상(無常)의 공세를 자신이 아니라 개인의 정열로 하여금 지불케 한다."[45] 이것이 바로 이성의 간계(List der Vernunft)이다.

정신의 운동은 자연의 반복적 윤회와는 달리 하나의 목표를 향한 진보인데, 이 진보는 아무런 마찰과 고통도 없이 순조로이 실현되는 것이 아니다. 정신의 발전은 자기 분해, 자기 소외이며, 동시에 이 분해 속에서 자기 자신에로의 복귀이다. 있는 그대로의 자신을 발견하는 것, 부정적인 대자적 입장에 서는 것, 자신을 자신과 결합시키는 변증법적 과정은 이념의 영원한 생명이며 역사의 과정이다. 이성의 본성은 자신을 소외시킴으로써 자신을 재발견하는 것이다. 그러기에 이성의 간계가 부리는 냉혹하면서도 슬기로운 역전환의 작용은 모든 소외 형태들에 있어서도 언제나 진보의 방향으로 나아가고 있다.

헤겔에 있어서 부정성(否定性)은 모든 생성의 원인이며 운동인이다. 역사의 긴 과정은 부정의 긴 과정이다. 정신의 진면목은 어디까지나 부정에 의한 자기 전개를 통해서 자신을 반성하여 자각하는 데 있다. 부정성으로서의 자각인 이상, 정신은 오히려 부정성 자체이며 소외 자체이다. 정신은 부정성 때문에 자체 내에 매개의 계기를 지닌다. 이것이 헤겔에 있어서 가장 완전한 이성의 간계로서 "정신을 스스로 병들게 한 근본 원인이면서, 동시에 정신을 흉터 없이 깨끗이 치료하여 보다 고차원적 단계로 향상시켜 주는 힘이다."[46] 그러므로 역사의 무대 위에 목적도 알지 못한 무수한 개인들을 제물로 바치며, 숱한 개인의 요구를 묵살하고 그들의 행복을 우연의 지배에 맡기면서 보편적 이념을 실현하는 역사는 이성의 간계에 불과하다.[47]

4 비판적 고찰

현대의 거의 모든 역사관은 헤겔의 역사관에 힘입고 있다. 그의 정신 사관은 마르크스의 유물 사관으로 탈바꿈되어 나타났으며, 그의 정신의 개념은 딜타이, 리케르트 등에 의해 생의 개념으로 발전되고, 크로체, 콜링우드 등에 의해 현대 관념론적 역사철학의 기원을 이룬다.

헤겔의 역사관은 역사의 주체가 정신이고 그 궁극 목적이 자유라는 것을 밝힘으로써, 적어도 근대 세계의 보편적 이상을 단적으로 제시한 셈이다. 많은 사람들이 역사의 창조적 정신과 자유를 문제 삼았고 찬양했어도, 헤겔만큼 정신과 자유를 높이 평가한 자는 일찍이 없었다. 물론 그가 규정한 정신과 자유의 내용에 문제점이 없는 것은 아니지만, 정신의 본질이 자유이고 그러기에 자유가 이 세상에서 가장 존귀하며, 인류가 자유의 실현을 위해 계속 투쟁해 왔다는 주장은 여전히 타당한 통찰임에 틀림없어 보인다.

이와 같은 긍정적 평가와 아울러 몇 가지의 문제점도 지적될 수 있다. 첫째, 헤겔의 역사관은 지나친 관념론이다. 그는 인간의 삶의 터전을 이루는 물질 세계와 과학 기술의 가치를 지나치게 폄하했다. 이성이 세계를 지배하며 역사의 주체라는 진리는 철학적으로 논증될 뿐만 아니라 역사 전체의 조감에서 명백해진다고 헤겔은 주장한다. 그러나 이러한 진리는 그의 관념론적 철학에서 이끌어 낸 진리이기 때문에, 그의 관념론에 동의하지 않는 사람은 받아들이기 어렵다. 그의 절대적 관념론은 이성을 절대화하고 실체화한다. 이리하여 모든 비합리를 합리 속에 섭취하여 인간 이성을 신적 이성으로 변형시킴으로써 우주의 역사는 인간의 역사가 되었고, 동시에 반대로 인간은 일원론적 역사 속에 매몰되어 인간의 역사는 인간 자신의 역사가 아닌 신의 역사가 되어 버렸다.[48]

둘째, 그의 역사관은 서구 역사 독선주의다. 헤겔의 역사는 한 사람만이 자유를 알았다는 동양 세계에서 몇 사람이 자유를 알았다는 그리스와 로마의 세계로, 다시금 만인이 자유를 알았다는 게르만 세계에서 완성되므로, 유럽만이 세계사의 중심이며 아시아의 세계는 역사의 출발점으로서의 가치만을 가질 뿐이다. 뿐만 아니라, 아프리카는 아예 역사의 세계에 속하지도 못한다. 지중해가 세계사의 중심이며 세계의 심장부다. 헤겔은 이러한 자신의 주장을 뒷받침하기 위해 역사의 지리적 기초라는 지리학적 원리를 제시하지만 그것이 서구 중심주의적 해석임을 숨길 수 없다. 그는 역사가 일원론적으로 변증법적 과정을 거쳐 발전해 와서 그 종착역에 도달했음을 너무 성급하게 단정함으로써 그 후에 전개된 역사 발전을 설명할 수 없었고, 동양 사회의 역사에 관해서는 특히 왜곡된 해석의 흔적을 지울 수 없었다.

셋째, 이념이 그의 목적을 실현하는 도구인 개인의 정열과 이성의 간계에 관한 문제다. 헤겔에 있어서 인간은 역사의 참된 주인공이 아니다. 인간의 역사는 이성의 간계가 조종하는 이성의 역사다. 아무리 위대한 인간이라 할지라도 역사를 창조하거나 지도할 수 없다. 그것은 이성의 간계만이 가능하다. 헤겔의 이성의 간계란 바로 그의 변증법적 방법의 신비를 상징한다. 그의 변증법은 모순과 대립의 현실에 질서와 의미를 부여하는 방법이면서도, 동시에 아무런 연관성이 없는 사실에까지 마술적 지팡이를 휘둘러 연관시킴으로써 사실을 왜곡한다. 이것에 의해 우연이 필연으로 되고 필연이 우연으로 변전됨으로써, 역사상의 모든 죄악과 불행까지 불가피한 필요악으로 등장한다. 헤겔은 한편으로는 계몽 시대의 진보라는 낙관론에 뿌리를 박고, 다른 한편으로는 종교적 섭리를 이성의 법칙으로 해석했다. 그의 이성의 간계란 개인적 욕망의 충족 과정에서 전체 이익은 자연적으로 조화된다는 아담 스미스(A. Smith)의 "보이지 않는 손"(invisible hand)[49]과 같은 의미다. 그의 이성의 간계는 오늘날 아담 스미스에 의해 대표되는 초기 자본주의의 자유방임주의의 모순과 함께, 더 이상 받아들여질 수 없는 상황이다. 헤겔 자신이 신의 섭리로써 세계를 설명하는 것은 불합리하다고 했듯이 이성의 간계로서 역사를 설명하는 것역시 불합리해 보인다.

3장

역사는 생산력의 발달 과정이다: 유물 사관

유물 사관은 인류의 역사를 생산력과 생산 관계의 통합인 '생산 양식'의 발달 과정으로 본다. 생산 양식은 정치적, 문화적, 정신적 생활의 기초가 된다. 우리는 이러한 구조를 경제적 토대와 상부 구조로 구분한다. 사람들이 그들의 존재를 규정하는 것이 아니라, 그들의 사회적 존재가 그들의 의식을 규정한다는 마르크스의 주장은 경제적 토대의 중요성을 가장 잘 나타내는 명제이다. 유물 사관은 생산 양식의 변천에 따라 인류의 역사를 다섯 단계로 나눈다. 원시 공산 사회, 고대 노예 제도 사회, 중세 봉건 사회, 근대 자본주의 사회, 미래의 공산 사회가 그것이다. 공산 사회를 제외하고는 계급이 존재하며, 계급투쟁에 의해 생산 양식의 변천이 이루어진다. 주인과 노예, 영주와 농노, 자본가와 노동자는 각각의 생산 양식에 따른 대립적 계급들이다.

유물 사관은 매우 포괄적이고 난해하다. 우리가 이것을 나름대로 재구성하지 않고는 이해하기 어렵다. 제럴드 코헨에 의해 제시된 생산력 기능주의는 역사적 유물론에 대한 비판적 재구성의 원리이다. 그것은 정통적 해석 속에 함축되어 있던 긴장을 나름대로의 원리에 입각해서 명료하게 해소하고자 한다. 정통적 해석의 긴장은 다음과 같이 요약할 수 있다. 1) 생산력이 생산 관계에 우선한다고 주장하면서 동시에 생산력 발전이 생산 관계의 영향 아래 종속된다고 주장한다. 2) 상부 구조가 경제적 토대에 종속된다고 주장하면서 동시에 후자가 전자에 의해 조절되기도 한다고 주장한다. 3) 역사가 필연적으로 전개된다고 하면서 동시에 인간의 실천에 의해서만 역사가 창조된다고 주장한다.

생산력 기능주의는 먼저 생산력과 생산 관계의 상호 작용하는 두 항 중 생산력에 비중을 두는 생산력 우위라는 입장을 취하면서 생산 관계를 생산력에 대한 기능적 관계로서 설명하고자 한다. 동시에 상부 구조의 하부 구조에 대한 관계도 기능적 관계로서 해석한다. 뿐만 아니라 역사의 필연성과 실천의 문제도 구조의 필연적 전개라는 기능주의적 관점에서 해명하려고 한다.

이 장에서는 먼저 이런 생산력 기능주의의 재구성 원리를 생산력과 생산 관계, 토대와 상부 구조에 대한 새로운 규정에 기초하여 해명하고, 생산력 우위론의 구성 논제들이 어떻게 기능적으로 연관되어 있는가를 밝히고자 한다. 다음으로 생산력 기능주의가 갖는 두 가지 문제점, 즉 기능주의적 설명이 갖는 문제점과, 기능주의가 주장하는 합리성과 역사적 필연성의 양립 가능성에 관해 문제점을 제시한다.

1 재구성의 문제 상황

'역사적 유물론'의 재구성은 여러 학파들에 의해 다양하게 전개되어 왔다. 마르크스주의의 정통적 해석 외에도 비판적 마르크스주의와 구조적 마르크스주의의 재구성들은 이미 널리 알려져 있고, 최근에는 포스트 마르크스주의와 분석적 마르크스주의의 재구성이 논란의 대상이 되고 있다.[1] 재구성이란 무엇인가? '재구성'이라는 용어를 중요한 학문적 술어로 등장시킨 위르겐 하버마스(J. Habermas)는 그것을 다음과 같이 규정한다. "재구성은 어떤 이론이 설정하고 있는 목표를 더욱 훌륭하게 달성할 수 있도록 그 이론을 해체시켜서 하나의 새로운 형식으로 그 해체된 것을 결합시키는 것이다."[2] 재구성의 필요성은 분명하다. 어떤 이론 체계나 사상은 그들이 주제로 삼았던 상황이 바뀌면 새로운 검토와 설명을 필요로 하게 된다. 그것은 새로운 과학의 언어로 옷을 갈아 입어야 하며, 잘못된 부분들은 수정되고 보완되지 않으면 안 된다.

역사적 유물론의 경우 재구성의 필요성은 더욱 절실하다. 마르크스주의 일반이 위기에 처해 있고, 이론과 실천을 연결 짓는 역사적 유물론의 재구성만이 이런 위기를 극복할 수 있다고 여겨지기 때문이다. 알튀세(L. Althusser)가 설명한 대로 "마르크스주의는 자신의 역사적 비극을 저주하거나 통탄하면서 종결되지는 않을 것으로 보인다."[3] 뿐만 아니라 역사적 유물론의 재구성은 처음부터 요청되었다고 할 수도 있다. 마르크스와 엥겔스에 의해 구성된 역사적 유물론은 그 자체 속에 이미 수많은 이론적 긴장을 함축하고 있었기 때문이다.

호르헤 라라인(J. Larrain)의 연구에 의하면, 비록 역사적 유물론이 마르크스와 엥겔스의 협동 작업의 유산이라 해도, 마르크스 자신은

'역사적 유물론'이란 표현을 사용하지도 않았고, 그것의 정의와 체계적 논의를 제공하지도 않았다. '유물론적 역사 개념'이나 '역사적 유물론'이라는 용어와 그것에 대한 형식적 정의는 엥겔스에 의해 만들어진 것이다.[4)]

엥겔스는 『유토피아적 사회주의와 과학적 사회주의』에서 역사적 유물론을 "모든 중요한 역사적 사건의 궁극적 원인과 결정적 동력을 사회의 경제적 발전에서, 생산 방식과 교환 방식의 변화에서, 또한 이 변화에 의해서 생기는 사회의 상이한 계급으로의 분열과 이들 계급 간의 투쟁에서 찾는 역사의 경로에 대한 견해"[5)]라고 정의한다. 이러한 입장은 『반뒤링론』에서도 그대로 유지된다. 『반뒤링론』은 사회주의에 대한 체계적 종합의 필요를 충족시켰고, 이것은 베른슈타인(E. Bernstein), 카우츠키(K. J. Kautsky), 플레하노프(G. V. Plekhanov) 등에 의해 마르크스주의에 대한 백과전서적 입문으로 해석되었으며, 이렇게 되어 역사적 유물론에 대한 정통적 해석이 출현했다. 이러한 정통적 해석은 스탈린의 유명한 팸플릿인 「변증법적 유물론과 역사적 유물론」에서 완성되고, 그 중요한 내용은 소비에트의 여러 입문서들과 서구의 몇몇 저자들에 의해 최근까지 반복되고 주석되었다.[6)] 그 기본 명제들은 다음과 같이 정식화될 수 있다. 첫째, 역사적 유물론은 변증법적 유물론의 원리들을 사회 및 역사 연구에 적용한 것이다. 둘째, 의식은 물리적 실재의 반영이다. 셋째, 생산력은 역사를 통해 발전하는 경향이 있으며, 경제 구조의 변화와 그에 따른 다른 변화를 규정하는 중요 요인이다. 넷째, 역사는 불가피하게 인류를 무계급 사회에 이르게 하는 자연사적 법칙의 진행 논리에 따라 보편적이고 필연적인 단계들을 거쳐 발전한다.

역사적 유물론의 재구성 작업들은 결국 이런 정통적 해석을 수정, 보완하거나 혹은 거부하면서, 마르크스, 엥겔스의 저술들에 기초해서 역사적 유물론에 대한 재해석을 시도하는 것이다. 우리는 이런 재구성을 비판적 재구성과 해체적 재구성으로 나눌 수 있다. 비판적 재구성은 원래의 이론 체계나 사상이 갖고 있던 기본 이념과 입장을 어디까지나 새로운 패러다임 안에서 보완, 개선하는 것이다. 해체적 재구성은 원래 사상의 폐기와 새로운 패러다임에로의 대체에 초점을 맞추는 것이다. 여기서는 이론적 난관의 돌파와 해소, 개념의 재해석과 기본 이념의 재정식화 및 새로운 방법론의 도입과 정교화 등이 추구된다.

제럴드 코헨에 의해 제시된 생산력 기능주의는 역사적 유물론에 대한 비판적 재구성의 원리이다.[7)]

2 기본틀에 대한 새로운 규정

역사적 유물론은 생산력과 생산 관계, 토대와 상부 구조라는 두 쌍의 기본 골격을 갖고 있다. 생산력은 생산 관계와 쌍을 이루며, 토대는 상부 구조와 쌍을 이룬다. 이들 각각의 범위와 이들의 관계에 대한 해석이 다름에 따라 역사적 유물론은 전혀 다른 모습을 띠고 나타난다. 생산력 기능주의는 첫째, 생산 관계는 생산력의 발달 수준에 의해 설명되며, 둘째, 생산 관계만이 토대를 이루며, 셋째, 생산력과 생산 관계, 토대와 상부 구조가 상호 기능적 관계에 있다는 것을 주장하는 것이다.

1) 생산력과 생산 관계
기본적으로 '생산'이란 자연물에 사람의 힘을 가하여 생활에 필요한 재화를 만들어 내는 일을 가리킨다. 그러므로 생산력이란 필요한 재화를 만들어 낼 수 있는 힘을, 생산 관계란 생산의 과정에서 맺어지는 사람들 사이의 사회적 관계 혹은 생산력과 사람들 사이에 의해 이루어지는 관계를 의미한다. 마르크스는 '생산력'이란 말 대신에 '물질적 생산력'이란 용어들도 자주 사용하는데, 이것은 물질적 산물들을 만들어 낼 수 있는 능력을 강조하기 위해서이다.[8] 코헨은 생산력을 다음과 같이 목록화한다.[9]

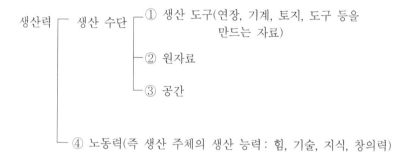

인간은 생활 필수품이 없으면 존재할 수 없고, 이것을 확보하기 위해 노동하지 않으면 안 된다. 이런 노동의 과정은 대체로 자연의 원자료를 가공하고 변형시키는 일이다. 이때 우리는 여러 가지 도구를 사용한다. 이러한 도구는 기계, 장치, 공장, 운수 등 돌도끼에서부터 원자력까지를 모두 포함한다. 인간은 이러한 도구들의 도움을 받아야만 더욱 효율적으로 자연을 변형시켜 필요한 재화를 만들어 낼 수 있다. 그렇지만 생산 도구가 그 자체만으로 재화를 만들어 내는 것은 아니다. 아무리 훌륭한 기계라 해도 그것 자체로는 금속 덩어리에 불과할 것이다. 그것이 효력을 발휘하기 위해서는 사람의 손으로 조작되어 효율적으로 사용되지 않으면 안 된다. 바로 이점 때문에 사람들 자체의 경험, 숙련, 지식, 그리고 능력은 생산력의 본질적 요소가 된다.

이들 항목은 생산 주체가 재화를 만들어 낼 때 연관되는 다양한 측면을 나타낸다. 이때 우리는 생산적 활동에 도움을 주지만 그것 자체가 생산적이지는 않은 생산의 필요 조건이나 요소를 구분할 필요가 있다.[10] 예컨대 법률이나 도덕이나 정부는 생산을 위한 필요한 조건이지만 그것 자체가 바로 생산력인 것은 아니다.

정통적 해석은 생산력의 일차성을 주장한다. 코헨, 맥머트리(J. McMurtry), 쇼(W. H. Shaw) 등도 마찬가지다. 그렇지만 이들이 생산력이라는 말로 이해하고 있는 것이 모두 동일한 것인지는 분명하지 않다. 같은 문제가 역사를 생산력의 성장으로 규정할 때도 발생한다. 이런 혼란의 원천은 따지고 보면 마르크스와 엥겔스에서부터 시작된다고 할 수 있다. 왜냐하면 그들은 결코 생산력의 내용을 엄밀하게 정의하지도 않았고, 생산력과 생산 관계 간의 엄밀한 구별을 상술하지도 않았기 때문이다.

정통적 해석에 의하면 생산력은 생산 수단과 노동 숙련을 포함할 뿐만 아니라 사람들(노동자들)과 협업 양식(노동 관계)도 포함한다. 그렇지만 과학은 생산력에 포함되지 않는다. 협업 양식이 생산력이라는 것을 마르크스는 다음과 같이 주장한다. "일정한 생산 양식이나 산업적 단계는 항상 일정한 방식의 공동 작업이나 사회적 단결과 결합되어 있으며, 이러한 공동 작업 방식은 그 자체가 하나의 생산력이다."[11]

빌트(A. Wildt)가 잘 지적하듯이[12] 마르크스에 있어서는 개인의 완전한 발전을 위한 여가 시간,[13] 아직 기술적으로 전환되지 않은 과학,[14] 고대 사회의 공동체,[15] 내부적 교통,[16] 교통수단,[17] 근대 초기의 무역,[18] 세계 시상,[19] 자본주의적 매뉴팩처 노동 조직,[20] 그리고 공동 경제 형태들[21]이 모두 분명히 생산력으로 표현되어 있다. 이런 견해를 더욱 극대화시킨 코르시(K. Korsh)는 잠재적 생산력 자체만을 생산력으로 보는 것이 아니라, 그와 같은 조건들로 기능하는 모든 것들을 모두 생산력으로 취급하고자 한다. 말하자면 사회적 삶의 필요들을 충족시키기 위한 물질적 수단의 생산에 기여하는 것은 모두 생산력이라는 것이다. "인간의 노동력의 효율(그러므로 자본주의적 생산 관계 아래서 필연적으로 착취자의 이익)을 증대시키는 모든 것은 새로운 사회적 생산력이다."[22]

그렇지만 개념의 이런 극단적 확대는 생산력과 생산 관계의 구분을 불가능하게 한다. 이러한 해석에 의하면 생산 관계는 그 자체가 생산력으로 간주되기 때문이다. 이에 따라 생산력과 생산 관계의 상호 작용은 생산력 내부에서의 작용으로 해석되어 역사적 유물론의 체계 전체가 완전히 다르게 해석되지 않을 수 없게 된다. 같은 논리로 토대와 상부 구조의 구분도 불가능하게 된다. 예컨대 정부나 권력도 생산력으로 분류되어 전통적인 해석에서의 상부 구조가 모두 토대로 해석될 수도 있기 때문이다. 이것은 더 나아가 모든 혁명적 이론을 무력화시킨다. 왜냐하면 계급 구조는 생산 수준을 향상시키는 동안에는 언제나 생산력에 속하게 될 것이고, 그럴 경우 그것을 타파해야 할 어떠한 이유도 성립하지 않기 때문이다.

이러한 여러 이유들 때문에 코헨은 생산력을 엄격하게 규정해야 한다고 제안한다. 코헨에 의하면,[23] 어떤 것이 생산력으로 규정되기 위해서는 가) 그것이 생산자에 의해서 사용되어 그 결과 생산이 이루어질 수 있어야 하며, 나) 그것이 어떤 사람의 의도에 의해 생산에 기여해야 한다. 그리고 우리가 어떤 것이 생산력인지 아닌지를 물을 때, 역사적 유물론에서 그 개념이 차지하는 위치에 대해서도 고려해 보지 않으면 안 된다.[24] 즉 생산력에 대해서 다음과 같은 여러 논의들이 진행될 수 있어야 한다. ① X의 소유(혹은 비소유)가 사회의 경제적 구조에서 X의 소유자가 확보한 지위를 정의하는 데 도움이 될 때만, X는 생산력이다. ② 생산력은 역사 속에서 발전한다. ③ 한 사회의 경제적 구조의 특성은 그 구조에 사용될 수 있는 생산력의 본성에 의하여 설명된다. ④ 생산 관계는 생산력의 발전과 사용을 속박할 수 있다.

생산력에 대한 이런 기준에서 본다면 생산력을 구성하는 여러 요소들에 대한 규정은 정통적 분류와 매우 달라질 수 있다. 먼저 노동력을 보자. 정통적 해석은 노동, 노동력, 노동자를 엄밀하게 구분하지 않고 모두 생산력으로 취급한다. 그렇지만 코헨은 노동력만이 생산력으로 분류될 수 있을 뿐 노동 행위 자체와 노동자는 생산력에서 배제시킬 수밖에 없다고 본다.

그 이유를 그는 다음과 같이 제시한다.[25] 첫째, 노동 행위 자체는 생산에 사용되는 것이 아니라 그것이 바로 생산이기 때문이다. 둘째, 가치를 갖는 것은 노동 행위가 아니라 노동 행위에서 발휘되는 노동력이며, 셋째, 노동자가 자본가에게 파는 것은 노동이 아니라 노동력이기 때문이다. 같은 논리로 노동자도 그 자체로는 생산력일 수 없다. 그는 노동력의 소유자이다. 그러므로 노동자는 그의 의도가 억압되어 물리적 대상으로 사용될 때 이외는 생산력이 아니다. 그렇지만 이러한 해석이 노동자 자신을 최대의 생산력으로 보는 마르크스의 주장과 어떻게 양립할 수 있을까? 마르크스는 분명히 다음과 같이 주장했다. "모든 생산 수단들 가운데서 가장 큰 생산력은 혁명적 계급 그 자체이다."[26] "인간 자신이 가장 중요한 생산력이다."[27] 코헨은 이런 마르크스의 언급들을 노동자 계급의 힘을 강조하기 위한 수사적 표현으로 해석하고자 한다. 노동력과 그것의 소유자들을 모두 생산력으로 긴주하는 것은 이치에 맞지 않은 것으로 보기 때문이다.

과학이 생산력의 구성 요소인가의 문제도 논쟁거리다. 정통적 해석은 다음과 같은 두 가지 이유 때문에 과학을 생산력에서 배제하고자 한다. 첫째로, 과학은 상부 구조이고 이데올로기적이다. 그러므로 생산력에 귀속될 수 있는 근본적인 지위를 갖고 있지 않다. 둘째로, 생산력은 물질적인 데 반해 과학은 정신적이다. 이에 대해 코헨은 다음과 같은 반론을 편다.[28] 과학은 상부 구조도 이데올로기도 아니며, 생산력에는 정신적 생산력도 포함한다. 과학은 정신적 생산력이다. 그러므로 과학은 생산력에 포함된다.

이제 생산 관계의 문제를 검토해 보자. 생산력과 짝을 이루는 생산 관계는 생산이 이루어지는 과정에서 형성되는 관계이다. "생산 관계는 사람들에 의한 생산력의 소유 관계이거나, 사람들의 소유 관계이다. 혹은 그런 소유 관계를 전제하는 관계이다."[29] 이때 소유 관계는 '법률의 문제'라는 어려운 문제를 제기한다.[30] 만일 경제 구조가 소유 관계로 구성되어 있다면, 그 구조는 어떻게 그것이 설명하는 것으로 여겨지는 '법적 상부 구조'로부터 구분될 수 있겠는가? 플레하노프가 잘 지적하였듯이,[31] 인간의 소유 관계는 그들의 법률적 관계의 영역에 속한다. 소유는 무엇보다 법률적인 제도에 기초해 있기 때문이다. 그러므로 역사적 현상을 이해하는 요체가 인간의 소유 관계에서 찾아져야 한다고 말하는 것은 이 요체가 법률적 제도 속에 있다고 말하는 것을 의미한다. 이것은 이데올로기적 상부 구조와 경제적 하부 구조의 구분을 불가능하게 한다.

우리가 생산 관계를 법률적 소유 관계로 해석한다면, 역사적 유물론은 다음과 같은 논리적 모순에 빠진다.[32] 말하자면 왼쪽과 오른쪽은 서로 양립할 수 없는 상황이 된다.

경제 구조는 생산 관계로 구성된다. : 법률은 상부 구조의 부분이다.

경제 구조는 상부 구조와는 구분된다. : 생산 관계는 법률적 용어로 정의된다.

이 문제에 대한 코헨의 해결책은 생산 관계를 법률적 소유 관계가 아니라, 사실상의 권력의 관계로 해석하는 것이다. 즉 권리와 권력을 구분함으로써 법률 중립적 생산 관계를 정립하는 것이다. 권리란 법률적으로 보장된 권한이며 권력이란 무언가를 수행할 수 있는 힘을 의미한다. 권력과 권리가 항상 일치하는 것은 아니다. 그렇지만 합법적인 권력의 소유는 그것에 상응하는 권리의 소유를 수반하며, 어떤 효율적 권리의 소유는 그에 상응하는 권력의 소유를 수반한다. "f를 행할 권력이란 f를 행할 당신의 권력이 효율적인 경우에 f를 행할 권리에 부과해서 당신이 가지는 것이며, f를 행할 권리란 f를 행할 당신의 권리가 합법적인 경우에 f를 행할 권력에 부과해서 당신이 갖는 것이다."[33] 이렇게 해서 생산 수단을 사용할 수 있는 권리는 생산 수단을 사용할 수 있는 권력으로 정의되며, 다른 사람으로 하여금 생산 수단을 사용하지 못하도록 할 수 있는 권리는 동일한 일을 할 수 있는 권력으로 정의된다. 그러므로 생산 관계는 생산력에 대한 법률적 소유 관계가 아니라 실질적 권력 관계(즉 통제 관계)인 것이다.

코헨은 대표적인 생산 관계를 다음과 같이 분류한다.[34]

① X는 Y의 노예이다.

② X는 Y의 주인이다.

③ X는 Y의 농노이다.

④ X는 Y의 영주이다.

⑤ X는 Y에 의해 고용되어 있다.

⑥ X는 Y를 고용한다.

⑦ X는 Z를 소유한다.

⑧ X는 Z를 소유하고 있지 않다.

⑨ X는 Z의 노동력을 Y에게 임대한다.

⑩ X는 Y를 위해 노동하지 않으면 안된다.

노예제 사회를 상정한다면, 이 모든 관계는 사람들 사이의 관계라고 할 수도 있다. 어떤 사회를 막론하고 ①, ②, ③, ④, ⑤, ⑥, ⑨, ⑩은 사람들 사이의 관계라고 할 수 있고, ⑦, ⑧은 사람과 사물의 관계를 나타낸다고 할 수 있다.

생산력과 생산 관계 중 어느 쪽에 비중을 두느냐에 따라 생산력 우위론과 생산 관계 우위론이라는 다른 해석이 나타난다. 마르크스, 엥겔스에서부터 시작해서 플레하노프, 카우츠키, 스탈린 등 정통적인 역사적 유물론자들과 쇼, 맥머트리, 코헨 등은 모두 생산력 우위론자들이다. 반면에 레닌, 알튀세, 발리바르 등은 생산 관계 우위론자들이다. 생산력 우위론자들에 있어서 생산력은 역사적 변화를 규정한다. 그것은 경제 구조에 제한을 가하고 궁극적으로는 그것을 전복하며, 법률적 정치적 상부 구조에 그것의 내용을 불어넣는다. 특히 코헨에 의하면, 생산 관계의 본성은 그것에 의해 포용되는 생산력의 발전 수준에 의해 설명된다. 반면에 생산 관계 우위론자들은 모든 사회 관계 중에서 생산 관계를 가장 기본적이고 근원적인 관계로 보면서, 계급투쟁을 통한 생산 관계의 변혁을 강조한다. 발리바르에 의하면, "생산력과 생산 관계의 현실적 구분은 생산 관계의 우위 없이는 결코 생각할 수 없다."[35]

2) 토대와 상부 구조

역사적 유물론의 근본적 골격 중의 하나인 토대와 상부 구조에 대한 해석도 끝없는 논쟁의 대상이 되어 왔다. 가장 전통적인 해석에 따르면 생산력과 생산 관계가 함께 토대를 이루며, 정치, 법률, 과학, 철학, 종교, 예술을 비롯한 온갖 이데올로기와 모든 비경제적 제도들은 상부 구조를 형성한다. "인간 사회는 생산력과 그것과 연관된 생산 관계로 구성되는 물질적 토대를 가지는데, 이것이 경제 구조이다. 그리고 경제적 토대가 아닌 나머지 모두는 상부 구조를 이룬다."[36]

상부 구조에 대해 마르크스는 "법률적, 정치적, 종교적, 예술적, 또는 철학적 형태, 즉 …… 이데올로기적 형태들"[37]이라고 규정한다. 이에 기초하여 레닌은 일체의 사회 관계를 물질적 관계와 이데올로기적 관계로 나눈 후, 물질적 관계는 경제적 구조로, 이데올로기적 관계는 경제적 구조 위에 세워진 상부 구조로 규정한다.[38] 그렇지만 코헨은 상부 구조의 범위를 제한하고자 한다. 그에 의하면 고전적 마르크스주의에는 '상부 구조'에 관한 두 개의 다른 정의가 내포되어 있다.[39]

① 상부 구조 = 모든 비경제적 제도들
② 상부 구조 = 그 성격이 경제 구조의 본성에 의해서 설명되는
   비경제적 제도들

이 두 정의 중에서 코헨은 두 번째 정의를 더욱 적절한 것으로 간주한다. 그 이유는 첫 번째 정의를 채택할 때, 경제적 구조의 성격을 반영하지 못하는 상부 구조의 존재를 설명할 수 없기 때문이다. 즉 경제적 구조와는 독립적으로 존재하는 어떤 상부 구조가 존재할 때, 이것을 상부 구조라고 부를 이유란 없다는 것이다. 그렇지만 두 번째 정의를 받아들일 때, 우리는 다시 비경제적 제도들 중 어디까지가 상부 구조인가 하는 본질적인 물음을 던질 수 있다. 이에 대한 코헨의 대답은 이미 주어져 있다. 그는 토대와 상부 구조의 관계를 기능적 관계로 보고자 한다. 그러므로 상부 구조의 성격이 경제적 구조의 본성에 의해서 설명된다는 것은 그것들이 기능적 관계 속에 있다는 것을 의미한다. "온갖 비경제적 현상들 모두가 상부 구조인

것이 아니라, 그 현상의 기능이 경제와 지배 계급에 질서를 부여하거나 안정을 유지시키기 때문에 상부 구조인 것이다."[40]

토대의 문제에 대해서도 코헨은 새로운 규정을 내린다. 그는 정통적 해석과는 달리 생산 관계만이 경제적 구조라는 토대를 구축한다고 해석함으로써 생산력을 토대로부터 배제시킨다. "우리는 생산 관계만이 경제적 구조를 구성한다고 암묵적으로 결론짓는다. 이것은 생산력은 경제 구조의 부분이 아니라는 것을 의미한다."[41]

이러한 코헨의 주장은 "생산력은 모든 사회 조직의 물질적 토대이다."[42]라는 마르크스의 주장과 모순되는 것처럼 보인다. 액턴 역시 "인간 사회는 생산력과 그에 연계된 생산 관계로 구성되는 물질적 토대를 가지며, 이것이 곧 경제 구조이다."[43]라고 해석한다. 그렇지만 코헨은 토대의 의미를 두 가지로 분석함으로써 이런 난점을 피하고자 한다.[44]

①X는 Y의 토대$_1$이다. = X는 Y의 부분인데, Y(의 나머지 부분)가 그것에 의존한다.
②X는 Y의 토대$_2$이다. = X는 Y에 외적으로 관계하며, Y(의 전체)가 그것에 의존한다.

예컨대 집의 주춧돌은 집의 일부분이고, 건물은 그것에 의존해 있다. 그러므로 주춧돌은 집의 토대라고 했을 때, 이것은 토대 ①의 의미라고 할 수 있다. 반면에 동상의 받침돌은 엄밀히 말해서 동상의 일부분이 아니다. 그것은 동상의 기초가 되어 있는 것은 사실이지만, 동상과는 별개의 사물로서 관계를 맺고 있다고 할 수 있다. 그러므로 이 경우는 토대 ②의 의미일 수밖에 없다. 같은 논리로 생산력은 사회의 토대이긴 하지만, 토대 ②의 의미에서 그렇기 때문에 엄밀한 의미의 토대는 아니라고 할 수 있다. "경제 구조는 그 자체가 사회적 현상이기 때문에 사회 구성체의 토대 ①이다. 반면에 그것은 상부 구조의 토대 ②이다. 그것 자체가 상부 구조는 아니기 때문이다."[45]

토대와 상부 구조에 대한 이런 제한적 해석과 함께 코헨의 이론이 갖는 가장 큰 특징은 이들의 관계를 기능적 관계로서 설정하는 것이다. 말하자면 상부 구조에 대한 토대의 우위성을 주장하면서, 법률적, 정치적 상부 구조의 성격을 경제적 토대에 대한 기능적 역할로서 설명하고자 하는 것이다.

3 생산력 우위론의 구성 논제들과 그것들의 기능적 연관 구조

1) 중심적인 구성 논제들

코헨이 주장하는 생산력 우위론은 생산력이 생산 관계보다 일차적이라는 주장이다. 생산력 우위론은 진정한 의미의 우위 논제(The Primacy Thesis Proper)와 발전 논제(The Development Thesis)로 구성되며, 이 둘은 결합해서 하나의 쌍을 이룬다.[46]

가) 발전 논제 : 생산력은 역사 전반에서 발전하는 경향을 갖는다.

나) 우위 논제 : 한 사회의 생산 관계의 본성은 그 사회의 생산력의 수준에 의해서 설명된다.

발전 논제 가)는 단순히 생산력이 역사의 전 과정을 통해 발전해 왔다는 역사적 사실을 주장하는 것이 아니다. 그것은 생산력이 계속해서 발전하는 보편적 성향을 주장한다. 진정한 우위 논제 나)는 생산력의 변화가 생산 관계의 변화를 초래한다는 것을 함축한다.

코헨은 우위 논제에 대한 논증을 마르크스의 『정치, 경제학 비판』 서문의 분석에서부터 출발한다.[47]

그들이 영위하는 사회적 생산에서, 사람들은 불가피하게 그들 자신의 의지와는 독립된 어떤 관계 속에 편입된다. 즉 그들은 물질적 생산력의 어떤 발전 단계에 상응하는 생산 관계 속에 들어간다. 이러한 생산 관계의 총체가 사회의 경제적 구조를 형성하며, 이 실질적 토대 위에 법률적, 정치적 상부 구조가 세워지고 그리고 이 토대에 상응하는 일정한 사회 의식의 형태가 나타나게 된다.

물질적 삶의 생산 양식이 사회적, 정치적 및 지적인 생활 과정 일반을 조건지운다. 사람들의 의식이 그들의 존재를 결정하는 것이 아니라 반대로 그들의 사회적 존재가 그들의 의식을 결정한다. 사회의 물질적 생산력은 그 발전의 어떤 단계에서 기존의 생산 관계와 모순에 돌입한다. 혹은 법률적으로 표현한다면 사회의 물질적 생산력은 지금껏 조화 관계에 있던 소유 관계와 모순에 돌입한다. 생산력의 발전 형태로부터 이러한 생산 관계는 하나의 질곡으로 바뀐다. 이때 사회 혁명의 시기가 도래한다. 경제적 기초의 변화와 함께 거대한 상부 구조 전체가 조만간 급속하게 변형된다.

자주 인용되는 유명한 이 서문의 핵심은 생산력과 생산 관계, 토대와 상부 구조 간에 이루어지는 상응, 질곡, 모순, 변형의 관계들에 대한 설명이라 할 수 있다. 코헨은 먼저 상응(entsprehen)의 관계에 대한 정교한 분석을 통해 생산 관계에 대한 생산력 우위 논제를 확립하려고 한다. 생산력과 생산 관계를 변증법적 상호 작용 관계로 보려는 대다수의 정통주의자들은 대체로 상응한다는 동사의 의미를 대칭적으로 해석한다. 말하자면 X가 Y에 상응한다면, Y는 X에 상응한다는 식이 그것이다. 이렇게 될 때 생산 관계가 생산력에 상응한다면, 생산력 역시 생산 관계에 상응하지 않으면 안 된다. 그렇지만 코헨의 주장에 의하면 '상응한다'는 동사에 대한 대칭적 해석은 틀릴 수밖에 없다. 이러한 해석으로는 두 번째 구절의 '상응한다'는 동사를 제대로 설명할 수 없기 때문이다. 말하자면 사회적 의식의 형태와 경제적 구조가 서로 대칭적으로 상응한다는 것은 토대가 상부 구조를 결정한다는 유물 사관의 기본 원리와 전혀 맞지 않기 때문이다. 그러므로 코헨은 생산력과 생산 관계가 대칭적이 아니라 일방적 성격을 띠고 있으며, 따라서 생산력의 변화가 생산 관계의 변화를 초래하고, 한 사회의 생산 관계의 본성은 그 사회의 생산력의 발전 수준에 의해서 설명된다는 생산력 우위 논제가 올바른 해석이라고 주장한다.[48] 코헨은 위에 인용한 『정치, 경제학 비판』 서문 이외에도 생산력 우위을 함축하는 마르크스의 수많은 주장들을 전거로 제시한다. 사실 마르크스는 여러 곳에서 생산력 우위를 강력하게 역설했다.

인간이 획득하는 생산력의 변화는 필연적으로 생산 관계의 변화를 초래한다.[49] "사회 관계는 생산력과 밀접하게 연관되어 있다. 새로운 생산력을 획득함으로서 인간은 그들의 생산 양식을 변화시킨다. …… 풍력 제분기는 봉건주의 사회를 낳았고, 증기 제분기는 산업 자본가의 사회를 낳았다."[50] "새로운 생산 시설의 획득과 더불어 인간은 그들의 생산 양식을 변화시킨다. 그리고 생산 양식과 더불어 단지 특정한 생산 양식에 적합한 관계일 뿐인 모든 경제적 관계를 변화시킨다.[51] "사람들은 생산력을 발달시키면서, 즉 살아가면서 다른 사람과 어떤 관계를 발달시킨다. 이 관계의 본성은 이런 생산력의 변화와 성장에 따라 변할 수밖에 없다."[52] "국가의 경제적 관계와, 따라서 사회적, 도덕적, 정치적 상태는 물질적 생산력의 변화에 따라 변한다."[53]

이렇게 명백한 증거들에도 불구하고 생산력 우위 논제를 수용하지 않으려는 분위기가 광범위하게 유포된 이유는 어디에 있을까? 이

에 대해 우리는 다음과 같은 이유를 들 수 있다.[54]

　마르크스의 저술 속에는 생산력 우위 논제와 모순되는 주장도 많이 있다. 말하자면 역사의 원동력을 계급투쟁에 두는 입장은 생산력보다는 생산 관계에 비중을 둘 수밖에 없는데, 실제로 마르크스는 『공산당 선언』을 비롯한 여러 문헌에서 이런 주장을 많이 했다. 그리고 마르크스의 이론에서 생산 관계가 생산력에 영향을 주는 것도 부인할 수 없는 사실이다. 그럼에도 생산력 우위만을 주장할 수 있겠는가?

　이런 반론들에 대한 코헨의 대답은 비교적 분명하다. 그는 '모든 역사는 계급투쟁의 역사이다.'라는 『공산당 선언』의 논제를 부정하지 않는다. 그렇지만 그는 이 논제가 그가 주장하는 우위 논제와 양립 불가능하다고 생각하지 않는다. 코헨에 의하면 계급투쟁 논제는 '중요한 역사적 변화들은 계급투쟁에 의해 야기된다.'는 주장으로 해석되며, 계급투쟁이 왜 이런 변화를 야기하는가를 설명하기 위해서는 다시 생산력과 생산 관계의 연관으로 돌아가야 한다. 말하자면 우리가 계급투쟁에서 한 계급이 다른 계급을 누르고 승리하는 이유를 설명하고자 한다면, 계급투쟁에서 승리할 계급은 주어진 시점에서 생산력 발전을 가장 잘 촉진할 수 있는 계급이라고 상정해야 한다. 그러므로 코헨은 계급투쟁과, 따라서 생산 관계에 비중을 두는 마르크스의 여러 언급들도 생산력 우위 논제를 전제하고 있는 것으로 해석한다.[55]

　또한 코헨은 생산 관계가 생산력에 미치는 영향이 전혀 없다고 주장하지 않는다. 이들의 기능적 연관은 생산력에 대한 생산 관계의 영향 역시 함축하고 있기 때문이다.

　코헨은 인간의 합리적 본성을 기초로 생산력의 증가라는 역사의 필연적 과정을 다음과 같이 논증한다.[56]

① 인간은 어느 정도 합리적 존재이다.

② 인간의 역사적 상황은 결핍의 상태이다.

③ 인간은 자신이 부딪친 상황을 개선할 수 있을 정도의 지성을 소유하고 있다.

④ 그러므로 생산력은 역사의 과정을 통해 발전하는 경향이 있다.

여기서 인간은 어느 정도 합리적이라는 사실과 인간은 그들의 상황을 개선할 수 있을 정도의 지성을 소유하고 있다는 사실이, 전제의 중요한 부분을 차지한다. 인간의 역사적 상황은 결핍의 상황이라는 다른 한 전제는 인간이 역사 속에서 마주치는 사실이다. 이런 전제들로부터 '생산력은 역사의 과정을 통해 발전하는 경향이 있다.'는 발전 논제가 도출된다.

그렇지만 역사적으로 고정 불변한 인간성을 거부하는 것이 마르크스주의자들의 전통이라고 할 수 있다. 이런 전통에서 볼 때 코헨의 발전 논제에 대한 논증은 정당화될 수 없지 않을까? 코헨에 의하면 어떤 불변의 행동 양식이 모든 사회에서 반복적으로 나타난다는 주장은 승인되기 어렵다. 반면에 인간성에 관한 지속적 사실이 존재한다는 것을 부정하기도 어렵다. 예컨대 인간은 어떤 생물학적 특성을 가진 포유동물인데, 포유동물의 특징 중의 하나가 자신과 자신의 환경을 변화시킬 수 있을 정도의 탁월한 두뇌를 갖고 있다는 것이다. "인간성이 역사의 과정에서 변화한다는 명제는 '인간성'이라는 매우 중요한 의미에서 주목할 만한 진리이다. 그러나 인간성의 항구적인 속성이 있다는 명제 역시 같은 비중을 갖는, 아마도 동일한 의미에서 진리이다."[57]

코헨의 이러한 설명은 인간성을 이원화시켜 보려는 전략에 기초하고 있다고 할 수 있다. 알렉스 캘리니코스(A. Callinicos)는 인간 본성

(human nature)과 인간의 속성(nature of man)을 구분하고자 한다.[58] 이때 인간 본성은 생물학적 특성을 중심으로 한 인간의 불변적 성향을 의미하고, 인간의 속성은 사회적, 문화적, 상황에 따라 변하는 인간의 가변적 성향을 의미한다. 이런 관점에서 보면 발전 논제의 전제가 되는 인간의 지성과 합리성은 인간의 불변적 성향이라 할 수 있다.

인간이 지성을 소유하고 있다는 것은 그들이 하는 일에 관해 반성할 수 있으며, 그것을 수행하는 보다 우수한 방식을 식별할 수 있다는 것을 의미한다. 합리적이라는 것은 욕구를 만족시킬 수 있는 수단을 강구할 수 있다는 의미이다. 그러므로 결핍의 상황이 주어졌을 때 이 결핍을 해결할 수 있는 우수한 방식들이 고안될 수 있고 따라서 생산력이 발전한다고 주장하는 것은 자연스러워 보인다.

한편 앤드루 레빈(A. Levine)은 코헨의 생산력 우위 논제를 다음과 같은 여섯 개의 논제로 정의한다.[59]

① 양립 가능성 논제(the compatibility thesis) : 생산력 발전의 어떤 주어진 수준은 오직 생산 관계의 제한된 범위와만 양립할 수 있다. 여기서 생산 관계는 경제적 구조나 생산 양식을 포함한다. 그러므로 양립 가능성 논제는 모든 경제적 구조가 아니라 어떤 경제적 구조만이 생산력 발전의 어떤 수준과 짝을 이룰 수 있다고 주장한다. 이 논제의 내용을 코헨에 따라 정식화하면 다음과 같다.[60]

경제적 구조의 형식	상응	생산력 발전의 수준
계급 이전 사회	↔	잉여 가치 없음
자본주의 이전 사회	↔	약간의 잉여 가치
자본주의 사회	↔	약간 높은 잉여 가치
계급 이후 사회	↔	대규모 잉여 가치

② 발전 논제(the development thesis) : 생산력은 역사 전반에서 발전하는 경향이 있다.

이 논제는 생산력이 실제로 계속해서 발전하고 있다는 것이 아니라, 계속해서 발전하는 성향이 있음을 주장한다. 그러므로 이 논제는 사실적인 논제가 아니라 법칙적인 논제이다. 논제②에 의해 생산력과 생산 관계 간의 비대칭성이 주장된다.

③ 모순 논제(the contradiction thesis) : 생산 관계 안에서 발전해 온 생산력은 생산 관계와 더 이상 양립할 수 없는 지점까지 발전할 것이다. 즉 생산력과 생산 관계는 생산력의 발전과 함께 점차 대립하게 되며, 이런 구조적 불안성은 마침내 '모순'이라는 극점에까지 이른다.

논제③은 논제①과 논제②의 결합에 의해 도출된다.

④ 변형 논제(the transformation thesis) : 생산력과 생산 관계가 양립 불가능하게 될 때, 생산 관계는 생산력과 생산 관계의 양립 가능성을 회복할 수 있는 방식으로 변화할 것이다.

생산력과 생산 관계 사이의 모순은 생산 관계가 아니라 생산력을 위해서 해소될 것이다. 그러므로 붕괴되는 것은 생산 관계다. 논제④는 논제①과 논제③으로부터 귀결된다.

⑤ 최적 논제(the optimality thesis) : 주어진 일련의 생산 관계가 생산력의 더 나은 발전에 질곡으로 되어 변형될 때, 그것은 생산력의 더 나은 발전에 기능적으로 최적인 생산 관계에 의해서 대체될 것이다. 이 논제⑤는 논제④로부터 구성된다.

⑥ 능력 논제(the capacity thesis) : 진보적인 사회 변동에 대한 '객관석'인 관심이 존재하는 곳에는 이런 변화를 가져올 능력이 궁극적으로 생겨나게 될 것이다. 이 논제⑥은 우위 논제의 구성 부분이라기보다는 우위 논제가 함축하는 것과 비슷한 낙관주의를 반영한다.

예컨대 자본주의 체제 아래에서 상승하는 노동 계급이 갖게 되는 혁명적 관심은 사회를 혁명화할 능력을 산출해 낸다.

이와 비슷하게 리그비(S. H. Rigby)도 코헨의 생산력 우위론을 나름대로 다음과 같은 논제들로 분석한다.[61]

(가) 인간의 생존과 인간의 사회는 생산 없이는 불가능하다.

(나) 인간은 독특한 방식으로 생산하는데, 이 방식 때문에 인간은 다른 동물과는 구별된다.

(다-①) 일반적으로 사회의 생산 관계(혹은 교통 형식)는 생산력 발전의 수준에 의해서 결정된다.(우위 논제)

(다-②) 마르크스는 사회의 생산 관계가 그 사회의 발전 수준에 의해서 결정된다는 일반적 주장을 했을 뿐만 아니라, 그는 이런 주장을 많은 역사적 사례들로써 해명한다.

(라) 생산력은 역사 전반을 통해 발전하는 내재적인 경향성을 갖고 있다.(발전 논제)

(마-①) 사회의 생산 관계는 그 사회의 생산력의 발전 수준에 상응한다. 그렇지만 이 생산력은 발전하고 변화하는 내재적 경향성을 갖고 있다. 결국 사회의 생산 관계가 생산력의 발전에 뒤떨어져 사회의 생산성의 성장에 족쇄가 되는 때가 온다. 그러므로 생산력이 계속 발전하기 위해서는 이런 낡은 생산 관계가 제거되고 새로운 생산 관계가 요구된다.

(마-②) 마르크스와 엥겔스는 사회의 생산 관계가 주기적으로 그 사회의 생산력 발전에 족쇄가 된다는 일반적 주장을 했을 뿐만 아니라, 생산력과 생산 관계의 갈등 및 사회적 혁명을 통한 그 갈등의 해결에 관한 구체적인 역사적 사례들을 보여 준다.

(바) 생산력 우위성은 본질적으로 생산력이 사회의 생산 관계를 결정한다는 데 기초하고 있다. 그렇지만 생산 관계는 다른 의미에서 기

초적이다. 왜냐하면 생산력이 생산 관계의 토대라면, 이 생산 관계는 다시 사회의 정치적, 이데올로기적 상부 구조의 토대이기 때문이다.

(사) 궁극적으로 마르크스는 다음과 같이 주장한다. 봉건적 생산 양식이 생산력의 성장에 족쇄가 되었던 것과 똑같이, 자본주의는 근대 생산력의 지속적 성장을 가로막는 장애가 되었다. 그 결과는 자본주의적 생산 양식의 위기와 인간 발전의 보다 높은 단계를 위한 기초, 즉 사회주의적 생산 양식의 창조이다.

리그비의 이런 논제들 중에서 중심적인 것은 물론 우위 논제와 발전 논제이다. 그렇지만 이러한 분석들은 기능적 설명을 중심에 놓지 않는 한 코헨의 생산력 우위론의 의미를 완전히 해명했다고 하기는 어렵다.

2) 중심 논제들의 기능적 연관 구조

역사적 유물론의 중심 설명은 그 본성상 돌이킬 수 없을 만큼 기능적이며, 따라서 만일 기능적 설명이 사회 이론 안에서 수용될 수 없는 것이라면, 역사적 유물론은 재구성될 수 없으며, 반드시 거부되어야 한다.[62]

코헨의 이러한 주장은 그가 전통적인 생산력 우위 논제를 기능적 설명과 긴밀하게 연관시켰음을 의미한다. 그러므로 생산력 우위 논제를 독립적인 여러 구성 요소들로 분석하고 그 요소 논제들의 의미를 명료하게 하는 것만으로는 코헨의 재구성적 의미가 완전히 드러나지 않는다.

전통적인 기능적 설명은 순환적 설명이라는 비난을 받아 왔다. 코헨은 결과 법칙(consequence law)이라는 새로운 법칙을 도입함으로써 이러한 비판에 대응하고 기능적 설명을 과학적 설명의 주종을 이루는 인과적 설명과 같은 구조를 갖는 것으로 정교화시키고자 한다. 이런 관점에서 코헨은 기능적 설명을 '설명의 대상이 되는 사건이 다른 무엇인가에 대해 기능적이라고 설명하는 일종의 결과 설명'으로 규정한다. 그리고 기능적 설명에 사용되는 결과 법칙을 다음과 같이 정식화한다.[63]

만약 유형 E 사건이 t_1에서 발생하여 유형 F의 사건을 t_2에서 야기한다면, 그 경우 유형 E의 사건이 t_3에서 일어나게 된다.

이를 생산력과 생산 관계에 적용시켜 보자. 그러면 다음과 같이 될 것이다.[64]

만약 일정한 시점에서 새로운 생산 관계가 선택되어 그 결과로 생산력이 더욱 발전한다면, 그 생산 관계는 일정한 시점에서 선택되게 될 것이다.

코헨은 이를 다음과 같이 정식화한다.

시간 t에서의 생산 관계가 R인 까닭은 주어진 생산력 발전의 수준 아래에서 시간 t에서의 생산력의 사용과 발전을 위해서는 R이라는 생산 관계가 적합하기 때문이다.

코헨이 마르크스를 기능적 설명가로 보는 근본적 이유는 마르크스가 수행한 설명적 결속의 방향 때문이다. 다음의 예를 살펴보자.
① 생산 관계는 생산력에 상응한다.(correspond to)

② 법률적, 정치적 상부 구조는 실질적인 기초 위에서 발생한다. (rise on)

③ 사회적, 정치적, 지적인 삶의 과정은 물질적 삶의 생산 양식에 의해서 조건지어진다.(conditioned by)

④ 의식은 사회적 존재에 의해서 결정된다.(determined by)

여기서 설명 항(생산력, 실질적 기초, 물질적 삶의 양식, 사회적 존재)과 피설명 항(생산 관계, 법률적, 정치적 상부 구조, 사회적, 정치적, 지적인 삶의 과정, 의식)의 관계를 생각해 보자.

코헨은 설명 항이 피설명 항과 맺는 관계가 모두 기능적이라고 해석한다. 말하자면 피설명 항의 성격은 그것을 설명하는 설명 항에 미치는 영향에 의해서 결정된다는 것이다. 그러므로 위의 것들은 다음과 같은 것을 의미하게 된다.

①′ 생산 관계는 생산력을 발전시킬 최대한의 기회를 제공한다. 그리고 생산 관계는 그러한 가치를 제공하기 때문에 유지된다.

②′ 한 사회의 주도적인 사상의 성격은 생산력이 요구하는 경제적 역할의 구조를 유지하려는 그 성향에 의해서 설명된다.

이러한 설명에 의하면 어떤 생산 관계가 지배적인 이유는 그것이 생산력의 발전을 증진시킨 생산 관계이기 때문이다. 이것은 다음과 같이 정식화시킬 수 있다.[65]

a) 생산력 → (생산 관계는 생산력의 성장을 위해 가장 적합하다.) → 생산 관계

[PF → (RP는 △PF를 위해 가장 적합하다.) → RP]

토대와 상부 구조 역시 같은 논리로 설명된다. 말하자면 토대(경제 구조)는 상부 구조의 본성을 설명하며, 상부 구조는 경제 구조를

안정화한다.

b) (상부 구조 → 경제 구조) → 상부 구조

a와 b를 합치면 전체의 기능적 구조는 다음과 같이 정식화된다.[66]

c) 〔상부 구조 → {(경제 구조 → 생산력) → 경제 구조} → 상부 구조〕

코헨은 자신의 기능적 설명을 뒷받침하는 다음과 같은 실례를 든다. 이데올로기의 발생과 전파를 보자. 모든 계급은 자신에게 유리한 이데올로기를 수용하고자 한다. 그리고 지배 계급은 특히 그들의 취향에 맞는 이데올로기를 선전할 수 있는 위치에 있다. 그렇지만 이데올로기는 수용되거나 선전되기 전에 만들어지지 않으면 안 된다. 이때 이것은 사회적 제약으로부터는 비교적 자유롭게 만들어지지만, 현실에 적합한 것들을 선택하는 여과 작용을 거쳐서 존재하게 된다. 예컨대 공산주의라는 이념은 옛날부터 있었지만, 무산자 계급의 해방을 표현함으로써 어떤 사회적 목적에 도움을 줄 때만 영향력 있는 이데올로기로 나타날 수 있었다. 그것은 결국 이런저런 종류의 이데올로기가 만들어지지만 그중에서 가장 효용성이 높은 이데올로기가 채택된다는 것을 의미한다. 생산력이 생산 관계를 선택하는 것도 같은 맥락에서 설명될 수 있다. 경제 구조의 변형은 생산력의 발전을 위해서이다. 생산 관계는 생산력의 성격을 반영한다.

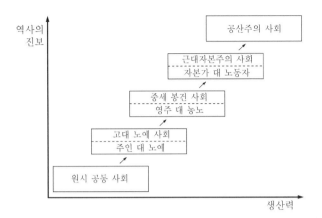

〔그림 26〕 역사는 생산력은 최고이면서 계급은 존재하지 않는 공산주의 사회에서
완성된다.

4 비판적 고찰

코헨의 재구성은 전통적인 생산력 우위론을 정교화하면서 여기에
기능적 설명을 덧붙인 것이라 할 수 있다. 이런 재구성은 역사적 유
물론의 정수를 남김없이 드러냈다고 할 수 있을까?

역사적 유물론을 기능주의적으로 설명하고자 하는 방식에는 두
개의 문제가 연관되어 있다고 할 수 있다. 하나는 역사적 유물론 자
체가 실제로 기능주의적 설명의 구조를 갖고 있는가 하는 것이고,
다른 하나는 기능주의적 설명이 참된 과학적 설명일 수 있겠는가 하
는 것이다. 코헨은 두 문제를 모두 긍정적인 관점에서 바라보았다.
말하자면 역사적 유물론 자체가 기능주의적 구조로 짜여져 있다는
것이며, 기능주의적 설명은 훌륭한 과학적 설명의 하나가 될 수 있
다고 생각했다.

역사적 유물론이 기능주의적으로만 해석될 것인지 아닌지 하는 문제는 이론의 여지가 있으나,[67] 기능주의적 설명이 역사적 유물론에 대한 가장 설득력 있는 설명인 것만은 분명해 보인다. 그것은 전통적 설명이 해결해 주지 못한 여러 긴장들을 가장 그럴듯하게 해소시킨다. 그것은 하부 구조에 대한 상부 구조의 기능까지 포함함으로써 전통적 해석에서 배제되었던 정신의 역할까지 인정한다.

그러나 기능적 설명이 과학적 설명일 수 있는가 하는 문제는 여전히 남는다.[68] 사회학에서 유명하게 된, 사회 내 권력과 부의 분배에 관한 기능주의적 설명의 예를 들어 보자. 이 설명에 의하면, 우리 사회는 개인이 갖고 있는 재능의 정도나 사회적 역할의 중요도가 서로 다른 환경에서 정상적인 기능을 유지하고 있으며, 이때 우리 사회 내의 권력과 부의 불평등한 분배가 필요하다. 그것은 재능 있는 자들로 하여금 사회 안에서 중요한 사회적 역할을 수행하도록 고무시키기 때문이다. 이를 우리는 다음과 같이 정식화할 수 있다.

① 우리 사회는 사람들의 재능이 고르지 않고, 어떤 사회적 역할은 다른 사회적 역할보다 중요한 그런 환경에서 정상적으로 기능하고 있다.
② 우리 사회는 재능 있는 자가 중요한 역할을 맡을 때만 정상적으로 기능할 것이다.
③ 부와 권력의 불평등한 분배는 재능 있는 자로 하여금 중요한 역할을 맡도록 할 것이다.
④ 그러므로, 우리 사회 안에 부와 권력의 불평등한 분배가 존재한다.

여기서 ①은 정상적인 기능을 수행하고 있는 우리 사회 체계의 상태를 서술하고 있다. ②는 우리 사회가 정상적으로 기능하기 위해 충족되어야 할 필요조건에 관한 진술이며, ③은 설명의 대상이 되고 있는 항목이 존재하며 그 효과로서 ②에서 말한 필요조건이 충족된다는 진술이다. 그리고 ②와 ③은 모두 법칙적인 진술들이다. ④는 ①, ②, ③으로부터 연역적으로 도출된 결론이다. 이런 기능적 설명의 문제점은 무엇인가? 헴펠도 잘 지적했듯이, ③의 타당성 여부가 문제이다. 말하자면 부와 권력의 불평등한 분배 뿐만이 아니라, 다른 방안들이 부와 권력의 불평등한 분배와 같은 효과를 가져올 수도 있을 것이다. 예컨대 명예나 의무감 때문에 재능 있는 자가 중요한 역할을 맡을 수도 있을 것이다. 그러므로 ③은 완료된 진술이 아니라, 재능 있는 자가 중요한 역할을 맡기 위한 경험적 충분조건들의 집합에 관한 진술이어야 하며, 따라서 결론 ④도 이런 충분조건들 중의 하나가 존재해야 한다고 해야 한다.

　기능적 설명의 난점으로는 기능주의자들이 사용하는 용어들의 경험적 의미가 대체로 모호하다는 점도 지적될 수 있다. '필요성', '기능' 등이 분명한 경험적 기준 없이 사용되고 있다. 이 때문에 헴펠은 기능주의적 가정들은 엄밀하게 객관적으로 검증 가능한 과학적 명제로서의 특성을 상실하고 있다고 비판한다.[69] 코헨은 물론 기능주의가 안고 있는 이런 문제점들을 숙지하고 있었다. 그는 이런 문제점들을 피하기 위해 용어들의 정의에 신경을 썼으며, 결과 법칙을 도입하여 기능적 설명에 대한 재구성을 시도한다.[70] 그렇지만 그가 도입한 결과 법칙이 참다운 법칙으로 규정되기는 어려운 한에서는, 그의 재구성 역시 기능주의적 설명 일반이 갖는 한계점을 넘어서지 못한 것으로 보인다.

　기능주의적 설명이 안고 있는 난점과는 별도로, 유물 사관은 다음과 같은 일반적인 난점을 안고 있다.

　첫째, 유물 사관은 지나치게 물질적 측면을 강조하고 정신적 가치를 평가절하한다. 유물 사관에 대한 기능주의적 설명은 하부 구조에 대한 상부 구조의 기능을 인정하지만, 그때에도 상부 구조의 기능은 하부 구조의 지속이나 발전을 위한 것이다.

인류의 역사가 생존을 위한 투쟁의 역사라는 것은 분명해 보인다. 그렇지만 그 투쟁은 단순히 계급 간의 투쟁이라기보다는 자연과의 투쟁이었으며, 또 자기 자신과의 투쟁의 역사이기도 하다. 인류는 단순한 생존을 넘어 의미 있는 생존을 추구해 왔다고 할 수 있으며, 이런 점에서 인류의 문화는 물질적 번영과 도덕적 이상과 정신의 승화를 모두 포괄한다.

둘째, 역사의 발전 과정은 역사의 법칙에 따라 필연적으로 전개된 다는 법칙적 역사주의의 주장과, 중요한 역사적 발전들은 계급투쟁에 의해 성취된다는 주장은 서로 화해할 수 없는 것처럼 보인다. 하나는 인간의 의지와는 관계없는 필연적 과정을 주장하는 반면, 다른 하나는 자유로운 인간의 실천을 강조하기 때문이다. 자유로운 실천은 유물 사관의 틀을 위태롭게 하며, 필연성에 대한 강조는 인간의 자유로운 선택의 행위를 올바로 설명해 주지 못한다.

인간의 세계는 자연의 세계와는 달라 보인다. 자연의 세계에는 무의식적인 맹목적인 동인만이 존재하는 반면, 인간의 세계는 의식을 갖고, 특정한 목표를 설정하고, 그것을 신중하게 추구하는 인간들로 구성되어 있다. 그렇지만 엥겔스는 이러한 구별이 역사적 과정의 필연성을 손상시킬 수는 없다고 본다.[71] 역사적 필연성과 자유로운 실천의 문제에 대한 그의 해결법은 역사의 과정을 표면과 심층으로 이원화시키는 것이다. 수많은 자유 의지들과 목표들 때문에 표면상으로 보면 우연성이 지배하는 것처럼 보이지만, 실제로는 항상 내부에 숨겨져 있는 법칙에 의해 지배되고 있다는 것이다. 이러한 과정은 다음과 같이 말해지기도 한다. 개인들은 자유의 왕국에서 그들의 사적인 목표를 추구하지만 그들 행위의 결과는 예측되거나 의도된 것이 아닌 필연의 왕국을 초래한다. 그리고 역사의 필연적 법칙이 발견되면 개인들은 그 법칙들을 의식적으로 따를 수 있기 때문에 필연은 다시금 자유로 이행된다.

레닌은 보다 직접적으로 역사 발전의 필연적 법칙이 인간의 의지와 의식을 규정한다고 주장한다. 이것은 인간들의 실천적 행위 자체가 불가피하게 제약되어 있음을 함축한다. 플레하노프의 주장도 같은 맥락에서 전개된다. "인간들의 열망은 필연성을 배제하지 않고 그 자체 필연성에 의해 규정된다."[72]

코헨도 역사의 필연성을 수용한다. 그렇지만 그는 엥겔스나 레닌의 설명 방법은 정당화되기 어려운 것으로 간주한다. 어느 경우든 필연성을 이미 전제하고 있기 때문이다. 그가 필연성과 실천을 조화시키는 방식은 특이하다. 그는 인간의 합리적 본성을 기초로 생산력의 증가라는 역사의 필연적 과정을 논증한다.[73] 그러나 어느 경우든 자유로운 선택의 행위를 완전히 설명해 주지는 못한다.

셋째, 유물 사관은 지나치게 도식적이고 교조적이다. 그것은 인류의 역사가 원시 공동 사회에서 미래의 공산 사회까지 다섯 단계를 거쳐 발전한다고 주장하지만, 많은 경우 이 도식은 적용되지 않는다.

유물 사관의 5단계 도식은 마르크스의 사상을 충실하게 정식화했다고 하기는 어렵다. 이러한 도식은 『독일의 이데올로기』와 『공산당 선언』에 기초하고 있으므로 완전히 자의적인 도식화는 아니다. 그렇지만 이 도식은 마르크스의 『정치경제학 비판 강요』와 『자본론』 등에 나타나 있는 마르크스의 폭넓은 사고를 무시하는 측면이 있다. 마르크스는 분명 '아시아적 생산 양식'을 논의했고, 5단계 이론은 서유럽 사회를 기초로 하여 성립된 것이라는 점을 밝혔다. "서유럽과 자본주의의 기원에 대한 역사적 설명을 개별 민족이 처한 역사적 조건에 관계없이, 모든 민족이 필연적으로 경과할 일반적 경로라는 역사철학 이론으로 일반화시키는 것은 명예스럽기도 하지만 동시에 그만큼 수치스러운 작업이다."[74]

공산주의 혁명 운동 과정에서 공산주의자들은 마르크스가 제기한 ㉠ 사유 재산이 존재하지 않고 ㉡ 착취적 관료 계급이 존재한다는 두 명제로 압축되는 '아시아적 생산 양식'을 완전히 삭제하고, 이에 따른 공백을 메우기 위해 노예제나 봉건제의 개념을 자의적으로 확대했다.

마르크스의 사상을 더욱 정확하게 정식화한다면, 플레하노프가 정식화했듯이 역사는 아마도 단선적 발전 과정이 아니라 이원적 발전 과정이 될 것이다.

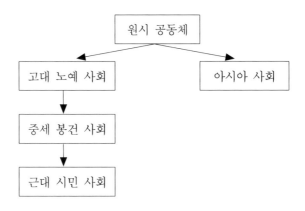

〔그림 27〕 아시아 사회를 어떻게 해석할 것인가에 따라 유물 사관의 공식은 달라진다

그렇지만 이런 정식화는 아시아의 발전을 설명해 주지 못한다. 러시아의 공산주의 혁명이 자본주의 단계를 거치지 않은 상태에서 성공했으며, 70여 년 계속된 러시아 공산주의 사회가 자본주의 사회와

의 경쟁에서 패퇴했다는 사실 자체가 이런 도식의 허구성을 단적으로 보여 준다.

넷째, 유물 사관은 구체적 적용에서 통상 생산 관계에 초점을 맞춘다. 그렇지만 유물 사관에 충실하려면 생산력에 초점을 맞추어 생산 양식을 구분해야 한다. 생산력의 수준에 맞추어 시대 구분도 세분화할 필요가 있다.

4장
역사는 문명들의 생성 소멸의 총합이다 : 문명 사관

세계사의 주체적 단위를 인류로 설정하는 대신에 민족으로 설정한 사례를 우리는 이미 고전적 역사주의에서 확인했다. 민족을 좀 더 확대하여 문명들을 인류사의 주체로 설정했을 때 문명 사관이 된다.

문명 사관에서는 먼저 문명이란 무엇인가가 문제된다. 문명과 문화는 어떻게 구별되는가? 문명과 문화는 서로 혼용되는 경우도 많지만 문명은 기본적으로 야만과 대립되는 개념이고 문화는 자연에 대립되는 개념이다. 예컨대 야만 사회나 미개 사회와 대립되는 문명 사회는 의식주의 물질적인 생활에서나 도덕이나 종교 등 정신생활에 있어서 일정 수준 이상 발달된 사회이다. 문명은 초보적인 원시 문화가 어느 정도 고도의 단계에 도달했을 때에 나타나는 문화 발전의 한 국면이다. 말하자면 문명은 문화의 성숙 단계이다.

문명 사관은 여러 문명들의 독립과 독자적 발전을 전제로 한 것이다. 문명 다원주의의 선구자격인 다닐레프스키(N. Y. Danilevsky)는 세계사에 등장한 중심 문명으로 이집트, 중국, 고대 셈, 힌두, 이란, 헤브루, 그리스, 로마, 아라비아, 유럽 등 10대 문명을 들었고,『서구의 몰락』으로 유명한 슈펭글러는 이집트, 바빌로니아, 인도, 중국, 그리스·로마, 아라비아, 멕시코, 서구 등 8대 문명을 들었다. 토인비는 인류의 역사를 다른 사람들보다는 많은 총 21개의 문명으로 나누었지만, 현재 살아 있는 문명에서는 다른 사람들과 비슷하게 극동 문명, 힌두 문명, 이슬람 문명, 서구 기독교 문명, 그리스정교 문명 등 5개로 분류했다.

근대 자본주의 체제의 확립 이후 과연 문명들의 독자적인 발전을 말할 수 있는가? 그리고 오늘날 진행되고 있는 세계화의 물결을 거스르면서 문명의 독자성을 주장하는 것이 과연 얼마나 타당한가? 이 장에서는 문명 사관의 핵심을 분석하고 그 문제점을 논의한다.

1 문명의 의미

문화의 시작은 인류의 역사와 때를 같이 한다. 수백만 년의 석기 시대에도 나름대로 문화는 있었다. 반면에 문명의 시간은 아무리 길게 잡아도 1만 년 이하에 불과하다. 보통 도시의 탄생과 문자의 발명은 문명 사회와 미개 사회를 가르는 기준이 된다. 인류의 역사에서 도시는 오륙천 년 전에 탄생했고, 도시의 탄생과 더불어 문자도 발명되었다. 도시가 출현하면서 야금술과 같은 기술이 개발되고 분업과 사회 계급의 분화가 나타나며, 국가가 출현한다. 그러므로 보통 도시의 탄생 이전을 전 문명 단계로 그 이후는 문명 단계로 구분한다. 그렇지만 문자의 발명 없이, 혹은 도시의 탄생 없이 문명 단계로 들어간 사회도 있다. 예컨대 안데스 문명은 문자가 없었는데도 문명 단계에 들어갔고, 마야 문명에는 도시가 없었다.

그렇다면 고도 문화, 즉 문명의 기준은 무엇인가? 한 사회가 나름대로의 통일적인 세계관을 갖게 될 때 고도 문화의 단계에 돌입한다고 할 수 있다. 토인비는 문명과 미개 사이의 본질적인 차이의 단서를 '모방'의 방향에서 찾고자 한다. 모방은 모든 사회 생활에서 볼 수 있는 일반적인 특징이다. 토인비에 의하면 이런 모방이 원시 사회에서는 연장자나 죽은 조상들에게로 향하고, 문명의 과정에 있는 사회에서 모방은 창조적 인물에게로 향한다는 것이다. 이것은 정태적 상태로부터 동태적 활동으로의 이행을 의미한다. 주역의 이론으로 말한다면 음에서 양으로의 이행이다. 이런 설명은 우리가 일반적으로 이야기하는 인류의 4대 문명인 황하 문명, 이집트 문명, 메소포타미아 문명, 인더스 문명 등에 모두 적합하다.

보다 근대적인 용어법에서 보면 '문명'이란 개념 속에는 지난 이삼 세기 동안 서구 사회가 그 이전의 사회들이나 동시대의 사회들보다 앞서 가지고 있었던 기술이나 예절, 학문이나 사회 체제, 인생관이나 세계관이 집약되어 있다. 서구 사회는 이 문명의 개념을 통해 자신을 특징지으려 한다.

물론 '문명'의 의미가 서구의 모든 나라에서 동일하지는 않다. 프랑스와 영국의 문명 개념은 정치적, 경제적, 종교적, 기술적, 도덕적, 사회적인 사실들을 지시한다. 독일에서의 문명은 인간의 외면과 피상적인 이류급의 사실을 의미하는 반면, 자신의 업적과 존재에 대한 자부심을 표현하는 일차적인 단어는 문화이다. "독일의 문화 개념은 근본적으로 정신적, 예술적, 종교적 사실들에 적용되며, 이런 종류의 사실들과 정치적, 경제적, 사회적인 사실들 간에 분명한 선을 그으려는 경향을 강하게 드러낸다."[1] 정신문화와 물질문명의 구별은 이런 기반 위에서 나타난 것이다.[2]

문명(civilization)이라는 말의 의미가 현재와 같은 뜻으로 사용된 것은 18세기 계몽주의 시대부터였다고 할 수 있다. 1774년 프랑스의 계몽철학자 돌바흐(D'Holbach)는 『사회 체계(*Systéme Sociale*)』에서 다음과 같이 말하고 있다.[3] "인간의 이성은 이제까지 충분히 발휘되지 못했다. 인간의 문명 또한 완성되지 못했다.", "사려 깊지 못한 군주들이 언제나 휘말리는 지속적인 전쟁보다 공공의 행복, 인간 이성의 진보, 인간의 전체 문명에 더 큰 장애물은 없을 것이다."

계몽주의의 근본 이념은 이성과 진리, 그리고 진보였다. 말하자면 지식의 발전을 통해 그리고 통치자를 계몽시켜 제도, 교육, 법률의 개선을 도모하는 것이었다. 이러한 진보적 개혁 운동의 방향으로서 문명은 설정되었다. 이것은 야만적이거나 반이성적인 상태로부터의 해방을 의미한다. 그렇지만 문명화됨은 하나의 상태일 뿐 아니라 계속해서 진행되어야 할 과정이다. 인간의 사회는 문명의 과정에서 어느 일정한 단계에 도달하였다. 그러나 그것만으로는 충분하지 않기 때문에 그 과정은 계속되어야 한다. 인간의 문명은 아직 완성되지 않았다.

최근에 와서 문명의 역사철학자들에 의해 '문명'은 동질적 문화의 공동체나 동질적 문화의 사회(국가 단위의 사회보다 큰 체계)를 의미하게 되었다. 우리가 동양 문명이나 서구 문명, 이슬람 문명 등으로 부를 때는 이런 의미로 '문명'이라는 말을 사용하고 있다고 할 수 있다. 문화와 문명을 엄격하게 구분하기는 어렵다. 정신문화와 물질문명이라는 독일식의 구분은 오늘날의 용어법에서 보면 큰 의미가 없다고 보이기 때문이다. 따라서 나는 문명을 문맥에 따라 정신적 영역과 정치 체제, 경제 구조, 사회 제도 등 생활양식 일체를 포함하는, 동질적 문화권을 가리키는 의미로 사용하기로 한다.

2 문명 다원주의

문명 다원주의는 문명 보편주의의 근거가 된 인류 보편사의 이념을 거부한다. 각각 독립된 문명들의 역사가 보편사의 자리를 대신한다. 문명 다원주의에서 보면, 역사상 몇 개의 문명들이 존재했다면, 이들은 제각기 다른 발전 단계를 가지고 있으며, 다른 세계관을 갖고 다른 목적을 추구했던 것이다. 그러므로 이들을 하나로 묶을 어떤 보편적 기준이나 연관도 존재하지 않는다.

18세기 계몽주의의 인류 보편사에 반대하여 민족들의 독자적인 역사를 주장한 고전적 역사주의자들도 넓은 의미에서는 같은 논리에 기초하고 있다. 이들에 의하면 각 민족들은 고유한 발전의 논리를 갖고 있으며, 하나의 독자적인 역사를 형성한다. 그러므로 인류사는 이런 민족들의 역사를 하나로 모은 것에 불과할 뿐이며, 어떤 보편적인 발전 단계나 목적을 논의하는 것은 무의미하다. 여기서 우리는 문명 보편주의가 인류 보편사의 이념과 연결되어 있는 반면, 문명 다원주의는 민족사의 이념과 연관되어 있음을 알 수 있다.

다원주의는 여러 측면에서 논의될 수 있지만, 어쨌든 서로 독립된 복수의 존재나 기준을 승인하는 것이다. 다원주의는 형이상학적 측면에서 논의할 수도 있고, 윤리적 측면에서 논의할 수도 있다. 형이상학적 다원주의는 세계는 독립적인 여러 요소들로 나눌 수 있다는 이론이다. 말하자면 세계를 구성하는 궁극적 실체가 다수라는 것이다. 윤리적 다원주의는 동일한 값을 가진 다수의 윤리 체계가 존재할 수 있다는 입장이다. 이런 입장은 어떤 하나의 윤리 체계가 절대적으로 옳나는 윤리적 절대주의를 부성한다. 인식론석 다원주의도 다원주의 논의에서 간과될 수 없다. 이것은 상호 번역 불가능한 다수의 개념 체계를 용인하는 것이다. 논의의 대상이 되고 있는 문명 다원주의는 다수의 문명들이 존재론적 독자성을 갖는다는 것이다. 즉 한 문명과 다른 문명 간에는 우열이 없다는 것이다. 이런 관점에서 보면 모든 문명들은 독자적인 구조적 특성과 목적을 갖고 있고 나름대로의 독특한 세계관을 갖고 있는 하나의 유기체가 된다.

문명론자 간에도 특성이 있어 서로 다른 논점들도 있지만 이들은 다음과 같은 점에서는 대체로 의견이 일치한다.[4]

1) 한 문명은 유기체와 같이 탄생과 성장, 쇠퇴와 사멸이라는 과정을 밟는다. 이런 점에서 문명은 순환적이라고 할 수 있다.

2) 한 문명은 나름대로의 독특한 세계관을 갖고 있고, 이 세계관들은 상호 비교 불가능한 것이다.

3) 인류의 역사는 하나의 보편사가 아닌 문명들의 역사를 한데 모은 총합에 불과하다.

이러한 논제는 자연스럽게 서구 중심의 보편적 역사관과 직선적 진보 사관에 대한 거부로 귀결된다. 서구 중심의 보편적 역사관은 서구 문명이 세계사에서 가장 보편적인 문명이며 다른 문명은 정체적이고 비창조적이라고 주장한다. 이에 대해 문명 다원주의는 다음과 같이 비판한다. 로마 제국의 멸망으로 끝나는 '고대'와, 신대륙의 발견으로 끝나는 '중세', 그리고 '근대'로 이어지는 서구의 시대 구분을 모든 인류의 역사 과정에다 적용하려 드는 것은 완전한 난센스다.[5] 로마 제국의 멸망이 중국이나 인도, 이슬람 문명의 역사와 무슨 연관이 있단 말인가? 모든 문명은 나름대로의 고대와 중세, 근대를 가진다. 서구 중심의 보편적 역사란 실은 서구 문명의 역사를 보편사로 승격시키면서 다른 문명의 역사를 서구 문명에 대한 기여나 관계에서 임의로 재단한 것이다. 역사를 직선적 진보의 과정으로 보고자 하는 것도 과학 기술에서 앞선 서구의 문명이 자신의 위치에 우선권을 부여하기 위해서이다. 인류의 역사는 같은 가치를 지닌 여러 문명들의 다원적인 변화 과정이며, 각각의 문명들은 하나의 독립적인 생명체와 마찬가지로 독자적인 탄생과 성장 및 사멸의 과정을 밟는다.

아놀드 토인비의 『역사의 연구』는 문명 역사관의 정수를 보여 준다. 토인비는 그가 비교 분석한 21개의 사회를 문명이라 부르고, 이와 대비되는 훨씬 많은 수의 문명화되지 않은 사회를 미개 사회라 규정한다. 그에 의하면 약 30만 년 전 현생 인류가 등장한 이래 이 세상에 나타났다가 모습을 감추어 버린 미개 사회의 수는 짐작할 수도 없겠지만, 숫자상으로 미개 사회가 문명 사회보다 압도적으로 우세하다. 미개 사회는 수는 많지만 단명하고 비교적 좁은 지리적 범위에 한정되어 있으며, 그 속에 포함되는 인간의 수도 비교적 적다.

토인비가 문명 단일론을 거부하는 이유는 분명하다. 문명 단일론이란 바로 서구 문명만이 유일한 문명이라는 주장이기 때문이다. "이 문명 단일론은 근대의 서구 역사가들이 그 사회적 환경의 영향을 받아 자기도 모르게 갖게 된 잘못된 생각이다. 그들이 그런 생각을 품게 된 것은 근대 서구 문명이 온 세계를 그 경제 조직의 그물 속으로 완전히 집어넣었기 때문이다. 또한 이 서구를 바탕으로 하는 경제적 통일에 이어 서구를 바탕으로 하는 정치적 통일이 거의 같은 범위에 걸쳐 실현되었기 때문이다."[6] 토인비는 경제적인 세계 지도와 정치적인 세계 지도는 서구화되어 있지만, 문화적인 세계 지도는 서구 사회가 경제적, 정치적 정복을 개시하기 이전의 상태와 거의 다를 바가 없다고 본다. 따라서 그는 문명 단일론이 자기중심적 착각, 변화되지 않은 동방이라는 착각, 진보는 직선적으로 진행하는 운동이라는 착각 위에 서 있다고 주장한다.

3 문명의 단위들

문명 사관은 여러 문명들의 병렬적 역사를 인류의 역사로 본다. 각각의 문명들은 독자성과 고유한 발전 과정과 자기 완결적인 체계를 갖는다. 한 문명 사회가 다른 문명 사회와 구별되는 점은 바로 문명이 지닌 특수성, 즉 개성이라 할 수 있다. 의식주의 생활양식에서, 정치 제도, 경제 제도, 언어, 종교, 예술, 철학에 이르기까지 한 문명 사회는 개성을 갖는 한에서 다른 문명 사회와 구별된다.

문명 사관의 대표적 세 인물을 든다면, 러시아의 다닐레프스키와 독일의 슈펭글러, 영국의 토인비가 될 것이다. 이 중 다닐레프스키가 단연 문명 사관의 선구자이다. 다닐레프스키가 그의 문명론의 주저 『러시아와 서구』를 쓴 동기는 피터 대제 이후 계속된 러시아의 서구화 정책을 반성하고, 러시아와 유럽의 관계를 재검토하려는 것이었다. 그의 결론은 서구 문명이 인류의 유일 문명이거나 보편적인 문명이 아니라, 여러 문명 중의 하나에 불과하다는 것이었다.

그는 한 문명을 하나의 중심 민족에 의해서 창조되는 것으로 보면서 문명의 발전 법칙을 다음과 같이 제시했다.[7]

1) 언어의 법칙 : 언어는 문화의 기초이며, 고유한 언어를 가지지 못한 민족은 독자적인 문화를 창조하지 못한다.

2) 정치적 독립의 법칙 : 정치적 독립이 없이는 문화의 독립이 있을 수 없고, 또한 문화의 독자적인 발전도 불가능하다.

3) 불가 양도의 법칙 : 한 문명의 요소들은 전파 가능하지만 그 기초는 다른 문명의 민족에게 양도될 수 없다.

4) 발전의 법칙 : 한 문명은 민족학적 자료가 다양할 때 풍요롭게 발전한다.

5) 순환의 법칙 : 모든 문명은 탄생과 성장, 성숙, 노화의 과정을 밟는다.

슈펭글러는 서구의 문명도 몰락의 운명에 있다는 예언을 함으로써 세계 제1차 대전 이후 주목의 대상이 된 인물이다. 그는 『서구의 몰락』에서 역사상 존재했던 문명을 모두 8개로 나누고, 그중 6개를 비교 연구했다. 그는 바빌로니아 문명과 멕시코 문명은 연구하지 못했다.

모든 문명이 독자적이고 개성적이라면 어떻게 비교 연구가 가능할 것인가. 사실 문명 간에 아무런 공통점도 없다면 비교란 원천적으로 불가능할 것이다. 슈펭글러는 모든 문명은 탄생하여 성장하고, 그 다음 쇠퇴하여 사멸한다고 해석하고, 이런 공통의 발전 단계를 상동성(Homologie)이라 불렀다. 이 과정을 그는 계절의 순환에 비유하여, 봄, 여름, 가을, 겨울로 나누기도 했다.[8] 지성의 측면에서 보면 봄은 전원적, 직관적이고, 눈뜨고 있는 몽환적인 혼의 거대한 창조 시기이다. 여름은 성숙하고 있는 의식의 시기이며, 가장 초기의 도시 시민적인, 비평적인 활동 시기이다. 가을은 대도시적인 지성이며, 엄밀한 지적 형성력의 정점이다. 겨울은 세계 도시적 문명의 출현 시기이며, 혼의 형성력이 쇠멸되고, 생명 자체가 의문시되는 시기이다.

슈펭글러의 문명론에서 특이한 점은(그는 문화(Kultur)라고 부른다.) 한 문명이 독자적인 문명으로 형성되려면 독자적인 수학을 가져야만 한다고 본 것이다. 하나의 문명은 독자적인 혼의 표현이며, 그것은 독자적인 수학으로 나타난다. 수학은 하나의 혼이 가장 추상적인 형태에서 수행하는 세계에 대한 이해이며, 세계 감정의 표현이다.

수학은 플라톤이나 라이프니츠의 예로서도 알 수 있듯이 최고의 형이상학이다. "수 자체는 존재하지 않고 또 존재할 수 없다. 많은 수 세계는 존재한다. 그것은 많은 문화가 있기 때문이다. 수에 관한 사고에는, 따라서 하나의 수에는 인도형, 아라비아형, 그리스·로마형, 서양형이 있다. 이 유형은 어느 것이나 근본적으로 특유한 것이고, 유일한 것이며, 어느 것이나 세계 감정의 표현이고, 어느 것이나 과학적으로도 정확히 한정된 타당성이 있는 상징이고, 이루어진 것을 질서지우는 원리이다."[9] 이 질서화는 혼의 가장 깊은 본질을 반영하고 있다. 이리하여 한 수학의 양식은 그 수학이 어느 문화에 뿌리를 내리고 있는가, 어떤 인간이 그것을 고찰하고 있는가에 따라 결정된다. 예컨대 기원전 540년경 피타고라스 학파에서 모든 사물의 본질은 수라는 견해가 생겨났을 때, 수학의 발달이 일보 전진한 것이 아니라, 훨씬 전부터 형이상학적 의문과 예술적 형식 속에 나타나 있던 전혀 새로운 수학이 자각적인 이론으로서 그리스·로마의 혼의 밑바닥에서 태어난 것이다. 이런 관점에서 슈펭글러는 수학 사상의 발전 과정에도 상동성을 발견할 수 있다고 본다.[10]

토인비 문명론의 특색은 우선 다닐레프스키나 슈펭글러에 비해 문명의 수가 훨씬 많다는 점이다. 그는 역사상 존재했던 사회들을 다음과 같이 21개의 문명으로 나누었다.[11] 즉 서구 사회, 정교 비잔틴 사회, 이란 사회, 아랍 사회(이 두 사회는 현재 통일된 이슬람 사회로 되어 있다.), 힌두 사회, 극동 사회, 헬라스 사회, 시리아 사회, 인도 사회, 중국 사회, 미노스 사회, 수메르 사회, 히타이트 사회, 바빌로니아 사회, 이집트 사회, 안데스 사회, 멕시코 사회, 유카텍 사회, 마야 사회가 그것이다. (나중에 중국의 고대 상문화(商文化)를 22번째 사회로 추가한다.) 그리고 저지된 문명으로, 폴리네시아, 에스키모, 유목민, 스파르타, 오스만 투르크 사회를 들었고, 유산된 문명으로 극서 기독교 문명, 극동 기독교 문명, 스칸디나비아 문명을 예시했다. 이렇게 되면 모두 30개의 문명이 된다.

둘째로 그의 문명론의 특징으로 철학적 동시대성을 들 수 있다.

이것은 여러 문명들이 철학적으로 동시대적이며, 서로 같은 가치를 갖는다는 의미이다.

우리가 문명이란 명찰을 붙인 대표적인 사회가 처음으로 나타난 후 오륙천 년의 세월이 흘러갔다. 이런 세월을 지금까지의 인류, 지구상의 생명, 지구 자체, 우리들의 태양계에서는 하나의 티끌과도 같은 성군(星群) 등의 연령과 비교하거나 혹은 훨씬 더 광막하고 장구한 성진적(星辰的) 우주의 전연령과 비교한다면, 오륙천 년이라 해도 그것은 극도의 짧은 한순간이었다. 이처럼 굉대(宏大)한 시간의 질서와 비교하면 기원전 2000년대에 발생한 (그리스・로마) 문명, 기원전 4000년대에 출현한 (고대 이집트) 문명, 기원후 1000년대에 생긴 (서구) 기독교 문명들은 사실 동기생들(contemporaries)이었다.[12]

철학적 동시대성의 의미는 분명해 보인다. 보통 30년을 기준으로 하는 세대의 관점에서 보면 6000년은 긴 세월이다. 그것은 200세대에 해당되기 때문이다. 그렇지만 현생 인류가 역사를 창조하기 시작한 30만 년의 인류 역사에서 보면 문명의 역사 6000년은 50분의 1인 2퍼센트에 불과한 극히 짧은 시간에 지나지 않으며 이것을 다시 선후로 나누는 것은 큰 의미를 갖지 못한다. 그러므로 모든 문명은 동시대적이라 해도 좋다는 것이다.

토인비 문명의 세 번째 특징으로 그의 문명 발생론을 들 수 있다. 전통적으로 문명의 발생에는 우수한 인종의 특성과 좋은 환경 조건이 필요하다고 생각되어 왔다. 그러나 토인비는 이런 가설을 실증적으로 반박하고자 한다. 중국 고대 문명은 홍수 피해기 적은 양쯔 강 유역이 아니라 홍수가 잦았던 황하 유역에서 일어났다. 헬라스 문명은 그 북쪽 나라들에 비해 메마르고, 곤궁한 땅에서 발생했다. 그는 이런 예들 이외에도 수많은 사례들을 든다. 이런 반박을 통해 그가 입증하고자 하는 제안은 좋은 환경에서 문명이 발생한다기보다는, 열악한 환경의 '도전'에 한 사회가 성공적으로 '응전'하는 경우에 문명은 발생한다는 것이다. 물론 너무나 가혹한 도전에는 대응이 불가능할 것이다. 가장 효과적인 자극을 주는 도전은 그 정도가 지나치게 약하지도, 그렇다고 지나치게 강하지도 않은 중용이라고 해야 할 것이다.

문명의 성장은 어떻게 이루어지는가? 성장은 외면적 측면에서 보면 환경에 대한 지배의 점진적 증대로 나타난다. 환경은 다시 인간적 환경과 자연적 환경으로 나눌 수 있다. 그러므로 인간적 환경에 대한 지배의 증대는 정복을 통한 지리적 확대로 나타나고, 자연적 환경에 대한 지배의 증대는 기술의 향상에 의한 자연의 정복으로 나타난다. 그렇지만 토인비는 이런 외면적 측면에서 문명 성장의 기준을 찾을 수는 없다고 보고, 내면적 측면에서 자기 결정력의 증대를 문명 성장의 기준으로 삼고자 한다. 외적 측면에서의 지배의 증가에도 불구하고 쇠퇴기에 있는 문명이 존재하기 때문이다.

자기 결정력이란 간단히 말해 문제 해결 능력을 의미한다. 이때 창조적 개인, 즉 엘리트가 필요하다. 엘리트가 한 문명이 직면한 어려운 문제를 창조적으로 해결해 갈 때, 이 문명은 성장기를 맞는다. 이런 예로서 토인비는 중세 초기의 유럽인이 노르만인의 침입에 대응하여 봉건 제도라는 강력한 군사적, 사회적 도구를 만들어 낸 사례와, 봉건 제도가 새로운 도전이 되었을 때 주권 국가와 새로운 제도를 창안해 낸 사례들을 든다.[13] 대중은 이 창조적 소수를 자발적으로 모방하기 때문에, 사회적 통합은 지배나 강제에 의해서가 아니라 저절로 이루어진다. 성장은 창조적 소수자에 의해 촉발되지만, 일반 대중들을 함께 전진시키지 못하면 그들 자신도 전진할 수가 없다.

문명의 성장 기준이 창조적 소수의 자기 결정력의 증대라면 문명의 몰락 기준은 그런 능력의 감퇴가 될 것은 자명하다. 토인비는 창조적 소수가 문제 해결 능력을 상실하고 지배자로 전락하여 사회 통합이 깨질 때 문명은 쇠퇴한다고 다음과 같이 주장한다. 창조적 엘리트는 문제를 푸는 자들이다. 남이 풀어 놓은 해답을 맹목적으로 추종하는 대중이 아니라 문제의 본질을 통찰하고 상황에 가장 적합한 해결책을 제안하는 자들이다. 이들이 창조력을 상실할 때 문명은 정체되며 더 이상 전진하지 못한다. 동시에 지도자가 지도할 능력을 상실했으면서도 권력을 그대로 보유하고 있는 것은 창조적 소수가 지배적 소수로 전락했음을 의미한다. 그때 대중은 반항하고, 권력자는 힘으로 질서를 회복하려 하지만 그 결과는 무서운 대혼란뿐이다. 대중의 이반은 사회 부분 간의 조화의 상실이며, 사회의 자기결정력의 상실이다. 이것이 쇠퇴의 궁극적 기준이다.

문명의 해체는 한 문명이 지배적 소수와 내부 프롤레타리아트, 외래 프롤레타리아트라는 세 집단으로 분열되면서 시작된다. 토인비에 의하면 이때 지배적 소수는 내부 프롤레타리아트와 외래 프롤레타리아트에 대항하여 세계 국가를 만들며, 내부 프롤레타리아트는 세계 국가에 대항하여 세계 교회를 만든다. 그리고 외래 프롤레타리아트는 야만족들의 전투 집단을 만든다. 문명의 해체는 영혼의 분열을 동반한다. 그 결과 생명의 약동 대신에 표류 의식과 죄의식이 나타나고, 동시에 여러 형태의 구세주들이 나타난다.

토인비는 문명 간의 만남에 대해서도 독특한 견해를 전개했다. 문명 간의 만남에는 동시대 문명 간의 공간적 만남이 있을 수 있고, 다른 시대 문명 간의 시간적 만남이 있을 수 있다. 공간적 만남의 대표적 경우가 전쟁에 의한 정복이다. 마케도니아 제국의 이집트와 인도 정복, 최근 몇 세기의 서구 문명의 세계적 팽창이 모두 이런 사례들이다. 정복 문명은 자신의 문화를 확산하고자 하며, 피정복 문명은 이에 대항하여 고등 종교를 탄생시킨다. 문명 간의 시간적 만남을 토인비는 문명의 모자(母子) 관계라 부른다.

아무리 문명들의 독자성을 주장한다 할지라도 한 지역에서 새로이 출발하는 문명은 옛날의 문명과 전혀 연관이 없다고 하기는 어려울 것이다. 새로운 문명이 설사 옛 문명의 폐허 위에서 탄생한다 해도, 문화 유전자를 담은 서적이나 기억들이 완전히 파괴되지 않는 한 옛 문명의 영향을 철저하게 배제하기는 불가능할 것이다. 고등 종교는 이때 이들의 교량 역할을 담당한다. 예컨대 근대의 중국 문명은 고대 중국 문명의 유산 위에서 출발했다고 볼 수 밖에 없다. 그러므로 토인비는 다닐레프스키나 슈펭글러와는 달리 한 장소에서 연속된 문명들을 모자 관계로서 이해하고자 한다. 토인비가 설정한 문명의 모자 관계는 다음과 같이 그려진다.[14)

이 그림에서 보면 이집트 문명에서 마야 문명까지 7개 문명이 제1대

제1대	제2대	제3대
■ 이집트 문명		
	그리스 문명	서양 문명
		그리스 정교 문명
■ 미노아 문명		러시아 문명 동방 기독교 문명
	시리아 문명	아라비아 문명 이슬람 문명
		이란 문명
■ 수메르 문명	바빌로니아 문명	
	히타이트 문명	
■ 인더스 문명	고대 인도 문명	힌두 문명
■ 상 문명	고대 중국 문명(주·한)	중국 문명(수·당 이후) 극동 문명
		한국·일본 문명
■ 마야 문명	멕시코 문명	
	유카탄 문명	
■ 안데스 문명		

〔그림 28〕 문명들의 모자 관계는 3대에 걸쳐 있다.

문명에 속하고, 그리스 문명에서 유카탄 문명까지 8개 문명이 제2대에 속한다. 그것은 이집트 문명과 안데스 문명은 1대로 끝났지만, 대신 미노아 문명, 수메르 문명, 마야 문명이 2대에서 두 문명으로 나누어진 결과이다. 제2대의 네 문명은 사멸했지만, 그리스 문명과 중국 문명이 번창하여, 제3대에는 다시 8개의 문명으로 분류된다. (러시아 문명을 그리스 정교 문명에 포함시켜 동방 기독교 문명이라 하고, 한국 문명, 일본 문명, 중국 문명을 극동 문명으로 통합하고, 아라비아 문명과 이란 문명을 이슬람 문명으로 통합하면 5개 문명이 된다.) 이렇게 보면 제1대에서 사멸한 이집트 문명과 안데스 문명을 제외하면 모든 문명은 모자 관계에 있다고 할 수 있고, 그런 한에서 이들은 완전히 독립적이라기보다는 긴밀한 어떤 연관 속에 존재한다고 할 수 있다.

최근 사회주의 체제의 붕괴 이후 전개되는 현대 사회의 국제적 갈등들을 문명의 충돌 현상으로 설명하여 문명사의 관심을 부활시켰던 사무엘 헌팅턴(S. P. Huntington)은 그의 『문명의 충돌』에서 문명을 모두 8개로 분류한다.[15] 서구, 이슬람, 힌두, 중국, 정교(러시아)라는 일반적인 분류에다 일본, 아프리카, 라틴 아메리카를 추가했다. 그는 문명의 중심을 종교로 보는 토인비의 견해를 수용하면서도, 독자적인 종교가 의심스러운 이런 사회들을 분명한 설명 없이 문명으로 승격시켰다. 이것은 아마도 그의 관심이 문명 자체보다는 국제정치적 역학 관계에 쏠려 있었기 때문으로 보인다. 뿐만 아니라 그는 서구 문명을 대표하는 미국의 국제 관계에 초점을 맞추어 각 문명들의 고유한 특성과 독자적인 발전보다는 서구 문명 대 다른 문명의 관계가 어떻게 전개될 것인가를 집중적으로 논의한다. 이런 점에서 볼 때, 그의 『문명의 충돌』은 문명 사관에 기초해 있기는 하지만, 문명사의 이론적인 논의라기보다는 그것의 한 응용 형태라고 해야 할 것이다.[16]

4 비판적 고찰

문명 사관은 나름대로의 장점들을 갖고 있다. 우선 역사를 보는 시각의 확장을 주장한 것은 장점이라 하겠다. 우리가 시각을 어떤 구조의 단편에만 고정시키면, 사태를 정확하게 보지 못할 수도 있다. 한 문명의 역사는 개별 민족이나 국가의 역사를 포괄하는 보다 큰 단위이다. 이런 큰 단위를 역사 연구의 단위로 설정한 것은 탁견이라 할 수 있다.

둘째로 서구 중심주의에서 벗어난 역사적 관점을 제시한 것도 주목할 만하다. 서구 문명의 확장과 더불어 모든 역사를 서구 중심에서 보고, 서구를 기준으로 재단하는 것이 당연시 되어 왔다. 문명 사관은 서구 문명도 인류 역사상 존재했던 여러 문명 중 하나라는 것을 논증함으로써 서구 우월주의를 불식시켰다.

셋째로 역사의 단선적 진보주의를 거부한 점도 문명 사관의 장점이라 할 수 있다. 단선적 진보주의는 과학 기술의 우수성을 앞세우는 서구 중심주의와 연관되어 있다. 단선적 진보주의로는 역사의 흥망성쇠나 문명들의 특성을 제대로 설명하기 어렵다.

그렇지만 문명 사관은 다음과 같은 몇 가지 문제점도 안고 있다. 첫째, 문명의 단위를 정확하게 설정하기 어렵다는 난점을 갖는다. 이 점은 문명 사관을 주장하는 사람들마다 상이한 문명들을 열거하는 데서도 분명히 드러난다. 문명 사회와 미개 사회를 나누는 기준뿐 아니라 동시대에 존재했던 한 문명 사회와 다른 문명 사회를 나누는 경계선이나, 토인비가 말한 모자 관계에 있는 문명들을 구분하는 경계선도 불분명하다. 가장 많은 문명들을 상정하고 최고로 치밀한 연구를 수행한 토인비조차도 비판을 받고, 『역사의 연구』에서 나눈 문명들의 틀을 수정하여 중심 문명과 위성 문명이라는 새로운 틀을 만

들었다.[17]

문명 다원주의는 모든 문명이 하나의 독특하고 독립적인 '혼'을 갖는 것으로 전제하고 있다. 슈펭글러도 문화의 혼을 이야기하고, 토인비도 베르그송의 생명의 약동에 비유되는 혼을 이야기한다. 그렇지만 각 문명마다 독특한 이런 혼을 개별화시키는 일은 객관성을 갖기가 어려워 보인다.

둘째, 문명 사관은 역사의 결정론이라는 비판을 면하기 어렵다. 그것은 기본적으로 문명을 하나의 생명체에 비유하여, 모든 문명이 탄생, 성장, 쇠퇴, 사멸의 과정을 필연적으로 밟아 가는 것으로 이해한다. 여기에는 인간의 자유 의지가 개입할 여지가 없다. 토인비는 물론 이런 역사의 결정론을 부정하지만, 문명의 율동이나 순환을 인정하는 한 결정론에서 완전히 벗어나기는 어려울 것이다.

셋째, 문명 사관은 인류 문명의 보편적 진보와[18] 17세기 근대 이후 형성된 세계 체제와 오늘날 정보화 시대에 이루어지고 있는 문명들의 융합을 설명하지 못한다. 오늘날의 세계화는 단순한 서구화가 아니라 지상의 여러 문명들을 하나로 융합하는 과정으로 보인다. 문명 사관은 과거의 고립된 상태로 존재했던 문명의 역사에만 부분적으로 적용될 가능성이 있을 뿐, 근대 이후의 역사에 대해서는 설득력을 갖기가 어렵다.

객관주의 역사학의 전망 : 인식 지평이 넓어짐에 따라 과거의 재현 가능성은 더욱 커진다

나는 이 책에서 객관적 역사학의 가능성과 그 조건들을 검토하면서 두 장벽 사이를 헤쳐 왔다. 두 장벽 중 하나는 랑케식의 역사 실증주의이고, 다른 하나는 모든 형태의 역사 상대주의이다. 전자는 역사를 과학으로 성립시키기 위해 모든 관점과 역사관을 배격하고 오직 사실 자체의 탐구에 몰두한다. 반면에 후자는 사실에 대한 해석을 전면에 내세우면서 역사적 지식의 객관성을 부정한다. 이들을 모두 비판하면서 내가 추구한 길은 관점이나 역사관의 불가피성을 인정하면서도 객관주의 역사학을 정당화하는 제3의 길이었다. 나는 서론에서도 밝혔듯이 세 논제를 통해 나의 주장을 정당화하려고 했다. 즉 첫째로 관점의 다양성과 역사 인식의 객관성은 양립할 수 있다는 것이고, 둘째로 역사 인식은 설명과 이해 모두를 필요로 한다는 것이며, 셋째로 역사관은 우리가 벗어날 수 없는 인식의 틀이 아니기 때문에 우리는 보다 객관적이고 포괄적인 역사관을 추구할 수 있다는 것이었다.

나는 이런 논제들을 5부로 나누어 논증하려고 했다. 먼저 1부에서는 실재론적 역사 인식론과 반실재론적 역사 인식론을 정식화시켜 대비하였다. 이런 구분은 역사 객관주의와 역사 상대주의의 핵심적 주장을 드러내고 그 각각의 장단점을 논의하기 위해서였다. 동시에 현대의 역사 상대주의를 현재주의의 역사, 실용주의의 역사, 인문주의의 역사로 나누어 검토하고 이들의 문제점을 부각시켰다.

1부가 역사 상대주의에 대한 설명과 그 비판이었다면 2부에서는 과거의 재현이 가능함을 적극적으로 논증한 것이다. 특히 관점의 다양성과 객관적 역사 인식이 어떻게 양립 가능한지를 논증하고자 했다. 이러한 논증을 위해 내가 사용한 전략은 관점을 조망적 관점과 투사적 관점으로 나눈 것이다. 조망적 관점은 대상의 어떤 국면에 초점을 맞추어 대상을 바라보는 시각이며, 투사적 관점은 주관의 견해를 대상에 덮어씌워 대상을 왜곡시키면서 대상을 보는 시각이다. 이때 조망적 관점과 객관적 인식이 양립 가능한 것은 분명하다. 물론 어떤 사람은 조망적 관점에 만족하지 못하고 신의 관점에서, 대상의 어떤 국면이 아니라 대상 전체를 알려고 시도할 수도 있을 것이다. 그렇지만 이런 시도는 우리의 인식 한계를 넘어선다는 것을 밝히고자 했다. 우리가 할 수 있는 것은 관점들을 비교, 종합하여 가능한 한 우리의 인식 지평을 넓히는 일이다.

언어적 전회의 문제는 현대 역사학에서도 매우 큰 문제이다. 현대의 많은 역사 상대주의가 그 근거를 언어적 전회에서 찾고 있다. 이 때문에 나는 언어적 전회를 비교적 상세하게 다루었고, 언어적 전회를 반영적 의미와 구성적 의미로 나누었다. 반영적 의미의 언어적 전회는 언어를 통하지 않고는 진리에 도달할 수 없으므로 언어의 의미부터 분명히 해야 한다는 주장이며, 구성적 의미의 언어적 전회는 우리의 의식은 언어에 구속되어 있으며 언어가 사실의 구성에 깊숙이 관여한다는 언어적 칸트주의이다. 여기서 나는 반영적 의미의 언어적 전회는 인식의 객관성을 훼손하지 않으면서 판단의 명료화를 추구하기 때문에 우리가 수용할 수 있지만, 구성적 의미의 언어적 전회는 이성의 반성력과 보편성을 부정하기 때문에 용인할 수 없음을 밝혔다. 나의 언어적 전회에 대한 비판은 언어의 기능에 대한 분석과 언어의 진화 이론에 근거해 있다. 동시에 나는 역사학의 객관성이 자연 과학의 객관성과 같은 위치에 있음을 밝히고자 했다. 즉 역사학이라 해서 특별히 어려운 위치에 있지 않음을 자연 과학과 대비하면서 논의했다.

3부는 역사학에서 오랫동안 논쟁거리가 되어 온 설명과 이해의 문제를 다룬 것이다. 설명의 키워드는 법칙과 포섭이며, 이해의 키워드는 정신과 공감이다. 내가 어떤 대상을 법칙 아래 포섭시킬 때 나는 그것을 설명하는 것이며, 내가 어떤 사람의 정신을 공감할 때 나는 그 사람을 이해하는 것이다. 그러므로 설명은 연역적·법칙론적 추론이며, 이해는 직접적·공감적 파악이다. 전통적 역사 인식론자들은 역사 인식의 방법으로 이해를 주장해 왔다. 역사는 인간의 행위를 중심으로 다루어야 하고, 행위는 정신적 의도의 표현이라고 보았기 때문이다. 반면에 최근의 과학철학적 논의는 행위도 설명의 대상이라고 주장한다. 여기서 나는 행위의 의도성을 인정하지만, 행위는 동시에 설명의 대상임을 논증하려고 했다. 나는 이를 설명적 해석학이라 명명했다.

행위와 구조는 사회를 구성하는 두 요소이다. 행위가 합리성의 원리에 의해 설명된다면, 구조는 어떻게 설명되어야 할 것인가? 또 역사의 법칙은 어떻게 설명될 것인가? 나는 현대 심리 철학에서 논의되고 있는 수반 이론을 구조와 법칙의 설명에 적용해 보고자 했다.

4부에서는 역사관의 문제를 여러 각도에서 해명하고자 했다. 먼저 역사관이란 역사 서술에서 필수 불가결한 요소이지만, 그것은 동시에 역사적 사실들의 설명력에 의해 정당화가 요구되는 중핵 가설적인 인식의 틀이라는 것을 논증하려고 했다. '역사관 없는 역사 서술은 맹목이고, 객관적 역사 서술 없는 역사관은 공허하다.'는 명제가 사실과 역사관의 평형 상태를 잘 대변해 준다. 다음으로 나는 역사관을 비판적 합리주의의 과학적 연구 프로그램에 의해 정식화시키고자 했다. 이렇게 함으로써 역사관의 특성과 역할과 한계를 분명히 하고자 했다. 이와 동시에 근대 역사관의 두 원형으로 계몽주의의 보편적 진보 사관과 역사주의의 개성적 발전 사관을 정형화시켰다.

5부에서는 역사관의 구체적 실례를 설명하고 비판했다. 이성 사관은 칸트의 역사관을 논의한 것이고, 유심 사관은 헤겔의 역사관을 다룬 것이다. 유물 사관은 마르크스의 사적 유물론을 기능주의적 관점에서 설명한 것이며, 문명 사관은 토인비와 슈펭글러의 역사관을 중심으로 논의한 것이다. 이 과정에서 이성 사관, 유심 사관, 유물 사관은 모두 계몽주의의 보편적 진보 사관의 변형들이라는 것이 드러나며, 문명 사관은 역사주의의 개성적 발전 사관의 후예라는 것이 밝혀진다.

지금까지 내가 다루어 온 문제들은 실제적인 역사 서술이나 역사 연구와 연관해서 어떤 구체적 의미를 가지는가? 이런 문제들을 한국 사학계의 현실에 적용해 본다면, 어떤 논의들이 가능할 것인가?

한국 사학계에 대한 역사철학적 평가는 그 자체가 간단하지 않은 힘든 작업이 될 것이다. 그 동안 몇몇 사학자들에 의해 방법론적 반성 작업이 진행되기도 했다. 그렇지만 훨씬 체계적인 인식론적 논의가 필요한 상황이다. 여기서는 다른 문제들에 대한 논의는 다음 기

회로 미루고 역사관 하나만을 중심으로 문제를 제기하고자 한다.[1]

한국 사학계는 전체적으로 세 학파로 나뉜다. 실증 사학, 민족주의 사학, 사회 경제 사학이 그것이다. 실증 사학은 실증을 중시하는 역사학이며, 역사학을 과학으로 정초하는 일을 최고의 목표로 삼는다. 그러므로 실증 사학은 역사 연구란 그 자체가 목적일 뿐, 다른 무엇을 위한 수단적 위치에 있지 않다고 본다. 역사학을 과학으로 확립하기 위해, 실증 사학은 과학적 방법을 최대한 활용하여 사료 비판에 심대한 노력을 기울인다. 이런 점에서 실증 사학은 랑케의 노선을 추구한다고 할 수 있다.

우리에게 잘 알려진 이병도, 이상백, 이홍직, 홍이섭, 이기백 등은 모두 실증 사학자들이다. 역사학을 학문으로서 정초하려 했다는 점은 그들의 공로이다. 학문은 객관성을 생명으로 한다. 그렇지만 실증 사학은 결정적인 한계를 갖고 있다. 그것은 역사관을 거부하거나 무시한 것이다. 실증 사학자들은 구체적인 사실들의 해명에 치중하면서 개별 사실들의 연구를 집합하면 모든 일이 완성되는 것으로 생각했다. 즉 개별 연구의 단순한 병렬적 나열이나 집합이 곧 역사 서술이라고 생각한 것이다. 이들은 기본적으로 백지 상태에서 하나하나의 개별적 사실을 수집하여 전체에 이르는 귀납적 방법을 사용하고 있다. 그렇지만 귀납적 방법은 우리가 이미 여러 곳에서 논증하였듯이 이론과학의 탐구에서나 역사과학의 탐구에서나 정당화될 수 있는 방법이 결코 아니다. 특히 역사 현상은 너무나 복잡하고 다양하여 역사관이라는 어떤 틀 속에 체계적으로 엮지 않으면 제대로 드러나지 않는다. 역사관 없는 역사 서술이 가능하다고 생각한 것은 이들의 치명적인 잘못이다. 개별직 사실들에 내한 연구를 아무리 집적시킨다 해도 하나의 통일적인 전체상은 드러나지 않는다.

이들은 주로 랑케의 방식에 따라 정치사에 관심을 집중시키고, 국가의 흥망성쇠에 따라 시대를 구분했다. 전체적으로 실증 사학은 나무만 보고 숲은 보지 못한다. 나무 한 그루 한 그루에 너무 몰두한 나머지 최종적으로 보아야 할 숲 전체를 시야에서 놓쳐 버리거나 피상적으로밖에 볼 수 없는 상황에 처한다.

민족주의 사학은 민족 사관이라는 역사관 아래서 역사를 보고자 한다. 민족 사관은 민족을 인류 역사의 주체적 단위로 설정하며 동시에 민족을 하나의 실체로서 상정한다. 민족 사관에서 보면 모든 민족은 나름대로의 민족정신이나 민족혼을 갖고 있으며, 이 민족정신들이 서로 협력하거나 투쟁하면서 개성적 발전을 이루는 것이 인류의 역사이다. 아마도 고전적 역사주의자인 헤르더는 이런 민족 사관의 원조가 될 것이다.

민족주의 사학은 민족 독립운동과 밀접한 연관을 갖는다. 민족주의란 모든 민족의 정치적 독립과 자주를 주장하는 교설이기 때문이다. 동시에 민족주의 사학은 식민주의 사학과 대립적인 위치에 선다. 식민주의는 선진 사회가 후진 사회를 발전시키기 위해 침탈하거나 합병하는 것은 정당하다는 교설이며, 식민주의 사학은 이런 식민주의를 옹호하고 정당화하기 위한 사학이다. 그러므로 식민주의 사학은 후진 사회의 정체성(停滯性)과 타율성을 중점적으로 부각시키면서 후진 사회의 역사를 왜곡한다. 영국이 인도를 식민지로 만든 후 인도의 역사를 정체성과 타율성으로 각색했다. 정체성이란 발전이 없다는 것이며 타율성이란 다른 나라의 지도 없이는 살아갈 수 없다는 것이다. 이에 대항하여 인도의 민족주의 사학자들은 독립운동적 차원에서 이런 식민주의 사학과 오랫동안 싸웠다. 우리의 경우도 비슷하다. 박은식, 신채호, 정인보, 문일평, 손진태 등 민족주의 사학자들은 일본 식민주의 사학자들이 왜곡시킨 우리 역사를 바로잡기 위해 심혈을 기울였고, 그 결과 지금은 식민주의 사학의 문제점들이 어느 정도 극복되었다고 할 수 있다. 민족의 잘못된 역사를 바로잡고 민족 정기를 되살린 점에서 민족주의 사학은 빛나는 업적을 남겼다.

그렇지만 민족주의 사학이 기초하고 있는 민족 사관은 다음과 같은 문제점을 갖고 있다. 먼저 그것은 민족을 초역사적 실체로서 신비화시키는 경향이 강하다. 민족이 우리의 자연스러운 삶의 울타리이고 우리의 정체성을 보장하는 최후의 보루라고 할지라도, 우리가 그것을 초역사적인 실체라고 보기는 어려울 것이다. 우리가 각 민족 나름대로의 민족혼이나 민족정신을 논의한다 할지라도, 그것은 어디까지나 역사의 과정 속에서 형성되고 창조된 역사적 산물이라는 점을 기억해야 한다. 우리는 이를 닫힌 정체성이 아니라 열린 정체성이라 부를 수 있다. 역사성을 배제한 민족의 원형적 정체성에 대한 강조는 또 다른 역사의 왜곡을 초래할 가능성이 있다.

뿐만 아니라 민족 사관은 보편사의 시각이 약하다. 이것은 민족의 독자성과 개성을 지나치게 강조하는 민족 사관의 가장 큰 문제점이기도 하다. 실제로 각 민족은 개성적인 측면을 갖고 있고, 독자적인 발전 단계를 갖기도 한다. 예컨대 우리 민족과 일본 민족만 비교해 보더라도 민족성은 얼마나 다르며, 또 역사의 발전 단계는 얼마나 다른가? 그렇지만 이들이 세계사의 흐름을 전혀 외면하면서 살아왔다고 할 수 있겠는가? 민족이 역사의 단위라는 주장을 받아들인다 해도 세계사의 보편적 흐름과 연관시켜야만 민족의 개성적 발전도 이해 가능할 것으로 판단된다.

사회경제사학은 넓은 의미로는 사회경제적 측면을 중심으로 보는 사학이지만, 좁은 의미로는 유물론 사학을 의미한다. 유물론 사학은 유물 사관에 기초해 있다. 유물 사관은 인류의 역사를 물질적 생산력의 발달 단계로 보며 계급투쟁에 의해 사회적 변혁이 전개되어 온 것으로 해석한다. 이런 이론에 근거하여 유물 사관은 인류의 역사를 원시 공산 사회에서부터 자본주의 이후의 공산사회까지 다섯 단계로 구분한다. 백남운, 김태준 등의 유물론 사학자들은 우리나라의 역사에 유물 사관의 이론을 그대로 적용시키고자 했다. 동시에 이들은 역사학의 과학성을 주장한다. 이들의 최대 업적은 한민족의 역사를 인류보편사의 기준에서 보고자한 것이다. 세계화의 시대에 이들의 업적은 더욱 주목의 대상이 된다.

그렇지만 유물 사관은 지나치게 도식적이다. 사실을 억지로 도식에 맞추는 경향이 강하다. 유물사관이 아시아의 역사에 잘 맞지 않는 이유는 유물 사관이 서구의 역사를 바탕으로 해서 구성된 역사관이기 때문이다. 간단히 말하자면 유물 사관은 서구 중심적 역사관이다. 이를 인류 역사 전체에 일반화하려 할 때 여러 가지 무리가 따른다. 그것은 역사의 시대 구분에서 분명하게 드러난다. 우리나라에는 서양 중세의 특징적 생산 양식인 봉건 제도가 없었다. 아시아에서는 고대 중국과 중세 일본만이 봉건 제도를 갖고 있었다. 그러므로 중세 봉건 사회란 우리나라의 역사에는 적용되기 힘들다. 이런 상황에서 유물 사관의 공식을 적용하기 위해 봉건 사회의 의미를 아시아적 봉건 사회나 관료적 봉건 사회, 혹은 집권적 봉건 사회 등으로 무리하게 전환시키지 않을 수 없다. 뿐만 아니라 고대 노예제 사회의 존재 유무나 아시아적 생산 양식을 어떻게 이해할 것인가도 큰 문제다.

유물론 사학은 최근에는 민중 사학으로 불리기도 한다. 민중 사학은 유물 사관에서 주장하는 역사의 주체인 계급을 민중으로 보고 민중이 역사 변혁의 주체라고 주장한다. 민중 사학은 민족주의 사학과 비슷한 문제점을 갖는다. 역사의 주체를 통시대적으로 실체화하거나 역사학을 계급 해방 운동을 위한 도구로 간주하는 것들이 그것이다. 민중 사학이 생산력의 발전에 심각하게 주목하지 않는 것도 문제다.

사회주의 사회의 붕괴에 의해 유물 사관은 근본적으로 재검토되어야 할 위치에 있다.

최근에는 포스트모더니즘 역사학이 소개되면서 역사학의 정체성이 흔들리고 있다. 포스트모더니즘 역사학은 역사 해석의 다양성을 주장하면서 역사적 진리의 무정부 상태를 연출한다. 이것은 역사학의 이데올로기화를 비판하고 반성한다는 점에서 나름의 역할을 수행한다. 그렇지만 이것은 본질적으로 우리 시대 상대주의의 경향을 반영하는 한순간의 유행에 불과하다.

학문의 진보란 우리의 인식 지평이 넓어짐을 의미하며 인식 지평이 넓어진다는 것은 대상을 더욱 넓게 그리고 더욱 객관적으로 바라볼 수 있음을 함축한다. 인접 학문인 언어학, 생물학, 사회학, 철학 등의 진보는 역사학의 진보를 촉진시킨다.

지식의 관점에서 보면 인류의 역사는 지식의 진보사라고 할 수 있다. 지식의 진보를 가속화시킬 수 있었던 것은 지식의 저장소(칼 포퍼가 세계3이라 불렸던)를 인류가 발명했기 때문이다. 개인들은 세계3을 배움으로써 과거의 축적된 지식을 이해하고, 이것을 기반으로 새로운 지식을 추구할 수 있다.

우리는 100년 전에 비해 세계에 대해 더욱 많은 것을 알고 있다. 아마도 다음 세대는 현재 우리가 알고 있는 것보다 훨씬 더 많은 것을 알게 될 것이다. 물론 지식의 진보가 일어나는 속도는 세대마다 다를 수 있다. 어떤 때는 폭발적으로 진행될 때도 있고 어떤 때는 느리게 진행되기도 한다. 예컨대 기원전 5, 6세기와 근대 17세기 이후부터 지금까지는 지식이 혁명적으로 진보한 시기였다. 지식의 진보가 앞으로도 계속 이루어질 것이라는 보장은 어디에도 없다. 그럼에도 불구하고 과학적 탐구를 억압하는 제도가 존재하지 않고, 과학자들이 자유롭게 탐구를 계속할 수 있다면, 지식의 성장은 인류가 존속하는 한 계속될 것으로 보인다.

근대 이후 역사학도 전반적인 학문의 진보와 함께 끊임없이 진보해 왔다. 자료를 다루는 방법이 향상됨에 따라 과거를 알려 주는 새로운 자료를 확보할 수 있게 되었고, 역사 서술의 여러 양식과 방법을 새로 터득함에 따라 과거를 재현시키는 능력도 향상되었다. 역사를 보는 우리의 인식 지평이 그만큼 넓어진 것이다.

다른 한편으로 세계화는 현실적으로 우리의 역사 지평을 넓히고 있다. 정보 혁명은 실질적으로 하나의 세계를 만들고 있다. 개별 국가의 경계선은 지워지고 있고, 하나의 보편 문명이 현실화하고 있다. 이것은 동시에 우리의 역사 인식도 넓어져야 함을 요구한다. 말하자면 우리는 인류 보편사적 관점에서 역사를 볼 수밖에 없는 상황 속에 있다. 인류 보편사는 계몽주의가 내세운 명제였다. 이에 대한 반명제가 역사주의의 민족국가사이다. 역사의 진행과 더불어 문명과 문명 간의 간격은 좁혀져 왔다. 지금도 민족사나 문명사가 역사의 기본 단위라는 주장이 논의되고 있지만, 그리고 민족이나 문명 간의 갈등이 계속되면서 이런 주장이 힘을 얻기도 하지만, 전통적인 지역 문명들은 하나의 지구 문명으로 급속하게 통합되고 있다. 이런 시대적 상황에서 모든 민족사, 국가사, 문명사는 인류 보편사라는 큰 틀 속에서 지역적 특수사로서 자리매김될 수밖에 없다.

관점이나 역사관의 다양화와 이런 다양성의 종합은 인식 지평의 확장을 뒷받침해 준다. 유럽 연합의 역사 교과서 공동 편찬은 좋은 실례가 된다. 각국이 닫힌 민족주의의 편협함에서 벗어나 하나의 역사 교과서를 공동으로 썼다는 사실은 시사하는 바가 크다. 이것은 관점이나 역사관이 다른 여러 사람들의 공동 연구가 우리의 시야를 상승시키고 우리의 인식 지평을 넓힐 수 있다는 것을 의미하며, 더 나아가 이를 통해 역사의 객관성을 더욱 철저하게 추구할 수 있음을 함축한다. 인식 지평이 넓어짐에 따라 과거의 재현 가능성은 더욱 커지며, 우리는 더욱 포괄적이고 객관적인 인류사를 쓸 수 있게 될 것이다.

주

1부

▶ 1장

1) 실재론에는 여러 종류가 있으며, 반실재론에도 여러 갈래가 있다. 가장 오래된 보편 실재론은 일반 명사가 가리키는 대상들인 보편자가 우리와 독립적으로 존재한다는 이론이고, 과학적 실재론은 과학적 이론의 대상들이 우리가 구성한 것이 아니라 그 자체로 존재한다는 이론이다. 반면에 버클리의 관념론은 경험주의적 흐름에 선 반실재론이고 칸트의 구성주의는 선험적 반실재론이라 할 수 있다. 우리가 여기서 이 모든 흐름을 일일이 살펴볼 수는 없을 것이다. 이좌용,『존재론 연구 I』(철학과 현실사, 2005) 참조.

2) Alun Munslow, *Deconstructing History*(London & New York : Routledge, 2006), 39쪽 이하.

3) Frank R. Ankersmit, *Historical Representation*(Stanford, California: Stanford University Press, 2001), 49쪽.

4) Herodotus, *The Histories, Oxford World's Classics*, trans. Robin Waterfield

(Oxford University Press, 1998), 1권 첫 문단.

5) Johann G. Herder, *J. G. Herder on Social and Political Culture*: in *Yet Another Philosophy*, (ed.), F. M. Barnard(Cambridge: Cambridge University Press, 1969), 181~3쪽.

6) Leopold von Ranke, *Sämtliche Werke XXIII*(Leipzig: Dunker und Humboldt, 1885, dritte Auflage), vii쪽 ; *History of the Latin and Teutonic Nations from 1494 to 1514*. Phillip A. Ashworth, trans.(Kessinger Publishing, 2004) 참조.

7) 만약 우리가 좁은 의미로 실증주의라는 말을 사용한다면 랑케를 실증주의자로 분류하기는 어려울 것이다.(이에 대해서는 김영한의 「실증주의 사관」을 참조.『사관의 현대적 조명』, 차하순 편저(청람문화사, 1978)) 그는 분명 콩트적 의미의 실증주의자는 아니며, 그렇다고 역사를 공학과 같은 성격으로 보는 현대적 실증주의자도 아니기 때문이다. 그는 오히려 역사적 사건의 개성을 강조하는 고전적 역사주의자였다고 할 수 있다. 그럼에도 불구하고 랑케가 이런 넓은 의미의 실증주의에 포섭될 수 없다고는 생각되지 않는다. 오히려 그는 그 대표자라 할 수 있다.

8) Adam Schaff, *History and Truth*(Oxford : Pergamon Press, 1976), 77쪽을 참조할 것. 이 책은 역사에 대한 새로운 통찰력을 보여 주는 저서이다. 나는 이 책으로부터 매우 많은 도움을 받았다. 그렇지만 나는 이 책이 주장하는 역사의 조망주의를 보다 최근의 인식론적 관점에서 더욱 정교화하고, 객관주의 방향으로 발전시키고자 했다.

9) Leopold von Ranke, *Englische Geschichte, vornehmlich in Sechzehnten und Siebzehnten Jahrhundert*(1859-1868)(Stuttgart: Koehler, 1955), 「머리말」.

10) Edward H. Carr, *What is History?*(London : Macmillan, 1962), 1쪽

11) Karl Popper, *Objective Knowledge*(Oxford University Press, 1979), 2쪽 이하 참조.

12) Aviezer Tucker, *Our Knowledge of the Past*(Cambridge University Press, 2004), 255쪽 참조.

13) Thomas S. Kuhn, *The Structure of Scientific Revolutions*(Chicago University Press, 1970), 5장 참조.

14) Adam Schaff, *History and Truth*(Oxford : Pergamon Press, 1976), 2장 80쪽 참조.

15) Karl R. Popper, *The Poverty of Historicism*(New York : Harper & Row, 1964), 134쪽.

▶ 2장

1) Charles Read, "The Social Responsibilities of the Historian", *The American Historical Review Vol.LV*, No.2.(1950), 289쪽 참조.

2) Theodore Sider, *Four Dimensionalism : An Ontology of Persistence and Time*(Oxford : Clarendon Press, 2003), 2장 11쪽 이하 참조.

3) 나는 과거와 현재는 존재하지만 미래는 존재하지 않는다고 생각한다. 이런 주장이 정당화되려면 별도의 긴 논증이 필요하다. 시간론에 대해서는 다음 책을 참조할 것. 소광희, 『시간의 철학적 성찰』(문예출판사, 2001).

4) Benedictto Croce, "History and Chronicle", Patrick Gadiner (ed.), *Theories of History*(The Free Press, 1959), 227쪽.

5) 위의 책, 227쪽.

6) Hayden White, *Metahistory*(Baltimore, Maryland: The Johns Hopkins University Press, 1973) 383쪽 참조.

7) 위의 책, 382쪽.

8) 위의 책, 383쪽.

9) 위의 책, 389쪽.

10) 위의 책, 385쪽.

11) Benedictto Croce, "History and Chronicle", Patrick Gardiner (ed.), *Theories of history*, 230쪽.

12) R. G. 콜링우드, 『역사철학론』, 문학과 사회 연구소 책임기획 번역(청하, 1986), 42쪽 참조.

13) Benedictto Croce, "History and Chronicle", Patrick Gardiner (ed.), *Theories of history*, 227쪽.

14) Georg W. F. Hegel, *Vorlesungen über die Philosophie der Geschichte*, Werke 12(Frankfurt am main: Suhrkamp Verlag, 1970), 16쪽.

15) Robin G. Collingwood, *The Idea of History*(New York: Oxford University Press, 1956), 217쪽.

16) 위의 책, 218쪽.

17) 위의 책, 248쪽.

18) Edward H. Carr, *What is History?*(Penguin Books, 1961), 30쪽.

19) John Dewey, *Logic: The Theory of Inquiry*(New York: Henry Holt and Company, 1938), 235쪽.

20) 위의 책, 231쪽.

21) 위의 책, 233쪽.

22) 위의 책, 238쪽.

23) William Dray, *On History and Philosophers of History*(Leiden & New York : E. J. Brill, 1989), 190쪽 참조. 여기에는 현재주의에 관한 자세한 분류법이 제시되어 있다.

24) Martin Heidegger, *Sein und Seit*(Max Niemeyer, 1926), 150쪽.

25) Hans G. Gadamer, *Wahrheit und Methode*(Tübingen : J. C. B. Mohr, 1960), 261쪽 ; 강돈구, 「해석학적 순환의 인식론적 구조와 존재론적 구조」, 『해석학과 사회철학의 제문제』, 강돈구 외 지음(일월서각, 1990) 참조.

26) Hans G. Gadamer, 위의 책, 267쪽.

27) Hans G. Gadamer, "Text and Interpretation" in *Dialogue and Deconstruction : The Gadamer — Derrida Encounter*, Diane Michelfelder and Richard Palmer(ed.), (Albany : State University of New York Press, 1989), 41쪽.

28) 강돈구, 『슐라이어마허의 해석학』(이하사, 2000), 256쪽 참조.

29) Norwood R. Hanson, *Patterns of Discovery*(Cambridge University Press, 1972), 14쪽 ; Barry Stroud, *The Significance of Philosophical Scepticism*(Oxford University Press, 1984), 128쪽 4장 참조.

30) Karl Mannheim, trans. L. Wirth & E. Shils, *Ideology and Utopia*(New York : Harcount, Brace & World, 1936), 267쪽.

31) 데이비슨의 철학에 대한 조감은 다음 책을 참조할 것. *Actions and Events: Perspectives on the Philosophy of Donald Davidson*, (ed.), Ernest Lepore, Brian P. McLaughlin(New York: Basil Blackwell, 1985).

▶ 3장

1) William James, "What Pragmatism Means", *Philosophy in the Twentieth Century; An Anthology*, Vol. 1(ed.), William Barrett and Henry Aikin(New York : Random House, 1962), 183쪽.

2) 퍼스, 제임스와 함께 실용주의 운동의 모태가 되었던 사람들은 형이상학 클럽의 회원이었다. 올리버 홈스 판사는 기존의 법형식주의의 논리를 거부하고 법 실용주의를 주장했는데, 이것은 법을 절대적인 도덕적 원칙에서 유래된 것이 아니라, 역사적 상황 속에서 형성된 것으로 보고, 법학을 경험주의적 학문으로 전환시키는 것이었다. "법은 수세기에 걸친 한 국가의 발전 이야기를 포함하며, 법을 마치 수학책의 공리나 추론들을 담고 있는 것처럼 다룰 수는 없다." (Oliver Holmes, *Common Law*(New York : Dover Publication, 1991), 1쪽) 진리의 절대성을 거부하는 실용주의는 소스타인 베블런에 의해 경제학 분야에도 적용되었다. 퍼스의 제자였던 베블런은 고전 경제학의 추상적 선험적 연구 방법과 자연법칙과 같이 간주되던 경제 이론을 거부하고, 경제학은 무엇보다도 다윈의 진화론적 방법론으로부터 배워야 한다고 주장하였다. "진화론적 학문으로서의 경제학은 경제적 이해에 의해 결정되는, 물질적 성장 과정에 관한 이론, 즉 경제 제도의 누적된 결과에 관한 이론이어야 한다."(Thorstein Veblen, "Why is Economics not an Evolutionary Science?", *Science in Modern Civilization and Other Essays*(New York: Huebsch, 1919), 77쪽.)

3) Carl Becker, "The Detachment and Writing of History", *Atlantic Monthly*(106 October, 1910), 527쪽 이하.

4) Charles Peirce, "How to Make Our Ideas Clear", *Philosophy in Twentieth Century Vol. 1* (ed.) W. Berrett and H. Aiken(New York : Random House, 1962), 113쪽.

5) Morton White, *The Age of Analysis : 20th Century Philosophers*(New York : The American Library, Inc., 1955), 141~2쪽.

6) 위의 책, 142쪽.

7) Charles Peirce, "How to Make Our Ideas Clear", *Philosophy in Twentieth Century Vol. 1*, 111쪽.

8) 위의 책, 112쪽.

9) Morton White, *The Age of Analysis: 20th Century Philosophers*, 157~8쪽.

10) Emile Durkheim, *Pragmatism and Sociology*, trans, J. C. Whitehouse (Cambridge University Press, 1983), 11쪽 참조.

11) William James, *Pragmatism*(London & New York : Longmans, Green & Co., 1907), 242쪽 참조.

12) William James, "What Pragmatism Means", *Philosophy in Twentieth Century* Vol. 1, 182쪽.

13) William James, "Essay in Radical Empiricism"(New York : Longmans, 1912) ix쪽 이하 참조; H. O. Mounce, *The Two Pragmatisms: From Peirce to Rorty*(London & New York : Routledge, 1997), 85쪽 이하 참조.

14) Morton White, *The Age of Analysis : 20th Century Philosophers*, 159쪽.

15) William James, "What Pragmatism Means", *Philosophy in Twentieth Century Vol. 1*, 190쪽; Hillary Putnam, *Pragmatism*(Oxford : Blackwell Publishers, 1995), 8쪽 참조.

16) William James, 위의 책, 184쪽.

17) John Dewey, "The Need for a Recovery of Philosophy", *John Dewey on Experience, Nature and Freedom* (ed.), Richard J. Bernstein(New York: Liberal Arts Press, 1960: a Library of Liberal Arts Paperback), 69쪽 이하 ; John E. Smith, *Purpose and Thought: The Meaning of Pragmatism*(New Haven: Yale University Press, 1978), 78쪽 이하 참조.

18) Morris Cohen, *Reason and Nature*(New York: Harcourt, Brace & Co., 1931), 453쪽 참조.

19) Arthur O. Lovejoy, *The Revolt against Dualism*(Illinois : Open Court, 1930), 81쪽.

20) Hilary Putnam, *Reason, Truth and History*(Cambridge University Press, 1981), 49쪽 참조.

21) 실용주의의 반실재론적 성격은 후기 분석 철학에서 중심적인 논의의 대상이 되었던 지칭(reference)의 문제를 중심으로 설명될 수도 있을 것이다. 자신의 내재적 실재론(internal realism)을 실용주의적 실재론(pragmatic realism) (Hilary Putnam, "The Many Faces of What Pragmatism Means", *Pragmatism ;*

A Contemporary Reader (ed.) Russell B. Goodman(New York & London: 1995), 172쪽.)으로 불렀어야 했다고 후회했던 힐러리 퍼트남은 정신 독립적인 세계의 존재를 주장하는 실재론에 대해 형이상학적 실재론이라 명명하고, 지칭의 불투명성 원리에 입각해서 신랄한 비판을 가한다. 퍼트남에 의해 규정된 형이상학적 실재론은 다음과 같이 정리될 수 있을 것이다.(Hilary Putnam, *Reason, Truth and History*, 49쪽 참조; 김동식, 『로티의 신실용주의』(철학과 현실사, 1981), 99쪽 참조.)

1) 세계는 정신과는 독립적으로 존재하는 대상들의 고정된 총체로 이루어져 있다.

2) 이 세계에 대해 유일하게 진리이며 완전한 진술이 있다.

3) 진리란 한편으로는 낱말이나 기호들과, 다른 한편으로는 외적 대상들 사이의 어떤 종류의 대응관계를 포함한다.

3)의 대응 관계부터 검토해 보자. 3)은 한편으로는 낱말이나 기호들의 세계가 있고, 다른 한편으로는 이들과는 아무런 연관이 없는 대상들의 세계를 가정하고, 이들 두 집합의 원소들 사이에 1:1의 대응 관계가 있는 것으로 주장한다. 그렇지만 내재주의의 관점에서 보면, 기호가 어떻게 사용되는가 또 누가 사용하는가와는 상관없이 대상들과 어떤 본질적인 대응 관계를 가지는 것은 아니다. 이러저러한 기술 체계를 도입함으로써 세계를 대상들로 가르는 것은 우리들이다.(Hilary Putnam, *Reason, Truth and History*, 52쪽.) 물론 퍼트남에 있어서 특정한 방식으로 특정한 언어 사용 단체가 사용하는 기호는 그 사용자들의 개념 체계 안에서 특정 대상과의 대응 관계를 가질 수 있다. 그러므로 우리는 내재적인 맥락에서 단지 다음과 같이 말할 수 있을 뿐이다. "단어 x가 대상 y에 대해 R의 관계를 맺고 있는 경우에, 그리고 오직 그 경우에만 x는 y를 지시한다.(이병욱, 「지시체 불가투시성과 퍼트남의 실재론 논박」, 한국분석철학회 편, 『실재론과 관념론』(철학과 현실사, 1993), 359쪽 참조.)

2)는 의도되지 않은 해석의 가능성을 배재할 수 없기 때문에 지지될 수가 없게 된다. 이것을 퍼트남은 뢰벤하임-스콜렘 정리를 원용하여 논증하고 있는데(뢰벤하임-스콜렘 정리는 수학기초론의 모델이론에서 제기된 정리로, 이것에 대한 자세한 설명은 다음 논문을 참고할 것. 김동식, 「퍼트남의 '내적 실재론'과 그리고 상대주의」, 한국분석철학회 편, 『실재론과 관념론』(철학과 현실사, 1993),

271쪽 이하.) 그 핵심은 한 문장이 참이 되는 것과 그 문장 내부에서 개체를 지칭하는 용어가 어떤 대상을 지칭하는가는 전혀 별개의 문제라는 것이다. 그러므로 주어진 개념 체계의 어떤 진술의 진리치도 손상시키지 않으면서 그 진술에서 언급되고 있는 지칭 대상을 다르게 해석할 수 있는 의도되지 않은 해석은 언제나 가능하게 된다. 이런 지칭의 불투명성에 의해 '고양이가 매트 위에 있다.'는 진술의 진리치는 전혀 손상함이 없이 '고양이'는 버찌를 '매트'는 나무를 지시하게 만드는 어떤 해석이 가능해진다.(H. Putnam, *Reason, Truth and History* (Cambridge University Press, 1981), 33~34쪽.)

2)와 3)이 이렇게 부정된다면 1)은 유지될 수 없는 공허한 주장이 되고 만다. 이리하여 우리가 언어나 마음이라고 부르는 것의 요소는 실재 속에 너무 깊숙이 침투해 있어서 우리 자신을 언어 독립적인 어떤 것의 지도 제작자로 표상하는 기획은 처음부터 치명적인 손상을 입는다고 퍼트남은 주장한다. (Richard Rorty, *Relativism : Finding and Making*, 김동식 엮음, 『로티의 철학과 과학』(철학과 현실사, 1997), 207쪽).

그렇지만 퍼트남의 이런 논증은 외재주의나 크립키의 고정 지시어의 관점에서 보면 전혀 정당화되지 않는다.

22) 현재주의와 실용주의의 관계에 대해서는 「현재주의의 역사」 부분을 참조할 것.

23) Howard O. Mounce, *The Two Pragmatisms; From Peirce to Rorty* (London & New York : Routledge, 1997), 160쪽.

24) Carl Becker, "What are Historical Facts", *Western Political Quarterly No. 3*, 1955; Hans Meyerhoff, (ed.), *The Philosophy of History in Our Time*(New York: Doubleday & Company, Inc., 1959), 120쪽.

25) Adam Schaff, *History and Truth*(New York : Pergamon Press, 1976), 194쪽.

26) I. Kon, *Philosophical Idealism and Crisis of Bourgeois Historical Thought* (Warsaw, 1967), 316쪽 ; Adam Schaff, *History and Truth*, 189쪽.

27) Edward H. Carr, *What is History*(London : Penguin Books, 1962), 16쪽 이하.

28) 위의 책, 18쪽.

29) Adam Schaff. *History and Truth*, 199쪽 참조.

30) Raymond Aron, *Introduction to the Philosophy of History : An Essay on the limits of Historical Objectivity*(Boston : Beacon Press, 1961), 89쪽.

31) 리처드 로티, 「상대주의 : 발견하기와 만들기」, 김동식 엮음, 『로티와 철학과 과학』(철학과 현실사, 1997), 205쪽 이하.

32) 리처드 로티, 『우연성, 아이러니 그리고 연대성』, 김동식·이유선 옮김(민음사, 1996), 58쪽.

33) Ludwig Wittgenstein, *Philosophische Untersuchungen*(Frankfurt am Main : Suhrkamp, 1967), 106쪽, No.201.

34) Hans Meyerhoff (ed.), *The Philosophy of History in Our Time*(New York : Doubleday & Company, Inc., 1959), 120쪽 이하 참조.

▶ 4장

1) François Dosse, *L'Histoire*(Armand Colin/HER, 2000) ; 『역사철학』, 최생열 옮김(동문선, 2004), 115쪽.

2) 프랑수아 도스, 『역사철학』, 115쪽.

3) 위의 책, 126쪽.

4) 위의 책, 126쪽.

5) 위의 책, 142쪽.

6) 위의 책, 142~3쪽.

7) Fernand Braudel, *The Mediterranean and The Mediterranean World in The Age of Phillip II* 2ed. (ed.) tr. S. Reynolds, (Collins Sons and Harper & Row, 1972-3), 서문.

8) Peter Burke (ed.), "History of Events and the Revival of Narrative", *New Perspectives on Historical Writing*(The Pennsyvania State University Press, 1991), 235쪽.

9) Richard M. Rorty, *The Linguistic Turn*(University of Chicago Press, 1992), 9쪽.

10) Ludwig Wittgenstein, *Philosophische Untersuchungen*(Suhrkamp Verlag, 1967), 109.

11) 2부 3장 참조.

12) Walter B. Gallie, *Philosophy & The Historical Understanding*(New York: Schocken Books, 1968), 22쪽.

13) Louis Mink, *Historical Understanding*(Cornell University Press, 1988), 199쪽.

14) Arther Danto, *Analytical Philosophy of History*(Cambridge University Press, 1968), 111쪽.

15) Paul Ricoeur, "Dialogue"[1981 interview], in *Dialogue with Contemporary Continental Thinkers*, (ed.) Richard Kearny(Manchester Univ. Press, 1984.), 이 것은 Elizabeth A. Clark, *History, Theory, Text*(Harvard University Press, 2004), 90쪽에서 재인용함.

16) Paul Ricoeur, *Time,* I : 154, 178, 142, 111, 115쪽. 이 내용은 Elizabeth A. Clark, *History, Theory, Text*, 90쪽에서 재인용함.

17) Paul Ricoeur, *Time, I*, 75. 이 내용은 위의 책, 91쪽에서 재인용함.

18) Paul Ricoeur, *Time, I*, 75. 이 내용은 위의 책, 92쪽에서 재인용함.

19) George G. Iggers, *Historiography in the Twentieth Century: From Scientific Objectivity to the Postmodern Challenge*(Wesleyan University Press, 2005);『20세 기 사학사』임상우 · 김기봉 옮김(푸른역사), 151쪽.

20) 하나의 기호를 만들기 위해 기표와 기의를 결합시키는 일을 의미작용 혹은 의미화라 한다. 의미화는 기표에 기의를 더하거나 빼는 것이다. 의사소통 과정에서 보면, 송신자 쪽의 의미화와 수신자 쪽의 의미화가 다를 수 있다. 수신자 쪽에서 보면 의미화는 송신자가 보낸 의미의 재생산 작업이다.

21) Roland Barthes, *Elements of Semiology*, trans. A. Lavers and C. Smith (London : Jonathan Cape, 1967), 26쪽.

22) 바르트는 이야기 속에서 시간성은 단지 체계의 형식 속에 존재하고, 참된 시간이란 언어의 실재 효과에 불과한 것으로 이해한다. 언어의 실재 효과란 언어에 의해 실재하는 것처럼 보인다는 것이다. R. Barthes, *Image-Music-Text*, (ed.) S. Heath(London : Fontana, 1977), 98쪽.

23) Robert M. Burns, Hugh Rayment-Pickard, *Philosophy of History; From Enlightenment to Postmodernity*(Blackwell: Oxford, 2000), 279쪽.

24) Roland Barthes, "Introduction to the Structural Analysis of Nar-

ratives", *Image-Music-Text*, (ed.) S. Heath(London : Fontana, 1977), 79쪽.

25) Roland Barthes, 위의 책, 123쪽 이하.

26) Roland Barthes, "Historical Discourse", in *Introduction to Structuralism*, (ed.) M. Lane (New York : Basic Books, 1970), 153쪽.

27) Hayden White, *Metahistory*, ix.

28) 위의 책, X쪽.

29) 위의 책, 8쪽.

30) Stephen C. Pepper, *World Hypotheses: A Study in Evidence*(University of California Press, 1942).

31) Hayden White, *Metahistory*, 29쪽.

2부

▶ 1장

1) 이상신, 『19世紀獨逸歷史認識論』(고려대학교출판부, 1989), 5쪽 참조.

2) Johann M. Chladenius, *Allgemeine Geschichtswissenscaften*(Leipzig, 1752), 37쪽, 이상신, 위의 책에서 재인용함.

3) William H. Walsh, *Philosophy of History*(Harper Torchbooks, 1967), 99쪽.

4) Johann M. Chladenius, *Allgemeine Geschichtswissenschaften*(Leipzig, 1752), 37쪽 ; 이에 대한 자세한 설명은 이상신의 『19世紀獨逸歷史認識論』 26쪽 이하 참조.

5) Adam Schaff, *History and Truth*(Oxford: Pergamon Press, 1976), 238쪽 ; 『역사와 진실』, 김택현 옮김(청사, 1983), 310쪽 참조.

6) Adam Schaff, 위의 책, 3쪽 참조.

7) Abbe Barruel, *Mémoires pour servir à l'histoire du jacobinisme*, vol. 1, viii～xii(Hamburg, chez P. Fauche, 1803) ; Adam Schaff, 위의 책, 7쪽.

8) Joseph de Maistre, *Considerations sur la France*, 5～6쪽.(Paris: Pélagaud, 1821) ; Adam Schaff, 위의 책, 8쪽.

9) J. Barnave, *Introduction à la Révolution Française*(Paris: Armand Colin,

1960), 9쪽 ; Adam Schaff, 위의 책, 11쪽.

10) Adam Schaff, 위의 책, 21쪽.

11) Alexis de Tocqueville, *L'Ancien Régime et la Révolution*, 3rd (ed.) (Paris: Michel Lévy, 1857) 191~2쪽 ; Adam Schaff, 위의 책, 21쪽.

12) Hyppolue Taine, *Les Origines de la France Contempoaine, vol. II*(Paris: P. Hachette, 1875), 209쪽 ; Adam Schaff, 위의 책, 23쪽.

13) Jean Jaures, *Histoire Socialiste de la Révolution Française, vol. I* (Paris: (éd.) de l' Humanité, 1922), 49쪽 ; Adam Schaff, 위의 책, 26쪽.

14) G. Lefébvre, La *Révolution Française*(Paris : Presses Universitaires de France), 82쪽 ; Adam Schaff, 위의 책, 35쪽.

15) 『오늘의 역사학』 안병직 외(한겨레신문사, 1988), 269쪽.

▶ 2장

1) David Carr, *Time, Narrative, and History*(Indianapolis : Indiana University Press, 1986), 13쪽.

2) Frank R. Ankersmit, *Narrative logic ; A Semantic Analysis of the Historian's Language*(The Hague: Martinus Nijhoff Publishers, 1983), 59쪽 이하 참조.

3) Lauis O. Mink, "Narrative Form as a Cognitive Instrument," in R. H. Canary and H Kozicki (eds.), *The Writing of History. Literary Form and Historical Understanding*(Madison, 1978), 148쪽.

4) Frank R. Ankersmit, *Narrative Logic : A Semantic Analysis of the Historian's Language*(Martinus Nijhoff publisher, 1983), 86쪽.

5) 위의 책, 87쪽.

6) H. Fain, *Between Philosophy and History*(Princeton University Press, 1970), 247쪽.

7) 2부 1장 참조.

8) 이때의 환원주의는 복잡한 문장을 단순한 문장으로 분해하여 복합 문장을 단순 문장의 진리함수로서 이해하는 것이다.

9) Louis Mink, "History and Fiction as Modes of Comprehension", *Historical Understanding*(Cornell University Press, 1988), 42쪽.

10) Louis Mink, "Narrative Form as a Cognitive Instrument" in *The Writing of History : Literary Form and Historical Understanding*, (ed.), R.H. Canary and Kozicki(Madison: University of Wisconsin Press, 1978), 145쪽.

11) Hayden White, "The Value of Narrativity in the Representation of Reality" in *On Narrative*, (ed.), W. J. T. Mitchell(Chicago: The Univ. of Chicago Press, 1981) 4쪽.

12) Roland Barthes, "Introduction à l'analyse structurale des récit," *Communications 8* (1966), 1–27; 이 내용은 David Carr, *Time, Narrative, and History*, 13쪽에서 재인용한 것임.

13) Paul Ricoeur, *Temps et recit I*(Paris : Seuil, 1983), 102쪽.

14) 위의 책, 13쪽.

15) 위의 책, 67쪽.

16) David Carr, *Time, Narrative, and Hisory*(Indiana university press, 1986), Introduction 참조.

17) 위의 책, 18쪽 이하 참조.

18) Edmund Husserl, *Husserliana X Zur Phanomenologie des Inneren Zeitbewusstseins(1893–1917)*, hrsg. Rudolf Boehm(Martinus Nijhoff, 1966) 23~8쪽 참조; 소광희, 『시간의 철학적 성찰』(문예출판사, 2001), 462쪽 이하 참조.

19) Wilhelm Dilthey, *Gesammelte Schriften* Ⅶ, 161쪽.

20) C. Cüppers, *Die Erkenntnistheoretischen Grundgedanken Wilhelm Diltheys* (Leipzig und Berlin : B. G. Teubner, 1933), 95~99쪽 참조.

21) Wilhelm Dilthey, *Gesammelte Schriften* Ⅳ, 313쪽.

22) Otto Friedrich Bollnow, *Dilthey*(Leipzig und Berlin : B. G. Teubner, 1936), 90쪽.

23) Wilhelm Dilthey, *Gesammelte Schriften* Ⅵ, 314쪽.

24) Wilhelm Dilthey, *Gesammelte Schriften* Ⅶ, 140쪽.

25) Roland Barthes, "Introduction, to the Structural Analysis of Narratives," R. M. Burns (ed.), *Philosophy of History*, 289쪽.

26) Frank R. Ankersmit, *Narrative Logic : A Semantic Analysis of the Historian's Language*, 21쪽.

27) 위의 책, 24쪽.

28) Beardsley, *Aesthetics ; Problems in the Philosophy of Criticism*(New york : Harcourt, Brace & world, 1958), 421쪽.

29) Robin G. Collingwood, *The Idea of History*, 246쪽. 이야기가 과거를 반영한다고 할 때, 그것은 과거를 어떻게 드러내는 것인지 반문이 있을 수 있다. 사람들은 보통 과거에 대한 이야기가 완전할수록 그것이 더욱 참일 것이라고 생각한다. 데카르트가 역사가는 일어난 일을 항상 생략하기 때문에 가장 자의적인 방식으로 일을 처리한다고 말할 때도 역사는 과거의 사건들을 모두 기록해야 한다는 관점에서 말한 것이다.(Rene Descartes, *Discourse de la Methode*(Paris, 1966), 37쪽.) 이런 견해에 따르면 최상의 이야기는 가장 자세한 역사의 서술이 될 것이다. 즉 과거에 대한 완전한 복사가 최상이 된다.

그러나 이런 입장이 항상 지지되기는 어렵다. 자세하다고 해서 무조건 좋은 것은 아니기 때문이다. 때때로 생략이 불가피할 수도 있다. 우리가 어떤 지역의 지도를 만든다고 해 보자. 우리는 여러 가지 목적을 위해 지도를 제작할 수 있다. 예컨대 지하철 지도를 만들 수도 있고, 버스 노선에 관한 지도를 만들 수도 있다. 토질에 관한 지도나 기후에 관한 지도를 만들 수도 있다. 이때 다른 부분의 생략이나 압축은 불가피하다. 특수사가 아니라 일반사를 다룬다 해도 마찬가지다.

▶ 3장

1) '분석 철학'(analytic philosophy), '언어 철학'(linguistic philosophy), '언어 분석 철학'(linguistic analysis philosophy), '언어 분석'(linguistic analysis) 등은 모두 같은 의미로 사용되는 말들이다.

2) 우리가 철학적 문제에 대한 해답을 탐구해 가는 과정에서, 철학적 문제란 사실상은 존재하지 않는 사이비 문제임이 밝혀진다고 했을 때, 실제로 남는 것은 언어 분석이라는 철학적 방법밖에 없다. 여기서 철학은 곧 언어 분석에 불과하다는 주장이 가능해진다.

3) Richard M. Rorty, *The Linguistic Turn*(The University of Chicago Press, 1992), 3쪽. 분석 철학의 전개에 있어서 가장 핵심이 되는 철학적 문제는 언어와 실재, 또는 언어와 세계에 대한 문제라고 할 수 있다. 언어와 실재의 관계에

서 핵심적인 전제는 언어와 실재 사이에 어떤 대응성이 성립한다는 주장이다. 만약 우리가 이러한 대응성을 전제하지 않는다면, 언어는 세계에 대해서 말할 수가 없다. 그러나 언어와 실재의 대응성은 어떻게 정당화될 수 있는가? 이 대응성을 정당화하는 데 있어서 이른바 분석 철학의 주류적인 사고방식을 외연주의, 진리함수성, 실재론, 경험주의 등으로 특성지을 수 있다.

"분석 철학의 위대한 창시자인 프레게, 카르나프, 비트겐슈타인, 러셀 등은 언어가 어떻게 세계를 고정시킬 수 있는가 하는 질문을 철학의 중심에다 놓았다."고 퍼트남은 말하고 있다.(H. Putnam, "Why Is a Philosopher?", J. Conant, (ed.), *Realism with a Human Face*(Massachusetts : Harvard Univ. Press, 1990), 105쪽.)

4) 그렇다면 언어 세계의 원자인 원자 명제란 무엇인가? 그것은 사실 세계의 가장 단순한 원자적 사실을 그리는 그림일 수밖에 없다. 왜냐하면 우리의 언어는 그 자신 이외의 사실을 그림으로써 의미를 갖게 되며 그것이 가장 단순한 그림이라면, 그것은 가장 단순한 사실을 그려야만 할 것이기 때문이다. 언어와 사실 세계의 이러한 대응 관계 없이는 세계에 대해서 이야기하는 것이 전혀 불가능하다고 논리적 원자론자들은 생각했다.

5) 논리적 실증주의는 빈 학단에 의해 주장되었다. 빈 학단이란 오스트리아의 빈 대학을 중심으로 과학에 투철한 관심을 가진 슐리크(M. Schlick), 카르나프(R. Carnap), 한(H. Han), 바이스만(F. Weismann), 노이라트(O. Neurath) 같은 일군의 철학자, 과학자 집단을 가리키는데, 이들이 자신들의 견해를 논리적 실증주의 내지 논리적 경험주의라고 불렀기 때문이다. 그들은 모든 의미 있는 진술들을 두 종류로 분류했는데, 하나는 경험적 진술이고, 다른 하나는 동어 반복적 진술이다. 모든 의미 있는 진술은 이 둘 중 어느 하나이지 않으면 안 된다. 형이상학적 진술은 이 둘 중 어느 것으로도 분류될 수 없는 것이다. 그러므로 그것은 무의미한 진술이 된다.

6) 언어의 분석이라는 방법을 기본적인 철학적 방법으로 사용하면서도, 논리적 실증주의와 논리적 원자론은 서로 다른 목표를 갖고 있었다. 논리적 원자론에서 언어 분석의 핵심은 사실의 분석에 있었고, 사실들의 구조와 상호관계의 해명, 즉 세계에 대한 해명에 있었다. 그렇지만 논리적 실증주의자들은 철학이란 언어 자체의 분석과 해명에 국한되어야 한다는 주장을 펴거나, 언어의 목적

은 과학적인 진술을 만들어 내는 것이기 때문에 철학은 과학적 언어를 명료화하는 작업이라고 주장했다. 그들은 가령 전자 등의 비관찰적인 대상에 대한 진술을 공적으로 관찰할 수 있는 것에 대한 진술로 환원시키는 것과 마찬가지로 공적으로 관찰 불가능한 것들, 즉 인간의 감각이나 감정에 대한 진술을 육체적 행동 따위의 공적으로 관찰할 수 있는 것에 대한 진술로 환원시키려고 한다. (H. Putnam, "Introduction : Philosophy of Language and the Rest of Philosophy", *Mind, Reality and Language* (Cambridge : Cambridge Univ. Press, 1975.), vii쪽.)

7) 일상 언어 분석의 철학자들이 거의 공통으로 가지고 있었던 신념은 다음의 두 가지인데, 하나는 '의미를 묻지 말고 사용을 물어라.'라는 것이고, 다른 하나는 '모든 진술은 그 자신의 논리를 가진다.'는 것이다.

'의미를 묻지 말고 사용을 물어라.'는 주장은 미리 생각된 요구 조건에 따라 어떤 동치의 진술을 발견할 수 있을 것으로 기대하면서 '이 진술의 의미는 무엇인가?'라는 물음을 제기하지 말라는 것이며, 비록 동치의 진술을 발견하지 못하더라도 실망하지 말라는 것이다. 그러므로 만약 어떤 진술이 검증할 수 없는 것이라면, 그것은 무의미한 진술이라기보다는 주변 세계를 기술하는 것과는 아주 다른 목적으로 사용되어질 것이라는 것이다.

'모든 진술은 그 자신의 논리를 가진다.'는 주장 역시 모든 문장들이 수행하는 하나의 단일한 과제나 혹은 두세 개로 산뜻하게 도표화 될 수 있는 과제를 발견할 수 있을 것으로 기대하지 말 것을 의미하는 것이다. 예컨대 논리적 원자론자들이나 논리적 실증주의자들은 동어 반복적이 아닌 모든 문장들이 감각 경험을 기술하는 단일한 임무를 가진다고 생각했다. 그렇기 때문에 논리적 원자론자들은 동어 반복적이 아닌 모든 문장들이 겉으로 보기에는 감각 경험을 기술하지 않는 것 같지만 실제로는 감각 경험을 기술하는 것을 보여 주기 위해 분석이 필요하다고 주장했고, 논리적 실증주의자들은 직접적 경험을 기술하는 문장으로 번역되지 않는 모든 종합적 진술은 무의미한 것으로서 추방했던 것이다.

그렇지만 일상 언어 분석의 철학은 어떤 진술들은 아주 별개의 임무를 가질 수 있다고 보았고, 많은 점에서 경험을 보고하는 진술들의 임무와 매우 유사한 임무를 가지고 있는 진술들도 그 논리에 있어서는 서로 다를 수 있음을 주장했다. 말하자면 언어는 많은 임무와 많은 계층을 갖는다. 후기 비트겐슈타인은 '가족 유사성'이라는 개념으로 이를 나타내고자 했다. 언어는 세계를 기술할 수도 있고, 기술하지 않을 수도 있다. 또한 언어는 세계를 기술할 때도, 서로가 환원될 수 없을 만큼 근본적으로 다른 방식으로 기술할 수도 있다.

8) 분석 철학의 후기 형태로, 즉 1950년경에 시작되어 1970년경 마무리된 변천사는 갖가지 철학적 경향들이 뒤얽혀 일정한 패턴을 추적하기 어렵다. 그럼에도 불구하고 그런 변화 과정에서 세 가지 독창적인 저작, 콰인의『경험주의의 두 독단』(1951), 비트겐슈타인의『철학적 탐구』(1954), 셀라스의『경험주의와 심리 철학』(1956)이 중요한 역할을 한다.

9) L. Wittgenstein, *Philosophical Investigations*, 18.

10) L. Wittgenstein, *Philosophical Investigations*, 11. 비트겐슈타인은 또 언어를 도구에 비유하여, 다양한 도구가 존재하듯이 언어가 다양한 기능을 갖는다고 주장한다.

11) L. Wittgenstein, *Philosophical Investigations*, 23.

12) L. Wittgenstein, *Philosophical Investigations*, 24.

13) 콰인이 비판하는 경험주의의 두 독단들은 다음과 같이 정리될 수 있다.

가) 모든 참된 신념은 다음과 같은 진리의 두 원천으로 거슬러 올라갈 수 있으며, 진리에 대한 다른 원천은 존재하지 않는다.

ㄱ) 직접적 경험에 의해

ㄴ) 참된 전제로부터의 연역에 의해

나) 경험에 의해 참과 거짓이 결정되는 종합적 진리(경험적 진리)와, 의미에 의해 참과 거짓이 결정되는 분석적 진리(개념적 진리)는 항상 구별할 수 있다.

14) Willard van O. Quine, *From A Logical Point of View*(Harvard University Press, 1980), 38쪽.

15) Willard van O. Quine, 위의 책, 41쪽.

16) 위의 책, 37쪽.

17) 위의 책, 42쪽.

18) Frank R. Ankersmit, *Historical Representation*(California : Stanford University Press, 2001), 31쪽.

19) 위의 책, 33쪽.

20) 앙커스미트는 기술(description)과 표상(representation)을 구별하고자 한

다. 기술은 지칭부분과 언급되는 대상에 속성을 부여하는 부분을 구별할 수 있는 표현이고, 반면에 표상은 이 두 부분을 구별할 수 없는 표현이다. 전자의 예는 'This cat is black.' 같은 주어와 술어로 구성된 문장들을 들 수 있고, 후자의 예는 사진이나 그림 같은 경우이다. 그는 기술은 과거를 직접 지칭하지만, 표상은 과거에 관해서 말한다고 주장한다. 이런 기준에서 보면 'the Renaissance'는 표상이다. 표상은 과거에 관해 말하지만, 가리키는 대상이 고정되어 있지 않기 때문에 부르크하르트가 말하는 르네상스는 호이징가가 생각하는 르네상스와는 다를 수 있다. 나는 이런 구별이 너무 자의적이며, 역사 서술에서 크게 쓸모가 있다고 생각하지 않는다. 일을 제대로 하려면 러셀의 기술이론을 가져 와서 역사 서술의 특성을 이야기하는 것이 훨씬 합리적일 것이다.

21) 언어의 영향력은 프레게의 구분을 이용해서 설명해 볼 수도 있다. 프레게는 의미와 지시 대상을(Sinn und Bedeutung) 구별해야 한다고 주장했다. 앙커스미트에 의하면, 언어의 영향력은 의미의 영역이 얼마나 큰가에 달려 있다. 객관적 지식의 획득이라는 과학의 성공은 의미의 영역을 줄이고 지시 대상의 영역을 확대함으로써 언어의 영향력을 줄인 데 있다. 말하자면 외연을 늘리고 내포를 줄인 데 있다. 다른 말로 표현한다면, 과학에서 사용하는 술어의 의미를 경험적 술어로 정의함으로써 지시 대상을 고정시키거나 조절할 수 있음으로써, 과학은 객관적 지식의 획득에 성공한 것이다.

22) Gosman, Rigney, Shiner, Carrad, Linda Orr 등도 모두 화이트의 추종자들이지만, 언어적 전회를 이야기하지는 않는다.

23) Frank R. Ankersmit, *Historical Representation*(Stanford University Press, 2001), 64쪽.

24) 위의 책, 64쪽.

25) 위의 책, 63쪽.

26) 위의 책, 65쪽.

27) Hayden White, *Metahistory*(Baltimore, Maryland : Johns hopkins), 34쪽.

28) Hayden White, "The Historical Text as Literary Artifact", *History and Theory* (ed.) Brian Fay, Philip ponper, R. T. Vanny (Blackwell, 1998), 27쪽.

29) 이 문제에 대해서는 1부 4장에서 자세히 다루었다.

30) Hayden White, *Metahistory*, 27쪽.

516

31) 위의 책, 27쪽.

32) 위의 책, 31쪽.

33) 위의 책, 36쪽.

34) 이들이 우리의 인식 틀이기 때문이다. 이를 전체적으로 보면 다음과 같이 된다.

줄거리 구성의 양식	논증 양식	이데올로기 함축의 양식	비유법
로망스	형태주의	무정부주의	은유
비극	기계주의	급진주의	환유
희극	유기체주의	보수주의	제유
풍자	맥락주의	자유주의	반어

35) H. Hintikka, "Semantics for Propositional Attitudes", in A. Marras (ed.), *Intentionality, Mind and Language*(University of Illinois Press, 1972), 457쪽.

36) Maria Baghramian, *Relativism*(Routledge, 2004), 214쪽 참조.

37) 위의 책, 215쪽.

38) 원만희, 『진리, 의미 그리고 합리성』(철학과 현실사, 2004), 129쪽.

39) Clarence I. Lewis, *Mind and the World Order*(Dover Publications, 1929), 38쪽.

40) Willard Quine, *Word & Object*(New York, Wiley & Sons., 1960), 27쪽.

41) 콰인은 불확실성을 문장 차원에서의 불확실성, 단어 차원에서의 불확실성, 과학적 이론의 미결정성 등으로 나누어 설명한다.

42) H. Putnam, "Truth and Convention: On Davidson's Refutation of Conceptual Relativism," *Relativism*, M. Kranz ed.,(University of Notre Dame Press, 1989), 173쪽. 여기서 부분 전체학이란 레즈니프스키(Lezniewski)에 의해 고안된 부분과 전체의 미적분학을 의미한다.

43) Maria Baghramian, *Relativism*(London & New York : Routlegde, 2004), 252쪽 참조.

44) 언어적 전회는 기본적으로 언어의 진화에 대한 오해에서 연유된 것으로 보인다. 우리가 사용하는 언어는 다음과 같은 네 가지 기능을 갖는 것으로 이

해된다. 우리의 감정과 의도를 드러내는 표현 기능, 의사를 전달하는 신호 기능, 사실을 기술하는 진술 기능, 진술의 타당성을 검증하는 논증 기능이 그것이다. 언어가 문자를 필수 조건으로 하지 않는 한에서, 낮은 단계의 동물들의 언어들도 표현 기능과 신호 기능을 수행한다. 많은 동물들이 소리를 냄으로써 감정을 드러내거나 짝을 찾는다. 벌이나 고등 동물들 중의 어떤 언어는 사실을 기술하는 진술 기능까지 갖고 있다. 인간의 언어에 와서 논증 기능은 갖추어진다. 진화론적 관점에서 보면 언어는 저차적 기능에서 고차적 기능으로 진화해 온 것이다.

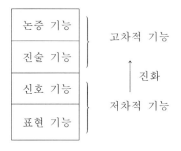

언어의 기능을 이렇게 분류해 보면, 표현 기능이나 신호적 기능은 종 제한적이거나 문화 제한적이며, 진술 기능이나 논증 기능으로 갈수록 보편적이다. 종 제한적이라는 것은 같은 종끼리만 의사소통이 된다는 것이며, 문화 제한적이라는 것은 같은 문화 공동체 안에서만 의사소통이 가능하다는 것이다. 반면에 보편적이라는 것은 그런 제한을 넘어선다는 의미이다. 즉 언어는 저차적 기능일수록 어떤 공동체에서만 국한해서 사용되며, 고차적 기능으로 갈수록 여러 공동체에 보편적으로 사용될 수 있다. 그 이유는 언어의 저차적 기능은 감정에 봉사하는 데 반해 고차적 기능은 지능이나 이성에 봉사하기 때문이다. 이성은 보편적이다.

이성의 탐구 결과 중 가장 보편적인 것은 수학과 과학이다. 그러므로 이성을 가진 존재라면, 이성의 산물인 수학과 과학을 이해하지 못할 리가 없다. 언어학자들은 고대 이집트의 로제타석을 해석해 냈으며, 보이저호에 우리가 실어 보낸 것은 우리의 수학과 과학이었다. 이것은 다른 행성에 이성을 가진 생명체가 있다면 이해할 수 있을 것으로 기대했기 때문이다.

45) R. Fox, "The Cultural Animal", in J.F. Eisenberg and W. S. Dillon, (eds.) *Man and Beast : Comparative Social Behavior*(Smithsonian Institution Press, 1971), 263쪽 이하; 윌슨, 『사회생물학 II』(민음사, 1980), 672쪽 이하 참조.

▶ 4장

1) 우리 스스로의 마음의 상태에 관한 직접적 지식을 주관적 지식이라 부르는 경우도 있지만, 여기서는 이런 지식을 '직접적 지식'이나, '주관에 관한 지식'이라 불러 구별하기로 한다.

2) Nicholas Rescher, *Objectivity: the Obligations of Impersonal Reason*(Notre Dame : University of Notre Dame Press, 1997), 35쪽.

3) William James, *Talk to Teachers on Psychology*(New York: Henry Holt, 1899), 4쪽.

4) Nicholas Rescher, *Objectivity : The Obligations of Impersonal Reason* (University of Notre Dame Press, 1997), 7쪽.

5) Karl Popper, *Objective Knowledge*(Oxford : Clarendon Press, 1979), 106쪽.

6) Nicholas Rescher, *Objectivity : The Obligations of Impersonal Reason* (University of Notre Dame Press, 1997), 21쪽 이하 참조.

7) 위의 책, 9쪽.

8) D. Hume, *Enquiry Concerning Human Understanding*, 1부 5절, 46쪽.

9) Karl Popper, *The Logic of Scientific Discovery*(London : Hutchinson 1968), 110쪽.

10) Karl Popper, *Conjectures and Refutations : the Growth of Scientific Knowledge*(New York : Harper & Low, 1968), 234쪽.

11) Elliott Sober, *Reconstrcting the Past: Parsimony, Evolution, and Inference* (MIT Press, 1988), 4쪽.

12) Peter Kosso, *Knowing the Past : Philosophical Issues of History and Archaeology*(New York : Humanity Books, 2001), 43쪽.

13) 위의 책, 40쪽 이하 참조.

14) 위의 책, 41쪽.

15) 베이즈주의는 신념도의 변화를 구하기 위해 베이즈의 정리를 이용하는 베이즈 개인주의, 선택 상황에서 의사를 결정하기 위해 베이즈의 정리를 이용하는 베이즈 결정 이론, 통계학에서 논의되는 베이즈 통계학 등으로 나뉜다. 여기서는 베이즈 개인주의가 논의의 대상이 된다.

16) Aviezer Tucker, *Our Knowledge of The Past*(Cambrige University Press, 2004), 96쪽.

17) 기원전 241년에서 220년 사이에 백인대 민회는 개혁되었다. 백인대는 35 로마 부족(4도시 부족과 31농촌 부족)으로 나누어졌다. 역사가 리비우스에 따르면, 이 개혁은 보병 집단의 첫 번째 계층이 35부족 각각에서 2백인대를 갖는 것을 의미한다. 따라서 보병 집단의 첫 번째 계층의 백인대 수는 80에서 70으로 줄어들었고 귀족 집단과 부유층의 과반 이상의 다수도 사라졌다. 보병 집단의 다른 계층은 어느 정도의 백인대를 가지고 있었는지 어떤 정보도 남겨져 있지 않았다.

16세기 오타비오 판타가토는 보병 집단의 다섯 계층이 각각 70백인대를 가졌다는 가설을 제안했다. 이런 계산 아래서는 백인대의 수는 귀족 집단 18과 비무장 집단 5를 합해서 모두 373백인대가 된다. 이때 과반수는 187백인대가 되어야 하므로, 과반수에 도달하려면 첫 번째 계층은 두 번째와 세 번째 계층의 동의를 얻어야 한다. 이 가설은 리비우스의 증거는 설명할 수 있지만, 세 번째 계층 없이 두 번째 계층의 투표에 의해 결정된 기원전 44년 선거에 대한 키케로의 기록을 설명해 주지 못한다.

1822년 바티칸의 도서관에서 보병 집단의 첫 번째 계층은 리비우스의 주장대로 70백인대를 가지지만, 백인대의 전체 수는 193으로 유지되었다는 키케로가 쓴 기록의 사본이 새로운 자료로 발견되었다. 키케로의 새로운 자료와 모순되었지만 373백인대 민회 가설은 가장 그럴듯해 보였다. 이런 상황에서 테오도르 몸젠은 새로운 가설을 제안했다. 그는 백인대의 수는 언제나 193이고 보병 집단의 첫 번째 계층이 70백인대를 갖는다는 키케로의 증거를 받아들였다. 이렇게 되면 보병 집단의 나머지 네 계층은 100백인대를 갖는 것이 된다. A. Tucker, 위의 책, 135쪽 이하 참조.

18) Aviezer Tucker, *Our Knowledge of The Past*(Cambridge University Press, 2004), 134쪽 이하 참조.

19) 위의 책, 137쪽 이하 참조.

20) 윌리엄 휘웰(William Whewhell)이 1840년 '총괄'의 개념을 처음 만들었다. 드레이는 '총괄'을 헤겔, 월시(W. H. Walsh), 콜링우드 등의 철학과 연관시켰다.

21) Aviezer Tucker, *Our Knowledge of the Past*, 138쪽 이하 참조.

22) Nicholas Rescher, *Objectivity : The Obligations of Impersonal Reason* (University of Notre Dame Press, 1997), 198쪽.

23) 위의 책, 199쪽 이하 참조.

24) 3부 3장 참조.

3부

▶ 1장

1) Carroll Quigley, *The Evolution of Civilizations : An Introduction to Historical Analysis*(New York : The Macmillan Company, 1961), 20쪽 참조.

2) 문화를 의미하는 영어의 'culture'는 원래 땅의 경작을 의미하는 라틴어 'cultura'에서 나온 것이며, 문명 'civilization'은 시민의 지위를 가리키는 라틴어 'civis'에 근원을 두고 있다. 철학이나 학습을 정신의 문화(cultura animi)와 같은 의미로 사용한 철학자는 키케로였다. 문화와 문명은 넓은 의미에서 같은 의미로 사용되기도 하고, 좁은 의미에서는 '정신문화'와 '물질문명'으로, 혹은 때로는 '야만과 문명', '자연과 문화' 같이 구분해서 사용하기도 한다. 이 논문에서는 문화와 문명을 구분하지 않고 넓은 의미로 사용한다. Phillip P. Wiener, ed. *Dictionary of the History of Ideas, Vol. 1.*(New York : Charles Scribner's Sons, 1973), 613쪽 참조.

3) Alfred L. Kroeber, *The Nature of Culture*(Chicago : The University of Chicago Press, 1952), 119쪽 참조.

4) Alfred L. Kroeber & Kluchhohn, *Culture : A Critical Review of Concepts and Definition*(Vintage Books, 1963), 96쪽.

5) Raymond Williams, *The Sociology of Culture*(New York : Schocken

Books, 1982), 1장 ; 설준규, 송승철 옮김, 『문화사회학』(까치, 1989), 11쪽 이하 참조 ; T. S. Eliot, *Notes Toward the Definition of Culture*(London : Faber and Faber, 1949), 1장.

윌리엄스(R. Williams)는 문화의 이런 다양한 의미를 1) 인간의 완성이라는 이념과 관련된 정신의 일반적 상태나 습관, 2) 한 사회 공동체가 도달한 지적, 도덕적 발전 상태, 3) 예술적, 지적 작업의 일반적 총체, 4) 한 사회 공동체의 물질적, 정신적 삶의 양식 등으로 나누었다. 또한 호프마이스터(J. Hoffmeister)는 1) 인간에 의한 자연의 가공, 2) 정신적, 도덕적 능력의 도야를 통해 자연 상태를 넘어섬, 3) 공동체적 시대적 삶의 창의적 표현인 제도 및 산물의 총체로 분류했다.

6) Heinrich Rickert, *Kulturwissenschaft und Naturwissenschaft*, 3판(Tübingen : J. C. B. Mohr, 1915) 21쪽 참조 ; 차인석, 『사회인식론』(민음사, 1987), 149쪽 이하 참조.

7) Michael Ermarth, *Wilhelm Dilthey : The Critique of Historical Reason* (Chicago & London : University of Chicago Press, 1978), 192쪽.

8) Wilhelm Dilthey, *Gesammelte Schriften* ; *Der Aufbau der Geschtchtlichen Welt in den Geisteswissenschaften*, Ⅶ(Stuttgart : B. G. Teubner, 1957ff), 83쪽. (이하 딜타이의 전집은 G. S.로 표기하기로 한다.)

9) Michael Ermarth, 위의 책, 194쪽.

10) Wilhelm Dilthey, *G. S. Ⅶ*, 208쪽.

11) 위의 책, 82쪽.

12) Wilhelm Dilthey, *G. S. Ⅶ*, 79~80쪽 참조; D. Bischoff, *Wilhelm Diltheys Geschichtliche Lebensphilosophie*(Leipzig und Berlin : B. G. Teubner, 1935), 10쪽 이하 참조.

13) Wilhelm Dilthey, *G. S. VII* 146쪽, *V* 332쪽.

14) Wilhelm Dilthey, *G. S. VII* 250쪽.

15) 위의 책, 205쪽.

16) 위의 책, 205쪽.

17) 위의 책, 205쪽.

18) 위의 책, 205쪽.

19) Wilhelm Dilthey, *G. S. VII* 320쪽 ; R. Dietrich, *Die Ethik Wilhelm Diltheys*(Düsseldorf : L. Schwann, 1937), 52~70쪽 참조.

20) Wilhelm Dilthey, *G. S. VII* 206쪽.

21) 위의 책, 320쪽.

22) 위의 책, 320쪽.

23) 위의 책, 206~207쪽.

24) 위의 책, 207쪽.

25) 위의 책, 206, 320쪽.

26) 위의 책, 296쪽.

27) Karl R. Popper, *Objective Knowledge*(London : Oxford University Press, 1979), 153쪽 이하.

28) Karl R. Popper, *The Open Universe*(Totowa, New Fersey : Rowman & Littlefield, 1982), 121쪽 참조.

29) Karl R. Popper, *Objective Knowledge*(London : Oxford University Press, 1979), 157쪽.

30) J. D. Gilory Jr, "A Critigue of Karl Popper's World 3 Theory", *The Modern School Man, Vol. L XII, No. 3*(Saint Louis University, 1985), 189쪽.

31) Karl R. Popper, *Objective Knowledge*, 156쪽 참조 ; Karl R. Popper, *The Self and Its Brain*(London : Springer International, 1977), 46쪽 참조.

32) Karl R. Popper, *The Open Universe*(Totowa, New Jersey : Rowman and Littlefield, 1982), 118쪽 이하 참조.

33) 위의 책, 121쪽.

34) Karl R. Popper, *Objective Knowledge*, 116쪽 ; E. D. Klemke, "Karl Popper, Objective Knowledge, and The Third World", *Philosophia Vol. IX* (July 1986 Bar-Ilan University), 47쪽.

35) Anthony O'Hear, *Karl Popper*(London : Routledge & Kegan Paul., 1980), 181쪽 ; Rolin Church, "Popper's 'World 3' and the Problem of the Printed Line", *Australian Association of Philosophy*, 397쪽 이하 참조.

36) Karl R. Popper, *The Self and Its Brain*(London : Springer International, 1977), 16쪽.

37) Nicolai Hartmann, *Neue Wege der Ontologie*(Stuttgart : Kohlhammer, 1968), 33쪽 이하 참조.

38) Nicolai Hartmann, *Das Problem des geistigen Seins*(Berlin : Walter de Gruyter & Co., 1892), 452쪽 ; 손동현, 「실제 세계의 구조」, 『인간과 자연의 조화』, 167쪽 참조.

39) Martin Morgenstern, *Nicolai Hartmann : Grundlinien einer wissenschaftlich orientierten Philosophie*(Tübingen und Basel : A Francke, 1992), 186쪽.

▶ 2장

1) Wilhelm Dilthey, *G. S. V*, 363쪽.

2) 위의 책, 144쪽.

3) 그러므로 사유 주관과 대상의 상호 분리를 전제하는 자연 과학적 인식에서는 대상이 지니는 현상성(Phaenomenalität)은 극복할 수 없는 것이며, 이런 한에서 "자연은 우리에게 낯설고, 인식 주관에게는 초월적인 것이다."(Wilhelm Dilthey, *G. S. Ⅶ*. 90쪽.) 이에 반해서 정신과학에 있어서는 "체험에서부터 출발해서 실재에서 실재로 나아간다."(Wilhelm Dilthey, *G. S.Ⅶ*. 118쪽.) 정신과학의 대상인 정신의 체계는 자연 과학의 대상과는 달리 살아 있는 체계로서 오직 내면적 경험으로서 체험되거나 추체험될 뿐이다. 따라서 "끝없이 펼쳐져 있는 인간적·역사적·사회적인 외적 현실을 이것을 산출한 정신으로 환원하는 일이 정신과학의 가장 중요한 임무가 된다."

4) Wilhelm Dilthey, *G. S. VII*, 80쪽.

5) Wilhelm Dilthey *G. S. V*, 332쪽.

6) Wilhelm Dilthey, *G. S. VII*, 309쪽 ; E. Coreth, *Grundfragen der Hermeneutik*(Freiburg: Herder, 1969), 55쪽 이하 참조.

7) Wilhelm Dilthey, *G. S. VII*, 148쪽.

8) 위의 책, 191쪽.

9) Wilhelm Dilthey, *G. S. VII*, 143쪽 참조 ; A Stein, *Der Begriff des Verstehens bei Dilthey*(Tübingen: J. C. B. Mohr, 1926), 44쪽 이하. 그러나 보다 더 넓은 관점에서 볼 때 체험과 이해는 상호 의존과 상호 제약의 관계에 있다. 체험에 있어서는 항상 개별적인 것, 일회적인 것, 우리 자신의 특수한 것이 문

제되며, 여기에서 일반적인 삶의 경험에로 전진하는 것은 불가능하다. "체험은 일회적인 것에 대한 인식이므로, 어떠한 논리적 도움으로도 체험 방식 속에 내포되어 있는 일회적인 것에 대한 한계를 극복할 수가 없다."(Wilhelm Dilthey, *G. S. VII*, 141쪽.) 즉 우리 자신의 체험 가능성은 특수한 상황에 의하여 항상 작은 범위에 국한된다. 이때 이해는 그의 실제적인 삶의 세계에는 존재하지 않는 가능성의 세계를 제공한다. 다른 사람의 삶에 대한 이해를 통해 우리는 비로소 자신의 특수한 한계를 넘어서서 매우 다양한 인간적 삶의 가능성에로 접근해 갈 수 있다. 예컨대 현재의 우리로서는 체험 불가능한 지난 시대의 기록들을 읽음으로써 그것을 추체험할 수 있다. 우리는 실제로 우리 자신의 모든 현실성을 넘어서 존재하는 사건을 현전화시킬 수 있고, 상상적으로 우리 자신을 그 환경 속에 옮길 수 있다. 이렇게 하여 "체험은 타인의 이해 속에서 확장되고 완성된다."(Wilhelm Dilthey, *G. S. VII*, 145쪽.)

10) Wilhelm Dilthey, *G. S. VII*, 205쪽.

11) Otto. F. Bollnow, *Dilthey*(Leipzing und Berlin: B. G. Teubner, 1936), 159쪽.

12) Wilhelm Dilthey, *G. S. VII*, 206쪽.

13) 위의 책, 207쪽.

14) Otto F. Bollnow, *Dilthey: eine Einführung in seine Philosophie*, 161쪽. 이러한 행위의 이해는 목적론적 설명의 형식을 띠게 된다. 그러나 행위의 이해 역시 명제의 이해에서와 마찬가지로 심정적 연관에서 분리되어 있다. 즉 우리가 어떤 사람이 도구를 사용하는 것을 보면서 그의 목적을 이해할 때도 우리는 그 행위자의 정서 상태에 관해서는 전혀 알지 못한다. 우리가 그의 행위에서 기쁘다든다 쾌적하다든가 하는 그의 정서 상태로 환원해 간다면, 우리는 이미 기술적·실천적 이해를 넘어서고 있는 것이다. 이것은 마치 우리가 어떤 명제의 이해에서 언표자의 정서 상태로 환원할 때는 논리적 이해의 범위를 넘어서고 있는 것과 마찬가지이다.(Wilhelm Dilthey, *G. S. VII*, 206쪽.)

15) Wilhelm Dilthey, *G. S. VII*, 320쪽.

16) 위의 책, 206쪽.

17) 위의 책, 207쪽.

18) 이러한 사상은 하이데거에 의해서 더욱 발전한다. M. Heidgger, *Sein und Zeit*, 46쪽 참조.

19) Wilhelm Dilthey, *G. S. VII*, 208쪽.

20) 위의 책, 208쪽.

21) 위의 책, 146~7쪽. 그러나 딜타이의 객관적 정신은 헤겔이 주관적 정신과 절대적 정신 사이에다 설정한 형이상학적 실체는 아니다. A. Degener, *Dilthey und das Problem der Metaphysik*(Bonn und Köln ; Ludwig Röhrscheid, 1933), 56쪽 이하 참조.

22) Wilhelm Dilthey, *G. S. VII*, 209, 147쪽.

23) Wilhelm Dilthey, *G. S. VII*, 208쪽 참조 ; N, Hartmann, *Das Problem des geistigen Seins, 2 Aufl.*(Berlin : Walter de Gruyter & Co., 1949), 406쪽 이하 참조.

24) Wilhelm Dilthey, *G. S. VII*, 208쪽.

25) 위의 책, 211, 225쪽 참조.

26) 이리하여 고차적 형식으로 향한 이해의 최초의 이행 과정은 삶의 표현에 대한 정상적인 이해가 파괴되는 데서 발생한다. 이해의 결과 내면적 어려움과 모순이 발생할 때, 이해자는 우선 검증을 시도할 것이다. 삶의 표현과 내면적인 것 사이의 정상적인 관계가 파괴될 때, 그는 여러 가지 방식에서 다른 삶의 표현을 끌어들이거나 삶의 전체적인 관련에로 환원해 볼 것이다. 의도적인 사기가 존재한다는 것은 체험과 표현 및 이해 사이의 정상적인 연관을 파괴하는 것이다. 바로 이 장애가 이해의 고차적인 형식이 나타나는 출발점이다. 예컨대 우리가 정상적인 관점에서는 전혀 이해 불가능한 어떤 사람의 행위를 목격할 때, 우리는 그 행위를 그의 특수한 삶의 환경과 운명에 조명해 봄으로써 비로소 이해할 수 있게 된다. 삶의 전체적 연관에 의해서 그 자체 수수께끼로 보였던 것이 이제 명백해진다.

기초적 이해와 고차적 이해의 차이는 무의식적 이해와 의식적 이해 사이의 차이에 대응한다.(O. F. Bollnow, *Dilthey*, 181쪽. 이런 의미에서 딜타이의 기초적 이해는 모든 해석학에서 전제하는 전이해(Vorverständnis)와 동일하다.) 기초적 이해는 가장 단순한 삶에 있어서도 존재하고 있다. 인간은 세계 속에서 특별한 정신적 작용을 수행하지 않고도 사물과의 관계를 이해한다. 그러므로 기초적 이해는 모든 개념적 사고에 앞서 있다. 단순한 삶의 확실성이 파괴되는 곳에서 고차적인 정신적 삶은 시작되고 이때 고차적 이해가 개입된다. 그러므로 기초적 이해에서 고차적 이해에로의 이행은 순수한 이론적 인식의 욕구에서 발생하는 것이 아니라, 삶 자체의 필연성에서 발생한다. 이런 의미에서 고차적 이해는 삶의 불확실성과 모순 및 장애의 제거이다.

27) Wilhelm Dilthey, *G. S. VII*, 212쪽.

28) 위의 책, 213쪽.

29) 위의 책, , 225쪽. 이런 개성의 이해와 아울러 자기 이해에 대한 딜타이의 독특한 이론이 발생한다. 우리는 보통 다른 사람에 대한 이해보다는 자신을 이해하는 것이 보다 용이하다고 생각한다. 우리가 자신을 직접적으로 인식할 수 있다고 믿기 때문이다. 그러나 딜타이에 의하면 우리가 일상적인 차원에서 수행하는 직접적인 자기 이해는 일반적인 삶의 이해를 넘어서지 못한다. 일반적인 삶의 수준에서 수행된 자기 이해는 엄밀한 의미에서 중립성을 띤 공통적인 삶의 이해에 불과하다. 그러므로 직접적인 자기 이해에서는 나의 고유한 성격은 나타날 수 없는 것이다. 다른 사람과 분리된 형태에서의 나 자신의 이해는 다만 표현된 간접적인 방법에 의해서만 가능하며, 나아가 개성을 파악하는 고차적 이해에서만 가능하다. 여기서 자서전의 고유한 의미가 나타난다.

30) Wilhelm Dilthey, *G. S. VII*, 214쪽 참조; E. Betti, *Die Hermeneutik als Allgemeine Methodik der Geistewissenschaften, 2 Aufl.*(Tübingen: J. C. B. Mohr, 1972), 11쪽 이하 참조.

31) Wilhelm Dilthey, *G. S. VII*, 214쪽.

32) 위의 책, 191쪽.

33) 위의 책, 214쪽.

34) 위의 책, 277쪽 참조; L. Landgrebe, *Wilhelm Diltheys Theorie der Geisteswissenschaften*(Halle : Max Niemeyer, 1928), 10쪽 이하 참조.

35) Wilhelm Dilthey, *G. S. VII*, 214쪽.

36) 위의 책, 215쪽.

37) 위의 책, 331쪽. 이해가 추체험인 이상 이해는 체험을 전제하고 있다. (Wilhelm Dilthey, *G. S. VII*, 143쪽.) 그렇지만 추체험을 심리학적으로 설명하는 것은 잘못이다. "정신의 이해는 심리학적 인식이 아니다. 그것은 정신적 형성체의 고유한 구조와 법칙성에서 그 정신적 형성체로 환원해 가는 것이다." (Wilhelm Dilthey, *G. S. VII*, 85, 215쪽 참조.) 그러므로 우리는 추체험에 의해

작품을 작가와 관련시키지 않고 그 자체로서 이해할 수 있다. 초기의 심리주의에서 후기의 해석학에로의 이행에 관해서는 디발트(Diwald)의 저서를 참조할 것.(H. Diwald, *Wilhelm Dilthey, Erkenntnistheorie und Philosophie der Geschichte*(Göttingen : Musterchmidt, 1963), 121쪽 이하.)

38) Wilhelm Dilthey, *G. S. V* 319쪽. "Solches kunstmäßige von dauernd fixierten Lebensäußerung nennen wir Auslegung oder Interpretation." 참조 ; V, 332쪽.

39) Wilhelm Dilthey, *G. S. V*, 320쪽 ; *VII*, 217쪽.

40) Wilhelm Dilthey, *G. S. V*, 319쪽.

41) Wilhelm Dilthey, *G. S. V*, 332쪽. "Dieses Kunstlehre des Verstehen von schriflich Lebensäußerungen nennen wir Hermeneutik."

42) 체험이 지·정·의를 포함한 전인적 경험이듯이 추체험인 해석의 과정도 체험의 이런 측면들을 모두 드러낸다. 어떠한 체험도 논리적 작용에 의해 완전히 분석될 수 없는 것과 마찬가지로 논리적 추리나 분석에 의해 다른 사람의 삶을 타당하게 재구성한다는 것은 불가능하다. 그러므로 "모든 이해에는 삶 자체와 마찬가지로 불합리한 어떤 것이 존재한다." 해석은 항상 천재적인 어떤 것, 말하자면 내적 친화성과 공감(innere Verwandschaft and Sympathie)에 의해 높은 정도의 완성에 도달한다. 전이를 가능하게 하는 이 내적 친화성은 모든 이해의 불가피한 전제가 된다.

43) Otto F. Bollnow, *Philosophie der Erkenntnis*(Stuttgart : W. Kohlhammer, 1970), 12쪽 이하.

44) Wilhelm Dilthey, *G. S. VII*, 227쪽 ; U. Hermann, *Die Pädagogik Wilhelm Diltheys*(Göttingen : Vandenhöck & Ruprecht, 1971), 7쪽 이하 참조.

45) Robin G. Collingwood, *The Idea of History*(Oxford : Clarenden Press, 1946), 215쪽.

46) 위의 책, 214쪽.

47) 위의 책, 283쪽.

48) Georg Henrik von Wright, *Explanation and Understanding*(Ithaca, New York : Cornell Univ. Press, 1971) ; 배영철 옮김, 『설명과 이해』(서광사, 1995), 140쪽.

49) S. Nannini, "Physicalism and the Anomalism of the Mental," M. De Care (ed.), *Interpretation and Causes*(Kluwer, 1999), 101쪽 이하.

50) Donald Davidson, *Essays on Action and Erents*(Oxford University Press, 1980), 3쪽 이하 ; 홍지호, 「물리주의와 자유의지의 양립가능성」(성균관대학교 박사학위논문, 2007) 참조.

51) Georg Henrik von Wright, *Explanation and Understanding*, 190쪽.

52) Robert G. Colodny, (ed.), *Frontiers Science and Philosophy*, C. G. Hempel, "Explanation in Science and in History", 1962.

53) Carl G. Hempel, *Aspects of Scientific Explanation and Other Essays in The Philosophy of Science*(New York : Free Press, 1965), 232, 249, 336쪽.

54) Carl G. Hempel, 위의 책, 148쪽

55) Carl G. Hempel, "Deductive-Nomological vs. Statistical Explanation" *Minnesota Studies in the Philosophy of Science*, Vol III.(Minneapolis, 1962), 4장.

56) Carl G. Hempel, *Aspects of Scientific Explanation and Other Essays in The Philosophy of Science*, 152쪽

57) William. Dray, *Laws and explanation in History*(Oxford University Press, 1957), Chapter V.

58) Carl G. Hempel, *Aspects of Scientific Explanation and Other Essays in The Philosophy of Science*, 15쪽.

59) 그러므로 이러한 형식은 마)와 같은 단순한 형식으로 표현되는 것이 아니라, 마)´와 같은 보다 정교한 형식을 취한다.

마) ① 만약 X가 사람이고

② Y라는 조건이 주어지면

③ 그는 언제나 (혹은 높은 확률로) Z라는 행동을 할 것이다.

마)´ ① 만약 X가 p, q, r이라는 성격의 사람이고

② Y라는 조건이 주어지면

③ 그는 언제나 (혹은 높은 확률로) Z라는 행동을 할 것이다.

▶ 3장

1) Gilbert Ryle, *The Concept of Mind*(New York : Barns & Noble Inc., 1949), 27쪽 이하 참조; 이한우 옮김, 『마음의 개념』(문예출판사, 1994), 34쪽 참조.

2) 관심에 따른 학문의 분류에 대해서는 하버마스의 *Erkenntnis und Interesse*(Suhrkamp, 1968), *Theorie und Praxis*(Suhrkamp, 1963) 등을 참고할 것.

3) Wilhelm Windelband, *Präludien: Aufsätze und Reden zur Philosophie und ihrer Geschichte*, 6판, *Vol. 2*(Tübingen : J. C. B. Mohr(Paul Siebeck), 1919), 145쪽.

4) William. Dray, *Laws and Explanation in History*(Oxford : Oxford University Press, 1957), 1쪽.

5) 위의 책, 76쪽.

6) 위의 책, 81쪽.

7) Philip Kitcher & Wesley C. Salmon, (ed.), *Minnesota Studies in the Philosophy of Science, Vol. XIII; Scientific Explanation*(Minneapolis ; University of Minnesota Press, 1989), 121~2쪽; 정영기, 「과학적 설명 이론의 논쟁사 (2)」, 『철학 연구』 16집(고려대학교철학회, 1991), 137쪽 이하 참조.

8) Bas C. van Fraasen, "The Pragmatics of Explanation", B. A. Brody & R. E. Grandy, ed., *Readings in the philosophy of Science*(Englewood Cliffs, Prentice Hall, 1989), 217쪽 이하.

9) Wesley C. Salmon, "Four Decades of Scientific Explanation," *Minnesota Studies in the Philosophy of Science, Vol. XIII ; Scientific Explanation* (Minneapolis : University of Minnesota Press, 1989), 131쪽.

에킨슈타인(P. Achinstein)도 일상 언어 분석에 기초한 화용론적 설명 개념을 제시한다. 에킨슈타인에 의하면 설명은 왜 — 물음에 대한 답이라기보다는 오스틴(J. Austin)이 수행적 행위(illocutionary act)라고 부르는 것이다. 경고하거나 약속하는 것처럼, 수행적 행위는 어떤 문맥에서 적절한 의도를 가지고 단어를 말함으로써 전형적으로 수행된다.(Peter Achinstein, *The Nature of Explanation* (Oxford : Oxford University Press, 1983), 16쪽.) 에킨슈타인은 헴펠류의 설명의 형식적인 모형 가능성을 부정한다. 그는 모형주의자들을 동기지우는 두 조건을 '단칭 문장은 어떤 것도 함축하지 않는다.'(No-Entailment-By Singular-

Sentence(or NES))는 조건과 '선험적' 조건으로 정식화한 후, 이 조건을 동시에 만족시키는 어떠한 설명 모형도 없다고 비판한다.(Peter Achinstein, 위의 책, 159쪽 이하 참조; W. Salmon, "Four Decades of Scientific Explanation" in *Minnesota Studies in the Philosophy of Science*, *Vol. XIII*, 149쪽.)

10) George G. Iggers, *The German Conception of History*(Middletown, Connecticut : Wesleyan University Press, 1968), 79쪽.

11) Leonard Krieger, *Ranke : The Meaning of History*(Chicago : University of Chicago Press, 1977), 7쪽.

12) Georg. W. F. Hegel, *Vorlesungen über die Ästhetik*(Suhrkamp, 1970), 139쪽.

13) Hegel, 위의 책, 13쪽.

14) C. G. Hempel, *Aspects of Scientific Explanation and Other Essays in The Philosophy of Science*(New York : Free Press, 1965), 303쪽.

15) G. A. Cohen, *Karl Max's Theory of History*(Princeton University Press, 1978), 283쪽.

16) Arthur C. Danto, *Narration and Knowledge*(New York : Columbia Univ. Press, 1985).

17) 위의 책, 204쪽.

18) 이것은 다음과 같은 간단한 이야기가 되며, 이때 법칙 진술 (x) (Fx → Gx)가 결정적으로 중요하다.

$$Fx$$
$$\underline{(x)\ (Fx \rightarrow Gx)}$$
$$\therefore Gx$$

연역적 · 법칙론적 설명에 관해서는 앞 장을 참고할 것.

19) C. G. Hempel, *Aspects of Scientific Explanation and Other Essays in the Philosophy of Science*(London: Collier-Macmillan Ltd, 1970), 238쪽.

20) 위의 책, 336쪽.

21) Karl Popper, *The Open Society and its Enemies* Vol. II(Princeton University Press, 1950), 448쪽 이하.

22) Michael Scriven, "Truisms as Grounds for Historical Explanations" in P. Gardiner(ed.), *Theory of History*; "Explanations, Predictions, and Laws", in H. Feigl and G. Maxwell (eds.), *Scientific Explanation, Space, and Time, Minnesota Studies in the Philosophy of Science, vol.Ⅲ*(Minneapolis ; University of Minesota Press, 1962), 170쪽 이하.

23) Ernest Nagel, *The Structure of Science*(New York : Harcount Brace & world, 1961), 22쪽.

24) William Dray, *Laws and Explanations in History*, 57쪽.

25) William Dray, *Philosophy of History*, Chapter 2, Historical Understanding(Prentice-Hall, Inc., 1964) 참조.

26) W. B. Gallie, *Philosophy and Historical Understanding*(NewYork: Schocken Books, 1968), 45쪽.

27) 위의 책, 46쪽.

28) Arthur. C. Danto, *Analystic Philosophy of History*(Cambridge University Press, 1968), 257쪽.

29) Georg H. von Wright, *Explanation and Understanding*(Ithaca : Cornell University Press, 1971), 6쪽.

30) Karl R. Popper, *Objectivity Knowledge*(Oxford University Press, 1979), 188쪽.

31) Th. Abel, "The Operation called 'Verstehen'" in H. Feigl and M. Brodbeck, (eds.), *Readings in the Philosophy of Science*, 677쪽 이하.

32) Karl R. Popper, *Objectivity Knowledge*, 177쪽.

33) Franz Schupp, *Poppers Methodologie der Geschichtswissenschaft*(Bonn : Bouvier, 1975), 136쪽.

34) Karl R. Popper, *The Poverty of Historicism*(New York & Evanston : Happer & Row Publishers, 1964), 149쪽.

상황의 논리라고 불리는 상황의 분석은 경제적 이론, 예컨대 한계 효용 이론의 방법을 다른 이론적 사회 과학에 적용할 수 있도록 일반화하는 것이었다. 포퍼는 이런 합리적 구성의 방법을 영좌표의 방법(the zero method)이라고도 불렀다. 영좌표의 방법이란 관계되는 모든 개인들이 완전한 합리성을 소유하고 있다는 가정 위에서, 그리고 어쩌면 완전한 정보도 소유하고 있다는 가정 위에서 하나의 모형을 구성하고, 편견의 영향 아래 있는 사람들의 현실적 행동이 선택의 순수 논리에 의한 모형의 행동으로부터 얼마나 벗어났는가를, 모형의 행동을 일종의 영좌표로서 사용하여 평가하는 방법을 의미한다.

35) Karl R. Popper, *Objectivity Knowledge*(Oxford University Press, 1979), 179쪽.

36) Karl R. Popper, "The Logic of the social Sciences", Theodor W. Adorno et. al., *The Positivist Dispute in German Sociology*(New York : Harper & Row, 1969), 102~3쪽.

37) Deborach A. Redman, *Economics and the Philosophy of Science*(Oxford University Press, 1993), 111쪽 이하 참조.

38) James Farr, "Popper's Hermeneutics", *Philosophy of Social Sciences*, Vol.13, 1983, 169쪽.

39) Karl R. Popper, *Objectivity Knowledge*, 174쪽 ; James Farr, "Popper's Hermeneutics", 170쪽 참조.

40) Karl R. Popper, *Objectivity Knowledge*, 170쪽.

41) Donald Davidson, *Inquiries into Truth and Interpretation*(Oxford University Press, 1984), 136쪽.

42) 이영철, 『진리와 해석』(서광사, 1991), 60쪽 이하 참조.

43) Alex Callinicos, *Making History*(New York : Cornell University Press, 1988), 13쪽.

44) Ernst H. Gombrich, *The Story of Art*, 15판(Oxford : Phaidon Press, 1989), 428쪽 이하.

45) Ernst H. Gombrich, *Art and Illusion*(Princeton University Press, 1972) 『예술과 환영』, 차미례 옮김(열화당 미술선서 61, 1989), 341쪽 이하.

46) Ernst H. Gombrich, *The Story of Art*, 441쪽.

▶ 4장
1) 역사주의에 대한 여러 유형과 설명에 대해서는 다음을 참조할 것. 이한구, 『역사주의와 역사철학』(문학과 지성사, 1986), 「서론 : 역사주의란 무엇인가?」

2) George, E. Moore, *Philosophical Studies*(London: Routledge, 1992), 261쪽.

3) Richard M. Hare, "Superveinience" 1쪽, *The Aristotelian Society Supplementary Vol. 58*, 1984.

4) Jaegwon Kim, "Mental Causation and the doctrine of Emergence," *Supervenience and Mind*(Cambridge University Press, 1993), 5쪽.

5) 위의 논문, 5쪽 이하 참조.

6) Donald Davidson, "Mental Event", *Essays on Action and Events*(Oxford University Press, 1980), 214쪽.

7) Jaegwon Kim, "Supervenience as a Philosophical Concept", *Supervenience and Mind*(Cambridge University Press, 1993), 140쪽.

8) 여기서 논의되는 수반 이론에 관한 정식화는 김재권의 여러 논문에서 가져온 것이다. 그리고 심신 수반에 관한 다음 논문들을 참조할 것. 김광수, 「법칙과 마음의 존재론적 지위」, ≪철학≫ 34, 1990 ; 조승옥, 「심리물리적 수반과 상응 관계」, ≪철학≫ 20, 한국철학회, 1983.

9) 수반은 보다 자세히, 약수반, 강수반, 총체적 수반 등으로 나뉘기도 한다. 보통의 논의는 약수반을 중심으로 한다. 강한 수반은 약수반보다는 다소 강하게 표현되는데, 단지 다음과 같은 경우에만 M은 P에 강하게 수반된다.

강한 수반 : 두 대상 x와 y가 P에서 통세계적으로 (즉 모든 가능 세계에서) 구별 불가능하다면, 그것들은 M에서 통세계적으로 구별 불가능하다.

이렇게 볼 때 약한 수반과 강한 수반의 차이는 오직 양상적 필연성의 유무에 있다고 할 수 있다. 즉 어떤 주어진 세계 내에서만 성립하는 수반은 약한 수반이고, 통세계적으로 성립하는 수반은 강한 수반인 것이다. 이를 도식화시켜 보면, 약수반은 $(x)(P_x \rightarrow M_x)$이고, $\square(x)(P_x \rightarrow M_x)$는 강수반이 된다.

총체적 수반은 이들과는 다른 관점에서 정의되는데, 다음과 같은 경우에만 M은 P에 총체적으로 수반된다.

총체적 수반 : P의 측면에서 구별 불가능한 어떤 두 세계도 M의 측면에서 구별 불가능하다.

총체적 수반의 특징은 속성들을 갖는 대상들을 구체화시키지 않고 속성 간의 의존적 관계를 총체적으로만 언급하는 데 있다. 약한 수반이나 강한 수반의 경우는 토대적 속성 P를 갖는 어떤 대상 a가 바로 수반적 속성 M을 갖는다고 주장하는 데 반해, 총체적 수반에 의하면 토대적 속성 P를 갖는 그 대상 a가 반드시 수반적 속성 M을 가질 필요는 없고, 다른 대상 b나 c가 수반적 속성을 가져도 상관이 없는 것이다. 즉 총체적 수반은 어떤 특정 대상들에 의해 소유되는 토대적 속성들이 다른 특정 대상에 의해 소유되는 속성들을 결정할 수 있는 여지를 허용한다. 예컨대 현재 나의 호주머니 속에 100원짜리 동전의 경제적 가치는 바로 이 동전이 갖고 있는 물리적 속성에 수반되었다기보다는 모든 동전이 갖는 물리적 속성의 총체에 수반되었다고 보아야 한다. 이것은 약한 수반이나 강한 수반이 개체론적 의존 관계임에 반해, 총체적 수반은 전체론적 의존 관계임을 의미한다.

10) Karl Marx, *Zur Kritik der Politischen Ökonomie: Vorwort, Marx & Engels Werke* 13, 9쪽.

11) A. Wood, "*The Marxian Critique of Justice*", *Philosophy and Public Affairs* 1 (3) 1972, 249~50쪽.

12) Richard W. Miller, *Analyzing Marx : Morality, Power and History* (Princeton University Press, 1984), 8쪽 이하 참조. 만약 물질적인 것의 우선성이 비물질적인 것의 부수 현상을 의미한다면, 마르크스 자신의 이론 대다수도 군더더기에 불과할 것이다. "삶이 의식에 의해서 결정되는 것이 아니라 의식이 삶에 의해서 결정된다."는 마르크스의 유명한 말도 의식이 삶에 영향을 줄 수 없다는 것을 함축하는 것은 아니다.

13) Karl R. Popper, *The Poverty of Historicism*(New York & Evanston: Harper & Row, 1964), 106쪽 이하.

14) 대다수의 반역사주의자들은 역사주의자들이 주장하는 이른바 역사의 법칙이라는 것이 진화의 법칙과 마찬가지로 전칭 명제로 표현되는 보편적 법칙이 아니라 단칭 명제로 표현되는 역사적 진술이라고 주장한다. 그러므로 역사의 법칙은 결코 오늘날 우리가 보통으로 말하는 법칙일 수 없다는 것이다. 이에 대해 다음과 같은 반론이 제기될 수 있다. 인류의 역사 과정 전체에 적용되는 역사 법칙은 실제로는 일회적인 역사적 진술이라 할지라도, 민족이나 문명에

적용되는 역사의 법칙은 수많은 사례들, 즉 존재했거나 존재하고 있는 수많은 민족들이나 문명들의 규칙성을 주장하는 한, 진정한 법칙일 수 있지 않겠는가? 이런 역사의 법칙은 단칭 명제로 표현되는 역사적 진술이 아니다. 그렇다면 어째서 그것은 진정한 법칙일 수 없는가?

이런 반론에 대해 반역사주의자들은 다음과 같은 이유를 제시한다. 민족이나 문명 같은 단위를 변화의 주체로서 설정하는 데는 어려움이 따른다. 이들 단위들은 규모가 너무나 방대해서 정상적인 과학적 검증이나 반증이 거의 불가능하다. 이것은 어떤 문명의 수명이 천 년 이상 계속되었다는 사실 하나만으로도 쉽게 승인될 수 있을 것이다. 그러므로 그것들에 관한 여러 법칙들은 과학적 성격을 갖지 못한다.

15) Isaiah Berlin, "Historical Inevitablity", *Four Essays on Liberty*(Oxford University Press, 1969), 45쪽 이하 참조.

16) Colin Farrelly, "Historical Materialism and Supervenience", *Philosophy of the Social Sciences*, vol. 35. NO.4, December 2005, 420~446.

인과적 결정론(causal determinism)과 부분 전체 결정론(mereological deter-minism)은 우리의 과학적 탐구를 규제하는 방법론의 두 원리라고 할 수 있다. 그러므로 우리는 모든 사건은 시간적으로 앞서는 어떤 사건에 의해서 결정되었다는 원리를, 즉 모든 사건은 원인을 갖는다는 원리를 탐구의 전제로서 받아들이지 않을 수 없으며, 이에 따라 주어진 여러 자료들을 시간적으로 질서지어 설명할 수 있다. 이에 반해 부분 전체 결정론은 거시적인 사물의 특성은 세계의 모든 시간적 단면에서 그것을 구성하고 있는 미시적 구성 요소들의 특성에 의해 결정된다는 주장이다. 물리학에서 이런 원리는 통상 미시 물리적 결정론이라고도 불린다. 이에 의하면 미시 물리적 세계가 일단 고정되고 나면, 여타의 모든 것들은 이에 따라 고정된다. 모든 특성과 모든 사건은 미시 물리적으로 결정된다는 원리는 만일 우리가 어떤 대상을 구성하고 있는 원자나 분자를 하나하나 결합하여 그 복제품을 만든다면, 그 복제품은 그 대상과 동일한 대상이 된다는 데모크리토스적인 원리인 것이다. 우리가 인과적 결정론의 원리를 통시적 결정론의 원리라 한다면, 부분 전체 결정론은 공시적 결정론의 원리라 할 수 있을 것이다.

이런 과학적 방법론의 두 규제적 원리 중에서 수반 이론과 직접적인 연관을 맺고 있는 것이 부분 전체 결정론이다. 수반에 대한 우리의 믿음은 주로 부분이 전체를 결정한다는 부분 전체 결정론에 기초하고 있기 때문이다. 우리가 수반을 부분 전체 결정론에 적용하고자 할 때, 그것은 다음과 같이 정식화될 것이다.

> s가 M을 가짐은, a_1이 P_1을 갖고 &……& a_n이 P_n을 갖는 복잡한 사건에서 (가)a_1……a_n이 s의 구성 요소이고 (나)a_1이 P_1을 갖고 &……& a_n이 P_n를 가짐이 s가 M을 가짐을 함축할 때만, 부분전체론적으로(mereologically) 수반된다.

물을 예로 들어 보자. 수소 원자 두 개와 산소 원자 하나가 결합되어 물이 생성된다. 수소 원자 H는 P의 속성을 갖고 산소 원자 O은 K의 속성을 갖고 있다고 하자. 그러면 물이 갖는 속성 M은 다음과 같은 경우에만 P와 K에 부분전체론적으로 수반된다. 수소 원자 두 개(H_1, H_2)와 산소 원자 하나 O가 물의 구성 요소이고, H_1과 H_2가 각각 P를 갖고 O가 K를 갖는다면, 물은 M을 갖는다.

17) 여기서 토대적 속성 P가 P^*로 변화하는 과정을 살펴보자. 그것은 단순화시키면 결국 A가 A^*로, B가 B^*로, C가 C^*로 되는 과정일 것이고, 더욱 자세히는 $[(A_a \rightarrow A^*_a) \& (A_b \rightarrow A^*_b) \& (A_c \rightarrow A^*_c)]$ 와 $[(B_a \rightarrow B^*_a) \& (B_b \rightarrow B^*_b) \& (B_c \rightarrow B^*_c)]$ 및 $[(C_a \rightarrow C^*_a) \& (C_b \rightarrow C^*_b) \& (C_c \rightarrow C^*_c)]$의 과정이 될 것이다. 여기서 우리는 이러한 변화 과정을 지배하는 개인의 행위에 관한 어떤 법칙들을 발견할 수 있다. 우리는 그러한 행위의 법칙들을 다음과 같이 표현할 수 있을 것이다. 법칙 $l_1 = (x)(A_x \rightarrow A^*_x)$, 법칙 $l_2 = (x)(B_x \rightarrow B^*_x)$, 법칙 $l_3 = (x)(C_x \rightarrow C^*_x)$, 결론적으로 우리는 l_1, l_2, l_3의 세 행위의 법칙에 의해 P가 P^*로 변화한다고 주장할 수 있다.

18) Jaegwon Kim, *Supervenience and Mind*(Cambridge University Press, 1993), 95쪽.

4부

▶ 1장

1) 보통 '사관'이라고도 불리는 역사관은 독일어나 영어의 'Geschichtsanschauung', 'Geschichtsauffassung', 'view of history', 'conception of history'를 의미한다. 이 말은 유물 사관(materialistische Geschichtsauffassung)이라는 개념이 사용되면서 본격적인 학술어로 정착된 것으로 판단된다. 차하순 교수의 설명에 의하면 역사관 또는 사관이란 말은 중국 사학사에서는 유래하지 않고 일본 학계로부터 온 것이다. 일본 학계의 경우, 베른하임(E. Bernheim, 1850~1942)의 『역사학 개론(*Einleitung in die Geschichtswissenschaft*)』(1920)이 번역되어 나오면서 역사관(Geschichtsauffasung)이 사용되기 시작했고, 유물 사관(materialistche Geschichtsauffasung)이라는 개념이 사용되면서 사관이란 말이 본격적인 학술 용어로 등장했다. 「사관이란 무엇인가」, 차하순 편저, 『사관의 현대적 조명』(청림문화사, 1978), 참조.

2) A. F. Chalmers, *What is This Thing Call Science?*(University of Quensland Press, 1982) ; H. I. Brown, *Perception, Theory and Commitment : The New Philosophy of Science* (Chicago: The University of Chicago Press, 1977) ; Karl R. Popper, *Conjectures and Refutations*(London : Routledge and Kegen Paul, 1972) 참조.

3) Karl R. Popper, *Objective Knowledge*(Oxford University Press, 1979), 346쪽.

4) Karl R. Popper, *The Open Society and Its Enemise, vol II*(New Jersey: Princetion University Press, 1971), 213쪽 이하 참조.

5) Karl R. Popper, *Conjectures and Refutations*(London : Routledge and Kegan Paul, 1972) 44쪽.

6) Karl R. Popper, *The Logic of Scientific Discovery*(New York & Evaston : Harper & Row, 1968), 421쪽.

7) Karl R. Popper, *The Poverty of Historicism*(London : Routledge & Kegan Paul, 1961), 150쪽.

8) Karl R. Popper, *The Open Society and Its Enemies, Vol II*(Princeton University Press, 1966), 266쪽.

9) 위의 책, 261쪽.

10) Imre Lakatos, "Falsification and the Methodology of Scientific Research Programmes." Imre Lakatos & A. Musgrave, (ed.) *Criticism and the Growth of Knowledge*(Cambridge University Press, 1970), 104쪽.

11) Karl R. Popper, *The Open Society and Its Enemies vol. II*, 220쪽 참조.

12) Georg W. F. Hegel, *Vorlesung über die Philosophie der Geschichte, Werke 12*(Frankfurt am Main : Suhrkamp Verlag, 1970), 23쪽.

13) 이한구 편역, 『칸트의 역사철학』(서광사, 1992), 23쪽 이하 및 147쪽 이하 참조.

14) J. A. Passmore, "The Objectivity of History", W. Dray,(hrsg) *Philosophical Analysis and History*(New York : Harper & Row, 1966), 75~94쪽 참조.

15) Maurice Mandelbaum, "Objectivism in History" S. Hook, ed., *Philosophy and History*(New York University Press, 1963), 45쪽.

16) Karl R. Popper, *Conjectures & Refutations*, 103쪽 이하 참조.

17) C. B. McCullgh, "Historical Instrumentalism", *History and Theory, Vol. XII. No. 3*(Wesleyan University Press, 1973), 290~91쪽.

18) Arthur Danto, *Analytic Philosophy of History*(Cambridge University Press, 1968), 81쪽.

19) Walden H. Walsh, *Philosophy of History*(New York : Harper & Row, 1967), 110~11쪽.

20) Thomas Kuhn, *The Structure of Scientific Revolutions*(Chicago : The University of Chicago Press, 1971), 93쪽 이하.

21) James Ladyman, *Understanding Philosophy of Science*(Routledge, 2002) ; 박태영 옮김, 『과학철학의 이해』(이학사, 2003), 190쪽 이하 참조.

22) 2부 3장 참조.

23) 닮음의 정체성에 대해서는 이한구, 「역사를 보는 관점의 다양성과 역사 인식의 객관성」, 철학연구회 편, 『역사를 어떻게 볼 것인가』(철학과현실사, 2004), 11쪽 이하.

▶ 2장

1) 우리가 어떤 구체적 대상을 a로 시간을 t로, 성질을 P로 기호화한다면, 사건 E는 다음과 같이 기호화될 것이다. E=〔a, t ,P〕

이 내용에 대해서는 Lawrece Brian Lombard, *Events : A Metaphysical Study*(London : Routledge & Kagan Paul, 1986), 49쪽 이하; 김재권, 『수반과 심리철학』(철학과 현실사, 1994), 19쪽 참조.

2) Alex Callinicos, *Making History*(Ithaca : Cornell University Press, 1988), 39쪽 이하 참조.

3) Arnold J. Toynbee, *A Study of History*(Oxford University Press, 1939), Vol. 1 참조.

4) Susan James, *The Content of Social Explanation*(Cambridge University Press, 1984), 1쪽.

5) J. W. Watkins, "Historical Explanation in the Social Sciences", P. Gardiner, ed., *Theories of History*(New York : The Free Press, 1959), 505쪽.

6) J. W. Watkins, "Ideal Typus and Historical Explanation", A. Ryan ed., *The Philosophy of Social Explanation*(London : Oxford University Press, 1973), 88쪽.

7) Karl R. Popper, *The Open Society and Its Enemies, Vol. II*.(New Jersey : Princeton University Press, 1971), 98쪽.

8) J. W. Watkins, "Ideal Typus and Historical Explanation", A. Ryan ed., *The Philosophy of Social Explanation*, 88쪽.

9) Augustinus, *The City of God*, Marcus Dods, trans.(New York : Random House, 1950), 350쪽 ; K. Lowith, *Meaning in History*(Chicago Press, 1949), 9장 참조.

10) 지금까지의 논의를 다음과 같이 정리해 볼 수 있다.

주체 ＼ 방향	진보 혹은 발전	순환 혹은 퇴보
개인들(인류)	인본 사관(볼테르)	몰락 사관(루소)
초개인적 실재	유심 사관(헤겔) 유물 사관(마르크스)	민족 사관(비코) 문명 사관(토인비)

11) Karl R. Popper, *Conjectures and Refutations : the Growth of Scientific Knowledge*(New York & Evanston : Harper & Row publishers, 1965), 37쪽.

12) Thomas S. Kuhn, *The Structure of Scientific Revolutions*(The University of Chicago Press, 1970), 175쪽.

13) Imre Lakatos, "Falsification and the Methodology of Scientific Research Programmes", Imre Lakatos & Alan Musgrave, ed., *Criticism and the Growth of Knowledge*(Cambridge University Press, 1970), 132쪽.

14) 위의 책, 133쪽.

15) 위의 책, 135쪽.

16) Alan F. Chalmers, *What this thing Called Science?*(University of Queensland Press, 1982), 80쪽.

17) 라카토스의 방법론은 최근 경제학 부분에서 적극적으로 활용되어 활발하게 논의되었는데, 참고로 몇 개의 정식화만 여기 소개한다.

1) 웨인트로브(E. R. Weintraub)가 "Substantive Mountains and Methodo-logical Molehills"(1982-83)에서 정식화한 Neo-Walrasian 과학적 연구 프로그램

  가) 핵심 원리

    · 경제 주체는 최적화한다.

    · 경제 주체는 자신의 이익을 추구한다.

    · 경제 주체는 시장에서 행동한다.

  나) 부정적 발견법

    · 균형이 없는 모형을 만들지 말라.

    · 정합적 결과를 낳기 위해서 제도 변화에 의지하는 모형을 구성하지 말라.

  다) 적극적 발견법

    · 핵심 원리에 기초하여 정합적 (균형) 결과를 갖는 모형을 만들라.

    · 핵심 원리에 기초하여 시장 함축을 갖는 모형을 만들라.

2) 리조(M. J. Rizzo)가 "Mises and Lakatos : A Reformulation of Austrian Methodology"(1982)에서 정식화한, Austrian 과학적 연구 프로그램

  가) 핵심 원리

    · 오스트리언 경제학의 기본 전제는 인간이 목적 있는 행위에 종사하는 것이다. 행동이 사회 현상의 영역에서 제1차적으로 중요하다.

· 개인은 의사 결정의 환경을 지각한다.

· 지각은 불확실성의 세계에서 일어난다.

· 개인의 지각이 언제나 옳은 것은 아니다.

· 행동은 통합적이 되는 경향이 있다.

나) 적극적 발견법

· 예상에 관한 설명을 재검토하라.

· 경제 주체들 간의 의사소통의 단절을 탐색하라.

이외에도 S. J. Latsis, "A Research in Economics" ; E. K. Brown, "The Neoclassical and Post-Keynesian Research Program" 등의 연구들이 많이 있다. 송현호, 「Lakatosian 연구 프로그램 방법론에 의한 신고전파 경제 이론의 방법론적 재구성과 평가」(서울대학교 경제학 박사학위논문, 1986) 참조.

18) Imre Lakatos & Alan Musgrave, ed., *Criticism and the Growth of Knowledge*, 81쪽.

19) Karl. R. Popper, *Conjectures and Refutation*(Routledge, 1989), 232쪽.

20) Imre Lakatos, "Falsification and the Methodology of Scientific Research Progammes", 116쪽.

▶ 3장

1) Ernst Cassirer, *Die Philosophie der Aufklärung*(Tübingen: J. C. B. Mohr, 1932), 15쪽.

2) 위의 책, 15쪽.

3) 위의 책, 7쪽.

4) 위의 책, 264쪽.

5) 위의 책, 294쪽.

6) 위의 책, 278쪽.

7) 위의 책, 289쪽.

8) 위의 책, 291쪽. 이것은 볼테르가 코투지츠(Chotusitz) 전투에서 승리한 프리드리히 대왕에게 보낸 1742년 5월 26일자 편지. 레퀘인 판 전집, 51권 119쪽.

9) Karl Löwith, *Meaning in History*(The University of Chicago Press,

1949), 5장 "Voltaire", 105쪽 이하.

10) 위의 책, 94쪽.

11) 위의 책, 69쪽.

12) 위의 책, 63쪽.

13) 위의 책, 63쪽.

14) W. Hofer, *Geschichtschreibung und Weltanschauung*(München: Oldenbourg, 1950), 332쪽. D. E. Lee and R. N. Beck, "The Meaning of Historicism", *American Historical Review, Vol. 59.* No. 3(1954), 568쪽에서 인용.

15) D. D. Runes, ed., *Dictionary of Philosophy*(New York : Philosophical Library, 1960), 127쪽.

16) George Iggers, *The Growth of German Historicism, The Johns Hopkins University Studies in History and Political Science*, Series 62, no. 2 (1944), 13쪽.

17) Maurice Meldalbaum, "Historicism", in : P. Edwards, ed., *The Encyclopedia of Philosophy*(New York : Macmilan Publishing Co. & Free Press, 1867), Vol. 4, 25쪽.

18) E. Troelsch, "Die Krisis des Historismus", *Die Neue Runschau, Vol. 33.* (1922), 573쪽.(……die Historisierung unseres ganzen Wissens und Emp-findens der geistigen Welt……)

19) Calvin G. Rand, "Two Meanings of Historicism in the Writings of Dilthey, Troeltsch and Meinecke", *Journal of History of Ideas, Vol. 25*, No. 4 (1964), 506쪽.

20) 두 종류의 역사주의에 대해서는 이한구, 『역사주의와 역사철학』(문학과 지성사, 1986) 참조.

21) Calvin G. Rand, "Two Meanings of Historicism in the Writings of Dilthey, Troeltsch and Meinecke", 507쪽.

22) Hans Meyerhoff, ed., *The Philosophy of History in Our Time*(New York : Doubleday & Company. Inc., 1959), 10쪽.

23) Wilhelm Dilthey, *G. S. III*, 247쪽.

24) Friedrich Meinecke, *Die Entstehung des Historismus*(München : R. Oldenbourg, 1965), 1쪽.

25) "Individuum est ineffabile, woraus ich eine Welt ableit."라는 말은 1780년 괴테가 라보테르(Lavoter)에게 보낸 서한에서 인용된 것이다.

26) Friedrich Meinecke, *Die Entstehung des Historismus*, 2쪽. "Der Kern des Historimus besteht in der Ersetzung einer generalsierenden Betrachtung geschichtlich-menschlicher Kräfte durch eine individualisierende Betrachtung."

27) Georg G. Iggers and K. von Moltke, ed., *The Theory and Practice of History by Leopold von Ranke*(Indianapolis: Bobbs-Merril, 1973), 57쪽.

28) H. Schnädelbach, *Geschichtsphilosophe nach Hegel*, 23쪽 : C. A. Beard & A. Vagts, "Current of Thought in Historiography", *American Historical Review*, Vol. 42. No. 3 (1937), 468쪽 : 차하순, 「역사주의의 본질과 한계」, 『사회연구』 제1집, 한국 사회과학 연구소(1978), 4쪽 참조.

29) Friedrich Meinecke, *Zur Theorie und Philosophie der Geschichte*(Stuttgart : K. F. Koehler, 1965), 78쪽.

30) Ernst Cassirer, *The Problem of Knowledge*(New Haven & London : Yale University Press, 1974), 226쪽.

31) 이러한 점에서 칼 포퍼가 주장하는 방법론적 개체주의와 역사주의의 개성의 원리는 완전히 구별된다.

32) Wilhelm Dilthey, *Die geistige Welt : Einleitung in die Philosophie des Lebens, Gesammelte Schriften* V(Stuttgart : B. G. Teubner, 1957), 211쪽.

33) Wilhelm Dilthey, *G. S. Ⅶ*, 185쪽.

34) G. G. Iggers and K. von Moltke, ed., *The Theory and Practice of History by Leopold von Ranke*, xiii.

35) Karl Mannheim, "Historicism", Georg G. Iggers and K. von Moltke, ed., *The Theory and Practice of History by Leopold von Ranke*, 104쪽 이하.

36) Giambattista Vico, "The New Science", P. Gardiner, ed., *Theories of History*(New York: The Free Press, 1959), 10쪽.

계몽주의로부터	역사주의에로
자연법, 초시간적 타당성을 가진 법	역사주의, 시공간의 제약을 받는 타당성을 가진 법들
인간의 이성적 합의를 통한 국가 수립에 관한 계약 이론	국가 수립의 기초로서의 정치 권력, 지리적 조건, 국민의 천재성
인간은 모든 것을 알 수 있다.	인간은 모든 것을 알 수는 없다.(비코)
인간 최고 이성의 불변성과 모든 장소에서의 인간 본성의 본질적 동일성 및 역사에 있어서의 순환의 가능성에 대한 믿음	시간과 장소는 이상, 개인주의, 역사적 인물의 개성, 업적 및 사건에 영향을 줌
세계정신(Weltgeist)	민족정신(Volksgeist)
인류의 복지	인종들의 복지
인간의 본래적 평등	인간의 본래적 불평등
해명의 모든 목적을 충족시키는 인간 이성, 지성, 주지주의, 합리주의, 실용주의	영혼, 직관, 비합리주의, 비전, 플라톤주의, 신플라톤주의, 성찰보다 상위에 있는 지혜(버크)
역사의 대상 및 역사의 담당자로서의 인류	역사의 대상 및 역사의 담당자로서의 국가
'인류의 세계'로서의 세계	'여러 민족의 세계'로서의 세계(비코)
인간의 권리, 권력 정치의 거부, 확정적인 목표를 향한 진보	국가 이성, 권력 정치의 승인 '무한한 진보'(라이프니츠)
세계의 진보	세계의 윤회(괴테)
인간처럼 국가도 법 아래 있다.	산 실재로서의 국가는 법 위에 있다.
자연권은 역사적 시도의 정오를 판단한다: 전쟁 범죄의 문제	도덕적 판단의 보류: 전쟁 범죄의 문제 없음
중세는 어리석음의 연속(볼테르, 흄)	기사도 시대에 대한 높은 평가
이성에 대한 믿음	운명에 대한 믿음
역사 자체에서의 슬프고 광적인 일화들	그런 일화들은 비극적 성격으로 주어진다.
정상적, 전형적 미	개성적 미
혁명, 인간의 여러 권리의 국가, 민주주의, 진보	보수주의, 버크가 말한 '성자들과 기사들'의 국가, 메테르니히의 왕정복고

37) 계몽주의와 역사주의의 비교에 대해서는 이한구, 『역사주의와 역사철학』 (문학과지성사, 1986), 21쪽 이하 참조.

5부

▶ 1장

1) W. J. Booth, "Reason and History : Kant's Other Copernican Revolution", *Kant-Studien*(74Jahrgang, Heft1, 1983), 57쪽 참조.

2) Immanuel Kant, *Grundlegung zur Metaphysik der Sitten*, *Immanuel Kants Werke*, *Bd. IV*(hrsg. E. Cassirer & B. Cassirer ; Berlin, 1992), 317쪽.

3) 칸트에 있어서 자유의 이념은 '행위의 절대적 자발성'을 의미한다. 그러므로 선험적 자유는 이성 자신이 감성계를 규정하는 모든 원인에 의존하지 않음을 요구한다. 이런 한에서 칸트에 있어서 선험적 자유는 자연법칙에 어긋나고, 따라서 모든 가능한 경험과 상충되는 듯이 여겨진다. 이 때문에 선험적 자유는 가장 설명하기 어려운 문제로서 남아 있다. 여기서는 자유의 문제에 대해서는 칸트의 주장을 전제했을 뿐, 자세하게 논의하지 않았다. 이것은 별도로 논의하여야 할 과제이기 때문이다. 칸트의 자유의 문제에 대해서는 다음의 자료들을 참고할 것.

Bernard Carnois, *The Coherence of Kant's Doctrine of Freedom*, trans. D. Booth(Chicago : University of Chicago Press, 1987) ; Vincent M. Cooke, "Kantian Reflections on Freedom", *Review of Metaphysics 41*(June 1988), 739~756쪽 ; Jonathan Benett, "Kant's Theory of Freedom", *Self and Nature in Kant's Philosophy*, ed. Allen W. Wood(Ithaca : Cornell University Press, 1984), 102~112쪽 ; Doanld Davidson, "Actions, Reasons, and Causes", *Essays on Actions and Events*(Oxford : Clarendon Press, 1980), 3~19쪽.

4) 물론 인과성과 합목적성이 세부적인 면에서까지 똑같은 위치에 있는 것은 아니다. 인과성은 구성적 원리이지만 합목적성은 단지 규제적 원리에 불과하다.

5) Immanuel Kant, "Idee zu einer allegemeiner Geschichte in weltbürgerliche Absicht" *Immanuel Kant : Kleinere Schriften zur Geschichtsphilosophie, Ethik und Politik*, hrsg. Karl Vorländer(Hamburg : Felix Meiner, 1913), 5쪽. (이 논문은 다음 인용부터 "Idee"로 표시하기로 한다.)

6) "Idee", 18쪽.

7) Thomas Hobbes, *Hobbes's Leviathan*(Oxford University Press, 1909. 1651 판의 재인쇄), 96쪽, 13장.

8) 위의 책, 99쪽, 14장.

9) John Locke, *Two Treatises of Government*(Cambridge University Press, 1960), 309쪽, 2장 4절.

10) Immanuel Kant, "Mutmaßlicher Anfang der Menschengeschichte", *Immanuel Kant : Kleinere Schriften zur Geschichtsphilosophie Ethik und Politik* hrsg. Karl Vorländer(Hamburg : Felix Meiner, 1913), 56쪽.(이 논문은 다음 인용부터 "Anfang"으로 표시하기로 한다.)

11) "Anfang", 56쪽.

12) "Anfang", 51~4쪽.

13) "Anfang", 52쪽.

14) "Anfang", 53쪽.

15) "Anfang", 54쪽.

16) "Anfang", 54~5쪽.

17) "Anfang", 55쪽.

18) "Idee", 6쪽.

19) Immanuel Kant, "Erste Einleitung, die Kritik der Urteilskraff", *Kants Werke, Bd. V*(hrsg. E. Cassirer), 225쪽.

20) "Idee", 7쪽.

21) "Idee", 7~8쪽.

22) Immanuel Kant, *Die Religion innerhalb der Grenzen der blossen Vernunft*, *Kants Werke Bd. VI*(hrsg. E. Cassirer), 164쪽.(이 책은 다음 인용부터 *Religion*으로 표기하기로 한다.)

23) Immanuel Kant, *Kritik der Urteilskraft*, hrsg. K. Vorländer(Hamburg : Felix Meiner, 1924), 84절, 303쪽 이하. 칸트, 『판단력비판』, 이석윤 옮김(박영사, 1974) 참조.

24) "Idee", 6~7쪽.

25) Sidney Axinn, "Kant, Logic, and the Concept of Mankind", *Ethics XLVIII*, 1958, 268쪽 참조.

26) *Religion*, 214쪽.

27) "Idee", 10쪽.

28) "Idee", 10쪽.

29) "Idee", 11쪽.

30) "Idee", 12쪽.

31) "Idee", 12쪽.

32) "Idee", 13쪽.

33) Immanuel Kant, "Zum Ewigen Frieden : Ein philosophischer Ent-wurf", *Immanuel Kant : Kleinere Schriften zur Geschichtsphilosophie, Ethik und Politik*(Hambug : Felix Meiner, 1913), 131쪽.(이 논문은 다음 인용부터 "Friede"로 표기하기로 한다.)

34) "Friede", 131쪽.

35) "Idee", 16쪽.

36) "Idee", 8~9쪽.

37) E. L. Fackeneim, "Kant and Radical Evil", *University of Toronto Quarterly XXIII*(1954), 339쪽 참조.

38) "Idee", 10쪽.

39) "Idee", 13쪽.

40) "Anfang", 62쪽.

41) Sidney Axinn, *A Study of Kant's Philosophy of History*, Unpublished Ph. D. Dissertation(University of Pennsylvania, 1955), 69쪽.

42) Fritz Medicus, "Kants Philosophie der Geschichte", *Kant-Studien VII* (1902), 21쪽 참조.

43) Immanuel Kant "Beantwortung der Frage : Was ist Aufklärung?", *Kants Werke Bd. IV*(hrsg. E. Cassier), 169쪽.

44) Immanuel Kant, "Versuch einiger Betrachtungen über den Opti-mismus", *Kants Werke Bd. II*(hrsg. E. Cassirer), 37쪽.

45) Immanuel Kant, "Der Streit der Fakultäten in drei Abschnitten", *Kants Werke Bd. VII*(hrsg. E. Cassirer), 401쪽.

▶ 2장

1) Georg Hegel, *Vorlesungen über die Philosophie der Geschichte*(Von F. Brunstäd), (Stuttgart : Philipp Reclam Jun, 1961), 50쪽.

2) 위의 책, 52쪽.

3) 위의 책, 49쪽.

4) 위의 책, 49쪽.

5) 위의 책, 51쪽.

6) 위의 책, 53쪽.

7) 위의 책, 54쪽.

8) 헤겔은 이성이 역사적으로 전개될 때 이를 정신이라 부르며, 다시 이 정신을 개인의 단계에 머무는 주관적 정신(Subjektiver Geist), 사회적, 역사적으로 전개되는 초개인적인 객관적 정신(Objektiver Geist), 정신의 완전한 발전 단계인 절대적 정신(Absoluter Geist)으로 구분한다. 그러므로 역사는 이 객관적 정신의 발전 과정을 다룬다. 또한 이 객관적 정신은 여러 시대를 거쳐 발전해 감으로, 그것이 한 시대를 대표하는 정신이 될 때는 시대정신으로 불리며, 어떤 특수한 민족을 통해서 나타날 때는 민족정신으로 불린다.

9) 위의 책, 57쪽.

10) 위의 책, 58쪽.

11) 위의 책, 59쪽.

12) 위의 책, 59쪽.

13) 위의 책, 61쪽.

14) 위의 책, 59쪽.

15) 주지하는 바와 같이 헤겔 철학은 전적으로 변증법적 방법에 의해서 구축되어 있으므로, 그의 역사철학 역시 변증법적으로 구성되어 있다. 변증법은 그의 『대논리학(*Wissenschaft der Logik*)』에서 상세히 다루어지고 있는데, 정립(These), 반정립(Anti-these), 종합(Syn-these)의 세 단계를 거쳐 전개되는 정신의 발전 법칙이다. 자세한 설명은 이 책의 3부 3장 참조.

16) 위의 책, 168쪽.

17) 위의 책, 168쪽.

18) 위의 책, 60쪽.

19) 위의 책, 60쪽.

20) 위의 책, 60쪽.

21) 위의 책, 60쪽.

22) Georg Hegel, *The Philosophy of History*(New York : Dover, 1956), 79쪽.

23) Georg Hegel, *Vorlesungen über die Philosophie der Geschichte*, 172쪽.

24) 위의 책, 211쪽.

25) 위의 책, 212쪽. 헤겔은 불교도 이러한 공상적 관념론에 기초하여 설명했다.

26) 위의 책, 215쪽.

27) 위의 책, 255쪽.

28) 위의 책, 256쪽.

29) 위의 책, 180쪽.

30) 위의 책, 172쪽.

31) 위의 책, 32쪽.

32) 위의 책, 173쪽.

33) 헤겔은 인격성(Persönlichkeit)과 개성(Individualität)을 구별한다. 인격성은 법의 원리를 이루는 소유 관계의 주체이지만, 개성은 구체화된 정신의 발랄함을 의미한다.

34) 위의 책, 390쪽.

35) 게르만적 세계란 게르만 민족이 세운 국가들로 이루어진 세계란 뜻이다. 게르만 민족이란 좁은 의미로는 독일 민족을 지칭하지만 여기서 사용한 넓은 의미로는 4세기에서 6세기에 걸친 민족 대이동으로 로마 세계를 파괴한 서고트족, 동고트족, 반달족, 앵글로 색슨족, 프랑크족들을 통칭하여 쓰는 말이다. 이들 종족들이 세운 나라들은 흥망성쇠를 거쳐 결국 현대 유럽의 기원을 이룬다.

36) 위의 책, 175쪽.

37) 위의 책, 61쪽.

38) 위의 책, 62쪽.

39) 위의 책, 66쪽.

40) 위의 책, 74쪽.

41) 위의 책, 75쪽.

42) 위의 책, 75쪽.

43) 위의 책, 76쪽.

44) 위의 책, 79쪽.

45) 위의 책, 78쪽. 헤겔에 의하면 개인은 한갓 이념의 수단에 불과하지만 도덕과 인륜, 종교에 있어서만은 자기목적일 수 있다.

46) Georg Hegel, *Phanomenologie des Geistes*(Hamburg : Fellix Meiner), 470쪽.

47) 헤겔에 의하면 구약성서에 나오는 뱀은 이성의 간계를 상징한다. 뱀은 선악을 인식함으로써 신성을 정립했으며, 이 인식은 실로 인간이 자신의 직접적 존재의 통일성을 깨뜨림으로써, 즉 금단의 열매를 먹음으로써 주어졌다. 가장 지혜로운 뱀은 유한한 생명의 소유자, 인간으로 하여금 무한한 절대적 인식의 소유자 신의 위치에 오르게 한 신적 이성의 간계, 신 자신의 책략을 상징한다. Hegel, *Wissenschaft der Logik* ;『대논리학』, 전원배 옮김, 88쪽 참조.

48) B. Russell, *History of Western Philosophy*(New York: Simon & Schuster, 1945), 782쪽.

49) E. H. Carr, *What is History*, 136쪽.

▶ 3장

1) Urs Jaeggi and Axel Honneth, (Hrsg.) *Theorien des Historischen Materialismus*(Frankfurt/M : Suhrkamp Verlag, 1977): 윤근식 편저,『유물론적 역사 이론들』(성균관대학교 출판부, 1993) 참조. 이 책에서는 1) 마르크스·레닌주의 전통, 2) 서유럽적인 비판적 마르크스주의, 3) 프랑스의 구조적 마르크스주의, 4) 역사적 유물론의 진화론적 해석 등으로 역사적 유물론들을 구분하고 있지만, 여기에 포스트 마르크스주의적 재구성과 분석적 마르크스주의의 재구성이 최근의 새로운 재구성 이론으로서 첨가되어야 할 것이다. 포스트 마르크스주의자로는 라클라우(E. Laclau)와 모페(C. Mouffe) 등을 들 수 있고, 분석적 마르크스주의자로는 코헨(G. A. Cohen), 엘스터(Jon Elster), 로에머(John E. Roemer) 등을 들 수 있다. 역사적 유물론의 재구성 전반에 관한 조감을 위해서는 Jorge Larrain, *A Reconstruction of Historical Materialism*(London : Allen & Unwin, 1986) ;『역사적 유물론의 재구성』, 정설철 옮김(인간사랑, 1990)을 참조할 것.

2) Jürgen Habermas, "Einleitung : Historischer Materialismus und die

Entwicklung normativer Strukturen", *Zur Rekonstruktion des Historischen Materialismus*(Fankfurt am Main : Suhrkamp Verlag, 1976), 9쪽.

3) Louis Althusser, "Marxism Today", *Philosophy and the Spontaneous Philosophy of the Scientists and Other Essays*, Gregory Elliott, ed., (London : Verso, 1990), 279쪽.

4) Jorge Larrain, *A Reconstruction of Historical Materialism*(London : Allen & Unwin, 1986), 29쪽 참조.

5) Frederick Engels, "Socialism : Utopian and Scientific", *Marx and Engels Selected Works in One Volume*(London : Lawrence & Wishart, 1970), 382쪽 이하.

6) Viktor Grigor'evich Afanasyev, *Historical Materialism*(New York : International Publishers, 1987) 1장 ; 오토 쿠시넨, 『역사적 유물론 입문』(동녘, 1990) 참조.

7) 고창택, 「마르크스 역사적 유물론의 분석 철학적 재구성에 관한 논문」(동국대학교 대학원 박사학위 논문, 1993). 이 연구는 제럴드 코헨의 생산력 기능주의를 상세하고 명료하게 분석하고 있다.

8) 투르비언, 『사회학과 사적 유물론』 윤수종 옮김(푸른산, 1989) ; Goran Therborn, *Science, Class and Society : On the Formation of Sociology and Historical Materialism*, (Verso Editions, 1980), 388쪽 이하 참조. Goran Therborn의 추적에 의하면 '생산력'이란 용어는 마르크스가 고전 경제학자들인 아담 스미스나 리카도로부터 물려받은 것이 분명하다. 스미스와 리카도는 그의 저서에서 생산력(productive powers)이란 말을 사용하는데, 이 말을 마르크스는 그의 『경제학 ― 철학 수고』에서 독일어로 번역하여 사용했다는 것이다.

9) Gerald A. Cohen, *Karl Marx's Theory of History: A Defence*(Princeton : Princeton University Press, 1978), 55쪽.

10) 위의 책, 32쪽.

11) Karl Marx and F. Engels, *The German Ideology, Collected Works*, Vol. 5 (London: Lawrence & Wishart, 1976), 43쪽.

12) Andreas Wildt, "Produktivkraefte und sociale Umwaelzung. Ein Versuch zur Transformation des Historischen Materialismus", Urs Jaeggi und Axel Honneth, *Theorien des Historischen Materialismus*, 221쪽.

13) Karl Marx, *Grundrisse der Kritik der Politischen Ökonomie*(1857/8), (Berlin : Dietz Verlag, 1953), 599쪽; *Karl Marx/Friedlich Engels Collected Works* (*MECW*), Vol 28(Moscow: Progress Publishers, 1986) 참조.

14) 위의 책, 188, 587쪽.

15) 위의 책, 395쪽.

16) Karl Marx, Institute für Marxismus-Leninismus, ed., *Marx & Engels Werke 3* (Berlin: Dietz Verlag, 1959), 21쪽.

17) 위의 책, 69쪽.

18) Karl Marx, *Grundrisse der Kritik der Politischen Ökonomie*(1857/8), 188쪽.

19) 위의 책, 215쪽.

20) Karl Marx, *Das Kapital* I, 383쪽.

21) Karl Marx, Institute für Marxismus-Leninismus, ed., *Marx & Engels Werke 3*, 29쪽 주석.

22) Karl Korsch, *Karl Marx*(Frankfurt am Main, 1967), 167쪽 이하. Urs Jaeggi und Axel Honneth, *Theorien des Historischen Materialismus*, 222쪽 참조.

23) Gerald A. Cohen, *Karl Marx's Theory of History : A Defence*, 32쪽.

24) 위의 책, 41쪽.

25) 위의 책, 43쪽.

26) Karl Marx, *Economic and Philosophical Manuscripts*, Institute für Marxismus-Leninismus, ed., *Marx & Engels Werke 4*, 181쪽.

27) Karl Marx, *Grundrisse*(Harmondsworth : Penguin Books Ltd., 1973), 422쪽.

28) Gerald A. Cohen, *Karl Marx's Theory of History : A Defence*, 45쪽.

29) 위의 책, 34쪽 이하.

30) 위의 책, 217쪽 이하.

31) Geroge V. Plekhanov, *The Development of the Monist View of History* (Moscow : Progress, 1956), 35쪽 ; G. A. Cohen, *Karl Marx's Theory of History : A Defence*, 218쪽 참조.

32) Gerald A. Cohen, *Karl Marx's Theory of History : A Defence*, 218쪽.

33) 위의 책, 220쪽.

34) 위의 책, 35쪽.

35) 에티엔 발리바르, 『역사 유물론 연구』, 이해민 옮김(푸른산, 1990), 228쪽 및 301쪽의 주석 27.

36) Karl Marx, Institute für Marxismus-Leninismus, ed., *Marx & Engels Werke* 13, 9쪽; *Karl Marx/Friedlich Engels Collected Works(MECW)*, Vol 29(Moscow: Progress Publishers, 1987), 263쪽.

37) Karl Marx, *Zur Kritik der Politischen Ökonomie : Vorwort*, Institute für Marxismus-Leninismus, ed., *Marx & Engels Werke* 13, 8쪽; *MECW*, 263쪽.

38) V. I. Lenin, "What the 'Friends of the People' are and How They Fight the Social-Democrats"(1894), *Lenin Collected Works*, Vol.1(Moscow : Progress, 1978), 139~41쪽.

39) Gerald A. Cohen, *Karl Marx's Theory of History : A Defence*, 216쪽.

40) Gerald A. Cohen, "Review of Melvin Rader : Marx's Interpretation of History", *Clio*, Vol. 10, No. 2, 1981, 222쪽.

41) Gerald A. Cohen, *Karl Marx's Theory of History: A Defence*, 28쪽.

42) Karl Marx, Institute für Marxismus-Leninismus, ed., *Marx & Engels Werke 23*, 329쪽.

43) Harry Burrows Acton, *The Illusion of the Epoch : Marxism-Leninism as a Philosophical Creed*(London : Routledge & Kegan Paul, 1955), 137쪽 이하.

44) Gerald A. Cohen, *Karl Marx's Theory of History : A Defence*, 30쪽.

45) 위의 책, 30쪽.

46) 위의 책, 134쪽.

47) Karl Marx, *Zur Kritik der Politischen Ökonomie : Vorwort*, Institute für Marxismus-Leninismus, ed., *Marx & Engels Werke* 13, 9쪽 ; 고창택, 앞의 논문, 99쪽 이하 참조.

48) Gerald A. Cohen, *Karl Marx's Theory of History : A Defence*, 137쪽.

49) Karl Marx, *Poverty of Philosophy*(Moscow : Progress, 1975), 137쪽.

50) 위의 책, 122쪽.

51) Karl Marx and F. Engels, *Selected Correspondence*(Moscow : Progress, 1975), 31쪽.

52) 위의 책, 34쪽.

53) Karl Marx, *Theories of Surplus Value*, Vol. 3(Moscow, 1972), 430쪽.

54) Gerald A. Cohen, *Karl Marx's Theory of History : A Defence*, 147쪽.

55) 위의 책, 160쪽.

56) 위의 책, 152쪽.

57) 위의 책, 151쪽.

58) Alex Callinicos, *Making History : Agency, Structure. and Change in Social Theory*(New York : Cornell University Press, 1989), 26쪽.

59) Andrew Levine, *Arguing for Socialism : Theoretical Considerations* (London : Verso, 1988), 160쪽 이하.

60) Gerald A. Cohen, *Karl Marx's Theory of History : A Defence*, 198쪽.

61) Stephen Henry Rigby, *Marxism and History : A Critical Introduction* (Manchester : Manchester University Press, 1987), 28~48쪽.

62) Gerald A. Cohen, "Reply to Elster on Marxism, Functionalism, and Game Theory", Alex Callinicos, ed. *Marxist Theory*(Oxford University Press, 1989), 88쪽 이하 ; Jon Elster, "Further thoughts on Marxism, Functionalism and Game theory", John Roemer, ed., *Analytical Marxism*(Cambridge University Press, 1986), 202쪽 이하 ; "Marxism, Functionalism, and Game Theory", *Theory and Society*, 1982, 참조.

63) Gerald A. Cohen, *Karl Marx's Theory of History : A Defence*, 260쪽. 결과 법칙은 다음과 같이 형식적으로 정식화된다.

$$(\exists x)\ (E_{x\ at\ t_1}\ \square \rightarrow (\exists y)\ (F_{y\ at\ t_2})) \rightarrow (\exists z)\ (Ez_{\ at\ t_3})$$

여기서 'x', 'y' 'z'는 사건들을 가리키고, '$\square \rightarrow$'는 가정적 인과 관계를 나타내는 연결사이다. James Noble, "Marxian Functionalism", T. Ball and J. Farr, ed., *After Marx*, 105쪽 이하. 코헨은 같은 책 272쪽에서 결과 법칙을 포함한 기능적 추론을 다음과 같이 정식화한다.

L $(\exists_x)\ (E_{x\ at\ t_1}\ \square \rightarrow (E_y)\ (F_{y\ at\ t_2})) \rightarrow (\exists_z)\ (E_{z\ at\ t_3})$

$$\frac{C\ (\exists_x)\ (E_{x\ at\ t_1}\ \square \rightarrow (E_y)\ (F_{y\ at\ t_2}))}{E\ (\exists_z)\ (E_{z\ at\ t_3}).}$$

64) 고창택, 앞의 논문, 167쪽; G. A. Cohen, *Karl Marx's Theory of History :*

A Defence, 160쪽.

65) Philippe van Parijs, "Maxism's Central Puzzle", T. Ball and J. Farr, ed., *After Marx*(Cambridge : Cambridge University Press, 1984), 91쪽 이하.

66) 고창택, 앞의 논문, 197쪽 참조.

67) Philippe Van Parijs, "Marxism's Central Puzzle" ; James Noble, "Marxian Functionalism", T. Ball and J. Farr, ed., *After Marx*(Cambridge University Press, 1984); Jon Elster, *Maring Sense of Marx*(Cambridge University Press, 1985) 참조.

68) 우리가 어떤 시간 t에서 현존하는 체계 S에 속하는 어떤 항목 i가 왜 그와 같은 상태로 존재하고 있는지에 관해 설명하고자 한다고 해 보자. 이때 헴펠의 분석에 의하면 기능주의적 설명의 논리적 구조는 다음과 같이 정식화 될 수 있다.

(a) 시간 t에서, S는 C라는 종류의 환경(특별한 내적 혹은 외적 환경들) 속에서 정상적인 기능을 유지하고 있다.

(b) S는 어떤 필요한 조건 n이 충족되는 경우에 한하여 C라는 종류의 환경 속에서 정상적으로 기능을 유지할 것이다.

(c) 항목 i가 S에 존재할 때, 그 효과로서 n이라는 조건이 충족될 수 있을 것이다.

(d) 그러므로 시간 t에서 항목 i가 체계 S 속에 실제로 존재하고 있다.

이때 (c)와 (d)는 논리적으로 (c´)와 (d´)로 대체되어야 한다.

(c)´ i는 n의 충족을 위해서 경험적으로 충분한 조건들의 집합이다. 이때 i는 한 가지 이상의 항목을 반드시 포함한다. 그러므로 (d)´ i에 포함된 항목들 가운데 어떤 항목이 시간 t에서 S에 존재한다. 이것이야말로 기능적 설명의 취약점이라 할 수 있다. 이러한 설명의 논리는 대상을 완벽하게 설명해 주지 못한다. 즉 다른 어떤 항목이 존재하지 않고, 꼭 항목 i가 존재해야 함을 기능적 설명은 설명하지 못한다.

69) Carl G. Hempel, "The Logic of Functional Analysis", Brodbeck & May (ed.), *Readings in Philosophy of Social Sciences*(New York : Macmillan, 1968), 200쪽 이하 참조.

70) Gerald A. Cohen, "Functional Explanation, Consequence Explanation, and Marxism", *Inquiry*, 25, 27~56쪽 ; G. A. Cohen, Forces and Relations of Production", Betty Matthews, (ed.), *Marx : A Hundred Years On*(London : Lawrence & Wishart, 1983), 111쪽 이하; 백충용, 「사회구조와 행위의 관계」(성균관대학교 박사학위논문, 2003) 참조.

71) Frederick Engels, *Ludwig Feuerbach and the End of Classical German Philosophy*, K. *Marx and F. Engels Selected Works in One Volume*(London : Lawrence & Wishart, 1970), 612쪽.

72) Geroge V. Plekhanov, *Fundamental Problems of Marxism*(London : Lawrence & Wishart, 1928), 85쪽.

73) Gerald A. Cohen, *Karl Marx's Theory of History : A Defence*, 152쪽.

74) 마르크스가 Otechestvennye Zapiski의 편집국에 보낸 편지(1877년 11월) ; *Karl Marx and Friedrich Engels : Basic Writings on Politics and Philosophy*(포이어(Lewis S. Feure)의 서문 포함)(London : Fontana Books, 1972), 478~79쪽 ; 신용하, 『아시아적 생산양식론』(까치, 1986), 58쪽 참조.

▶ 4장

1) Norbert Elias, *Über der Prozeβ der Zivilisation I* ; 『문명화과정 I』, 박미애 옮김(한길사, 1996), 106쪽.

2) 칸트는 1784년에 발표한 「세계 시민적 관점에서 고찰한 보편사의 이념」 이란 논문에서, 문명과 문화를 다음과 같이 대비시킨다. "도덕성의 이념은 문화에 속한다. 이 이념의 사용이 단지 도덕의 모방과 외면적인 예절로만 흐른다면, 그것은 단순한 문명화를 의미한다."

문명은 일반적으로 하나의 과정이나 끊임없이 앞으로 나아가는 운동을 지시한다. 그렇지만 독일의 문화 개념은 운동이나 진보의 의미를 포함하고 있지 않다. 문명은 여러 민족들 간의 차이점을 어느 정도 퇴색시키고, 모든 인간에게 공통적으로 여겨지는 것들을 강조한다. 이와는 반대로, 독일의 문화 개념은 민족적인 차이와 집단들의 특성을 유달리 부각시킨다. 엘리아스가 갈파한 대로, 이 개념의 발생은 서구의 다른 민족들보다 훨씬 늦게 정치적 통일과 안정을 이루었고, 영토는 오랫동안 여러 지방들로 분할되어 있던 독일 민족의 상황과 무관하지 않다. 말하자면 근대 사회의 선두 주자였던 프랑스나 영국의 입장에서 보면 '무엇이 프랑스적인가', '무엇이 영국적인가'라는 질문은 중요한 쟁점이 아니었다. 그러나 근대 사회의 후발국이었던 독일의 입장에서는 '무엇이 독일적인가'라는 질문은 자신의 정체성을 확보하기 위한 중요한 질문이었다.

3) D'Holbach, *Systéme Sociale ou Principles Naturels de la Morale et de la Politique*(London, 1774), Vol 3. 113쪽.

4) N. Y. Danilevsky, "Russia and Europe", *Zaria*, NO.2, 1871, 88쪽 이하 참조.

5) N. Y. Danilevsky, "Russia and Europe", *Zaria*, NO.2, 81쪽 이하 참조. Pitirim A. Sorokin, *Modern Historical & Social Philosophies*(New York : Dover Pub., 1963), 55쪽.

6) Arnold J. Toynbee, 『역사의 연구 I』(축약본)(홍신문화사, 1992), 49쪽.

7) N. Y. Danilevsky, "Russia and Europe", *Zaria*, NO.3, 1~2쪽.

8) 슈펭글러, 『서구의 몰락』, 박광순 옮김(범우사, 1995), 117~8쪽.

9) 위의 책, 124쪽.

10) 그는 그리스·로마와 서양 수사상을 다음과 같이 비교한다.

그리스·로마	서양
1. 새로운 수의 관념	
기원전 540년경 크기로서의 수 피타고라스 학파 (기원전 470년경의 벽화에 　대한 조소(彫塑)의 승리)	1630년 관계로서의 수 데카르트, 페르마, 파스칼, 뉴턴, 라이프니츠(1670년) (1670년경의 유화에 대한 음악의 승리)
2. 체계적 발전의 정점	
기원전 450년~350년 플라톤, 아르키타스, 에우독소스 (페이디아스, 프락시텔레스)	1750년~1800년 오일러, 라그랑즈, 라플라스 (글루크, 하이든, 모차르트)

그리스·로마	서양
3. 수 세계의 내적 종결	
기원전 300년~250년 에우클레이데스, 아폴로니오스, 아르키메데스 (리시포스, 레오카레스)	1800년 이후 가우스, 코시, 리만 (베토벤)

11) 이 중 하나는 나중에 추가만 했을 뿐 연구는 하지 않았기 때문에 실제로 그가 연구한 문명은 21개이다.

12) Arnold J. Toynbee, *A Study of History*, Vol. VII(Oxford University Press, 1954), 421쪽 ; 최재희, 『역사철학』(청림사, 1971), 127쪽.

13) Arnold J. Toynbee, 『역사의 연구 1』, 227쪽.

14) Arnold J. Toynbee, *A Study of History* Vol. VII(Oxford University Press, 1954), 772쪽 그림 ;『역사의 연구 8』(고려서관, 1989), 482쪽 참조.

15) Samuel Huntington, *The Clash of Civilizations and The Remaking of World Order*(New York : Simon & Schuster, 1996), 4장;『문명의 충돌』, 이희재 옮김(김영사, 1997).

16) 헌팅턴의 『문명의 충돌』에 대한 한 응전으로 하랄드 뮐러(Harald Müller)가 *Das Zusammenleben der Kulturen*(Fischer Taschenbuch, 1998),『문명의 공존』(푸른숲, 1999)을 주장했지만, 뮐러의 주장은 기본적으로 문명론에 기초해 있지 않다. 그는 문명들을 단위로 하는 문명이론을 인정하지 않고, 국가를 단위로 국제 질서를 설명한다. 그러므로 그가 말하는 문명의 공존이란 여러 국가들의 문화적 공존을 의미할 뿐이다.

17) 토인비의 문명표는 다음과 같다. Arnold J. Toynbee, *A Study of History*, Vol. XII, 재고찰 중 XVIII절 「문명의 재조사」 ;『역사의 연구 13』(고려서관, 1989), 999쪽 ; 이양기, 『토인비와 현대』(영남대출판부, 1985), 120쪽.

A. 독립 문명(Independent Civilization)

1. 타문명과 무관계인 것(Unrelated to others)

중미 문명

안데스 문명

2. 초대(初代) 문명(Unaffiliated to others)

수메르, 아카드 문명

이집트 문명

에게 문명

인더스 문명

중국 문명

3. 2대 문명(Affiliated to others(first batch))

시리아 문명(모 문명은 수메르, 아카드, 이집트, 에게, 히타이트 문명)

그리스 문명(모 문명은 에게 문명)

인도 문명(모 문명은 인더스 문명)

4. 3대 문명(Affiliated to others(second batch))

정교 그리스도교 문명 ⎫
서구 문명　　　　　 ⎬ (모 문명은 그리스, 시리아 문명)
회교 문명　　　　　 ⎭

B. 위성 문명(Satellite Civilizations)

히타이트 문명 ⎫
엘람 문명　　 ⎬ (수메르, 아카드 문명의 위성 문명)
울라토우 문명 ⎭

이란 문명(수메르, 아카드의, 다음으로 시리아 문명의 위성 문명)

일본 문명　 ⎫
한국 문명　 ⎬ (중국 문명의 위성 문명)
베트남 문명 ⎭

동남 아시아 문명(인도 문명의, 다음으로 인도네시아와 말레이시아는 회교 문명의 위성문명)

티벳 문명(인도 문명의 위성 문명)

러시아 문명(정교 그리스도교 문명의, 서구 문명의 위성 문명)

이탈리아(에트루리아) 문명(그리스 문명의 위성 문명)

미시시피 문명
서남 문명
} (중미 문명의 위성 문명)

북안데스 문명
남안데스 문명
} (안데스 문명의 위성 문명)

18) Karl Jaspers, *Vom Ursprung und Ziel der Geschichte*(München : R. Piper & Co., 1949), 48쪽 ; 백승균 옮김, 『역사의 기원과 목표』(이화여자대학교출판부, 1987), 59쪽.

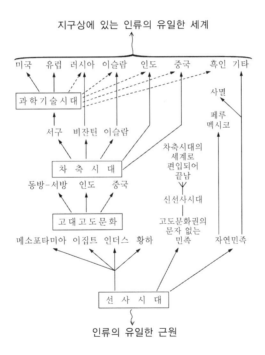

결론

1) 한국 사학계의 학파들에 대해서는 다음 책들을 참조할 것. 노태돈 외, 『현

대한국사학과 사관』(일조각, 1991) ; 조동걸, 『현대한국사학사』(나남출판, 1998) ; 한영우, 『역사학의 역사』(지식산업사, 2002).

중요 참고문헌

Abel, Th., "The Operation called 'Verstehen'", in H. Feigl and M. Brodbeck (ed.), *Readings in the Philosophy of Science*(New York : Appleton Century Crofts, 1953)

Achinstein, Peter, *The Nature of Explanation*(Oxford : Oxford University Press, 1983)

Afanasyev, Viktor Grigor'evich, *Historical Materialism*(New York : International Publishers, 1987) ; 김성환 옮김, 『역사적 유물론』(백두, 1988)

Althusser, Louis, "Marxism Today", in ; *Philosophy and the Spontaneous Philosophy of the Scientists and Other Essays*(London : Verso, 1990)

Anderson, R. J.(외), *Philosophy and the Human Sciences*(London: Croom Helm, 1986) ; 양성만 옮김, 『철학과 인문과학』(문예출판사, 1983)

Ankersmit, F. R., *Historical Representation*(Stanford, California : Stanford University Press, 2001)

_____, *Narrative Logic : A Semantic Analysis of the Historian's Language* (Boston : Martinus Nijhoff, 1983)

Ankersmit, Frank & Kellner, Hans, *A New Philosophy of History*(London : The University of Chicago Press, 1995)

Appleby, Toyce & Hunt, Lynn & Jacob, Margaret, *Telling the Truth about History*(New York : W. W. Norton & Company, 1995)

Aron, Raymond, *Introduction to the Philosophy of History : An Essay on the limits of Historical Objectivity*(Boston : Beacon Press, 1961)

Augustinus, *The city of God*, trans. Dods, Marcus(New York : Random House, 1950)

Axinn, Sidney, "Kant, Logic, and the Concept of Mankind", *Ethics XLVIII*, 1958
_____, *A Study of Kant's Philosophy of History* : Unpublished Ph. D. Dissertation(University of Pennsylvania, 1955)

Baghramian, Maria, *Relativism*(London and New York : Routlegde, 2004)

Balibar, Etienne, *Cinq Etudes du materialisme historique*(Paris: Maspero, 1974) ; 이해민 옮김, 『역사 유물론 연구』(푸른산, 1990)

Barnard, Frederick M., *J. G. Herder on Social and Political Culture*(Cambridge : Cambridge University Press, 1969)

Barnave, J., *Introduction à la Révolution Française*(Paris : Colin, 1960)

Barrett, William ; Aiken, Henry D., *Philosophy in the Twentieth Century : An Anthology Vol 1*(New York : Random House, 1962)

Barthes, Roland, *Elements of Semiology*, trans. A. Lavers & C. Smith(London : Jonathan Cape, 1967)

_____, "Introduction to the Structural Analysis of Narratives", in : *Image-Music-Text*, (ed.) S. Heath (London : Frontana, 1977)

Beard, C. A. & Vagts, A., "Current of Thought in Historiography", in : *American Historical Review*, Vol. 42. No. 3(1937), 468쪽 ; 차하순, 「역사주의의 본질과 한계」, 『사회연구』 제1집(한국 사회과학 연구소, 1978)

Beardsley, Monroe C., *Aesthetics ; Problems in the Philosophy of Criticism*(New York : Harcourt, Brace & world, 1958)

Becker, Carl, "What are Historical Facts", in : *Western Political Quarterly* No. 3, 1955 ; in : *The Philosophy of History in Our Time*(New York : Doubleday

& Company, 1959)

_____, "the Detachment and Writing of History", in : *Atlantic Monthly* (106 October, 1910)

Benett, Jonathan, "Kant's Theory of Freedom," in : *Self and Nature in Kant's Philosophy*, ed. Allen W. Wood(Ithaca : Cornell University Press, 1984)

Bentley, Michael, *Companion to Historiography*(London : Routledge, 2002)

Berlin, I., "Historical Inevitablity", in : *Four Essays on Liberly*(Oxford University Press, 1969)

Berlin, Isaiah, *Vico and Herder* (Chatto and Windus, 1980) ; 이종흡 · 강성호 옮김, 『비코와 헤르더』(민음사, 1997)

Bollnow, Otto Friedrich, *Dilthey. Eine Einführung in seine Philosophie* (Leipzing und Berlin : B. G. Teubner, 1936)

_____, *Philosophie der Erkenntnis*(Stuttgart : W. Kohlhammer, 1970)

Booth, W. J., "Reason and History : Kant's Other Copernican Revolution", *Kant-Studien* 74Jahrgang Heft1(1983)

Brown, H. I., *Perception, Theory and Commitment : The New Philosophy of Science*(Chicago : The University of Chicago Press, 1977) ; 신중섭, 『새로운 과학철학』(서광사, 1987)

Burns, Robert M. & Rayment-Pickard, Hugh, *Philosophy of History ; From Enlightenment to Postmodernity*(Oxford: Blackwell, 2000)

Burke, Peter, *New Pespectives on Historical Writing*(Pennsylvania State University Press, 1991)

Braudel, Fernand, *The Mediterranean and the Mediterranean World in the Age of Philip II*, trans. Reynolds, Sian(London : Collins, 1973)

Callinicos, Alex, *Making History : Agency, Structure and Change in Social Theory* (New York : Cornell University Press, 1989) ; 김용학 옮김, 『역사와 행위』 (사회비평사, 1993)

Carr, David, *Time, Narrative, and Hisory*(Bloomington, Indiana : Indiana University Press, 1986)

Carr, Edward Hallett, *What Is History*?(London: Macmillan, 1962) ; 김승일 옮

김, 『역사란 무엇인가』(범우사, 1996)

Carnois, Bernard, *The Coherence of Kant's Doctrine of Freedom*, trans. D. Booth(Chicago : University of Chicago Press, 1987)

Cannadine, David, *What is History Now?*(Palgrave Macmillan, 2002) ; 문화사학회 옮김, 『굿바이 E. H. 카』(푸른역사, 2005)

Cassirer, Ernst, *The Problem of Knowledge*(New Haven & London : Yale University Press, 1974)

_____, *Die Philosolphie der Aufklärung*(Tübingen: J. C. B. Mohr, 1932) ; 박완규 옮김, 『계몽주의 철학』(민음사, 1995)

Chalmers, A. F., *What is This Thing Call Science?*(University of Queenland Press, 1982) ; 신일철, 신중섭 옮김, 『현대의 과학철학』(서광사, 1994)

Clark, Elizabeth A., *History, Theory, Text : Historians and the Linguistic Turn* (Cambridge, MA : Harvard University Press, 2004)

Cohen, Gerald A., *Karl Marx's Theory of History : A Defence*(Princeton : Princeton University Press, 1978)

Cohen, Morris Raphael, *The Meaning of Human History*(Chicago : Open Court, 1961)

_____, *Reason and Nature*(London : Kegan Paul, 1931)

Collingwood, R. G., *Essays in the Philosophy of History*(New York: McGraw-Hill, 1966) ; 문학과 사회 연구소 책임기획 번역, 『역사철학론』(청하, 1986)

_____, *The Idea of History*(Oxford : Oxford University Press, 1961) ; 소광희 · 손동현 옮김, 『역사의 인식』(경문사, 1979)

Cook, J. W., *Wittgenstein, Empiricism, and Language*(New York: Oxford University Press, 2000)

Cooke, Vincent M., "Kantian Reflections on Freedom", in : *Review of Metaphysics 41*(June 1988)

Croce, Benedetto, *History as the Story of Liberty*(Chicago : Henry Regnery, 1970.)

_____, "History and Chronicle", in : Gardiner, Patrick (ed), *Theory of*

History(The Free Press, 1959)

Currie, Gregory & Musgrare, Alan, (eds.) *Popper and the Human Sciences*(Dordrecht: Martinus Nijhoff Publishers, 1985)

Cüppers, C., *Die Erkenntnistheoretischen Grundgedanken Wilhelm Diltheys* (Leipzig und Berlin: B. G. Teubner, 1933)

Danto, Arthur. C., *Analytic Philosophy of History*(Cambridge: Cambridge University Press, 1968)

_____, *Narration and knowledge*(New York: Columbia University Press, 1985)

Dascal, Marcelo, *Interpretation and Understanding*(Amsterdam/Philadelphia: John Benjamins, 2003)

Davidson, Doanld, "Actions, Reasons, and Causes", *Essays on Actions and Events*(Oxford: Clarendon Press, 1980)

_____, "Mental Event", *Essays on Action and Events*(Oxford University Press, 1980)

_____, *Inquiries into Truth and Interpretation*(Oxford University Press, 1984)

De Tocqueville, Alexis, *L'ancien Régime et la Révolution*(Paris: Lévy, 1857)

Degener, Alfons, *Dilthey und das Problem der Metaphysik*(Bonn und Köln: Ludwig Röhrscheid, 1933)

Descartes, René, *Discourse de la Methode*(Paris: Garnier-Flammarion, 1966)

Devitt, Michael, *Realism and Truth*, second edition(Princeton: Princeton University Press, 1997)

Dewey, John, *Logic: The Theory of Inquiry*(New York: Henry Holt and Company, 1938)

_____, "The Need for a Recovery of Philosophy", *John Dewey on Experience, Nature and Freedom*, (ed.) Richard J. Bernstein(New York: Liberal Arts Press, 1960: a Library of Liberal Arts Paperback)

Dewitt, Richard, *Worldviews: An Introduction to the History and Philosophy of Science*(Oxford: Blackwell, 2004)

Dilman, I., *Wittgenstein's Copernican Revolution; The Question of Linguistic Idealism*(New York: Palgrave, 2002)

Dilthey, Wilhelm, *Gesammelte Schriften ; Der Aufbau der Geschtchtlichen Welt in den Geisteswissenschaften*, Ⅶ(Stuttgart : B. G. Teubner, 1957)

_____, *Das Erlebnis and die Dichtung, 6 Aufl.*(Leipzig und Berlin : B. G. Teubner, 1919)

Diwald, Hellmut, *Wilhelm Dilthey, Erkennlnistheorie und Philosophie der Geschichte*(Göttingen : Musterchmidt, 1963)

Dosse, François, *L'Histoie*(Armond Colin/HER, 2000) ; 최생열 옮김, 『역사철학』(동문선, 2004)

_____, *L'Histoire en miettes, des Annales à la Nouvelle Histoire* ; 김복래 옮김, 『조각난 역사-아날학파의 신화에 대한 새로운 해부』(푸른역사, 1998)

Dray, William H., *History as Re-enactment : R.G. Collingwood's Idea of History* (Oxford : Oxford University Press, 1995)

_____, *Laws and Explanation in History*(London : Oxford University Press, 1957)

_____, *On History and Philosophers of History*(Leiden & New York : E. J. Brill, 1989)

_____, *Perspectives on History*(London : Routledge and Kegan, 1980)

Dray, W. H., *Philosophy of History*(Eaglewood Cliffs, N.J.: Prentice Hall Inc., 1964) ; 황문수 옮김, 『역사철학』(문예출판사, 1975)

Durkheim, Emile, *Pragmatism and Sociology*, trans., J. C. Whitehouse (Cambridge University Press, 1983)

Eagleton, Terry, *The Idea of Culture*(Oxford : Blackwell , 2000)

Elias, Norbert, *Über der Prozeß der Zivilisation Ⅰ* ; 박미애 옮김, 『문명화 과정 Ⅰ』(한길사, 1996)

Eliot, T. S., *Notes Toward the Definition of Culture*(London : Faber and Faber, 1949)

Engels, Frederick, "Socialism : Utopian and Scientific", in : *Marx and Engels Selected Works in One Volume*(London : Lawrence & Wishart, 1970)

568

_____, *Ludwig Feuerbach and the End of Classical German Philosophy*, *K.Marx and F. Engels Selected Works in One Volume*(London : Lawrence & Wishart, 1970)

Ermarth, Michael, *Wilhelm Dilthey : The Critique of Historical Reason*(Chicago & London : the University of Chicago Press, 1978)

Evans, Richard, *In Defence of History*(Grunta Books, 1997) ; 이명석 옮김, 『역사학을 위한 변론』(소나무, 2001)

Fackeneim, E. L., "Kant and Radical Evil", *University of Toronto Quarterly XX III*, 1954

Fain, Haskell, *Between Philosophy and History*(Princeton : Princeton University Press, 1970)

Farr, James, "Popper's Hermeneutics", in : *Philosophy of Social Sciences*, Vol. 13(1983)

Fay, Brian & Pomper, Philip & Vann, Richard T., *History and theory : Contemporary Readings*(Malden, Mass : Blackwell, 1998)

Fox-Genovese, Elizabeth & Lasch-Quinn, Elisabeth, *Reconstructing History*(New York : Routledge, 1999)

Fulbrook, Mary, *Historical Theory*(London : Routledge, 2002)

Gadamer, Hans-Georg, *Wahrheit und Methode*(Tübingen : J. C. B. Mohr, 1960)

Gardiner, Patrick, *Theories of History*(Glencoe : The Free Press, 1959)

_____, *The Nature of Historical Explanation*(Oxford University Press, 1961)

Gallie, W. B., *Philosophy & The Historical Understanding*(New York : Schocken Books, 1968)

Gilory Jr, J. D., "A Critique of Karl Popper's World 3 Theory", in : *The Modern School Man, Vol. L XII, No. 3*(Saint Louis University, 1985)

Giddens, Anthony, *Central Problems in Social Theory*(University of California Press, 1979) ; 윤병철·박병래 옮김, 『사회이론의 주요 쟁점』(문예출판사, 2003)

Gombrich, E. H., *The Story of Art*, 15판(Oxford : Phaidon Press, 1989)

_____, *Art and Illusion*(Princeton University Press, 1972) ; 차미례 옮김, 『예술과 환영』(열화당 미술선서 61, 1989)

Goodman, Nelson, *Fact, Fiction, and Forecast*(New York : Bobbs-Merril, 1965)

Habermas, Jürgen, "Einleitung : Historischer Materialismus und die Entwicklung normativer Strukturen", *Zur Rekonstruktion des Historischen Materialismus*(Fankfurt am Main : Suhrkamp Verlag, 1976)

_____, *Knowledge and Human Interests*(London : Heinemann Educational Books, 1972)

Harris, Roy, *The Linguistics of History*(Edinburgh : Edinburgh University Press, 2004)

Harris, R., *Language, Saussure and Wittgenstein; How to play games with words*(Routledge, 1990) ; 고석주 옮김, 『소쉬르와 비트겐슈타인의 언어』(보고사, 1999)

Hanson, N. R., *Patterns of Discovery*(Cambridge : Cambridge University Press, 1972)

Hare, R. M., "Superveinience", in : *The Aristotelian Society Supplementary* Vol. 58(1984)

Hartmann, Nicolai, *Neue Wege der Ontologie*(Stuttgart : Kohlhammer, 1968) ; 손동현 옮김, 「존재론의 새로운 길」(서광사, 1996)

_____, *Das Problem des geistigen Seins, 2 Aufl.*(Berlin : Walter de Gruyter & Co., 1949)

Hofer, Walther, *Geschichtschreibung und Weltanschauung*(München : R. Oldenbourg, 1950)

Hook, Sidney, (ed.) *Philosophy and History*(New York University Press, 1963); 민석홍 옮김, 『역사와 인간』(을유문화사, 1984)

Hegel, Georg Wilhelm Friedrich, *Vorlesungen üben die Philosophie der Geschiehte*(Van F. Brunstäd) (Stuttgart : Philipp Reclam Jun, 1961)

_____, *Phanomenologie des Geistes*(Hamburg : Felix Meiner, 1952)

_____, *Vorlesungen über die Philosophie der Geschichte*, werke 12 (Frankfurt am Main : Suhrkamp Verlag, 1970)

Heidegger, Martin, *Sein und Seit*(Max Niemeyer, 1926) ; 소광희 옮김, 『존재와 시간』(경문사, 1995)

Heller, Agnes, *A Theory of History*(Routledge & Kegan Paul, 1982) ; 강성호 옮김, 『역사의 이론』(문예출판사, 1988)

Hempel, Carl G., "The Logic of Functional Analysis", in : Brodbeck & May ed., *Readings in Philosophy of Social Sciences*(New York : Macmillan, 1968)

_____, *Aspects of Scientific Explanation and Other Essays in The Philosophy of Science*(New York : The Free Press, 1965)

Herder, Johann Gottfried, *J. G. Herder on Social and Political Culture : in Yet Another Philosophy*(London, Cambridge University Press, 1969)

Hintikka, H. "Semantics for Propositional Attitudes", in : Marras, Ausonio (ed.), *Intentionality, Mind and Language*(Urbana : University of Illinois Press, 1972)

How, W.W. & Wells, J., *A Commentary on Herodotus : With Introduction and Appendices Volume I*(Books I–IV) (Oxford : Clarendon Press, 1979)

Hunt, Lynn, *The New Cultural History*(Univ. of California Press, 1989) ; 조한욱 옮김, 『문화로 본 새로운 역사-그 이론과 실제』(소나무, 1996)

Iggers, George G., *Historiography in the Twentieth Century : From Scientific Objectivity to the Postmodern Challenge*(Wesleyan University Press, 2005) ; 임상우, 김기봉 옮김, 『20세기 사학사』(푸른역사, 2003)

_____, *The German Conception of History*(Middletown, Connecticut : Wesleyan University Press, 1968)

_____, "The Growth of German Historicism", in : *The Johns Hopkins University Studies in History and Political Science*, Series 62, no. 2 (1944)

_____, von Moltke, K. (ed.), *The Theory and Practice of History by Leopold von Ranke*(Indianapolis: Bobbs-Merril, 1973)

Jaeggi, Urs ; Honneth, Axel(hrsg.), *Theorien des Historischen Materialismus*(Frankfurt/M : Suhrkamp Verlag, 1977) ; 윤근식 편저, 『유물론적 역사 이론들』(성균관대학교 출판부, 1993)

James, Susam, *The Content of Social Explanation*(Cambridge : Cambridge

University Press, 1984)

James, William, "What Pragmatism Means", in : *Philosophy in the Twentieth Century ; An Anthology*, William Barrett and Henry Aikin, (ed.) (New York : Random House, 1962)

_____, *Pragmatism*(London & New York : Longmans, Green & Co., 1907)

_____, *Essay in Radical Empiricism*(New York : Longmans, 1912)

_____, *Talk to Teachers on Psychology*(New York : Henry Holt, 1899)

Jaspers, Karl, *Vom Ursprung und Ziel der Geschichte*(München: R. Piper & Co., 1949) ; 백승균 옮김, 『역사의 기원과 목표』(이화여자대학교 출판부, 1987)

Jeffrey, Richare C. *The Logic of Decision*(The University of Chicago, 1965) ; 이 좌용 옮김, 『결단의 논리』(성균관대학교 출판부, 1998)

Jossep, Bob, (ed.) *Karl Marx's Social and Political Thought* Vol. 1~4(London : Routledge, 1990)

Kant, Immanuel, *Kants Werke*(hrsg. E. Cassirer)

_____, *Ethik und Politik*(Hamburg : Felix Meiner, 1913)

_____, *Kritik der Urteilskraft*, hrsg. K. Vorländer(Hamburg : Felix Meiner, 1924) ; 이석윤 옮김, 『판단력 비판』(박영사, 1974)

_____, *On History* (ed.) L. W. Beck(Bobbs-Merrill Company, Inc, 1963)

Kim, Jaegwon, *Philosophy of Mind*(Westview, 1996) ; 하종호 · 김선희 옮김, 『심리철학』(철학과 현실사, 1999)

_____, *Supervenience and Mind : Selected Philosophical Essays*(Cambridge : Cambridge University Press 1993.)

_____, "Supervenience for multiple Domains", in : *Philosophical Topics*, *vol. xvi*, No. 1. Spr. 1988

_____, "Epiphenominal and Supervenience Causation", in : *Midwest Studies in Philosophy ix*, 1984

Kitcher, Philip & Salmon, Wesley C., *Minnesota Studies in the Philosophy of Science,Vol. XIII ; Scientific Explanation*(Minneapolis ; University of Minnesota Press, 1989) ; 정영기, 「과학적 설명이론의 논쟁사(2)」, ≪철학연구≫ 16집

(고려대학교 철학회, 1991)

Kmita, Jerzy, *Problems in Historical Epistemology*(Dordrecht/Boston/Lancaster/ Tokyo : D. Reidel, 1988)

Kon, Igor Semenovich, *Philosophical Idealism and Crisis of Bourgeois Historical Thought*(Warsaw, 1967)

Korsch, Karl, *Karl Marx*(Frankfurt am Main : Suhrkamp Verlag, 1967)

Kosso, Peter, *Knowing the Past : Philosophical Issues of History and Archaeology* (New York : Humanity Books, 2001)

Kramer, Lloyd & Maza, Sarah, *A Companion to Western Historical Thought* (Malden, Mass. : Blackwell, 2002.)

Krieger, Leonard, *Ranke : The Meaning of History*(Chicago : University of Chicago Press, 1977)

Kroeber, A. L., *The Nature of Culture*(Chicago : University of Chicago Press, 1952)

_____& Kluchhohn, Clyde, *Culture : A Critical Review of Concepts and Definition*(New York : Random House, 1952)

Kuhn, Thomas Samuel, *The Structure of Scientific Revolutions*(Chicago University Press, 1970) ; 조향 옮김, 『과학혁명의 구조』(이화여자대학교 출판부, 1980)

Labrousse, C. E. *La Crise de l'economie Française*(Paris : Presses Universitaires de France, 1944)

Ladyman, James, *Understanding Philosophy of Science*(Routledge, 2002) ; 박태영 옮김, 『과학철학의 이해』(이학사, 2003)

Lakatos, Imre, *Criticism and the Growth of Knowledge*(New York : Cambridge University Press, 1970) ; 조승옥·김동식 옮김, 『현대과학철학 논쟁』(민음사, 1987)

_____, *The Methodology of Scientific Research Programmes* ; 신중섭 옮김, 『과학적 연구 프로그램의 방법론』(아카넷, 2002)

Lane, M. "Historical Discourse", in : *Introduction to Structuralism*(New York : Basic Books, 1970)

Larrain, Jorge, *A Reconstruction of Historical Materialism*(London : Allen & Unwin, 1986)

Lefebvre, G. *La Révolution Française*(Paris, Presses Universitaires de France, 1963)

LePore, Ernst, *Truth & Interpretation*(Basil Blackwell, 1986)

Lepore, Ernest & McLaughlin, Brian P., *Actions and Events : Perspectives on the Philosophy of Donald Davidson*(New York : Basil Blackwell, 1985)

Levine, Andrew, *Arguing for Socialism : Theoretical Considerations*(London : Verso, 1988)

Lombard, Lawrence Brian, *Events : A Metaphysical Study*(London : Routledge & Kegan Paul, 1986)

Lovejoy, A. O., *The Revolt against Dualism*(Illinois : Open Court, 1930)

Löwith, Karl, *Meaning in History*(Chicago : University of Chicago Press, 1949) ; 이한우 옮김, 『역사의 의미』(문예출판사, 1987)

Lyotard, J. F., *La contition postmoderne; rapport sur le savoir* ; 유정완 외 옮김, 『포스트모던의 조건』(민음사, 1996)

Mandelbaum, Maurice, *The Anatomy of Historical Knowledge*(Baltimore/London : Johns Hopkins University Press, 1977)

_____, "Objectivism in History", in : Hook, S (ed), *Philosophy and History* (New York University Press, 1963)

_____, "Historicism," *in : Encyclopedia of Philosophy*(New York : Macmillan and The Free Press, 1967)

Mannheim, Karl, "Historicism", in : *Essays on the Sociology of Knowledge* (London : Routledge, 1952)

_____, *Ideology and Utopia*(London : Routledge, 1936)

Martin, Raymond, *The Past Within Us : An Empirical Approach to Philosophy of History*(Princeton, N. J. : Princeton University Press, 1989)

Martin, Rex, *Historical Explanation; Re-enactment and Practical Inference* (Cornell University Press, 1977)

Marx, Karl, *Economic and Philosophical Manuscripts*, Institute für Marxismus-

Leninismus, ed., *Marx und Engels Werke* 4

_____, *Grundrisse der Kritik der Politischen Ökonomie*(1857/8)(Berlin : Dietz Verlag, 1953)

_____& Engels, F., *The German Ideology, Collected Works, Vol.* 5(London : Lawrence & Wishart, 1976)

McCullgh, C. Behan, *The Truth of History*((New York : Routledge, 1998)

_____, "Historical Instrumentalism", in : *Histry and Theory, Vol. XII.* No. 3(Wesleyan University Press, 1973)

Meek, Ronald L., *Turgot on Progress, Sociology, and Economics*(New York : Cambridge University Press, 1973)

Megill, Allan, *Rethinking Objectivity*(Durham, N.C. : Duke University Press, 1994)

Meinecke, Friedrich, *Zur Theorie und Philosophie der Geschichte*(Stuttgart : K. F. Koehler, 1965)

_____, *Die Entstehung des Historismus*(München : R. Oldenbourg, 1965)

Meyerhoff, Hans, *The Philosophy of History in Our Time*(New York : Doubleday & Company, 1959)

Miller, R. W., *Analyzing Marx; Morality, Power and History*(Princeton University Press, 1984)

Mink, Louis. O., "History and Fiction as Modes of Comprehension", in : *Historical Understanding*(Ithaca : Cornel University Press, 1988)

_____, "Narrative Form as a Cognitive Instrument," in : Canary, R. ; Kozicki, H. (eds.), *The Writing of History : Literary Form and Historical Understanding*(Madison : Univ. of Wisconsin Press, 1978)

Morgenstern, Martin, *Nicolai Hartmann : Grundlinien einer wissenschaftlich orientierten Philosophie*(Tübingen und Basel : A Francke, 1992)

Moser, Paul K., *Philosophy after Objectivity : Making Sense in Perspective*(New York : Oxford University Press, 1993)

Mounce, H. O. *The Two Pragmatisms : From Peirce to Rorty*(London & New York : Routledge, 1997)

_____, *Wittgenstein's Tractatus : An Introduction*(Oxford : Blackwell. 1981)

Murphey, Murray G., *Philosophical Foundations of Historical Knowledge*(Albany : State University of New York Press, 1994)

_____, *Our Knowledge of the Historical Past*(Indianapolis : Bobbs-Merrill, 1973)

Nagel, Ernest, *The Structure of Science*(New York : Harcount Brace&world, 1961) ; 전영삼 옮김, 『과학의 구조 Ⅰ-Ⅱ』(아카넷, 2001)

Nitecki, Matthew. H. & Nitecki, Doris V., *History and Evolution*(Albany : State University of New York Press, 1992)

Novick, Peter, *That Noble Dream*(Cambridge University Press, 1988)

O'Hear, Anthony, *Karl Popper*(London : Routledge & Kegan Paul, 1980)

_____, *Karl Popper : Critical Assessments of Leading Philosophers Vol. I-IV*(London : Routledge, 2004)

Ortega y Gasset, José, *Historical Reason*, Trans. Philip W. Silver(New York : Norton, 1984)

Passmore, J. A., "The Objectivity of History", in : W. Dray(hrsg), *Philosophical Analysis and History*(New York : Harper & Row, 1966)

Phillips, Derek L., *Wittgenstein and Scientific Knowledge : A Sociological Perspective*(London : Macmillan Press, 1977)

Popper, Karl, "The Logic of the social Sciences", in : Thodor W. Adorno et. al., *The Positivist Dispute in German Sociology*(New York : Harper & Row, 1969)

_____, *Conjectures and Refutations : the Growth of Scientific Knowledge* (New York : Harper & Low, 1968) ; 이한구 옮김, 『추측과 논박』(민음사, 2001)

_____, *Objective Knowledge*(Oxford University Press, 1979)

_____, *The Poverty of Historicism*(New York : Harper & Row, 1964)

_____, *The Self and Its Brain*(London : Springer International, 1977)

_____, *The Open Universe*(Totowa, New Jersey : Rowman and Littlefield, 1982)

_____, *The Open Society and its Enemies I, II*(Princeton University Press, 1950); 이한구·이명현 옮김, 「열린사회와 그 적들 I, II」(민음사, 2006)

_____, *The Logic of Scientific Discovery*(New York & Evaston : Harper & Row, 1968)

Pepper, C., *World Hypotheses : A Study in Evidence*(Berkeley and Los Angeles : University of California Press, 1942)

Peirce, Charles, "How to Make Our Ideas Clear", in : (ed.) Berrett, W ; Aiken, H, *Philosophy in Twentieth Century Vol.1*(New York : Random House, 1962)

Peterson, R., "symbols and Social Life : The Growth of Cultural Studies", in : *Aanal Review of Sociology* 14, 1988

Plekhanov, George V., *Fundamental Problems of Marxism*(London : Lawrence & Wishart, 1920)

Pompa, Leon, *Human Nature and Historical Knowledge*(Cambridge University Press, 1990)

Putnam, Hillary, *Pragmatism*(Oxford : Blackwell Publishers, 1995)

_____, *Reason, Truth and History*(New York : Cambridge University Press, 1981); 김효명 옮김, 『이성·진리·역사』(민음사, 1997)

_____, *The Many Faces of Realism*(La Salle : Open Court, 1987)

_____, "Truth and Convention : On Davidson's Refutation of Conceptual Relativism," *Relativism*, M. Kranz (ed.)(University of Notre Dame Press, 1989)

Quigley, Carroll, *The Evolution of Civilizations : An Introduction to Historical Analysis*(New York : The Macmillan Company, 1961)

Quine, Van Orman Willard, *From a Logical Point of View*(Harvard University Press, 1980); 허라금 옮김, 『논리적 관점에서』(서광사, 1993)

_____, *Word & Object*(New York : Wiley & Sons., 1960)

Radnitzky, Gerard ; Bartley III, W.W., *Fvolutionary Epistemology, Rationality and the Sociology of Knowledge*(La Salle [Ill.] : Open Court, 1987)

Rand, Calvin. G., "Two Meanings of Historicism in the Writings of Dilthey,

Troeltsch and Meinecke", in : *Journal of History of Ideas*, Vol. 25, No. 4 (1964)

Ranke, Leopold von, *Sämtliche Werke XXIII*(Leipzig: Dunker und Humboldt, 1873)

Read, C. "The Social Responsibilities of the Historian", in : *the American Historical Review* Vol. LV, No.2. (1950)

Redman, Deborach A., *Economics and the Philosophy of Science*(Oxford University Press, 1993)

Rescher, Nichlas, *Objectivity : the Obligations of Impersonal Reason*(Notre Dame : University of Notre Dame Press, 1997)

Rigby, Stephen Henry, *Marxism and History : A Critical Introduction*(Manchester : Manchester University Press, 1987)

Roberts, Clayton, *The Logic of Historical Explanation*(University Park : Pennsylvania State University Press, 1996)

Rockmore, Tom, *On Constructivist Epistemology*(Lanham : Rowman & Littlefield. 2005)

Rorty, Richard M., *Relativism : Finding and Making*(Westport: Praeger, 1996) ; 김동식 엮음, 『로티의 철학과 과학』(철학과 현실사, 1997)

_____, *Contingency, Irony, and Solidarity*(Cambridge : Cambridge University Press, 1989) ; 김동식 · 이유선 옮김, 『우연성, 아이러니, 연대성』(민음사, 1996)

_____, *The Linguistic Turn*(Chicago & London : University of Chicago Press, 1992)

Ricoeur, Paul, *Temps et recit I*(Paris : Seuil, 1983)

Ricoeur, Paul, "Dialogue"[1981 interview], in : Richard Kearny(ed.), *Dialogue with Contemporary Continental Thinkers*(Manchester: Manchester Univ. Press, 1984)

Rickert, Heinrich, *Kulturwissenschaft und Naturwissenschaft*, 3판(Tübingen : J. C. B. Mohr, 1915)

Rickman, H. P., *Wilhelm Dilthey: Pattern and Meaning in History; Thoughts on History and Society*, (ed.) (Harper & Row, Publishers, 1962)

Ruben, David-Hill,(ed.), *Explanation*(Oxford University Press, 1993)

Rüsen, Jören,(ed.), *Western Historical Thinking; An Intercultural Debate* (Berghahn Books, 2002)

Ryle, Gilbert, *The Concept of Mind*(New York : Barns & Noble Inc., 1949) ; 이한우 옮김, 『마음의 개념』(문예출판사, 1994),

Salmon, Wesley C. "Four Decades of Scientific Explanation, "*Minnesota Studies in the Philosophy of Science, Vol. XⅢ; Scientific Explanation* (Minneapolis : University of Minnesota Press, 1989)

Schaff, Adam, *History and Truth*(Oxford : Pergamon Press, 1976) ; 김택현 옮김, 『역사와 진실』(청사, 1982)

Schnädelbach, Herbert, *Geschichtsphilosophie nach Hegel*(München: Alber, 1974) ; 이한우 옮김, 『헤겔 이후의 역사철학』(문예출판사, 1986)

Schlumbohm, Jürgen, *Mikrogeschichte-Makrogeschichte*(Wallstein, 1998) ; 백승종 외 옮김, 『미시사와 거시사』(궁리, 2001)

Schupp, Franz, *Poppers Methodologie der Geschichtswissenschaft*(Bonn : Bouvier, 1975)

Scriven, Michael, "Truisms as Grounds for Historical Explanations", in : Gardiner Patrick (ed.), *Theory of History*(New York : The Free Press, 1959)

Sider, Theodore, *Four-Dimensionalism : an Ontology of Persistence and Time* (New York : Oxford University Press, 2001)

Sober, Elliott, *Reconstructing the Past : Parsimony, Evolution, and Inference* (Cambridge, MA : MIT Press, 1988)

Sorokin, Pitirim A., *Modern Historical and Social Philosophies*(New York: Dover Publications, Inc., 1963)

Spengler, Oswald, *Der Untergang des Abendlandes : Decline of the West*(Knopf, 1945) ; 박광순 옮김, 『서구의 몰락』(범우사, 1995)

Stroud, Barry, *The Significance of Philosophical Scepticism*(Oxford University Press, 1984)

Smith, John E., *Purpose and Thought : The Meaning of Pragmatism*(New Haven : Yale University Press, 1978)

Strout, Cushing, *The Pragmatic Revolt in American History; Carl Becker and Charles Beard*(Cornell University Press, 1966)

Therborn, Goran, *Science, Class and Society : On the Formation of Sociology and Historical Materialism*(Verso Editions, 1980) ; 윤수종 옮김, 『사회학과 사적 유물론』(푸른산, 1989)

Troelsch, E. "Die Krisis des Historismus", von : *Die Neue Runschau, Vol. 33* (1922)

Topolski, Jerzy, *Historiography Between Modernism and Postmodernism : Contributions to the Methodology of the Historical Research*(Amsterdam : Rodopi, 1994)

Toynbee, Arnold J., *A Study of History Vol.I~XIII*(Oxford University Press, 1935) ; 『역사의 연구』 1권~13권(고려서원, 1989)

Tucker, Aviezer, *Our knowledge of the Past*(Cambridge University Press, 2004)

Van Parijs, Philippe, "Maxism's Central Puzzle", in : T. Ball ; J. Farr(ed.), *After Marx*(Cambridge : Cambridge University Press, 1984)

Veblen, Thorstein, "Why is Economics not an Evolutionary Science?", in : *Science in Modern Civilization and Other Essays*(New York : Huebsch, 1919)

Vico, Giambattista, *Selected Writings*, trans., Leon Pompa(Cambridge University Press, 1982)

Van Fraasen, Bas C., "The Pragmatics of Explanation", in : *American Philosophical Quarterly 14*, 1977

Walsh, W. H. *An Introduction to Philosophy of History*(Harper & Row, 1967) ; 김정선 옮김, 「역사철학 입문」(서광사, 1989)

Warnke, George, *Gadamer Hermeneutics, Tradition, and Reason*(Stanford : Standford University Press, 1987) ; 이한구 옮김, 『가다머의 철학적 해석학』 (사상사, 1993)

Watkins, J. W., "Historical Explanation in the Social Sciences", in : Gardiner, P.(ed.), *Theories of History*(New York : The Free Press, 1959)

_____, "Ideal Typus and Historical Explanation", in : A. Ryan (ed.), *The Philosophy of Social Explanation*(London : Oxford University Press, 1973)

White, Morton, *The Age of Analysis : 20th Century Philosophers*(New York : The American Library, Inc., 1955) ; 신일철 옮김, 『20세기의 철학자들』(서광사, 1987)

_____, *Foundations of Historical Knowledge*(New York : Harper and Row, 1965)

White, Hayden, *Metahistory : The Historical Imagination in Nineteenth Century Europe*(Baltimore, Maryland : The Johns Hopkins University Press, 1973) ; 천영균 옮김, 『19세기 유럽의 역사적 상상력-메타 역사』(문학과 지성사, 1991)

_____, "The Value of Narrativity in the Representation of Reality", in : Mitchell, W. J. T.(ed.), *On Narrative*(Chicago : Univ. of Chicago Press, 1981)

Williams, Raymond, *The Sociology of Culture*(New York : Schocken Books, 1982) ; 설준규 · 송승철 옮김, 『문화사회학』(까치, 1989)

Windelband, Wilhelm, *Präludien : Aufsätze und Reden zur Philosophie und ihrer Geschichte*, 6판, *Vol.* 2(Tübingen : J. C. B. Mohr, 1919)

Wittgenstein, Ludwig, *Philosophische Untersuchungen*(Frankfurt am Main : Suhrkamp, 1967)

_____, *Tractatus Logico-Philosophicus*(London: Routledge & Kegan Paul, 1974) ; 박영식 외 옮김, 『논리철학논고』(정음사, 1985); 김영철 옮김, 『논리철학논고』(천지, 1991)

Wright, G. H. von, *Explanation and Understanding*(Ithaca : Cornell University Press, 1971) ; 배영철 옮김, 『설명과 이해』(서광사, 1995)

Wood, Allen, "The Marxian Critique of Justice", in : *Philosophy and Public affairs 1* (3) 1972

Wuthnow, R. & Witten, M., "New Directions on the Study of Culture", in : *Annal Review of Sociology 14*, 1988

강돈구, 『슐라이어마허의 해석학』(이학사, 2000)

_____ 외, 『해석학과 사회철학의 제문제』(일월서각, 1990)

고창택, 「마르크스 역사적 유물론의 분석철학적 재구성에 관한 논문」(동국대학교 대학원 박사학위 논문, 1993)

김규영, 『시간론』(서강대학교 출판부, 1987)

김기봉, 『'역사란 무엇인가'를 넘어서』(푸른역사, 2003)

김기봉 외, 『포스트모더니즘과 역사학』(푸른역사, 2002)

김기현, 『현대인식론』(민음사, 1998)

김도식, 『현대영미인식론의 흐름』(건국대학교 출판부, 2004)

김동식, 『프래그머티즘』(민음사, 2002)

김재권, 『수반과 심리철학』(철학과현실사, 1994)

김세종, 『확률적 인과론 연구』(삼영사, 2004)

김여수 외, 『언어·진리·문화 1·2』(철학과현실사, 1997)

김태길, 『변혁시대의 사회철학』(철학과현실사, 1990)

김희준, 『역사철학의 이해』(고려원, 1995)

김효명, 『영국경험론』(아카넷, 2002)

노태돈 외, 『현대한국사학과 사관』(일조각, 1991)

남경희, 『비트겐슈타인과 현대 철학의 언어적 전회』(이화여자대학교 출판부, 2006)

박성수, 『역사학개론』(삼영사, 1977)

박영식, 『비트겐슈타인 연구』(현암사, 1998)

박영식 외, 『언어철학연구』(현암사, 1995)

백승균, 『세계사적 역사인식과 칸트의 영구평화론』(계명대학교 출판부, 2007)

백종현, 『존재와 진리 : 칸트 『순수이성비판』의 근본 문제』(철학과현실사, 2000)

소광희, 『시간의 철학적 성찰』(문예출판사, 2001)

시오자와 기미오·후쿠도미 마사미, 『아시아적 생산양식론』(지양사, 1984)

신용하 엮음, 『아시아적 생산양식론』(까치, 1986)

오병남 외, 『미학대계』(미학대계간행위원회, 2007)

윤평중, 『담론 이론의 사회철학』(문예출판사, 1998)

이광숙 편저, 『타키투스의 게르마니아』(서울대학교 출판부, 2005)

이명현, 『신문법 서설 : 다차원적 사고의 열린 세계를 향하여』(철학과현실사, 1997)

이민호, 『역사주의』(민음사, 1989)

이상현, 『신이상주의 역사이론-비코, 크로체-콜링우드를 중심으로』(대완서적출판사, 1985)

_____, 『역사적 상대주의 : 미국 신사학파를 중심으로』(집문당, 2002)

이수윤, 『역사철학』(법문사, 1993)

이양기, 『토인비와 현대』(영남대 출판부, 1985)

이종관, 『과학에서 에로스까지』(철학과현실사, 2005)

이좌용, 『존재론 연구Ⅰ』(철학과현실사, 2005)

이한구, 『역사주의와 역사철학』(문학과지성사, 1986)

_____, 『칸트의 역사철학』(서광사, 1992)

이상신, 『19世紀獨逸歷史認識論』(고려대학교 출판부, 1989)

이영철, 『진리와 해석』(서광사, 1991)

안병직 외, 『오늘의 역사학』(한겨레신문사, 1988)

엄정식, 『비트겐슈타인의 사상』(서강대학교 출판부, 2003)

_____, 『분석과 신비』(서강대학교 출판부, 1990)

원만희, 『진리, 의미 그리고 합리성』(철학과현실사, 2004)

정대현, 『필연성의 문맥적 이해』(이화여자대학교 출판부, 1995)

_____, 『다원주의시대와 대안적 가치』(이화여자대학교 출판부, 2006)

조동걸, 『현대한국사학사』(나남출판, 1998)

조동걸 외, 『한국의 역사가와 역사학 상·하』(창작과 비평사, 1994)

차인석, 『사회인식론』(민음사, 1987)

차하순, 『역사의 본질과 인식』(학연사, 2003)

_____ 편저, 『사관의 현대적 조명』(청림문화사, 1978)

최재희, 『역사철학』(청림사, 1971)

한국분석철학회 편, 『실재론과 관념론』(철학과현실사, 1993)

한국현상학회 편, 『역사와 현상학』(철학과현실사, 1999)

한영우, 『역사학의 역사』(지식산업사, 2002)

황경식, 『사회정의의 철학적 기초』(문학과지성사, 1996)

_____, 『자유주의는 진화하는가』(철학과현실사, 2006)

ㄱ

가다머 52, 53, 55, 60
가설
 - 연역주의 330, 331
 -의 입증 206, 210
 -주의 65
가소성 211~213
가언적 조건절 68
가치 평가 227, 378
간접적 인식 235
갈리 94, 288
감각 자료 164, 177
감정이입 290
강한 구성주의 17, 18
개념
 - 체계 28, 33, 49, 60, 75, 76, 139,
  140, 156, 176 이하, 473
 -상대주의 139, 175~177, 180~185,
  344
 -적 반성 및 검증 23
 -적 연결 252, 253
 -적 진리 165, 166
 -적 틀 122, 176, 334, 355
개별
 - 진술 140, 165
 -적 사건 7, 42, 147, 284, 285, 335,
  336, 379
 -석 사상 383
개성

 - 기술적 방법 41, 216, 236, 269
 -의 원리 379, 381
 -의 이해 244,
 -적 발전 사관 325, 367, 386, 490
개인
 -의 목적 424, 430
 -의 정열 360, 431, 434
 -적 관심 192, 429
 -적 속성 316, 318
 -적 편견 118, 119, 192, 324
객관성의 위협 33
객관적
 - 관념의 세계 228
 - 역사 서술 4, 7, 13, 327, 490
 - 의미의 지식 195
 - 인식 21, 33, 120, 123, 187, 488
 - 정신의 세계 231, 243
 - 해석학 55, 242, 290
객관주의
 - 언어학 160
 -적 역사학 63
 -적 이해 290
거시적 대상 318
거시적 역사 법칙 217, 301, 308, 310,
  316, 318, 320
검증 원리 160
검증주의 355
결과 법칙 457, 458, 463
경험
 -의 철저성 73

-의 포괄성 73

-적 관찰 23, 330, 336, 341

-적 법칙 289, 294, 308, 309, 311

-적 실재 76, 77

-적 증거 203

-적 진리 165, 166

-적 현상 74

계급투쟁 126, 186, 360, 361, 435, 446, 452, 464, 493

계몽주의 20, 21, 53, 91, 136, 165, 166, 209, 216, 325, 367~369, 371, 377, 379, 380, 382, 386, 392, 410, 411, 413, 472, 473, 490, 496

- 역사관 411

-의 진보 380, 392

고갱 298

고전적

- 경험주의 190, 198

- 실증주의 23, 159

- 역사주의 7, 20, 21, 59, 136, 274, 378, 379, 469, 473, 492

- 예술 275

- 합리주의 190, 198

고차적 이해 241, 243~245

고흐 298

공간적 만남 481

공시적 유물론 314

공통성의 영역 242

과거 1, 3, 4, 9, 12, 17~19, 22, 25, 35 이하, 63, 73, 76, 79, 82, 91, 95, 100, 107, 114, 133, 137, 142, 146, 150, 155, 165, 169, 186, 200, 201, 203, 206, 212, 216, 223, 242, 285, 289, 294, 295, 324, 333, 336, 340, 354, 371, 385, 396, 408, 485, 487, 488, 495~497

과거의 재현 19, 22, 54, 111, 487, 488, 497

과학

- 기술 200, 227, 228, 234, 338, 386, 412, 433, 475, 484

-의 도구주의 42, 340

-의 비합리주의 5

-의 상대주의 5

-적 설명 5, 94, 209, 217, 235, 250, 255, 257, 270~272, 283, 284, 291, 337, 458, 461, 462

-적 세계관 75

-적 역사학 20

-적 연구 프로그램 9, 323~325, 341, 347, 348, 355, 356, 358, 364, 490

-적 지위 24

-적 탐구 23, 32, 65, 74, 93, 209, 225, 271, 272, 294, 297, 335, 342, 495

-화 23

관념론적 역사주의 276

관점

-의 고착화 60

-의 다양성 7, 113, 121, 124, 139, 487, 488

관찰 24, 26, 30, 31, 49, 52, 57, 58, 60, 65, 80, 114~116, 122, 125, 130, 145, 165, 178, 195, 200~204, 209, 210, 263, 276, 283, 284, 291, 297, 311, 313, 330~332, 336, 338, 342, 355, 357, 371, 394, 401

- 진술 331, 338, 356
-의 이론 의존성 30, 31, 52, 55, 57, 60, 79, 114, 115, 332
-자 56, 74, 75, 77, 119, 186, 195, 203, 330
구문론적 전략 171, 173
구성적
　- 의미의 언어적 전회 162, 488, 489
　- 인식론 139, 193
구성주의 17, 18, 27, 29, 30, 113, 114, 412
구조
　- 기능주의 276
　-의 역사 91, 109
　-적 동질성 108, 110
　-적 전체 277
　-주의 문학 이론 167, 169
　-주의 언어학 97, 99, 168, 169
　-주의 역사가 92
국제 관계 405, 406, 483
국제 국가 406
국제 연맹 391, 406, 409
굿맨 17
권위 53, 54, 80, 90, 190, 198, 372
귀납적-통계적 설명 255, 257
귀납주의 26, 330, 331, 336
규범적 현재주의 51
규율적 모체 343
그리노 271
그리스
　- 정신 424, 425
　-의 민주 정체 415
극단적

- 개념 상대주의 180, 181
- 실용주의 84
근사치적 반복 331
근원적 역사 388
금욕적 자세 25, 64
긍정적 발견법 356~361
기계주의 5, 103, 105, 106, 108, 110, 173, 175
기능
　-적 상호 연관 논제 277
　-주의 276, 277, 463
　-주의적 설명 250, 273, 276, 277, 436, 461~464
　-주의적 해석 315
기독교
　-의 정신 426
　-적 역사 376
　-적 역사철학 374
기록 1, 3, 8, 25, 29, 31, 36, 37, 43, 44, 49, 56, 73, 85, 95, 102, 153, 203, 207~209, 325, 335, 375, 388
기술
　- 이론 253
　-적 과학 268, 273
　-적 앎 268, 272
기술적-실천적 이해 238~240
기의 98, 99, 101
기초 신념 197
기초적 이해 241, 243~245, 247
기표 98, 99
기호 98, 99, 226, 237, 240
심재권 305

ㄴ

낭만
　-적 예술 275
　-주의 106, 169, 382, 383
　-주의 역사학 90
내재주의 75, 76, 139
내적
　- 양상 250
　- 지각 237
네이글 270, 286, 291
노동 72, 220, 399, 431, 440, 441, 443
　- 행위 443
　-력 440, 442, 443, 445
논리
　- 경험주의 203
　-적 실증주의 159, 160
　-적 연결 논증 252
　-적 원자론 159~161
　-적 이해 238~240
능동적 인식론 28, 31, 331
능력 논제 455
니부르 106

ㄷ

다양한 관점 7, 8, 120
다원
　-적 존재론 232
　-적인 구조적 가능성 100
　-주의 21, 473
단선적 진보주의 484
단순한 사실 77, 78, 85, 159, 249

단순한 역사적 사실 78
단어들의 목록 97
단토 94, 95, 282, 289, 340
닫힌 민족주의 496
대응 이론 18, 25, 69~71
더미트 158
던져진 존재 52
데모크리토스 159
데카르트 53, 67, 192, 198, 199, 248, 304,
　　　 368, 369, 371, 376
도구주의 71, 337, 338, 340
　-적 선험성 340
　-적 역사관 340
도덕
　- 철학 303
　-성의 진보 412
　-적 목적 403
독단주의 69, 337, 339
돌바흐 472
돌턴 209
동기적 이유에 의한 설명 255, 258, 260
동질적
　- 문화 472
　- 문화권 472
동태적 사회학 24
듀이 39, 48~50, 63, 71~75, 81, 84
드레이 209, 255, 260, 261, 269, 270, 286,
　　　 287
등가성 211, 213
딜타이 40, 41, 55, 94, 148~150, 216,
　　　 220, 222, 223, 225, 227, 228, 234,
　　　 236~238, 241~243, 246, 248, 249,
　　　 263, 282, 328, 378, 380, 384, 432

ㄹ

라라인 437

라브루스 128, 129

라일 160, 162, 253

라카프라 167

랑케 4, 8, 21, 22, 25, 63, 105, 106, 108,
137, 336, 380, 384, 487, 491

러셀 159

런즈 377

레비스트로스 173

레빈 454

레셔 194~196, 211

레이몽 아롱 39

로마 정신 426

로마의 귀족 정체 415

로망스 5, 103~105, 108, 110, 172, 173,
175, 184

로크 74, 164, 198, 330, 396, 397

로티 64, 82, 84, 93, 158

루터 258

르네상스 44, 138, 165, 166, 185, 186,
209, 233

리그비 456, 457

리비우스 89

리세트 124-

리케르트 222, 236, 432

리쾨르 95, 96, 143, 144

리히트 250, 252, 290

린드 221

ㅁ

마르크스 106, 172, 175, 279, 301, 307~
309, 311, 315, 318, 321, 325, 350,
360, 361, 378, 388, 432, 435, 437,
438, 440, 441, 443, 446~448, 451,
452, 456~458, 465, 466, 490

마이네케 21, 380~383

마티에 128, 129

만델바움 336, 378

만하임 59, 107, 384

말하는 행위 162, 163

맥락주의 5, 103, 105~109, 173

맥머트리 441, 446

민슬로 18

메스트르 125

명제적 의미의 동일성 225

모순 논제 455

모턴 화이트 66

목적

- 설정 227

-론적 구조 145, 146, 148, 250

-론적 설명 250, 251, 265, 269, 276,
394

-론적 역사관 395, 410

-적 부호 100

몸젠 106, 208

- 가설 208

뫼저 382

무법칙적 일원론 253, 305

무어 303

무의식적 관점 116

문명

- 다원주의 469, 473, 474, 485
- 단일론 475
- 발생론 479
- 보편주의 473
- 사관 360, 386, 388, 469, 470, 476, 483~485, 490
-의 단위 476, 484
-의 독자성 470
-의 모자 관계 482
-의 몰락 480
-의 성장 311, 480
-의 역사 310, 403, 474, 479, 484, 485
-의 충돌 현상 483
-의 해체 481
문제 상황 51, 72, 81, 229, 278, 291~294, 297, 330, 437
문학 역사가 100
문학 이론가 141, 168
문학적 재능 89
문화
- 과학 216, 222, 268, 269
- 세계 222
- 현상 267, 268, 274, 276, 289, 297
-적 차이 56
-적인 세계 지도 475
물리적
- 사건 253, 254, 260, 263
- 세계 217, 223, 228, 229, 255
- 시간 145, 146
물자체 176, 177, 392
미결정성 논제 210
미슐레 5, 105, 106, 108, 109, 126, 128, 172

미시사 92, 110
미적 개성 425
민족
-정신 21, 372, 379, 492, 493
-주의 492, 496
-주의 사학 491~494
민주주의 90
밍크 94, 141, 143

ㅂ

바그라미안 176, 177
바루엘 124
바르나브 124, 125, 129
바르트 97, 99~101, 142, 151
반사회적
- 사회성 392, 407
- 자질 407, 413
반성적 역사 388
반실재론 15, 17~19, 75, 76
-자 16
-적 역사 인식론 11, 12, 15, 17, 488
반어 169, 170, 172~174
반영적 의미의 언어적 전회 162, 488, 489
반증 가능성 112, 190, 196, 200, 213, 214, 313, 355
반증주의 190, 210, 355, 356, 358
발견 3, 5~7, 12, 18, 56, 76, 77, 79, 83, 85, 95, 100, 109, 187, 214, 230, 247, 284, 292, 299, 309, 362, 368, 405, 417, 465, 474
발견의 대상 18, 77, 79, 230
발리바르 446

발생학적 설명 255, 258, 259
발전 논제 449, 453~457
발전의 원리 379~381, 424
방법론적
 - 개체론 351
 - 전체론 352
배경 지식 206, 207
백과전서주의 336
버클리 16, 51, 74, 212
번역
 -의 규칙 137
 -의 불확정성 178
벌린 107, 313
법률
 - 중립적 생산 관계 445
 -적 관계 444
 -적 소유 관계 444, 445
법칙
 - 정립적 방법 41, 216, 269
 - 포섭 모형 262, 263, 269, 283, 286
 -론적 설명 255, 258~260, 262
 -적 설명 255, 271, 294
 -적 역사주의 320, 378, 379, 464
베르크만 93
베른슈타인 438
베이즈주의 190, 205, 208, 210
베이컨 16, 192, 198, 376
베커 39, 64, 77, 84
벤느 95, 96
변증법 71, 279, 280, 360, 415, 434
 -적 유물론 438
변형 논제 455
변형 문법 이론 185

보수적 능동주의 334
보쉬에 371, 372, 374
보편
 - 진술 313
 -적 목적 427, 429
 -적 인식 192, 193
 -적 진보 485
 -적 진보 사관 325, 367, 373, 386, 490
보호대 357, 358
본능적 지식 398
본래 있었던 그대로 22
본질주의 337, 339
볼노브 149
볼테르 91, 126, 359, 369~374
부르크하르트 5, 105, 107~109, 209
부분
 - 전체학 179
 -전체론적 수반 이론 316
부정적 발견법 356, 357, 359~361
분석 철학 93, 156~161
분석적 진술 164, 165
불가공약적 29
불멸주의 38
브로델 91, 95
블랑 124
블로흐 39, 201
비극 5, 101, 103, 104, 108, 110, 172, 173, 175, 428
비기초적 신념 198
비어드 39, 77, 84
비어드슬리 153
비유법 87, 169, 170, 173~175, 184
비유적 언어 169, 172~174, 184, 185

비주장적 진술 153
비코 90, 236, 310, 378, 385, 386
비트겐슈타인 83, 93, 160, 162, 163
비판 이론 4
비판적 재구성 436, 439
비판적 합리주의 220, 228, 290, 291, 325,
    348, 490
비환원적 관계 305
빈델반트 40, 41, 236, 269
빈도주의자 205
빌트 441

ㅅ

사건의 역사 91
사고 행위 44
사료 29, 46, 96, 170, 200, 203
사물들의 목록 97
사상의 역사 46
사실
  - 세계 5, 133, 134, 161, 166, 187
  -의 선택 58, 79, 80
  -적 발언 163
  -적 진리 166
  -적인 앎 267
사회
  - 구조 91, 92, 301, 302
  - 구조의 역사 91
  - 조직 220, 227, 228, 234, 240, 448
  -경제사학 493
  -적 계기의 법칙 310
  -적 구성주의 27, 193
  -적 원자주의 351

-적 자질 413
-적 조건 125
-적 진화의 법칙 310
-적 환경 59, 73, 475
-학적 법칙 263, 287, 309
사후 확률 206, 210
산업혁명 138, 185
삶
  -의 객관화 223, 225
  -의 과정 134, 141, 148~150, 241, 459
  -의 세계 149, 222, 224, 225, 238, 240,
      241, 254
  -의 양식 162, 176, 186, 223, 459
  -의 이해 238, 241
  -의 전체 150
상대성 59
상대주의 5, 19, 30, 33, 59, 84, 114, 121,
    139, 155~157, 176, 341, 342, 412,
    495
  - 인식론 7
상동성 477, 478
상부 구조 217, 275, 301, 302, 306~308,
    314, 315, 361, 435, 436, 439, 442,
    444, 446~451, 459, 462, 464
상식 16, 85, 212
  -의 일반화 285
  -적 직관 196, 314
상위 문제 292
상위 역사적인 심층 구조 102
상징적 예술 275
상호 작용론 307
  -적 해석 308
상호 주관성 229, 231

상황
  -의 논리 292~294, 298
  -의 분석 290, 293
  -의 유형 293, 294
  -의 재구성 조건 214
새로운 목적론적 역사관 410
새로운 역사관 20, 364, 365
새먼 270
생산
  - 관계 275, 306, 308, 309, 314, 315,
    435, 436, 439 이하
  - 관계 우위론 446
  - 도구 440
  -력 275, 306, 308, 309, 314, 315, 348,
    353, 361, 366, 435 이하
  -력 기능주의 436, 439
  -력 우위론 436, 446, 449, 456, 457,
    461
  -력의 증가 452, 465
  -의 필요 조건 441
생시몽 23
생태 사관 353
서구
  - 역사 독선주의 433
  - 중심의 보편적 역사관 474
  - 중심주의 484
선의의 원리 182, 296
선이해 52~54, 60
선입견 31, 53, 54, 117, 189, 192, 195,
    370, 372
선택 31, 32, 41, 48, 50, 58, 77, 79~81,
    83, 114, 115, 130, 170, 291, 335,
    337, 347, 382, 398, 460, 464, 465

  -의 기준 31, 50
  -의 불가피성 115
  -적 관점 333, 336, 337
선판단 53~55
선험적 원리 294, 296, 394
설명 6~8, 38, 41, 43, 48, 65, 77, 80, 81,
    86, 94, 95, 97, 101, 103~109, 112,
    155, 163, 216, 234~237, 247, 250
    이하
  - 스케치 283
  -과 법칙 156
  -력 132, 171, 183, 271, 272, 279, 362,
    364, 387, 388, 490
  -의 형식 95, 265, 267, 284
  -적 과학 267, 268
  -적 앎 268, 272
  -적 해석학 8, 217, 269, 489
세계1 228~233
세계2 228~230, 232, 233, 290
세계3 223, 228~234, 290, 291, 295, 495
  -의 실재성 229, 230
  -의 자율성 230
세계
  -관 28, 29, 52, 118, 119, 176, 227,
    324, 327, 328, 343, 471, 473, 474
  -사 47, 136, 309, 384, 415 이하, 428~
    430, 433, 469, 470, 474, 493
  -사의 목적 420, 421, 430
  -상 327, 328
  -정신 417, 428, 430, 431
세련된 반증주의자 362
세잔 298
소박한 귀납주의 330

소박한 실증주의 30
소쉬르 97~99, 169, 187
  -의 언어 이론 98, 99
소유 관계 444, 445, 450
속성의 수반 317
쇼 441, 446
수동주의 26
  -적 인식론 331
수반 이론 217, 301, 302, 304, 314~317,
  319, 489
수반적 인과 관계 317
수사학 88, 90, 129
  -적 태도 88
수정학파 129
수행적 발언 163
  - 행위 163
순환 239, 277, 279, 348, 354, 477, 485
  - 논법 246
  - 사관 353, 354
  -적 설명 457
슈펭글러 310, 350, 386, 388, 470, 476~
  478, 482, 485, 490
슐라이어마허 55
스크리븐 286
스타우트랜드 252
스탈 124, 126
스톤 96
스트로슨 153
스틴치콤 276
습관 67, 68, 70, 83, 221, 351, 370, 425
시각
  - 경험 56
  -의 원근법적 성격 119

  -의 전환 122
  -의 환산 121
시간 35, 37, 38, 45, 48, 50, 69, 77, 89,
  97, 100, 106, 134, 146, 150, 202,
  219, 225, 230, 256, 263, 313, 317,
  335, 349, 353, 354, 370, 417, 458
  -적 만남 481, 482
시대정신 21, 81, 274, 372
시민 사회 90, 392, 397, 399, 400, 404,
  406, 407, 409, 410, 431
시적 언어의 형식 167, 169
식민주의 사학 492
신념 67, 68, 71, 83, 118, 168, 192, 196~
  198, 249, 259, 263, 295, 296, 351,
  356, 378
신사학파 39, 77
신
  -의 섭리 124, 374, 376, 418, 434
  -의 역사 433
  -의 응징 125, 131
신칸트학파 40, 216, 236
신학적 단계 23, 310, 375
신화적 해석 372
실용주의 7, 12, 18, 27, 39, 40, 63 이하,
  114, 123, 193
  -의 진리관 70
실재
  - 세계 70~72, 142, 151, 232
  -론 15, 18, 19, 76, 101, 140, 195, 337
  -론적 역사 인식론 12, 15, 17, 18, 111,
  488
  -론적 역사관 341
실증

－ 사학 491, 492

－적 단계 23, 310, 375

－주의 23, 24, 85, 141, 159, 359

실천

－ 이성 402, 412

－적 삼단논법 251, 252

－적 앎 267

실체적 이성 417

실험주의 65, 68

심리적

－ 사건 253, 254, 304

－ 세계 228, 229

쓰여진 역사 1, 2, 106, 324, 340

ㅇ

아낙사고라스 417

아날학파 4, 39, 91, 95, 96, 129, 141

아담 샤프 78, 124

아리스토텔레스 3, 18, 41, 151, 152, 264, 407

아무 곳도 아닌 관점 194

아시아적 생산 양식 465, 466, 494

아우구스티누스 20, 38, 172, 354, 374

아길롱 129

앙커스미트 137, 152, 167, 168

액턴 25, 448

앤스콤 250, 251

야노시 378

약식 설명 283, 284

약한 구성주의 17, 18

양립 가능성 논제 454

언어

－ 분석 112, 159~162, 164

－ 철학 158, 167, 168

－ 체계 97, 98, 110, 123, 159, 162, 178, 179, 351

－ 편재주의 4, 110

－의 공공성 246

－의 구조 97, 99, 156

－의 의미 분석 157

－적 전회 4, 93, 112, 155~158, 161, 162, 164, 166~169, 175, 177, 187, 188, 488, 489

－적 진리 166

－적 칸트주의 93, 161, 167, 169, 489

역사

－ 객관주의 488

－ 과학 4, 273, 284, 285, 332, 372

－ 구성주의 17, 32, 33, 114

－ 상대주의 4, 7, 121, 412, 487, 488

－ 서술 4~7, 12, 13, 18~20, 22, 26, 27, 30~32, 50, 51, 80, 89, 92, 97, 100, 108, 109, 112, 151, 155, 169, 170, 172, 206~209, 212, 325, 327, 343, 369, 372, 373, 490, 491, 496

－ 서술의 목적 20, 22

－ 서술의 문체 108, 169

－ 서술의 자의성 12

－ 세계 4, 12, 13, 17, 18, 20, 24~27, 29, 30, 64, 76, 80, 81, 84, 96, 97, 110, 112, 114, 133, 148, 151, 216, 221, 223, 228, 233, 289, 302, 310, 320, 321, 323, 324, 336~342, 345, 349, 363, 383, 393, 396

－ 소설 64, 109, 110, 114, 151~153

- 시학 89
- 실재론 17
- 실증주의 487
- 이성 비판 237
- 인식의 객관성 7, 9, 32, 33, 81, 82, 84, 115, 189, 487
- 인식의 오류 36
- 지평 496
- 효과 100
-가의 관심 81, 152
-관의 도구적 선험성 339
-관의 우열 342, 363
-관의 진보 364
-관의 특성 8, 490
-상 327, 328
-에 의한 설명과 평가 378
-의 객관성 22, 30, 33, 112, 189, 497
-의 결정론 378, 485
-의 과정 37, 273, 302, 348, 354, 360, 396, 401, 412, 418, 432, 453, 464, 493
-의 규범 89, 110
-의 단위 493
-의 방향 348
-의 실증주의 23, 24, 31, 32, 36, 51, 114
-의 예술 41, 43
-의 진보 과정 23
-의 출발점 397, 433
-의 현재주의 12, 40, 213
-적 가설 112, 190, 207, 208, 210
-적 개성 382
-적 관념론자 282

-적 사건 79, 80, 83, 99, 118, 155, 201, 209, 216, 255, 260, 262, 273, 285, 288, 289, 309, 340, 349, 353, 360, 367, 374, 380, 393, 438
-적 사실 6, 24, 29, 37, 47, 54, 58, 64, 77~80, 82, 84, 85, 116, 137, 186, 187, 209, 285, 324, 325, 328, 329, 341, 345, 347, 363, 372, 449, 490
-적 설명 5, 48, 50, 80, 86, 92, 96, 102, 106, 107, 216, 249, 255, 258, 262, 278, 281, 285, 287, 465
-적 설명의 다원성 86
-적 시간 145, 146
-적 시간성 145, 146
-적 실재 136, 137
-적 언명 312
-적 유물론의 재구성 437, 438
-적 이해 249, 288
-적 인식 46, 64, 82, 83
-적 지식 48, 107, 123, 152, 169, 189, 190, 200, 205, 213, 248, 340, 487
-적 지식의 객관성 189, 190, 487
-적 탐구 54, 78, 165, 233, 329, 348, 365
-적 필연성 436, 464
-적 해석 82~84, 118, 132, 324, 333, 342
-적 해석의 이론 116
-적 해석의 진보 132
-주의 273, 274, 276, 298, 325, 367, 368, 377 이하, 490, 496
-주의적 설명 273, 275, 276, 281
-학의 객관성 3, 8, 32, 489

596

연관성의 원리 273, 274, 379, 383
연대기 43, 44, 51, 80, 102, 103, 142, 171
  -적 배열 171
연속 계열 모형 287
연역적-법칙론적 설명 255~257, 262
영웅 숭배 372
영혼의 지도자 430
예술 9, 32, 40~43, 61, 84, 141~143,
  194, 209, 221~223, 226~228, 234,
  242, 274, 275, 299, 328, 373, 423,
  446, 476
  - 일반 41~43
오스틴 160, 162, 163
오주프 129
오펜하임 270
오히어 231
온건한 개념 상대주의 180
온건한 실용주의 84
완전한 자유의 상태 396, 397
외재주의 76
외적
  - 양상 250
  - 지각 237
외향적 지각 149
우위 논제 449, 452, 455~457
원근법 119, 122
원운동 354
원자주의 336, 351
원초적 자료 31
월시 107, 118
웰스 118
유기적인 역사성 135
유기체 44, 73, 75, 83, 228, 232, 250,

302, 333, 351, 474
유물 사관 119, 342, 353, 361, 386, 388,
  432, 435, 451, 463~467, 490, 493~
  495
유물론적 역사주의 276
유산된 문명 478
유심 사관 119, 359, 386, 388, 415, 490
유용성 12, 19, 44, 277, 380
유토피아적 인식론 199
윤리적 다원주의 473
윤리적 요소 103, 107
은유 169, 170, 173~175
음모설 131
의도적
  - 설명 250, 254
  - 행위 8, 263, 264
의미론 64, 65, 67, 68, 168
  -적 이해 290
의미의 무한성 100
의식
  -의 언어 구속성 175, 181
  -의 존재 구속성 59, 60, 175, 181
  -적 관점 116
의존의 관계 305
의지 행위 44
이데올로기 함축 5, 102, 103, 108~110,
  170, 175
이론
  - 이성 402, 412
  -적 언어 331
  -적 지식 57, 58, 331
이성
  -의 간계 413, 431, 432, 434

-의 계발 397, 398, 400, 403
-의 능력 25, 398
-의 보편성과 합리성 195
-의 지배 416
-적 자유 422
이야기 12, 43, 49, 82, 83, 87 이하, 110,
        112, 123, 133 이하, 151, 152, 156,
        163, 166, 170~172, 186, 223, 231,
        288
    - 과정의 순서 138
    - 관념론 110, 133, 134, 136, 137, 139,
        140
    - 규칙 138
    - 논리 138
    - 실재론 133, 134, 136, 139, 140
    - 역사 88, 90~93, 95, 96, 109, 110,
        112, 133, 134, 137, 141~143
    - 형식 95, 105, 106, 143
    -와 표상 156
    -의 구조 112, 133, 134, 142~144, 151
    -의 기능 101, 143
    -의 의미 100, 103, 135
    -체 역사 12, 18, 144, 151~153, 155
    -체 역사가 152
이원적 발전 과정 466
이중의 해석 29
2차 질서 이야기 145
이해
    -의 객관성 52, 55, 241, 242, 264
    -의 양식 141
    -의 현재성 52
인간
    - 본성 453, 454

-의 반사회성 407
    -의 속성 454
    -의 역사 5, 92, 121, 219, 220, 302,
        320, 350, 375, 433, 434
인과적 설명 250, 253, 265, 291, 458
인도의 관념론 423
인류 보편사 20, 21, 473, 496
인류 보편적 진보 사관 325
인문주의 12, 18, 87, 114, 488
인본 사관 359
인본주의적 역사관 350
인상주의 297, 298
인식
    - 주체 없는 인식론 195
    - 지평 9, 59, 487, 488, 495~497
    -론적 객관성 191~193
    -론적 다원주의 473
    -론적 명제 25
    -의 객관성 7, 9, 32, 33, 64, 81, 112,
        120, 121, 489
    -의 객관주의 120
    -의 능동주의자 117
    -의 수동주의자 116
인지적
    - 구조 56
    - 도구 141
일어난 역사 1, 2
1차 질서 이야기 145

ㅈ

자기 전이 244
자료 18, 26~29, 31, 36, 43, 45, 46, 49,

50, 52, 54, 75, 82, 83, 96, 101, 102,
132, 141, 151, 164, 170, 178, 202,
203, 205, 207, 211, 327, 333, 340,
363, 371, 388, 416, 423, 496

자연
- 과학적 방법 24
- 상태 220, 391, 395~398, 400, 404,
406
-의 계획 395, 401, 410
-의 세계 5, 211, 221, 224, 238, 290,
385, 391, 393, 464
-의 인식 236, 238
-적 목적 401, 402
-적 사건 247, 370
-적 소질 401, 402, 406

자유
- 의식의 진보 309, 360, 388, 415, 421
-로운 실천 464
-의 자각 429

자의식 420

자존적 존재 420

장 조레스 127~129

재구성 4, 37, 83, 170, 190, 200, 214,
225, 245, 291, 324, 341, 436~439,
461, 463

재생 46, 47, 49, 50

재서술 143

재연 46, 247, 248, 283, 290, 291

재창조 36, 37, 46

재해석 54, 289, 439

재현 3, 4, 9, 19~22, 25, 27, 35, 36, 46,
54, 111, 133, 137, 200, 297, 298,
336, 487, 488, 496

-주의 18

적절한 진리 139

전경 233

전쟁 20, 91, 224, 396, 397, 406, 408,
409, 472, 481

전쟁 상태 396, 397, 405

전진적 연구 프로그램 362

전체론적
- 경험주의 138, 165
- 미술 역사관 298
- 설명 269, 276, 359

전통 52~55, 148, 245, 250, 264, 351,
372, 374
-적 언어관 97

절대적 역사관 365

절대정신 81, 274, 275, 348

정당화된 신념 197, 198

정립 279, 280

정보 이론적 해석 271

정서적 이해 238, 241

정신
- 사관 342, 353, 432
-의 백지 이론 330
-적 생산력 444
-적 통일체 384
-주의 40

정열 360, 427, 428, 431, 434

제3의 영역 231

제유 160, 170, 172~175

제이콥슨 173

제임스 63, 68~71, 75, 84, 193

조르주 르페브르 128, 129

소망적 관점 115, 119~121, 488

조망주의 120, 121, 131, 132
조작주의 65, 68
존재
　- 진술 313
　-론 38, 64, 72, 74, 228, 232
　-론적 객관성 189, 191
　-론적 차이 235
종합 279, 280
　-적 진술 164, 165
주관 12, 15, 24~30, 32, 33, 47, 58, 76,
　　　114, 116, 117, 119, 149, 157, 189~
　　　192, 368, 394, 423, 488
　-적 관점 117
　-적 구성주의 110
　-적 요소 33, 189
　-적 요인 25, 33
　-적 자유 422
　-주의 언어학 169
　-주의적 이해 290
주체적 자유 421
죽은 과거 36, 37
죽은 역사 43, 44
줄거리
　- 구성 5, 102, 103, 108~110, 172, 175
　-의 전개 88
중핵 가설 324, 388, 490
증거 4, 18, 26, 27, 30, 47, 49, 51, 112,
　　　121, 131, 190, 196, 200, 202~208,
　　　210, 211, 296, 343
지도 2, 168
지식
　-사회학 7, 59, 60, 175, 181
　-의 성장 338, 496

　-의 저장소 495
　-의 진보 495
지칭의 불투명성 187
지평 융합 55
직관주의 40
직선적
　- 시간 353, 354
　- 운동 353, 354
　- 진보 360, 474
직접적
　- 관찰 문장 203
　- 의식 422
　- 인식 235
진리
　- 대응 이론 69~71
　-론 18, 64, 65, 71
　-의 객관성 59, 86
　-의 계층 이론 152
　-의 상대주의 19
진보 9, 23, 24, 83, 103, 121, 132, 280,
　　　281, 309, 319, 348, 353, 359, 360,
　　　367, 370, 373~377, 380, 382, 386,
　　　392, 399, 411~413, 415, 427, 429,
　　　431, 432, 434, 472, 474, 475, 485,
　　　495
　- 사관 325, 339, 340, 353, 367, 386,
　　　474, 490
집단적 편견 118, 119

ㅊ

참인 소설 96
창발적 진화론 303, 304

창작 5, 12. 79
창조적 엘리트 481
철저한 경험주의 70, 72, 74, 75
철학적
 - 동시대성 478, 479
 - 역사 388
 - 역사 서술 371
 - 치료 161
체험
 - 내용 149
 - 작용 149
 - 표출 225~227, 234, 238, 240, 241
 - 표출의 이해 240, 241
 -된 시간 145
 -의 전체성 149
초감성적 세계 393
초개인적 실재 348, 350
초기 조건 105, 283, 284, 294
촘스키 185
총괄 107, 209, 333, 335, 388
최적 논제 455
추구성 245
추론적 해석 271
추상적인 자유 425
추체험 245
축적적 인식론 26
축적주의 26

ㅋ

카 39, 47, 79, 80, 144
카우츠키 438, 446
칸트 17, 27, 28, 157, 167, 177, 193, 214,

216, 325, 334~336, 388, 391, 392,
 394, 395, 397 이하, 490
 -의 역사관 391, 410, 411, 412, 490
 -의 인식론 157
칼라일 106, 118
캘리니코스 297, 453
켈너 167
코르시 441
코소 201
코페르니쿠스의 혁명 27
코헨 436, 439 이하
콜링우드 46, 236, 247~250, 260, 282,
 433
콩도르세 371, 374, 375
콩트 23, 24, 159, 310, 375
콰인 138, 164, 165, 178, 179, 181
쿤 3, 28, 130, 342, 343, 355, 356, 361
크로체 38 이하, 51, 175, 194, 282, 432
클라데니우스 117, 119
키케로 89

ㅌ

타일러 221
타키투스 89, 90
탈근대주의 역사학 4, 30
탐조등 이론 330
터커 208
텐느 106, 127, 128
토대 302, 306, 307, 314, 316, 361, 435,
 439, 442, 446~451, 457, 459
 - 견정론 307
 - 결정론적 해석 307

토크빌 105, 106, 108, 126, 127, 172
통계적 설명 255, 258
통시적 유물론 314
통일적 이해 327, 329
통일적인 구성 135
퇴보 사관 353
퇴행적 연구 프로그램 362
투사 36, 73, 120, 133, 290
 -의 규칙 137
 -적 관점 115, 119~121, 123, 488
투쟁 개념 377
투쟁의 역사 344, 464
투키디데스 20
트뢸치 378
트리벨리언 106
티에리 90

ㅍ

판타가토의 가설 208
패러다임 28, 29, 33, 80, 101, 102, 105,
    113, 130, 131, 174, 176, 270, 342,
    343, 355, 356, 389, 439
 - 이론 7, 28, 130, 356
 -의 비통약성 342, 356
패스모어 201
퍼스 63, 65, 67, 68, 84
퍼트남 84, 178, 179, 181
페르시아 415, 421~424
페브르 39, 91
페인 139
페퍼 105
편견 16, 26, 117~119, 189, 191, 192,

    195, 196, 324, 325, 331, 365,
평범한 일반화 285, 286
평화 기구 409
포괄 법칙 모형 254, 255
포스트모더니즘 역사학 495
포퍼 31, 122, 195, 199, 223, 229, 231~
    234, 286, 287, 292, 295, 297, 311~
    313, 331, 334, 351, 362, 378, 495
폭스 185
표현의 기법 87
표현의 학적 인식 237
풍자 5, 103~105, 108, 172, 173
퓌레 129
프라센 271, 272
프라이 104
프랑스 혁명 124~131, 172, 376, 381
프레게 231
프루동 376
플레하노프 438, 444, 446, 465, 466
필연적 현재주의 51

ㅎ

하르트만 232, 233
하버마스 192, 437
하부 구조 217, 301, 302, 314, 315, 436,
    444, 462, 464
하이데거 53, 194
학문의 진보 495, 496
학적 인식 237, 245, 246
한나 271
함께 변함 305
합리

-성의 원리 8, 252, 264, 267, 293, 294, 489
-적 본성 452, 465
-적 비판 196, 199
-적 설명 모형 267, 269, 289
-적 신념 196, 199
-적 행위 196, 296
합법적인 국제 관계 405, 406
합의 19, 82, 92, 192, 193, 206
해명 246, 249
해석 246, 247
　-의 객관성 211, 213, 214
　-의 자의성 139, 212, 247
　-의 합리성 297
　-자 55, 247
　-학적 부호 100
해체
　-적 재구성 439
　-주의 7, 18, 211~213
　-주의 역사학 187
핵심 원리 347, 348, 356~361
핸슨 56, 60
행위의 표출 68
행위의 합리성 296
행위자의 인식 297
행태주의 146
헌트 129
헤겔 45, 47, 109, 172, 175, 216, 223, 231, 242, 274, 275, 279, 309, 311, 319, 321, 336, 350, 359, 377, 378, 386, 388, 413, 415 이하, 490,
　-의 역사관 432, 433, 490
헤로도토스 19, 20, 107, 151

헤르더 21, 106, 378, 382, 385, 386, 492
헤어 303
헤이든 화이트 5, 97, 101, 110, 142, 155, 167, 169
헴펠 236, 255, 257~262, 269~271, 276, 278, 281, 283, 284, 286, 287, 291, 294, 463
혁명적 능동주의 334, 335
현대사 40, 45
현실 인식 227
현재
　- 상황 54, 204
　-성 45, 51, 52, 55
　-의 관심 38, 39, 59, 82, 84
　-의 역사 35, 43, 44, 48, 58
　-의 필요성 40, 46, 48, 123
　-적 관점 48, 54
　-적 해석 46
　-주의 12, 18, 30, 35~40, 43, 45, 46, 48, 50~52, 55, 58~61, 77, 114, 123, 213, 488
　-화 18, 45, 46, 48, 58, 242, 399
형상의 세계 231
형식적 논증 102, 103, 105, 108, 170
형이상학적
　- 다원주의 473
　- 단계 23, 310, 375, 376
형태주의 5, 103, 105, 106, 108, 110, 173~175, 184
호퍼 377
홉스 396, 409
화용론적 설명 269, 272
확률적 법칙 286

확률적-통계적 형식 257
확정된 역사적 사실 137
환원
　– 불가능성 305
　–주의 140, 146, 164, 304
　–주의의 독단 164

환유 169, 170, 172~175
훔볼트 21, 385
흄의 인과 관계 252
희극 5, 101, 103~105, 108, 172, 173
힌티카 176

과거를 어떻게 재현할 것인가

역사학의 철학

1판 1쇄 펴냄 2007년 12월 14일
1판 4쇄 펴냄 2011년 5월   2일

지은이 · 이한구
발행인 · 박근섭, 박상준
편집인 · 장은수
펴낸곳 · **(주) 민음사**

출판등록 1966. 5. 19. 제16-490호
(우)135-887 서울 강남구 신사동 506번지 강남출판문화센터 5층
대표전화 515-2000 / 팩시밀리 515-2007

www.minumsa.com

ISBN 978-89-374-2590-5 93130